Bernd Greiner KUBA-KRISE

Schriften der Hamburger Stiftung für Sozialgeschichte
des 20. Jahrhunderts, Band 7

Bernd Greiner
Kuba-Krise

13 Tage im Oktober: Analyse, Dokumente, Zeitzeugen

DELPHI Politik
Verlegt bei GRENO
Nördlingen

DELPHI POLITIK.

Lektorat: Ann Kathrin Scheerer.
Redaktion: Angelika Ebbinghaus.
Satz und Druck: Wagner GmbH, Nördlingen.

ISBN 3-89190-956-X.

Inhaltsverzeichnis

TEIL II Dokumentation

TEIL I

Vorwort

Es gibt immer wieder historische Ereignisse, in denen sich der Charakter einer Epoche exemplarisch spiegelt. Die Kuba-Krise ist zweifellos ein solches Ereignis. Die Triebkräfte der Nachkriegspolitik, der gemeinhin als »Kalter Krieg« bezeichneten Epoche, fließen in jenen 13 Oktobertagen wie unter einem Brennspiegel zusammen und zeigen sich, aller ideologischen Masken entledigt, für einen kurzen Moment in ihrer wahren Gestalt. Für wenige Tage ist der Blick hinter die Kulissen frei.

Aufgabe des Historikers ist es, diesen freien Blick wiederherzustellen. Daher scheint mir auch die Beschäftigung mit nicht geführten Kriegen sinnvoll. Die Kuba-Krise ist ein klassisches Beispiel dafür, wie Kriege entstehen können – nicht etwa infolge einer Verkettung unglücklicher Zufälle, sondern aus politischem Kalkül. Dabei stehen Probleme im Hintergrund, die weit über das Jahr 1962 hinausreichen und uns auch in Zukunft noch beschäftigen werden:

– die nationale Befreiung und soziale Revolution in der sog. Dritten Welt
– die zügellose Aufrüstung
– die Konfrontation zwischen Ost und West, zwischen Sozialismus und Kapitalismus
– das Diktat des Zentrums über die Peripherie, der Ersten über die sog. Dritte Welt.

Im Spannungsfeld dieser Faktoren ist das Kalkül mit dem Atomkrieg angesiedelt. Insofern waren die »Raketen von San Cristobal« nur der Auslöser, nicht die Ursache der Kube-Krise. Zwar lieferten die Sowjets Rüstungsgüter in beachtlichen Mengen: Zwölf Stellungen für SS-5-Mittelstrekkenraketen (Reichweite: circa 4100 Kilometer); drei Stellungen für SS-4 mit einer Reichweite von circa 1900 Kilometern, dazu 42 atomwaffenfähige Bomber vom Typ IL-28. Aber diese Waffen allein hätten keine friedensgefährdende Krise provoziert. Dazu bedurfte es mehr.[1]

Die Geschichte der Kuba-Krise ist voller Geschichten. Deren bekannteste wurde mittlerweile zum Mythos. Sie erzählt, wie die Brüder Kennedy den Frieden retteten. 1968 legte Robert Kennedy mit dem Buch »Thirteen Days: How the World Almost Ended« den Grundstein. Mitten im Wahlkampf um die Nominierung zum Demokratischen Präsidentschaftskandidaten baute er sich als Erben der Politik seines großen Bruders auf: verantwortungsbewußt im Umgang mit Krisen, hart gegenüber den Sowjets, abgeklärt im Meistern schwieriger Situationen. Wer mit Kuba-Raketen fertig wird – so der untergründige Tenor des Buches –, der kann auch den Krieg in Südostasien beenden. Nachdem in den 70er Jahren kritische Historiker an Kennedys Interpretation gerüttelt und überraschend neue Erkenntnisse zu Tage gefördert hatten, schlägt das Pendel seit einiger Zeit wieder zurück. So bleibt auch die Kuba-Krise von der »relativierenden Geschichtsbetrachtung« nicht verschont. Diese tritt radikaler denn je auf. Eine akute Kriegsgefahr habe im Oktober 1962 nie bestanden, liest man. Und John F. Kennedy sei bislang auch falsch gesehen worden. Er hätte den Frieden nämlich um jeden Preis gewahrt – auch wenn er dafür Chruschtschow hätte nachgeben und die amerikanischen Raketen aus der Türkei abziehen müssen. Fehlt eigentlich nur noch die These, es habe gar keine Krise gegeben.[2]

Bei der Entzifferung von Mythen sind Historiker oft auf Zufälle angewiesen – oder auf Skandale. Ausgerechnet Richard Nixon trug im Fall der Kuba-Krise erheblich, wenn auch unfreiwillig, zur Wahrheitsfindung bei. Auf dem Höhepunkt der Watergate-Affäre versuchte er einen letzten politischen Befreiungsschlag und machte publik, daß auch seine Amtsvorgänger Abhöranlagen installiert hatten. Der von Kennedys Anhängerschaft beschimpfte Nixon hatte Recht. In der John F. Kennedy-Bibliothek in Boston lagern 127 Tonbänder, auf denen Sitzungen im Kabinettssaal des Weißen Hauses in der Zeit vom 30. Juli 1962 bis zum 8. November 1963 mitgeschnitten sind. 18

dieser Bänder dokumentieren Debatten zur Zeit der Kuba-Krise, acht wurden während der Sitzungen des präsidialen Krisenstabes (Executive Committee of the National Security Council) bespielt. Wahrscheinlich wußte niemand außer John F. Kennedy, daß heimlich Mikrophone installiert worden waren.[3]

Die Abschriften der bisher freigegebenen Tonbänder sind eine einzigartige historische Quelle. Schon ein flüchtiger Blick zeigt die Besonderheiten:

– Die auf diesen Bändern festgehaltenen Diskussionen und Auseinandersetzungen weichen in wichtigen Fragen von der Memoirenliteratur und den Oral-History-Interviews ab.

– Schriftlich überlieferte Quellen (Sitzungsprotokolle, Beschlußvorlagen, Memoranden u. ä.) können jetzt am tatsächlichen Diskussionsverlauf gemessen und verortet werden.

Allein diese Tonband-Protokolle rechtfertigen den Versuch, die bisherigen wissenschaftlichen Ergebnisse kritisch zu überprüfen und eine »gegen den Strich gebürstete« Geschichte der Kuba-Krise vorzulegen. Über Kennedys Tonbänder wird in den kommenden Jahren viel diskutiert und gestritten werden. Es lag daher nahe, die Abschriften der entscheidenden Tage in den Dokumentenanhang aufzunehmen. Die Bänder des 16. Oktober werden in deutscher Übersetzung, die des 27. Oktober im englischen Original und jeweils mit erklärenden Fußnoten versehen vorgestellt. Jede Übersetzung eines solchen Textes ist ein Wagnis – Assoziationen, Atmosphäre und Stimmungen sind schwer in eine andere Sprache zu übertragen. Oft sind sie auch nur zu entschlüsseln, wenn man über die Transkripte hinaus die Originale der Tonbänder zu Rate zieht. Die Sitzung des Krisenstabes vom 27. Oktober ist zweifellos die wichtigste – wie zu keinem anderen Zeitpunkt in der Nachkriegsgeschichte stellt sich an diesem Samstag die Frage nach Krieg und Frieden. Um ein möglichst hohes Maß an Authentizität zu wahren, werden die Abschriften der an diesem Tag aufgenommenen Tonbänder in englischer Sprache dokumentiert.

Von den innenpolitischen Veränderungen in der UdSSR profitieren auch Historiker. Über zwanzig Jahre hinweg »ruhte« das Thema »Kuba-Krise« in der Geschichtsschreibung der UdSSR. Die Veröffentlichungen konnte man an einer Hand abzählen. Um so erstaunlicher ist der Wandel in der jüngsten Zeit. Als die John F. Kennedy School of Government zu einem dreitägigen wissenschaftlichen Symposium über die Kuba-Krise einlud, sagten auch sowjetische Vertreter zu: Sergo Mikojan, Sohn und politischer Sekretär des unter Chruschtschow stellvertretenden Ministerpräsidenten Anastas Mikojan; Fedor Burlatsky, Berater und Redenschreiber Chruschtschows; und Georgi Schaknatsarow, Mitglied des ZK der KPdSU. Sie kamen 1987 ins herbstliche Massachusetts und diskutierten drei Tage lang mit ehemaligen Mitgliedern der Kennedy-Regierung (unter anderen Robert S. McNamara, McGeorge Bundy und Theodore Sorensen) und mit Historikern über die Ereignisse des Oktober 1962. Die Debatten während und am Rande dieser Tagung waren für das vorliegende Buch sehr wichtig. Gespräche und Interviews mit Robert McNamara, McGeorge Bundy und Sergo Mikojan gaben mir neue Anregungen und Perspektiven. Nicht zuletzt waren die offen ausgetragenen Meinungsverschiedenheiten zwischen Burlatsky und Mikojan (»sozialistischer Pluralismus«, wie Burlatsky augenzwinkernd meinte) für mich und meine Arbeit eine Bereicherung. Auch hier hat »Glasnost« bereits Maßstäbe gesetzt.[4]

Wo kann und muß angesichts dieser neuen Quellenlage »gegen den Strich« gebürstet werden? Welche Thesen können als überholt gelten? In welchen Bereichen kann von neuen Erkenntnissen gesprochen werden? Die hier vorgestellte Studie widmet sich in erster Linie folgenden Themen und Fragestellungen:

– Wie verläuft die Vorgeschichte der Kuba-Krise? Wie entwickelt sich die US-Politik nach der gescheiterten Invasion in der Schweinebucht? Warum stationiert Chruschtschow die Raketen? Was geschieht auf amerikanischer Seite zwischen August und Oktober 1962?

– Wie diskutiert der Krisenstab in Washington? Wann werden die Weichen gestellt? Gibt es kontroverse und abweichende Meinungen? Welche Alternativen stehen zur Disposition? Wie verhält sich der Präsident? Wer spielt welche Rolle im Beraterstab?

– Wie verläuft das »Krisenmanagement«? Welche Rolle spielt das Militär? Wie funktioniert die politische Kontrolle über militärische Apparate? Gibt es unvorhergesehene Zwischenfälle? Wie groß ist eigentlich das Risiko?

– Was passiert am »Schwarzen Samstag«, dem 27. Oktober? Ist John F. Kennedy zum Einlenken bereit? Will er im Zweifelsfall die Jupiter-Raketen in der Türkei gegen die Kuba-Raketen »eintauschen«? Warum wird ein Aufklärungsflugzeug vom Typ U-2 über Kuba abgeschossen? Was spielt sich in Washington zwischen 18 und 21 Uhr hinter den Kulissen ab?

– Stimmt es, daß die Kuba-Krise den Wendepunkt in der Geschichte des Kalten Krieges markiert? Wo liegt der »historische Ort« jener 13 Tage?

Noch immer sind die Schlüsseldokumente zur Kuba-Krise weitgehend unbekannt. Eine Auswahl wesentlicher Quellen stelle ich im Anhang vor. Andernorts publizierte oder leicht zugängliche Archivalien habe ich in diese Sammlung nicht aufgenommen – mit Ausnahme der Chruschtschow-Briefe vom 26. und 27. Oktober. Es geht in diesem Anhang also nicht um amtliche Verlautbarungen oder offizielle Erklärungen. Vielmehr sollen die internen Diskussions- und Entscheidungsprozesse anhand ausgewählter Quellen nachgezeichnet werden.[5]

Was fehlt? Die Rolle der Regierung Fidel Castros ist nach wie vor ein »blinder Fleck« in der Geschichtsschreibung. Quellen sind nicht zugänglich; die wenigen Oral-History-Interviews werfen mehr neue Fragen auf, als sie alte beantworten. Nicht viel besser ist es um die – wenngleich in diesem Fall weniger wichtige – Rolle der Bundesregierung in Bonn bestellt. Wir wissen, daß Adenauer von den Amerikanern den »harten Kurs« wollte – Bomben sollten fallen auf Havanna. Wir wissen auch, daß die Berliner SPD Flugblätter vorbereitet hatte – vielleicht ließe sich im Fall der Fälle nicht nur Fidel Castro, sondern auch Walter Ulbricht stürzen? Auch wissen wir, daß es in der BRD während der Krise zu einem »run on gold« kam – wie in keinem anderen Land; und daß die hiesige Presse wieder einmal amerikanischer war als die anderer Länder, die Vereinigten Staaten inbegriffen. Dergleichen Vorgänge gehören ebenfalls zum Charakter der Epoche. Sie sind wichtig zum Verständnis der Frage, wie Kriege entstehen können. Deshalb dürfen wir sie nicht aus dem Auge verlieren.[6]

Hamburg, im März 1988 Bernd Greiner

Einleitung
Zur Vorgeschichte der Kuba-Krise

Es ist Montag, der 15. Oktober 1962.

McGeorge Bundy, Sonderberater des Präsidenten für Fragen der nationalen Sicherheit, hat Charles Bohlen zum Abendessen in sein Washingtoner Haus eingeladen. Bohlen wird in den kommenden Tagen das Amt als amerikanischer Botschafter in Paris übernehmen und erhält an diesem Abend letzte Instruktionen. Die beiden sitzen noch zu Tisch, als Bundy zum Telefon gerufen wird. Am anderen Ende meldet sich Ray S. Cline – zu jener Zeit »Deputy Director for Intelligence« (DDI) der CIA und in dieser Eigenschaft verantwortlich dafür, wie die Tausende täglich eingehender Meldungen und Informationen eingeschätzt werden. Er muß die Spreu vom Weizen trennen, entscheiden, welche Meldung ernst zu nehmen ist, welche übergangen werden kann und wann sofortiges Handeln erforderlich ist. Die Meldung dieses Nachmittags nimmt Ray Cline sehr ernst, bestätigt sie doch seit Monaten gehegte Vermutungen. »Die Dinger, deretwegen wir uns Sorgen gemacht haben – es sieht so aus, als ob wir da tatsächlich etwas hätten«, sagt er zu Bundy. Kennedys Sicherheitsberater begreift sofort, worum es geht. »Sind Sie sicher?«, fragt er nach. »Ja. Es sieht so aus, als wären es um die 700 Meilen, vielleicht mehr.« Für Bundy ist alles Weitere klar. Er weiß, was er jetzt zu tun hat. »OK. Ich werde auf meiner Seite das Notwendige veranlassen.«[1]

Diese kurze Unterhaltung wurde bewußt verschlüsselt geführt. Gerade deswegen aber ist sie aufschlußreich. »Die Dinger, deretwegen wir uns Sorgen gemacht haben«, sagte Cline. Offensichtlich beschäftigte man sich in Washington bereits seit längerem mit der Frage sowjetischer Mittelstreckenraketen auf Kuba. Und offensichtlich gab es auch bereits einen Fahrplan für eine amerikanisch-sowjetische Konfrontation in und um Kuba. Bundy wollte also auf seiner Seite »das Notwendige veranlassen«. Er konnte dies tun, ohne den Präsidenten zu benachrichtigen. Der Sicherheitsberater wußte, an wen er sich nun zu wenden hatte, wer zum Krisenstab gehören sollte und welche vorbereitenden Aufgaben für die erste Sitzung zu leisten waren. Termine mußten abgesagt oder verschoben werden, der Außen- und Verteidigungsminister sowie der Vorsitzende der Vereinigten Stabschefs sollten zusammenfassen, welche Empfehlungen ihre Behörden bislang ausgearbeitet hatten. Mit allen diesen organisatorischen Details wurde John F. Kennedy nicht behelligt. Bundy hatte Handlungsvollmacht für die »Stunde X«, für den Fall, daß die lange erwartete Nachricht tatsächlich eintraf. Er veranlaßte geräuschlos das Notwendige und setzte den Präsidenten erst am nächsten Morgen gegen neun Uhr in Kenntnis. Zwei Stunden später trat der Krisenstab, das »Executive Committee of the National Security Council«, zum ersten Mal zusammen. McGeorge Bundy hatte gute Arbeit geleistet – eben weil er vorbereitet war.

Das Unternehmen Schweinebucht

Als John F. Kennedy im Januar 1961 ins Weiße Haus einzog, hatte er genaue Vorstellungen über die künftige Außenpolitik. Auf einen kurzen Nenner gebracht, hieß die Devise: Die Auseinandersetzung mit dem Sozialismus wird in der Dritten Welt entschieden. In Europa waren die Würfel längst gefallen; in Lateinamerika, Südostasien und Afrika hingegen standen harte Kämpfe bevor. Kennedy wollte hier Marksteine setzen und als der Präsident in die Geschichte eingehen, der den Sozialismus aus den Entwicklungsländern verbannte. »Guerilla-Bekämpfung«, flexible Einsatztruppen, Ausbau der Luftlandekapazitäten, Spezialeinheiten, »verdeckte Operationen« – alle diese Schlagworte waren seit Ende der 50er Jahre in der Diskussion. Aber unter John F. Kennedy wurden auch die Gelder für derlei Programme zur Verfügung gestellt: Zwischen 1961 und 1964 stiegen die Rüstungsausgaben der USA im Vergleich zu den Jahren 1956–1960 um 30 Milliarden Dollar. Die Luftflotte zum weltweiten Transport von Truppeneinheiten wurde um 75 Prozent erweitert, die Spezialeinheit (special forces) zum Einsatz in den Entwicklungsländern um 800 (!) Prozent aufgestockt.[2]

Kaum waren die neuen Minister ernannt, beraumte Kennedy eine Diskussion über jene Länder an, die ihm besonders wichtig erschienen: Kuba und Vietnam. Im engsten Kreis erklärte er am 28. Januar 1961 die künftige Politik gegenüber beiden Staaten zur »Chefsache«. Die ersten exemplarischen Siege über nationale Befreiungsbewegungen und sozialistische Entwicklungsmodelle in der Dritten Welt sollten dort errungen werden.[3]

Kuba, die kleine Insel im Schatten Floridas, wurde also wieder einmal zum Symbol amerikanischer Interessen und Politik. 1898 waren die Vereinigten Staaten erstmals gegen Kuba zu Felde gezogen. Präsident McKinley hatte damals Spanien, der alten Kolonialmacht in Mittel- und Lateinamerika, den Krieg erklärt und damit den Anspruch der USA auf die weltpolitische Führungsrolle signalisiert. 63 Jahre später wollte Kennedy erneut ein Signal setzen. Kuba sei mittlerweile, so heißt es im Protokoll der Sitzung vom 28. Januar, »praktisch ein von den Kommunisten kontrollierter Staat«. Damit wollte sich die neue Administration in keinem Fall abfinden. Ihr kam es darauf an, daß die USA ihre Rolle als »Weltmacht Nr. 1« weiterhin überzeugend spielten – und dabei neues Terrain hinzugewannen. Wie sollte dies aber möglich sein, wenn man im eigenen »Hinterhof«, wie Lateinamerika im Washingtoner Polit-Jargon genannt wird, ein kommunistisches Regime duldete? Was würde aus dieser Region werden, wenn andere, jahrhundertelang Unterdrückte das Castro-Modell übernahmen, wenn sie Landreform, Enteignung der Großgrundbesitzer und Alphabetisierung forderten? Wären die »offenen Adern Lateinamerikas« nicht mit einem Mal für Ausbeutung und Raubbau verschlossen?[4]

Die Regierung Eisenhower hatte bereits erste Schritte eingeleitet und im März 1960 ein Programm zum Sturz Castros vorgelegt. Aber – so kritisierte das Pentagon im Januar 1961 – diese Konzepte wären völlig unzureichend. Man warf Eisenhowers Stäben vor, zu wenig investiert und die erforderlichen Maßnahmen nur halbherzig betrieben zu haben. Castro muß jetzt weg – darin waren sich alle in der neuen Administration einig. Wie aber sollte er gestürzt werden?

Um diese Frage entbrannte im Frühjahr 1961 ein heftiger Richtungsstreit in Washington. Grob gesprochen, standen sich zwei Lager gegenüber: die »Radikalen« aus dem Pentagon und den Reihen des Nationalen Sicherheitsrates um ihren Wortführer Walt Whitman Rostow und die »Modernisten« um Edward Martin und die Lateinamerika-Abteilung des Außenministeriums. Ihr Streit ging darum, ob die USA mit eigenen Streitkräften in Kuba intervenieren sollten oder ob es nicht besser wäre, mit »verdeckten Operationen« und gezielten Kommando-Unternehmen Castro zu Fall zu bringen. Die »Modernisten« glaubten mit »covert operations« zum Ziel zu kommen und zogen sich deshalb den unversöhnlichen Zorn der »Radikalen« zu. John F. Kennedy konnte sich lange nicht zwischen beiden Linien entscheiden. Er vermißte bei beiden Konzepten ein propagandistisch effektvolles Motiv für die Konterrevolution, einen Anlaß, mit dem sich eine Intervention in der Öffentlichkeit überzeugend inszenieren ließ. Wäre es nicht, so fragte er seine Berater am 17. Februar 1961,

□ *Kubanische Miliz in der Provinz von Las Villas (l. o.)*
□ *Kennedy und Chruschtschow in Wien, Juni 1961 (r. o.)*
□ *Invasion in der Schweinebucht (April 1961): Gefangene Angreifer (l. M.)*
□ *Invasion in der Schweinebucht (April 1961): von Castros Truppen erbeutete Waffen (r. M.)*

□ *Chruschtschow und Castro am Rande der UNO-Vollversammlung, New York, 1961 (l. o.)*
□ *Ernesto Che Guevara (r. o.)*
□ *Das sowjetische Schiff »Poltava« auf dem Weg nach Kuba, 15. September 1962*
□ *Kubanisches Plakat: Halt ... Mr. Kennedy, Kuba ist nicht allein*

INTERNATIONAL TELEPHONE AND TELEGRAPH CORPORATION
320 PARK AVENUE
NEW YORK 22, N.Y.

EDWARD J. GERRITY, JR.
VICE PRESIDENT-PUBLIC RELATIONS

October 10, 1962.

Mr. Ralph A. Dungan
Special Assistant
to the President
The White House
Washington 25, D. C.

Dear Ralph:

Apropos of my recent letter, I could not resist calling your attention to the column (attached) by Walter Lippman in which he makes the very same point that Harold Geneen did weeks ago: namely, that Cuba must be a model of Communist success.

Certainly this must be a primary long-range goal of Khruschev and it may well be the most important one. Viewed against the urgency of the situation, this perhaps provides an even more compelling reason why something must be done to offset, or neutralize, this threat.

Incidentally, the same day that Mr. Lippman was citing Mr. Ball's testimony, Bob Allen was writing that Ball's figures aren't very reliable if Congressman Kitchin's findings on the scene are accurate.

If you figure out to solve this one in the national interest, I'll personally lobby for a pay increase and a medal for you.

Best wishes.

Sincerely,

Ned.

Brief von Edward J. Gerrity, Jr., stellvertretender Leiter der Abteilung Öffentlichkeitsarbeit der International Telephone and Telegraph Corporation (ITT), an Ralph A. Dungan, Sonderberater des Präsidenten, 10. Oktober 1962.

Lieber Ralph:
was meinen Brief von neulich betrifft, so konnte ich nicht widerstehen, Sie auf eine Kolumne von Walter Lippmann (siehe Anlage) aufmerksam zu machen, in der er genau die gleiche Überlegung vorbringt wie Harold Geneen vor einigen Wochen: vorweg, daß Kuba dazu ausersehen ist, ein Modell kommunistischen Erfolges zu sein. Ganz sicher ist dies ein vorrangiges und langfristig angestrebtes Ziel Chruschtschows, vielleicht ist es sogar das wichtigste. Angesichts der allgemeinen Dringlichkeit, ist dies wahrscheinlich ein noch zwingenderer Grund, warum etwas unternommen werden muß, um diese Gefahr aus der Welt zu schaffen oder zu neutralisieren.
(...)
Wenn Ihnen was einfällt, wie dieses Problem im nationalen Interesse zu lösen ist, werde ich mich persönlich dafür einsetzen, daß Sie eine Gehaltserhöhung und einen Orden bekommen.

Mit besten Wünschen und hochachtungsvoll Ned

sinnvoll, den Sturz Castros mit den Waffenlieferungen der Sowjets in Verbindung zu bringen? Könnte man nicht behaupten, das eigentliche Angriffsziel wären moderne Düsenbomber und Raketen, die Amerikas Sicherheit bedrohten? Eine Idee war geboren – aber sie war noch nicht viel wert. Zum damaligen Zeitpunkt gab es nur wenige sowjetische Rüstungsgüter auf Kuba: einige Panzer, Gewehre, vereinzelt Luftabwehrraketen und veraltete Kampfflugzeuge. Aber möglicherweise würde sich die Situation bald ändern.[5]

Während sich beide Fraktionen ergebnislos stritten, bereitete die CIA zusammen mit Exilkubanern das Unternehmen »Schweinebucht« vor. Im Morgengrauen des 15. April 1961 landete die »Brigade 2506« an kubanischen Stränden. Würde es nicht gelingen, Castros Armee in die Knie zu zwingen und einen sofortigen Volksaufstand zu provozieren, wollte man sich in die Berge zurückziehen und einen terroristischen Untergrundkrieg führen. Der Angriff scheiterte kläglich. Nach drei Tagen war die »Brigade 2506« aufgerieben – manche konnten fliehen, viele wurden getötet, mehr als 1100 Söldner gerieten in kubanische Gefangenschaft. Die »Radikalen« in Washington waren erbost. Hätte der Präsident den Einsatz der Sondereinheiten, der Marines und der Luftwaffe erlaubt, wäre man erfolgreich gewesen – behaupteten sie. Nun habe allein das Weiße Haus die Verantwortung für die Niederlage zu tragen.[6]

Das Debakel in der Schweinebucht erwies sich als politisches Schlüsseldatum für die neue Administration. Kennedy und seine Berater sahen von einem Tag auf den anderen ihr gesamtes außenpolitisches Konzept gefährdet. Kein anderes Ereignis in den 1000 Tagen der Präsidentschaft Kennedys verursachte so viel Zorn, Ärger, Niedergeschlagenheit, ohnmächtige Wut – und wilde Entschlossenheit, die Scharte alsbald auszuwetzen. Als erstes holte Kennedy den ehemaligen Stabschef der Armee (1955–1959) und Theoretiker der Guerilla-Bekämpfung zurück nach Washington. Maxwell Taylor sollte eine Untersuchungsgruppe zusammenstellen und seine ganze Energie der Beantwortung zweier Fragen widmen: Warum scheiterte »Brigade 2506«, und wie könnte es weitergehen?[7]

In Robert Kennedy, Bruder des Präsidenten und Justizminister, fand Taylor seinen wichtigsten Mitstreiter. Beide dominierten nicht nur den Untersuchungsausschuß, sondern stellten auch die Weichen der künftigen Kuba-Politik. Nach wenigen Monaten haben sie den Streit zwischen »Radikalen« und »Modernisten« entschieden – zugunsten der »Radikalen«. Signale für eine Annäherung aus Havanna, wie sie etwa von Che Guevara im August 1961 übermittelt worden waren, fanden jetzt in Washington weniger denn je Gehör. John F. Kennedy lehnte einen »modus vivendi« mit Fidel Castro prinzipiell ab und schloß sich dem Urteil von Taylors »Cuban Study Group« an: »Wir sind beeindruckt von der allgemeinen Einschätzung, daß es auf die Dauer kein Zusammenleben mit Castro als Nachbarn geben kann... Es wird empfohlen, die Lage um Kuba im Lichte aller bekannten Tatsachen neu zu beurteilen und neue Richtlinien auszugeben für politische, militärische, wirtschaftliche und propagandistische Aktionen gegen Castro.« Seit dem Frühsommer gehörte die Option auf eine direkte Intervention in Kuba mit amerikanischen Truppen zur mehrheitlich gebilligten Politik des Weißen Hauses. John F. Kennedy bestätigte die neue Linie in einem Memorandum an die Vereinigten Stabschefs. Er wollte die Militärs stärker als je zuvor in die Dritte-Welt-Politik einbinden und versicherte ihnen, daß ihr Rat für den Erfolg im Kalten Krieg ebenso wichtig war wie für das Gelingen militärischer Operationen im Kriegsfall.[8]

Freilich war an eine baldige Invasion Kubas nicht zu denken. Das Unternehmen Schweinebucht hatte zu großen politischen Schaden angerichtet. In Lateinamerika war Washingtons Ansehen erst einmal ramponiert, in Europa kritisierten viele, darunter auch Regierungsmitglieder, die »Kuba-Besessenheit« in den USA, und Chruschtschows scharfe Worte fanden in der Dritten Welt viel Beifall. Also konzentrierte man sich zunächst auf »covert operations«. »Operation Mongoose« hieß das im November 1961 verabschiedete und in die Wege geleitete Programm. Eine »Special Group – Augmented« (SGA) leitete und kontrollierte »Mongoose«. Zu ihr gehörten führende Berater Kennedys: McGeorge Bundy, die Generale Maxwell Taylor und Lyman Lemnitzer, John McCone, Direktor der CIA, Roswell Gilpatric, stellvertretender Verteidigungsminister, U. Alexis Johnson, Staatssekretär im Außenministerium sowie Robert Kennedy, der sich immer mehr als treibende Kraft des Unternehmens erwies. Dean Rusk und Robert McNamara nahmen unregelmäßig an den Sitzungen teil. Allein diese hochkarätige Zusammensetzung der »SGA« beweist, welchen politischen Stellenwert die Kennedy-Regierung einer erfolgreichen Konterrevolution in Kuba beimaß. »Mongoose« wurde zum größten und am besten ausgestatteten aller Unternehmen, die amerikanische Geheimdienste damals in der Dritten Welt betrieben. Allein die CIA hatte 400 Mitarbeiter abgestellt. In Washington war man daher zuversichtlich, beim zweiten Anlauf Erfolg zu haben.[9]

»Die logische Antwort waren Raketen«

Aber das Weiße Haus sollte sich in seiner Kuba-Politik – wieder einmal – verrechnen. Auch für die UdSSR war die Regierung Castro mittlerweile zu einem Symbol geworden. Nach den Ereignissen in der Schweinebucht nahm die sowjetische Wirtschafts- und Militärhilfe sprunghaft zu. »Wir gaben ihnen so viele Waffen, wie die kubanische Armee verdauen konnte«, erinnerte sich Nikita Chruschtschow in seinen 1971 publizierten Memoiren. Die Zweifel an der Authentizität dieser politischen Erinnerungen sind mittlerweile ausgeräumt; je mehr sowjetische Zeitzeugen zu Wort kommen, desto deutlicher zeigt sich, daß Chruschtschows Schilderungen zur Vorgeschichte der Kuba-Krise den damaligen sowjetischen Standpunkt verläßlich wiedergeben. Demnach ging das Präsidium der KPdSU – wie das Politbüro damals genannt wurde – von folgenden Überlegungen aus:

– Die USA würden sich mit der Regierung Castro nicht abfinden. »Sie fürchteten, ebensosehr wie wir hofften, daß ein sozialistisches Kuba zu einem Magneten werden könnte, der andere lateinamerikanische Länder auf die Bahn des Sozialismus bringen würde.«

– Das kubanische Modell mußte als Vorbild für sozialistische Revolutionen in der Dritten Welt im Allgemeinen und in Lateinamerika im Besonderen erhalten bleiben.

– Ein »Verlust Kubas« wäre für die sowjetische Außenpolitik und für die marxistischen Kräfte weltweit ein schwerer Rückschlag. »Wenn Kuba fiele, würden uns andere lateinamerikanische Länder zurückweisen und behaupten, daß die Sowjetunion trotz all ihrer Macht nicht in der Lage gewesen sei, etwas anderes für Kuba zu tun, als leere Proteste vor den Vereinten Nationen abzugeben.«[10]

So lauteten die Einschätzungen sowjetischer Politiker. Sie sahen erstmals eine Chance, aus einer jahrzehntelangen Defensive auszubrechen. In Kuba, so hofften sie, würde der erfolgreiche und daher nachahmenswerte Beweis erbracht, daß der Sozialismus auch außerhalb Europas Fuß fassen konnte. Dort wollte die UdSSR ihre neugewonnene ökonomische und technologische Stärke politisch umsetzen. Die USA und die anderen kapitalistischen Staaten sollten nicht länger die weltpolitischen Koordinaten diktieren und den Sowjets Vorschriften machen können. Hatte man Erfolg, so würde langfristig die Signalwirkung nicht ausbleiben. Das politische Gewicht der UdSSR würde in der Gruppe der Entwicklungsländer enorm aufgewertet werden und die gesamte Weltpolitik danach eine andere sein. Chruschtschow wollte versuchen, auf diesem Weg so weit wie möglich zu kommen.

Wie aber konnte Castro politisch stabilisiert werden? Munition, Panzer, Gewehre, Artilleriegeschütze hatte man bereits geliefert. Dies alles aber würde nach Meinung Moskauer Spitzenpolitiker die Amerikaner von einer neuerlichen Invasion nicht abschrecken. Nach wochenlangen Überlegungen glaubte Chruschtschow, die rettende Idee gefunden zu haben: »Die logische Antwort waren Raketen.« »Logisch« im Sinne des damals auch in der UdSSR geläufigen politisch-militärischen Denkens: »Viel hilft Viel«. Je größer die zerstörende Wirkung der stationierten Waffen, desto vorsichtiger und zurückhaltender würde der Gegner agieren. Es war dann ziemlich gleichgültig, welche Reichweite die diversen Raketen im einzelnen hatten, welche Sprengköpfe sie tragen konnten oder wie schnell sie einsatzbereit waren. Solche militärstrategischen Details spielten in den politischen Überlegungen Chruschtschows keine Rolle – Hauptsache, die Raketen konnten die Vereinigten Staaten und zahlreiche dortige Großstädte erreichen.[11]

Ende April 1962 begann Nikita Chruschtschow für seinen Plan zu werben. Als ersten zog er seinen Stellvertreter und Duz-Freund, Anastas Mikojan, ins Vertrauen und informierte in den kommenden Wochen noch weitere Berater. Er wollte den Kreis der Mitwisser aber so klein wie möglich halten. Absolute Geheimhaltung war die Bedingung des Erfolgs. Die USA sollten elegant getäuscht und nach Abschluß der Stationierungsarbeiten vor vollendete Tatsachen gestellt werden. Die überraschende Enthüllung würde Washington zunächst politisch lähmen. Hätte sich die Administration von ihrem Schock erholt, sei es zu spät, noch etwas gegen die Raketen zu unternehmen. »Ich dachte mir das folgendermaßen«, schrieb Chruschtschow: »Wenn wir die Raketen heimlich installierten und wenn die Vereinigten Staaten die Raketen erst dann entdeckten, nachdem sie bereits ausgerichtet und abschußbereit waren, würden die Amerikaner es sich zweimal überlegen, bevor sie versuchten, unsere Einrichtungen mit militärischen Mitteln zu vernichten. Ich wußte, daß die Vereinigten Staaten einige unserer Einrichtungen zerstören konnten, aber nicht alle. Wenn ein Viertel oder selbst nur ein Zehntel unserer Raketen überlebte – oder falls nur eine oder zwei große übrigblieben –, dann könnten wir immer noch New York treffen, und dann wäre von New York nicht mehr viel übrig.«[12]

Anfang Juli hielt sich der Bruder Fidel Castros und kubanische Verteidigungsminister, Raul Castro, in Moskau auf. Er wollte um weitere Waffenlieferungen bitten – konventionelle Waffen, versteht sich. Mit keinem Wort erwähnten die Kubaner jemals Atomraketen. Panzer und Artillerie wollten sie, um eine zweite Invasion abwehren zu können. Sie waren fest davon überzeugt, daß es bald dazu kommen würde – diesmal freilich im großen Stil und von Anfang an mit direkter Beteiligung der amerikanischen Streitkräfte. Die kubanische Delegation war maßlos überrascht, als Chruschtschow seinen Vorschlag einbrachte. Man wollte die Vorteile dieser »Abschreckungslogik« zunächst nicht einsehen. Die Kubaner beugten sich schließlich dem sowjetischen Druck – weniger aus Überzeugung als aus Furcht, nicht mehr viel Zeit gegen die Yankee-Invasoren zu haben. Also wurde ab Juli die Verschiffung von Mittelstreckenraketen normaler und längerer Reichweite und von atomwaffenfähigen Bombern des Typs IL-28 vorbereitet.[13]

Diese Entscheidung hatte in den Augen der Sowjets zusätzlich positive Nebeneffekte. Das militärische Kräfteverhältnis jener Jahre fiel geradezu dramatisch zugunsten der USA aus. Bei den Atomsprengköpfen waren die Sowjets im Verhältnis 1:17 unterlegen (300 gegenüber 5000), bei den Langstreckenbombern 1:8 (155 gegenüber 1300) und bei den Interkontinentalraketen 1:5 (44 gegenüber 229). Die USA waren auf dem besten Weg, ein erstschlagsfähiges Potential aufzubauen; einige ihrer Militärs brüsteten sich bereits mit diesem Drohpotential. Vielleicht würde eine erfolgreiche Stationierung von Atomraketen in Kuba dieser Entwicklung Einhalt bieten? »Zusätzlich zum Schutz Kubas, hätten unsere Raketen das ›Gleichgewicht der Macht‹, wie es der Westen gerne nennt, hergestellt. Die Amerikaner hatten unser Land mit Militärstützpunkten eingekreist und bedrohten uns mit Atomwaffen, und jetzt würden sie erfahren, was das für ein Gefühl ist, wenn feindliche Raketen auf einen gerichtet sind; wir würden nichts weiter tun, als ihnen etwas von ihrer eigenen Medizin zu verabreichen. Und es war höchste Zeit, daß Amerika erfuhr, wie es ist, wenn das eigene Land und das eigene Volk bedroht sind.« Aber allein deshalb wäre Chruschtschow das Risiko der Stationierung nie eingegangen. Wichtiger als alle Militärstrategie und das Denken in schablonenhaften Kategorien des Gleichgewichts der Waffen waren ihm die erhofften weltpolitischen Konsequenzen. Indem er Kuba half, vor aller Augen dem mächtigen Nachbarn aus dem Norden zu trotzen, würde er Prestige und Einfluß der Sowjetunion beispiellos aufwerten. Er hätte die weltweiten *politischen* Kräfteverhältnisse zu seinen Gunsten verschoben. Und das zählte mehr als jede neue Rakete im Vernichtungspotential. In diesem Sinne rechtfertigte Anastas Mikojan die Kuba-Politik Anfang November in Washington, als er mit den dort akkreditierten Botschaftern des Warschauer Paktes zu einer geheimen Sitzung zusammentraf: »Es war ein kühner Schritt in den politischen Machtbereich der Amerikaner, der im Falle eines Erfolges der amerikanischen Stellung in der Welt schweren Schaden zugefügt hätte.«[14]

Chruschtschow unterstreicht in seinen Memoiren mehrfach und eindringlich, daß er keine internationale Krise oder gar die Gefahr eines Atomkrieges habe heraufbeschwören wollen. »Jeder Trottel kann einen Krieg anfangen, und wenn er es einmal gemacht hat, sind selbst die Klügsten hilflos, ihn zu beenden – besonders, wenn es ein atomarer Krieg ist.« Warum wurden die Raketen dann trotzdem stationiert? Nach den vorliegenden Informationen läuft die Antwort immer wieder auf einen Punkt hinaus: Sie wurden nach Kuba verschifft, weil Chruschtschow und seine Berater die amerikanische Regierung und in erster Linie den neuen Präsidenten völlig falsch einschätzten. Chruschtschow – so bestätigt heute sein Vertrauter und Redenschreiber Fedor Burlatsky – hegte den naiven Glauben, die USA würden sich überrumpeln lassen und das »fait accompli« anschließend zähneknirschend akzeptieren. John F. Kennedy erschien ihm als zu jung, zu intellektuell, zu liberal und zu unerfahren. Jedenfalls hatte er diesen Eindruck beim Gipfeltreffen in Wien (Juni 1961) gewonnen. Dieser Präsident würde es zu keiner großen Konfrontation kommen lassen, würde – einmal vor die Wahl gestellt – zurückschrecken. Auf diese Weise setzte sich Chruschtschow über alle Probleme und Fragwürdigkeiten seiner Entscheidung hinweg – auch über kritische Fragen aus seinem Umkreis.[15]

Die Kritik an der damaligen sowjetischen Politik muß daher ins Grundsätzliche gehen:

– Es wurden Entscheidungen gefällt, ohne daß die möglichen Konsequenzen überdacht und abgewogen worden wären. Chruschtschow ging aufs Ganze und schlug vorschnell alle Warnungen in den Wind.

– Der Ministerpräsident war, ebenfalls die Grenze zum Naiven und Illusionären überschreitend, fest davon überzeugt, im Zweifelsfall rechtzeitig die Notbremse ziehen zu können. Daß dies Ende Oktober wirklich gelang, gibt ihm im Nachhinein keineswegs Recht. Es hätte auch ganz anders kommen können; mehrmals war es schieres Glück und Zufall, daß die Entwicklung nicht außer Kontrolle geriet. Auch diese Problematik einer eigendynamischen Eskalation hatte Chruschtschow nicht im Blick.

So begann die geheimste Operation in der sowjetischen Nachkriegspolitik. Lastwagen transportierten nachts und in eigens abgedunkelten Straßen die Raketenfracht zu den Schiffen. Andernorts gingen Soldaten an Bord, die sich auf einen längeren Aufenthalt in der Fremde eingestellt hatten, aber nicht wußten, wohin die Reise ging. Erst nach einigen Tagen und mitten auf dem Atlantik wurden sie informiert. Für viele zweifellos eine freudige Überraschung, für manche eine herbe Enttäuschung – hatten sie doch in Erwartung einer langen Reise und des kommenden Winters ihre Skier eingepackt. Immerhin wußten diese Soldaten jetzt mehr als die sowjetischen Botschafter in Washington (Dobrynin) und bei der UNO in New York (Zorin). Beide tappten völlig im Dunkeln und erfuhren erst am 22. Oktober, was in Kuba vor sich ging. Und auch dann hatten sie noch Zweifel und wollten eine Provokation des CIA nicht ausschließen. Hatte die sowjetische Presse seit September nicht immer wieder kategorisch bestritten, daß Mittelstreckenraketen nach Kuba geliefert würden? Hatte TASS nicht am 11. September geschrieben, es gäbe für die UdSSR keinen Grund, »ihre Vergeltungswaffen zur Abwehr einer Aggression in ein anderes Land, z. B. nach Kuba, zu verlagern«? Hatte TASS nicht behauptet, die Sowjetunion habe »so mächtige Raketen, daß es keinen Grund gibt, nach Stationierungsorten jenseits der Grenzen der Sowjetunion zu suchen«? Hatte Chruschtschow der eigenen Botschaft in Washington nicht wiederholt mitteilen lassen, Castro erhielte nur Boden-Luft-Raketen zum Schutz gegen Flugzeuge? Alle diese Täuschungsmanöver hatten stattgefunden. In Moskau dachte offenbar niemand daran, daß sich diese Politik sehr schnell gegen ihren Urheber wenden und als propagandistische Waffe einsetzen ließ. Auch glaubte man im Kreml, die US-Geheimdienste würden wochenlang übersehen, was sich in Kuba tat. Vielleicht war dies der größte aller Irrtümer.[16]

Die Wende in Washington

Die amerikanischen Geheimdienste beobachteten Kuba mit Argusaugen. Der Grund: Auch das Weiße Haus hatte ein geheimes Kuba-Programm. Seit April 1961 erstellte das Pentagon »contingency plans«, Eventualpläne also, die für jeden vorstellbaren militärischen Konflikt in und um Kuba eine passende Strategie und Taktik anboten. Admiral Dennison koordinierte in seiner Funktion als Oberbefehlshaber der US-Atlantikflotte (CINCLANT) diese Arbeit. 16 Monate lang lief die Planung wie im militärischen Betrieb üblich: Routinemäßig, standardisiert und nach gewohnter Norm wurden Szenarien für die Schublade erarbeitet. »Sandkastenmodelle«, wie Spötter meinten. 16 Monate lang blieben die Arbeiten politisch folgenlos – bis zum August 1962. Dann änderte sich alles, es kam politische Bewegung in die abstrakten militärischen Szenarien. Die Planung orientierte sich nicht mehr an einem ominösen »Tag X«, sondern wurde auf konkrete Daten ausgerichtet; aus der Vielzahl der militärischen Varianten wurden einige wenige in die engere Auswahl genommen; die Planung mündete in operative Vorbereitungen ein. Dies alles geschah zu einem Zeitpunkt, als noch keine einzige Mittelstreckenrakete in Kuba eingetroffen war.[17]

Phase 1

Am frühen Abend des 22. August 1962, gegen 18 Uhr, kam John McCone, Chef der CIA, ins Weiße Haus. Seit Ende Juli beobachtete der Geheimdienst Auffälliges in Kuba. Seit dieser Zeit waren mindestens 5000 Mann aus der Sowjetunion dort angekommen. Alle Ladungen sowjetischer Schiffe wurden ausschließlich von sowjetischem Personal gelöscht – früher waren diese Arbeiten immer von Kubanern erledigt worden. Zahlreiche weitere Indizien wiesen laut McCone darauf hin, daß »eindeutig etwas Neues und Abweichendes vor sich geht«. Noch wußte man nicht, was. Die Diskussionen kreisten um zwei Vermutungen:

– Die Mehrheit der Geheimdienstler glaubte, daß die neuen Rüstungsgüter zu defensiven Zwekken bestimmt waren. Wahrscheinlich handelte es sich um Boden-Luft-Raketen zum Ausbau der Luftverteidigung; um Radar- und Spionageeinrichtungen, die insbesondere das US-Raumfahrtzentrum in Cape Canaveral aushorchen sollten; oder um elektromagnetische Störgeräte, um in die Raum- und Raketenprogramme der USA eingreifen zu können. Auch der vier Wochen später vorgelegte »Special National Intelligence Estimate« blieb bei dieser Einschätzung.[18]

– John McCone war ganz anderer Meinung. Eine massenweise Lieferung von Luftabwehrraketen machte seiner Meinung nach nur dann Sinn, wenn diese dem Schutz besonders wichtiger militärischer Anlagen dienen sollten. Für ihn gab es nur ein Objekt, das einen solchen Aufwand wirklich lohnte: Mittelstreckenraketen. Die damals üblichen Typen bedurften besonderen Schutzes, weil es sich um freistehende und daher »weiche Ziele« handelte, die von jedem Flugzeug aus mit leichtem Bordfeuer zerstört werden konnten. Also vermutete McCone, daß die Sowjets jetzt nur die Vorarbeiten leisteten. Sie würden in absehbarer Zeit Mittelstreckenraketen folgen lassen – und sei es auch nur, um den grenznah zur UdSSR stationierten US-Mittelstreckenraketen etwas Vergleichbares entgegenzusetzen.[19]

McCone wußte, daß er mit seiner abweichenden Interpretation allein auf weiter Flur stand. Weder in der CIA noch in Kennedys Beraterkreis traute man Chruschtschow den Mut zu einem solchen Wagnis zu. Aber darum ging es damals auch gar nicht. Für die politische Bewertung der Vorgänge war es egal, was die Sowjets in Kuba bauten, wo sie bauten und warum sie bauten. Entscheidend war ein anderer Gesichtspunkt, der in McCones CIA-Bericht präzise herausgearbeitet wurde: Die Sowjetunion hatte ihre Kuba-Politik grundlegend geändert. Art und Umfang der Lieferungen an Kuba waren beispiellos; kein anderes Land der Dritten Welt war bisher so massiv unterstützt worden. In der Sicht der CIA gab es ein neues und ausgeprägtes sowjetisches Interesse an »Investitionen« in Kuba. Die Konsequenzen lagen auf der Hand. Mit jeder Fracht, die in kubanischen Häfen gelöscht wurde, stiegen die Chancen der Regierung Castro, der Opposition im Innern und den von außen gesteuerten Putschversuchen zu trotzen und sich langfristig zu stabilisieren. Hier lag Washingtons eigentliches Problem. Eine solche Stärkung Castros wollte man unbedingt vermeiden – so stand es in allen Memoranden, die im Anschluß an das Schweinebucht-Unternehmen zu Papier gebracht worden waren. Wenn die Sowjets nun massiv zugunsten Castros intervenierten, drängte die Zeit. Es konnte nicht mehr nur bei Eventualplanungen bleiben. Die Pläne mußten umgesetzt werden, alle notwendigen Schritte waren sofort in die Wege zu leiten. So lauteten die Konsequenzen, die John F. Kennedy aus seiner Unterredung mit McCone zog.[20]

In der Tat handelte der Präsident umgehend. Für den folgenden Tag lud er seine engsten Vertrauten und Berater zu einer streng geheimen Sitzung ins Weiße Haus: Dean Rusk, Robert S. McNamara, Robert Kennedy, McGeorge Bundy, General Taylor und erneut John McCone. Einziger Tagesordnungspunkt: die »Beweise neuer Aktivitäten des Sowjetblocks in Kuba«, die McCone tags zuvor referiert hatte.

Da von dieser Sitzung nur das Beschlußprotokoll vorliegt, ist bisher nicht bekannt, was und wie im einzelnen diskutiert wurde. Aber die Beschlüsse sprechen für sich. Die in der Vergangenheit erarbeiteten Eventualpläne sollten aus der Schublade geholt und die Großoffensive gegen Castro alsbald gestartet werden. Wie von John McCone am Vorabend empfohlen, wurden Maßnahmen für verschiedene Fälle in die Wege geleitet:[21]

1. »Fall eins« lautete: Die Sowjets lieferten nur Defensivwaffen, d. h. militärisches Gerät, mit dem das amerikanische Festland nicht beschossen oder auf andere Art und Weise angegriffen werden konnte. Schon dies wäre Grund genug, Castro jetzt endlich zu stürzen – freilich ohne massive Intervention amerikanischer Streitkräfte. General Taylor wurde beauftragt, den Plan »B plus« der »Operation Mongoose« mit »größtmöglichem Nachdruck« voranzutreiben. »Operation Mongoose« war der Code-Name für die geheimdienstlichen Aktionen in Kuba; Plan »B plus« ging über die üblichen Sabotage- und Terrormaßnahmen weit hinaus und setzte sich zum Ziel, binnen kurzer Frist eine Revolte gegen Castro zu inszenieren. (Einzelheiten – z. B. die Frage, ob zu diesem Zweck erneut Kommandotrupps in Kuba landen sollten – sind aus dem vorliegenden Material nicht zu erschließen). Auf Drängen der Brüder Kennedy wurde diese Entscheidung am 4. Oktober noch einmal bekräftigt. Insbesondere sollte die Sabotage intensiviert werden.[22]

2. »Fall zwei« lautete: John McCone würde Recht behalten, und die Sowjets wollten alsbald Mittelstreckenraketen anlanden. Das Pentagon wurde beauftragt, verschiedene Varianten eines Angriffs auf Kuba vorzubereiten: Luftangriffe ausschließlich gegen diese Raketen; Bombardierung aller Militäreinrichtungen; umfangreiche Invasion. Kennedys »kleiner Krisenstab« war sich durchaus bewußt, daß unter diesen Umständen die UdSSR gegen die Jupiter-Raketen in der Türkei Vergeltung üben würde. Der Präsident bat deshalb das Verteidigungsministerium um eine Expertise, welche Mittel und Wege es gebe, die Jupiter noch rechtzeitig abzuziehen.[23]

An diesem 23. August fielen noch keine endgültigen Entscheidungen. Aber die Stoßrichtung war klar vorgegeben. Das »Problem Kuba« sollte so schnell wie möglich und gewaltsam aus der Welt geschafft werden. Von politisch-diplomatischen Initiativen ist im Beschlußprotokoll mit keinem Wort die Rede. Eindeutig war ein Wendepunkt in der amerikanischen Kuba-Politik erreicht. Von diesem Zeitpunkt an kam es zu einer Radikalisierung und Militarisierung. Sieben Wochen vor den ersten Luftaufnahmen und drei Wochen vor dem Entladen der ersten Raketen in kubanischen Häfen begann der »Countdown«. Jetzt war für Washington der Zeitpunkt gekommen, um die sozialistischen Kräfte aus dem politischen Leben Kubas zu verbannen. Mit jeder Ladung neuer Gewehre verschlechterten sich nämlich die Aussichten auf eine erfolgreiche Konterrevolution. Daher mußte es jetzt zum großen Kräftemessen kommen. Wenn dadurch eine mögliche Raketenstationierung verhindert wurde, um so besser. Aber mit Raketen hatte der Kurswechsel in Washington ursächlich nichts zu tun. Ob, wann und in welchem Umfang Raketenlieferungen vorgesehen waren, spielte zunächst keine Rolle. Es ging in erster Linie um die sowjetische Militärhilfe als solche und um die unmittelbar damit verbundene politische Stärkung Fidel Castros. Dean Rusk wird am 28. Oktober, wenige Stunden nach dem Einlenken Moskaus, diesen Punkt bestätigen: »In unsererer Sicht war der Anlaß für eine Invasion die Einfuhr von ... Offensivwaffen, nicht nur von Raketen. Von Offensivwaffen nach Kuba.«[24]

Präsident Kennedy machte am Ende der Sitzung noch einmal deutlich, daß er dies alles nicht als Routineplanung mißverstanden wissen wollte. Die angeforderten Expertisen und Studien würden möglicherweise schon in absehbarer Zeit Anwendung finden. Der Präsident wünschte innerhalb einer Woche, d. h. spätestens bis zum 1. September, über die Fortschritte bei den Vorbereitungen unterrichtet zu werden. »Sollten wichtige neue Nachrichten eintreffen, wird ein Treffen zu einem früheren Zeitpunkt einberufen werden.« Man kam überein, alle Anweisungen strikt vertraulich zu behandeln und scharfe Sicherheitsvorkehrungen zu treffen.[25]

Phase 2

Am 23. August war das Außenministerium beauftragt worden, ein Memorandum zur Öffentlichkeitsarbeit vorzulegen. Wäre eine frühzeitige Erklärung vorteilhaft, daß man »Offensivwaffen« auf Kuba nicht dulden würde? Die Antwort war »Ja«. Auch John F. Kennedy schloß sich diesem Votum an. Er wollte vor die Öffentlichkeit treten und persönlich die propagandistische Vorarbeit für eine »große Krise« einleiten. Am 4. September war es soweit. Der Präsident warnte die Sowjets vor »offensiven Boden-Boden-Raketen« in Kuba. Gäbe es hierfür Beweise, »würden die schwerwiegendsten Fragen aufgeworfen werden«. Neun Tage später, am 13. September, folgte die zweite Erklärung des Weißen Hauses. In ihr standen – bezeichnenderweise – die Raketen schon nicht mehr im Mittelpunkt. Kennedy stellte vielmehr einen Katalog politischer Rechtfertigungen für eventuelle militärische Maßnahmen vor. Gegen Kuba sollte und müßte massiv vorgegangen werden, wenn der amerikanische Flottenstützpunkt auf der Insel, Guantanamo, gefährdet wäre; falls durch weitere revolutionäre Prozesse in Lateinamerika die Kontrolle der USA über den Panama-Kanal in Frage gestellt würde; wenn man die Arbeit im Raumfahrtzentrum Cape Canaveral in Florida von Kuba aus gestört sah; falls Kuba an Nachbarstaaten Waffen liefern sollte oder in irgendeiner Weise zu einem »offensiven Militärstützpunkt« der UdSSR ausgebaut würde. »Für alle Fälle« berief der Präsident mit sofortiger Wirkung 150 000 Reservisten ein.[26]

Damit hatte Kennedy nicht nur eine deutliche Kampfansage ausgesprochen. Er war politisch jetzt festgelegt. »Einschneidende Maßnahmen« waren nur noch eine Frage der Zeit. Diese Erklärungen richteten sich nicht in erster Linie an die Sowjets. Es ging nicht darum, sie in letzter Minute vor Raketenlieferungen zu warnen. Der eigentliche Adressat waren die amerikanische Öffentlichkeit und die NATO-Verbündeten. Bei ihnen warb der Präsident rechtzeitig um politische Unterstützung.

Die innenpolitische Wirkung blieb nicht aus. In den nächsten Wochen wurde im Kongreß eine Brandrede gegen Kuba nach der anderen gehalten, führende Zeitungen schlossen sich der Kampagne an und forderten, wie etwa das »Wall Street Journal«, wiederholt eine Blockade. Am 26. September verabschiedete der Kongreß eine gemeinsame Resolution beider Kammern, die dem Präsidenten eine politische Blankovollmacht für jede Form militärischer Gewaltanwendung gegen Kuba ausstellte. Der liberale »New Yorker« sprach in seiner Ausgabe vom 6. Oktober 1962 von der Formation einer beachtlichen »Kriegspartei« und warnte vor deren politischem Einfluß. »In der Administration gibt es viele Leute, die es für durchaus möglich halten, daß der Präsident eines Tages nicht mehr in der Lage sein wird, dem Druck für irgendeine Art militärischer Maßnahmen standzuhalten.« Was auch immer die Sowjets nach Kuba lieferten – »der Ruf nach Blockade oder Invasion wird begleitend dazu lauter werden«. Die innenpolitische Dynamik drückte allen militärischen Planungen ihren Stempel auf. Eile war geboten.[27]

Das Pentagon arbeitete mit Hochdruck und erstellte Szenarien für Luftangriffe, Invasion und Blockade. Zeitliche Vorgabe aller Planungen: der 20. Oktober 1962. An diesem Tag wollte man alle Vorbereitungen abgeschlossen haben und fortan praktisch »aus dem Stand« einsatzfähig sein. Es war mittlerweile Mitte September – und noch immer waren keine Raketen auf Kuba eingetroffen.[28]

Seit Ende August wurden auch Völkerrechtsexperten des Justizministeriums und die Europa-Abteilung des Außenministeriums in die Vorbereitungen eingespannt. Die Justitiare empfahlen dringend, am Begriff der »offensiven Waffensysteme« festzuhalten. In ihrer Sicht war dann nämlich auch ein Angriff auf Kuba juristisch zu vertreten. Im Außenministerium hatte man andere Probleme. Völkerrecht hin, Völkerrecht her – in jedem Fall würden sich die USA dem (auf den ersten Blick verständlichen) Vorwurf aussetzen, mit zweierlei Maß zu messen. Hatten sie selbst nicht auch atomare Mittelstreckenraketen grenznah zur UdSSR stationiert? Was wäre, wenn sich die Sowjets zu ihrer Verteidigung auf die Jupiter-Raketen in der Türkei beriefen? Waren das nicht ebenfalls »Offensivraketen«? Hatte man diese nicht auch in Italien stationiert? Am 10. Oktober lagen die »Argumentationshilfen« schriftlich vor: »Die Regierungen sind diese Verträge aus freiem Willen und im Bewußtsein der Notwendigkeit kollektiver Sicherheitsvorkehrungen eingegangen, gemäß dem Recht auf individuelle und kollektive Selbstverteidigung, das in Artikel 51 der Charta der Vereinten Nationen verankert ist. Der Gegensatz zu den insgeheim errichteten sowjetischen Raketenstützpunkten in Kuba liegt auf der Hand.«[29]

Als der Krisenmonat Oktober anbrach, hatten die Politiker und Militärs in Washington den größten Teil ihrer Planungen bereits hinter sich.

Phase 3

Ende September und Anfang Oktober leiteten die Militärs die ersten praktischen Schritte ein. Die Zeit der »Sandkastenspiele« war vorbei.

Für diese Phase steht nach wie vor nur spärliches Quellenmaterial zur Verfügung. Aber bereits die Eckdaten geben wichtige Hinweise:

– Die Luftwaffe nahm ein Intensivtraining auf. In der Wüste Nevadas wurden militärische Objekte nachgebaut, die man in Kuba ausfindig gemacht hatte: Hangars für Militärflugzeuge und sowjetische Luftabwehrstellungen (SAM). Die Piloten der Air Force probten, mit welchen Waffen ein Angriff gegen diese Ziele am effektivsten wäre. In Zusammenarbeit mit der Marine wurden detaillierte Zielstudien angefertigt. Anfang Oktober teilte Robert McNamara dem Präsidenten in einem Memorandum mit, daß die Trainingsphase jetzt abgeschlossen wäre und die Einsätze ab sofort und jederzeit geflogen werden könnten. Die einschlägigen Instruktionen (»Target Folders«) waren bereits an die Bomberbesatzungen ausgehändigt worden. Der Präsident zeigte sich an diesen Informationen sehr interessiert.[30]

– Am 25. September verließ ein Schiff das

Trockendock des Brooklyn Navy Yard in New York City, das schon an zahlreichen Brennpunkten des Kalten Krieges eingesetzt worden war: Dien Bien Phu, Libanon, Formosa. Die »Essex« war damals der älteste Flugzeugträger der amerikanischen Marine, aber an diesem Tag eines ihrer modernsten Schiffe. Man hatte sie in den vergangenen sechs Monaten in New York mit den neuesten elektronischen Geräten zur U-Boot-Bekämpfung ausgerüstet. Jetzt nahm das Schiff – vollgestopft mit Flugzeugen, die ebenfalls zur »antisubmarine-warfare« vorgesehen waren – Kurs auf Guantanamo. Die »Essex« sollte nicht lange allein bleiben. Kurz darauf lief auch die »Independence« aus, um (wie Vizeadmiral Alfred C. Ward in seinem Tagebuch vermerkte) »am 20. Oktober in Angriffsnähe vor Kuba zu sein. Verschiedene andere Maßnahmen zeigten, daß der 20. Oktober ein Schlüsseldatum sein würde«.[31]

– Vizeadmiral Ward schrieb weiter, daß er Ende September oder Anfang Oktober davon unterrichtet wurde, wesentlich früher als ursprünglich geplant das Kommando der Zweiten Flotte zu übernehmen – »vermutlich wegen des gesteigerten Interesses, etwas in der Kubafrage zu unternehmen . . .« Am 12. Oktober erhielt er dann eine präzise Auskunft. Er würde drei Tage später von seiner bisherigen Funktion als Befehlshaber der Landungstruppen der US-Atlantikflotte entbunden werden und sollte ab dem 20. Oktober die Zweite Flotte befehligen.[32]

– Am 1. Oktober traf sich Verteidigungsminister McNamara mit den Vereinigten Stabschefs und diskutierte mit ihnen die Einsatzpläne gegen Kuba. Sie sprachen dabei nicht über Raketen, sondern nur über »offensive Waffensysteme« auf Kuba. Diese galt es »auf Dauer« zu beseitigen. Spätestens jetzt war die gesamte militärische Führung des Landes in die politische Zielsetzung des Weißen Hauses offiziell eingeweiht. Sowjetische Waffen würden grundsätzlich auf Kuba nicht geduldet werden. Nach Lage der Dinge konnte dies, so McNamara, nur heißen: »Falls notwendig, Beseitigung des Castro-Regimes . . .« Der Oberkommandierende der Atlantikflotte, Admiral Dennison, wurde angewiesen, die Errichtung einer Blokkade vorzubereiten. General Taylor, der an diesem Tag zum Vorsitzenden der Vereinigten Stabschefs ernannt worden war, »stellte bei dieser Gelegenheit fest, daß wir den Sowjets höchstwahrscheinlich auf See entgegentreten würden, wenn wir militärische Aktionen gegen sie durchführen wollten. Seine These lief darauf hinaus, daß der Einsatz von Luftstreitkräften die Vernichtung der Zivilisation, wie wir sie kennen, zur Folge hätte und daß keine Seite siegen könnte; daß ein begrenzter Krieg in Europa mit Bodentruppen zweifellos mit einem Sieg der Sowjets enden würde wegen ihrer zahlenmäßigen Überlegenheit an Mannschaften; daß wir also einzig im Bereich der Seestreitkräfte überlegen seien und daß wir diese Streitkräfte gegebenenfalls einsetzen müßten, um die Ausbreitung des Kommunismus aufzuhalten.«

Zur Erinnerung: Diese Diskussion fand am 1. Oktober statt; General Taylor zählte zu den engsten Vertrauten Präsident Kennedys und war vom Präsidenten nach dem Debakel in der Schweinebucht in die Administration berufen worden.[33]

– Am 3. Oktober wies Admiral Dennison die ihm unterstellten Streitkräfte ein und gab »einen Operationsbefehl zur Blockade Kubas aus, in dem er den Befehlshaber der Vereinigten Einsatzgruppe 122 anwies, die Blockade zu leiten und Konteradmiral Ailes als Befehlshaber der Blockadegruppe einzusetzen«.[34]

– Am 6. Oktober ordnete Dennison die höchste Alarmstufe für alle in Frage kommenden Einheiten an. Sie waren jetzt in der Lage, »jeden einzelnen oder alle seiner Eventualpläne gegen Kuba auszuführen«. In den kommenden zehn Tagen wurden weitere wichtige Maßnahmen abgeschlossen bzw. mit höchster Dringlichkeit in Gang gesetzt: Munition und Schmierstoffe wurden tonnenweise auf Stützpunkten in Florida eingelagert; für Guantanamo wurde Verstärkung bereitgestellt; Pioniere bauten die Luftabwehrstellungen im Südosten der USA aus; die Fünfte Landebrigade der Marines, in Kalifornien stationiert, bereitete sich auf den Transport in die Karibik vor. Alle diese Aktionen konnten als Teil eines seit längerem geplanten Manövers, PHIBRIGLEX 62, erfolgreich getarnt werden. (PHIBRIGLEX 62 fand in der Nähe von Puerto Rico statt und übte die Landung auf einer fiktiven Insel namens »Republik Vieques«. Es ging dabei um den Sturz des Tyrannen Ortsac, dessen Name vertraut klingt, buchstabiert man ihn rückwärts ...).[35]

– Am 12. Oktober schließlich wurde auch das Strategische Luftkommando in die Vorbereitungen einbezogen. Welche Aufgaben ihm konkret zugewiesen wurden, ist aus den für diesen Zeitraum erheblich zensierten Quellen nicht ersichtlich.[36]

Damit war die letzte Phase der militärischen Vorbereitungen auf eine große Krise um Kuba abgeschlossen. Teile der Invasions- und Blockadetruppen befanden sich bereits in der ersten Oktoberwoche in höchster Alarmbereitschaft – aber erst neun Tage später sollten zwei U-2-Aufklärer Kuba in großer Höhe überfliegen und untrügliche photographische Beweise über Raketenstellungen mit nach Hause bringen.

Fragezeichen

Es drängt sich die Frage auf, ob die Militärs, Geheimdienstler und Politiker in Washington zu diesem Zeitpunkt noch immer im Dunkeln tappten. Oder hatten sie mittlerweile – immerhin waren seit dem Entladen der ersten Raketen knapp drei Wochen vergangen – verläßliche Hinweise erhalten? War dies der Grund für die nervöse Hektik im Pentagon? Wartete man nur noch darauf, bis die Wolkendecke über Kuba endlich aufriß und die U-2 Bilder von den Raketen machen konnte? Glaubten Weißes Haus und Pentagon, ohne diese Bilder die skeptischen Lateinamerikaner und Westeuropäer nicht überzeugen zu können? Wollte man deshalb noch einige Tage warten?

Diese Fragen können anhand des vorliegenden Quellenmaterials nicht befriedigend diskutiert werden. Noch immer sind wir auf Hypothesen angewiesen.

Hypothese 1: Die politische und militärische Führung der USA hatte auch in der ersten Oktoberwoche noch keinen zwingenden Verdacht geschöpft. Für Raketen auf Kuba gab es weder Beweise noch begründete Vermutungen, allenfalls die üblichen und seit Monaten phantasievoll ausgeschmückten Spekulationen. Diesen aber wollten der Präsident und seine Berater keinen Glauben schenken. Sie hielten vielmehr an ihrer ursprünglichen These fest, daß Chruschtschow ein solches Wagnis nicht eingehen werde.

So argumentieren nahezu alle der auf amerikanischer Seite Beteiligten. Ihre Interviews, Memoiren, Aufsätze und Bücher sprechen alle dieselbe Sprache. Man sei am 15. Oktober ganz und gar überrascht worden.

In der Tat waren über mehrere Wochen hinweg keine Luftaufnahmen Kubas möglich gewesen. Das Wetter war für die Jahreszeit sehr schlecht, dichte Wolken lagen ab Mitte September über der Insel. Deshalb mußten auch die U-2-Flüge eingestellt werden – die Maschinen waren immer wieder unverrichteter Dinge zurückgekommen. Niedrig fliegende Spionagemaschinen hätten schnell Aufschluß geben können; diese aber blieben absichtlich in ihren Hangars. Man hätte mit solchen Flügen die Kubaner und Sowjets vorgewarnt und folglich alle militärischen Vorteile eines späteren Überraschungsangriffs zunichte gemacht. Alle beteiligten Kommandeure waren, so General Taylor, der Meinung, daß »der Verlust des Überraschungseffekts ... schwerer wog als die Informationen, die wir daraus (aus den Flügen von Niedrigaufklärern – B. G.) gewinnen würden«.[37]

Sollte »Hypothese 1« zutreffen, dann erscheinen folgende Schlußfolgerungen angebracht:

– Auch ohne den Nachweis der Raketen wäre Militär gegen Kuba eingesetzt worden. Wahrscheinlich hätten die USA kurz nach dem 20. Oktober eine Blockade ausgerufen, die weitere Entwicklung abgewartet und dann über eine Invasion entschieden.

– Möglicherweise war die endgültige Entscheidung für eine Blockade noch nicht gefallen. Als die Raketen dann am 15. Oktober entdeckt wurden, geriet der Fahrplan des Weißen Hauses und der Militärs aus allen Fugen. Jetzt mußten nämlich zahlreiche unbekannte Faktoren und Unwägbarkeiten in Rechnung gestellt werden, z. B. die Frage, ob diese Raketen schon einsatzbereit waren, welche Sprengköpfe sie trugen, welche Regionen sie erreichen konnten. Auch war Washington gezwungen, den politischen Zielkatalog umzuschreiben: Jetzt würde die Krise um Kuba über den Verbleib oder den Abzug von Raketen geführt werden müssen. Aus einer amerikanisch-kubanischen Auseinandersetzung war von einem Tag auf den anderen eine direkte *militärische* Konfrontation mit den *Sowjets* geworden. Diese Komplikation hatte man nicht vorhergesehen. Chruschtschows Rechnung schien aufzugehen: Er ist den Amerikanern in der Tat zuvorgekommen. Das im Frühjahr 1962 in Moskau konzipierte Geheimprogramm setzte sich gegen Washingtons Planungen vom August durch.

Hypothese 2: Man wußte Anfang Oktober in Washington verläßlich, daß Raketen auf Kuba stationiert wurden. Allein aus diesem Grund wurden Blockade und Invasion operativ eingeleitet. Der endgültige Fotobeweis stand zwar aus besagten Gründen noch aus, aber Informationen anderer Art wurden als glaubwürdig eingeschätzt. Hätte Chruschtschow diesen letzten provokanten Schritt nicht getan, wäre auch das amerikanische Militär nicht gegen Kuba mobilisiert worden. Es wäre vielmehr bei den terroristischen Untergrundaktionen seitens der CIA und exilierter Kubaner geblieben, wie sie seit Anfang 1960 betrieben worden waren. Eine internationale Krise und die Gefahr eines Weltkrieges wären dadurch jedenfalls nicht heraufbeschworen worden.

Für diese Annahme spricht, daß die Geheimdienste ausreichend Zeit hatten, um die Entwicklung in Kuba zu analysieren. Die ersten Raketen bzw. Bauelemente für Raketenstellungen waren zwischen dem 8. und 15. September entladen worden. Techniker und Bewachungsmannschaften waren bereits im August an Land gegangen – und die CIA hatte sie schon bei der Ankunft im Blick. Im übrigen gibt es zahlreiche (aber noch immer bruchstückhafte) Hinweise, die auf eine frühzeitige Information Washingtons schließen lassen:

– Admiral Anderson, einer der Befehlshaber der Blockadeflotte, gab unmittelbar nach Ende der Krise Überraschendes zu Protokoll: Er hätte bereits im September über den Geheimdienst der Marine von den Mittelstreckenraketen erfahren.[38]

– Nachträgliche Veröffentlichungen aus dem Pentagon deuten immer wieder an, daß es in den ersten Oktobertagen neue Nachrichten gegeben habe – Nachrichten, die auf eine »signifikante sowjetische Bedrohung« hätten schließen lassen.[39]

– Erklärungsbedürftig sind nach wie vor die mysteriösen Reden des republikanischen Senators aus New York, Kenneth B. Keating. Keating, durch seine martialischen Verwünschungen Castros hinreichend bekannt, behauptete am 10. Oktober in öffentlicher Rede vor dem Senat: »An mindestens einem halben Dutzend Startrampen für taktische Raketen mittlerer Reichweite haben die Bauarbeiten begonnen.« General Taylor vermutete, Keating hätte seine Informationen von höchsten Geheimdienststellen bezogen. Bis heute steht eine Antwort auf diese Frage aus.[40]

»Es ist genug, um die Sache zu starten«

Welche dieser beiden Hypothesen der Wahrheit am nächsten kommt, muß aus heutiger Sicht offenbleiben. Allerdings steht fest, daß die USA militärisch optimal vorbereitet sind, als Ray S. Cline am Abend des 15. Oktober zum Telefon greift. Robert McNamara und Maxwell Taylor werden am nächsten Morgen ihre Kollegen im Krisenstab detailliert unterrichten. Seit ihrer Sitzung am 23. August hat das Pentagon in der Tat ganze Arbeit geleistet. »Zumindest ist es genug, um die Sache zu starten. Und ich würde sagen, es wäre . . . es sollte genug sein.« Man wird »aus dem Stand« agieren können. Erst vor diesem Hintergrund wird der abgeklärte Ton und die professionelle Selbstverständlichkeit im Telefonat Cline-Bundy verständlich. Man glaubt, die Dinge im Griff zu haben und wähnt sich in einer Position der Stärke.[41]

Die Kuba-Krise ist also eine wohl vorbereitete Krise. Und eine gewollte Krise. Niemand in Washington hat das mindeste getan, um der anstehenden Konfrontation aus dem Weg zu gehen. Und alle Eingeweihten wissen, daß wahrscheinlich Militär eingesetzt werden wird.

Die Raketen sind nicht die Ursache der Kuba-Krise. Sie sind Auslöser und aktueller Anlaß. Im Oktober 1962 geht es um wesentlich mehr. Im Mittelpunkt steht die Frage, wohin sich die Dritte Welt wenden wird. Viele wollen den sozialistischen Entwicklungsweg gehen, um der Not Herr zu werden, um den Hunger zu stillen und die Ausbeutung zu überwinden. Aber die Vereinigten Staaten wollen dieses Modell nicht akzeptieren. Vor diesem Hintergrund relativiert sich dann auch die Frage, wer in Washington vor dem 15. Oktober etwas gewußt hat, und was man gewußt hat.

Erstes Kapitel
Tagebuch: Dienstag, der 16. Oktober 1962

Es ist Dienstag, der 16. Oktober.

John F. Kennedys Gipfeltreffen mit Nikita Chruschtschow in Wien liegt nun schon über ein Jahr zurück. Aber die Erinnerung an diese spannungsgeladene Begegnung ist in Washington noch immer lebendig.

Chruschtschow in Wien – das war eine eindrucksvolle Demonstration dafür, daß die Sowjets aus der Umklammerung des Kalten Krieges ausbrechen wollten. Der Parteivorsitzende der KPdSU nahm kein Blatt vor den Mund, als er dem neugewählten US-Präsidenten gegenübertrat. Er schimpfte auf den amerikanischen Imperialismus, die unzumutbare Berlin-Politik der Vereinigten Staaten und deren zügellose Rüstung. Kennedy glaubte eine plausible Erklärung für dieses phasenweise sehr emotionale Auftreten zu haben: Chruschtschow schien noch immer erbost über die Invasion in der Schweinebucht. In Washington hatte man Kennedy nahegelegt, während der Unterredungen in jedem Fall »Stärke« und »Entschlossenheit« zu zeigen. Die Sowjets sollten wissen, daß der junge Präsident an der alten Politik der »Eindämmung« und weltweiten Bekämpfung des Kommunismus festhalten würde. Kennedy folgte diesem Rat. »Wenn er glaubt, ich sei unerfahren und hätte keinen Mumm, dann werden wir nie mit ihm weiterkommen, es sei denn, wir bringen ihn von dieser Vorstellung ab. Also müssen wir handeln.« Diese Lektion sollte Chruschtschow demnach lernen. Und er, John F. Kennedy, konnte dabei der Welt beweisen, daß er zwar jung, aber nicht unerfahren, zwar charmant, aber nicht ohne »Mumm« war, und im Falle eines Falles Amerikas Interessen mit »harter Hand« verfolgen würde. »Wenn Chruschtschow mich demütigen will, ... dann ist alles aus.« Vor der internationalen Presse war Kennedy nicht ganz so offenherzig wie im privaten Kreis, wählte aber auch hier deutliche Worte. Es würde wohl einen »kalten Winter« in den sowjetisch-amerikanischen Beziehungen geben.[1]

In den Wochen und Monaten nach Wien schien sich diese Prophezeiung zu bestätigen. Kennedys Regierung erlitt in der Außenpolitik Niederlage um Niederlage – jedenfalls sah man in Washington die Entwicklung so. Erste kritische Stimmen meldeten sich zu Wort und sprachen von außenpolitischem »Versagen«. Die Sowjets erzielten erstaunliche technologische Erfolge in der Raketentechnik und Weltraumfahrt, gewannen zunehmend Einfluß in den Entwicklungsländern, festigten ihre Stellung in Europa. Und wie reagierte Kennedy? Dilettantisch, meinten seine Gegner. Er versprach eine Mondlandung in zehn Jahren, derweil vom Kosmodrom Baikonur immer neue Raumschiffe mit dem roten Stern auf der Pilotenkanzel starteten. Er drohte Fidel Castro und Che Guevara in Sonntagsreden – und schloß die Augen vor der sowjetischen Wirtschafts- und Militärhilfe. Am 13. August 1961 verschlug es den Republikanern und konservativen Demokraten erneut die Sprache. Chruschtschow und Ulbricht ließen die Mauer durch Berlin bauen – und Kennedy ging vor der Küste von Massachusetts segeln. Wenige Wochen später am »Checkpoint Charly« in Berlin: Amerikanische und sowjetische Panzer standen sich einen Steinwurf voneinander entfernt tagelang in höchster Alarmbereitschaft gegenüber. In Washington fiel es schwer zu glauben, daß man eine erdrückende atomare Überlegenheit besitzen und doch politisch gelähmt sein konnte und ohnmächtig zusehen mußte, wie die Sowjets ihre Niederlagen der 50er Jahre wettmachten.

Und schließlich auch noch Raketen auf der Zuckerinsel, im »Hinterhof« der Vereinigten Staaten, wie der karibische Raum abfällig genannt wird. John F. Kennedys erste Reaktion auf die Auswertung der U-2-Photos fiel entsprechend drastisch aus: »Hat er mir also in die Eier getreten – wieder einmal.«[2]

»Die Besten und die Klügsten«

Es ist kurz nach neun Uhr, als McGeorge Bundy, Sonderberater des Präsidenten für nationale Sicherheit, das Weiße Haus betritt und dem Präsidenten die Nachricht von den sowjetischen Raketen auf Kuba überbringt. Kennedy tobt, legt für einen Augenblick die Zurückhaltung des neu-englischen Aristokraten ab. Nach kurzer Zeit gewinnt er seine Fassung zurück. Emotionalität will Kennedy im Weißen Haus nicht dulden. »Rational« und »analytisch« soll es dort zugehen.

Bundy bestellt den »inneren Kreis« der Berater für 11:45 Uhr in den Kabinettssaal: Aus dem Außenministerium kommen Dean Rusk, der Chef dieser Behörde, George Ball (Staatssekretär), U. Alexis Johnson (stellvertretender Staatssekretär), Edwin Martin (Staatssekretär für Lateinamerika-Fragen), Llewellyn Thompson (langjähriger Botschafter in Moskau, jetzt Sonderbotschafter mit verschiedenen Aufgabenbereichen). Das Pentagon wird vertreten durch Verteidigungsminister Robert S. McNamara, den Vorsitzenden der Vereinigten Stabschefs, General Maxwell D. Taylor, sowie Roswell Gilpatric als Stellvertreter Mc Namaras; in den nächsten Tagen wird auch Paul Nitze (Staatssekretär im Verteidigungsministerium) hinzukommen und eine Arbeitsgruppe leiten, die Eventualplanungen für Berlin ausarbeitet. Für die CIA spricht anfänglich der stellvertretende Leiter, Marshall Carter, später der Direktor der Behörde, John McCone. Aus dem Stab des Weißen Hauses werden McGeorge Bundy, Theodore Sorensen (Sonderberater und Redenschreiber des Präsidenten) und Bromley Smith als Protokollant abgestellt. Weiterhin eingeladen sind Robert F. Kennedy (Justizminister), Vizepräsident Lyndon B. Johnson, Finanzminister Douglas Dillon und der stellvertretende Leiter des US-Informationsamtes, Donald M. Wilson. Adlai Stevenson, der UNO-Botschafter, Dean Acheson, Außenminister der frühen 50er Jahre und Pierre Salinger, der Pressesprecher des Präsidenten, werden nur an wenigen Sitzungen teilnehmen.

Diese Gruppe diskutierte in leicht wechselnder Besetzung in den nächsten 13 Tagen über die Kuba-Raketen – bis zum 22. Oktober in streng geheimen und von der Öffentlichkeit verborgenen Sitzungen, danach offiziell als »Exekutiv-Kommittee« des Nationalen Sicherheitsrates, kurz »ExComm.«. Seit John F. Kennedys Einzug ins Weiße Haus waren solche kurzfristig zusammengerufenen Beratergruppen nichts Außergewöhnliches mehr; sie kennzeichneten den neuen Regierungsstil. Kaum im Amt, hatte Kennedy die unter seinem Vorgänger Eisenhower aufgeblähte Bürokratie des Nationalen Sicherheitsrates mit wenigen Federstrichen aufgelöst und die zahllosen Kommittees, die nur Berge von Papier produziert und verwaltet hatten, durch projektbezogene Arbeitsgruppen ersetzt. Kennedy wollte in allen, gerade auch außenpolitischen Fragen schnell, flexibel und unbürokratisch entscheiden können.

Kennedys Beratergruppe wurde als »die beste und klügste« verehrt. Diese selbstbewußten und energischen »Macher« verkörperten die Souveränität einer politischen Klasse, die sich auf dem Höhepunkt ihrer Macht befand. Sie waren elitär und sendungsbewußt, arrogant und machthungrig, »Das schaffen wir«-Männer in der »Das schaffen wir«-Gesellschaft einer »Das schaffen wir«-Zeit. Sie waren überzeugt, mit Pragmatismus und Willenskraft jedes Problem lösen zu können. Von der Wunderkraft der »angewandten Intelligenz« und des »Systemmanagement« fasziniert, nahmen sie es mit jedem auf. Kaum im Amt, war der »Kennedy-Clan« schon zur Legende geworden. Landauf, landab erzählte man sich von ihren Ideen, Ent-

☐ *U2-Luftaufnahme der Raketenstellungen vom 14. Oktober 1962 (Nähe San Cristobal). Links: Startvorrichtungen und Raketentransporter. Mitte: Ausrüstung. Rechts: Zelte und Raketenstellung im Bau. (36 o.)*

☐ *Geographische Verteilung der Raketen auf Kuba. Dunkel: Raketen längerer Reichweite. Hell: Raketen kürzerer Reichweite. (36 u.)*

☐ *Links: Reichweite der sowjetischen Raketen auf Kuba. Rechts: Reichweite der US-Raketen in der Türkei. (37 o.)*

☐ *Luftaufnahme der Raketenstellungen durch Niedrigaufklärer vom 23. Oktober 1962 (Nähe San Cristobal). Im Uhrzeigersinn: Kabel; Lastwagen; Tankwagen; Schutzzelt für Raketen; Hebebühne für Raketen. (37 u.)*

CANADA
HUDSON BAY
Ottawa
San Francisco
U. S. A.
New York
Los Angeles
Washington
New Orleans
MEXICO
C. Canaveral
CUBA
Mexico
Caribbean Sea
Panama Canal
Caracas
1200 MILES
VENEZUELA
Bogota
COLOMBIA
2,000 MILES
PERU
BRAZIL
Lima
BOLIVIA
Rio de Janeiro
PARAGUAY
CHILE
ARGENTINA
Santiago
Buenos Aires

Leningrad
Magnitogorsk
Moscow
E. GERMANY
POLAND
SOVIET UNION
CZECHOSLOVAKIA
AUSTRIA
HUNGARY
Volgograd
Donetsk
Odessa
YUGOSLAVIA
RUMANIA
1,500 MILES
Sevastopol
ALBANIA
BULGARIA
GREECE
Baku
TURKEY
CYPRUS
SYRIA
IRAQ
IRAN

MRBM LAUNCH SITE 1
SAN CRISTOBAL, CUBA
23 OCTOBER 1962
CABLE
MISSILE ERECTOR
MISSILE SHELTER TENT
TRACKED PRIME MOVERS
FUEL TANK TRAILERS
OXIDIZER TANK TRAILERS

scheidungen, ihrem Auftreten. Sie wurden bewundert und beeindruckten sogar die links-liberale Intelligenz im Land; auf ihren luxuriösen Dinnerparties erschienen auch die Opfer der McCarthy-Ära, Schriftsteller, Hochschullehrer, Journalisten. Kennedys Machtelite war von sich und ihrem Programm überzeugt, und die Mehrheit im Lande, darunter auch viele kritische Geister, vertraute ihr. Die »Besten und die Klügsten« hatten die politische und ideologische Meinungsführerschaft übernommen.[3]

Der Kreis, der sich am 16. Oktober kurz vor Mittag und noch einmal am frühen Abend im Weißen Haus einfand, war auf die bevorstehende Krise bestens vorbereitet. McCone, U. Alexis Johnson, Martin, Taylor und Nitze hatten unter Leitung Robert Kennedys in den vergangenen Monaten als »Special Group« das Projekt »Mongoose« – es ging um Sabotage und Konterrevolution auf Kuba – in Gang gesetzt. Im Außenministerium unter Rusk und Ball sowie im Pentagon unter McNamara hatte man sich ebenfalls intensiv mit der Karibik befaßt und Szenarien für einen politisch-militärischen Konflikt mit der Sowjetunion in dieser Region ausgearbeitet. In der Tat konnte der Präsident jetzt so entscheiden, wie er es sich immer gewünscht hatte: Aus dem Stand und beraten von Experten, von denen jeder glaubte, sie verstünden ihr Handwerk.

Der »Countdown« für die große Krise begann.

In dieser Stunde kann man sich noch immer kein präzises Bild über die Vorgänge in Kuba machen. Die Photoauswertung des heutigen Tages hat nichts wesentlich Neues ergeben. Fest steht lediglich, daß in der Gegend um Sierra des Rosario, etwa hundert Meilen westlich von Havanna, eine Abschußrampe für Mittelstreckenraketen gebaut wird; möglicherweise befinden sich auch bereits zwischen 16 und 24 Raketen auf der Insel. Im übrigen aber stehen die Geheimdienste vor einem Berg ungelöster Fragen:

– Welche Reichweite haben die Raketen? General Carter (CIA) vermutet Festtreibstoffraketen mit einer Reichweite von ca. 2000 Kilometern. McNamara bezweifelt solche Angaben; es könne sich ebensogut um 1100 Kilometer handeln.

– Welche Sprengköpfe sind vorgesehen? Bisher gibt es keinen Beweis, daß nukleare Sprengköpfe dort lagern oder die notwendigen Bunker gebaut werden. Auch ist völlig offen, für welche Sprengköpfe die vermuteten Trägersysteme ausgelegt sind.

– Wann werden die Raketen einsatzbereit sein? Vielleicht in zwei Wochen, unter Umständen in wenigen Tagen, möglicherweise aber auch erst in zwei Monaten.

– Warum werden die Stellplätze für die Raketen und auch die Startgebiete nicht militärisch geschützt? Rechnen die Sowjets nicht damit, beobachtet zu werden?

– Wieso sind die SAM-Luftabwehrraketen noch nicht betriebsbereit? Gehen die Sowjets etwa davon aus, sich Zeit lassen zu können? Hoffen sie, die USA würden die Raketen tolerieren und zumindest in absehbarer Zeit keine Luftangriffe fliegen?[4]

Niemand konnte erwarten, schnell eine Antwort auf diese Fragen zu finden. Seit Wochen lag eine dichte Wolkendecke über Kuba und erschwerte den hoch fliegenden U-2 die Photoaufklärung. Es war völlig ungewiß, wann eine Wetterbesserung eintreten würde. Niedrig fliegende Aufklärer, die sog. »Voodoo«-Jäger, hätten das Problem in wenigen Stunden lösen können. Aber diese hatte man bisher nicht einsetzen wollen, denn die Sowjets sollten nicht erfahren, daß die USA die Entwicklung bereits seit August besonders argwöhnisch verfolgten. Das galt nun erst recht. Sobald die »Voodoos« in niedriger Höhe über die Raketenrampen rasten, wären Kubaner und Sowjets vorgewarnt und könnten sich rechtzeitig gegen amerikanische Maßnahmen wappnen. Der

Überraschungseffekt wäre dahin, und man hätte das »Gesetz des Handelns« ohne Not aus der Hand gegeben. Also zog es der Krisenstab vor, fürs erste mit bruchstückhaften Informationen zu arbeiten.[5]

Das ExComm. setzt sich bereits an diesem ersten Tag seiner Beratungen unter einen enormen Entscheidungsdruck. Es dürfe keine Zeit verlorengehen; ungeachtet weiterer Aufklärungsflüge und Photoanalysen müßten Gegenmaßnahmen vorbereitet werden; so schnell wie möglich sollte der Kurs bestimmt werden. Einzig McGeorge Bundy scheint von diesem selbstauferlegten Zwang zum Handeln nicht überzeugt: »Eine Sache wäre in der Tat katastrophal, und das wäre ein Urteil, das auf falschen Vermutungen aufbaut, was hier auf der Insel überhaupt vor sich geht. Wir dürfen uns nicht dazu verleiten lassen ... Woher wissen wir überhaupt, um was es sich bei diesen Raketen handelt und was ihre Reichweite ist? ... Woher wissen wir überhaupt, wofür eine bestimmte sowjetische Rakete vorgesehen ist?« Seine Warnung verhallt ungehört. Das ExComm. macht dem Ärger über die vermeintlichen Niederlagen der Vergangenheit Luft: Die Zeit des Nachdenkens, so die Mehrheit, ist jetzt vorbei; es müsse endlich gehandelt werden. »Kicked in the balls – again!« Der Punkt scheint gekommen, um Chruschtschow demonstrativ in die Schranken zu weisen. »Wenn er mich demütigen will, ... dann ist alles aus.« Chruschtschow soll den Rückzug antreten müssen; an Kompromisse denkt niemand im ExComm. Die Raketen müssen weg, bevor sich die Öffentlichkeit daran gewöhnt hat, bevor sie wie selbstverständlich zum politischen Status Quo gerechnet werden. Dies ist das eigentliche Problem, das aus der Sicht des Krisenstabes zum schnellen Handeln zwingt. Nicht die mögliche Einsatzbereitschaft der Raketen bereitet Sorgen, sondern die absehbare Veränderung der *politischen* Kräfteverhältnisse zwischen Ost und West. Dean Rusk: »Ich glaube, wir müssen eine ganze Serie von Schritten einleiten, um diesen Stützpunkt zu eliminieren.« Maxwell Taylor hält ein weiteres Nachdenken über die Absichten der Sowjets und die Lage auf Kuba für gänzlich überflüssig. Er hat sich mit den übrigen Stabschefs schon verständigt und ist mit ihnen der Meinung, daß es nur eine Antwort geben kann: den Überraschungsangriff aus der Luft, und zwar so schnell wie möglich. »Herr Präsident, wir möchten noch einmal unterstreichen, wie wichtig es ist, einen Luftangriff mit all den Vorteilen eines überraschenden Schlages durchzuführen.«[6]

Die Sowjets in der Defensive

Alles in allem scheinen die Voraussetzungen günstig, um den Sowjets exemplarisch eine Niederlage zu bereiten. Je länger man im ExComm. nämlich darüber nachdenkt, weshalb diese Raketen stationiert werden, desto deutlicher setzt sich eine Meinung durch: Chruschtschow handelt aus einer Position der Schwäche. Selbstverständlich kann nicht ausgeschlossen werden, daß er es bewußt auf eine Konfrontation mit den USA anlegt. Dagegen spricht, wie John F. Kennedy anmerkt, daß sie seit der Berlin-Krise 1948/49 sehr vorsichtig agiert haben. Ob Chruschtschow nur blufft? Auch dies ist möglich, aber unwahrscheinlich. Nicht auszuschließen, daß er den Präsidenten persönlich herausfordern und demütigen will, daß er eine neue Offensive in Berlin plant und deshalb vorab in Kuba Flagge zeigen will. Alle diese Varianten können im ExComm. nicht überzeugen. Im Gegenteil:

Sie werfen mehr Fragen auf, als sie beantworten können. John F. Kennedy: »Für mich ist das noch immer ein gottverdammtes Rätsel.«[7]

Wesentlich plausibler scheinen die Hinweise, die Chruschtschow in der Defensive sehen. Einige Berater verweisen darauf, daß die sowjetischen Interkontinentalraketen sehr unzuverlässig sind. Folgender Wortwechsel erscheint besonders aufschlußreich:

»*JFK:* Aber was ist der Vorteil? Das ist genauso, als wenn wir plötzlich anfingen, eine große Zahl Mittelstreckenraketen in der Türkei aufzustellen. Das wäre gottverdammt gefährlich, würde ich meinen.

McGeorge Bundy: Wir haben es aber getan, Herr Präsident...

JFK: Ja, aber das war vor fünf Jahren.

U. A. Johnson: Wir haben es in England getan, als wir knapp waren.

JFK: Wie?

U. A. Johnson: Als wir knapp mit ICBMs waren.

JFK: Ja, aber das war in einer anderen Periode.

U. A. Johnson: Aber warum sollte Chruschtschow sich nicht klarmachen, daß er einen Mangel an ICBMs hat... dagegen eine Menge MRBMs besitzt und dies ein Weg ist, die Sache ein wenig auszubalancieren?

Bundy: Ich bin sicher, seine Generale erzählen ihm seit anderthalb Jahren, daß er eine goldene Gelegenheit verpaßt, seine strategischen Fähigkeiten zu vergrößern.«

Schließlich seien Mittelstreckenraketen auf vorgeschobenen Basen auch wesentlich billiger als der Bau Hunderter schwerer Fernraketen.[8]

Wahrscheinlich habe Chruschtschow mittlerweile auch die politischen Nachteile erkannt, die mit militärstrategischer Unterlegenheit einhergehen. Was er in Zukunft auch immer vorhaben möge – die »Ersatzraketen« auf Kuba würden zumindest den Schein neugewonnener Macht erwecken. Dann sähe es so aus, als seien die USA selbst in Lateinamerika nicht mehr unumstrittene Hegemonialmacht.

Diese These fand um so mehr Anklang, weil sie dem allgemeinen Politikverständnis im ExComm. entsprach. Eine erfolgreiche Außenpolitik setzte demnach unbedingt voraus, daß ein Land über umfangreiche nukleare Drohpotentiale verfügte. Seit 1945 waren die USA auf diesem Gebiet deutlich im Vorteil. Als sie sich einmal im Nachteil wähnten, im Jahre 1957, hatten sie prompt Mittelstreckenraketen an der Grenze zur UdSSR stationiert. Die Jupiter in der Türkei sollten demonstrieren, daß die Sowjets auch nach ihren »Sputnik«-Erfolgen keineswegs in der Raketentechnik und -rüstung überlegen waren. Es leuchtete der Mehrheit im ExComm. ein, daß sich Chruschtschow diese Logik mittlerweile zu eigen gemacht hatte und über die Kuba-Raketen aus einer militärischen wie politischen Defensive herausfinden wollte.[9]

Wenn diese Annahme stimmen sollte, dann würde die UdSSR augenblicklich keine Krise provozieren wollen. Solange die Arbeiten an den Raketenstellungen nicht abgeschlossen waren, würde ihr ein großes »Kräftemessen« wahrscheinlich äußerst ungelegen kommen. Also lagen alle Trümpfe in amerikanischer Hand.

Die Zeichen standen gut, Chruschtschow unter erheblichen öffentlichen Druck zu setzen und ihn mit folgenden Argumenten ins politische Abseits zu manövrieren: Die Raketen wurden heimlich geliefert; amerikanische Spitzenpolitiker wurden in den vergangenen Wochen ein um das andere Mal in die Irre geführt; Kennedy hatte im September mehrmals vor »Offensivwaffen« auf Kuba gewarnt. Und nicht zuletzt konnte man in der Öffentlichkeit mit dem Schein des Faktischen propagieren, daß die USA von Kuba aus militärisch bedroht würden. Bisher waren Washington die Hände gebunden. Wie hätte man begründen sollen, wegen Kuba eine Krise mit der Sowjetunion zu riskieren? Wegen der paar Gewehre und Flugzeuge, die dorthin geliefert worden waren? Lächerlich! Kennedy hatte damals aus Rücksicht auf die internationale politische Situation nicht gewagt, die amerikanischen Streitkräfte in der »Schweinebucht« einzusetzen. Die Konterrevolution hatte im Verborgenen stattzufinden – als »covert operation«. Jetzt aber hatte sich die Lage schlagartig geändert. Der Gegner war in der Defensive, und die USA hatten propagandistisch alle Vorteile auf ihrer Seite – vorausgesetzt, sie handelten schnell, überraschend und mit hohem Einsatz.[10]

Warum es zur Krise kommen muß

Neben der vermeintlichen »Schwäche der Sowjets« gibt es noch zahlreiche andere Gründe, die das Wagnis einer »großen Krise« gerechtfertigt erscheinen lassen. Die Kuba-Raketen sind für das ExComm. aus politischen Gründen unannehmbar. Im Wesentlichen werden hierfür vier Faktoren geltend gemacht:

– Die Hierarchie im internationalen Gefüge von Macht und Herrschaft muß gewahrt bleiben. Es darf noch nicht einmal den Anschein haben, als sei die UdSSR zu einer gleichberechtigten Groß- und Weltmacht avanciert. John F. Kennedy sieht in den Raketen ein symbolisches und machtpsychologisches Phänomen: »Es würde dann so aussehen, als wären sie uns gleich.« Ließen die USA diesen Schritt der Sowjets zu, so verlören sie ihre »Glaubwürdigkeit« – gegenüber Verbündeten; gegenüber der eigenen Öffentlichkeit, die ihre Regierung daran messen würde, ob sie ihre versprochene Linie (nämlich keine Offensivwaffen auf Kuba zu dulden) auch einhalte; und nicht zuletzt gegenüber den Sowjets. »Wenn wir in diesem Fall nichts unternehmen würden, dann vermittelten wir den Russen den Eindruck, daß wir niemals einschreiten würden, egal was und wo sie etwas unternähmen.« Staatssekretär Edward Martin faßt diese Überlegungen prägnant zusammen: »Nun, das ist einfach ein psychologischer Faktor – es sieht so aus, als hätten wir uns zurückgelehnt und sie es tun lassen. Das ist wichtiger als jede direkte Drohung.«[11]

– McNamara verweist auf innenpolitische Gesichtspunkte. »Ich will hier einmal ganz offen sprechen. Ich glaube nicht, daß wir es hier mit einem militärischen Problem zu tun haben... Dies ist ein innenpolitisches Problem.« Das ExComm. nimmt diesen Hinweis im stillen Einverständnis zur Kenntnis. Jeder scheint zu wissen, was gemeint ist: Kennedy steht unter erheblichem Druck der Öffentlichkeit, des Kongresses, der Presse. Daß die Regierung diesen Druck zum großen Teil selbst erzeugt hat und jetzt zum »Gefangenen« ihrer eigenen Politik geworden ist, interessiert in diesem Kreis niemanden. Wichtig ist nur, daß »alle« von dem Präsidenten erwarten, die »kommunistische Unterwanderung« Kubas und Lateinamerikas zu beenden. Überdies stehen Anfang November Zwischenwahlen zum Kongreß ins Haus. Kennedy befürchtet schon seit Wochen, daß die konservative Allianz aus Südstaatendemokraten und Republikanern daraus gestärkt hervorgehen und in Zukunft noch massiver gegen sein innenpolitisches Reformprogramm vorgehen wird. Douglas Dillon, selbst Republikaner, überlegt von Anfang an, wie er diesen Gesichtspunkt einbringen und damit den Entscheidungsprozeß in seinem Sinne beeinflussen kann. Während der ersten Sitzung des ExComm. schiebt er Theodore Sorensen einen Zettel zu: Ob er und der Präsident die Gefahren einer republikanischen Mehrheit im Repräsentantenhaus wirklich durchdacht hätten? Seien sie sich bewußt, daß ein so zusammengesetzter Kongreß »uns vollständig lähmen würde, im Fall künftiger sowjetischer Vorstöße vernünftig und entschieden zu reagieren«.[12]

– Würden die USA in Kuba nachgeben, so setzten sie ihren Einfluß in den Entwicklungsländern aufs Spiel. Gerade dort aber will die Kennedy-Administration Terrain gewinnen – beispielsweise mit der »Allianz für den Fortschritt«, die Lateinamerika politisch und ökonomisch stärker an die USA binden und gegen »kommunistischen Einfluß« abschirmen soll. Schon viel zu lange habe man mit angesehen, so Präsident Kennedy, daß die Sowjets auf Kosten der Vereinigten Staaten in Mittel- und Lateinamerika Politik machten.[13]

– Blieben die Raketen in Kuba, so würde die Regierung Castro politisch stabilisiert. Damit aber will sich in Washington niemand abfinden – im Gegenteil. Wenn der Krisenstab über die Beseitigung sowjetischer Raketen spricht, dann werden die Konterrevolution und Castros Sturz immer gleich mitgedacht. Dean Rusk will wissen, ob die Zeit reif sei, »das kubanische Problem ein für allemal aus der Welt zu schaffen«. Der politische und ideologische Einfluß Castros über die Landesgrenzen hinaus, die Ausstrahlungskraft des kubanischen Modells in Lateinamerika und seine beispielgebende Funktion für sozialrevolutionäre Bewegungen in der Dritten Welt sind die eigentliche »kubanische Bedrohung«. Robert Kennedy sieht schon den Tag kommen, wo Fidel Castro den USA in den Arm fallen und sie an militärischen Interventionen in lateinamerikanischen Staaten hindern wird: »Gesetzt den Fall, es entsteht irgendein Problem in Venezuela, dann wird sich Castro hinstellen und sagen: Wenn Ihr Truppen nach Venezuela schickt, dann werde ich diese Raketen abfeuern.« Sein Bruder kann ihm nur beipflichten: »Nicht zuletzt das zeigt, daß wir in der Schweinebucht wirklich Recht hatten.«[14]

Bereits in dieser Diskussion zeigte sich ein Gesichtspunkt, der in der späteren Kriegsführung in Vietnam besonders deutlich zu Tage treten sollte: Die Auseinandersetzung mit den sozialistischen Staaten sah man seit Kennedys Regierungsübernahme in einem anderen Licht. Eine neue Generation von Politikern war darum bemüht, die Politik der »Eindämmung« und des »Zurückrollens« des Sozialismus aktionistisch und aggressiv voranzutreiben. Schauplatz war die Dritte Welt. Hier würde über die Ideen und Visionen der Zukunft entschieden, hier könnten – wie Robert Kennedy sich das vorstellte – die Vereinigten Staaten die »Phantasie der Jugend« für sich einnehmen. Laut Walt Whitman Rostow (Bundys Stellvertreter), Robert Kennedy und Maxwell Taylor hatte man die »Siegesmöglichkeiten« in den Entwicklungsländern bisher schlicht übersehen. Mit moderner Technologie und politischem Willen würde man sich durchsetzen. Aber vorher müßten die »Straßenkehrer der Revolution« (Rostow) – d. h. Guerilla-Führer wie Che Guevara und Ho Tschi Minh – beseitigt werden. Wohl kaum eine amerikanische Regierung der Nachkriegszeit war so sehr von sich und ihrem Anliegen überzeugt wie Kennedys »best and brightest«. Niemand hegte den geringsten Zweifel, daß Gott und die Geschichte auf ihrer Seite seien. Kennedys Team sah sich im Unterschied zu Eisenhowers als bieder und langweilig belächelten Kabinett zu neuen Aufgaben berufen. Verwalter der Zukunft, Führer der Jugend und Träger des Fortschritts wollten sie sein. Widerstände würden sich lösen lassen, auf intelligente Art und Weise natürlich und im Zweifelsfall mit Gewalt. Mehr Waffen und Kampftruppen nach Vietnam, das hatten Rostow und Taylor schon im Herbst 1961 gefordert – Schluß mit der sowjetischen Militärpräsenz auf Kuba und Sturz Castros, das stand nun auf der Tagesordnung. Es wurde auch deutlich, daß Kennedy in seiner Antrittsrede nicht nur rhetorisch Symbole bemüht, sondern durchaus auch ernst zu nehmende politische Orientierungslinien formuliert hatte. Seine Regierung würde jetzt die »Fackel« von der ersten Nachkriegsgeneration übernehmen und sich verpflichten, amerikanische Interessen zu jeder Zeit und an jedem Ort der Welt anzumelden – und »jeden Preis« für die Durchsetzung dieser Interessen zahlen.[15]

Zurück zu den Kuba-Raketen: Waren sie wirklich nur unter politisch-psychologischen Gesichtspunkten relevant? Stellten sie nicht zugleich eine neuartige militärische Bedrohung der USA dar? Könnten die Sowjets damit nicht den amerikanischen Kontinent militärisch im Würgegriff halten? Immerhin stand bereits nach den ersten spärlichen Informationen fest, daß mehrere amerikanische Großstädte, darunter auch Washington, in der Reichweite dieser Waffen lagen.

McNamara hatte die Frage am frühen Nachmittag mit den Vereinigten Stabschefs besprochen. Die Militärs waren mehrheitlich in der Tat der Meinung, daß sich die militärischen Kräfteverhältnisse grundsätzlich ändern würden. Die USA seien so verwundbar wie nie zuvor; die Flugplätze und Kommandozentralen des Strategic Air Command würden bedroht; die Einsatzbereitschaft der strategischen Waffen und insbesondere die Option eines prä-emptiven Schlages[16] seien in Frage gestellt; wahrscheinlich sei dies ohnehin nur der erste Schritt eines gigantischen sowjetischen Rüstungsexports. Die CIA leistet dem Pentagon in dieser Frage Schützenhilfe.[17]

Der Verteidigungsminister hingegen vertritt die gegenteilige Auffassung: »Meine persönliche Meinung ist, daß sich überhaupt nichts ändert.« John F. Kennedy pflichtet bei: »Welchen Unterschied macht das schon? Sie haben ohnehin genug, um uns in die Luft zu sprengen.« »Es macht doch keinen Unterschied, ob man von Atomraketen in die Luft gesprengt wird, die aus der Sowjetunion oder nur aus einer Entfernung von 90 Meilen abgefeuert werden. Die Geographie spielt in diesem Fall keine große Rolle.« Kennedy wird in den internen Beratungen und auch in seinen späteren öffentlichen Auftritten bei dieser Linie bleiben. Die Kuba-Raketen sind vor allem ein politisches Problem und dienen, wie Rusk und Bundy ergänzend anmerken, macht-psychologischen Zwecken. Auch General Taylor scheint die Argumentation seiner Kollegen im Vereinigten Generalstab nicht ganz ernst zu nehmen. Jedenfalls rät er davon ab, militärstrategische Überlegungen zum Maßstab des Handelns zu machen.[18]

Das ExComm. schließt sich dieser Sichtweise an. Mehr noch: Niemand außer McNamara und Taylor interessiert sich für die militärische Seite des Problems. Eigentlich müßte man erwarten, daß zumindest nach der Einsatzbereitschaft der Raketen gefragt wird. Wann ist damit zu rechnen, daß die Raketen abgefeuert werden können? Was bedeutet »Einsatzbereitschaft« genau – Abschluß der Arbeit an den Stützpunkten, Aufstellung der Raketen, konkrete Vorbereitungen für einen Einsatz? Fragen dieser Art werden nur von McNamara gestellt. Der Rest des Krisenstabes reagiert darauf gelangweilt. Die »militärische Bedrohung« ist eben ein gänzlich nachgeordneter Aspekt.[19]

☐ *John F. Kennedy während einer Pressekonferenz, Juni 1961 (l. o.)*
☐ *Mc George Bundy (M. o.)*
☐ *Douglas Dillon (r. o.)*
☐ *U. Alexis Johnson (M.)*
☐ *George Ball (Paris-Orly, 10. 1. 63) (u.)*

- ☐ *Roswell Gilpatric (l. o.)*
- ☐ *Robert F. Kennedy (M. o.)*
- ☐ *John McCone (r. o.)*
- ☐ *Robert McNamara (l. u.)*
- ☐ *Lyndon B. Johnson (r. u.)*

☐ *Paul Nitze (l. o.)*
☐ *Theodore Sorensen (M. o.)*
☐ *Maxwell Taylor (r. o.)*
☐ *Dean Rusk (links) und Adlai Stevenson in der UNO-Vollversammlung, September 1961 (l. u.)*
☐ *Llewellyn Thompson (r. u.)*

Der Abgesang der Diplomatie

Dean Rusk stellt drei politisch-diplomatische Initiativen zur Debatte, die in den vergangenen Wochen im Außenministerium für den Fall einer Krise um Kuba erarbeitet worden waren: Konsultation mit Verbündeten in Westeuropa und Lateinamerika; Kontakt zur Regierung Castro; klärende Gespräche mit der sowjetischen Führung.

Die mit Kuba befaßten Planungsstäbe im State Department empfehlen bündnispolitische Absprachen, weil zahlreiche andere Staaten gezwungenermaßen die Risiken einer Ost-West-Konfrontation mittragen müssen: die Europäer aufgrund ihrer militärisch exponierten Stellung, die Lateinamerikaner infolge ihrer labilen innenpolitischen Verhältnisse. Rusk geht davon aus, daß sechs den USA »freundlich gesinnte« Regierungen in Mittel- und Lateinamerika akut gefährdet seien, sollte es wegen eines amerikanischen Überfalls auf Kuba zu Protesten und Widerstandsaktionen der Linken kommen. Dennoch will das ExComm. dergleichen Überlegungen nicht folgen. Wann immer die Sprache auf die Verbündeten kommt, klingen mißtrauische, bisweilen verächtliche Töne an. Mc George Bundy z. B. kann sich beim besten Willen nicht vorstellen, daß die Europäer einen Luftangriff auf Kuba gutheißen würden. Er warnt vor »all dem Lärm, den unsere Verbündeten veranstalten würden. Sie werden sagen, daß sie ja schließlich mit der Drohung sowjetischer Mittelstreckenraketen lebten, wieso könnten wir es dann nicht. Die Deutschen werden geltend machen, daß wir wegen Kuba Berlin unnötigerweise gefährdeten. Die Aussicht auf all das ist nicht gerade anregend.« Damit ist das Thema »bündnispolitische Konsultationen« vom Tisch.[20]

Wäre es nicht sinnvoll, Castro über die OAS (Organisation Amerikanischer Staaten) unter Druck zu setzen und in einer gemeinsamen Erklärung aller Mitgliedsstaaten eine sofortige Inspektion Kubas zu fordern? Warum sollte man nicht über einen direkten Kontakt zu Fidel Castro nachdenken?

Rusk schwebt folgendes Angebot an Havanna vor: Die USA versprechen, die Insel nicht anzugreifen. Im Gegenzug fordert Kuba die Sowjets auf, alle Militärstützpunkte zu räumen und sofort das Land zu verlassen. Gleichzeitig packen auch alle »orthodoxen Kommunisten« die Koffer und gehen ins Exil. Dieser Vorschlag wird im ExComm. ebenfalls verworfen – nicht etwa, weil er Castro zur politischen Kapitulation auffordert, angesichts der Entwicklungen seit Frühjahr 1961 geradezu naiv an der Realität vorbeigeht und daher ohnehin scheitern würde. Er wird abgelehnt, weil angeblich wertvolle Zeit verschleudert würde und die Kubaner sich auf etwaige militärische Auseinandersetzungen vorbereiten könnten.[21]

Blieb als letztes noch die Möglichkeit einer direkten Kontaktaufnahme zu Nikita Chruschtschow. Möglicherweise war sich der Kreml über die Tragweite der Stationierung nicht im klaren und schätzte die amerikanische Reaktion völlig falsch ein. Warum sollte man also nicht unauffällig und auf den üblichen diplomatischen Wegen vorstellig werden und den Sowjets klarmachen, daß es wegen dieser Raketen zu einer »großen Krise« kommen könnte? Zwei Tage später, am 18. Oktober, bot sich eine günstige Gelegenheit. Außenminister Gromyko würde zu einem seit langem verabredeten Besuch mit John F. Kennedy im Weißen Haus zusammentreffen. Wollte man ausloten, ob politisch-diplomatische Lösungen des Konflikts möglich waren? Wollte man zumindest einen ersten Schritt auf diesem Weg gehen, oder entschied man sich von vornherein für Konfrontation und Krise? Hatte die Diplomatie noch eine Chance, oder würden »Politik der Stärke« und militärischer Druck die Oberhand behalten? Jetzt mußte das ExComm. Farbe bekennen.

Robert McNamara wirft seine ganze Autorität in die Waagschale, um den diplomatischen Weg zu versperren. Initiativen dieser Art erscheinen ihm völlig undenkbar, geradezu absurd. Sie würden scheitern und obendrein den USA die Hände binden. Dieses Votum des Verteidigungsministers ist ein wichtiges Zeichen für John F. Kennedy. Der Präsident hat großen Respekt vor McNamara und schätzt dessen Urteil höher ein als die Meinung seiner anderen Berater.

McNamara war der ideale »Kennedy-Mann«: puritanisch im Arbeitsethos, bedingungslos loyal gegenüber dem Präsidenten und dem Amt, das er selbst verwaltet, besessen von dem Glauben, nicht nur dem Land zu dienen, sondern auch die Welt zu verbessern, machtbewußt und in der Durchsetzung amerikanischer Interessen unnachgiebig. »Er paßte so gut zu den Kennedy-Leuten«, schreibt David Halberstam, »weil sie alle Rationalisten waren und im Grunde nicht von den Eisenhower-Jahren abrückten, sondern bei der Amtsübernahme nur versprochen hatten, daß die neue Administration effektiver sein sollte.« Er war gerade eine Woche Präsident der Ford-Werke in Detroit gewesen, als Kennedy ihn auf Anraten Robert Lovetts, der grauen Eminenz im Washingtoner Establishment, abwarb. McNamara »gehörte nicht in dem Sinne wie Bundy zum Establishment noch hatte er gedient wie Rusk, der in all jenen Jahren zuerst im State Department und dann bei der Rockefeller Foundation tätig gewesen war. Detroit hatte mit dem Establishment nichts zu tun, aber es war ein Teil des Wirtschaftssystems, ein Ort, den man im Auge behalten mußte.« Nach Detroit war McNamara gekommen, weil er schon früh gezeigt hatte, daß er für seine Vorstellungen auch Ellbogen einsetzen konnte. Diese »andere Seite« des Bob McNamara störte seine Kritiker von Anfang an: »Der absolute Glaube an das, was er tat, die Bereitschaft, alles zu überrennen, was ihm im Wege war, die Unnachgiebigkeit, mit der er andere, manchmal klügere und maßvollere Männer beiseite drängte.« Aber auch darin war er der ideale »Kennedy-Mann«. Nicht zufällig gehörte McNamara zu den wenigen im Kabinett, mit denen der Präsident auch privat freundschaftliche Beziehungen pflegte. Diese Freundschaft hatte politische Konsequenzen. John F. Kennedy, oft grüblerisch und unsicher, orientierte sich in weichenstellenden Diskussionen häufig an dem selbstsicheren, brillant formulierenden und präzise argumentierenden McNamara.[22]

Schon in der ersten Sitzung des ExComm. wird deutlich, wer hier über die größte intellektuelle Autorität verfügt. Der Chef des Pentagon zieht die Fäden, steuert die Diskussion, verunsichert Andersdenkende durch penetrantes Nachfragen, überrascht mit unerwarteten »Szenarien«; und vor allem läßt er nicht die geringsten Zweifel aufkommen, daß der von ihm favorisierte Weg der richtige ist. Ein an Arroganz grenzendes Selbstbewußtsein wird subtil eingesetzt, um zu überzeugen, bisweilen um einzuschüchtern oder um abweichende Meinungen zu diskreditieren. Kurz: McNamara ist von Anfang an die dominierende Gestalt. Phasenweise erscheint er wie der heimliche Präsident. Freilich ist er klug genug, seinen Machtinstinkt zu zügeln und die Karten nicht zu überreizen. »Bob ist ein guter Soldat«, heißt es im Weißen Haus. Er würde sich seinem »Commander in Chief« nicht widersetzen – weil er genau weiß, daß er ihn im Zweifelsfall mit Argumenten überzeugen kann.

In der Tat erringt McNamara an diesem Tag seinen ersten großen Erfolg im ExComm. John F. Kennedy schließt sich seinem Votum an: Ein Kontakt zu Chruschtschow sei pure Zeitverschwendung; ohne Not gebe man das Gesetz des Handelns aus der Hand. »Wir würden alle Vorteile unseres Angriffs verlieren.« »Möglicherweise würden sie durch all dies nur vorgewarnt... Wir würden eine Woche verlieren.« Damit ist eine Schlüsselentscheidung gefallen: Andrei Gromyko soll und wird nicht erfahren, daß die Amerikaner über die Lage in Kuba voll im Bilde sind. Man will noch nicht einmal testen, ob die Sowjets mit sich reden lassen und kompromißbereit sind. Das ExComm. will die Konfrontation; es will die Krise.[23]

Ein neues Pearl Harbour?

Maxwell Taylor teilt zu Beginn der Sitzung mit, daß sich die Vereinigten Stabschefs entschieden haben. Sie wollen einen baldigen Überraschungsangriff aus der Luft – ein »neues Pearl Harbour« also, wie George Ball kritisch anmerkt. »Zerstört die Raketen mit einem harten Schlag.« »Holt sie heraus ohne die geringste Vorwarnung« – so argumentieren die »Falken« unentwegt.[24]

Wie würde ein solcher Überraschungsangriff konkret aussehen? Wie viele Flugzeuge würden eingesetzt? Gegen welche Ziele? In dieser Frage gehen die Meinungen erheblich auseinander. McGeorge Bundy will nur die Raketenstellungen bombardieren. Ein »begrenzter Schlag« sei politisch überzeugend, da Anlaß und Reaktion in einem »angemessenen Verhältnis« stünden. »Politisch gesehen stimmt die Bestrafung mit dem Vergehen überein... Wir machen doch schließlich nur, wovor wir wiederholt gewarnt haben und was wir in aller Öffentlichkeit angekündigt haben.« Beseitige man lediglich den »Anstoß des Streites«, so sei auch die Gefahr einer unkontrollierten Eskalation relativ gering.[25]

Präzision, Kalkulierbarkeit, begrenzter Schaden, überschaubares Risiko, »chirurgische Schläge« – das waren die intellektuellen Orientierungspunkte, die vermeintlich einen sicheren Weg durch alle außen- und militärpolitischen Konflikte weisen würden. Die »defense intellectuals« der neuen Elite dachten alle so. Für jeden politischen Konflikt wollten sie ein adäquates militärisches Szenario bereithalten; die stupiden Drohungen mit »massiver Vergeltung« für »kommunistische Übergriffe« jedweder Art gehörten ihrer Meinung nach in die Rumpelkammer der Abschreckungsrhetorik. »Flexibilität« und »Optionen«, »abgestufte Eskalation« und »Rationalität« waren gefragt. Robert McNamara stieß aber sehr schnell an die Grenzen dieser »neuen Rationalität«. In einer Sitzung mit den Vereinigten Stabschefs hatte er sich an Curtis LeMay, den Stabschef der Luftwaffe gewandt und ihn gebeten, ein Konzept für »chirurgische Schläge« auszuarbeiten. »Nun, Curt, wir wissen ziemlich sicher, daß dort unten sowjetische Techniker sind, und ich will mit einem Luftangriff da reingehen. Ich will keinen dieser Techniker töten, aber ich möchte einige verwunden. Ich will keine dieser Raketen zerstören, ich möchte nur ein paar beschädigen. Läßt sich das machen?« LeMay hatte ihn fassungslos angeschaut und gesagt: »Sie müssen den Verstand verloren haben.«[26]

McNamara erinnert sich am 16. Oktober an diese Lektion und kritisiert im ExComm. alle Vorschläge zur militärischen Selbstbeschränkung. Wer an einen Luftangriff denke, solle konsequent sein und einen »ziemlich umfassenden Angriff« planen. Alles andere sei zum Scheitern verurteilt – und ein nochmaliges Fiasko wie in der Schweinebucht, so die unausgesprochene Prämisse, will und kann sich niemand erlauben. »Jeder Luftangriff darf sich nicht nur gegen die Raketenstellungen richten, sondern gegen die Raketenstellungen plus die Flugzeuge, die möglicherweise gar nicht auf diesen Flugplätzen stationiert, sondern irgendwo

☐ *Sitzung des ExComm. (am 23. Oktober 1962). Im Uhrzeigersinn: John F. Kennedy; McNamara; Gilpatric; Taylor; Nitze; Wilson; Sorensen; Bundy (verdeckt); Dillon; L. B. Johnson (verdeckt); Robert Kennedy; Thompson; Carter; Ball; Rusk.*
☐ *Sitzung des ExComm. am 23. Oktober 1962. V. l. n. r.: John F. Kennedy; Robert McNamara; Roswell Gilpatric. (51 o.)*
☐ *John F. Kennedy und Robert McNamara auf der Veranda des Weißen Hauses (51 u.)*

versteckt sind, und nicht zuletzt gegen die möglichen Lagerstätten für Atomwaffen ... Solche Angriffe würden erhebliche Opfer auf kubanischer Seite fordern – mehrere hundert, sehr wahrscheinlich mehrere tausend, wohl um die zwei- oder dreitausend.« Vielen im ExComm. erscheint ein solcher exzessiver Angriff auch deshalb geboten, weil damit angeblich ein Volksaufstand auf Kuba provoziert werden könnte. »Begrenzte Angriffe« hingegen würden keine soziale oder politische Unruhe auslösen; allenfalls zöge sich die Bevölkerung aus den umkämpften Gebieten zurück und würde abwarten. »Die Leute blieben zu Hause und würden versuchen, sich aus allem herauszuhalten.« So gehört die Aussicht auf die Konterrevolution zu den wichtigsten »Vorteilen« eines neuen Pearl Harbour.[27]

Sollte man auch eine Invasion Kubas erwägen? Hier gehen die Meinungen auseinander. McNamara und Rusk glauben nicht, daß eine Invasion zu umgehen sein wird. »Dann können wir es auch gleich tun, ich meine den ganzen Job.« John F. Kennedy und General Taylor sind skeptisch. Die Schweinebucht hat gezeigt, daß Castro erheblichen Rückhalt in der Bevölkerung hat und daß die Kubaner sich keineswegs nach einer »Befreiung« amerikanischen Zuschnitts sehnen. »Wir haben doch in Wahrheit keinen einzigen Bericht darüber, wie die kubanische Bevölkerung auf all das reagieren würde.« Und könnte eine Invasion die Sowjets nicht gerade dazu einladen, gegen Berlin vorzugehen? »Wir würden uns in einer Art und Weise festlegen, die West-Berlin in große Gefahr brächte.« In den Reihen der Geheimdienste wird die gegenteilige Auffassung favorisiert. Eine rasch durchgeführte Invasion berge das geringste Risiko eines militärischen Zusammenstoßes mit der UdSSR.[28]

Als entschiedenster Parteigänger der »Geheimdienst-Lösung«, der Invasion also, erwies sich ein Mann, der bislang eher zurückhaltend argumentiert hatte: Robert Francis Kennedy, der jüngere Bruder des Präsidenten und Justizminister. Er war nach dem gescheiterten Schweinebucht-Unternehmen damit beauftragt worden, die »verdeckte Kriegsführung« gegen die Regierung Castro zu reorganisieren und neue politische Konzeptionen für die Konterrevolution auszuarbeiten. Er nahm diese Aufgabe sehr ernst und stand bald in dem Ruf, gegen alle »liberalen Weichlinge« in Washington »mit der Peitsche« vorzugehen. Als Vorsitzender der »Special Group« arbeitete er verbissen an dem Projekt »Operation Mongoose«. Unter strengster Geheimhaltung wurden seit Sommer 1961 Kommandounternehmen nach Kuba eingeschleust, die von der Sabotage gegen Elektrizitätswerke und Industriebetriebe bis hin zu Mordversuchen an Fidel Castro alle Register der CIA-Arbeit zogen.[29]

Gegen Luftangriffe auf Kuba hat nun Robert Kennedy allerlei einzuwenden:

– Sie seien nicht effizient genug und schonten die Wurzel allen Übels, nämlich die Regierung Castro. Sollte Castro oder eine andere kommunistisch beeinflußte Gruppe an der Macht bleiben, dann seien die USA über kurz oder lang wieder mit dem gleichen Problem konfrontiert. Die Sowjets würden erneut Raketen liefern und den USA mit Vergeltung gegen die Türkei oder den Iran drohen, sollte das amerikanische Militär gegen Kuba vorgehen.[30]

– Offensichtlich geht Robert Kennedy davon aus, daß eine Invasion schneller und mit weniger Verlusten durchzuführen sei als ein Luftangriff. Dies entbehrt zwar jeder militärischen Logik (amphibische Landungen zählen zu den schwierigsten Unternehmen überhaupt), wird aber vom Justizminister gleichwohl wiederholt in die Diskussion gebracht. Er ist von den Vorteilen einer Invasion überzeugt und denkt bereits darüber nach, wann und wie man einen geeigneten Anlaß schaffen könnte, der einen Einmarsch in den Augen der Öffentlichkeit rechtfertigen würde. Vielleicht könnte man ja, wie vor fast 70 Jahren zu Beginn des Spanisch-Amerikanischen Krieges, wieder ein Schiff der US-Navy in einem kubanischen Hafen versenken? Robert Kennedy denkt an die »Maine«, die von Agenten Washingtons versenkt worden ist und Präsident McKinley den Vorwand geliefert hat, vom Kongreß die Kriegsvollmacht einzuholen. Warum sollte das denn heute nicht möglich sein – wo man doch noch immer in Guantanamo über einen Stützpunkt und Hafen verfügt? »Wir sollten auch darüber nachdenken, ob es noch andere Möglichkeiten gibt, um uns in diese Sache hineinzuhängen – z. B. über die Bucht von Guantanamo oder so etwas ähnliches, oder ob es irgendein Schiff gibt, ihr wißt schon, ob wir die ›Maine‹ nochmals versenken oder etwas in dieser Richtung.«[31]

– Der gewiefte Wahlkämpfer Robert Kennedy meint zu wissen, daß ein Luftangriff in der Öffentlichkeit auf größere Ablehnung stoßen würde als eine Invasion. »Wir würden dafür ganz gehörig Zunder bekommen...« Offensichtlich sieht er schon die Schlagzeilen vor sich: »Goliath bombardiert David« – »Kuba wehrlos amerikanischer Luftwaffe ausgesetzt« – »Amerikas Pearl Harbour in Kuba« – »John F. Kennedy – Der neue Tojo«. Eben dies will er vermeiden. Sein Bruder soll nicht als amerikanischer Tojo[32] in die Geschichte eingehen; niemand soll ihn eines feigen und für die USA risikolosen Überfalls bezichtigen können. Eine Invasion ist seiner Meinung nach doch etwas anderes. Sie würde einerseits das »kubanische Problem« ein für allemal aus der Welt schaffen und die Insel wieder fest in amerikanische Hand bringen; und andererseits würden die USA damit beweisen, daß sie auch einen »Preis« für die »Befreiung« zahlen, daß sie bereit sind, amerikanische Verluste an Leib und Leben zu riskieren, um ihre Ideale zu verwirklichen. Deshalb stellt Robert Kennedy immer wieder die rhetorische Frage, »ob wir uns nicht einfach in dieses Unternehmen (die Invasion – B. G.) hineinstürzen und es hinter uns bringen und dabei unsere Verluste akzeptieren sollten«.[33]

So zeigt sich, daß Robert Kennedy keineswegs die »Taube« ist, als die er sich in seinen Memoiren präsentiert und als die ihn seine Biographen verehren.[34] Auch stehen moralische Skrupel nicht im Zentrum seiner Überlegungen. Er spricht sich zwar gegen den Luftangriff aus und schiebt Theodore Sorensen einen Zettel mit der vieldeutigen Bemerkung zu: »Jetzt weiß ich, wie Tojo sich fühlte, als er Pearl Harbour plante.« Aber er lehnt den Einsatz der Luftwaffe *nicht* wegen der zu erwartenden Verluste ab – er verwirft ihn vielmehr wegen der absehbar negativen Reaktion der Öffentlichkeit, wegen des zu befürchtenden Stigmas, die amerikanische Regierung sei keinen Deut besser als die japanische Generalität im Dezember 1941. Eben deshalb fordert er die Invasion, auch wenn sie höhere Verluste, zumindest auf amerikanischer Seite, fordern würde. Der jüngste in der Runde scheint der alten Generation anzugehören. Der Justizminister denkt in den Kategorien eines »ehrenvollen Todes auf dem Schlachtfeld«, Kategorien, die von den Luftenthusiasten der neuen Elite als »gestrig« belächelt werden. Spätestens an dieser Stelle wird klar: Robert Kennedys »Verständnis« für Hideko Tojo kann auch als stilles Einverständnis gesehen werden. Nur die Methoden sind andere. Tojo wählte die »moderne Variante« des Überfalls, den überraschenden Angriff aus der Luft. Robert Kennedy favorisierte das klassische Verfahren – die schnelle Invasion.[35]

Der »Sachzwang«

Doch an diesem Tag sollte und konnte nicht über die verschiedenen Varianten eines Angriffs entschieden werden. Nur soviel stand fest: Die Mehrheit im ExComm. befürwortete militärischen Zwang. Allein die Frage des »Wie« war noch umstritten.

Es wird im Laufe der Beratungen immer deutlicher, daß der Präsident und seine Berater unter einem enormen politischen Druck stehen bzw. sich selbst in Zugzwang bringen. Insbesondere John F. Kennedy, der sich in der Debatte über die »Lösungswege« auffällig zurückhält, interveniert massiv und fordert zu baldigem und »beherztem« Handeln auf. Ob Großangriff aus der Luft oder Invasion, will er noch offenlassen. In jedem Fall aber würde man einen »begrenzten Luftangriff« (die als Nr. 1 vorgestellte Option) führen. »Ich denke, wir sollten das alles jetzt, und zwar ab sofort vorbereiten. Denn wir werden es ja ohnehin tun. Sicherlich werden wir die Option Nr. 1 durchführen; wir werden diese Raketen beseitigen.« Immer wieder drängt Kennedy darauf, eine schnelle Entscheidung herbeizuführen. »Ich glaube nicht, daß wir in dieser Frage sehr viel Zeit haben. Wir können uns nicht erlauben, zwei Wochen zu warten, bis wir uns bewegen. Vielleicht müssen wir sie einfach beseitigen und alle anderen Vorbereitungen weiterlaufen lassen, während wir uns entscheiden, das zu tun.« Der Präsident teilt völlig die von den Militärs ins Spiel gebrachte »Sachlogik«. Wenn ein Angriff erfolgreich sein soll, muß er überraschend kommen; Überraschung ist nur möglich, wenn keine »undichten Stellen« auftreten und nach außen keinerlei Verdacht erregt wird; eben deshalb duldet das Unternehmen keinen langen Aufschub; je länger man wartet, desto mehr Raketen würden die Sowjets stationieren und desto ungewisser seien die Erfolgsaussichten. Kurz und gut, John F. Kennedy wünscht, daß die Vorbereitungen für einen Überraschungsangriff (zumindest für die Option Nr. 1) innerhalb der nächsten zwei bis drei Tage abgeschlossen werden. Noch will er sich nicht auf ein Angriffsdatum festlegen. Aber der Präsident ist von den vermeintlichen Vorteilen einer zügigen Entscheidung völlig überzeugt.[36]

Welche Gründe im einzelnen auch immer genannt wurden, um diesen Handlungsdruck zu rechtfertigen: Es war nicht zu übersehen, daß John F. Kennedy unbedingt einen eindeutigen politischen Erfolg, einen exemplarischen »Sieg« über die Sowjets, wollte. Er erweckte den Eindruck eines Mannes, der auf diesen Erfolg unter allen Umständen angewiesen war und der sich einen weiteren Rückschlag oder einen unbefriedigenden Teilerfolg nicht leisten konnte. Es ging dabei um wesentlich mehr als die bevorstehenden Zwischenwahlen zum Kongreß. Zweifellos wären Kennedy Stimmengewinne oder gar ein Wahlsieg der Republikaner ungelegen gekommen. Aber noch mehr als die Reaktion der Öffentlichkeit fürchtete er die Rache des politischen Apparates. Die Bürokratie wäre durchaus imstande gewesen, alle aus dem Weißen Haus kommenden politischen Initiativen, ob außen- oder innenpolitischer Art, im Keim zu erstikken. Dies aber hätte das sichere Ende der politischen Karriere John F. Kennedys bedeutet. Roger Hilsman, Leiter des Amtes für Nachrichtendienst und Forschung im Außenministerium, brachte rückblickend die Sorgen Kennedys auf den kurzen Nenner: »Wenn die Vereinigten Staaten schon nicht in tödlicher Gefahr... waren, dann war es aber die Administration ganz bestimmt.« Warum? »Die Administration sähe sich mit einer Revolte seitens des Militärs, der Betonfraktion in anderen Behörden, und zwar Außenministerium wie CIA, seitens der Republikaner im Kongreß, aber auch seitens einiger Demokraten konfrontiert...« Nur wenige Tage später ließen führende Politiker des Kongresses Kennedy wissen, wie sie über Kuba und die Sowjets dachten. In einer turbulenten Unterredung im Weißen Haus warnten sie Kennedy mit drohendem Unterton davor, in alte Fehler zurückzufallen und wieder einmal zur falschen Zeit zu zögern. Sie wollten das Militär in Aktion sehen – besser gestern als morgen. Vor diesem Hintergrund wird verständlich, warum Robert Kennedy in seinen Memoiren auf die Gefahr einer Amtsenthebung zu sprechen kommt. Er hatte mit seinem Bruder beraten, ob man nicht einen anderen Kurs hätte einschlagen können: »›Ich bin fest überzeugt davon, daß wir keine andere Wahl hatten ... und nicht nur das; sondern wenn du nicht gehandelt hättest, wärest du als Präsident abgesetzt worden.‹ Der Präsident sagte nach kurzem Nachsinnen: ›Das glaube ich auch.‹« Ob Amtsenthebung oder nicht – in jedem Fall hätte der junge Kennedy seine Zukunft als Politiker hinter sich gehabt, kaum daß er ins Weiße Haus eingezogen war.[37]

Der Gang in die große Krise wurde forciert. Niemand im ExComm. vermochte in dieser Stunde einzuschätzen, wohin der Weg führen würde. Die Zeit arbeitete für die Sowjets – davon war das ExComm. überzeugt. Walt Whitman Rostow faßte einige Tage später die entscheidenden Gedanken in einem Memorandum prägnant zusammen. Es dürfe noch nicht einmal so aussehen, als hätten die Sowjets Erfolg. Nur wenn man sie zum Nachgeben zwingen und vor aller Augen die militärische Macht der USA demonstrieren würde, »halten wir das sowjetische Problem fest unter Kontrolle«.[38]

Wie groß ist das Risiko?

Zu Beginn der Sitzung legt Dean Rusk in einem ausführlichen Beitrag die Haltung des Außenministeriums dar. Er endet mit der Warnung, daß »wir uns einer Situation gegenübersehen könnten, die sehr wohl einen Weltkrieg heraufbeschwören kann«. Der Außenminister schließt sich hier den Bedenken vieler Karrierediplomaten seines Ministeriums (z. B. Charles Bohlen, Llewellyn Thompson, George Ball) an. Auch John F. Kennedy, Robert McNamara und McGeorge Bundy geben zu erkennen, daß sie eine kriegerische Eskalation fürchten. Trotz aller Überlegenheit würden die USA aus einem solchen Krieg nicht unbeschadet hervorgehen, möglicherweise drohe auch Nordamerika die Vernichtung. »Sie haben jedenfalls genug, um uns in die Luft zu sprengen.«[39]

In den letzten Monaten hatte Kennedy zwar gelegentlich davon gesprochen, daß die Vereinigten Staaten nicht ausschließen würden, im Zweifelsfall einen präemptiven Erstschlag gegen die Sowjetunion zu führen. Aber öffentliche Drohungen dieser Art sollten in erster Linie als »Abschrekkungs«-Rhetorik und Bestandteil martialischer Auftritte in der Öffentlichkeit gewertet werden. Die interne Debatte sah anders aus. Kennedy jedenfalls warnte wiederholt davor, die Planspiele für den Einsatz von Atomwaffen allzu ernst zu nehmen. Er konnte sich dabei auf McNamara berufen, der die Kriegspläne der Militärs geprüft hatte und zu dem Ergebnis gekommen war, daß die im Pentagon umlaufenden Szenarien geradezu abenteuerlich waren. Sie trafen für alles Vorsorge – nur das Überleben der eigenen Gesellschaft konnten sie nicht garantieren.

Dennoch wurden die Warnungen vor einem möglichen Weltkrieg im ExComm. nur beiläufig kommentiert. Die Diskussion war in merkwürdiger Weise der Realität entrückt. Selbstverständlich, so der Tenor, konnte das Risiko nicht ausgeschlossen werden; selbstverständlich war die Furcht berechtigt. Aber insgesamt gesehen erschien es dem ExComm. unwahrscheinlich, daß sich die Krise kriegerisch zuspitzen könnte. Die USA würden einen großen politischen und militärischen Handlungsspielraum nutzen können; die realistischen Sowjets würden rechtzeitig zurückstecken. Allein Llewellyn Thompson, der langjährige Botschafter in Moskau, kannte sich in sowjetischer Geschichte und Politik aus und hatte hinreichende Erfahrungen im Umgang mit sowjetischen Politikern. Alle anderen räumten, fast kokettierend, ein, daß sie mit einer Einschätzung der aktuellen Politik des Kreml völlig überfordert waren und sich Chruschtschows Motive einfach nicht erklären konnten. »Für mich bleibt das alles ein gottverdammtes Rätsel«, stellte John F. Kennedy wiederholt fest. Und dennoch glaubte ein jeder, das sowjetische Krisenverhalten prognostizieren zu können. Dies konnte nur mit einem intellektuellen und argumentativen Trick gelingen: Man mußte real existierende und handelnde Akteure durch eine Kunstfigur ersetzen. Diese Kunstfigur erlebte in der akademischen Debatte der frühen 60er Jahre einen kometenhaften Aufstieg. Sie war gerade in Harvard und Yale, der geistigen Heimat von Kennedys Beratern, in aller Munde. Ihr Name: »rational actor«. Wenn man unterstellte, daß es den Typus eines allzeit »rationalen« und »kalkulierbaren« Politikers gab und dieses Modell auf die UdSSR übertrug, dann leuchtete die Argumentation des ExComm. durchaus ein. Waren die Sowjets in der Vergangenheit nicht für ihre »äußerst zurückhaltende« Politik in Konfliktsituationen bekannt? Warum sollten sie ausgerechnet jetzt mit dieser Tradition brechen?

John F. Kennedy will für einen Augenblick das Undenkbare denken und stellt sich einen militärischen Angriff auf die USA vor: Atompilze will er immer noch nicht erkennen können. Wieso sollten die Sowjets riskieren, daß auf diese völlig verrückte Art (»this half-assed way«) ein globaler Nuklearkrieg ausgelöst würde? Nein, viel wahrscheinlicher sei eine »maßvolle Attacke«, nämlich ein Angriff mit konventionellen Bomben, mit den aus dem Zweiten Weltkrieg wohlvertrauten »iron bombs«. Nicht die Vernichtung drohe, sondern allenfalls »Chaos an der Ostküste«. Was bleibe den Sowjets denn anderes übrig – so die ständig wiederkehrende Suggestivfrage –, als im Zweifelsfall vor der Atomstreitmacht des »Strategic Air Command« und dem in Florida stationierten Invasionsheer zu kapitulieren? Auch Dean Rusk kann sich dieser Argumentation nicht entziehen. Sichtbar zufrieden stellt er fest, nicht in Chruschtschows Haut stecken zu wollen: »Er (Chruschtschow – B. G.) weiß doch sehr genau, daß wir eine erhebliche atomare Überlegenheit besitzen, und zugleich weiß er, daß wir uns vor seinen Atomraketen nicht in dem Maße fürchten müssen wie er vor den unseren.«[40]

Die »hardliner« im ExComm. – in späteren Jahren wird man sie als »Falken« bezeichnen – trieben diese Argumentation auf die Spitze. Taylor, Nitze, McCone, Dillon, U. Alexis Johnson – sie wollten keinen Moment daran glauben, daß überhaupt eine Kriegsgefahr bestand. Ihr Vertrauen in die einschüchternde Wirkung der amerikanischen Streitkräfte war geradezu kindlich naiv. Maxwell Taylor erinnerte sich 20 Jahre später noch lebhaft daran: Zu keinem Zeitpunkt hegte er den geringsten Zweifel, daß die Sowjets verängstigt den Rückzug antreten würden. Deshalb behaupteten die »Falken« auch hartnäckig, man könnte es wagen, zusammen mit den Raketen zugleich die Regierung Castro zu »beseitigen«. »Jetzt oder nie«, so lautete ihre Parole. Wer konnte schließlich wissen, ob die militärischen Kräfteverhältnisse jemals wieder so günstig sein würden?[41]

Streckenweise muten diese Diskussionen wie akademische Sandkastenspiele oder die berühmt-berüchtigten »war-games« bei der RAND-Corporation an. Man nehme einen »rational actor«, der jederzeit im Vollbesitz seiner geistigen und physischen Kräfte ist, unterstelle ein reibungsloses Funktionieren von Bürokratien und Apparaten, schließe Zwischenfälle als unwahrscheinlich aus, verbanne Zufälle in das Reich des Imaginären und koordiniere diese Prämissen mit dem vergleichenden Produktivitätsindex USA-UdSSR. Ergebnis: 10:0. Der Westen hat gesiegt und muß dafür noch nicht einmal in die Verlängerung.[42]

Bei solchen Diskussionen war Robert McNamara in seinem Element. Er erwies sich stets als entschiedener Verfechter des »rationalen Krisenmanagement«. Keiner war ein besserer Organisator als er, niemand bilanzierte genauer die Vor- und Nachteile der diversen Optionen. Er wendete virtuos die betriebswirtschaftliche Kosten-Nutzen-Rechnung auf Politik und Gesellschaft an – und merkte dabei nicht, daß auch er lediglich argumentative Kunstfiguren bewegte. Bedingungslos hing er der Idee nach, das Unquantifizierbare zu quantifizieren und die politische Realität den Regeln einer abstrakten Logik zu unterwerfen. Für McNamara gab es nicht den geringsten Zweifel: Rational denkende Männer halten alle Irrationalismen unter Kontrolle, managen jedes vorstellbare Geschehen, setzen militärische Gewalt dosiert, punktuell und jederzeit überschaubar ein. McNamara wollte, so David Halberstam, daß Konflikte und Kriege den von ihm gesetzten Kriterien und Definitionen entsprachen. »Computer« nannten ihn seine Mitarbeiter im Pentagon. Dieser Sozio-Technokrat der Macht war so sehr von sich überzeugt, daß er andere einschüchterte und intellektuell ins Abseits stellte. »Der Körper war angespannt und dynamisch, der Geist mathematisch und analytisch, ein Geist, der mit Vernunft das Chaos ordnete. Immer Vernunft, eine Vernunft, die sich auf Fakten und Statistiken stützte... Er war einmalig im Umgang mit Tabellen und Statistiken.« »So betrat McNamara die Szene: ein phantasievolles und fähiges Zahnrad in einer erfolgreichen Maschinerie – Geschäftsmethoden angewandt auf den Krieg.« Viele konnte er von den vermeintlichen Vorteilen der Systemanalyse und der computersimulierten Prognose überzeugen. Wenn Krieg auch etwas Schlechtes war, wenn McNamara ihn führte, würde er gut enden. So jedenfalls dachten die »whiz kids«, die Zauberlehrlinge des Pentagon, die McNamara zuhauf aus dem akademischen Nachwuchs des Landes abgeworben hatte. Sie kalkulierten die »Feinabstimmung« für verschiedene Szenarien, reduzierten internationale Politik auf ein Reißbrett am Potomac. Wie ihr Chef schienen sie sich nach einer praktischen Bewährungsprobe zu sehnen. Zwar überblickte McNamara wie kein anderer die Risiken; aber er lebte von der Vision und Illusion, im Zweifelsfall das Risiko bändigen zu können. »Dies könnte sehr wohl den Einsatz wert sein. Vielleicht sollten wir diesen Preis zahlen«, bemerkte er im ExComm. Für McNamara war es auf alle Fälle politisch riskanter, den Einsatz nicht zu wagen und der Konfrontation aus dem Weg zu gehen. David Halberstam beobachtete dieses Verhalten auch in späteren Jahren und kam zu dem Schluß: »Selbst dann, wenn er brillant war, war er nicht klug.«[43]

Allerdings ist der Verteidigungsminister mit der bisherigen Diskussion im ExComm. ganz und gar nicht zufrieden. Gemessen an seinen Vorstellungen erfolgreicher Krisenpolitik, erscheinen die bisher vorgebrachten Argumente ungenügend. Seine Vorstellung von Management verträgt sich nicht mit unüberlegten und vorschnellen Aktionen. Insbesondere ein baldiger Überraschungsangriff gilt ihm als Bankrotterklärung »rationaler Planung«. Wer die Entwicklung jederzeit im Griff behalten und die Risiken minimieren wolle, so wähnt McNamara, müsse »unbekannte Faktoren« so weit wie möglich ausschließen und die Konsequenzen verschiedener Aktionen im vorhinein abwägen. Genau dieses Problembewußtsein vermißt er aber bei seinen Kollegen. »Ich glaube nicht, daß wir die Konsequenzen aller dieser Aktionen hinreichend bedacht haben – und weil wir diese Konsequenzen nicht durchdacht haben, bin ich der Meinung, daß wir nicht alle Schritte in die Wege geleitet haben, die wir in die Wege leiten sollten, um das Risiko zu minimieren.« Der Chef des Pentagon will den Kurs erst festlegen, wenn folgende Fragen beantwortet sind:

– Wie verändert sich die Lage, wenn die Raketen auf Kuba einsatzbereit sind? Wäre es dann nicht zu gefährlich, einen Luftangriff zu fliegen? Wer will garantieren, daß die Raketen tatsächlich sowjetischem Kommando unterstehen, daß die Oberbefehlshaber in Moskau die Entwicklung vor Ort kontrollieren und verhindern können, daß irgendein Oberst in Kuba eigenständig Befehle erteilt? Wer hat in Washington überhaupt Einblick in die sowjetische Befehlshierarchie?

– Worin unterscheidet sich ein »begrenzter« von einem »großen« Luftangriff? Wird die Praxis nicht alle theoretischen Unterscheidungen Lügen strafen? Was heißt denn schon »begrenzt«, wenn im mindesten Fall nicht 20 oder 50, sondern Hunderte von Einsätzen geflogen werden müssen?

– Was folgt auf einen Luftangriff? Will man weitere Waffenlieferungen durch eine Blockade der Seewege um Kuba verhindern? Wie kann eine Blockade durchgeführt werden? Was geschieht, wenn sowjetische Kapitäne eine Inspektion ihrer Schiffe verweigern? Sollen dann diese Schiffe versenkt werden? Und wie werden die Sowjets dann antworten? »Ihre Reaktion ist vielleicht keine gefährliche, aber sie werden in irgendeiner Weise reagieren müssen. Wo? Und wie reagieren wir dann darauf? Was geschieht, wenn wir unsere Truppen in Alarmbereitschaft versetzen?«[44]

In der Tat formulierte McNamara Fragen, die auf den ersten Blick einleuchteten. Es erschien allzu berechtigt, die »hardliner« zu verunsichern, das Abenteuerliche mancher Argumente bloßzustellen – und etwa den Präsidenten kritisch zu fragen, wieso er selbst dann einen Angriff wagen wollte, wenn keine hinreichenden Informationen über Art und Gefechtsbereitschaft der Kuba-Raketen vorlagen. Überzeugend schien auch McNamaras Bemühen, einer vordergründigen Diskussion Einhalt zu gebieten und auf einem Nach-Denken vorschneller Lösungen zu bestehen. Fast konnte man meinen, McNamara wäre der Präsident. Er – und nicht Kennedy – unterbrach an den entscheidenden Stellen, wechselte das Thema, gab Impulse.

Aber sehr schnell wurde deutlich, daß sich auch McNamara auf dünnem Eis bewegte. Genaugenommen bluffte er – beklagte sich über die zahlreichen Unbekannten in den politisch-militärischen Rechnungen seiner Kollegen, forderte mehr Klarheit und Übersichtlichkeit, führte aber unter der Hand sogleich neue Unwägbarkeiten ein. Er ersetzte die Unbekannte »X« durch die Unbekannte »Y«. So warnte er wiederholt vor der drohenden »Einsatzbereitschaft« der Raketen. Die Absicht lag auf der Hand. McNamara setzte dieses Argument taktisch sehr geschickt ein, um gegen ein sofortiges Losschlagen zu polemisieren. Erst wer nachweisen könnte, daß die Raketen noch nicht einsatzbereit waren, dürfte den nächsten Zug machen und an einen Luftangriff denken. Ansonsten wäre das Risiko der Vernichtung amerikanischer Großstädte viel zu groß. Also wollte er erst dann eine Entscheidung treffen, wenn die Geheimdienste zuverlässige Informationen vorlegen könnten. Gleichzeitig lieferte McNamara damit den »Falken« neue Argumente frei Haus. Wer wollte gegen einen Überraschungsangriff votieren, wenn sich in den nächsten Stunden oder Tagen erweisen sollte, daß die Raketen in der Tat noch *nicht* einsatzbereit waren? Wer im ExComm. würde dann noch leugnen wollen, daß diese Situation ausgenutzt werden müßte? Wer würde dann noch bestreiten wollen, daß die Zeit gegen die USA arbeitete und die Bomben fallen müßten, solange das Vergeltungsrisiko vermeintlich extrem gering war? Die »Falken« würden sich diese Gelegenheit nicht entgehen lassen. Sie hätten dann die seltene Gelegenheit, McNamara mit seinen eigenen argumentativen Waffen zu schlagen.

Ebenso zwiespältig ist das Szenario, das der Verteidigungsminister für die erste Phase der Krise vorschlägt. Er will auf eine direkte militärische Aktion gegen Kuba zunächst verzichten. Statt dessen wird, so das Konzept, die Insel rund um die Uhr aus der Luft überwacht und von See her blokkiert. Ziel der Blockade soll es sein, die Lieferung weiterer Offensivwaffen zu verhindern. Über alle weiteren Optionen könne entschieden werden, sobald die ersten praktischen Erfahrungen mit der Blockade vorliegen.[45]

McNamara behauptet entschieden, daß dieser Kurs wesentlich gefahrloser sei als alle bisher diskutierten Vorschläge. Freilich erweist sich auch diese Annahme bei näherem Hinsehen als höchst spekulativ. Und erstmals findet sich McNamara in der Defensive. Es gelingt ihm nicht, kritische Einwände zu entkräften. Robert Kennedy fragt mehrmals nach, welches denn die vielgepriesenen Vorteile einer Blockade konkret seien. Immerhin sehe das geltende internationale Recht in einer solchen Aktion eine Kriegserklärung. Zweifellos würde man einen Zusammenstoß mit sowjetischen Schiffen und/oder U-Booten provozieren. Wäre es für die Sowjets nicht ein unannehmbarer Prestigeverlust, wenn ihre Schiffe angehalten, durchsucht oder gar versenkt würden? Würde man Chruschtschow nicht geradezu zwingen, eine Vergeltungsaktion zu befehlen – mehr noch als bei einer Militäraktion gegen Kuba? In jedem Fall will Robert Kennedy nicht einsehen, wieso McNamara eine Blockade als »begrenzten Schritt« anpreist. Für ihn steht nämlich fest: »Dann werden wir russische Schiffe versenken müssen.« Damit ist der Bruder des Präsidenten wieder bei seinem Lieblingsthema, der Invasion. In der Tat findet McNamara kein überzeugendes Gegenargument. Er kann keinen einzigen Grund nennen, warum die Blockade weniger kriegsträchtig sein soll als eine Invasion. Schwach kontert er: »Die Konsequenzen dieser Aktionen sind noch immer nicht hinreichend durchdacht. Das Beispiel, das der Justizminister soeben angeführt hat, belegt dies.«[46]

Auf diese Weise herausgefordert, läßt McNamara endlich die Katze aus dem Sack. Die Blokkade sei nur sinnvoll und nützlich, erklärt er im Tonfall eines abgeklärten Kalten Kriegers, wenn sie mit einer »glaubwürdigen« militärischen Drohung gekoppelt werde. Der Kern seines Szenarios ist daher ein – wie er es selbst nennt – Ultimatum an Chruschtschow. Dieses Ultimatum ist nichts anderes als die Drohung mit einem präemptiven Atomschlag. Sollte es auch nur das geringste Anzeichen – was auch immer darunter zu verstehen sein mag – dafür geben, daß die Kuba-Raketen für den Einsatz gegen die USA vorbereitet werden, würden »wir . . . unmittelbar gegen die UdSSR einen Atomangriff in voller Stärke führen«. Die gesamte Militärmaschinerie würde man in Alarm- und Kriegszustand versetzen, um dieser Drohung Nachdruck zu verleihen. McNamara will, daß die Sowjets buchstäblich sehen, wie sie in die Enge getrieben werden. Sie sollen die Bomber, Raketen und Truppen zählen können, die gegen sie in Stellung gebracht werden. Der Verteidigungsminister läßt keinen Zweifel daran, daß er eine solche Mobilmachung für den Krieg, ausdrücklich auch für den Atomkrieg, anordnen will. Erst dann würde die Blockade so wirken, wie man es wünschte. Die Sowjets würden erst gar nicht auf den Gedanken kommen, über Vergeltung nachzudenken, geschweige denn ihrerseits militärisch antworten.[47]

Von den Fallstricken dieses Modells will McNamara freilich nichts wissen. Er räumt freimütig ein, daß mit jeder Mobilisierung neue Gefahrenquellen geschaffen werden. Nur diskutieren will er nicht mehr darüber. Die Mehrheit im ExComm. will auch gar nicht widersprechen. Endlich einmal, so der Tenor, hat man eine günstige Gelegenheit, Chruschtschow spüren zu lassen, wer nach wie vor die Weltmacht Nr. 1 ist. Zentrale Fragen werden deshalb nicht angesprochen, entweder weil man sie nicht erkennt oder nicht ansprechen will. Was geschieht, wenn die Sowjets eine Mobilmachung der strategischen Bomberflotte und die Startvorbereitungen für amerikanische Interkontinentalraketen mißverstehen und als unmittelbar bevorstehenden Angriff interpretieren? Würden sie ihrerseits mobilisieren? Und wie würden dann die amerikanischen Militärs reagieren – wäre etwa der Zeitpunkt für den von McNamara in die Diskussion gebrachten Präemptivschlag gekommen? Wer kann ausschließen, daß es im Zuge der Kriegsvorbereitungen zu unerwarteten Zwischenfällen kommt, die eigendynamisch eskalieren? Alles kein Problem, meint der Verteidigungsminister. »Es könnte sehr wohl den Einsatz wert sein. Vielleicht sollten wir ihn wagen.«[48]

Auch McNamara hatte nichts weiter als krude Spekulation anzubieten. Wie alle anderen konnte er keinen plausiblen Grund nennen, daß das Spiel mit dem Feuer keinen Schaden anrichten würde. Zu keinem Zeitpunkt kam das ExComm. über Mutmaßungen hinaus. Die »Falken« mutmaßten, daß die Sowjets ihre militärische Unterlegenheit erkennen und automatisch nachgeben würden. McNamara mutmaßte, daß die Militärmacht der USA nicht für sich spräche, sondern politisch geschickt manipuliert werden müßte, um die gewünschten Ergebnisse zu zeitigen. Rhetorisch brillant verpackt, offerierte er Hypothesen als gesicherte Erkenntnisse, Erwartungen als Tatsachen, Erhofftes als Wahrscheinliches, Illusionäres als Mögliches. Chruschtschow wollte er davon überzeugen, daß die Blockade keine Blockade, sondern nur eine Durchsuchung sei; Gewalt wollte er Schritt für Schritt und »dosiert« einsetzen; den Militärapparat durch Optionen – unterteilt in Optionen ersten, zweiten, dritten und n-ten Grades – fesseln und politisch jederzeit kontrollieren; die »Feinabstimmung« durch intellektuelle Anstrengung und rigorose Planung durchsetzen; die Rationalität der Krisenpolitik wollte er sicherstellen, indem jeder einzelne Schritt zu Papier gebracht wurde. »Wir müssen eine sehr genaue Vorstellung davon haben, wie die Welt nach diesen verschiedenen Maßnahmen aussehen würde. Und ich lege noch einmal Wert darauf, daß dies alles schriftlich festgehalten wird.« Wie könnte die Realität es wagen, sich der Idee ihrer selbst zu widersetzen – zumal, wenn diese Idee zu Papier gebracht ist? Wieso sollte das Unwägbare nicht manipulierbar sein, wenn man »die Besten und Klügsten« auf diese Aufgabe ansetzte. Auch David Halberstam wird bei seinen journalistischen Recherchen während der Vietnam-Jahre diesen McNamara erleben – den »eigentlichen McNamara«, wie er meint. »Er war intelligent, kraftvoll, couragiert, anständig, wirklich alles, nur nicht weise.«[49]

Dennoch hat McNamaras Vorstoß etwas für sich. Gelingt er, so wird zumindest ein zeitlicher Aufschub erreicht. Überstürztes Handeln würde zumindest fürs erste abgeblockt. Einige ExComm.-Kollegen zeigen sich in der Tat vom Verteidigungsminister beeindruckt – z. B. McGeorge Bundy, George Ball und Dean Rusk. Aber noch sind die Befürworter eines baldigen Überraschungsangriffs deutlich in der Mehrheit. Und noch läßt John F. Kennedy offen, welche Linie er favorisiert.

Gleichwohl fallen an diesem 16. Oktober bereits wichtige Vorentscheidungen. Erstens ist die politische Energie und Phantasie des Präsidenten nicht darauf gerichtet, Alternativen zur Konfrontation zu suchen. Im Gegenteil, er ist auf die Vorstellung fixiert, die UdSSR in die Schranken zu weisen und dadurch seine »Führungsfähigkeit« und »Willenskraft« unter Beweis zu stellen. Selbstverständlich will er keinen Weltkrieg vom Zaun brechen – genausowenig wie alle anderen im ExComm. Aber er teilt politische Ziele und unterstützt militärische Planungen, die unüberschaubare Entwicklungen provozieren und die Lawine zu einem großen Krieg ins Rollen bringen können. Dieses Risiko ist allen bekannt: Manche sehen darüber hinweg, andere akzeptieren es als notwendiges Übel, der Rest will das Risiko geradezu provozieren. Chruschtschow soll nicht noch einmal davonkommen. Immer wieder läßt John F. Kennedy durchblicken, daß er auch persönliche »Genugtuung« fordert. »Kicked in the balls – again«...

Es geht also zweitens – auch dies eine wichtige Vorentscheidung – nur noch darum, das Kriegsrisiko bestmöglich zu manipulieren. McNamara suggeriert mit seinem argumentativen Feuer- und Blendwerk, daß eine solche Manipulation möglich ist und daß man auf diesem Weg das Verhalten der Sowjets zugunsten der USA beeinflussen kann. Vorausgesetzt, man droht glaubwürdig, offen und im vollen Bewußtsein der Konsequenzen des Scheiterns mit einem Nuklearkrieg. Diese politische Logik – die Logik der Konfrontation – wiegt am Abend des 16. Oktober schwerer als die Furcht vor dem großen Krieg.[50]

Wie immer die Entscheidung ausfallen wird, das Militär ist auf jede Eventualität eingestellt. Die gezielten Vorbereitungen der letzten Wochen und Monate werden allseits lobend herausgestellt. General Walter C. Sweeney, Befehlshaber des Taktischen Luftkommandos, teilt mit, daß die Einsatzpläne (»mission folders«) für Angriffe gegen Raketenstellungen und militärische Einrichtungen auf Kuba am Wochenende komplett ausgearbeitet sein werden. McNamara zeigt sich auch mit dem Stand der Invasionsplanung zufrieden. »Die militärische Planung wird nun schon seit mehreren Wochen vorbereitet und verläuft zufriedenstellend. Und ich glaube, daß die Vorbereitungen, soweit sie ohne viel Aufsehen durchgeführt werden konnten, alle auch sehr zufriedenstellend bewältigt wurden.« General Taylor bestätigt diese Einschätzung. Schon jetzt sind ausreichend Truppen mobilisiert, »auf alle Fälle ist es genug, um das ganze Unternehmen zu starten. Und ich würde wirklich sagen, es ist ausreichend«. Munition, Öl, Benzin und Schmierstoffe lagern schon tonnenweise in Florida; Anhänger und Söldner des ehemaligen kubanischen Diktators Batista sind in den Dienst der Invasionstruppen gestellt; am Freitag, den 20. Oktober, werden die wesentlichen Vorbereitungen für eine amphibische Landung abgeschlossen sein. Derweil wird auch das Strategische Luftkommando mit seinen Fernbombern und Interkontinentalraketen in höchste Alarmbereitschaft versetzt werden; unauffällig werden alle notwendigen Schritte eingeleitet werden, um schnellstmöglich den »nationalen Notstand« und die allgemeine Mobilmachung ausrufen zu können.[51]

Chester Bowles, ein konsequenter Liberaler und Anhänger des Stevenson-Flügels in der Demokratischen Partei, hatte schon unmittelbar nach dem gescheiterten Schweinebucht-Unternehmen befürchtet, daß es alsbald zu neuerlichen Krisen kommen würde. Er glaubte, daß die Intellektuellen des Kennedy-Kreises solchen Herausforderungen nicht gewachsen wären, daß sie ihre Fähigkeiten maßlos überschätzten und sich arrogant über die Realität hinwegsetzten. So schrieb Bowles in sein Tagebuch: »Die Frage, die mich, was die neue Administration angeht, am meisten beschäftigt, ist, ob es ihr nicht an einem natürlichen sicheren Sinn dafür fehlt, was Recht ist und was Unrecht... Jeder, der im öffentlichen Leben steht und ein ausgeprägtes Gefühl für Recht und Unrecht im Sinne der öffentlichen Moral besitzt, verfügt in

Zeiten der Spannungen über einen sehr großen Vorteil, da sein Instinkt ihm schnell und deutlich sagt, was zu tun ist. Ohne ein solches Gerüst moralischer Überzeugungen, ohne das Gefühl, was Recht ist und was Unrecht, muß er sich fast ausschließlich auf seine Denkprozesse stützen; er addiert bei jeder Frage die Pluspunkte und die Minuspunkte und zieht daraus einen Schluß. Unter normalen Bedingungen, wenn er nicht erschöpft oder enttäuscht ist, dürfte dieser pragmatische Ansatz ihm mit Erfolg zu der richtigen Einstellung zu dem Problem verhelfen.

Was mich beunruhigt, sind die Schlußfolgerungen, zu denen ein solcher Mensch kommen kann, wenn er erschöpft, verärgert, enttäuscht oder in seinen persönlichen Gefühlen getroffen ist. Das Kuba-Fiasko demonstriert, wie sehr sich ein Mann von der Brillanz und den guten Absichten Kennedys verirren kann, wenn ihm ein grundlegender moralischer Bezugspunkt fehlt.«[52]

Zweites Kapitel
Zehn Tage im Oktober

Gromyko in Washington

Adlai Stevenson, Kennedys großer parteiinterner Widersacher der 50er Jahre und seit 1961 als Botschafter bei der UNO auf dem politischen Abstellgleis, meldet sich am 17. Oktober mit einem Memorandum zu Wort. Er läßt deutlich erkennen, daß er über die bisherigen Beratungen in Washington entsetzt ist. Zwischen den Zeilen wirft er dem ExComm. vor, die Konventionen der internationalen Diplomatie zu ignorieren. Insbesondere vermißt er den verantwortlichen Umgang mit atomarer Macht und die Einsicht, daß im Atomzeitalter gefährliche Krisen zwischen den Großmächten mit allen zu Gebote stehenden Mitteln vermieden werden müssen. Stevenson will nicht falsch verstanden werden – selbstverständlich geht auch er davon aus, daß die Sowjets diese Raketen aus Kuba abziehen müssen. Niemand wird Gewaltanwendung ausschließen können. Aber es ist seines Erachtens unverantwortlich, völlig überraschend ein Ultimatum zu stellen und die Sowjets vor den Augen der Weltöffentlichkeit in die Ecke zu treiben. Ultimaten seien kein Politikersatz – und »das Urteil der Geschichte stimmt in den seltensten Fällen mit der Leidenschaft des Augenblicks überein«. Stevenson hat den Eindruck, daß sich das ExComm. trotz aller vordergründigen Rationalität zu sehr von Emotionen leiten läßt, zu überstürzten und unüberlegten Handlungen neigt und letzten Endes mit der Gefahr eines Atomkrieges leichtsinnig umgeht.[1]

Der UNO-Botschafter mahnt zwei Grundregeln an: Weitreichende Entscheidungen dürfen nicht unter Druck gefällt werden; Diplomatie darf sich nicht selbst unter Zugzwang setzen und/oder vorzeitig festlegen. Auch sollten Hintergründe und Absichten der gegnerischen Politik so weit wie möglich bekannt sein. Das ExComm. hingegen dränge auf Entscheidungen, deren Tragweite es nicht überblicken könne.

Stevenson schlägt einen anderen Weg vor: John F. Kennedy schickt einen persönlichen Gesandten zu Chruschtschow, läßt den Sowjets mitteilen, daß man die Raketen entdeckt habe und unter allen Umständen auf deren Abzug bestehe. Chruschtschow soll damit die Möglichkeit gegeben werden, »in aller Stille« seinen Kurs zu ändern, einer Konfrontation aus dem Weg zu gehen und einen »Modus Vivendi« mit den Amerikanern auszuhandeln. Stevenson hofft, daß Chruschtschow diesen Weg gehen wird. Zumindest müsse man es versuchen.

Andere Diplomaten äußerten sich ähnlich, z. B. Llewellyn Thompson, ehemals Botschafter in Moskau und auch Charles Bohlen, der damals Washington verließ und seinen Posten als Botschafter in Paris antrat. Beide warnten vor voreiligen Entscheidungen. Charles Bohlen: »Niemand kann garantieren, daß man mit diplomatischen Mitteln einen Abbau erreichen kann – aber... es scheint unverzichtbar, daß diese Möglichkeit ausgelotet wird, bevor man zu militärischen Mitteln greift.« Die Diplomaten setzten darauf, daß John F. Kennedy eine einzigartige Gelegenheit zum direkten Kontakt mit Moskau nutzen würde: Für den 18. Oktober war Außenminister Andrei Gromyko zu einem Besuch in Washington angesagt.[2]

An diesem Mittwoch führte Gromyko zwei wichtige Gespräche in der amerikanischen Hauptstadt. Gegen 17 Uhr traf er im Weißen Haus mit dem Präsidenten zusammen, für den Abend war ein Arbeitsessen mit Dean Rusk und weiteren Diplomaten im Außenministerium vorgesehen. Gromyko hatte seine Gesprächsstrategie genau festgelegt. Er wollte herausfinden, ob die USA Raketen auf Kuba tolerieren würden und wollte seine Gesprächspartner aus der Reserve locken. Moskau war daran interessiert, daß der für November geplante Besuch Chruschtschows bei der UNO-Vollversammlung in New York reibungslos über die Bühne gehen sollte. Wegen der Raketen sollte es zu keinem Eklat kommen. Ähnlich urteilte auch die amerikanische Botschaft in Moskau. In einem Telegramm an das State Department vom 17. Oktober hieß es, daß die Sowjets ein ernsthaftes Bemühen an den Tag legten, im amerikanisch-kubanischen Dauerstreit zu vermitteln und eine Krise in der Karibik zu vermeiden. Der Kreml wollte also beides: die Raketen zügig stationieren und zugleich mit den USA erfolgreiche Gipfeldiplomatie pflegen.[3]

In diesem Sinne wollte Gromyko politisch das Feld bestellen. Nach wie vor ging Moskau von der grandiosen Fehleinschätzung aus, beide Ziele seien miteinander vereinbar. Wieso Kennedy und seine Regierung in dieser Weise verkannt wurden, ist nach wie vor unklar. Vielleicht hatte Chruschtschow nach dem Wiener Gipfeltreffen im Juni 1961 ein völlig falsches persönliches Bild von Kennedy; möglicherweise hielt er ihn tatsächlich – wie Fedor Burlatsky, in jenen Jahren Redenschreiber des KP-Chefs, meint – für »zu jung, zu intellektuell und zu unerfahren«, um eine große internationale Krise durchstehen zu können; unter Umständen glaubte er auch, Kennedy würde vor den Zwischenwahlen im November nichts unternehmen und hoffte, bis dahin die Stationierungsarbeiten abgeschlossen zu haben; vielleicht wollte Chruschtschow aber auch unter allen Umständen aus der Isolation des Kalten Krieges ausbrechen, pokerte bewußt hoch und ging das Risiko ein, mit diesem Versuch zu scheitern. Auch kann nicht ausgeschlossen werden, daß er aus innenpolitischen Gründen einen Erfolg in der Außenpolitik brauchte. Wie dem auch sei, Gromyko fiel die Aufgabe zu, die Stationierung diplomatisch so weit wie möglich abzusichern.

Der sowjetische Außenminister löst diesen Auftrag in der von ihm gewohnten professionellen Art. Ohne mit einem Wort die Raketen beim Namen zu nennen, spricht er alle damit verbundenen Probleme an und erläutert seinen Gastgebern den sowjetischen Standpunkt. Gegenüber John F. Kennedy beklagt er wortreich die Einmischung der USA in die inneren Angelegenheiten Kubas, kritisiert das Handelsembargo und verweist auf die von führenden US-Politikern verbreiteten Gerüchte, eine neuerliche Invasion der Insel stünde bevor. Zu welchem Zweck seien die 150 000 Reservisten eigentlich einberufen worden? Kennedy müsse endlich begreifen, daß die USA keine Kolonialpolitik im Stil des 19. Jahrhunderts mehr betreiben könnten. Sollte Kuba angegriffen werden, dann würde die UdSSR militärische Hilfe leisten. Die bisher an Castro gelieferten Waffen dienten diesem Zweck und seien daher »defensiv«. Sie seien nicht, so die wiederholte Versicherung, als Druck- und Drohmittel gegen die USA gedacht.[4]

Entgegen den späteren Berichten von John F. und Robert Kennedy bleibt festzuhalten: Gromyko versprach *nicht*, daß die Sowjetunion niemals »Offensivwaffen« an Kuba liefern würde. Vielmehr zog er sich auf die Position zurück, rein technisch könne zwischen »defensiven« und »offensiven« Waffen nicht unterschieden werden und ausschlaggebend wäre allein die mit solchen Waffen verbundene politische Absicht. Mit dieser diplomatischen Umschreibung ließ Gromyko alles offen; vielfältig interpretierbar, schloß sie jedenfalls eine Stationierung von Mittelstreckenraketen keineswegs aus. Vieles spricht auch für die folgende Vermutung: Gromyko ging davon aus, daß Kennedy über die Raketen im Bilde war. Da ihn der Präsident nicht explizit danach fragte, vermutete er ein stillschweigendes Einverständnis. Die Angelegenheit würde als »gentlemen's agreement« behandelt werden können – eine Art diplomatischer Kommunikation.[5]

Gegenüber Außenminister Rusk wagt sich Gromyko noch einen Schritt weiter vor und verteidigt

Adlai Stevenson, 25. Oktober 1962 (66 l. o.) □
W. Averell Harriman (rechts). (M. o.) □
Walt Whitman Rostow (67 M. o.) □
Dean Acheson (67 r. o.) □
Andrei Gromyko (Mitte) und □
Anatoli Dobrynin bei John F. Kennedy
im Weißen Haus, 17. Oktober 1962. (67 u.)

indirekt die Lieferung der Raketen. Wieso solle die UdSSR kein Recht haben, in defensiver Absicht solche Waffen nach Kuba zu verschiffen? Zur Rechtfertigung verweist er auf den Ring von Militärstützpunkten, die von den Amerikanern entlang der sowjetischen Grenzen in Europa und Asien angelegt worden waren. Überdies weist er Rusk darauf hin, daß bis dato die UdSSR aus Washington keine Informationen erhalten habe, in welchen Ländern amerikanische Atomwaffen lagern. Deutlicher kann Gromyko kaum noch werden. Auch die Sowjets beanspruchen, Art und Umfang ihrer Waffenlieferungen an Drittländer geheimzuhalten.[6]

Damit ging der sowjetische Außenminister erkennbar über jene Erklärungen hinaus, die seit August in der »Prawda« und »Iswestija« veröffentlicht worden waren. Darin hatte es immer geheißen, die UdSSR würde außerhalb ihrer Grenzen keine Atomwaffen stationieren. Jetzt waren auch gleichlautende Aussagen sowjetischer Diplomaten in Washington gegenstandslos. Von Moskau nicht über die bevorstehende Raketenlieferung informiert, hatten Bolshakov und Dobrynin gegenüber hohen Washingtoner Gesprächspartnern wiederholt beteuert, wegen weitreichender Boden-Boden-Raketen bräuchten sie sich keine Sorgen zu machen. Kennedy hatte bisher geglaubt, man habe ihn nur bewußt täuschen wollen. Mit Gromykos Besuch stellte sich die Situation anders dar. Er wollte offenbar testen, wo die »politische Schmerzgrenze« für die Vereinigten Staaten lag.[7]

Für Kennedy und Rusk wäre jetzt die ideale Gelegenheit gewesen, mit einer simplen Frage alle Zweideutigkeiten zu klären: »Hat die UdSSR in Kuba Raketen stationiert, die amerikanisches Territorium erreichen können, oder beabsichtigt sie, das zu tun?« Wie auch immer die Antwort ausgefällen wäre, man hätte in jedem Fall Gromyko mit den Luftaufnahmen konfrontieren und ihm mitteilen können, daß die USA auf dem Rückzug dieser Systeme bestehen.

Aber der Präsident und sein Außenminister haben andere Interessen. Auch sie haben ihre Gesprächsführung wohl durchdacht und wollen sich auf keinen Fall von Gromyko in die Karten schauen lassen. Und in der Tat erweisen sich die Amerikaner als die Besseren in diesem politischen Poker. Sie geben nicht den geringsten Hinweis, daß die Regierung mittlerweile informiert ist. Kennedy beschränkt sich darauf, altbekannte Positionen zu wiederholen. Seine Regierung plane keine Invasion Kubas noch drohe sie damit. Alle Anschuldigungen in dieser Richtung entbehrten jeder Grundlage. »Als Präsident halte ich jene Amerikaner am kurzen Zügel, die sich für eine Invasion Kubas aussprechen.« Aber durch die sowjetischen Waffenlieferungen sei mittlerweile eine neue Situation entstanden – »vielleicht die gefährlichste seit Ende des Zweiten Weltkrieges«. An dieser Stelle verliest Kennedy seine öffentliche Erklärung vom 4. September. Gromyko geht wahrscheinlich davon aus, diese Texte seien mit Rücksicht auf die bevorstehenden Kongreßwahlen und zur Beruhigung des innenpolitischen Gegners verfaßt worden. Zu Vermutungen anderer Art hat er keinen Anlaß.[8]

Dean Rusk verfährt ähnlich. Die Sowjets, so der Außenminister, überschätzten einfach die militärische Bedeutung der amerikanischen Militärstützpunkte. Sehr bald versandet das Gespräch in einem allgemeinen und mit propagandistischen Schlagworten geführten Streit über die Frage, wer denn nun eigentlich für den Kalten Krieg verantwortlich sei. Wieder einmal sind die amerikanisch-sowjetischen Beziehungen an einem Tiefpunkt angelangt. Von Dialog kann keine Rede sein, eher von einem Zusammentreffen politisch Taubstummer. Gromyko ahnt nicht, was sich zwei Stockwerke tiefer abspielt: Dort, in den Arbeitsräumen von George Ball, tagt (ohne den Präsidenten) das ExComm. und überlegt, wann bzw. in welcher Form der Startschuß für die »große Krise« fallen soll.

An diesem Abend noch wird Llewellyn Thompson im Auftrag von John F. Kennedy beim sowjetischen Botschafter, Anatoli Dobrynin, vorstellig und teilt ihm mit, daß ein Gipfeltreffen mit Chruschtschow nach der UNO-Vollversammlung im November wenig sinnvoll sei. Damit ist die letzte Gelegenheit vertan, auf eine Eskalation zu verzichten und zu prüfen, ob der Konflikt um die Raketen mit politisch-diplomatischen Mitteln beigelegt werden kann.[9]

Niemand kann wissen, wie die Sowjets auf eine »informelle Diplomatie« Washingtons reagiert hätten. Fedor Burlatsky bezweifelt, daß sich Chruschtschow davon hätte beeindrucken lassen. Sergo Mikojan behauptet das Gegenteil. Sicherlich habe Chruschtschow mit einem »fait accompli« aufwarten wollen. Aber im Zweifelsfall hätte er die Notbremse gezogen und wäre einer Krise aus dem Weg gegangen. Für diese Annahme spricht, daß die Sowjets mit der Raketenstationierung nennenswerte außenpolitische Erfolge aufs Spiel setzten. Beispielsweise hatten sich kurz zuvor Gromyko und Rusk über die Anerkennung der polnischen Westgrenze (Oder-Neiße-Linie) geeinigt und auch in anderen Osteuropa betreffenden Fragen Fortschritte erzielt. Ob Chruschtschow all dies leichtfertig verspielt hätte, wäre er über die amerikanische Haltung frühzeitig unterrichtet worden, muß dahingestellt bleiben. Die Frage wird auch weiterhin Gegenstand von Spekulationen bleiben. Tatsache hingegen ist, daß noch nicht einmal der geringste Versuch gemacht wurde, mit den Sowjets ins Gespräch zu kommen. Washington wollte nicht.[10]

Adlai Stevenson behielt also recht. Das ExComm. überging das ABC der internationalen Diplomatie. Statt dessen gab es ein »Drehbuch« für ein vorgezogenes Gespräch mit Chruschtschow. Aber dieser Text liest sich wie das Skript für einen drittklassigen Polit-Thriller: Ein amerikanischer Gesandter sucht den Parteivorsitzenden im Kreml auf; er unterrichtet ihn von den U-2-Flügen über Kuba und teilt mit, daß die USA in Kürze die Insel angreifen würden. Chruschtschow hat noch eine letzte Möglichkeit, dies zu verhindern: Er muß auf der Stelle sein Wort geben, daß die Raketen und alle anderen Offensivwaffen abgezogen werden; Bedenkzeit gibt es keine; Gegenvorschläge werden nicht entgegengenommen; Beratungen mit dem Politbüro kommen nicht in Frage; entweder Chruschtschow akzeptiert das Diktat hier und jetzt, oder auf Kuba fallen Bomben.[11]

Wie realitätsfremd dieses Szenario auch immer anmuten mag – es spiegelte den Diskussionsstand im ExComm. getreulich wieder. Ein vorzeitiges Einlenken der Sowjets war gar nicht erwünscht.

Die Raketen am Bosporus

Adlai Stevenson hingegen verfolgt andere Ziele. Er möchte die Sowjets nicht nur frühzeitig kontaktieren, sondern fragt auch, welche Gegenleistungen die USA für einen Abzug der Kuba-Raketen anbieten können. Gibt es einen Königsweg für eine friedliche Lösung des Konflikts? Sehr schnell kommt Stevenson auf die amerikanischen Jupiter-Raketen in der Türkei zu sprechen. Können diese als diplomatisches Handels- und Tauschobjekt eingesetzt werden? Würden die Sowjets ihre Systeme aus Kuba abziehen, wenn die USA einen gleichzeitigen Rückzug der Jupiter versprechen? Stevenson ist davon überzeugt, daß sich die USA einer kritischen Diskussion über ihre weltweiten Stützpunkte und insbesondere über die grenznah zur UdSSR stationierten Atomwaffen nicht werden entziehen können. »Bevor wir irgend etwas unternehmen, muß klar sein, daß die Existenz von Atomwaffenbasen auf der ganzen Welt Gegenstand von Verhandlungen sein kann.« Er unterstreicht das Wort »verhandelbar« zweimal im handschriftlichen Entwurf seines Memorandums. »Es sollte ohne Einschränkung klargemacht werden, daß die Vereinigten Staaten zu Verhandlungen über Stützpunkte bereit sind. Wir nehmen keine Erpressung und keine Einschüchterung entgegen, aber sind jederzeit zu Verhandlungen und verantwortungsbewußtem Handeln bereit.«[12]

Am 20. Oktober präzisiert Stevenson diese Vorstellungen und legt das Modell einer abgestuft-flexiblen politischen Lösung vor. Demnach treten die USA an den UNO-Sicherheitsrat heran und fordern von der UdSSR neben dem sofortigen Abbau der Raketenstellungen auch den Rückzug des gesamten sowjetischen Militärpersonals von der Insel. Diese Forderung hat ihren Preis – und Stevenson glaubt, daß die USA diesen Preis zahlen können und sollen:

– Die UNO entsendet Beobachter nach Kuba, Italien und in die Türkei, um die dortigen Raketenbasen zu überwachen. Dieser symbolische Akt signalisiert den Sowjets wie der Weltöffentlichkeit, daß die amerikanischen und sowjetischen Mittelstreckenraketen ein vergleichbar bedrohliches Potential sind. Es ist deshalb notwendig, alsbald eine prinzipielle politische Einigung über dergleichen Stationierungen außerhalb der jeweiligen Landesgrenzen zu finden – und wenn möglich, künftig auf eine Raketenlieferung an Drittländer gänzlich zu verzichten.

– Die USA garantieren im Einvernehmen mit der OAS die territoriale Integrität Kubas, erklären öffentlich, gegen die Regierung Castro keine Gewalt anwenden zu wollen, und fordern die UNO auf, eine »Friedenstruppe« nach Kuba zu schicken. Die Sowjets werden diese Ankündigung wahrscheinlich als wichtiges Zugeständnis begreifen und daraus zumindest propagandistischen Gewinn ziehen können.

– Die USA lösen ihren Militärstützpunkt Guantanamo auf Kuba auf und ziehen alle Streitkräfte ab. In diesem Fall wird es Chruschtschow wesentlich leichter fallen, ebenfalls Waffen und Truppen zurückzuholen.

Stevenson sieht den entscheidenden Vorteil dieses Vorschlags darin, daß die Sowjets nicht mit einem Ultimatum konfrontiert und politisch weder gedemütigt noch in die Enge getrieben werden. Im Gegenteil: Ihre Forderungen werden als berechtigt anerkannt. Chruschtschow wird zwar zurückstekken müssen, aber am Ende nicht mit leeren Händen dastehen. Die USA werden ihn nicht mit symbolischen Gesten abspeisen, sondern substantielle politische Zugeständnisse machen. So gesehen, kann diese Auseinandersetzung genutzt werden, um eine dauerhafte Entspannung im Ost-West-Verhältnis in die Wege zu leiten. »Wir sind alle bemüht, einen Vertrag über atomare und allgemeine Abrüstung unter Dach und Fach zu bringen, bevor es zu spät ist.«[13]

Stevenson versucht, seinen Vorschlag auch den »hardliner« um Dillon, McCone und Taylor schmackhaft zu machen. Ein Abzug aller sowjetischen Truppen würde nach seiner Ansicht über kurz oder lang die Machtbasis von Fidel Castro entscheidend schwächen und wahrscheinlich zu einem bürgerlichen Umsturz führen. Niemand in der Runde hat noch ein offenes Ohr für dergleichen Argumente. Statt dessen schlagen Wogen der Empörung und Wut über Stevenson zusammen, kaum daß er geendet hat. Robert Kennedy berichtet: »Sein Vorschlag löste bei manchen Anwesenden eine äußerst heftige Reaktion aus, und es entspannen sich scharfe Wortgefechte.« John F. Kennedy beendet die Debatte mit dem Hinweis, »gegenwärtig ... sei nicht der richtige Zeitpunkt für diesen Vorschlag ...« und erklärt kategorisch, daß die Stützpunkte in der Türkei und in Italien nicht zur Disposition stehen.[14]

Natürlich hatte das ExComm. erkannt, daß die Jupiter-Raketen die entscheidende Schwachstelle in der amerikanischen Krisenpolitik sein würden. Aber Kennedy und seine Berater glaubten, das Problem auf eine ganz andere Art und Weise lösen zu können. »Szenario Eins« besagte, daß die amerikanischen Raketen in der Türkei als politisches Bauernopfer im Raketenschach eingesetzt werden könnten. Konkret hieß das: Die USA bomben die Kuba-Raketen und mit ihnen die Regierung Castro weg. Unmittelbar danach würden sie zur allgemeinen Beruhigung der Lage ankündigen, die Jupiter und alle Bomber aus der Türkei abzuziehen. Dann würden auch die Sowjets klein beigeben. So jedenfalls stand es im Entwurf einer Rede, die John F. Kennedy unmittelbar nach dem Luftangriff hätte halten sollen. Offenbar war das ExComm. von dieser Vorstellung sehr angetan: McNamara kam am 19. Oktober mehrfach darauf zurück; und noch auf dem Höhepunkt der Krise, am 27. Oktober, sahen einige Berater darin die »eleganteste Lösung«.[15]

»Szenario Zwei«: Sobald die Sowjets in Kuba nachgegeben haben, verhandeln die USA mit den anderen NATO-Staaten und insbesondere mit der Regierung in Ankara über die Jupiter. Washington würde am Beispiel der jüngsten Erfahrungen erläutern, daß eine Landstationierung zu viele Risiken und Gefahren mit sich brächte und schlage deshalb vor, diese Waffen durch seegestützte Raketen auf Polaris-U-Booten zu ersetzen. Von solch einem Schritt versprach sich die Regierung Kennedy wesentliche Vorteile. Militärisch würde die Modernisierung des Mittelstreckenpotentials positiv zu Buche schlagen. Die Polaris-Raketen waren unverwundbar, zuverlässiger, schlagkräftiger und konnten wesentlich mehr Ziele in der UdSSR treffen als die Jupiter. Politisch würde man das Streben einiger westeuropäischer NATO-Staaten nach eigenständigen, landgestützten Atomstreitkräften (England, Frankreich) neutralisieren. Die Polaris-Flotte könnte als »multilaterale Streitmacht« einem gemeinsamen europäisch-amerikanischen Kommando unterstellt werden; aber nach wie vor hätten die USA die alleinige Verfügungsgewalt über die nuklearen Sprengköpfe. Mit dieser Aufwertung der Westeuropäer innerhalb der NATO würde, so hoffte man in Washington, das leidige Thema »nationale Mittelstreckenwaffen« und »militärische Emanzipation von den USA« endgültig vom Tisch sein. Am 22. 10., kurz vor Kennedys Fernsehrede, wurden die europäischen NATO-Staaten mit diesem Modell bekanntgemacht. NATO-Botschafter Finletter stellte im Nordatlantik-Rat in Paris die seegestützte »multilaterale Streitmacht« zur Diskussion.[16]

Beide Szenarien sollten in den kommenden Tagen und insbesondere auf dem Höhepunkt der Krise noch eine wichtige Rolle spielen. Sie verdeutlichen, daß das ExComm. zu keinem Zeitpunkt daran dachte, Stevensons Modell einer »flexiblen politischen Reaktion« zu folgen. Wer sich in Washington für »flexible response« interessierte, dachte einzig und allein an die militärstrategische Bedeutung des Begriffs.

Adlai Stevenson mußte für seine Intervention einen hohen politischen Preis zahlen. Wenige Monate später nahm ihn die Kennedy-freundliche Presse ins Kreuzfeuer ihrer Kritik. Die Brüder Alsop, offensichtlich von höchster Stelle mit einschlägigen Informationen versorgt, behaupteten in ihren vielgelesenen Kolumnen, Stevenson sei während der Beratungen des ExComm. »umgefallen« und habe im Grunde genommen für ein »neues München« plädiert. Das ganze Propagandaregister des Kalten Krieges wurde gegen den UNO-Botschafter ins Spiel gebracht: »Aufgabe« Kubas; Beschwichtigungspolitik gegenüber Moskau; Verletzung der nationalen Interessen der USA. Die öffentliche Denunziation wirkte. Adlai Stevenson und mit ihm der ganze liberale Flügel innerhalb der Demokratischen Partei waren schwer angeschlagen. Sie brauchten Jahre, um in der Außenpolitik wieder kritisch die Stimme erheben und Einfluß ausüben zu können. Zu spät, wie sich zeigen sollte: die Eskalation in Vietnam war nicht mehr abzuwenden. So gesehen, muß Adlai Stevensons persönliche Niederlage gleichzeitig als Ausschaltung einer politischen Richtung begriffen werden. Allein die liberalen Demokraten um Stevenson hatten Vorstellungen entwickelt, wie der Kalte Krieg überwunden werden könnte. Unter John F. Kennedy war die Zeit für dergleichen Ideen noch nicht reif.[17]

Die Entscheidung

Am Nachmittag des 20. Oktober fällt im ExComm. die Entscheidung: Die Seewege nach Kuba werden blockiert. Nach heftigen Auseinandersetzungen ist eine Mehrheit von den vermeintlichen Vorteilen der Blockade überzeugt – vorläufig jedenfalls. Was gibt den Ausschlag?

McNamara preist (zum wiederholten Mal) die Blockade als ideales Instrument, um die Krise unter politischer Kontrolle zu halten, und kommt damit all jenen entgegen, die nach einem Weg des geringsten Risikos suchen. Insbesondere der Präsident zeigt sich von den Überlegungen des Verteidigungsministers beeindruckt. Dennoch ist McNamaras Argumentation nicht für alle überzeugend. Wieso soll das Risiko der Eskalation bei einem Zusammenstoß mit sowjetischen Schiffen oder U-Booten geringer sein als bei einem Bombardement der Insel? Spekulation steht gegen Spekulation. Und würde eine Blockade Kubas die Sowjets nicht geradezu einladen, ihrerseits Berlin zu blockieren? Thompson, Bundy, Taylor, Dillon, McCone, Nitze, Acheson – sie alle ziehen es vor, sofort »reinen Tisch zu machen«. Sie wollen Bomben, keine Blockade.[18]

Ihre Position kommt ins Wanken, als die politischen Folgen eines Überraschungsangriffs aus der Luft abgewogen werden. Die USA würden sich weltweit politisch isolieren. Auch einigen »Falken« dämmert allmählich, daß Militäraktionen propagandistisch optimal vorbereitet werden müssen und erst dann »sinnvoll« sind, wenn andere Maßnahmen erkennbar nicht zum Erfolg geführt haben.

Die Waagschale neigt sich endgültig zugunsten der Blockade, als die Gruppe um McNamara unmißverständlich erklärt, daß dies erst der Anfang sei. Man will mit dem »begrenzten Druckmittel« beginnen, dadurch den Sowjets den Schwarzen Peter zuspielen und je nach Bedarf eskalieren. D. h., die Blockade hat ihren Sinn verfehlt, wenn die Sowjets dem Druck nicht nachgeben oder in irgendeiner Weise »unannehmbar« reagieren. Dann wird erneut über Luftangriff und/oder Invasion zu entscheiden sein. John F. Kennedy läßt keinen Zweifel daran, wie er sich dann verhalten würde: »Ich will nur einen Punkt noch einmal betonen: Falls die russische Erwiderung eine militärische Aktion oder Invasion unvermeidlich macht, möchte ich die Gewißheit haben, daß wir keine Zeit mehr mit Vorbereitungen zu verlieren brauchen.« McNamara kann ihn beruhigen. Alle diesbezüglichen Vorbereitungen laufen auf Hochtouren, »so daß wir Dienstag, den 23. Oktober, mit den nötigen Luftbombardements beginnen könnten, falls dies beschlossen werde«. Es geht also keineswegs um eine Entscheidung über Alternativen, sondern lediglich um die zeitliche Abfolge des Geschehens.[19]

Trotzdem gaben sich einige »Falken« nicht geschlagen. Dean Acheson, Bannerträger der Truman- und Eisenhower-Jahre, konnte sich mit der neuen Elite um Kennedy nicht anfreunden. Er witterte überall die »liberale Aufweichung«, verdächtigte die jungen Nachfolger, das Erbe zu verschleudern, und glaubte, mit patriarchalischer Selbstherrlichkeit das Ruder noch einmal herumreißen zu können. Gern begriff er sich als »Vater der NATO«, dem allseitige Ehrfurcht gebührte. Entsprechend apodiktisch argumentierte er. Die ganze Debattiererei sei pure Zeitverschwendung. Oder wolle hier jemand Prinzipien zerreden? Handeln müsse man – je früher der »Showdown«, desto besser. Wer anderer Meinung sei, habe entweder keine Ahnung, sei zu jung und unerfahren oder setze – sein letzter Trumpf – schlicht die Sicherheit des Landes aufs Spiel.

Die Vereinigten Stabschefs kamen ihrem politischen Idol zu Hilfe. Unermüdlich sagten sie ihre immer gleichen Argumente auf: Die Blockade würde wirkungslos sein; die Sowjets würden nicht wagen, auf einen Angriff gegen Kuba mit militärischen Mitteln zu antworten. Vermutlich war es Curtis LeMay, Stabschef der Luftwaffe, der dem Ganzen die Krone aufsetzte und behauptete, »daß wir Atomwaffen einsetzen könnten, da unsere Gegner auch die ihrigen bei einem Angriff gegen uns verwenden würden«. Und schließlich fühlten sich auch die Geheimdienste zu politischen Kommentaren herausgefordert. Sie interpretierten längst nicht mehr nur Luftaufnahmen, sondern übten sich in politischer Prognose. Die Sowjets hätten große Pläne mit Kuba und würden in Kürze dort ihren weltweit wichtigsten Militärstützpunkt errichten. Ob die Memoranden vom »Guided Missile and Astronautics Intelligence Committee«, vom »Joint Atomic Energy Intelligence Committee« oder vom »United States Intelligence Board« verfaßt wurden, war unerheblich. Im Tenor waren alle gleich.[20]

Als deutlich wird, daß die Achse John F. Kennedy – McNamara hält und der Präsident dem Rat des Verteidigungsministers folgen wird, kommt es (am Morgen des 19. Oktober) zum ersten Eklat im ExComm. Die Meinungsverschiedenheiten werden in scharfem Ton ausgetragen. Wie Robert Kennedy schreibt, beginnen sich Anspannung und Schlafmangel auszuwirken. Ungeduld, Zornanfälle, Wut und Enttäuschung prägen die Sitzung. Vielen wird erst jetzt klar, worauf man sich eingelassen hat – nämlich eine Entscheidung treffen zu wollen, die möglicherweise die Vernichtung der Menschheit bedeutet. Robert Kennedy spricht von »seltsame(n) Reaktionen« und erwähnt, daß einige unter der Last der selbst aufgebürdeten und angemaßten Verantwortung wanken. Zu einer Umkehr will sich freilich niemand aufraffen. Im Gegenteil, die Gegner der Blockade haben sich bereits auf den nächsten Eskalationsschritt eingestellt. Sie warten nur darauf, daß der erste Schritt ins Abseits führt.[21]

Die Blockade stand also unter großem politischen Druck, bevor sie überhaupt verkündet wurde. Die Mehrheiten im ExComm. konnten jederzeit kippen. Derweil gingen die militärischen Vorbereitungen unvermindert weiter. Das Oberkommando der taktischen Luftstreitkräfte unter General Sweeney hatte »mission folders« für 500 Einsätze und mehr vorbereitet. Die Einsätze würden sich gegen Luftabwehrstellungen und Flugplätze, gegen Raketenbasen und Häfen richten. Am Wochenende des 20./21. Oktober stand, in den Worten von General David M. Shoup, »eines der größten Invasionsheere der amerikanischen Geschichte« bereit. 45 000 Marine-Infantristen und 100 000 Reservisten warteten auf den Befehl zum Angriff. Sie waren überzeugt, daß der Befehl erteilt würde. »Alle wußten die Antwort. Ich sah es in ihren Augen ...« David M. Shoup würde als Oberkommandierender der Marines den Angriff leiten.[22]

Die Inszenierung

Walt Whitman Rostow notiert in einem Memorandum vom 22. Oktober: »Wir sollten versuchen, diese Krise so weit wie eben möglich zu dramatisieren – und zwar nicht als eine kubanische Krise, sondern als eine weltweite Auseinandersetzung mit dem Kommunismus, an der wir alle mit gleichen Interessen und gleichem Risiko beteiligt sind.« In diesem Sinne stimmt auch John F. Kennedy das ExComm. ein. Während der morgendlichen Sitzung weist er darauf hin, daß die Verpackung mindestens so wichtig sei wie der Inhalt der Politik: »Es ist genauso wichtig, über das Vorgehen zu sprechen wie über den Inhalt der Politik.« Heute abend will der Präsident vorführen, was damit gemeint ist. Er wird vor die Fernsehkameras treten und die Blockade Kubas verkünden.[23]

Es kostete noch viel Mühe, die Zweifler und Skeptiker – insbesondere jenseits des Atlantik – zu überzeugen. Am Abend zuvor hatte John F. Kennedy den britischen Premierminister, Harold Macmillan, telefonisch über die amerikanischen Absichten informiert. Nun lag eine schriftliche Stellungnahme aus Downing Street vor. London war alles andere als begeistert. Macmillans Brief ließ Unangenehmes ahnen. »Der Präsident meinte, daß die Botschaft des Premierministers wohl darauf hinauslaufe, überhaupt nicht zu handeln.« Macmillan begriff nicht, warum der diplomatische Weg ausgeschlagen wurde. Warum beriefen die Amerikaner nicht ein Gipfeltreffen mit Chruschtschow ein? Bei einem solchen Treffen ließe sich über Abrüstungsfragen im Allgemeinen und die beiderseitigen Militärstützpunkte im Besonderen reden. Zwischen den Zeilen wurde deutlich, daß Macmillan die amerikanische Regierung für »Kuba-besessen« hielt. Das ExComm. glaubte zu wissen, daß andere europäische Regierungen mit dieser Haltung sympathisierten und geneigt sein würden, die Kuba-Raketen mit einem Achselzucken hinzunehmen. In der Tat: Was eigentlich war neu oder dramatisch an der jetzigen Situation? Seit Jahren schon waren sowjetische Mittelstreckenraketen auf Westeuropa gerichtet. Niemand kam bisher auf den Gedanken, deswegen eine internationale Krise vom Zaun zu brechen oder gar irgendwo eine Blockade zu verhängen. Es würde schwer sein, die Europäer zu überzeugen. Um so dankbarer war das Weiße Haus, im britischen Botschafter, David Ormsby-Gore, einen verläßlichen Verbündeten zu finden. Ormsby-Gore unterrichtete den Präsidenten nicht nur über die Haltung seiner Regierung, sondern gab sogleich Tips, mit welchen Argumenten man Macmillan verunsichern und letzten Endes für die Blockade gewinnen könnte. Leute vom Schlage Ormsby-Gores waren allerdings die Ausnahme im diplomatischen Corps.[24]

John F. Kennedy fühlte sich in seinen ursprünglichen Bedenken bestätigt. Unermeßlicher politischer Schaden wäre entstanden, hätte man dem Drängen der ersten Stunde nachgegeben und ohne Vorwarnung Bomben auf Kuba geworfen. Jetzt hieß es erst einmal: Zeit gewinnen, effiziente Propaganda leisten und den Handlungsspielraum erweitern. »Was wir jetzt brauchen, sind starke Argumente, um zu erklären, warum wir handeln müssen, wie wir handeln.« In der Tat schien eine dramatische Inszenierung der Krise vonnöten. Wenn diese Überzeugungsarbeit nichts fruchtete, würde man immer noch im Alleingang handeln können. Zunächst aber sollten alle Möglichkeiten ausgeschöpft werden.[25]

Information und Propaganda müßten sich, so die Meinung im ExComm., an folgenden Kriterien ausrichten: Es gibt keine Alternativen zum vorgeschlagenen Kurs, die USA sind zu diesem Vorgehen gezwungen; die Raketenstationierung kommt

Evening Standard
„Was für eine Unverschämtheit, mir Raketen vor die Haustür zu stellen!"

☐ *»Was für eine Unverschämtheit, mir Raketen vor die Haustür zu stellen!« Karikatur des »Evening Standard« (Großbritannien) (l. o.)*
☐ *Andrei Gromyko vor dem Rückflug nach Moskau, New York International Airport, 22. Oktober 1962. Rechts neben Gromyko: Anatoli Dobrynin. (r. o.)*
☐ *Rechts: Der sowjetische UNO-Botschafter Zorin während einer Sitzung des UNO-Sicherheitsrates am 23. 10. 1962. Links: UNO-Generalsekretär U Thant (l. u.)*
☐ *Anatoli Dobrynin auf dem Weg zu Dean Rusk, 22. Oktober 1962 (r. u.)*

wie ein Blitz aus heiterem Himmel; die Reaktionen des Weißen Hauses sind schnell, aber gleichwohl überlegt, verantwortungsbewußt und besonnen. Man wollte in der Öffentlichkeit weder über Luftangriffe noch über Invasion spekulieren, sondern zunächst die ganze Aufmerksamkeit auf die große militärische Bedrohung lenken.

Ausdrücklich mahnte das Weiße Haus die Presse zur Zurückhaltung: Über militärische Planungen des Pentagon sollte nicht berichtet werden. Dadurch würde nur Verwirrung gestiftet, Unruhe provoziert und die Opposition gegen den Kennedy-Kurs angeheizt. Wer wollte hingegen einem Präsidenten die Gefolgschaft verweigern, der glaubhaft versicherte, von hinterhältigen Kommunisten belogen und in eine Falle gelockt worden zu sein? Wer wollte kritisieren, wenn dieser Mann energisch aufstand und verkündete: Bis hierher und nicht weiter!? Kennedy würde sich als Präsident zeigen, der die Risiken überblickte, die Entwicklung im Griff hatte und folglich Vertrauen verdiente. John F. Kennedy unterstrich gegen Ende der Sitzung noch einmal nachdrücklich, daß nun alle Beteiligten eine Sprache sprechen müßten. Soweit der Zugriff des Weißen Hauses reichte, galten diese Regeln auch für die »freie Presse«.[26]

Das erste vom Pentagon anberaumte Hintergrundgespräch für Journalisten lag ganz auf dieser Linie. Verschleierung war das hauptsächliche Anliegen. Reporter wollten wissen, warum das Weiße Haus erst jetzt, sieben Tage nach Auswertung der ersten Luftaufnahmen, an die Öffentlichkeit trat. Und wieso wurden gezielte Fragen nach Mittelstreckenraketen in den vergangenen Tagen stets zurückgewiesen? Der Pentagon-Sprecher wies den Vorwurf bewußter Täuschung zurück und behauptete, bis zum 21.(!) Oktober habe niemand in Washington verläßliche Beweise gehabt. »Ich möchte hier in aller Deutlichkeit klarmachen, daß die endgültige Unterrichtung des Präsidenten über diese Angelegenheit erst am Sonntag Nachmittag um 14:30 Uhr stattfand... Erst zu diesem Zeitpunkt, d. h. am Sonntag Nachmittag, waren wir vollständig im Bilde.« Im ExComm. wurden die Gründe für dergleichen Irreführungen beim Namen genannt: Die Öffentlichkeit sollte glauben, Washington handelte spontan. Auf keinen Fall dürften die westeuropäischen Verbündeten von den tagelangen Beratungen des ExComm. Wind bekommen. Sie würden sich zu Recht getäuscht und hintergangen fühlen. Deshalb wollte man den Eindruck vermitteln, die USA hätten gar nicht früher informieren können und handelten selbst unter extremem Zeitdruck. Die an diesem Tag nach London, Paris und Bonn entsandten Diplomaten (Dean Acheson, Livingston Merchant und Walter Dowling) wurden angewiesen, auf keinen Fall von dieser argumentativen Linie abzuweichen. Ein besseres moralisches Druckmittel war in der Tat kaum vorstellbar. Welche europäische Regierung würde den Vereinigten Staaten in einer »akuten Notlage« die Unterstützung verweigern?[27]

Für die weitere Inszenierung der Krise lag ein detaillierter Fahrplan vor. Außenministerium, Pentagon und Weißes Haus hatten ein minutiöses Public-Relations-Programm entwickelt. Dieser 22. Oktober war in der Art eines »Countdown« verplant. Noch immer sind nicht alle Details zugänglich. Aber bereits eine grobe Zusammenfassung läßt ahnen, wie präzise die USA ihren politisch-ideologischen Einfluß ausspielten, wie geschickt die diversen Apparate eingesetzt wurden. Die Solidarität wurde weltweit organisiert; mit Ausnahme der sozialistischen Länder drangen die USA buchstäblich bis in den hintersten Winkel der politischen Welt vor. Die UdSSR sollte propagandistisch überrollt und politisch in die Ecke gedrängt werden. Hierzu einige Beispiele:[28]

– 10 Uhr: Die amerikanischen Botschaften in London und Ottawa bitten die Regierungen ihrer Gastländer, vorübergehend alle Transit- und

Überflugrechte für Flugzeuge zu stornieren, die aus sozialistischen Ländern kommen und als Ziel Kuba angeben.

– 11 Uhr: US-Vertretungen in Lateinamerika und die Botschaft in Manila warnen Innenministerien und Polizeiapparate vor Protest und Aufruhr. Möglicherweise würde Kennedys Rede die Castrofreundliche Opposition »aufwiegeln«. Das Pentagon hat bereits Kriegsmaterial zusammengestellt (»riot control equipment«) und an lateinamerikanischen Diktaturen weitergeleitet, die als besonders »gefährdet« gelten. Die amerikanischen Botschaften und die CIA werden bei der Unterdrückung oppositioneller Aktivitäten Hilfe leisten.[29]

– 11 Uhr: Im Außenministerium werden Resolutionen entworfen, die von der Organisation Amerikanischer Staaten (OAS) verabschiedet werden sollen. Die Texte werden am Nachmittag an die Mitgliedsstaaten der OAS weitergeleitet.

– 11 Uhr: Im Weißen Haus tritt das ExComm. zusammen. Die Kommandeure der Jupiter-Stützpunkte in Italien und der Türkei werden zu besonderen Vorsichtsmaßnahmen angehalten.

– 12 Uhr: Kennedys Pressesprecher, Pierre Salinger, gibt bekannt, daß der Präsident um 19 Uhr eine wichtige Rede halten wird.

– 12:30 Uhr: Auch im Pentagon herrscht hektische Betriebsamkeit. Die Atlantikflotte bereitet die Blockade vor; aus dem Pazifik werden zusätzliche Truppen in den Atlantik verlegt; das Taktische Luftkommando beginnt den »partial airborne alert«, d. h. ab sofort werden Dutzende von Flugzeugen Warteschleifen über Florida drehen und sich für ihren Einsatz bereithalten; Angehörige der Soldaten werden aus Guantanamo, dem US-Stützpunkt auf Kuba, ausgeflogen; weltweit werden die US-Streitkräfte in erhöhte Alarmbereitschaft versetzt; für das Strategische Luftkommando gilt zum ersten Mal seit 1945 »Defense Condition« 2 (DefCon 2) – DefCon 1 wäre bereits der Einsatzbefehl; erstmals seit dem Korea-Krieg werden auch alle anderen Waffengattungen gleichzeitig in erhöhte Alarmbereitschaft versetzt – für sie gilt DefCon 3; die Mittelstreckenbomber vom Typ B-47 werden auf 33 Zivilflughäfen verlegt; der für den »airborne alert« abgestellte Teil der B-52 Langstreckenbomber wird beträchtlich erhöht: jede achte Maschine ist beständig in der Luft, voll ausgerüstet mit Atom- und Wasserstoffbomben und jederzeit zum Einsatz gegen die UdSSR bereit; Log-Bücher werden ausgegeben, um die Interkontinentalraketen startklar zu machen. Sobald der Präsident am Abend vor die Mikrophone von Rundfunk und Fernsehen tritt, wird der Schleier der Geheimhaltung gelüftet, und die militärischen Vorbereitungen werden dann in aller Öffentlichkeit abgewickelt.[30]

– 14 Uhr: Vom New York International Airport startet eine Aeroflot-Maschine Richtung Moskau. An Bord: Außenminister Andrei Gromyko und seine Delegation, die sich für mehrere Tage in den USA aufgehalten haben. Im Weißen Haus ist man wegen dieses Fluges sehr nervös. Wie üblich, wird Gromyko am Flughafen eine Presse-Erklärung abgeben. Hat er möglicherweise bei seinem Treffen mit Kennedy und Rusk Lunte gerochen? Wird er den USA zuvorkommen, die Stationierung der Mittelstreckenraketen bekanntgeben und zugleich vor möglichen Gegenaktionen warnen? In diesem Fall würde er in der Tat den ganzen Fahrplan durcheinanderbringen. Das Weiße Haus ist darauf eingestellt, die Blockade nötigenfalls sofort auszurufen. Aber Gromyko hält sich kurz und geht über die protokollarisch ohnehin vorgesehenen Floskeln nicht hinaus.

– 15 Uhr: Das ExComm. tritt zum zweiten Mal an diesem Tag zusammen. Erneut geht es um die Jupiter-Raketen in Italien und in der Türkei. Punkt für Punkt hakt der Krisenstab die Argumente ab, mit denen man die Öffentlichkeit davon überzeugen will, daß die grenznahe Stationierung amerikanischer Mittelstreckenraketen notwendig, sowjetischer Systeme hingegen verwerflich ist.

– 17 Uhr: George Ball spricht mit den einflußreichsten Journalisten des Landes. James Reston von der »New York Times«, Joseph Alsop und Alfred Friendly, letzterer als Herausgeber der »Washington Post«, werden gebeten, ihre Journalisten auf den offiziellen Kurs des Weißen Hauses einzuschwören. Allerdings versagt ein wichtiger Meinungsmacher die Gefolgschaft: Walter Lippmann, der seit Jahrzehnten mit seinen Kolumnen und Berichten einen in den USA beispiellosen öffentlichen Einfluß ausübt. Lippmann ist offensichtlich mit Kennedys Politik nicht einverstanden – und wird dies in den folgenden Tagen auch journalistisch zu Protokoll geben.

– 17 Uhr: Die wichtigsten Politiker aus Senat und Repräsentantenhaus werden mit Sondermaschinen der Luftwaffe in Washington eingeflogen. Der Präsident, Dean Rusk und ein Geheimdienstoffizier unterrichten sie. Es wird, wie Robert Kennedy berichtet, eine sehr turbulente Sitzung. Die Kongreß-Vertreter, mehr als alle anderen auf einen militanten Antikommunismus eingeschworen, wollen nicht begreifen, wieso Kennedy eine Blokkade verhängen will. Luftangriffe und Invasion seien die richtige Antwort. Je länger die Sitzung dauert, desto deutlicher erfährt Kennedy, daß er sich diesem Druck nicht lange wird entziehen können.[31]

– 18 Uhr: Der sowjetische Botschafter, Anatoli Dobrynin, fährt in Foggy Bottom, dem Sitz des Außenministers, vor. Er ist zu einer Unterredung mit Dean Rusk geladen, hat aber nicht die geringste Ahnung, worum es geht. Auch Chruschtschow hat ihn noch immer nicht über die Kuba-Raketen informiert. Als Dobrynin das Arbeitszimmer seines Amtskollegen verläßt, ist er, so berichten Augenzeugen, »aschfahl«.

– 18 Uhr: Foy D. Kohler, seit wenigen Monaten amerikanischer Botschafter in Moskau, übergibt einem Verwaltungsbeamten des Kreml den Text der angekündigten Kennedy-Rede und einen Brief des Präsidenten an Nikita Chruschtschow. (Averell Harriman und Roger Hilsman haben in letzter Minute den Brief diplomatisch »entschärft«. Einige schroff ultimative Formulierungen der ursprünglichen Fassung sind gestrichen worden; der drohende Unterton ist jetzt deutlich gemildert.)

– 18 Uhr: Eine in der Geschichte der Diplomatie beispiellose Brief- und Telegrammaktion nähert sich ihrem Ende. 15 verschiedene Briefe des Präsidenten werden an insgesamt 441 Adressaten übermittelt, 95 Botschafter in Washington erhalten mündliche Instruktionen. Das ExComm. läßt in allen Kontinenten Unterstützung mobilisieren. Die besondere Aufmerksamkeit gilt Westeuropa und Lateinamerika. Alle Regierungschefs und Präsidenten Lateinamerikas (außer Kuba) erhalten Kennedys Rede in spanischer Übersetzung, einen Begleitbrief des Präsidenten und den Entwurf einer Resolution, die so schnell wie möglich von der OAS verabschiedet werden sollte. (Der mexikanische Präsident befindet sich zu dieser Stunde auf dem Rückflug von einem Staatsbesuch auf den Philippinen. Um ja keine Zeit zu verlieren, informiert ihn das Oberkommando der amerikanischen Pazifikstreitkräfte noch im Flugzeug).

– 18:15 Uhr: Georg Ball und Roger Hilsman unterrichten die im Außenministerium versammelten Botschafter der NATO-, SEATO- und CENTO-Staaten. Im International Conference Room stehen Fernsehgeräte bereit, damit alle die Rede des Präsidenten verfolgen können.

– 18:30 Uhr: Washingtons diplomatische Emissäre treffen in London, Paris und Bonn mit den dortigen Regierungschefs zusammen. Die Unterredung in London verläuft wie erwartet schwierig. Macmillan sichert zwar Solidarität zu, verknüpft diese aber mit kritischen Hinweisen. In einem sofort an Kennedy abgesetzten Telegramm mahnt er zu äußerst behutsamem Vorgehen: Auf keinen Fall dürften die USA in eine Lage kommen, wo sie als erste das Feuer eröffneten. Schon ihre (gemeinsame) Verantwortung gegenüber Berlin verbiete ein solches Risiko. Auch will sich der britische Premier den Hinweis nicht verkneifen, daß eine Blockade normalerweise als kriegerischer Akt gewertet wird. Ganz anders reagieren De Gaulle und Adenauer. Der Franzose will gar keine Details hören, sondern läßt Kennedy übermitteln, daß er mit Frankreichs bedingungsloser Unterstützung rechnen kann. Mit großer Geste versichert er, an Kennedys Stelle hätte er genauso gehandelt. Adenauer freilich will es dabei nicht bewenden lassen. Schon lange sind ihm die ostpolitischen Akzente Washingtons (Grenzfragen mit Polen und der CSSR, Gespräche über einen Atomteststop) ein Dorn im Auge. Jetzt endlich sieht er wieder eine Gelegenheit, in die Schützengräben des Kalten Krieges zurückzukehren. Der »Spiegel« zitiert das politische Tagebuch von Horst Osterheld, einem außenpolitischen Berater Adenauers, wie folgt: »Adenauer meinte, daß die Amerikaner zu lange geschlafen hätten und auch nicht energisch genug reagierten. Eine Blockade sei zu wenig; das Wichtigste sei, die Raketen wegzubekommen und die Basen zu besetzen. Dann könnten die Amerikaner die drohende Niederlage in einen Erfolg verwandeln, und es könne zu einer richtigen Wende kommen ... Er sei für beides: die Bombardierung und die Invasion. Die Basen müßten weg.«[32]

– 18:45 Uhr: Die technischen Vorbereitungen sind jetzt abgeschlossen. Die U. S. Information Agency und die Voice of America hatten seit Freitag Überstunden gemacht. Kennedys Rede sollte von jedem Rundfunkgerät dieser Erde empfangen werden können. Mittelwellensender übertragen rund um die Uhr in spanischer Sprache nach Kuba. Zwischen den Radiostationen und dem Weißen Haus sind direkte Telefonleitungen geschaltet; die Fernmeldegesellschaft AT&T richtet zusätzliche Verbindungen zwischen Washington und den lateinamerikanischen Hauptstädten ein. Das System funktioniert beinahe perfekt. Weltweit kommt es nur zu einer größeren Störung. Die Telegraphenstation in Nikosia (Zypern) fällt aus und kann die vorgesehenen Botschaften nicht rechtzeitig nach Afrika übermitteln. Kennedys Rede wird in mehrere Sprachen übersetzt und auf Ton- und Filmträgern innerhalb weniger Stunden um den ganzen Globus verteilt.

Um 19 Uhr schließlich hat John F. Kennedy seinen großen Auftritt. Der Präsident zeigt sich als Detektiv, Kriegsherr, Befreier und nicht zuletzt als Souverän der westlichen Welt. Seine Rede ist ein Meisterstück psychologischer Kriegsführung. Anatol Rapoport kommentiert: »Er ist ein auffallend gutaussehender Mann, großartig in seiner kühlen Selbstsicherheit. Zuerst sieht er aus wie der strahlende Detektiv, der dem auf frischer Tat gefaßten Mörder verkündet, daß alles aus ist.« Hört man Kennedy, so kann es in der Tat keinen Zweifel geben: Die sowjetischen Führer lügen, trügen und täuschen, wie es ihnen paßt, sie agieren heimlich und hinterlistig, stellen Fallen und verlassen sich auf die Gutmütigkeit des »liberalen Westens«. Jedes Schamgefühl sei ihnen fremd. Gromyko lüge selbst dann noch, wenn er dem Präsidenten im Weißen Haus gegenübersitze. Punkt für Punkt geht Kennedy die sowjetischen Erklärungen durch, die in den letzten Wochen und Monaten zur Raketenfrage abgegeben worden waren. Ein jedes Mal schließt er mit dem unterkühlten, daher aber um so dramatischer wirkenden Satz: »Diese Aussage war falsch.« »Auch diese Aussage war falsch.« Kennedys Argumentation kopiert den Stil eines Boxers, der seinen Gegner in dessen Ringecke gestellt hat und ihn nun mit gezielten Haken K. O. schlagen will. »Beim Boxen«, so Anatol Rapoport, »nennt man diese Technik one-two-punch.«

Und »dann geht er zu der traditionellen Rolle des Kriegsherrn über«. Selbstverständlich steht jetzt die militärische Bedrohung im Mittelpunkt – kein Wort darüber, daß man in diesen Raketen in erster Linie ein politisches Problem sieht und sie aus politischen Gründen beseitigen will. Auch hier verfährt Kennedy – bzw. sein Redenschreiber Theodore Sorensen – sehr geschickt. An keiner Stelle wird explizit gesagt, daß sich das militärische Kräfteverhältnis zu Lasten der Vereinigten Staaten verändert habe. Die neue Bedrohung wird stets nur suggeriert, umschrieben, angedeutet – und erscheint gerade deshalb um so gefährlicher. Das Monster lauert im Nebel einer weltweiten kommunistischen Konspiration. Wieder einmal ist Vorkriegszeit, wieder einmal geht es um den Kampf gegen den Totalitarismus. In den 30er Jahren kam er in Braunhemden daher, heutzutage in metallisch glänzenden Sprengköpfen mit rotem Stern. Womöglich wird es zum Krieg kommen – alle hehren Ziele, so Kennedy, haben ihren Preis. In jedem Fall wäre dies ein »gerechter Krieg«, ganz wie jener gegen Hitler. Und wie damals wird Gott auf Seiten Amerikas kämpfen, davon ist der gläubige Katholik Kennedy überzeugt: »Der Kurs, den wir jetzt gewählt haben, ist voller Risiken wie alle Wege – aber es ist der Kurs, der unserem Charakter und unserem Mut als Nation sowie unseren Verpflichtungen überall in der Welt am meisten entspricht. Der Preis der Freiheit ist stets hoch – aber wir Amerikaner haben ihn immer entrichtet, und ein Weg, den wir niemals wählen werden, ist der Weg der Kapitulation oder der Unterwerfung. Unser Ziel ist nicht der Sieg der Macht, sondern die Aufrechterhaltung des Rechts – nicht Frieden auf Kosten der Freiheit, hier in dieser Hemisphäre und, so hoffen wir, in der ganzen Welt. Mit Gottes Hilfe werden wir dieses Ziel erreichen.«

Sodann droht Kennedy der Sowjetunion mit atomarer Einäscherung: Sollte auch nur eine einzige Rakete von Kuba aus abgefeuert werden, gleichgültig gegen wen, dann würde die gesamte Atomlast des Strategischen Luftkommandos auf die Sowjetunion fallen. Kennedy erweckt auch für diesen Fall Siegeszuversicht, wenn nicht Gewißheit.

Schließlich und endlich spricht der Präsident als Befreier. Sein Aufruf zur Konterrevolution in Kuba entpuppt sich als Aufruf zum »Tyrannenmord«: »Das kubanische Volk hat sich in der Vergangenheit oftmals erhoben, um Tyrannen zu vertreiben, die seine Freiheit zerstörten. Und ich zweifle nicht daran, daß die meisten Kubaner heute auf die Zeit warten, daß sie wirklich frei sein werden – frei von ausländischer Herrschaft; frei, sich ihre eigenen Führer zu wählen; frei, sich ein eigenes System auszusuchen; frei, ihr eigenes Land besitzen zu dürfen; frei, ohne Furcht vor Erniedrigung reden, schreiben und ihre Religion ausüben zu können. Und dann wird auch Kuba wieder in der Gemeinschaft der freien Nationen und den Vereinigungen dieser Hemisphäre willkommen sein.« Damit endet der Präsident. Als die Nationalhymne über die Sender geht, sind sich alle einig: Seit Franklin Delano Roosevelts Zeiten hat kein Präsident die Medien so geschickt für seine politischen Zwecke eingesetzt.[33]

Vor Kuba kreuzte zu dieser Zeit der Flugzeugträger »Essex«. Erst vor wenigen Wochen war die »Essex« auf New Yorker Werften mit modernsten elektronischen Geräten zur U-Boot-Bekämpfung ausgerüstet worden. In der Nacht zum Sonntag hatte die Mannschaft den Befehl erhalten, aus Guantanamo auszulaufen und sich gefechtsbereit zu halten. Noch wußten die Matrosen nicht, ob es sich um einen realen Alarm oder eine der unzähligen Übungen handelte. Kaum hatte der Commander in Chief seine Rede beendet, brach lauter Jubel auf der »Essex« aus. Die »Essex« wurde das Flaggschiff der Blockadeflotte. Sie operierte in vorderster Linie, sammelte Nachrichtenmaterial, sollte möglicherweise sowjetische Schiffe anhalten und überprüfen, vielleicht auch feindliche U-Boote bekämpfen.[34]

Der Kreml wurde von diesen Ereignissen und ihrer weltweiten Inszenierung völlig an die Wand gespielt. Die USA hatten auf allen vorstellbaren politischen Ebenen die Initiative ergriffen. Das Weiße Haus nannte die Themen, lieferte die Hintergrundinformationen, präsentierte Beweise, bot Argumente an. Die Medien der Welt waren zu einem riesigen Markt für die US Information Agency und die Voice of America geworden. Nie in der Nachkriegszeit funktionierten die Public Relations besser, nie wurde in so kurzer Zeit so erfolgreich Meinung »gemacht«. Die akribische Auswertung der ausländischen Presse und der Erklärungen fremder Regierungen sollte zeigen: Die Anstrengungen hatten sich gelohnt. Kritische Stimmen ließen sich an einer Hand abzählen. Nur wenige Regierungen in der westlichen Welt und in den Entwicklungsländern konnten sich dem allgemeinen Anpassungs- und Konformitätsdruck entziehen. Der wahrscheinlich größte Erfolg dieser Kampagne zeigte sich jedoch erst Jahre später. Als die ersten historischen Studien zur Kuba-Krise auf den Markt kamen, ertönte noch einmal der argumentative Dreiklang aus Kennedys Public-Relations-Stab. Es hätte keine Alternative zum Kurs des Präsidenten gegeben, allenfalls politische Tagträume der Illusionisten um Stevenson; die Entwicklung hätte – wie bei allen Krisen – völlig überraschend eingesetzt und ab Mitte Oktober eine arg- und ahnungslose Regierung in Washington überrumpelt; der junge Präsident hätte spontan, aber abgeklärt und weise, verantwortungsbewußt und moderat reagiert und sich als Führer von wahrhaft historischem Format erwiesen. Bis heute sind diese Thesen das Leitmotiv der historischen Wissenschaft geblieben und im kollektiven Gedächtnis von Generationen dies- und jenseits des Atlantik tief verankert. John F. Kennedy hatte Recht: Mitunter ist die Verpackung einer Politik wichtiger als ihr Inhalt.[35]

Das Spiel mit dem Feuer

»Der Dienstagmorgen dämmert. Schon das war, in den Augen einiger politischer Führer, ein gewisser Sieg. Niemand hatte nämlich gänzlich ausschließen wollen, daß heißblütige Kubaner nach der Rede des Präsidenten die Raketen an sich reißen und in einem Anfall von Irrationalismus gegen die USA abfeuern würden oder daß die Sowjets ihrerseits eine vorbeugende Militäraktion ergreifen würden. Die amerikanischen Atomstreitkräfte waren in voller Alarmbereitschaft, bereit, jederzeit eingesetzt zu werden. So gesehen, konnte durchaus damit gerechnet werden, daß die nördliche Hemisphäre kurz vor ihrer Einäscherung stand. Außenminister Rusk sagte zu George Ball, als er an diesem Morgen in sein Büro kam: ›Wir haben einen beträchtlichen Sieg davongetragen. Du und ich – wir sind noch immer am Leben.‹« So wird im Sieverts-Report (einer 1962 im Auftrag des Außenministeriums erstellten Studie) die Lage am Morgen des 23. Oktober, zwölf Stunden nach Kennedys Blockade-Rede, beschrieben.[36]

Diese Schilderung mag auf den ersten Blick übertrieben erscheinen. Gerade aus der historischen Distanz nehmen sich für viele Beobachter die damaligen Ereignisse weniger dramatisch aus. In der Sicht von Kennedys Beraterstab war die Furcht freilich mehr als begründet. Während der 13 Tage stieß man immer wieder an die Grenzen des »Krisen-Management«, fürchtete, daß die Entwicklung außer Kontrolle geraten könnte. Es gehörte zu den wichtigsten Charakteristika dieser Tage, daß der Mehrheit im ExComm. die Kriegsgefahr ständig bewußt war und sie psychisch unter dieser Bedrohung litt – aber gleichzeitig machte

☐ *Robert McNamara während einer Pressekonferenz, 23. Oktober 1962 (82 o.)*
☐ *Thomas S. Power (82 u.)*
☐ *Der Flugzeugträger »Enterprise« vor Guantanamo (Kuba), 23. Oktober 1962 (83 o.)*
☐ *Curtis LeMay (83 u.)*

niemand den mindesten Versuch, das Spiel mit dem Feuer abzubrechen. Im Gegenteil: Die gefährliche Gratwanderung wurde mit immer höherem Risiko fortgesetzt.

Niemand wird leugnen können, daß das ExComm. flexibel reagieren wollte, großen Wert auf die politische Kontrolle über militärische Apparate legte und ständig bemüht war, unvorhergesehene Zwischenfälle zu vermeiden. Aber die Kehrseite der Krisenpolitik sah ganz anders aus. Immer wieder autorisierte die zivile Führung militärische Maßnahmen, deren Konsequenzen sie nicht überblickte; so wurden Entscheidungen getroffen, die Schritt für Schritt an eine Eskalation heranführten; einerseits wollte keiner den Krieg; andererseits wurden Ziele formuliert und Wege eingeschlagen, die schnurstracks auf einen Krieg zuliefen. Die Kriegsfurcht im ExComm. war eine getreuliche Spiegelung dieses Widerspruchs.

Die Organisation der Blockade lieferte hinreichend Beispiele für die Spannungen und Risiken jener Tage. Eine riesige Armada war im Atlantik zusammengezogen worden. Die Admirale Anderson und Dennison – im Auftrag der Vereinigten Stabschefs für die Koordination der Aktion verantwortlich – dirigierten 2000 Schiffe in den Gewässern um Kuba. Für das Abfangen und Durchsuchen sowjetischer Frachter wurden 46 Schiffe, davon 20 Zerstörer, und 240 Flugzeuge abgestellt. Vizeadmiral Ward, Befehlshaber der Zweiten Flotte, war vor Ort für die Blockade verantwortlich. Er hielt 30 000 Mann ständig im Einsatz. Täglich befaßte sich das ExComm. mit der Frage, wie dieser riesige Apparat zu dirigieren sei, mit welcher »Feinsteuerung« man die gewünschten Ergebnisse erzielen könne. Welche Schiffe sollten angehalten und inspiziert werden? Wie sollte eine Inspektion erfolgen? Wer würde an Bord gehen, und welche Befugnisse würden vorab erteilt werden? Vor allen Dingen aber: Welche Instruktionen sollte die Marine für den Fall erhalten, daß sowjetische Kapitäne eine Durchsuchung verweigerten und ihre Fahrt fortsetzten?[37]

McNamara wurde nicht müde, seine Linie zu erläutern. Es ginge, so der Verteidigungsminister, hier nicht um ein militärisches Kommandounternehmen, sondern darum, den Sowjets eine politische Botschaft zu vermitteln. Zwangsmaßnahmen sollten stets korrigierbar bleiben und auf keinen Fall einer eigendynamischen Eskalation Vorschub leisten. Am Abend des 23. Oktober einigte sich das ExComm. auf einen ersten Maßnahmenkatalog, mit dessen Hilfe man glaubte, die genannten Vorgaben einlösen zu können. Würde ein Frachter dem Haltbefehl nicht nachkommen, so »sollte auf das Ruder und die Schrauben gefeuert werden, um das Schiff manövrierunfähig zu machen, aber nach Möglichkeit die Versenkung oder den Verlust von Menschenleben zu vermeiden... Verteidigungsminister McNamara hielt es nicht für unbedingt nötig, daß ein Kommando an Bord ginge; das Schiff könne in relativ kurzer Zeit in Schlepp genommen und nach Jacksonville oder Charleston gebracht werden.« Erst nach heftigen Wortwechseln willigte Admiral Anderson ein, daß die Navy nur auf ausdrücklichen Befehl aus Washington das Feuer eröffnen würde. McNamara erinnert sich an die Kontroverse wie folgt: »›Sie werden ohne meine ausdrückliche Genehmigung keinen einzigen Schuß auf irgend etwas abgeben. Ist das klar?‹, sagte ich. Darauf machte er (Admiral Anderson – B. G.) seine berühmte Bemerkung, daß die Marine schließlich seit den Tagen von John Paul Jones Blockaden durchführt, und wenn ich sie nur in Ruhe ließe, würden sie auch diese erfolgreich über die Bühne bringen. Ich stand auf und verließ den Raum mit der Bemerkung, daß dies keine Blokkade sei, sondern ein Austausch von Signalen zwischen Kennedy und Chruschtschow; ohne meine Genehmigung würde keine Gewalt angewendet; und diese wiederum würde nicht erteilt ohne vorherige Diskussion mit dem Präsidenten. ›Ist das jetzt endlich klar?‹ fragte ich. Mit zusammengekniffenen Lippen kam die Antwort: ›Ja.‹«[38]

Ist es möglich, nur die Ruder und Schrauben eines Schiffes zu zerstören? Würde Chruschtschow tatenlos zusehen, wenn man eines seiner Schiffe nach Georgia oder Florida abschleppte? Rein spekulativ war auch die Annahme, das ExComm. hätte mit diesen Direktiven die wesentlichen Probleme der Blockade erfaßt. Eine entscheidende Frage war bisher noch nicht angesprochen – und das ExComm. wurde erst durch Zufall darauf aufmerksam: Wo genau sollte eigentlich der Sperrgürtel auf See errichtet werden? Die Marine wollte 800 Seemeilen vor Kuba Stellung beziehen. Vom rein militärischen Standpunkt aus gesehen, war dies eine verständliche Forderung, da die Schiffe dann außer Reichweite der auf Kuba stationierten Bomber und Jäger lägen. Aber keiner von Kennedys Beratern erkannte, daß mehrere sowjetische Schiffe dieser 800-Meilen-Zone schon gefährlich nahe waren. Blieb man dabei, so würde es schon wenige Stunden nach Ausrufung der Blockade zur ersten Konfrontation kommen. Erst der britische Botschafter David Ormsby-Gore, ein enger Freund des Präsidenten, wies am Abend des 23. Oktober auf dieses Problem hin. Der Brite schlug vor, den Ring enger zu ziehen – man müsse Chruschtschow einfach mehr Zeit zur Entscheidung einräumen und dürfe ihn nicht noch einmal überrumpeln. Kennedy folgte diesem Rat. In Absprache mit McNamara ordnete er an, daß erst 500 Seemeilen vor Kubas Küste die Schiffe aufgebracht werden sollten. Die Blockadelinie wurde demnach von zwei Kreisen beschrieben, deren Radius 500 Seemeilen von den Zentren Cape May und Havanna entfernt lag.

Es ist im nachhinein lange angezweifelt worden, ob die Navy dieser Direktive tatsächlich Folge leistete. Graham T. Allison behauptet, sie habe sich stillschweigend dem Befehl des Weißen Hauses widersetzt. Admiral Anderson wiederum bestreitet dies vehement. Zwar habe es harte Auseinandersetzungen gegeben, und die Militärs seien mit Kennedy und McNamara ganz und gar nicht einverstanden gewesen. Aber letztendlich habe man sich gefügt. Neuere Analysen der Logbücher verschiedener Kreuzer, die an der Blockade beteiligt waren, bestätigen Andersons Sicht. Offenbar hielt sich die Marine an die Anordnungen des Weißen Hauses. Zufällig funktionierte die »Feinsteuerung«.[39]

Am Morgen des 24. Oktober traf die Nachricht ein, daß 14 der ursprünglich 22 auf Kuba zusteuernden Schiffe abdrehten; fünf von ihnen hatten vermutlich Raketen oder Raketenausrüstung an Bord. Aus dem »Situation Room« des Weißen Hauses erhielten Vizeadmiral Ward und das Flaggschiff der Blockadeflotte, die »Essex«, sofort Weisung, während der nächsten Stunde nichts zu unternehmen, den sowjetischen Schiffen die Umkehr zu ermöglichen, und weitere Befehle abzuwarten. Im Laufe des Tages bestätigte die CIA, daß offensichtlich nur noch Tanker Kurs auf Kuba hielten; auch diese waren bemüht, einen Zusammenstoß mit der US-Marine zu vermeiden und verlangsamten deshalb ihre Fahrt. Einige ExComm.-Berater wollten dessen ungeachtet »Flagge zeigen« und auch die Tanker anhalten und durchsuchen. Chruschtschow sollte keine Zweifel an der »entschlossenen Haltung« der USA haben. Die Diskussion spitzte sich zu, als der Tanker »Bukarest« dem Sperrgürtel immer näher kam. Nach (wie Robert Kennedy schreibt) »hitzigen Diskussionen« setzten McNamara, John F. Kennedy und Rusk ihre Linie durch. Die »Bukarest« wurde am Morgen des 25. Oktober, gegen 7:15 Uhr, zwar angehalten, aber nicht durchsucht und durfte nach kurzer Zeit weiterfahren. Der Präsident verwies auch in diesem Fall darauf, daß er dem Kreml mehr Zeit geben wollte. »Wir wollen ihn nicht zu überstürzten Aktionen treiben – wir müssen ihm Bedenkzeit lassen. Ich möchte ihn nicht in eine Ecke drängen, aus der er keinen Ausweg mehr hat.«[40]

Auch später gelang es noch einmal, einen folgenreichen Zusammenstoß auf hoher See zu vermeiden. Das Passagierschiff »Völkerfreundschaft« aus der DDR, mit 1500 Fahrgästen auf dem Weg nach Kuba, konnte unbehelligt passieren. Dem Tanker »Graznny«, der wahrscheinlich als nächster den Sperrgürtel erreicht hätte, wollte man ebenfalls die Durchfahrt gestatten. So jedenfalls lautete ein vorläufiger Beschluß vom 25. Oktober. Am Freitag, den 26. Oktober, wurde morgens gegen 7:50 Uhr der erste Frachter gestoppt und durchsucht. Mit Bedacht hatte man kein sowjetisches Schiff ausgewählt, sondern die »Marucla«, ein in den USA gebautes, einer panamesischen Reederei gehörendes, unter libanesischer Flagge segelndes und von der UdSSR gechartertes Schiff. Die zweieinhalbstündige Inspektion verlief ohne Zwischenfälle.[41]

Die Stimmung im ExComm. blieb gleichwohl angespannt und gereizt. Gewiß, einige sowjetische Schiffe hatten die Rückreise angetreten. Mancher im ExComm. sah darin ein erstes Zeichen des Einlenkens und einen unbestreitbaren Erfolg der »graduellen Eskalation«. Außenminister Rusk: »Wir standen uns Auge in Auge gegenüber, und ich denke, der andere hat zuerst geblinzelt.« Doch mit jedem Tag wurde die Kritik an der Blockade heftiger. Die »Falken« traten immer ungeduldiger auf – für sie war die Blockade ein völliger Fehlschlag. Wahrscheinlich, so mutmaßten sie, gelang es den Sowjets, mit der »Völkerfreundschaft« Hunderte von Raketentechnikern nach Kuba einzuschleusen. Schon dachte McNamara darüber nach, wie weit er diesem Druck nachgeben könnte. Vielleicht sollte ab sofort die Blockade auch auf Tanker ausgeweitet werden? In diesem Fall stünde eine Konfrontation auf hoher See unmittelbar bevor. Ein namentlich nicht genanntes ExComm.-Mitglied gab wenige Wochen später zu Protokoll: »Es gab nicht einen unter uns, der damals nicht der Ansicht gewesen wäre, daß wir innerhalb weniger Stunden eines der russischen Schiffe versenken würden.« Aber noch gelang es der Gruppe um McNamara, die Operationen der Marine gegen Frachter und Passagierschiffe unter Kontrolle zu halten und weiterhin flexibel zu reagieren. Noch Jahre danach waren die Militärs über diese Eingriffe in ihre Befehls- und Kommandostruktur erbost.[42]

Anders sah es hingegen unter Wasser aus. Bei der Jagd auf sowjetische Unterseeboote versagten »Feinsteuerung« und Kontrolle.

Das ExComm. wollte unter allen Umständen, daß U-Boote der Roten Flotte zum Auftauchen gezwungen wurden. Man ging davon aus, daß sie als Begleitschutz für Frachter eingesetzt waren und für diese einen Durchbruch nach Kuba erzwingen sollten – im Zweifelsfall durch Angriffe auf amerikanische Kreuzer. (In der Tat hatte Chruschtschow am 24. Oktober in einer Unterredung mit dem Industriellen William Knox mit solchen Reaktionen gedroht, falls sowjetische Schiffe angehalten werden sollten.) In jedem Fall boten die U-Boote reichlich Stoff für Spekulation. Wurden die atomaren Sprengköpfe für die Raketen vielleicht unter Wasser nach Kuba transportiert? Kreuzten gar raketenbestückte U-Boote vor Amerikas Küsten? Selbst wenn alle diese Vermutungen nicht zutreffen sollten, blieb die Bekämpfung der U-Boote nach Meinung des ExComm. ein wichtiges Druckmittel gegen die Sowjets. Und darauf wollte niemand in Washington verzichten.[43]

Die Navy führte damals die umfangreichste U-Boot-Bekämpfung seit Ende des Zweiten Weltkrieges durch, suchte ein Seegebiet von 3,5 Millionen Quadratmeilen ab und zwang fünf oder sechs dieselgetriebene U-Boote der »Foxtrot-Klasse« zum Auftauchen. Teilweise verfolgte man die U-Boote so lange, bis ihre Batterien leergefahren waren und sie – spätestens nach 48 Stunden – zum Wiederaufladen an die Oberfläche kommen mußten; oder sie wurden durch Unterwassersonar zum

Auftauchen gezwungen; oder aber man setzte Unterwasserbomben mit geringer Sprengkraft ein. Sehr viele Details dieser Aktionen liegen nach wie vor im Dunkeln. Erst in jüngster Zeit wurde bekannt, daß es auch zu ernsten Zwischenfällen gekommen ist. Eines der U-Boote wurde beschädigt, konnte nicht wieder abtauchen und mußte sofort die Rückreise in die UdSSR antreten.[44]

Die Marine handelte in diesen Fällen keineswegs eigenmächtig. Das ExComm. forderte wiederholt und ausdrücklich zur massiven U-Boot-Bekämpfung auf – erstmals am Abend des 23. Oktober. Der Präsident forcierte diese Beschlüsse. McNamara erlaubte ausdrücklich den Einsatz kleinerer Unterwasserbomben. Die U-Boot-Bekämpfung erwies sich dann als klassisches Beispiel für das Spiel mit dem Feuer: Während jedes Detail der Schiffsblockade festgelegt war, kümmerte sich niemand um die Frage, welche Maßnahmen seitens der Marine für die Jagd auf U-Boote vorgesehen waren. So wurde nicht bedacht, »mit welcher Wucht die Navy ihren Auftrag (zur U-Boot-Bekämpfung – B. G.) ausführen würde bzw. welche Tragweite diese Maßnahmen haben könnten«. Entweder wurde dieses Problem unter dem Druck der Ereignisse schlicht übersehen oder aber – wie in vielen anderen Fällen auch – das ExComm. akzeptierte das Risiko als unumgänglichen Preis der Konfrontation.[45]

Am Morgen des 24. Oktober schien die Eskalation unausweichlich zu sein. Alles deutete darauf hin, daß der Konflikt aus dem Ruder lief. Ein sowjetisches U-Boot war zwischen den Frachtern »Gagarin« und »Komiles« in Stellung gegangen – nur wenige Meilen vom Sperrgürtel entfernt. Würde es zu einem Feuergefecht kommen? Alles hing nun davon ab, wie die Kommandeure vor Ort handeln würden. Direktiven des Weißen Hauses konnten jetzt nichts mehr ändern – es sei denn, man machte einen radikalen Schnitt und befahl der Navy den sofortigen Rückzug. Daran dachte im ExComm. freilich niemand. Lieber tat man nichts und wartete ab – womöglich bis zum ersten Schuß in einem sowjetisch-amerikanischen Krieg.

Robert Kennedy schildert die Stimmung im ExComm.: »Es war jetzt ein paar Minuten nach zehn Uhr... Ich glaube, der Präsident wurde in diesen Minuten von tiefsten Zweifeln beunruhigt. Stand die Welt am Rande der Vernichtung? War es unsere Schuld? Ein Fehler? Hätte noch irgend etwas anderes getan werden sollen? Oder nicht getan? Er hob die Hand und legte sie über seinen Mund. Er ballte sie zur Faust und öffnete sie wieder. Sein Gesicht wirkte durchfurcht, seine Augen fast grau, mit gequältem Ausdruck... Die Stimmen der anderen sprachen weiter, aber ich verstand den Sinn der Sätze nicht, bis ich den Präsidenten sagen hörte: ›Gibt es noch irgendeine Möglichkeit, wie wir den ersten Zusammenstoß mit einem russischen U-Boot umgehen könnten – wäre nicht fast alles andre besser als das?‹

›Nein‹, antwortete McNamara, ›die Gefahr für unsere Schiffe ist zu groß. Es gibt keine Alternative. Die Marine hat Anweisung, Feindseligkeiten wenn irgend möglich zu vermeiden, aber wir müssen darauf vorbereitet sein und damit rechnen.‹

Die Zeit der Entscheidung war gekommen. Der Präsident sagte: ›Wir müssen damit rechnen, daß sie Berlin absperren – treffen Sie die endgültigen Vorbereitungen für diesen Fall.‹

Ich hatte den Eindruck, daß wir an einem Abgrund standen und keinen Ausweg mehr hatten. Es handelte sich nur noch um diesen einen Augenblick – nicht um nächste Woche, nicht um ›morgen können wir das in einer weiteren Sitzung entscheiden‹; nicht um ›in den nächsten acht Stunden können wir uns noch einmal an Chruschtschow wenden, vielleicht versteht er uns dann‹. Das alles war nicht mehr möglich. Tausend Meilen von uns entfernt, im weiten Raum des Atlantischen Ozeans, wurde der Verlauf jetzt entschieden. Präsident Kennedy hatte die Richtung bestimmt, aber er konnte die Ereignisse nicht mehr lenken. Er mußte warten – wir mußten warten.«[46]

Wenige Minuten später traf die Nachricht ein, daß die sowjetischen Schiffe abgedreht hatten. Wieso das Weiße Haus erst so spät davon erfuhr, ist eines der vielen Rätsel jener Tage. Einem CIA-Report zufolge hatten diese Schiffe bereits am Nachmittag des 23. Oktober, also fast 18 Stunden vorher, ihre Fahrt unterbrochen. Spätestens an diesem Punkt hätte klar werden müssen, wie illusorisch die Vorstellung einer politischen »Feinsteuerung« militärischer Apparate war. Verzögerungen in der Übermittlung, Fehlinformationen oder mißverständliche Weitergabe von Nachrichten konnten das diffizile Netzwerk von Direktiven binnen kürzester Frist zerstören. Kaum 24 Stunden war die Blockade in Kraft – und schon zeigte sich, daß das vielgerühmte »Krisenmanagement« auf Sand gebaut war. Buchstäblich in letzter Minute erhielt der Kommandant der »Essex« die Weisung, nichts gegen das sowjetische U-Boot zu unternehmen.[47]

McNamara glaubte aber nach wie vor, die Probleme durch verbesserte Organisation und besseres Management aus der Welt schaffen zu können. Neue, präzisere Direktiven forderte er, weitere »Optionen«, Modelle, Konzepte, Planspiele, Szenarien. Je länger die Krise dauerte, desto ausgeprägter wurden diese Allmachtsphantasien. Am Nachmittag des 24. Oktober wurden spezielle Regularien an die Blockadeschiffe gefunkt: Sie sollten festlegen, mit welchen Mitteln U-Boote zu identifizieren und wie sie zum Auftauchen zu zwingen seien. Auch wurden die Sowjets jetzt offiziell davon unterrichtet, daß die Navy gegen ihre U-Boote vorgehen würde. Es ist nicht bekannt, ob sich die Marine jemals an die neuen Vorschriften aus dem Pentagon gehalten hat – oder sie als eine der vielen lächerlichen Kopfgeburten McNamaras verhöhnte und bewußt ignorierte. Die U-Boot-Bekämpfung ging in jedem Fall weiter.[48]

Vieles in jenen Tagen entzog sich gänzlich der gewünschten Planung. Es kam zu eskalations- und kriegsträchtigen Zwischenfällen, von denen die ExComm.-Mitglieder oft erst Jahre später etwas erfahren sollten. Dazu einige Beispiele:

– Tagelang kreuzte ein amerikanisches Spionageschiff dicht vor der kubanischen Küste und gab eine ideale Zielscheibe für Angriffe ab. Vielleicht hatte Robert Kennedy einen solchen Angriff vor Augen, als er am 16. Oktober im ExComm. laut darüber nachdachte, ob man nicht ein zweites Mal die »Maine« versenken sollte. Beim ersten Mal, 1898, hatte McKinley dies zum »casus belli« erklärt und war daraufhin gegen Kuba und Spanien in den Krieg gezogen. Ob die CIA in der jetzigen Situation einen ähnlichen Zwischenfall provozieren wollte, sei dahingestellt. Klar ist, daß das ExComm. nichts über dieses ominöse Spionageschiff wußte.[49]

– Am 27. Oktober, die Krise war auf ihrem Höhepunkt, drang eine U-2 über die Halbinsel Chukotski in den sowjetischen Luftraum ein. Kennedy und McNamara erkannten sofort die Tragweite des Zwischenfalls. Der Präsident befürchtete, daß Chruschtschow darin den Versuch sehen könnte, Bombenziele für einen Nuklearangriff auszukundschaften. McNamara saß gerade mit einigen Militärs zusammen, als die Nachricht eintraf. Er wurde, so die Darstellung eines Augenzeugen, kreidebleich und schrie hysterisch: »Dies bedeutet Krieg mit der Sowjetunion!« In der Tat werteten die Sowjets diesen Zwischenfall als militärische Provokation. In ihren Augen handelte es sich entweder um einen jener Aufklärungsflüge, wie sie im Vorfeld von Angriffen üblich sind; oder aber um einen Test, wie effizient und schnell die sowjetische Luftverteidigung arbeitete; oder um eine simple Herausforderung, weil man die Überlegenheit und »Souveränität« des US-Militärapparates demonstrieren wollte. Die Hintergründe dieses Fluges sind bis heute nicht aufgeklärt. Ob es sich tatsächlich um einen Routineflug zur Entnahme radioaktiver Luftproben handelte und der Pilot infolge eines Navigationsfehlers vom Kurs abkam, ist unklar. Für unseren Zusammenhang ist ein anderer Aspekt entscheidend. Das ExComm. hatte es versäumt, solche Flüge in Grenznähe zur UdSSR zu untersagen. Diese Unterlassung wog um so schwerer, als sich erst wenige Wochen zuvor, am 30. August, ein ähnlicher Zwischenfall ereignet und die Sowjetunion bereits damals heftig protestiert hatte. McNamaras Kriegsfurcht war also keineswegs übertrieben. Wieder einmal verlor das ExComm. für einige Stunden Übersicht und Kontrolle: Von Alaska stiegen Kampfflugzeuge auf, um die U-2 zu ihrem Stützpunkt zurückzuführen. Was würde geschehen, wenn diese Maschinen mit den sowjetischen Abfangjägern zusammenträfen, die mittlerweile die Verfolgung der U-2 aufgenommen hatten? Niemand in Washington durchschaute, wer den Einsatzbefehl für die amerikanischen Jäger gegeben hatte, welche Direktiven die Piloten im Cockpit befolgten und wie sie bei einem »Feindkontakt« reagieren sollten.[50]

– Bezeichnenderweise erfuhr das ExComm. auch nichts von einer vergleichbaren militärischen Provokation gegen die Sowjets. Um die Mittagszeit des 22. Oktober ordnete McNamara für die Atomstreitkräfte »Defense Condition 2« an, eine Alarmstufe unter dem Einsatzbefehl. Nach dem üblichen Verfahren durften solche Befehle nur verschlüsselt weitergegeben werden. McNamara verließ sich ohne weiteres Nachfragen darauf, daß dieses Routineverfahren auch nun eingehalten würde. General Power, der Stabschef der Strategischen Luftstreitkräfte, war freilich ganz anderer Meinung. Er wollte die Gelegenheit nutzen und den Sowjets demonstrieren, wie sehr sich die USA im militärischen Vorteil fühlten. Power ließ deshalb, entgegen aller Vorschrift, den Befehl für DefCon 2 im Klartext an die Luftwaffen- und Raketeneinheiten absetzen – die sowjetische Abwehr war sofort voll im Bild. Power hätte ebensogut über den lokalen Rundfunksender sprechen können. General David A. Burchinal kommentiert den Vorgang rückblickend wie folgt: »Alle diese Bewegungen waren Signale, die die Sowjets sehen konnten, und wir wußten, daß sie sie sehen konnten. An all unseren strategischen Atomwaffen führten wir den Countdown bis zur Gefechtsbereitschaft durch, einschließlich der Zielerfassung, und wir sorgten dafür, daß sie es verdammt noch mal sahen, daß aber niemand darüber sprach.« Die Militärs waren davon überzeugt, damit Chruschtschow die Pistole an die Schläfe gesetzt zu haben – er würde nicht wagen, sich zu bewegen. Sie wollten nicht einsehen, daß ein solches In-die-Enge-Treiben auch zu panischen Überreaktionen und unkalkulierbaren Kurzschlußhandlungen hätte führen können.[51]

– Im Vergleich zu Powers Alleingang nimmt sich eine andere Episode geradezu harmlos aus. Am 22. Oktober, wenige Stunden vor Kennedys Fernsehrede, wurden die Jupiter-Raketen in der Türkei in einem offiziellen (!) Zeremoniell türkischem Kommando unterstellt. Die Tatsache, daß auch darüber in Washington niemand informiert war, ändert nichts an dem Eindruck, den dieser Vorgang in einer gespannten Situation vermittelt haben muß. Die Sowjets waren bestimmt nicht geneigt, darin nur einen Zufall zu sehen.[52]

– Ohne Wissen des ExComm. begleiteten einige Schiffe »verdächtige« Frachter und Tanker Hunderte von Meilen, drangen tief in kubanische Hoheitsgewässer ein und drehten erst fünf oder sechs Meilen vor Kubas Küste bei. Die Pointe dieser Geschichte ist wiederum in militärischen Handbüchern nachzulesen: Alle Kapitäne hatten die Erlaubnis, auf jedes sich nähernde feindliche Flugzeug zu schießen. So sahen und sehen es die gängigen und routinemäßig erteilten Direktiven vor. Vorschrift ist Vorschrift – nach diesem Prinzip hätten die Kapitäne besagter Schiffe wohl gehandelt, wären sie angegriffen worden. Ein rechtswidriges Kreuzen in fremden Gewässern und Abwehrmaßnahmen der Betroffenen sind in den militärischen Handbüchern nicht vorgesehen, setzen demnach die »Vorschrift« nicht außer Kraft.[53]

Aber nicht nur das ExComm. in Washington sah sich mit Unvorhergesehenem konfrontiert. Auch der Krisenstab in Moskau verlor in einem entscheidenden Moment den Überblick und die Kontrolle über die Entwicklung auf Kuba.

Es ist Samstag, der 27. Oktober, kurz vor 10 Uhr morgens. Major Rudolph Anderson, der schon am 15. Oktober Kuba mit einer U-2 überflogen und das entscheidende Photomaterial geliefert hat, ist erneut im Einsatz. Er hat die Insel ungefähr zur Hälfte überflogen, als seine Maschine in großer Höhe von einer SAM-Luftabwehrrakete getroffen wird und abstürzt. Was bedeutet das? Wollen es die Sowjets in der Tat auf eine Machtprobe ankommen lassen? Haben sie den ersten Schuß abgegeben, um auszuloten, wie standfest die Regierung Kennedy ist?

Viele Indizien schienen eine solche Interpretation nahezulegen. Es mußte davon ausgegangen werden, daß die SAM-Luftabwehrstellungen auf Kuba fest in sowjetischer Hand waren. Chruschtschow hatte sich am 24. Oktober gegenüber dem Industriellen William Knox in diesem Sinne geäußert und die amerikanische Seite offensichtlich mit dem Hinweis beruhigen wollen, ohne ausdrücklichen Befehl aus Moskau würden die Truppen auf Kuba keinen Finger rühren. Die diversen amerikanischen Geheimdienste bestätigten in den folgenden Tagen immer wieder, daß die Sowjets alle wichtigen militärischen Einrichtungen auf Kuba unter Kontrolle hatten. Zwar dürften die Kubaner an den SAM-Raketen üben, aber keine operativen Aufgaben übernehmen. Hatte Chruschtschow seine Meinung also geändert? Wollte er nun bewußt eskalieren, den Amerikanern Angst einjagen und auf diesem Weg ein rasches Ende der Krise erzwingen?[54]

Das ExComm. in Washington zweifelte keine Sekunde daran, daß diese Befürchtungen zutrafen. Alle waren von einem abrupten Kurswechsel Chruschtschows überzeugt. Offen schien nur, ob er selbst dafür verantwortlich war, oder von den »hardliner« im Kreml und dem Militär zu diesem Schritt gezwungen wurde. Manche Beobachter mutmaßten später, die Kubaner seien für den Abschuß verantwortlich gewesen. Je mehr Zeit verging, desto abstruser wurden die Spekulationen. Bisweilen wurde sogar behauptet, Fidel Castro habe an diesem Morgen die besagte Abwehrstellung besucht, als Andersons U-2 zufällig auf dem Radarschirm auftauchte. Castro selbst habe im entscheidenden Moment auf den Knopf gedrückt. Fabuliererereien dieser Art waren möglich, weil die sowjetische Seite fast 25 Jahre beharrlich geschwiegen hat. Erst im Oktober 1987 kamen neue Informationen aus Moskau. Einige Fragen bleiben auch jetzt noch offen, aber entscheidende Faktoren können dem Bild nun hinzugefügt werden.

Folgen wir den Hinweisen von Sergo Mikojan, dem Sohn des damals stellvertretenden Ministerpräsidenten und engen Vertrauten Chruschtschows, so waren in der Tat die Sowjets für den Abschuß verantwortlich – aber nicht die Sowjets in Moskau, sondern jene in Kuba. Der Befehlshaber des SAM-Gefechtsstandes verlor während des Überflugs von Major Anderson die Nerven und eröffnete das Feuer – ohne Rücksprache mit seinem Oberkommandierenden in Kuba. Die Politiker und Militärs in Moskau waren darüber genauso überrascht wie das ExComm. in Washington. Aus persönlicher Rücksichtnahme will Mikojan die Identität des Verantwortlichen noch nicht preisgeben. Aber alle Anzeichen deuten darauf hin, daß es sich um einen sowjetischen Offizier handelte.[55]

Im Grunde genommen war es unerheblich, ob dieser Offizier die Uniform der Roten Armee oder kubanisches Drillich trug. Entscheidend war, daß auch den Sowjets eine wichtige militärische Abteilung phasenweise aus dem Ruder lief. Und dies ausgerechnet in einer Situation, wo die Falken im ExComm. nichts sehnlicher herbeiwünschten als einen überzeugenden Vorwand, um Kuba angreifen zu können.

Nachdem die Nachricht des Abschusses bestätigt worden war, nahm der Druck in Kennedys Beraterstab stündlich zu. Der Präsident möge sich endlich für den Angriff entscheiden, so drängte die Gruppe um McCone, Dillon, Taylor und Nitze.

Warum aber verlor der wachhabende Offizier in der SAM-Batterie die Nerven? Wahrscheinlich erschließt sich die Antwort auf diese Frage nur, wenn man den U-2-Abschuß mit den Ereignissen der vorausgegangenen Nacht in Verbindung bringt. In dieser Nacht vom 26. zum 27. Oktober geschah Mysteriöses auf Kuba. In der unmittelbaren Umgebung der SAM-Stellung, die Major Anderson wenige Stunden später überfliegen sollte, kam es zu stundenlangen Feuergefechten. Der amerikanische Geheimdienst fing in dieser Nacht ungewöhnlich viele Funksprüche auf, konnte diese aber nicht entschlüsseln und legte das Material vorerst zu den Akten. Erst 1964 gelang es einer Arbeitsgruppe um Daniel Ellsberg, den sowjetischen Code jener Nacht zu dechiffrieren. Die Gruppe arbeitete im Auftrag der Regierung Johnson an einer Studie über die »crisis communication« während der Kuba-Krise und kam laut Daniel Ellsberg zu folgenden Ergebnissen: Kubanische Truppen griffen weit nach Mitternacht die SAM-Batterie in Los Angeles (nahe dem Marinestützpunkt Banes an der nordöstlichen Küste Kubas) an, töteten 18 sowjetische Soldaten und wurden bis zum Morgengrauen in schwere Kämpfe verwickelt. Ellsberg will nicht ausschließen, daß zum Zeitpunkt des Abschusses der U-2 die Stellung noch nicht wieder fest in sowjetischer Hand war.[56]

Ellsbergs Interpretation ist in einem wichtigen Punkt sehr zweifelhaft. Es gibt keinen verläßlichen Hinweis darauf, daß sowjetische Truppen gegen *kubanische* Einheiten kämpften. Die sowjetischen Funksprüche enthalten nur Hinweise auf Kämpfe, ohne aber mit einem Wort die Identität der Kombattanten zu erwähnen. Alle Vermutungen, die Angreifer seien Truppen Fidel Castros gewesen, stehen daher auf sehr schwachen Füßen. Auch bestreiten sowjetische Kommentatoren vehement einen Angriff regierungstreuer kubanischer Einheiten.[57]

Wieso geben die abgehörten Funksprüche keine eindeutigen Hinweise? Ist es möglich, daß die sowjetischen Wachen nicht nur überrascht wurden, sondern auch lange Zeit selbst nicht wußten, wen sie eigentlich vor sich hatten? Diese Möglichkeit kann jedenfalls nicht ausgeschlossen werden. In jenen Tagen betrieb die CIA – ohne Wissen des ExComm. – ihre »Operation Mongoose« weiter. Eine »Task Force W« führte diverse Sabotageakte durch und traf logistische Vorbereitungen für den Fall einer Invasion. Diese Einsatzgruppe entzog sich weitgehend dem Zugriff des Weißen Hauses. Selbst eine explizite Anordnung vom 30. Oktober, ab sofort alle Aktivitäten einzustellen, wurde übergangen. »Task Force W« sprengte weiterhin Fabriken und Wasserleitungen in die Luft, vergiftete Ernten und steckte Wälder in Brand. Die Aktionen häuften sich bezeichnenderweise immer dann, wenn die politischen Bemühungen um eine Lösung der Krise ins Stocken gerieten. Als sich Anfang November der Streit über den Abzug der IL-28-Bomber zuspitzte, warf die »Mongoose«-Einheit erneut Bomben. War es also auch in der Nacht vom 26. auf den 27. Oktober ein Kommandounternehmen der CIA, das (möglicherweise unter Beteiligung exilierter Castro-Gegner) die SAM-Stellung angriff? Wußten die sowjetischen Soldaten deshalb lange Zeit nichts Genaues über die Identität der Angreifer zu sagen? Vermutete der Offizier, der am nächsten Morgen in der SAM-Stellung Posten bezog und plötzlich eine U-2 in seinem Radar einfing, daß dieser Aufklärungsflug zur Vorbereitung eines neuen Angriffs diente? Eröffnete er deshalb kurzentschlossen das Feuer?[58]

Es gibt keine befriedigende Antwort auf diese Fragen – und wird es möglicherweise auch nie geben. Sollten die genannten Vermutungen aber der Realität entsprechen, dann liegt ein gespenstisches Szenario vor: Auf dem Höhepunkt der Krise inszenierte die CIA hinter dem Rücken des Präsidenten und seines Beraterstabes einen Zwischenfall, der am folgenden Morgen einen nervös gewordenen Luftwaffenoffizier zu einer Kurzschlußhandlung trieb. In Washington unterstellte man eine bewußte Provokation Chruschtschows, eine kühl kalkulierte Eskalation, die selbstverständlich von amerikanischer Seite »angemessen«, d. h. mit einer weiteren Eskalation, beantwortet werden mußte. Niemand im ExComm. wollte an einen Zwischenfall glauben. Wenn der Kreml handelt, so die gedankliche Prämisse, dann einem Schachspieler gleich: bewußt, vorausschauend, intelligent, berechnend. Im Rückblick bleibt George Ball nur die resignierende Feststellung: »Wir stellten Vermutungen an und lagen damit völlig daneben – und die ganze Zeit benutzten wir Hinweise eines Geheimdienstes, den wir für den besten hielten.«[59]

Aber die eigentliche Gefahr jener Tage lag nicht im Unvorhersehbaren oder Zufälligen. Das Risiko der Eskalation war ein politisches Problem – es hing unmittelbar mit politischen Interessen und Entscheidungen zusammen. Das »Spiel mit dem Feuer« wurde als politisches Instrument begriffen. Das ExComm. ging axiomatisch davon aus, daß ein »hoher Einsatz« gewählt werden mußte, um ein vorher als unumstößlich definiertes politisches Ziel auch erreichen zu können. Im Zweifelsfall wurde der »Einsatz« eben erhöht. So faßte das ExComm. fortlaufend Beschlüsse und tolerierte Entwicklungen, die erkennbar neue Risiken schufen und die Schwelle zu einem großen Krieg immer weiter herabsetzten. Mit einem Mal spielte es gar keine Rolle mehr, ob die Mittelstreckenraketen auf Kuba einsatzbereit waren oder nicht. Am 16. Oktober hatte McNamara wortreich beklagt, daß ein Angriff viel zu gefährlich wäre, sobald diese Raketen abschußbereit auf den Rampen stünden. Am 23. Oktober meldete die CIA: Zahlreiche MRBM könnten ab sofort abgefeuert werden. Das ExComm. ging darüber hinweg, als hätte es die Debatte um McNamaras Einwände nie gegeben. Alle militärischen Vorbereitungen liefen weiter, die Option Luftangriff und/oder Invasion wurde noch immer ernsthaft erwogen. Hauptsache, der Druck auf die Sowjets wurde erhöht; Hauptsache, man handelte »schnell« und »entschieden«. Daher war es nach Meinung des ExComm. hin und wieder auch unvermeidlich, daß Grundregeln des »flexiblen Krisenmanagement« verletzt wurden. Sicher, Chruschtschow und seine Stäbe sollten ausreichend Zeit zur Beratung und Beschlußfassung haben. Aber mitunter war es wichtiger, die Reaktion aus Moskau gar nicht abzuwarten, sondern neue Fakten zu schaffen und einer Politik des »fait accompli« den Vorzug zu geben. Auch diesbezüglich war der besagte 23. Oktober, der Dienstag der zweiten Krisenwoche, aufschlußreich. Noch bevor Chruschtschows Antwort auf Kennedys Fernsehrede vom Vorabend eintraf, ordnete der Präsident sechs Tiefflüge über Kuba an – und riskierte, daß diese Aufklärer von Boden-Luft-Raketen oder gewöhnlicher Artillerie abgeschossen wurden. Das Szenario für die weiteren Schritte lag bereits fertig auf dem Tisch. Die US-Luftwaffe würde das Feuer erwidern und im Falle fortgesetzter Artillerieangriffe alle Luftabwehrstellungen auf Kuba zerstören. Diese Angriffe wären alles andere als begrenzt; es würden weit über 100 Einsätze geflogen werden. Damit keine »wertvolle Zeit« verlorenging, delegierte der Präsident die Erlaubnis für diese kriegsträchtige Entscheidung. Sollte eine feindliche Absicht Kubas klar erkennbar und/oder John F. Kennedy selbst nicht sofort erreichbar sein, so war Robert McNamara befugt, den Befehl zum Angriff gegen die kubanische Luftabwehr zu erteilen. Es lag ganz in der Logik dieses Denkens, wenn John F. Kennedy selbst dem U-2-Zwischenfall über Sibirien noch positive Seiten abgewinnen konnte. Im privaten Kreis spekulierte er, daß diese U-2 möglicherweise Chruschtschow zu Tode erschrocken (»frightened the hell out of Krushchev«) und damit wesentlich zur Entscheidung beigetragen haben könnte, die Raketen aus Kuba abzuziehen.[60]

Gewiß – die CIA berichtete tagtäglich, daß die Sowjets militärisch weiterhin stillhielten und keinerlei Kriegsvorbereitungen trafen. Sie verlegten keine Truppen, alarmierten keine Bomber, bereiteten ihre Raketen nicht zum Start vor. Aber für die Mehrheit des ExComm. bedeuteten diese Informationen nicht viel. Täglich wurden Entscheidungen in dem Bewußtsein getroffen, »daß dieser Kelch nicht an uns vorübergehen würde und daß eine direkte militärische Konfrontation der beiden großen Atommächte unvermeidlich war. Sowohl die ›Falken‹ wie die ›Tauben‹ hatten den Eindruck, daß wir mit unserer Kombination von begrenztem Einschreiten und diplomatischen Bemühungen nichts erreichten. Falls die Russen weiterhin unnachgiebig blieben und den Aufbau ihrer Raketenstreitmacht fortsetzten, war militärische Gewaltanwendung die einzige Konsequenz.« Bei jedem neuen Zwischenfall – ob unbeabsichtigt, indirekt provoziert oder bewußt herbeigeführt – kam die stereotype Antwort: Was anders hätten wir denn tun sollen? Es gab doch keine Alternative! Typisch für diese Geisteshaltung war das Gespräch zwischen den Brüdern Kennedy am Morgen des 24. Oktober. Die »Essex« steuerte auf ein sowjetisches U-Boot zu, jeden Moment konnte es auf hoher See zum ersten Feuergefecht kommen. An seinen Bruder gewandt, meinte der Präsident: »Es sieht schlimm aus, nicht wahr? Aber es hat ja wirklich keine andre Wahl gegeben. Wenn sie in dieser Sache so bösartig sind, in unserem Teil der Welt – was werden sie dann beim nächsten Anlaß tun?« Makaber und charakteristisch zugleich ist Robert Kennedys Urteil: »Wenigstens war uns jetzt das Einverständnis der ganzen westlichen Hemisphäre und unserer sämtlichen Alliierten gewiß.«[61]

Im historischen Rückblick stellt sich vieles anders dar. Es ist daher nicht überraschend, wenn einigen ExComm.-Mitgliedern heutzutage die Kriegsfurcht des Oktober 1962 unbegründet oder zumindest übertrieben erscheint. Auch ist es nicht schwer, aus einer mehr als 25jährigen Distanz Argumente und Hinweise für die These zusammenzutragen, es sei »alles nicht so schlimm« gewesen. Ist nicht gerade der Umstand, daß die zahlreichen Zwischenfälle eben nicht zum »großen Knall« geführt haben, Beweis genug? In den 13 Tagen des Oktober 1962 konnte allerdings niemand – weder in Washington noch in Moskau – wissen, was der nächste Tag bringen würde.[62]

Harte Worte und verbindliche Gesten

In Moskau stellt man sich am Wochenende des 20. und 21. Oktober offensichtlich auf ruhige Zeiten ein. Radio Moskau berichtet am Sonntag abend über eine auffällige politische Ruhe in aller Welt. »Heute ist Sonntag, und ich muß sagen, daß wir Berichterstatter, die Sie über ausländische Ereignisse unterrichten, einen schweren Tag haben. Das Telex wirft normalerweise eine Flut von Informationen aus, aber heute steht es oft still oder gibt Informationen preis, die für unsere Zuhörer kaum von Interesse sind.« Chruschtschows Stellvertreter, Anastas Mikojan, ist in Urlaub gefahren; mehrere Mitglieder des Präsidiums (so wird 1962 das Politbüro genannt) halten sich in der Provinz auf, um für innenpolitische Reformen zu werben. Andrei Gromyko und seine Delegation schließen ihren Besuch in den USA ab und werden in der Nacht vom 22. auf den 23. Oktober zurückerwartet. Auch der langjährige Außenminister tappt noch völlig im Dunkeln.

Gromykos Begleiter packen noch ihre Koffer aus, als die Telefone klingeln und sie gebeten werden, sofort im Kreml vorzusprechen. Einer der Beteiligten ahnt, daß es sich um eine ernste Sache handeln muß. »Ich dachte, jetzt geht es los...«

Wie würden die Sowjets reagieren? Der amerikanische Geheimdienst fing eine erste Nachricht ab – und entlarvte sie glücklicherweise sogleich als gezielte Provokation. Die Mitteilung kam von Oleg Penkovsky, einem hohen sowjetischen Abwehroffizier, der seit Jahren als amerikanischer und britischer Agent in Moskau tätig war. Er wurde bereits seit längerem von seinen Vorgesetzten verdächtigt und beschattet. Der KGB glaubte zu wissen, wer Penkovsky in Wahrheit war und wollte nun herausfinden, wer außer ihm noch für die NATO arbeitete. Es stand fest, daß Penkovsky seit April 1961 eine Unmenge militärischer Geheimnisse verraten hatte. Hatte er auch die Raketenstationierung in Kuba frühzeitig an seine westlichen Kontaktoffiziere weitergegeben? Im Rückblick bestreiten amerikanische Geheimdienstler entschieden, von Penkovsky dergleichen Informationen erhalten zu haben. Für die sowjetische Abwehr stellte sich die Sache am 22. Oktober ganz anders dar. Nach Kennedys Rede waren sie davon überzeugt, daß Penkovsky alles verraten hatte und verhafteten ihn sofort in seiner Wohnung. Für Notfälle dieser Art hatte Penkovsky telefonische Signale mit anderen westlichen Agenten vereinbart. Im Falle einer bevorstehenden Verhaftung würde er einen bestimmten Code absetzen; auch für einen unmittelbar drohenden Angriff der Roten Armee war ein Signal vereinbart worden.

Kurz vor seiner Verhaftung gelingt es Penkovsky noch, zum Telefon zu greifen – und er wählt bewußt das Zeichen für »bevorstehenden Krieg«. Nach kurzer Überlegung stufen die Kontaktmänner der CIA und SIS (Secret Intelligence Service) diese Nachricht als gezielte Falschmeldung ein und geben sie – zum Glück – nicht an ihre politischen Vorgesetzten weiter.[63]

Chruschtschow bemühte sich, nach außen jeden Anschein von Krise und Panik zu vermeiden. Das politische Leben ging wie gewohnt weiter. Die Öffentlichkeit gewann den Eindruck, als seien die Vorbereitungen der Feiern zur Oktoberrevolution wichtiger als Kennedys Fernsehrede. Nur Anastas Mikojan wird sofort nach Moskau zurückgerufen. Jene Präsidiumsmitglieder aber, die andernorts wohnten und sich augenblicklich außerhalb der Hauptstadt aufhielten, wurden nicht zu den Krisensitzungen hinzugezogen. Chruschtschow wollte – wie bei der Entscheidung über die Stationierung der Raketen – nur im kleinsten Kreis beraten: mit Anastas Mikojan, Frol Kozlov, Aleksei Kosygin und Leonid Breschnew vom Präsidium, mit Marschall Malinowski, dem Verteidigungsminister, Andrei Gromyko, dem Außenminister und Marschall Biryuzow, dem Oberbefehlshaber der Strategischen Luftstreitkräfte.[64]

Man einigte sich zunächst auf eine Politik der harten Worte und verbindlichen Gesten. Am 23. und 24. Oktober wurden zwei Briefe nach Washington geschickt, die Kennedys Forderungen in jedem Punkt entschieden zurückwiesen. Chruschtschow wiederholte den seit September hinreichend bekannten Standpunkt, daß die Kuba-Raketen ausschließlich defensiven Zwecken dienten und zur Verteidigung Kubas bestimmt seien. Im übrigen dächte man nicht daran, sich einem amerikanischen Ultimatum zu beugen oder sich von US-

Schiffen das Recht auf freie Seefahrt nehmen zu lassen. Chruschtschow schloß mit den typischen Worten, die Blockade sei »ausgesprochenes Banditentum oder ... eine Verrücktheit des degenerierten Imperialismus«.[65]

Zugleich wurde vom ersten Tag an deutlich, daß der Kreml die amerikanische Drohung sehr ernst nahm und eine Eskalation fürchtete. Auf unterschiedlichen Wegen wollte man daher »positive Signale« an Washington schicken. Der gesamte Warschauer Pakt verzichtete auf militärische Notstandsmaßnahmen; es wurde lediglich eine allgemeine Urlaubssperre für Armeeangehörige verhängt – nicht mehr als eine symbolische Maßnahme. Wenige Stunden nach Kennedys Rede gingen Funksprüche an 14 der 22 auf Kuba zusteuernden Schiffe und befahlen die Umkehr. Wie die US-Geheimdienste im Laufe des 24. Oktober herausfanden, hatten die meisten dieser Schiffe in der Tat die Rückreise bereits angetreten, als die Blockade am 24. Oktober, 10 Uhr morgens in Kraft trat.[66]

Am Mittwochabend (23. Oktober) besuchten Chruschtschow, Mikojan, Kosygin, Kozlov und Breschnew gemeinsam das »Bolschoi«-Theater. Auf dem Programm stand das Gastspiel eines amerikanischen Opern-Ensembles. Chruschtschow begann bei dieser Gelegenheit mit seiner informellen Krisendiplomatie und besuchte demonstrativ den amerikanischen Bass Jeromy Hines in dessen Garderobe. Auch in den folgenden Tagen versuchten die Sowjets, auf ungewöhnlichen Kanälen Zeichen zu setzen oder aber direkt Kontakt zur Regierung Kennedy aufzunehmen. Beispielsweise bat Chruschtschow am Donnerstag, den 24. Oktober, den Präsidenten des US-Konzerns »Westinghouse Electric International«, William Knox, zu einer Unterredung. Knox hielt sich zu Wirtschaftsverhandlungen in Moskau auf und würde alsbald in die USA zurückkehren. Er möge, so Chruschtschow, dem Präsidenten bitte umgehend folgendes mitteilen: Die Blockade ist und bleibt »Piraterie«; sollten sowjetische Schiffe angehalten oder gar versenkt werden, so würden U-Boote die entsprechenden Gegenmaßnahmen ergreifen; mittlerweile lagerten auch Atomsprengköpfe auf Kuba (eine im nachhinein auch von der CIA nicht zu verifizierende Mitteilung). Chruschtschow wollte aber nicht nur drohen oder mit starken Worten einschüchtern. Kennedy sollte verstehen, daß die Sowjets kein Interesse an einer weiteren Zuspitzung hatten. Deshalb machte der Kreml-Chef besonders auf zwei Punkte aufmerksam: Alle an Kuba gelieferten Waffen unterstünden unmittelbar sowjetischer Kontrolle, und die Raketen könnten einzig auf persönlichen Befehl des Parteivorsitzenden abgefeuert werden; die Sowjetunion verpflichte sich, auf keinen Fall als erste Atomwaffen einzusetzen. Ganz ähnlich liest sich ein offener Brief Chruschtschows an den britischen Philosophen Bertrand Russell. Ungeachtet aller Kritik an der amerikanischen Entscheidung wisse man in Moskau um die Gefahren einer Eskalation und werde deshalb keine überstürzten Entscheidungen treffen. Sollten die USA keine Gewalt gegen sowjetische Schiffe anwenden, so sei man jederzeit zu einem Gipfeltreffen mit Kennedy bereit.[67]

In Washington reagierte man sehr zurückhaltend auf diese Hinweise und Informationen. Allein Averell Harriman sah darin eindeutige Zeichen von Kompromißbereitschaft. Er wertete Chruschtschows Initiativen als »politischen Hilferuf«: Die USA sollten ihm bitte aus einer verfahrenen Situation heraushelfen. Harriman hielt es für einen verheerenden Fehler, trotzdem Schiffe anzuhalten oder auf andere Weise Chruschtschows Prestige zu schädigen.[68]

Im ExComm. fanden dergleichen Überlegungen keinen Anklang. Die Mehrheit votierte nach wie vor gegen Kompromißlösungen und beharrte darauf, daß Chruschtschow die Raketen abziehen müsse – und zwar bedingungslos. Die USA dürften nicht den geringsten politischen Preis dafür zahlen. Diese harte Linie wurde durch Widersprüche in der sowjetischen Politik vordergründig bestätigt. Immer wieder konnten sich Kennedys Berater auf zeitgleiche Erklärungen anderer sowjetischer Politiker berufen, die mit Chruschtschows Position nicht übereinstimmten und bestenfalls als unbeabsichtigtes Mißverständnis, im schlimmsten Fall aber als gezielte Verwirrung und Desinformation gewertet werden konnten. Was sollte man davon halten, wenn Botschafter Dobrynin am 23. Oktober gegenüber Robert Kennedy lediglich Altbekanntes wiederholte: »Er bestätige, gesagt zu haben, daß sich keine Raketen auf Kuba befänden; Chruschtschow selbst habe dies versichert, und seines Wissens befänden sich auch jetzt keine Raketen auf Kuba.« Und im übrigen hätten die Schiffe Anweisung, ihren Kurs zu halten. Was sollte man des weiteren vom Auftritt des sowjetischen UNO-Botschafters Zorin am 25. Oktober im Sicherheitsrat der Vereinten Nationen halten? Auch Zorin wollte offensichtlich den Eindruck erwecken, als seien die Kuba-Raketen eine Propagandalüge der CIA. Als ihn sein amerikanisches Gegenüber, Stevenson, mit den Luftaufnahmen konfrontierte, war die Blamage für die Sowjets perfekt.[69]

Welche Erklärung gibt es für dieses Verhalten der sowjetischen Diplomaten? Es fällt schwer zu glauben, daß sie zu diesem Zeitpunkt noch immer im Dunkeln tappten. Heute wissen wir, daß sie tatsächlich nicht informiert waren und selbst in den ersten Krisentagen keine Aufklärung aus Moskau erhielten. Mit dieser Möglichkeit wollte sich das ExComm. verständlicherweise nicht befassen. Für den Krisenstab in Washington war die Antwort klar: Die Sowjets wollten nur täuschen, ablenken, betrügen. Absichtserklärungen Chruschtschows wurden als Teil dieses Verwirrspiels verstanden.[70]

Konkrete Angebote

Die bei diversen Gelegenheiten von den Sowjets unterbreiteten Vorschläge, ein Gipfeltreffen abzuhalten, hatten nichts in Bewegung setzen können. Wenn die Entwicklung mit diplomatischen Mitteln überhaupt noch beeinflußt werden konnte, dann nur durch konkrete Angebote und überzeugende Lösungsmodelle. UNO-Generalsekretär U Thant ergriff am 24. Oktober auf Drängen der blockfreien UNO-Mitglieder die Initiative. Beide Seiten, so sein Vorschlag, sollten sich mit einer »Denkpause« von zwei bis drei Wochen einverstanden erklären. Während dieser Zeit dürfte die UdSSR keine Waffen an Kuba liefern, und die USA müßten die Blockade aufheben. Chruschtschow akzeptierte diese Lösung.[71]

Zugleich war der Krisenstab in Moskau aber skeptisch, ob sich die USA anschließen würden oder könnten – schließlich hatte Kennedy sich öffentlich festgelegt und würde kaum seine Schiffe zurückziehen, solange noch Raketen auf Kuba waren. Über unkonventionelle Kanäle unterbreiteten die Sowjets daher ein anderes Angebot: Sie würden die Raketen unter Aufsicht der UNO abziehen, sobald die USA öffentlich erklärt hätten, in Zukunft keine militärische Gewalt gegen Kuba mehr anwenden zu wollen. Der Botschafter der UdSSR in Indonesien, Mikhailov, hatte diese Idee bereits am Mittwoch, den 24. Oktober, in die Diskussion gebracht. Zwei Tage später kamen die Sowjets noch einmal darauf zurück und präzisierten ihre Vorstellungen.[72]

Es ist Freitag, der 26. Oktober, kurz nach 13 Uhr. John Scali, Korrespondent der Fernsehgesellschaft ABC und als solcher beim Außenministerium in Washington akkreditiert, erhält einen Anruf aus der sowjetischen Botschaft. Am anderen Ende spricht Aleksander Fomin, ein Diplomat, den die Amerikaner für einen hochrangigen KGB-Offizier halten. Fomin bittet um ein gemeinsames Mittagessen im »Occidental Restaurant«. Scali ahnt, daß eine ungewöhnliche Mission auf ihn zukommt und willigt ein. In der Tat wird Fomin in offiziellem Auftrag vorstellig. Scali möge herausfinden, ob Kennedy mit der bereits von Mikhailov skizzierten Lösung einverstanden sei. Ausdrücklich bestätigt er, daß die UdSSR nichts gegen eine Überwachung des Raketenabzugs seitens der UNO einzuwenden habe und sich verpflichten würde, niemals wieder solche oder vergleichbare Raketen an Kuba zu liefern.

Mit diesem Angebot setzte sich Chruschtschow über alle Bedenken und Einwände Fidel Castros hinweg, der bisher auf die politische Souveränität seines Landes gepocht und jegliche Inspektion von außen strikt abgelehnt hatte. Die Sowjets glaubten aber offensichtlich, Castros Bedenken ausräumen zu können: Sobald die USA einen Gewaltverzicht gegenüber Kuba erklärten, würde sowjetisches Prestige gewahrt bleiben, und auch die Kubaner könnten einen Teilerfolg verbuchen. Fomin unterstrich, daß die sowjetische Führung auf diesem Kompromiß beharren müßte. Sie wollte auf keinen Fall mit leeren Händen dastehen oder gar bedingungslos einem Ultimatum nachgeben. Am Abend des gleichen Tages stellte Fomin deshalb noch eine zusätzliche Forderung. Wenn die UNO Kuba inspizierte, wäre es dann nicht angebracht, daß auch die Militärbasen in Florida und in der Karibik von internationalen Beobachtern kontrolliert würden? Diese Inspekteure könnten zweifelsfrei sicherstellen, daß in der Tat keine Vorbereitungen für eine Invasion Kubas getroffen bzw. die bereitgestellten Verbände aufgelöst würden.[73]

Außenminister Rusk glaubte die Botschaft verstanden zu haben. Die Sowjets signalisierten glaubwürdig ihre Bereitschaft zum politischen Kompromiß. Chruschtschow spricht in seinen Memoiren von einer »tiefen Furcht« im Präsidium. Er beschloß deshalb im Laufe des Freitags (26. Oktober), einen ausführlichen und persönlich gehaltenen Brief an John F. Kennedy zu schreiben. Dieser Brief wich in Stil und Inhalt erheblich von den bisherigen Erklärungen ab – schon bald sollte sich der Verdacht bestätigen, daß der Text ausschließlich aus Chruschtschows Feder stammte und das Präsidium nicht konsultiert worden war. Chruschtschow zeigte sich erkennbar besorgt, daß beide Seiten die Kontrolle über die weitere Entwicklung verlieren könnten, appellierte an die persönliche Verantwortung für die Bewahrung des Friedens, sprach John F. Kennedy sein persönliches Vertrauen und seine Hochachtung aus, bat ihn geradezu inständig, auf eine öffentliche Demütigung der UdSSR zu verzichten und keine sowjetischen Schiffe anzuhalten und zu durchsuchen, gab sein Wort, daß die Frachter, die weiterhin Kurs auf Kuba hielten, lediglich Zivilgüter transportierten und warb um Vertrauen in die Ernsthaftigkeit der sowjetischen Friedensbemühungen. Es ist wohl der außergewöhnlichste Brief, der jemals von Moskau nach Washington gesandt wurde.[74]

Chruschtschows Botschaft unterschied sich aber in einem wichtigen Punkt von Aleksander Fomins mündlichem Angebot: Er erwähnte mit keinem Wort, daß der Abzug der Raketen von der UNO überwacht werden könnte oder sollte. Als der Text gegen 20:30 Uhr übersetzt und in voller Länge dem ExComm. vorlag, fühlten sich die Skeptiker und »Hardliner« in der Runde wieder einmal bestätigt. Unwillig oder unfähig, die persönliche Note des Briefes zu würdigen, begaben sie sich auf die Suche nach möglichen Widersprüchen, versteckten Fallen, Zweideutigkeiten und Tricks. Sie suchten und fanden argumentativen Stoff, um jedes Entgegenkommen und jeden Kompromiß zu denunzieren.

Die Krisendiplomatie Washingtons

Während der gesamten Krise konnte sich das ExComm. nicht von den Maximen einer »Politik der Stärke« lösen. »Die Sowjets unter Druck halten« gehörte zu den am meisten gebrauchten Redewendungen. Mit dieser Formel ließen sich selbst vorläufige Gedanken über Kompromisse oder Verhandlungslösungen im Keim ersticken. Gerade die CIA und die Vereinigten Stabschefs überschritten immer wieder ihre vorgeblich auf »Sachinformationen« beschränkte Rolle und argumentierten politisch. Sie sprachen den Sowjets jedes ernsthafte Bemühen um Verständigung ab; werteten Chruschtschows Vorstöße nur als Versuche, die USA in endlos lange Verhandlungen zu verwikkeln und damit ihre Position zu schwächen; taten den Rückruf sowjetischer Schiffe als unbedeutende Maßnahme ab und wurden nicht müde, die Widersprüche in der sowjetischen Position und Praxis als unüberwindbare Hindernisse einer zufriedenstellenden Lösung darzustellen. Das ExComm. schloß sich dergleichen Überlegungen bereitwillig an. »Zwischentöne« waren nicht gefragt. Über Tage hinweg versäumte man es, sich ernsthaft mit der Krisenpolitik Moskaus, ihren Nuancen, Möglichkeiten und Grenzen auseinanderzusetzen. So sprach Dean Rusk für viele, als er am 25. Oktober bemerkte: »Wir müssen in Kürze entscheiden, ob die Signale, die uns die Sowjets senden, bedeuten, daß sie bereit sind zu sprechen oder ob sie sich zu einem Angriff auf uns vorbereiten.«[75]

Präsident Kennedy schlug zwar am 25. Oktober in seinem Brief an Chruschtschow nicht mehr die schroffen Töne der vorausgegangenen Tage an; auch konnte den Sowjets die flexible Handhabung der Blockade nicht entgangen sein. Aber bis zum 25. Oktober, einem Donnerstag, gab es nicht den mindesten Hinweis aus Washington, ob und wie man auf Verhandlungsangebote reagieren würde.

An diesem Donnerstag aber kommt das ExComm. unter Zugzwang. Man muß auf U Thants »Moratorium« reagieren. Ist es annehmbar, für drei Wochen die Blockade aufzuheben, während die Sowjets in dieser Zeit keine Waffen an Kuba liefern? Kennedys Antwort an den UNO-Generalsekretär fällt negativ aus. Die Blockade wird nur aufgehoben werden, wenn alle Raketen aus Kuba verschwunden sind. Zugleich aber teilt der Präsident mit, daß UNO-Botschafter Stevenson in den kommenden Tagen für »Sondierungsgespräche« zur Verfügung stehen wird. U Thant wird in getrennten Sitzungen mit ihm und dem sowjetischen Vertreter Zorin die Bedingungen einer politischen Lösung ausloten können.[76]

Wie verstand das ExComm. diese Sondierungsgespräche? Welche Bedeutung maß man ihnen bei? Grundsätzlich, so Dean Rusk, wollte man mit den New Yorker Gesprächen erreichen, »daß die Arbeit an den Raketenstellungen eingestellt würde, daß die Sowjets keine weiteren Waffen lieferten, daß die bereits gelieferten Waffen unbrauchbar gemacht würden, daß die UNO alle Atomwaffen inspizieren würde und daß ein Beobachtungsteam von ungefähr 350 Technikern auf Kuba stationiert würde«. Von amerikanischen Gegenleistungen war nicht die Rede; selbst eine Aufhebung der Blockade war bei Erfüllung dieser Forderungen nicht vorgesehen. Amerikanische Schiffe würden auch weiterhin vor Kubas Häfen patrouillieren.[77]

Niemand im ExComm. wollte oder konnte an einen Erfolg dieser Mission glauben. Erfolg in der Sache war auch gar nicht gefragt. Kennedy und seine Berater begriffen die Gespräche in erster Linie als taktisches Mittel, als diplomatisches Zwischenspiel und politische Atempause. Man wollte den NATO-Verbündeten und der UNO demonstrieren, daß die USA nicht »überstürzt« handelten, »guten Willen« besaßen und Gewalt erst dann einsetzen würden, wenn alle anderen Möglichkeiten erkennbar ausgeschöpft waren. Dazu bedurfte es einer symbolischen Geste. Viel mehr konnten die New Yorker Gespräche auch nicht sein, denn nach amerikanischem Verständnis sollten sie nicht länger als zwei, allenfalls drei Tage in Anspruch nehmen. Jeder weitere Tag würde eine politische Eigendynamik zum Nachteil der USA freisetzen. So vermerkte der Protokollführer am Nachmittag des 25. Oktober: »Verteidigungsminister McNamara äußerte sich besorgt darüber, daß bei einer allzulangen Dauer der New Yorker Gespräche ein politisches Plateau erreicht würde, das eine Entscheidung zu neuerlichen Aktionen äußerst erschweren würde.« »Neuerliche Aktionen« sollte heißen: Verschärfung der Blockade oder Luftangriffe oder Invasion. Also konnten »diese Gespräche . . . auf keinen Fall über zwei Wochen hin geführt werden, sondern müssen auf einige wenige Tage beschränkt bleiben«.[78]

Insbesondere John F. Kennedy drängte, wie schon am 16. Oktober, zur Eile. Offensichtlich hielt er eine baldige Militäraktion für unausweichlich und wollte am liebsten schon innerhalb der nächsten 24 Stunden über den weiteren Kurs entscheiden. »Er (der Präsident – B. G.) sagte, wir müßten sehr bald handeln, weil die Arbeit an den Raketenstellungen weiterginge und weil wir die Standfestigkeit, die wir bisher unter Beweis gestellt hätten, unterstreichen müßten.« Wieder einmal dominierten vorgeblich unausweichliche »Sachzwänge« die Diskussion. Wie zu Beginn der Krise blieb dieser »Sachzwang« auf die schlichte Formel beschränkt: Entweder rechtzeitig »handeln« und »siegen« oder »zaudern«, »Schwäche zeigen« und »verlieren«. Letzteres wollte John F. Kennedy natürlich auf keinen Fall. Er erweckte den Eindruck, als brauchte er den »Triumph« zum politischen Überleben.[79]

Adlai Stevenson kommt am Freitag, den 26. Oktober eigens nach Washington, um mit dem ExComm. über die anstehenden Sondierungsgespräche zu reden. Er hofft auf präzise Instruktionen. Sehr schnell stellt sich aber heraus, daß Stevensons Position mit der in Washington verfolgten Linie unvereinbar ist. Der UNO-Botschafter bringt drei Kritikpunkte vor:

– Die zeitlichen Vorgaben des ExComm. sind völlig überzogen und unrealistisch. Wer sich auf drei Tage beschränken möchte, programmiert ein Scheitern. In dieser Zeit kann laut Stevenson allenfalls erreicht werden, daß die Arbeit an den Abschußrampen eingestellt wird. »Es ist vollkommen unmöglich, eine Übereinkunft zu erzielen, um die Waffen zu entschärfen.« Rigide zeitliche Vorgaben sind der Tod jeder Diplomatie.

– Die Forderungen des ExComm. erscheinen ihm unpräzise. Was will man eigentlich von den Sowjets? Sollen sie nur auf die Stationierung von Raketen verzichten oder sich bereit erklären, künftig gar keine Waffen mehr an Kuba zu liefern?

– Noch immer hat man in Washington keine Vorstellung davon, ob und welche Zugeständnisse man den Sowjets machen soll. Man hat sich noch nicht einmal ernsthaft mit den absehbaren Forderungen der Gegenseite auseinandergesetzt. Für Stevenson gibt es keinen Zweifel, »daß die Sowjets uns ein weiteres Mal um Garantien für die territoriale Integrität Kubas bitten und des weiteren den Abbau der in der Türkei stationierten strategischen amerikanischen Raketen verlangen würden«. Damit ist Stevenson bei seiner entscheidenden Frage: Will das ExComm. den Sowjets einen prestigewahrenden Ausweg offenhalten? Unter welchen Bedingungen und in welcher Form?[80]

Eine Arbeitsgruppe des außenpolitischen Planungsrats schlug daraufhin »atomwaffenfreie Zonen« in Lateinamerika und Afrika vor. (Brasilien hatte eine ähnliche Resolution bereits in der UNO-Vollversammlung eingebracht). Die Sowjets würden – schon allein aus Rücksichtnahme auf die Länder der Dritten Welt – dieses Konzept wahrscheinlich begrüßen und als gangbaren Ausweg begreifen. Das ExComm. votierte dagegen. Teilweise, weil man die Prämisse – mehrwöchige Verhandlungen in der UNO – rigoros ablehnte; teilweise, weil man negative Reaktionen aus Europa fürchtete (insbesondere de Gaulle würde auf sein Testgelände für Atomsprengköpfe in Algerien kaum verzichten wollen). Entscheidend war aber eine andere Überlegung. Man hatte im ExComm. mittlerweile erkannt, daß eine politische Lösung der Krise nur dann wahrscheinlich war, wenn die amerikanischen Jupiter-Raketen in der Türkei einbezogen würden. Jenseits dieser »frigging missiles« (John F. Kennedy) würde es einen politischen Kompromiß mit den Sowjets nicht geben können. Für den Präsidenten stand zweifelsfrei fest: Nur der »Raketentausch« (Jupiter gegen Kuba-Raketen) würde für die Sowjets ein akzeptables Angebot sein. Wenn man das nicht wollte, blieb nur noch die Invasion. Laut Protokoll sagte Kennedy, »daß wir die sowjetischen Raketen nur dann aus Kuba herausbekämen, wenn wir entweder eine Invasion starteten oder aber zu einem Tausch bereit seien«.[81]

Einen solchen »Tausch« aber lehnte das ExComm. ab. Wenn dies die »Rückzugsmöglichkeit« für die Sowjets sein sollte, dann würde es eben keinen politischen Rückzug geben können. Mit U Thant und/oder Zorin sollte erst recht nicht darüber gesprochen werden. Das ExComm. distanzierte sich nicht nur ausdrücklich von Adlai Stevenson, sondern auch von Averell Harriman, der ein Memorandum eingereicht und darin massiv für den Raketen-Tausch plädiert hatte. Die seitens des Außenministeriums und des Pentagon vorgelegten Papiere zum Thema »Jupiter« zeigten, wie die Bürokratie über den »Tausch« dachte: bedingungslos ablehnend. Vorstellbar sei allenfalls, daß beide Seiten erklärten, in der Zukunft keine landgestützten Raketen außerhalb ihrer Territorien mehr aufzustellen. (Die USA planten ja ohnehin seit längerem, die Jupiter durch hochmoderne, seegestützte Atomraketen zu ersetzen). Aber eine solche Vereinbarung dürfte nicht mit der Lösung des jetzigen Problems verknüpft werden.[82]

Am Ende der Sitzung ist klar, daß Adlai Stevenson umsonst aus New York angereist ist. Das ExComm. hat die Sondierungsgespräche schon abgeschrieben, bevor sie überhaupt begonnen haben. Der UNO-Botschafter kann noch nicht einmal mehr Zeit für seine Mission herausschinden. Präsident Kennedy – Ende der 50er Jahre der große Gegenspieler Stevensons in der Demokratischen Partei – stellt laut Protokoll lakonisch fest, »daß es für den Plan von Botschafter Stevenson nur wenig Unterstützung zu geben scheint«. Dies ist mehr als eine sachliche Feststellung. Kennedy ist mit dem Ausgang der Debatte sichtlich zufrieden.[83]

Derweil läuft im Government Printing Office, der regierungseigenen Druck- und Informationszentrale, die Operation »Bugle Call« an. Es werden die ersten von insgesamt fünf Millionen Flugblättern gedruckt, die kurz vor einer Invasion über Kuba abgeworfen werden sollen und die Bevölkerung zum Sturz Castros auffordern.[84]

»Gewaltverzicht« gegenüber Castro?

Einen Tag vor Aleksander Fomins Initiative hatte John F. Kennedy in einem Telefonat mit dem britischen Premier Harold Macmillan laut darüber nachgedacht, ob die USA für den Fall eines Abzugs der Raketen erklären sollten, künftig auf eine Invasion Kubas zu verzichten. Ob sich die Sowjets

Москва, 23 октября 1962 года

Господин Президент,

Только что получил Ваше письмо, а также ознакомился с текстом Вашего выступления 22 октября в связи с Кубой.

Должен откровенно сказать, что намеченные в Вашем заявлении меры представляют собой серьезную угрозу миру и безопасности народов. Соединенные Штаты открыто становятся на путь грубого нарушения Устава Организации Об'единенных Наций, на путь нарушения международных норм свободы судоходства в открытых морях, на путь агрессивных действий как против Кубы, так и против Советского Союза.

Заявление Правительства Соединенных Штатов Америки нельзя оценить иначе как неприкрытое вмешательство во внутренние дела Кубинской Республики, Советского Союза и других государств. Устав Организации Об'единенных Наций и международные нормы не дают права ни одному государству устанавливать в международных водах проверку судов, направляющихся к берегам Кубинской Республики.

Мы, разумеется, не можем признать за Соединенными Штатами и право установления контроля за оружием, необходимым Республике Куба для укрепления своей обороноспособности.

Его Превосходительству
Джону КЕННЕДИ,
Президенту Соединенных Штатов
Америки

\- 2 -

Мы подтверждаем, что оружие, находящееся на Кубе, независимо от того, к какому классу оно относится, предназначено исключительно для оборонительных целей, чтобы обезопасить Кубинскую Республику от нападения агрессора.

Я надеюсь, что Правительство Соединенных Штатов проявит благоразумие и откажется от проводимых Вами действий, которые могут привести к катастрофическим последствиям для мира во всем мире.

Точка зрения Советского правительства по поводу Вашего заявления от 22 октября изложена в Заявлении Советского правительства, которое направляется Вам через Вашего посла в Москве.

Н.ХРУЩЕВ

☐ *Faksimile des Antwortbriefes von Nikita Chruschtschow, 23. Oktober 1962* damit wohl zufriedengeben würden? Das ExComm. verwarf diesen Vorschlag. Die Militanten um McCone wollten auf keinen Fall eine »Bestandsgarantie« für die Regierung Castro abgeben oder sich in der Kuba-Politik in irgendeiner Weise öffentlich festlegen. Sie fühlten sich durch die allgemeine Skepsis im ExComm. nur bestärkt. Niemand wollte nämlich daran glauben, daß Chruschtschow mit einem solchen minimalen Zugeständnis einverstanden sein würde.[85]

Fomins explizites Angebot änderte die Lage. Vielleicht, so Außenminister Rusk, würde Moskau jetzt umdenken und zum Nachgeben bereit sein. So einigte sich das ExComm. darauf, die Sowjets zumindest zu »testen«. John Scali wurde beauftragt, seinem Kontaktmann folgendes mitzuteilen: Die Regierung Kennedy sähe die Möglichkeit, auf der Grundlage des heute informell unterbreiteten Vorschlags zu einer Einigung zu kommen. Zorin, U Thant und Stevenson sollten darüber beraten und eine Lösung ausarbeiten. Als Scali am Abend des 26. Oktober erneut mit Fomin zusammentraf, machte er zugleich deutlich, daß dies wohl die letzte Gelegenheit zu einem Kompromiß sein würde: »Ich bin zugleich fest davon überzeugt, daß die Zeit sehr drängt und daß nicht mehr viel Zeit zur Verfügung steht.« Fomin dürfte nicht glauben, daß weitergehende Forderungen – etwa eine Inspektion amerikanischer Militärstützpunkte in Florida – akzeptiert würden. Nur das ursprüngliche Angebot sei von Interesse: Abzug der Raketen und Inspektion Kubas; Erklärung eines Gewalt- und Invasionsverzichts als Gegenleistung. Jede Verzögerung, so Scali, »könnte sich auch sehr wohl als ein Desaster für Kuba und die Sowjetunion erweisen«.[86]

Freilich ist es am gleichen Abend schon wieder fraglich, ob das ExComm. bei dieser Linie bleiben und den genannten Kompromiß akzeptieren wird. Gegen 21 Uhr liegt Chruschtschows Brief endlich in englischer Übersetzung vor. Die »hardliner« scheinen darauf gehofft zu haben, in diesem Text neue Argumente für ihre unnachgiebige »Politik der Stärke« zu finden. Wieso weicht Chruschtschow von Fomin ab und erwähnt mit keinem Wort die Inspektion der Raketenstellungen durch die UNO? Es kommt ihnen nicht in den Sinn, daß man Moskau wegen dieses offenkundigen Widerspruchs kontaktieren und auf diesem Weg eine Klärung herbeiführen könnte. Vielmehr gleitet die Kritik erneut ins Grundsätzliche ab. Die Kritiker verschanzen sich hinter den bekannten Einwänden: Würde ein »Gewaltverzicht« in den USA innenpolitisch überhaupt durchsetzbar sein? Wieso wolle man ausgerechnet jetzt, da die Sowjets erkennbar nervös würden und »Schwäche« zeigten, Kompromisse eingehen? Wer will und kann es verantworten, Chruschtschow einen Vertrauensvorschuß zu geben? Wird er nicht erneut versuchen, Raketen grenznah zu den USA zu stationieren? Gibt es denn den mindesten Hinweis, daß die Sowjets von ihrer alten Position abgerückt sind und zugeben, daß die Kuba-Raketen gefährliche »Offensivwaffen« sind? Und überhaupt: Wo in diesem Brief verspricht Chruschtschow, daß er die Raketen abziehen wird? Ist das Ganze nicht wiederum ein geschickt garnierter Bluff?[87]

Je länger die ExComm.-Sitzung dauert, desto eifriger werden die »Pferdefüße« in Chruschtschows Brief gesammelt, desto mehr wird die Bedeutung des Textes heruntergespielt, desto dubioser und suspekter erscheint die damit verbundene Absicht. Die Mehrheit kommt schließlich überein, daß dies kein ernst zu nehmendes oder politisch tragfähiges Angebot sei. John F. Kennedy ist vorsichtiger in seinem Urteil und verweist auf die positiven Aspekte: Chruschtschow erwähnt mit keinem Wort die Jupiter-Raketen in Italien und der Türkei, geht über das grundsätzliche Problem von Militärstützpunkten in Drittländern hinweg und wirbt mit eindrucksvollen Worten um ein baldiges Ende der Krise. Statt zu drohen, stellt er die gemeinsamen Interessen heraus; statt auf seinem Recht zur Stationierung auf Kuba zu beharren, erklärt er, wie es zu diesem Schritt gekommen ist; statt abstrakter politischer Prinzipien betont er die persönliche Verantwortung des Präsidenten und seiner selbst, alles zu tun und nötigenfalls auch unkonventionelle Wege zu gehen, um die Kriegsgefahr zu bannen. Kennedy scheint zu einem Kompromiß auf dieser Grundlage bereit. Roger Hilsman und einige Sowjetunion-Experten des Außenministeriums werden beauftragt, bis zum nächsten Morgen eine sorgfältige Analyse des Briefes zu erstellen und den Entwurf eines Antwortschreibens vorzulegen.[88]

Es war am Abend des 26. Oktober völlig offen, ob sich das ExComm. auf Chruschtschows und Fomins Angebot einlassen würde. Noch war der Meinungsbildungsprozeß nicht abgeschlossen. Die Mehrheit schien dagegen zu votieren und wollte an der ursprünglichen Position festhalten: Wenn die Raketen abgezogen würden, käme als »Zugeständnis« nur eine Aufhebung der Blockade in Frage. Ob John F. Kennedy eine andere Entscheidung würde durchsetzen können, blieb fraglich. Seine wichtigsten Berater hatten sich noch nicht festgelegt. Insbesondere Robert McNamara hielt sich auffällig zurück. Ausgerechnet er, der neue Situationen normalerweise sehr schnell und analytisch präzise beurteilte, wollte sich erst am folgenden Tag äußern.

Die Zeit verstrich, ohne daß die Regierung Kennedy ihre ursprüngliche Forderung korrigiert und einen politischen Willen zum Kompromiß gezeigt hätte. Die ExComm.-Debatte an diesem Abend bestätigte John Scalis Warnung an Aleksander Fomin: Die Uhr lief ab. Eine Entscheidung mußte alsbald fallen. Es wurde zum Finale geblasen, bevor die Diplomatie überhaupt eine Chance bekommen hatte. Auch sah es ganz so aus, als müßten die Sowjets mit massiveren Forderungen auftreten, wollten sie das Minimale – nämlich den »Gewaltverzicht« gegenüber Kuba – erreichen.

Drittes Kapitel
Tagebuch: 27. Oktober 1962, Der Schwarze Samstag

Ein neuer Brief aus Moskau

Es ist Samstag, der 27. Oktober.
Robert Kennedy ahnt nichts Gutes, als er an diesem Morgen ins Weiße Haus fährt. In den frühen Morgenstunden hat er vom Chef des FBI, J. Edgar Hoover, persönlich einen Bericht über auffällige Aktivitäten sowjetischer Diplomaten in New York erhalten. Angeblich bereiten sie die Vernichtung von Geheimdokumenten vor. Der Justizminister sieht darin ein untrügliches Zeichen, daß die Sowjets fest mit einem Krieg rechnen.[1]

Der Kristenstab trat – wie an jedem Tag – um 10 Uhr im Weißen Haus zusammen. Erster Tagesordnungspunkt wie üblich: Geheimdienstberichte. Die CIA teilte mit, daß drei sowjetische U-Boote innerhalb bzw. in der Nähe des Blockaderings gesichtet wurden. Allerdings traf die UdSSR noch immer keine erkennbaren militärischen Vorbereitungen. Weder wurden Waffengattungen mobilisiert noch Truppeneinheiten verlegt.[2]

Es bestand auf amerikanischer Seite offensichtlich Einigkeit darin, den Druck nun zu erhöhen. McNamara wollte den Tanker »Graznny« ca. 400 Seemeilen vor Kuba abfangen und durchsuchen lassen. Bei der Diskussion dieses Vorschlages stellte sich heraus, daß man es bisher versäumt hatte, der UdSSR mitzuteilen, wie weit sich der Blockadering erstreckte und wo genau er verlief. Seit mehr als drei Tagen hätte es wegen dieser fehlerhaften Informationspolitik jederzeit zu Mißverständnissen, Fehlkalkulationen und unbeabsichtigten Zusammenstößen kommen können. Der Präsident ordnete nun also an, die Sowjets über UNO-Generalsekretär U Thant vom Verlauf des Sperrgürtels zu unterrichten. Die US-Navy patroullierte in zwei Kreisen, deren jeweiliger Radius 500 Seemeilen von Havanna bzw. Cap Maysi entfernt war.[3]

Weiterhin stand die Diskussion eines Memorandums von Roger Hilsman auf der Tagesordnung. Hilsman hatte während der Nacht Chruschtschows langen Brief ausgewertet und legte nun dem ExComm. einige kritische Fragen vor. Meinte der sowjetische Parteichef sein Angebot (Abzug der Raketen, wenn die USA einen »Gewaltverzicht« gegenüber Kuba erklären) ernst oder wollte er die USA nur in eine Falle locken? Könnten die USA es sich politisch leisten, eine Bestandsgarantie für ein sozialistisches Kuba abzugeben? Sollte Moskau nicht zuerst zum Rückzug der Raketen gezwungen werden, bevor über amerikanische Gegenleistungen verhandelt würde? Hilsman gab mit seinen Fragen zu verstehen, daß er von Chruschtschows Brief nicht sehr viel hielt und daher nach wie vor für einen harten Kurs plädierte. Zeitgleich eingebrachte Memoranden von Walt Whitman Rostow und der CIA formulierten die Kritik noch wesentlich schärfer.[4]

Das ExComm. kommt nicht mehr dazu, sich mit diesen Fragen zu befassen. Die Sitzung hat kaum begonnen, als eine dringende Nachricht übermittelt wird. Radio Moskau sendet eine neue sowjetische Note. Es ist mittlerweile 10:17 Uhr, Washingtoner Ortszeit. Jetzt tritt ein, was Kennedys Berater von Beginn an befürchtet haben. Die Sowjets verlangen in aller Öffentlichkeit das »Tauschgeschäft«: Kuba-Raketen gegen die Jupiter in der Türkei. Die Krise kann beigelegt werden, so die Erklärung des Kreml, wenn die USA in diesen »Tausch« einwilligen und sobald beide Seiten erklärt haben, keine militärische Gewalt gegen die Stationierungsländer der Raketen anzuwenden. Die Forderung wird entschlossen vorgetragen und erweckt den Eindruck, als werde der Kreml auf keinen Fall davon abrücken.[5]

Das ExComm. reagierte ungläubig und verwirrt. Man konnte sich keinen Reim darauf machen, wieso Chruschtschow innerhalb weniger Stunden eine neue und vom gestrigen Brief völlig abweichende Nachricht schickte. Es zeigte sich erneut, daß das ExComm. mit der Einschätzung sowjetischer Interessen und Politik überfordert war. Llewellyn Thompson war nach wie vor der einzige in der Runde, der langjährige Erfahrungen mit sowjetischen Politikern hatte, mit der Geschichte des Landes vertraut war und glaubte, die Entscheidungsprozesse in Moskau beurteilen zu können. Alle anderen begnügten sich mit Mutmaßungen, wilden Spekulationen und zufälligen Assoziationen. Die Krise ging nun in ihren 13. Tag, und noch immer wurde der Präsident in allen die Sowjetunion betreffenden Fragen von Laien beraten. Für ein Nachdenken über sowjetische Politik hatte man im ExComm. keine Zeit. Thompson argwöhnte, womöglich hätte eine Rede des österreichischen Außenministers Bruno Kreisky vom 25. Oktober die Sowjets auf den politischen Tauschwert der Jupiter aufmerksam gemacht; einer seiner Kollegen hielt es gar für möglich, daß der neutrale Kreisky von den Sowjets in konspirativer Machenschaft zu dieser Rede gedrängt worden war. »Konspiration« war selbstverständlich ein Stichwort für CIA-Chef McCone: Ob es vielleicht in der amerikanischen Botschaft in Ankara eine undichte Stelle gab? Ob die Sowjets dort einen Informanten hatten? Hatte man Botschafter Hare nicht in mehreren Telegrammen aufgefordert, sich Gedanken über die Jupiter zu machen und die Haltung der türkischen Regierung zu erkunden? Die Mehrheit im ExComm. glaubte eine bessere Erklärung gefunden zu haben: Chruschtschow mußte von den »Falken« im Kreml überstimmt worden sein. McGeorge Bundy faßte die Erkenntnis für den Präsidenten zusammen: »Während Sie draußen waren, Herr Präsident, haben wir uns informell abgestimmt ... Also – der Brief von gestern abend, das ist Chruschtschow selbst, und dieser da, das sind seine Betonköpfe, die ihn überstimmt haben – Also dieser öffentliche Brief – die konnten sich einfach nicht anfreunden mit dem, was er Ihnen letzte Nacht geschrieben hat.« Bundy sah darin mehr als nur eine Abstimmungsniederlage Chruschtschows; er vermutete gleich einen Machtwechsel im Kreml. Die Orthodoxen hätten die Führung übernommen und sicherten ihre Position ab, indem sie die Forderung nach dem Jupiter-Abzug über Radio weltweit verbreiteten und Chruschtschow damit politisch fesselten. Er würde nicht mehr hinter diese Position zurückfallen können.[6]

Sergo Mikojan bestätigte rückblickend, daß der Brief vom 26. Oktober in der Tat von Chruschtschow allein verfaßt worden war. Unmittelbar darauf traf das Präsidium zusammen und entschied, von den USA einen höheren politischen Preis zu verlangen. Vielleicht gingen Chruschtschows Berater davon aus, nur auf diesem Weg ihre Minimalforderung – den Gewaltverzicht gegenüber Kuba – durchsetzen zu können. In diesem Fall hätte man es mit einer in diplomatischen Verhandlungen üblichen Taktik zu tun. Daraus könnten aber keine Rückschlüsse auf den Prozeß der Meinungsbildung in Moskau oder gar auf politische Kräfteverschiebungen im Präsidium gezogen werden. Wahrscheinlicher ist eine andere Interpretation: In Chruschtschows Umgebung konnte man noch immer nicht glauben, daß es die Amerikaner tatsächlich ernst meinten. Vielmehr hatte man in Moskau noch die monatelangen Debatten innerhalb der USA vor Augen, ob diese Jupiter-Raketen nicht doch endlich abgezogen und verschrottet werden sollten. Auch wurde Präsident Kennedy offensichtlich nach wie vor falsch eingeschätzt. Der junge, unerfahrene und im Grunde liberale Präsident, so der Tenor, würde nicht bis zum Äußersten gehen, sondern unter entsprechendem Druck einer Lösung zustimmen, die auch von sowjetischer Seite als Erfolg gewertet werden könnte. Die Mehrheit von Chruschtschows Bera-

☐ *Nikita Chruschtschow während einer Fernsehansprache, 1962 (o.)*
☐ *Anastas Mikojan (l. u.)*
☐ *Frol Kozlov (r. u.)*
☐ *V. l. n. r.: R. Malinowski; N. Chruschtschow; L. Breschnew; A. Mikojan; A. N. Kossygin; N. V. Podgorny.*

tern war fest davon überzeugt, mit dieser Taktik Erfolg haben zu können.

Einige offene Fragen an die sowjetische Politik mögen damit geklärt sein. Dennoch gibt es nach wie vor Ungereimtheiten. Wie kam die Fehleinschätzung amerikanischer Interessen und Politik zustande? Welche mittel- und langfristigen Ziele verfolgte die Sowjetunion mit ihrer Westpolitik? Welche Rolle spielte Chruschtschow bei der Diskussion um den zweiten Brief?[7]

Für das ExComm. jedenfalls stand am 27. Oktober fest: In Moskau war es zu einem Richtungswechsel gekommen, unter Umständen hatte man Chruschtschow sogar abgesetzt. Eine solche Vermutung warf gänzlich neue Fragen und Probleme auf. Konnten nun überhaupt Entscheidungen getroffen werden, bevor weitere Informationen vorlagen? Wer eigentlich waren die »hardliner« im Kreml? Würden sie im Unterschied zu Chruschtschow auch einen Krieg riskieren? Mußte man in Washington jetzt nicht von anderen Voraussetzungen ausgehen? Fragen über Fragen, die dringend hätten beantwortet werden müssen – jedenfalls dann, wenn man von Bundys Hypothese überzeugt war.

Aber der Sicherheitsberater des Präsidenten blockt eine solche Diskussion ab. Wer auch immer in Moskau das Sagen haben mag – dies ist für Bundy nicht die Zeit der Kompromisse. Ihn interessiert nur eines: Die Sowjets müssen, gleich unter welchen Umständen und Bedingungen, den amerikanischen Forderungen nachgeben. Washington wird sofort und unnachgiebig reagieren müssen. »Das Problem ist Kuba. Die Türken sind keine Bedrohung für den Frieden.« »Wir sollten dies (Moskaus neue Forderung – B. G.) in aller Öffentlichkeit abschmettern.« Es kümmert Bundy nicht, ob die Sowjets dadurch in eine ausweglose Position gebracht würden oder ob die in Moskau vermutete »Kriegspartei« gestärkt würde. »Ich persönlich würde Fomin davon unterrichten, daß das Angebot von gestern abend ziemlich gut war; daß das jetzige aber, zumal zu diesem Zeitpunkt, völlig unmöglich ist und daß die Zeit sehr schnell abläuft.« Im Zweifelsfall, so denkt Bundy, helfen nur noch Ultimaten und/oder Gewalt. Er macht seinem Ruf als Vertreter der »ultra-realistischen Schule« alle Ehre. (»Ultra-Realisten« nennen sich jene Politikwissenschaftler in den USA, für die Gewalt und Kriege notwendig zur menschlichen Geschichte zählen und die sich zum Ziel gesetzt haben, den richtigen Zeitpunkt für den Einsatz von Gewalt zu bestimmen.)[8]

Der Sicherheitsberater findet reichlich Zustimmung. Von John McCone erwartet niemand etwas anderes; ebensowenig von Douglas Dillon, Paul Nitze oder Maxwell Taylor. Aber auch Robert McNamara, ansonsten vorsichtiger argumentierend, schließt sich an. Empört über den neuerlichen sowjetischen Vorstoß plädiert er für eine »Politik der Stärke«. »Wie können wir denn mit jemandem verhandeln, der sein Angebot verändert, bevor wir antworten können, und überdies seine Forderungen in der Öffentlichkeit ausbreitet, ehe wir davon unterrichtet sind?« »Wir sollten es einfach öffentlich zurückweisen.«[9]

Will John F. Kennedy nachgeben?

Präsident Kennedy reagiert differenzierter. Er will sich zum jetzigen Zeitpunkt nicht zu einer voreiligen und unüberlegten Reaktion drängen lassen. Der Karrierepolitiker und erfahrene Wahlkämpfer Kennedy beweist jetzt, daß er mehr politisches Fingerspitzengefühl mitbringt als alle Intellektuellen seines Beraterstabes zusammen. Er begreift, daß durch Chruschtschows zweiten Brief eine neue Situation eingetreten ist – und daß man darauf nicht reagieren kann, indem die bekannte Linie stur beibehalten wird. »Wir dürfen uns nichts vormachen; ... sie haben einen sehr guten Vorschlag gemacht ...« Seiner Meinung nach hat Chruschtschow im Ringen um die öffentliche Meinung einen Punktsieg erzielt. Darüber werde sich die amerikanische Seite nicht einfach hinwegsetzen können. Oder wolle jemand abstreiten, »daß jeder vernünftige Mensch bei den Vereinten Nationen oder jeder andere vernünftige Mensch denken wird, dies sei ein sehr fairer Handel«? Es solle doch keiner glauben, eine solche Krise ohne öffentliche Unterstützung und ohne Mehrheiten in der UNO wie »auf der Straße« durchstehen zu können; ein Illusionist, wer jetzt so tue, als sei nichts geschehen. »Unsere Position in diesen Angelegenheiten wird unhaltbar werden, falls er (Chruschtschow – B. G.) an diesem Vorschlag festhält.«[10]

Zweifellos stand die amerikanische Bevölkerung noch immer unter dem Eindruck der hysterischen Propaganda vergangener Jahre, Monate und Wochen. Castros Kuba galt ihr nach wie vor als Inbegriff kommunistischer Bedrohung und »Krebsgeschwür«, das besser heute als morgen beseitigt werden sollte. Aber martialische Reden gegen Castro zu schwingen, war eine Sache; wegen veralteter Jupiter-Raketen in der fernen Türkei einen Krieg mit der Sowjetunion zu riskieren, war etwas anderes. Mittlerweile hatte es sich auch in den USA herumgesprochen, daß die Jupiter militärisch wertlos waren – Raketenschrott, der schon längst hätte ausgemustert werden müssen. Wäre es nicht ein vorteilhaftes Geschäft, diese Raketen gegen die modernen und funktionsfähigen Systeme der Sowjets auf Kuba einzutauschen? Schon mehrten sich in den USA die Stimmen, die für eine solche Lösung eintraten. Walter Lippmann, der politisch einflußreichste Journalist der vergangenen Jahrzehnte, hatte schon zwei Tage vor Chruschtschows Brief, am 25. Oktober, in der »Washington Post« einen »Raketentausch« als vernünftigsten Ausweg vorgeschlagen.

John F. Kennedy sah ein weiteres Problem, vor dem seine Berater auch lieber die Augen verschlossen: Die amerikanischen Beziehungen zur NATO und zu den blockfreien Staaten konnten nicht mehr im Stil der 50er Jahre gehandhabt werden. Der Präsident ging offensichtlich davon aus, daß die USA ihre Hegemonie nur würden wahren können, wenn sie künftig stärker auf Kooperation und Konsultation setzten. Die Entwicklung der vergangenen beiden Jahre war dafür ein anschaulicher Beleg. Immer lauter forderten die Westeuropäer eine eigenständige Rolle bei der Formulierung der NATO-Militärdoktrin und -politik; viele lateinamerikanische Staaten machten deutlich, daß sie sich nicht länger dem politischen und ökonomischen Diktat des Yankee-Imperialismus beugen wollten. Bisher hatte sich die Kennedy-Regierung nach Kräften bemüht, diesen Tendenzen gegenzusteuern. Kaum im Amt, bot sie den Westeuropäern neue Modelle »nuklearer Kooperation« an, verkündete für Lateinamerika die »Allianz für den Fortschritt« und gab sich nach allen Seiten dialogbereit. Und diese aus Washingtoner Sicht hoffnungsvollen Initiativen sollten jetzt aufs Spiel gesetzt werden – ausgerechnet in einer Situation, da die Sowjets einen vernünftigen und öffentlichkeitswirksamen Vorschlag unterbreitet hatten?

Kennedy mahnt seine Berater, es sich nicht allzu leicht zu machen. Man dürfe auf keinen Fall den Eindruck erwecken, Chruschtschows Forderung leichtfertig und ungeprüft verworfen zu haben. Es mag zahlreiche Gründe geben, den Vorstoß letzten Endes abzulehnen; aber ein schroffes »No« ist seiner Meinung nach unangemessen – ein schlechter Zug im »Raketenschach«. »Sie (die Sowjets – B. G.) haben nun einmal sehr gute Karten. Diesmal werden wir es sehr schwer haben, denke ich. Wir werden es in England schwer haben, da bin ich mir sicher – und auch anderswo auf dem Kontinent... Die meisten – also die Leute denken, daß man zugreifen sollte, wenn ein gutes Angebot auf dem Tisch liegt. Deshalb werden wir es sehr viel schwerer haben, etwas zu unternehmen und dafür auch noch die Unterstützung der Weltöffentlichkeit zu haben.«[11]

Der Präsident befürwortet keineswegs einen »Raketentausch«. Er will seinen Beratern lediglich klarmachen, daß sich die politischen Gewichte zugunsten der UdSSR verschoben haben. Aus dieser verfahrenen Situation könne man sich nur mit List und Geschick wieder befreien. Unüberlegtes Vorpreschen führe in eine Falle.

Lange Zeit kursierte die Behauptung, Kennedy hätte bereits in seinem ersten Amtsjahr den Rückzug der Jupiter aus der Türkei angeordnet und wäre am 27. Oktober wegen der Mißachtung dieser Anweisung äußerst wütend geworden. Aufgrund bürokratischer Obstruktion oder unentschuldbarer Versäumnisse sei man in diese mißliche Situation geraten. Die Tonbandmitschnitte vom 16. und 27. Oktober widerlegen diese Auffassung deutlich. Kennedy erwähnte mit keinem Wort, jemals den Abbau der Jupiter befohlen zu haben; er war sich völlig im klaren, daß die Sowjets mit diesen Raketen ein Faustpfand besaßen und es wahrscheinlich auch ausspielen würden. Deshalb drängte der Präsident seit dem 16. Oktober darauf, Kontakt zur türkischen Regierung aufzunehmen und mit ihr eine gemeinsame Linie für den Fall abzustimmen, daß Chruschtschow tatsächlich die Jupiter ins Spiel brächte. Doch das Außenministerium ließ Ankara nach wie vor links liegen – und daran entzündete sich Kennedys Ärger. Nun mußte man nämlich befürchten, daß die Türken ungebeten Erklärungen herausgeben und damit den amerikanischen Krisenfahrplan durcheinanderbringen würden. George Ball, der zuständige Abteilungsleiter im Außenministerium, versuchte eine Entschuldigung vorzubringen: »Wenn wir mit den Türken reden würden, dann würden wir meiner Meinung nach damit sehr viel Aufruhr provozieren.« Kennedy wollte diesen Einwand nicht akzeptieren: »Also George, Aufruhr ist das, was wir jetzt haben, weil er uns nämlich ganz schön festgenagelt hat, weil die meisten Leute denken werden, daß dies ein nicht unvernünftiger Vorschlag ist, lassen Sie sich das nur mal gesagt sein.«[12]

Kennedy drängt deshalb darauf, daß – wie auch immer die Entscheidung über die Jupiter ausfallen möge – die Türken über den Ernst der Lage unterrichtet werden. Sie sollen wissen, welcher Preis im Falle eines Scheiterns politischer Lösungen gezahlt werden muß. Die USA würden in der kommenden Woche Kuba angreifen und die Türkei müsse dann damit rechnen, daß die Sowjets die Jupiter-Stellungen bombardierten. Die Regierung in Ankara solle sich, so Kennedys Vorschlag, in voller Kenntnis der Lage eine Meinung bilden und den USA umgehend mitteilen, welche Linie sie bevorzuge. Sie könne entweder die USA (öffentlich) zum Rückzug der Jupiter auffordern oder sich bereit erklären, alle Risiken eines Krieges zu teilen. »Daher denke ich, daß die Türken ein wenig nachdenken sollten. [Unruhe] Wir sollten versuchen, sie dahin zu bringen, auf all das nicht zu reagieren, bevor wir selbst nicht Gelegenheit hatten, uns zu überlegen, welche Maßnahmen wir ergreifen werden. Wie lange wird es also dauern, mit den Türken Kontakt aufzunehmen?«[13]

Unmut über den Präsidenten

Kennedys Überlegungen riefen Unmut und offene Ablehnung hervor. Er wurde mehrmals unterbrochen, aufgeregte Gespräche begannen, noch während der Präsident redete. Einige seiner Formulierungen und vagen Andeutungen machten stutzig. Viele bezweifelten, daß der Präsident tatsächlich nur eine nüchterne Analyse der veränderten Lage vornehmen und mögliche Optionen abwägen wollte. Schon regte sich der Verdacht, er könnte dazu neigen, Chruschtschows Drängen nachzugeben. Vielen seiner Berater waren die Erinnerungen an die »Schweinebucht« und insbesondere an jene Nacht noch lebendig, als der Präsident »knieweich« geworden war und die »große Schlacht« gegen Castro vorzeitig abgeblasen hatte. Entsprechend hart fielen jetzt die Kommentare aus.

Die »hardliner« zogen alle Register des Kalten Krieges – voran Paul H. Nitze. Nitze hatte bereits Ende der 40er Jahre einen erfolgreichen Kampf gegen alle Liberalen und sowjetfreundlichen »Rooseveltianer« im Außenministerium geführt. Sehr schnell war er zum Vertrauten von Dean Acheson, Trumans Außenminister und Gralshüter der »Politik der Stärke«, aufgestiegen. Auch seine geschäftlichen Empfehlungen waren stets bestens. Bei der Investmentbank Dillon, Read & Co. hatte er eng mit James Forrestal, dem Rüstungsfanatiker und Verteidigungsminister der frühen Truman-Jahre, zusammengearbeitet. Im April 1950 schlug dann Nitzes erste große Stunde. Nationaler Sicherheitsrat und Präsident billigten ein von ihm verfaßtes Memorandum über die künftige außen- und militärpolitische Strategie: NSC-68. Alles in diesem Text drehte sich um die Frage, mit welchen Mitteln man den internationalen Kommunismus von der politischen Landkarte beseitigen könne. Der Autor von NSC-68 konnte manches zu dieser Politik beisteuern. Acheson hatte ihn nämlich an die Stelle des unbequemen George F. Kennan gesetzt und zum Leiter des politischen Planungsstabes im Außenministerium ernannt. Fortan gehörte Paul Nitze zum außenpolitischen Establishment. Er arbeitete effizient, meist im Hintergrund und geräuschlos und verstand es meisterhaft, die Gruppe der Kalten Krieger zusammenzuhalten und gegen liberale »Übergriffe« zu wappnen.

Nitze verfocht seine Argumente um so hartnäkkiger, seit Dean Acheson nicht mehr an den ExComm.-Sitzungen teilnahm. John F. Kennedy hatte den notorischen Quertreiber Acheson, diesen »verbitterten alten Mann«, wie der Präsident ihn zu bezeichnen pflegte, auf eine ausgedehnte Europa-Reise geschickt. Nitze wuchs jetzt in die Rolle seines Mentors hinein. Für die Türken, so polterte er los, sei der bloße Gedanke an einen Abzug der Jupiter bereits unerträglich. Der Präsident habe wohl die Konsequenzen eines solchen Schrittes nicht hinreichend durchdacht. Schon sah Nitze am Horizont die »Entnuklearisierung« der NATO heraufziehen. Wie immer in solchen zugespitzten Auseinandersetzungen gab Nitze vor, daß er und die ihm zuarbeitenden Experten die sowjetische Absicht und Politik völlig durchschaut hätten. Alle Zweifel und Unsicherheiten wurden beiseite geräumt, unvermittelt avancierten die »hardliner« zu Experten in Sowjetfragen.

Nitze hatte mit dieser Taktik Erfahrung. So skrupellos und zugleich beeindruckend wie er konnte niemand die »sowjetische Gefahr« manipulieren und als argumentative Waffe gegen Gegner in den eigenen Reihen einsetzen. Nun behauptete er zu wissen, daß Chruschtschows neue Forderung gar nicht ernst gemeint sein könne. Er wolle in bewährter Weise bluffen, Verwirrung stiften, Zwietracht säen. Er würde nachgeben, wenn die USA kompromißlos reagierten. Immer wieder kam Nitze auf diesen Punkt zurück. »Kämpft gegen diese türkische Angelegenheit mit den besten Argumenten, die wir haben ...« Es versteht sich von selbst, daß McCone und Douglas Dillon vorbehaltlos Beifall spendeten.[14]

Kaum hat Nitze geendet, ergreifen McGeorge Bundy und Robert Kennedy das Wort. Sie spielen sich die Bälle gegenseitig zu und schlagen vor, unter folgenden Optionen zu wählen:

– Man überredet die Türken, sich von dem sowjetischen Vorschlag öffentlich zu distanzieren und als Begründung anzugeben, der Kreml greife in unzulässiger Weise in NATO-interne Fragen ein.

– Die USA antworten nur auf Chruschtschows »privaten Brief« vom 26. Oktober und akzeptieren die dort vorgeschlagene Lösung: Die Sowjets ziehen ihre Raketen ab, und die USA erklären gegenüber Kuba einen Gewalt- und Invasionsverzicht. Bundy entwickelt diesen Gedanken als erster und kommt im Laufe des Tages mehrfach darauf zurück: »Ich würde antworten und folgendes sagen: Ich ziehe es vor, auf Ihren – auf Ihren interessanten Vorschlag vom gestrigen abend einzugehen.« Robert Kennedy (der in seinen Memoiren fälschlicherweise das intellektuelle Urheberrecht für diese Idee beansprucht) schließt sich an und wird zu einem der entschiedensten Fürsprecher dieser Option.

– Die USA signalisieren ihre Bereitschaft, in Zukunft über die Stützpunkte in der Türkei verhandeln zu wollen. Dies aber setzt voraus, daß die Jupiter rechtzeitig durch moderne und effizientere Systeme ersetzt werden, z. B. durch Polaris U-Boote.

– Der Präsident stellt Chruschtschow ein Ultimatum: Entweder die Sowjets bleiben bei ihrer Linie vom 26. Oktober, oder der Angriff auf Kuba wird stattfinden. »Ich persönlich würde sie davon unterrichten, ... daß die Uhr abläuft«, empfiehlt McGeorge Bundy. Die Gründe für diesen selbstauferlegten »Zwang zum baldigen Handeln« sind die alten. Je länger die Raketen in Kuba blieben und je mehr in der Öffentlichkeit über die Jupiter diskutiert würde, desto wahrscheinlicher sei es, daß Chruschtschow erneut die Initiative übernehme und den Ablauf des Geschehens bestimme. Robert Kennedy will deshalb in den nächsten 72 Stunden eine Entscheidung herbeiführen. Die Sowjets sollen sich dem amerikanischen Druck nicht noch einmal entziehen können.[15]

Diese Überlegungen fanden im ExComm. großen Anklang. Aber in der gereizten Atmosphäre dieses Vormittags war es nicht möglich, die Differenzen zwischen Präsident und Beratern zu klären oder gar eine Entscheidung herbeizuführen. Das Problem wurde auf den Nachmittag vertagt – obwohl der Präsident eingangs gefordert hatte, der Kontakt zur türkischen Regierung müßte so schnell wie möglich hergestellt werden.

Wie kommt der Schwarze Peter nach Moskau?

John F. Kennedy konzentrierte sich in der Folge auf die Frage, ob und wie der »Propagandaerfolg« Chruschtschows wettgemacht werden könnte. Zum ersten und einzigen Mal dominierte der Präsident eine Sitzung des ExComm., setzte Akzente, gab Impulse und steuerte Diskussionen. Wie könnte man die öffentliche Meinung (in der UNO, in den NATO-Staaten und nicht zuletzt in den USA selbst) wieder für Washingtons Krisenkurs gewinnen? Gab es eine Antwort auf Chruschtschows zweiten Brief, die eine frühzeitige Festlegung der amerikanischen Position vermeiden würde? Der Präsident glaubte eine elegante und in jeder Hinsicht befriedigende Lösung gefunden zu haben. »Die Tatsache, daß die Arbeit (an den Raketenstellungen – B. G.) weitergeht, ist die einzige in der Öffentlichkeit verteidigbare Position, die wir noch haben.« Einzig und allein mit diesem Argument könnte die Sowjetunion öffentlich unter Druck gesetzt werden. Je länger die Diskussion dauerte, desto hartnäckiger insistierte Kennedy auf diesem Punkt. Seine ganze Argumentation war darauf konzentriert. Er wollte die Sowjets auffordern, innerhalb der nächsten 24 Stunden folgende Erklärung abzugeben: Der Ausbau der Raketenbasen wird sofort eingestellt; die bereits stationierten Raketen werden entschärft; und die UNO hat das Recht, die Einhaltung dieser Verpflichtung zu überwachen.[16]

Kennedy wollte in erster Linie die Aufmerksamkeit von den Jupiter-Raketen ablenken und andere Fragen in den Mittelpunkt rücken. Auf keinen Fall dürfte der Eindruck entstehen, die Vereinigten Staaten hätten eine berechtigte Forderung brüsk zurückgewiesen. Es ging vielmehr darum, Moskau wieder in Zugzwang zu bringen. Kennedy wollte die Entscheidung über die nächsten Schritte und möglicherweise die Verantwortung für eine weitere Eskalation auf Chruschtschow abwälzen. Folgte das ExComm. seinem Vorschlag, so läge die Entscheidung darüber, ob die Stützpunkte weiter ausgebaut oder ob die Arbeiten eingestellt würden, beim Kreml-Chef. So jedenfalls würde es die Öffentlichkeit wohl wahrnehmen; sie würde gebannt nach Moskau blicken und Chruschtschow zum Nachgeben drängen.

Wenige Stunden später brachte Kennedy diese Überlegung auf den kurzen Nenner: »Das ist der einzige Punkt, wo wir *ihn* festnageln können ... Und deshalb wird alle Last auf *ihm* liegen. Ich habe den Eindruck, ...daß dies unsere einzig mögliche Verteidigung gegen die Attraktivität seines Tauschangebots ist.«[17]

Kennedy ging es nicht darum, einen Vorschlag zu formulieren, der für Chruschtschow akzeptabel war und damit die Krise so schnell wie möglich beilegen konnte. Auch ging es ihm nicht darum, nun die Tür zu Verhandlungen aufzustoßen oder gar darüber nachzudenken, wie diese Verhandlungen aussehen könnten. Über diese Fragen dachte der Präsident nicht nach – weil er nämlich selbst nicht daran glauben wollte, daß die Sowjets dem amerikanischen Drängen nachgeben würden.

In der Tat sprach vieles gegen diesen Vorschlag. Warum sollten die Sowjets innerhalb von 24 Stunden Vorleistungen erbringen? Hatte Chruschtschow ultimative Forderungen nicht stets zurückgewiesen? Warum sollte er ausgerechnet in einer Situation klein beigeben, wo er doch selbst gerade einen publikumswirksamen Schritt getan hatte? Kennedy wollte erreichen, daß die USA propagandistisch im Vorteil blieben. Allein auf diesen Punkt konzentrierte er seine intellektuelle Energie und politische Phantasie. Er forderte einen politisch flexiblen und mediengerechten Umgang mit Chruschtschows »Raketengeschäft« – nicht aber, daß die USA darauf eingehen sollten. Wichtig war nur, Chruschtschow erneut in die Defensive zu drängen, ihm den »Schwarzen Peter« zuzuspielen und damit in der Öffentlichkeit politisch zu punkten. »Dann sind wir wenigstens in einer vertretbaren Position.« Niemand würde Washington übereiltes oder unverantwortliches Handeln vorwerfen können, selbst dann nicht, wenn der Raketentausch in den nächsten Tagen tatsächlich abgelehnt werden sollte. Am Nachmittag kam Kennedy noch einmal auf diesen Gedanken zurück und zu folgendem Resümee: »Dies wird unsere Position in der Welt nachhaltig stärken, weil eben die meisten Leute glauben, daß sein (Chruschtschows – B. G.) Angebot eigentlich ganz vernünftig ist ... Deshalb glaube ich, daß wir nur hoffen können, uns aus dieser Falle zu befreien, wenn wir sagen, daß wir darauf bestehen, daß er die Ar-

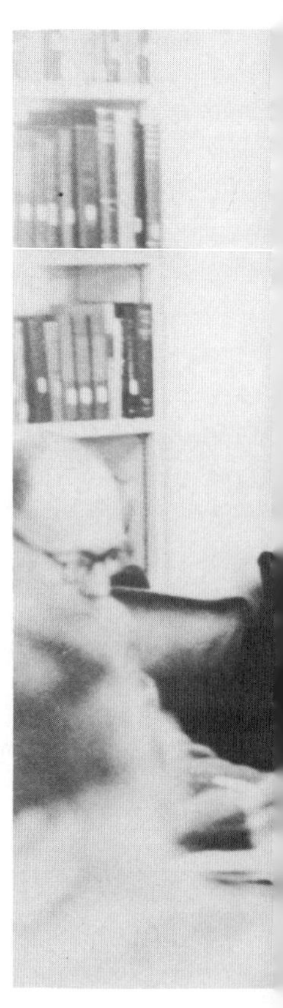

Die Vereinigten Stabschefs v. l. n. r.: □ Lyman L. Lemnitzer (Armee); Curtis LeMay (Luftwaffe); Maxwell Taylor (Vorsitzender); George Anderson (Marine); David M. Shoup (Marine-Corps). (o.) V. l. n. r.: Bundy; John F. Kennedy; □ Nitze; Taylor; McNamara auf der Veranda des Weißen Hauses (u.)

☐ *V. l. n. r.: Dillon; L. B. Johnson; Robert Kennedy; Thompson; Carter; McNamara; Gilpatric. ExComm.-Sitzung am 23. Oktober 1962. (l. o.)*
☐ *Robert McNamara auf dem Frankfurter Flughafen, September 1961 (r. o.)*
☐ *Nitze, Taylor und McNamara verlassen das Weiße Haus (u.)*

John F. und Robert Kennedy auf der Veranda des Weißen Hauses

beiten einstellt. Nun, wir glauben nicht, daß er das tun wird, und eben deshalb werden wir viel besser dastehen, wenn wir darauf mit dem Finger zeigen anstatt zu sagen, daß die Türkei unwichtig ist.«[18]

Mit diesem Vorschlag konnte sich der Präsident sehr schnell durchsetzen. Das ExComm. einigte sich am späten Vormittag (knapp zwei Stunden waren seit Chruschtschows Brief vergangen) auf eine erste öffentliche Stellungnahme: »Es ist daher die Meinung der Vereinigten Staaten, daß die Arbeit an den kubanischen Stützpunkten umgehend eingestellt werden muß, bevor über irgendeinen Vorschlag weiter nachgedacht werden kann; offensive Waffen müssen entschärft werden; und weitere Lieferungen offensiver Waffen nach Kuba müssen unterbleiben – all dies unter ausreichender internationaler Kontrolle.« Diese Erklärung wurde um 12 Uhr Ortszeit vom Weißen Haus verbreitet.[19]

Kurz darauf unterbricht das ExComm. seine Beratungen. Die Stimmung ist schlecht. Die Krise nähert sich ihrem Höhepunkt, der Entscheidungsdruck nimmt zu, die Diskussionen fordern einen immer größeren physischen wie psychischen Tribut. Richard Ned Lebow berichtet, daß zwei ExComm.-Mitglieder wegen Überforderung und Erschöpfung aus dem Gremium ausscheiden. Allenthalben breitet sich Pessimismus aus. Aus dem vermeintlichen Sachzwang, einer »Politik der Stärke« folgen zu müssen, scheint es keinen Ausweg zu geben. Niemand wagt, in Alternativen zu denken oder sie gar auszusprechen. Robert Kennedy wagt kurze Zeit später eine düstere Prognose: Am Montag oder Dienstag werden die Angriffe gegen Kuba geflogen werden. In der Zwischenzeit solle man die Ruhe bewahren, auf Zeit spielen und die notwendigen militärischen Vorbereitungen abschließen, heißt es im Protokoll einer gegen 14:30 Uhr im kleineren Kreis geführten Diskussion.[20]

Der Präsident im Widerspruch

Um 16 Uhr tritt das ExComm. zu seiner zweiten Sitzung an diesem Tag zusammen. Seit Chruschtschows morgendlicher Botschaft sind sechs Stunden vergangen und noch immer steht eine Antwort aus Washington aus. Es würde nicht leicht sein, einen gemeinsamen Nenner zu finden – nicht zuletzt deshalb, weil keiner weiß, was der Präsident eigentlich will. Kennedy will mit der Regierung in Ankara Kontakt aufnehmen. Aber wie sollen diese Gespräche geführt werden und mit welchem Ziel? Er will die Weltöffentlichkeit für die amerikanische Politik einnehmen. Aber welcher politische Preis kann dafür gezahlt werden? Ab welchem Zeitpunkt würden die USA im Alleingang und unbeschadet der möglichen öffentlichen Reaktion handeln? Der Präsident stellt sich dieser Diskussion und versucht, seine bisherigen Überlegungen zu präzisieren.

Schon bald zeigte sich, daß er sich in einen unauflösbaren Widerspruch verstrickte. Einerseits unterstützte er die »hardliner« und anerkannte grundsätzlich die »Politik der Stärke«. Andererseits war er sich darüber im klaren, daß diese Politik einer vergangenen Epoche angehörte und weltweit auf immer stärkeren Widerstand stieß. John F. Kennedy war in der jetzigen Situation völlig überfordert, den gordischen Knoten zu durchschlagen und mit einem »großen Wurf« eine neue politische Richtung zu weisen. Selbst wenn er es gewollt und kurzfristig die notwendigen intellektuellen und moralischen Energien für eine solche Anstrengung mobilisiert hätte, wären ihm seine

Berater wohl nicht gefolgt. Der Präsident war isoliert und mußte mit seinen Zweifeln und Unsicherheiten alleine fertigwerden.

In Wahlkampfreden und insbesondere in seiner Antrittsrede als Präsident hatte John F. Kennedy den Eindruck vermittelt, mit ihm beginne ein neues Zeitalter. Ständig war von einer »new frontier« die Rede, von ungelösten Aufgaben, von unerfüllten Hoffnungen, die alsbald eingelöst werden sollten, von ungelösten Fragen, die man zum Wohl aller beantworten würde und schließlich von neuen Herausforderungen, denen sich der junge Präsident und seine jungen Berater mutig stellen wollten. Kurz: »Die Fackel ist an eine neue Generation übergegangen.« Bei näherem Hinsehen freilich zeigte sich, daß die neue Mannschaft noch sehr tief mit dem Althergebrachten verbunden war – insbesondere mit den Ideen und Visionen des Kalten Krieges. John F. Kennedy war von der Notwendigkeit dieses Kalten Krieges ebenso überzeugt wie ehedem John Foster Dulles. Er verlagerte die Schauplätze (von Europa in die Dritte Welt) und entsagte dem religiösen Eifer eines Dulles, rüttelte aber nicht an den Grundfesten dieser Politik. Im Gegenteil: Er wollte sie modernisieren. »Counter-Insurgency« war das Stichwort, Kuba und Vietnam die Schauplätze. Wie sagte der Präsident nach dem Debakel in der Schweinebucht? »Falls wir in Südostasien kämpfen müssen, laßt uns in Vietnam kämpfen. Die Vietnamesen sind wenigstens willig und werden kämpfen. In Südvietnam leben eine Million Menschen, die vor dem Kommunismus geflohen sind. Vietnam ist der richtige Ort.« »Wir haben ein Problem damit, unsere Macht überzeugend zur Geltung zu bringen, und Vietnam scheint die richtige Gelegenheit zu sein.« Wie John Forster Dulles wollte Kennedy dem »Weltkommunismus« exemplarische Lehren erteilen, ihn in die Schranken weisen, zurückdrängen. Dem befreundeten Journalisten Joseph Alsop vertraute er deshalb im Sommer 1961 an: »Joe, du sollst wissen, daß ich den Russen nicht nachgeben werde, egal was passiert. Ich werde nicht nachgeben.« Er beließ es auch keineswegs bei leeren Versprechungen. Von dem Gipfeltreffen mit Chruschtschow im Juni 1961 zurückgekehrt, bat Kennedy den Kongreß um eine Verdoppelung der Einberufungsbefehle, eine Aufstockung des Rüstungshaushalts um drei Milliarden Dollar und ein Sofortprogramm zur Zivilverteidigung.[21]

Seine Berater waren daher nicht überrascht, als der Präsident im ExComm. erklärte, ein »Raketentausch« sei augenblicklich vollkommen ausgeschlossen. »Der Punkt ist – nun, der Punkt ist, daß wir heute nicht in einer Position sind, um auf diesen Handel einzugehen. Das ist der erste Punkt. Und wir werden auch nicht – nun ja, vielleicht in drei oder vier Tagen, ich weiß es nicht, wir müssen abwarten ...« Selbstverständlich war es möglich, daß der öffentliche Druck zunahm und sich die Stimmen mehrten, die für eine Annahme der sowjetischen Forderung plädierten. Darüber wollte sich Kennedy aber noch keine Gedanken machen. Ob, wann, unter welchen Bedingungen und in welcher Form ein »Tausch« möglich, wünschenswert, machbar oder nötig sein könnte, stand nicht auf der Tagesordnung.[22]

Wollte sich Kennedy alle Optionen offenhalten und nicht frühzeitig die Wege zu einem »Raketentausch« verbauen, so hätte er auf einen zeitlichen Aufschub aller Entscheidungen hinwirken müssen. Aber dieser Preis war ihm zu hoch. Er lehnte ein Spiel auf Zeit entschieden ab, verdeutlichte ein um das andere Mal, daß die Uhr fast abgelaufen sei und die Krise in der nächsten Woche beendet sein müßte. Auf welche Weise, ließ er offen. Man brauchte nicht viel Phantasie, um zu erkennen, worauf ein solches Szenario hinauslief. Diplomatie, so hatte Adlai Stevenson bereits kritisch angemerkt, verträgt sich nicht mit zeitlichem Druck, Verhandlungen werden durch ultimative Eingaben nicht stimuliert, sondern sabotiert. Dennoch blieb

Kennedy bei seiner Argumentation. Wie in der ersten ExComm.-Sitzung vom 16. Oktober unterstellte er, daß die Zeit für die Sowjets arbeite. Es müsse sehr schnell etwas geschehen, weil sich andernfalls ein »Gewöhnungseffekt« einstelle und die Raketen auf Kuba als Teil des politischen Status Quo betrachtet würden. Deshalb beharrte er auch auf seiner morgendlichen Forderung: Chruschtschow sollte innerhalb der nächsten 24 Stunden nachgeben und die Arbeit an den Raketenstellungen beenden. John Foster Dulles hätte das Ultimatum nicht besser begründen können.[23]

Zugleich war sich Kennedy darüber im klaren, daß die 50er Jahre der Vergangenheit angehörten und der Zenit amerikanischer Hegemonie überschritten war. Der »Sputnik-Schock« des Jahres 1957 wirkte noch immer nach: Offensichtlich hatte sich die UdSSR von den Kriegsschäden erholt und forderte nun die USA auf ihrem ureigensten Feld, der Technologie, heraus. Deutlicher als andere sah Kennedy die politischen Konsequenzen dieser Kräfteverschiebung. Die UdSSR würde sich nicht auf die wirtschaftliche und technologische Konkurrenz beschränken. Sie würde wahrscheinlich auch versuchen, aus der internationalen politischen Isolation der Nachkriegsjahre auszubrechen und Terrain zu gewinnen – zumal ihr mit der VR China innerhalb des sozialistischen Lagers allmählich ein ernst zu nehmender Gegner erwuchs. Daher warnte Kennedy das ExComm. vor Illusionen: Niemand sollte glauben, daß Chruschtschow bluffe. Er würde, davon war der Präsident überzeugt, auf dem »Raketentausch« bestehen, zumal die Forderung weltweit verbreitet worden war. Würde Chruschtschow nicht den letzten Rest seiner Glaubwürdigkeit verspielen, möglicherweise sogar sein Amt aufs Spiel setzen, wenn er davon Abstand nähme? John F. Kennedy zweifelte daran keine Sekunde.[24]

»Ende der Nachkriegszeit« hieß in der Sicht des Präsidenten auch, innerhalb des eigenen Bündnissystems neue Formen der Zusammenarbeit zu entwickeln. Auf die aktuelle Situation bezogen, bedeutete dies, auf amerikanische Alleingänge zu verzichten. Kennedy wollte die Verbündeten informieren, konsultieren und sie möglicherweise auch an der Entscheidung über den »Raketentausch« beteiligen. In auffälligem Kontrast zu den Beratungen der ersten Tage machte er jetzt unmißverständlich geltend: »Ich werde mich auf *diese* Sache nicht einlassen, bevor sie (die Westeuropäer – B. G.) dazu Stellung nehmen.« »Wir müssen sie ganz einfach an unserer Seite haben.« Das ExComm. möge sich doch bitte einmal die Situation vor Augen halten: Die Jupiter in der Türkei waren eine ideale Zielscheibe für sowjetische Vergeltung, ebenso Berlin. Aber außerhalb Washingtons machte sich offenbar niemand ein realistisches Bild vom Ernst der Lage. »Ich glaube nicht, daß ihnen die Alternativen erklärt worden sind. Die denken nämlich immer noch, dies sei eine Fortsetzung der Blockade. Sie haben nicht die geringste Vorstellung, daß wir kurz davor sind, tatsächlich etwas zu *tun*. Das muß ihnen doch klargemacht werden ... Sie sehen nicht, daß wir in zwei oder drei Tagen vielleicht einen militärischen Angriff führen, der vielleicht zur Einnahme Berlins oder zu einem Angriff auf die Türkei führen könnte ...« Handelten die USA allein, so würden sie sich sofort innerhalb der NATO politisch isolieren. Gesetzt den Fall, man gäbe die Jupiter-Raketen auf – was wäre wohl die europäische Reaktion? Alle würden, davon war Kennedy überzeugt, »Verrat« schreien, die USA der »Unzuverlässigkeit« und der »Aufkündigung des militärischen Schutzes« bezichtigen. Und im Falle einer strikten Ablehnung der sowjetischen Forderung? Wahrscheinlich würde der Vorwurf der »Kriegstreiberei« erhoben. »Wir wissen doch alle, wie schnell jedem das Herz in die Hose rutscht, wenn erst einmal Blut fließt ...«[25]

Über das »Für« und »Wider« eines »Raketentausches« war damit noch immer nichts Endgültiges gesagt. Kennedy wollte über diese Frage nach wie vor nicht reden und auch nicht zu erkennen geben, welche Entscheidung er persönlich bevorzugen würde. Man sollte vielmehr die NATO-Staaten zusammenrufen und auf diesem Weg die amerikanische Politik absichern. Die Verantwortung und Last einer Entscheidung sollten geteilt werden. »Der Vorteil dieses Treffens liegt darin, daß sie daran teilhaben, sollten wir ihn (den »Raketentausch« – B. G.) ablehnen, daß sie daran teilhaben, sollten wir ihm zustimmen.« Entweder die NATO trage die politischen Konsequenzen eines Kompromisses mit Chruschtschow oder die militärischen Risiken eines Krieges gegen Kuba. Sobald sie sich entschieden hätten, wollte Kennedy handeln. »Es ist einfach eine Frage der zeitlichen Abfolge...«[26]

Damit war die Verwirrung komplett. Je länger der Präsident redete, desto unklarer wurde, worauf er hinauswollte und mit welchen Mitteln dieses Ziel erreicht werden sollte. Weder an diesem noch am folgenden Tag wollte er einen »Raketenhandel« abschließen; eine Fristverlängerung sollte es aber auch nicht geben. Worüber dann also mit den Europäern reden? Die USA sollten Druck entfalten, das Heft in die Hand nehmen, Initiative zeigen, Führungsfähigkeit und Durchsetzungsvermögen beweisen; zugleich wollte Kennedy die Verbündeten an der Entscheidung beteiligen und ihnen nötigenfalls ein Vetorecht zugestehen. Was aber wären die USA dann anderes als eine Führungsmacht auf Widerruf? Die Gespräche mit der NATO sollten offen geführt werden und so schnell wie möglich ein eindeutiges Votum bringen; die USA selbst würden sich in diesen Gesprächen aber zurückhalten und nicht zu erkennen geben, welche Lösung sie bevorzugten. Glaubte in Washington ernsthaft jemand daran, daß sich ein Macmillan oder ein de Gaulle auf ein solches Verfahren einlassen, den USA eine politisch »beschränkte Haftung« attestieren und die Verantwortung für die Folgen dieser Krise auf europäische Schultern nehmen würde?

So blieben Kennedys Argumente widersprüchlich und mehrdeutig, oberflächlich und verwirrend. Bisweilen trat der Präsident nachdenklich und grüblerisch auf, bisweilen verunsichert, Rat suchend und orientierungslos. Mal neigte er der »vernünftigen Lösung« – wie er Chruschtschows Modell nannte – zu, mal favorisierte er den selbstauferlegten Zwang, »Stärke« und »Entschlossenheit« zeigen zu müssen. John F. Kennedy wußte offensichtlich nicht, welchen Überlegungen er größeres Gewicht zumessen sollte. Daher drehten sich seine Diskussionsbeiträge beständig im Kreise. Er sagte im gleichen Atemzug, daß er die Türken und mit ihnen die gesamte NATO am liebsten zum Nachgeben überreden, aber auf keinen Fall gegen ihren Widerstand einen Raketentausch, ein »Trading«, durchsetzen würde – im Vergleich zu letzterem sei eine weitere Eskalation mit all ihren unkalkulierbaren Folgen immer noch vorzuziehen. Die argumentative Unsicherheit spiegelte sich im Satzbau: »Wie ich meine, sollte man die Türken dazu bringen, zuzustimmen – es gegen ihren Widerstand und gegen den Widerstand der NATO anzunehmen, wäre, so denke ich – lieber würde ich die vollständige Blockade verhängen, was ein weniger drastischer Schritt ist als eine Militäraktion. Was ich eigentlich tun möchte, ist, daß die Türken und die NATO *gleichermaßen* spüren, daß dies der kluge Zug ist.« Einerseits sprach er davon, die widerspenstigen Türken im Rahmen eines NATO-Treffens unter Druck zu setzen; andererseits hielt er auch die militärische Lösung für denkbar und möglich, wenn die NATO die damit verbundenen Risiken teilte. Mal mahnte er zur Umkehr: »Lassen Sie sich gesagt sein, ich denke, wir sind besser dran, wenn wir diese Raketen aus der Türkei und aus Kuba wegschaffen, weil ich glaube, daß der Weg, sie aus der Türkei und aus Kuba herauszuholen, ernste Konsequenzen haben wird (Worte unklar), und sehr blutig, an einem Ort wie dem anderen.« Mal wollte er keineswegs ausschließen, daß schon in zwei oder drei Tagen der Luftwaffe der Startbefehl gegeben würde. Je länger die Sitzung dauerte, desto pessimistischer schien Kennedy zu werden. Offenbar glaubte er selbst immer weniger daran, einen Krieg in bzw. um Kuba vermeiden zu können.[27]

Er legte nur in einer Frage Souveränität und argumentative Sicherheit an den Tag: Als es darum ging, wie die Antwort an Chruschtschow inszeniert und über die Medien politisch effizient zur Geltung gebracht werden sollte. Die um 12 Uhr vom Weißen Haus herausgegebene Erklärung reichte seiner Meinung nach nicht aus. U Thant sollte in den nächsten Stunden ein ähnliches Schreiben erhalten und gebeten werden, schnellstmöglich von den Sowjets eine Auskunft einzuholen, ob sie im Laufe des kommenden Tages die Arbeit an den Raketenstellungen beenden wollten. Selbstverständlich sollte der Brief an den UNO-Generalsekretär auch umgehend der Presse zugeleitet werden. Er wollte auf jeden Fall vermeiden, daß ihn die Presse als »weich« und »verunsichert« porträtierte. Das amerikanische Publikum sollte ihn weiterhin so wahrnehmen, wie er sich seit den großen Fernsehdebatten mit Richard Nixon dargestellt hatte: Als Politiker, der in allen Situationen »cool« blieb. »Cool« war Kennedys Lieblingswort, und er verstand sich meisterhaft auf diese »coole« Rolle. Im ExComm. allerdings überzeugte sie nicht mehr. Im Kreis seiner Berater zeigte sich der Präsident als »großer Zauderer«, zögerlich und schwankend und in seiner Unsicherheit den Einredungen Dritter empfänglich. Diesen John F. Kennedy kannten seine Mitarbeiter ebenfalls seit Jahren: Ein widersprüchlicher Charakter, der sich in den Widersprüchen seiner Zeit nur schwer zurechtfand und oft genug an ihnen verzweifelte.[28]

McGeorge Bundys Warnung

Vieles hing davon ab, wie Kennedys Berater jetzt reagierten. Würden sie damit einverstanden sein, mehrere und sich gegenseitig ausschließende Optionen offenzuhalten, oder würden sie auf eine schnellstmögliche Entscheidung pochen? Würden sich die Aussichten für einen »Raketentausch« im Lauf der Diskussion verschlechtern? Oder sind die schroff ablehnenden Urteile, wie sie in der morgendlichen Sitzung vorgebracht worden waren, mittlerweile überdacht und relativiert worden?

Schon die ersten Kommentare zeigten, daß die meisten Berater ihre Meinung nicht geändert hatten. Kennedys Ausführungen stießen nach wie vor auf Unverständnis, riefen Befremden hervor und provozierten bissige Bemerkungen. McGeorge Bundy ging immer mehr auf kritische Distanz zum Präsidenten. Entschiedener denn je plädierte er dafür, Chruschtschows Forderung unverzüglich und in aller Öffentlichkeit zurückzuweisen. Die um 12 Uhr herausgegebene Erklärung sei ein wichtiger Schritt auf diesem Weg gewesen. Bundy sprach von verläßlichen Informationen, daß der NATO-Rat in Paris diese Verlautbarung mit Wohlwollen aufgenommen habe und mit der »harten Linie« voll und ganz einverstanden sei. Bundy war als Sonderberater für Fragen der nationalen Sicherheit nicht nur ein effizienter Manager, sondern auch ein geschickter Kritiker und Taktiker. Bereits in seiner Zeit als Dekan in Harvard hatte er Geduld, Stehvermögen und Erfindungsgeist bewiesen, wenn es galt, Interessengruppen gegeneinander auszuspielen oder völlig überraschend Entscheidungen herbeizuführen. Kennedy bewunderte Bundys »Vernunft« und dessen unbedingten Glauben an die Macht der »Ratio«. Jetzt wendete Bundy sein Geschick gegen Kennedy, thematisierte die Unsicherheit des Präsidenten. Er hoffte, einem Schachspieler gleich, auf den allmählich steigenden Druck einer Ermattungsstrategie. Seine wichtigste Waffe in diesem Spiel war verblüffend einfach: Er griff die Argumente des Präsidenten auf. Auch Bundy gab vor, sich um die Reaktionen der Weltöffentlichkeit zu sorgen, kam aber bei der Bewertung dieses Problems zu ganz anderen Schlußfolgerungen als Kennedy. Gerade aus Rücksicht auf die Öffentlichkeit müßten die USA hart bleiben. Es dürfte erst gar nicht der Verdacht aufkommen, die Vereinigten Staaten seien über die Köpfe der anderen NATO-Staaten hinweg zu einem Tausch der Raketen bereit oder würden gar die Türkei zu einem Verzicht auf die Jupiter drängen wollen. Die Konsequenzen für die NATO wären in diesem Fall ruinös. »Nach ihrem Verständnis läge es auf der Hand, daß wir versuchen würden, aus Eigennutz unsere Alliierten zu verkaufen. Die ganze NATO würde so denken. Es ist irrational, und es ist verrückt, aber es ist eine *ungeheuer* bedeutende Tatsache.« Bundys Logik bestach. Die USA hätten eine Mission in der Welt zu erfüllen; sie könnten dies nur, wenn sie keinen Zweifel an ihrer Stärke und Führungskraft aufkommen ließen; sofern sie ihrer Rolle gerecht würden, könnten sie auch einer weltweiten Gefolgschaft stets versichert sein. Eine arrogante Argumentation, zweifellos. Aber auch dafür war Bundy seit Jahren bekannt.[29]

Und nicht zuletzt kam der Sicherheitsberater auf die »interne Öffentlichkeit«, den Regierungsapparat nämlich, zu sprechen. Er warnte davor, daß der Präsident seinen politischen Bewegungsspielraum gegenüber der Bürokratie leichtfertig gefährdete und womöglich auch seine weitere Karriere aufs Spiel setzte, wenn er ernsthaft über einen Abzug der Jupiter nachdächte. Angeblich seien alle entscheidenden Abteilungen der Administration gegen den »Raketentausch«. »Ich denke, wir sollten Ihnen dies mitteilen, daß dies die überall anzutreffende Einschätzung eines jeden innerhalb jener Regierungsabteilungen ist, die mit diesen Bündnisproblemen befaßt sind.« Damit traf Bundy den Präsidenten an seiner verwundbarsten Stelle. Kennedy konnte sich ausmalen, was es bedeuten würde, gegen den Apparat und gegen die Bürokratien zu regieren. Er wäre innenpolitisch zum Scheitern verurteilt und könnte in der Außenpolitik allenfalls noch Repräsentationsaufgaben wahrnehmen. Die bloße Vorstellung war für John F. Kennedy schon unerträglich: Seit Jahr und Tag sprach er davon, als »großer Präsident« in die Geschichte eingehen zu wollen, unterhielt sich mit Historikern über dieses Thema und versuchte, die Außenpolitik zu seiner Domäne zu machen. Auf diesem Gebiet wollte er sich beweisen, Akzente setzen und seinen Ruf als »großer Präsident« begründen. »Es stimmt doch, daß die Außenpolitik für einen Präsidenten das einzig wichtige Gebiet ist oder etwa nicht?«, fragte Kennedy nach dem Debakel in der Schweinebucht. »Ich meine, wer kümmert sich schon einen Dreck darum, ob der Mindestlohn 1,15 $ oder 1,35 $ beträgt im Vergleich zu diesem anderen?« Und nun hatte Bundy ihm unmißverständlich zu verstehen gegeben, daß »außenpolitische Größe« ihren Preis hatte. Sie war gegen den Widerstand im eigenen Apparat nicht zu haben.[30]

Bundys Vorstoß zeigt Wirkung. Eine »große Koalition« von Douglas Dillon über Robert Kennedy und Theodore Sorensen bis hin zu Robert McNamara unterstützt ihn. Die Überlegungen des Präsidenten gehen ihrer Meinung grundsätzlich in die falsche Richtung, klingen defensiv und atmen den Geist vorzeitigen Nachgebens. Warum will John F. Kennedy in dem Schreiben an UNO-Generalsekretär U Thant sagen, »die Vereinigten Staaten wären bereit, jedweden Vorschlag mit der

Sowjetunion zu diskutieren«? Oder was meint er mit folgendem Formulierungsvorschlag: »Die Vereinigten Staaten würden sich freuen, diese Angelegenheiten (verschiedene Vorschläge zur Lösung der Krise – B. G.) mit dem Generalsekretär (der UNO – B. G.) und mit der UdSSR zu diskutieren, aber damit sind die Interessen der 15 NATO-Staaten berührt, und die Gespräche würden daher ganz offensichtlich einige Zeit in Anspruch nehmen?« Will der Präsident etwa andeuten, man könne auf dem Verhandlungsweg zu einem »Raketentausch« kommen? Soll eine diplomatische Hintertür offengehalten werden? Nach einer verworrenen Diskussion werden die Vorschläge des Präsidenten schließlich zurückgewiesen, und man einigt sich auf einen Brief an U Thant, der Bundys Vorstellungen sehr nahe kommt: »Ihnen und den Vereinigten Staaten sind in den letzten 36 Stunden eine Menge Vorschläge unterbreitet worden. Ich würde es begrüßen, wenn Sie umgehend in Erfahrung bringen würden, ob die Sowjetunion bereit ist, unverzüglich die Arbeit an diesen Stützpunkten zu beenden und unter Aufsicht der UNO diese Waffen zu entschärfen, so daß verschiedene Lösungsmöglichkeiten diskutiert werden können.«[31]

Auf den ersten Blick schien dieser Brief nur jene Forderung zu wiederholen, die bereits in der Mittagszeit über die Presse verbreitet worden war. Ohne den »Raketentausch« explizit beim Namen zu nennen, distanzierten sich die Vereinigten Staaten davon und appellierten an die UdSSR, »unverzüglich« die amerikanischen Bedingungen zu erfüllen. Aber der Schein trog: John F. Kennedys Unterschrift signalisierte, daß eine neue politische Situation entstanden war. Das ExComm. setzte sich über alle Bedenken hinweg, die dem Präsidenten mittlerweile gekommen waren. Man wollte den Sowjets zu verstehen geben, daß sich in Washington nichts bewegte und daß alle Hoffnungen auf eine mögliche Änderung der amerikanischen Haltung null und nichtig waren. Kennedy stellte seine Zweifel an dieser Position hintan und beugte sich dem Druck – wider besseres Wissen. Er prognostizierte, daß Chruschtschow diese Mitteilung als bedingungslose Ablehnung des »Raketentauschs« interpretieren und sofort die Vereinigten Staaten öffentlich bezichtigen würde, eine »vernünftige Lösung« ungeprüft sabotiert zu haben. John F. Kennedy wußte, welche politische Entwicklung damit programmiert war: Chruschtschow würde aus Verärgerung über die kompromißlose Haltung Washingtons die Arbeiten an den Raketenbasen weiterführen. Dann wären die USA wiederum am Zug – und würden eskalieren müssen. Von allen Seiten würde eine »glaubwürdige Reaktion« eingefordert werden. »Glaubwürdigkeit« hieß immer – folgt man den politischen Koordinaten des ExComm. – Verschärfung des Drucks. Jede neuerliche Zuspitzung aber, ob Ausweitung der Blockade, neues Ultimatum oder ähnliches, verminderte die Aussichten auf eine politische Verständigung erheblich. In Washington würde niemand mehr ernsthaft über Kompromisse reden können. Insofern fiel mit dem Brief an UNO-Generalsekretär U Thant eine wichtige Vorentscheidung. Sie fiel gegen einen Präsidenten, der sich des Drucks seiner Berater kaum noch erwehren konnte.[32]

John F. Kennedy auf dem Rückzug

Wie entscheidungsfähig der Präsident noch war und ob er eigenständig, möglicherweise im offenen Konflikt mit seinen Beratern den Kurs bestimmen konnte, mußte sich auch in der Diskussion über die Rolle der NATO-Verbündeten erweisen.

Die »hardliner« halten überhaupt nichts von den bisherigen Ausführungen Kennedys. Die Mehrheit befürchtet, daß die »richtige Politik« in der NATO zerredet und die amerikanische Entscheidungsfreiheit aufs Spiel gesetzt würde. Douglas Dillon lehnt Kontakte zu den Westeuropäern emphatisch ab – derlei Initiativen seien überflüssig, wenn nicht gar schädlich. »Die sagen doch nur: ›Handelt nicht‹, aber gleichzeitig sagen sie: ›Unternehmt nichts in Kuba.‹« McNamara schlägt in die gleiche Kerbe. Die NATO sollte vor vollendete Tatsachen gestellt und auf keinen Fall an der Entscheidung beteiligt werden. »Falls es notwendig ist, morgen anzugreifen, sollte morgen früh ein NATO-Treffen stattfinden.« Dean Rusk will nur dann mit der NATO reden, wenn das Ziel der Gespräche eine gemeinsame Ablehnung des »Raketentauschs« ist. Auch McGeorge Bundy und Robert Kennedy verhehlen nicht, daß sie im Atlantischen Bündnis gegenwärtig nur einen lästigen Hemmschuh oder allenfalls ein Forum zur kritiklosen Akklamation amerikanischer Entscheidungen sehen. Konsultation gilt ihnen als Zeichen der Schwäche und als wohlfeile Aufforderung an die Sowjets, ihre Forderungen noch höher zu schrauben. Oder zweifelt etwa jemand daran, daß die Sowjets alsbald davon Wind bekommen werden, worüber die NATO-Vertreter beraten? Und daß sich Chruschtschow bestätigt sehen und auf U Thants Anfrage erst gar nicht reagieren würde? Llewellyn Thompson glaubt zu wissen, an welcher Stelle unkontrollierbare politische Fliehkräfte in der NATO freigesetzt würden. Die Italiener, so seine düstere Prognose, werden die günstige Gelegenheit wahrnehmen, um nicht allein die Jupiter, sondern gleich alle amerikanischen Stützpunkte auf ihrem Boden loszuwerden. McNamara kann diese Einschätzung nur bestätigen: Anfang Oktober habe ihm der italienische Verteidigungsminister Andreotti versichert, daß seine Regierung liebend gerne diese Mittelstreckenraketen aus dem Land haben wolle. Auch George Ball – der als einziger vorbehaltlos für einen »Raketentausch« plädiert – stimmt in diesem Fall in den Chor der Kritiker ein. Für ihn steht fest, daß ungeachtet der italienischen Position der NATO-Rat über einen »Tausch« nicht mit sich reden lassen wird. »Falls wir morgen früh ein Treffen des NATO-Rats haben, dann glaube ich, daß wir eine schlichte Ablehnung dieser Sache erleben werden, die uns dann wiederum die Hände bindet.« Ball glaubt, einen triftigen Grund für diese Vermutung zu haben. Vertreter westeuropäischer NATO-Staaten hatten sich am frühen Nachmittag in New York getroffen und einen entschieden »harten Kurs« vorgeschlagen.[33]

Es folgte eine chaotische und spekulative Debatte über die zu erwartende Reaktion der NATO; über die Frage, ob man nicht doch zuerst mit den Türken reden sollte; über die möglichen militärischen Nachfolgesysteme für die schrottreifen Jupiter; über diplomatische Varianten im Umgang mit den »widerspenstigen Türken«; über das Problem, ob zuerst der NATO-Rat oder die Regierungschefs der westeuropäischen Mitgliedsstaaten konsultiert werden sollten. Im Kern ging es dabei um die Frage: Sollte man dem Vorschlag des Präsidenten folgen? Falls ja, so würde damit Zeit gewonnen. Man könnte einen Aufschub von einem, vielleicht auch mehreren Tagen erwirken und der Diplomatie eine neue Chance geben.[34]

Robert McNamara ergreift schließlich die Initiative, bündelt die bisherige Kritik und bringt den Vorschlag des Präsidenten endgültig zu Fall. »Ich glaube nicht, daß wir vor die NATO gehen können; ich glaube nicht, daß wir irgendwelche Botschaften an die Hauptstädte schicken können, bevor wir entschieden haben, was wir tun wollen ... Wenn wir das beschlossen haben, dann denke ich, können wir es auch durchpauken, und ich glaube, wir können es in einer Art und Weise tun, daß die Folgewirkungen nicht – nicht allzu schwerwiegend sein werden.« Damit sind fürs erste alle von John F. Kennedy eingebrachten Fragen und Probleme vom Tisch. Es wird nicht weiter darüber diskutiert, ob und wann der NATO-Rat einberufen werden soll; welche Vorschläge diesem Gremium unterbreitet werden könnten; ob und wann man mit der türkischen Regierung über die Jupiter reden will.[35]

Viele der gegen Kennedy vorgebrachten Argumente mochten überzeugend klingen. Wahrscheinlich hatte George Ball sogar recht, daß die Befürworter eines »Raketentauschs« vom Regen in die Traufe kämen, sobald sich der NATO-Rat mit dieser Frage befassen würde. Aber an dieser Stelle der ExComm.-Debatte waren Argument und Gegenargument politisch wenig bedeutsam. Viel wichtiger waren Reaktion und Haltung des Präsidenten. An ihnen war ablesbar, in welche Richtung die Diskussions- und Entscheidungsprozesse liefen, wie die Rollenverteilung im Krisenstab mittlerweile aussah, welche atmosphärischen Veränderungen stattgefunden hatten. John F. Kennedy hatte mehrmals zu verstehen gegeben, daß er sofortige Bündnisberatungen für unverzichtbar hielt. Aber von Bundy, McNamara und den anderen in die Defensive gedrängt, wich er erneut zurück und gab nach. Wieder verzichtete der Präsident darauf, von seinen verfassungsmäßig verbrieften Rechten Gebrauch zu machen und eine von ihm favorisierte Entscheidung durchzusetzen. Er mied die offene Kontroverse und fügte sich der Mehrheitsmeinung. Am späten Nachmittag war sein ursprünglich mit Entschiedenheit vorgetragenes Anliegen nicht wiederzuerkennen. Kennedys Argumente verloren sich in nebulöser Unverbindlichkeit: »Mir scheint, wir sollten vielleicht doch diese Diskussion mit der NATO über diese türkischen Raketen führen, aber mehr auf die allgemeine Art, so ungefähr wie eine aktuelle Unterrichtung darüber, wohin wir uns bewegen.« Von Konsultation oder gar Beteiligung an der Entscheidung war nicht mehr die Rede; die NATO sollte lediglich unterrichtet werden, »wohin wir uns bewegen«. Die Richtung war erkennbar – aber sie wurde weniger von Präsident Kennedy als von seinen Beratern bestimmt.[36]

Ein neues Ultimatum

Es war den Amerikanern noch immer unklar, warum Chruschtschow innerhalb weniger Stunden zwei grundverschiedene Briefe geschickt hatte. Auch ein weiteres Treffen zwischen John Scali und Aleksander Fomin brachte wenig Aufschluß. Dean Rusk hatte den Fernsehreporter gebeten, sich noch einmal mit dem Botschaftsangestellten Fomin zu treffen und ihn um eine Erklärung für die verwirrenden Vorgänge zu bitten.

Fomin sind die Fragen des Amerikaners sichtlich unangenehm. Er versucht, die Ereignisse der letzten 12 Stunden als Verkettung unglücklicher Umstände darzustellen. Chruschtschow habe in der Nacht zum 27. Oktober auf die Bestätigung seines ursprünglichen Angebots (Abzug derRaketen und im Gegenzug ein amerikanischer Gewaltverzicht gegenüber Kuba) gewartet. Die sowjetische Botschaft in Washington habe aber bei der Übermittlung ihres Berichts nach Moskau unvorhergesehene technische Probleme gehabt. Viel zu spät sei das Präsidium informiert worden, daß John Scali signalisiert hatte, die »höchsten Stellen in Washington« seien an der genannten Regelung interessiert. Im Kreml, so Fomin weiter, sei man allmählich unruhig geworden und schließlich zu dem Ergebnis gekommen, die USA würden nicht antworten. Deshalb sei ein zweiter, in Form und Inhalt schärferer Brief geschrieben worden. Auf keinen Fall habe man damit die Amerikaner täuschen wollen. Schon in wenigen Stunden werde eine neue Nachricht aus Moskau eintreffen. Fomin unterstreicht am Ende des Gesprächs noch einmal, daß die UdSSR mit einer »Gewaltverzichtserklärung« zufrieden sei und keine weitergehenden Forderungen stellen werde.[37]

Aleksander Fomins Erklärungen warfen mehr neue Fragen auf, als daß sie alte beantworteten. Wußte Fomin tatsächlich, was sich in Moskau abspielte? Wieso beteuerte er, von Chruschtschows langem, persönlichem Brief (der am Freitag abend eingegangen war) nicht das mindeste zu wissen? Konnte es nicht sein, daß die Washingtoner Botschaft wieder einmal völlig im Dunkeln tappte – wie etwa in den ersten Oktoberwochen, als Botschafter Dobrynin offensichtlich nicht über die Raketenstationierung informiert war und in gutem Glauben ständig versicherte, es würden keine »Offensivwaffen« auf die Insel geliefert? Und wie ließen sich Fomins Äußerungen mit der Position des UNO-Botschafters Zorin vereinbaren? Dieser hatte am Morgen den UNO-Generalsekretär U Thant aufgesucht und ihm mitgeteilt, »daß der erste Brief vertraulich und dazu bestimmt war, die Spannungen zu vermindern, aber daß seiner Meinung nach der zweite Brief die eigentliche Forderung enthielt«. Die sowjetische Position war in dieser Stunde undurchsichtiger denn je.[38]

Man sollte erwarten, daß sich das ExComm. John Scalis Bericht vornahm und über die neuen Informationen diskutierte. Aber nichts dergleichen geschah. Der Krisenstab blieb bei seiner Tagesordnung – ganz so, als sei Scali nicht von der Fahrbereitschaft zum Weißen Haus gebracht worden und als habe er seinen Bericht gar nicht hinterbracht. Möglich, daß man ihm keine Bedeutung zumaß; möglich auch, daß einige Berater am Rande informiert wurden. Aber für die Entscheidungsprozesse des ExComm. spielten die neuen Signale aus Moskau offenbar keine Rolle.

Der offizielle Antwortbrief an Chruschtschow ist längst überfällig. Je länger über diese Frage diskutiert wird, desto gereizter wird die Stimmung im ExComm. Kennedys Berater fallen sich ständig gegenseitig ins Wort, oft reden mehrere gleichzeitig, deutlicher als vorher treten Meinungsverschiedenheiten zu Tage, Argumente werden in aggressiver Weise vorgetragen. Adlai Stevenson meldet sich telefonisch aus New York zu Wort und sorgt – wie nicht anders zu erwarten – wieder einmal für Zündstoff. Sein Entwurf eines Antwortbriefes an Chruschtschow enthält weder drohende Untertöne noch ultimative Forderungen. Einerseits will Stevenson an den heute diskutierten Überlegungen festhalten, d. h. unmißverständlich fordern, daß die Arbeit an den Basen beendet wird, die Raketen entschärft und abgezogen werden. Auch er lehnt einen »Raketentausch« zum jetzigen Zeitpunkt ab und möchte als amerikanische Gegenleistung nur den »Gewaltverzicht« anbieten. Andererseits geht der Liberale Stevenson in einem entscheidenden Punkt über die Position des ExComm. hinaus. Er will den Sowjets noch heute in Aussicht stellen, daß die USA in allernächster Zeit ernsthaft über vorgeschobene Militärstützpunkte verhandeln wollen und an einer vertraglichen Lösung dieses Problems interessiert sind. Nach einer Beilegung der jetzigen Krise sei daher auch ein Verzicht auf die Jupiter-Raketen vorstellbar und wahrscheinlich. So heißt es in Stevensons Entwurf: »Ich registriere und begrüße Hinweise in Ihrem zweiten Brief, den Sie veröffentlicht haben, daß Sie gern auf ein allgemeineres Abkommen für andere Bereiche hinarbeiten würden. *Ich möchte noch einmal sagen, daß wir uns sehr gern in dieser Richtung bewegen würden.* Wenn die Erwähnung der Türkei und anderer Länder in Ihrem Brief bedeutet, daß Sie bereit sind, über einen Entspannungsprozeß für ganz Europa zu reden, so sind wir natürlich gern bereit, mit unseren Verbündeten zusammen über die Vorschläge nachzudenken, die Sie und Ihre Partner im Warschauer Pakt im Sinn haben.« Sobald der jetzige Konflikt geregelt sei, »(können) wir dann zu einer baldigen Lösung anderer ernsthafter Probleme voranschreiten . . ., die nach meiner Überzeugung nicht unlösbar sind.«[39]

John F. Kennedy lehnt diesen Vorschlag spontan ab. Noch einmal versucht er, den »dritten Weg« zwischen der liberalen und der orthodoxen Position zu gehen. D. h., er will zu den Jupitern überhaupt keine Stellungnahme abgeben. Chruschtschow soll aus dem Antwortbrief weder eine Bereitschaft zum Raketentausch noch eine vorzeitige Ablehnung dieser Forderung herauslesen können. Er würde nämlich, so Kennedy, die geringste Andeutung zum Anlaß neuerlicher Verzögerungsmanöver nehmen. »Und dann werden wir für *weitere* 48 Stunden herumfuhrwerken . . . er kann uns für drei Tage in der Luft hängen lassen, während er die Arbeiten (an den Raketenstellungen – B. G.) weiterführt.«

Kennedy verhehlte seine Bedenken und düsteren Vorahnungen nicht: Möglicherweise würde der Druck zugunsten eines »Handels« (Kuba-Raketen gegen Jupiter) immer stärker. Aber nach wie vor wollte er sich nicht auf Diskussionen über diese Variante einlassen, sondern die bisher eingeschlagene Linie beibehalten. Chruschtschow sollte einen Brief erhalten, den er nur mit »Ja« oder »Nein« beantworten konnte. War die UdSSR bereit, die Arbeit an den Abschußrampen sofort einzustellen, die Raketen zu entschärfen und eine internationale Überwachung zuzulassen? Kennedy glaubte, für eine Weile damit alle im ExComm. vertretenen Positionen unter einen Hut zu bringen. George Ball und Adlai Stevenson könnten mit dem Hinweis vertröstet werden, daß im Falle einer positiven Reaktion des Kreml weiter verhandelt werden könnte. Die »hardliner«, mittlerweile die Mehrheit im ExComm., wollte Kennedy ebenfalls gewinnen. Sollte Chruschtschow nämlich ablehnen, so hätte man einen legitimen Anlaß, um militärisch gegen Kuba vorzugehen – genau aus diesem Grund lehnte der Präsident den von sowjetischer Seite geforderten Gewalt- und Invasionsverzicht zum gegenwärtigen Zeitpunkt ab. Schließlich und endlich erhoffte sich Kennedy für sich selbst eine kurzfristige politische Verschnaufpause. Vielleicht würde es ihm im Laufe des folgenden Tages gelingen, seine widersprüchlichen Eindrücke und Empfehlungen zu systematisieren.[40]

John F. Kennedy hatte freilich die Stimmung im ExComm. falsch eingeschätzt. Die Mehrheit lehnte einen weiteren Aufschub strikt ab und drängte zur Entscheidung: Entweder Chruschtschow gibt jetzt nach, oder auf Kuba fallen Bomben. Entweder er zieht die Raketen ab und gibt sich mit einer »Gewaltverzichtserklärung« gegenüber Kuba zufrieden, oder er riskiert einen Krieg. Das bedeutete, daß Chruschtschow mit dem heutigen Brief ein Ultimatum gestellt werden müßte. Er sollte nicht die geringsten Zweifel an der amerikanischen Position haben und wissen: Die Uhr ist abgelaufen, die Entscheidung über Krieg und Frieden liegt nun in Moskau.

Der Präsident läßt sich überreden

Die Vorentscheidung zugunsten des Ultimatums fällt, als Llewellyn Thompson, der einzige Berater mit einschlägigen Kenntnissen der Sowjetunion, in ungewohnt scharfer Form in die Diskussion eingreift. Er unterbricht den Präsidenten und bezeichnet dessen Einschätzung der Lage als völlig verfehlt. »Ich stimme nicht mit Ihnen überein, Herr Präsident...« Für Thompson scheint es keinerlei Probleme zu geben. Selbstsicher und ohne den mindesten Zweifel aufkommen zu lassen, verkündet er, Chruschtschow wolle nur bluffen. Die Jupiter-Forderung ist in seinen Augen nichts weiter als ein großangelegtes und dramatisch inszeniertes Verwirrspiel. Punktum. Die Schlußfolgerung liegt auf der Hand: Natürlich werden sich die Sowjets mit einer Gewaltverzichtserklärung zufrieden geben. »Der entscheidende Punkt für Chruschtschow ist meiner Meinung nach der, daß er sagen kann ›Ich habe Kuba gerettet, ich habe eine Invasion verhindert‹ ...« Weitergehende Forderungen dienten nur dazu, die amerikanische Standfestigkeit zu testen.[41]

Thompson will einen »Raketentausch« unter allen Umständen verhindern und jetzt endlich die Sowjets aus Kuba verdrängen. »Herr Präsident, falls wir auf der Grundlage eines Handels weitermachen, ... dann werden wir meiner Meinung nach an einem Punkt landen, wo die Sowjets nach wie vor in Kuba sind, mit Flugzeugen und Technikern und so weiter, obwohl die Raketen draußen sind – und das wäre doch mit Sicherheit unannehmbar und würde uns in eine noch schlimmere Lage bringen.« Thompson redet mittlerweile ganz im Stile McGeorge Bundys auf den Präsidenten ein. Dezent erinnert er Kennedy daran, daß die amerikanischen Wähler – die immerhin in knapp zwei Wochen über ein neues Repräsentantenhaus befinden werden – sicher nicht begeistert wären, weiterhin ein »rotes Kuba« vor ihrer Haustür zu haben. Es will ihm einfach nicht einleuchten, wie man in dieser Situation auch nur einen Gedanken an den »Raketentausch« verschwenden kann. Chruschtschow – so suggeriert er mit ungeduldiger Selbstsicherheit – wird nachgeben. Man müsse den Kreml-Chef nur gezielt unter Druck setzen und ihm klarmachen, daß er nur noch eine einzige Chance habe.[42]

Damit liegt der sogenannte »Trollope«-Trick auf dem Tisch: Der zweite Brief wird ausgeschlagen und das Angebot vom Freitag abend angenommen. (»Trollope«-Trick wird dieses Vorgehen in Anlehnung an den viktorianischen Schriftsteller Anthony Trollope genannt. Eine Romanheldin Trollopes, Alice Vavasor, nimmt unbesehen den ersten Heiratsantrag ihres Lebens an, weil sie fürchtet, daß ihr niemals wieder ein besseres Angebot gemacht würde.) McGeorge Bundy hatte während der Vormittagssitzung diese Idee bereits ins Spiel gebracht. Llewellyn Thompson erweist sich jetzt als ihr eloquentester Fürsprecher. Auch Robert Kennedy schließt sich an, sichtlich ungeduldig und auf eine baldige Entscheidung drängend. Sie alle gehen von einer übergeordneten Prämisse aus: Die USA müssen jetzt endlich die Gegenseite zum Einlenken zwingen und einen exemplarischen »Sieg« über den lästigen Konkurrenten erringen. Ob Chruschtschow mit seinem zweiten Brief blufft oder ihn ernst meint, ob dieser Brief vielleicht doch auf ein Mißverständnis zurückgeht oder ob in Moskau schon längst andere, womöglich militantere Kreise das Sagen haben, interessiert sie nur am Rande. Hauptsache, die Sowjets begreifen, daß die Zeit »lächerlicher Forderungen« endgültig vorbei ist. »Es ist töricht, zum jetzigen Zeitpunkt die NATO ins Spiel zu bringen, egal, welche ... Begründungen dafür genannt werden.«

Die Sowjets sollen sich in der – vermeintlichen – Lage von Alice Vavasor wiederfinden: Das heutige amerikanische Angebot ist das erste und zugleich das letzte.[43]

Sollte Chruschtschow jemals die Absicht gehabt haben, die Forderung nach einem »Raketentausch« als Druckmittel einzusetzen, um die USA wenigstens zu einem Gewaltverzicht gegenüber Kuba zu bewegen, so hatte er jetzt sein Ziel erreicht. Unter dem Eindruck des heutigen Briefes erklärte sich die Gruppe um Thompson und Bundy zu diesem minimalen Zugeständnis bereit. Nach einem kurzen Wortwechsel mit Llewellyn Thompson gab John F. Kennedy erneut nach. Er willigte ein, obwohl er davon überzeugt war, daß Chruschtschow sich nicht würde abspeisen lassen. Er würde, dessen war sich Kennedy sicher, umgehend antworten und erneut den »Raketentausch« fordern. »Egal, wir können es versuchen, aber er wird darauf zurückkommen, da bin ich mir sicher...«[44]

Damit ist aber die Auseinandersetzung mit den »hardliner« noch nicht beendet. Jetzt geht es darum, welcher Ton in dem Brief an Chruschtschow angeschlagen wird. John F. Kennedy bemüht sich ein letztes Mal um eine vermittelnde Position. Warum, so will er wissen, knüpft man nicht einfach an den von Adlai Stevenson vorgeschlagenen Formulierungen an? Die Antwort kommt sofort: Weil das alles viel zu defensiv klingt, weil das die typische Wortwahl liberaler Weichlinge ist, wendet Robert Kennedy schneidend ein. Chruschtschow würde ja in seinem Eindruck bestätigt werden, die USA würden es gar nicht wagen, einen solchen Konflikt bis zum Ende durchzustehen. Für Stevensons Entwurf hat Robert Kennedy nur Hohn und Spott übrig. Er findet die Wortwahl geradezu unterwürfig: »Wir wollen doch nicht – bitte lassen Sie uns nicht über die NATO oder die Türkei diskutieren, weil wir doch über Kuba reden wollen.« So etwas soll im Kreml Eindruck machen? Lächerlich. Stevensons Text tauge von vorne bis hinten nichts, eine völlig neue Vorlage müsse geschrieben werden – ein Brief von »grundsätzlich anderer Qualität«. »Ich denke, wir sagen einfach, daß er ein Angebot (am 26. Oktober – B. G.) gemacht hat, wir nehmen das Angebot an, und es ist töricht, die NATO zu diesem Zeitpunkt ins Spiel zu bringen, egal mit welchen Erklärungen...« Die Botschaft ist klar. Wenn schon ein Ultimatum, dann auch im entsprechenden Ton. Robert Kennedy reitet wieder – so würde es die Presse in Washington formulieren. Er macht seinem Ruf, einer der forschesten Kalten Krieger in dieser Regierung zu sein, alle Ehre.[45]

John F. Kennedy merkt, wohin die Reise geht. Chruschtschow wird in die Ecke gedrängt. Niemand kann erwarten, daß dieses Spiel gutgeht, allenfalls hoffen. Hoffen, daß Chruschtschow blufft, hoffen, daß auf der Gegenseite völlig rationale und nach wie vor im Vollbesitz ihrer körperlichen und psychischen Energien entscheidende Politiker sitzen, hoffen, daß der Krisenstab im Kreml auch in diesem Fall Einsicht in die Notwendigkeit hat... Fehlt diese Einsicht oder orientieren sich Chruschtschows Berater an ähnlichen Koordinaten wie das ExComm. – dann ist der Eskalation Tür und Tor geöffnet. Das ist die Logik der Ultimaten. Werden sie zurückgewiesen, so John F. Kennedy, »dann werden wir meiner Meinung nach etwas tun müssen... die Eskalation wird weitergehen, und wir denken, daß dies sehr wahrscheinlich ist...«[46]

Trotzdem scheut der Präsident die Auseinandersetzung mit den »hardliner«. Er weicht zurück, läßt eine weitere Gelegenheit verstreichen, das Steuer vielleicht doch noch herumzureißen, toleriert den Vorstoß seines Bruders und billigt, daß der Brief an Chruschtschow entscheidend verschärft wird. Letztendlich zieht er sich auf die Position zurück, nach vielen Worten wolle er jetzt Taten sehen. Wohin diese Taten führen können, spielt in dieser Stunde keine Rolle mehr. »Ich denke, wir sollten uns bewegen.«[47]

Robert Kennedy zog sich mit Theodore Sorensen zurück und entwarf das Antwortschreiben an Chruschtschow. »Wir setzten uns also in das Amtszimmer des Präsidenten und brachten unsere Ideen zu Papier. Dreiviertel Stunden später legten wir den Entwurf ihm und der ganzen Gruppe vor. Er bearbeitete und verbesserte den Text, ließ ihn abschreiben und unterzeichnete ihn.« Die endgültige Fassung brachte keine Überraschung mehr. Hatte Adlai Stevenson noch eine baldige Lösung des Jupiter-Problems in Aussicht stellen und ein ernsthaftes Interesse der USA an solchen Verhandlungen signalisieren wollen, so wurde jetzt nur noch in unverbindlichen Umschreibungen ein allgemeines Interesse der Vereinigten Staaten an der »Verminderung von Spannungen und einer Beendigung des Wettrüstens« bekundet. Um so deutlicher traten die ultimativen Forderungen in den Vordergrund: Die UdSSR sollte *sofort* die Arbeit an den Raketenrampen einstellen, alle Offensivwaffen auf Kuba *sofort* entschärfen, *sofort* ihre Forderung nach einem »Raketentausch« fallenlassen und *sofort* auf ihr ursprüngliches Angebot vom 26. Oktober zurückkommen. John F. Kennedy unterschrieb jetzt jene Erklärung, gegen die er seit mehr als sechs Stunden hartnäckig polemisiert hatte: Er wies die Forderung nach einem »Raketentausch« ausdrücklich zurück. Er konnte sich mit seinem wichtigsten Anliegen – nämlich noch etwas Zeit zu gewinnen, um die Öffentlichkeit für die amerikanische Sache zu gewinnen – im ExComm. nicht mehr durchsetzen. Faktisch wurde Präsident Kennedy überstimmt. Dieser Umstand wog schwerer als alle inhaltlichen Differenzen zwischen ihm und seinen Beratern.[48]

UNO-Generalsekretär U Thant wurde gegen 17:30 Uhr telefonisch über den Inhalt des Schreibens unterrichtet. Kurz nach 20 Uhr ging der Brief auf offiziellem Weg nach Moskau. Mittlerweile waren im Government Printing Office fünf Millionen Flugblätter gedruckt worden. Sie waren zum Abwurf über Kuba bestimmt und forderten die Bevölkerung zum Sturz Castros auf.

Die Offensive des General Taylor

Jetzt sahen die Militärs ihre große Stunde gekommen – wie konnte es auch anders sein. »Mr. Kennedy«, intervenierte Maxwell Taylor ungeduldig und forsch. Der Vorsitzende der Vereinigten Stabschefs konnte sich diese ungebührliche Anrede des Präsidenten leisten. Er war anders als die typischen »Messingköpfe« des Pentagon. Taylor war, nach David Halberstam, der »kultivierte Kriegsheld«, ein Mann ganz nach Kennedys Geschmack und wie geschaffen für den »Zeitgeist« der neuen Regierung. Unter Eisenhower war er vier Jahre lang Stabschef der Armee gewesen, bis er sich Ende der 50er Jahre mit einer beißenden Kritik an der Strategie der »massiven Vergeltung« aus dem aktiven Dienst verabschiedete. »The Uncertain Trumpet« hieß die vielgelesene Abrechnung mit der Militärstrategie der 50er Jahre. Kennedy war beeindruckt, daß der General dieses Buch eigenhändig zu Papier gebracht hatte. Aber noch mehr gefielen ihm die Ideen dieses Mannes: Guerillabekämpfung, begrenzter Einsatz hochmobiler konventioneller Streitkräfte in begrenzten Kriegen. Genau das schwebte dem neuen Präsidenten für die Dritte Welt vor. Taylor verfocht seine Überzeugung ganz im Kennedy-Stil, scheinbar leidenschaftslos und rational, wortgewandt und intelligent, stets mit der nötigen Eitelkeit und Arroganz – »Bostonian Style«. Welcher Präsident konnte jemals einen obersten Militär benennen, der fließend mehrere Sprachen sprach und in seinem Lebenslauf vermerken konnte: »Für ein Jahr Präsident des New Yorker Lincoln Center für darstellende Kunst«? Taylor hatte 1960 diesen Posten inne und in dieser Zeit endgültig seine »Gesellschaftsfähigkeit« auf allen Parketts der amerikanischen Bourgeoisie bewiesen.[49]

An diesem Tag nun dauert ihm das Nachdenken über den Antwortbrief an Chruschtschow schon viel zu lange. »Mr. Kennedy«, nein, »Herr Präsident, die Stabschefs haben sich im Lauf des Nachmittags getroffen«. Sie haben nicht nur beraten, sondern sich auch ein abschließendes Urteil gebildet. Sollte Chruschtschow nicht innerhalb von 48 Stunden auf die heutige Forderung eingehen und die Raketen entschärfen, dann empfehlen sie, am Montag gemäß Einsatzplan »OP-Plan 3–12« den großen Luftangriff zu fliegen und anschließend gemäß »OP-Plan 3–16« die Invasion zu beginnen. Taylor argumentiert, als sei der Angriff schon eine beschlossene Sache. Robert Kennedy witzelt mit dem Unterton des stillen Einverständnisses: »Das war aber eine Überraschung.«[50]

Maxwell Taylor hatte mit seinem Vorstoß den richtigen Zeitpunkt abgewartet. Das ExComm. schien mehr denn je bereit, militärische Gewalt einzusetzen. Eine Diskussion über den weiteren Einsatz von Luftaufklärern über Kuba zeigte, wie dünn das Eis mittlerweile geworden war. Am Morgen waren einige tief fliegende Aufklärer vom Typ F-101 (»Voodoo«) beschossen worden – wahrscheinlich von kubanischer Artillerie, denn die Kubaner bedienten die Luftabwehrstellungen mit niedriger und mittlerer Reichweite. Man war jetzt offensichtlich an einem Scheideweg angelangt. Würden dergleichen Flüge eingeschränkt oder vorübergehend eingestellt, so wäre die Gefahr einer Eskalation im kubanischen Luftraum deutlich verringert. Setzte man die Luftüberwachung hingegen fort, stünden weitere Angriffe ins Haus – und eine amerikanische »Vergeltung«. In Robert McNamaras Worten: »Also, wir werden beschossen werden, das ist so sicher wie das Amen in der Kirche. Da gibt es überhaupt keine Frage. Dann werden wir reingehen und schießen müssen.« Diese Prognose war in der Tat sehr realistisch: Fidel Castro hatte (worüber das ExComm. freilich nicht informiert war) seinen Offizieren die Blanko-Vollmacht erteilt, bei jeder sich bietenden Gelegenheit auf amerikanische Maschinen zu schießen.[51]

Für McNamara und Taylor gibt es keinen Zweifel, wie es weitergehen muß. Rund um die Uhr müßten die Aufklärer ihre Einsätze fliegen, gerade in der jetzigen Situation dürfe man nicht die geringste »Schwäche« zeigen. Für beide geht es nur noch darum, wann die Luftwaffe das Feuer eröffnet. Will man eine »sofortige Vergeltung«? Dann müßten Kampfbomber als Begleitschutz abgestellt werden. Will man alle Luftabwehrstellungen auf der Insel zerstören? Dann empfehle es sich, sorgfältigere Vorbereitungen zu treffen und erst am darauffolgenden Tag anzugreifen. Noch einmal nennt McNamara den politischen Preis solcher Aktionen. »Falls wir anfangen zurückzuschießen, dann haben wir erheblich eskaliert.« Militärs und Verteidigungsminister wollen diesen Preis bezahlen.[52]

John F. Kennedy schloß sich dem Votum seiner wichtigsten Berater an. Widerwillig zwar, aber unverkennbar gab er nach, räumte Schritt um Schritt weiteres Terrain. Nicht zu Ende gesprochene Sätze und assoziatives Addieren unterschiedlichster Einfälle verrieten zwar Zweifel und Unsicherheit. Aber immer stärker vermittelte der Präsident den Eindruck eines Mannes, der im Zweifelsfall zur Anwendung militärischer Gewalt bereit war und sich allmählich mit dieser Vorstellung abfand. Er wußte, daß die Zeit des folgenlosen Abwägens verschiedener Optionen jetzt vorbei war und er sich alsbald würde festlegen müssen. Schon jetzt konnte er sich des Drucks seiner Berater kaum noch erwehren:

– John F. Kennedy stimmte zu, daß die Aufklärungsflüge nicht unterbrochen und die für den nächsten Tag vorgesehenen Zeitpläne eingehalten wurden. Auf Begleitschutz durch Bomber sollte – noch – verzichtet werden.

– Sollten die Kubaner erneut das Feuer eröffnen, würde der Präsident wahrscheinlich einen umfassenden Angriff gegen alle bekannten SAM-Luftabwehrstellungen anordnen. »Falls wir beschossen werden, dann treffen wir uns hier ... wir geben bekannt, daß die Arbeit (an den Raketenstellungen – B. G.) immer noch weitergeht, wir geben bekannt, daß wir von den Sowjets noch keine Antwort haben, und dann beschließen wir, daß wir etwas viel Umfassenderes tun werden, als nur ein paar Gewehre dort unten kaputtzuschießen.«

– Auch den großen Luftangriff am folgenden Montag wollte Kennedy nicht länger ausschließen. Er konnte sich vorstellen, daß an diesem Tag nicht nur die Luftabwehr in Kuba bombardiert würde, sondern die Mittelstreckenraketen, die Flugplätze, Häfen ... Nur hinsichtlich der Invasion hatte er nach wie vor Bedenken. »Morgen, und man bekommt von U Thant keine Antwort, dann sollten wir darüber nachdenken, ob wir am Montag morgen, wir – wir – eh – ich bin von der Invasion noch nicht überzeugt, weil ich denke, das ist ein viel – ich denke, wir könnten –.«[53]

Douglas Dillon war erleichtert – und konnte sich die heimlich triumphierende Bemerkung nicht verkneifen, daß der »Raketentausch« dann endgültig vom Tisch wäre.[54]

Ein neuer Falke: Robert S. McNamara

Die zunehmende Hinwendung zu militärischen Optionen spiegelte sich in der Person von Robert S. McNamara besonders deutlich. Zu Beginn der Krise hatte er seine ganze Energie darauf verwendet, den Primat der Politik sicherzustellen und für eine effiziente Kontrolle militärischer Apparate zu sorgen. Immer hatte er darauf gepocht, keine vorschnellen Entscheidungen zu treffen, und daher stets eine mehrmalige Prüfung neuer Informationen eingeklagt. Kritisches und selbstkritisches Abwägen war stets seine Maxime gewesen, laufend war er auf der Suche nach Optionen und Alternativen.[55]

Am 27. Oktober tritt ein anderer McNamara im ExComm. auf – einer, der sich in das scheinbar Unabwendbare gefügt hat. Eigentlich hält auch er einen »Raketentausch« für eine sinnvolle Sache. Aber das Wünschbare ist für McNamara mittlerweile nicht mehr das Angemessene. Der politische Preis eines Kompromisses mit den Sowjets erscheint ihm untragbar hoch. Er fürchtet vor allem, daß die USA die Initiative in dieser Krise verlieren, die Sowjets erfolgreich ablenken und verzögern und im Zuge langwieriger Verhandlungen die amerikanische Position schwächen. All das ist für McNamara unannehmbar. Der Verteidigungsminister bleibt bei der Einschätzung, die er schon am 16. Oktober im ExComm. entwickelt hat: Aus innenpolitischen Gründen braucht die Regierung Kennedy unbedingt den Erfolg über die Sowjets. Die Aussichten auf einen solchen Erfolg sind seiner Meinung nach aber von Tag zu Tag schlechter geworden. In seiner Sicht hat man den Wendepunkt bereits am 26. Oktober erreicht. Chruschtschows langer Brief – man lese ihn nur sorgfältig – sei der endgültige Beweis, daß die USA auf die

Verliererstraße gedrängt würden. Die Sowjets hätten offenbar den Schock vom 22. Oktober überwunden und gingen politisch in die Offensive, drohten den USA das Heft aus der Hand zu nehmen. »Als ich am Morgen den Brief von gestern abend las, dachte ich, *mein Gott*, ich würde nie verkaufen – ich würde nie ein Geschäft auf Grundlage *dieses Vertrages* abwickeln. Zum Teufel noch mal, das ist kein Angebot. Da ist kein verdammter Punkt drin, der wie ein Angebot aussieht. Lest doch diesen Brief mal sorgfältig. Er hat nicht versprochen, die Raketen abzuziehen. Kein einziges Mal – da steht kein einziges Wort drin, das vorschlägt, die Raketen herauszunehmen. Das sind zwölf Seiten voller – voller Fussel.« Alles weitere könne man sich ja ausmalen. Chruschtschow wird ständig neue Forderungen stellen, wird die amerikanische Position diplomatisch unterlaufen, sie zerreden und letztendlich unhaltbar machen. Schon hat McNamara das schreckliche Ende vor Augen. Die Raketen bleiben auf Kuba, die Krise erweist sich im Rückblick als Sturm im Wasserglas, die Regierung Kennedy hat sich lächerlich gemacht und eine weitere schmachvolle Niederlage erlitten. Politische Risiken dieser Art will auch McNamara nicht eingehen. Eher riskiert er einen Krieg: »Deshalb denke ich, daß wir für einen Angriff vorbereitet sein müssen.«[56]

Der Verteidigungsminister gab keinen Pfifferling mehr auf eine gewaltfreie Lösung der Krise. Das Denken in vermeintlichen Sachzwängen hatte auch ihn eingeholt und erstickte den letzten Rest politischer Phantasie. Aus diesem Grund hielt sich McNamara in den Debatten über den Raketentausch auffällig zurück. Er sah darin nichts weiter als Zeitvergeudung – und das war ihm seit jeher ein Greuel. Wozu über Chruschtschows rhetorische Tricks sich den Kopf zerbrechen? Der Präsident hatte, davon ist McNamara überzeugt, gar keine Wahl mehr. Er würde alsbald den Angriff befehlen müssen. Also möge man sich doch bitte wichtigeren Dingen zuwenden und über die Details des Militäreinsatzes nachdenken. Das ist wieder der alte McNamara: rational, schnörkellos, logisch – aber eben nicht weise.

Der Samstag nachmittag neigt sich langsam seinem Ende zu. Der Brief an Chruschtschow ist geschrieben, wichtige Vorentscheidungen für den weiteren Kurs sind gefallen. Bundy, McNamara und Robert Kennedy, Nitze, Dillon und Thompson, McCone und Rusk lassen sich gerade darüber aus, wie unsinnig eine Beteiligung der NATO-Verbündeten an der Entscheidung über die Jupiter doch sei, als eine dringende Nachricht hereingereicht wird. Es gibt Anhaltspunkte dafür, daß die seit dem Morgen überfällige U-2 über Kuba abgeschossen und der Pilot, Major Anderson, getötet wurde. Weitere Informationen liegen nicht vor. Man ist noch auf Vermutungen angewiesen. So liegen im Moment noch keine Beweise darüber vor, daß die Maschine tatsächlich abgeschossen worden ist. Sie kann auch wegen technischer Schwierigkeiten abgestürzt sein. Aus der Sicht des ExComm. liegt es freilich nahe, einen Abschuß zu vermuten. Schließlich sind ja im Laufe des Tages auch F-101-Jäger (»Voodoos«), die in niedriger Höhe die Raketenstellungen auf Kuba überfliegen und photographieren wollten, beschossen worden. Welche Konsequenzen sind daraus zu ziehen?

Zunächst einmal überhaupt keine, sollte man vermuten. Denn niemand konnte die entscheidenden Fragen beantworten: Waren die Sowjets dafür verantwortlich? Wußten die US-Nachrichtendienste, wer in Kuba die Luftabwehrstellungen mit großer Reichweite (Typ SAM) bediente? Könnten auch die Kubaner auf den Knopf gedrückt haben? Mußte man unbedingt von einer geplanten Aktion ausgehen? Konnte es sich nicht auch um einen unvorhergesehenen Zwischenfall handeln? Oder gar um eine von vorgesetzter Stelle nicht autorisierte Maßnahme? Wer wollte ausschließen, daß Chruschtschow von dieser Nachricht genauso überrascht wurde wie der Krisenstab in Washington? Oder hatten in Moskau tatsächlich – wie Bundy bereits am Morgen spekuliert hatte – die Falken das Ruder übernommen? Wollten sie möglicherweise signalisieren, daß ab sofort eine »harte Linie« verfolgt würde und die USA auch mit militärischem Widerstand rechnen müßten? Was stand dann in den kommenden Stunden und Tagen auf dem Spiel? Sollte man nicht vorsichtshalber zu Moskau Kontakt aufnehmen und sich über die näheren Umstände des Zwischenfalls erkundigen?[57]

Fragen über Fragen – aber im ExComm. befaßte sich niemand damit. Die Fragen wurden noch nicht einmal gestellt. Das ExComm. hatte sich in eine Sackgasse hineinmanövriert. Alle hatten nur noch den »Zwang zum Handeln« vor Augen. Nach den Voraussetzungen und Konsequenzen dieses Handelns wurde nicht mehr gefragt. Hauptsache, man reagierte schnell, entschieden, glaubwürdig und wirksam. Kritisches Abwägen hatte in dieser Gedankenwelt keinen Platz mehr. Mehr noch: Die Art, in der über den vermuteten U-2-Abschuß diskutiert wurde, ließ vermuten, daß tagelanger Streß und Überforderung jetzt ihren Tribut forderten. Vielleicht wurden auch deshalb die entscheidenden Fragen übergangen. Auch Robert McNamara hatte offensichtlich seine wichtigsten Prinzipien über Bord geworfen. Eigentlich war er dafür bekannt, ständig nachzufragen, möglichst viele Informationen einzufordern und weitreichende Entscheidungen erst dann zu treffen, wenn Optionen für »die Welt danach« auf dem Tisch lagen. Nun allerdings erwies er sich als treibende Kraft vorschneller Entscheidungen. McNamara hatte die Linien gewechselt. Er stand nun eindeutig auf seiten der »Falken«.

Er ist davon überzeugt, daß es sich um eine von den Sowjets bewußt herbeigeführte Eskalation handelt. Aber im Grunde interessiert ihn überhaupt nicht, was die Sowjets denken und tun. Wesentlich wichtiger als die Hintergründe der U-2-Affäre sei die Tatsache, daß der Präsident jetzt einen idealen Vorwand habe, um am nächsten Tag die SAM-Luftabwehrstellungen in Kuba anzugreifen. Geplant sind diese Angriffe ohnehin, allein der Anlaß fehlt. Nach der jüngsten Nachricht wird man keine Probleme haben, die Öffentlichkeit zu überzeugen. »Ich denke, ich würde erklären, daß sie abgeschossen wurde . . . wir wollen eine Rechtfertigung, um da morgen hineinzugehen und diese SAM-Stellung kaputtzuschießen und um reinzugehen mit unserer . . .« Je länger McNamara spricht, desto zweifelhafter wird, ob er wirklich »vorschnell« handelt. Immer deutlicher zeigt sich, daß er das Drehbuch der Eskalation wohldurchdacht hat und sich der Konsequenzen bewußt ist. Im Morgengrauen, so schlägt der Verteidigungsminister vor, wird die SAM-Stellung bombardiert werden, von der aus der mutmaßliche Angriff auf die U-2 erfolgt war; Niedrigaufklärer, im Geleitschutz von Bombern, werden gleichzeitig oder unmittelbar darauf die Insel überfliegen. McNamara rechnet fest damit, daß die amerikanischen Maschinen auf heftigen Widerstand stoßen und Verluste erleiden werden.[58]

Was aber würde dann geschehen? Niemand konnte sicher sein, daß bis dahin Chruschtschow auf Kennedys heutigen Brief geantwortet haben würde. Darauf wollte McNamara auch gar nicht mehr warten. Sobald der erste Schuß auf ein amerikanisches Flugzeug abgegeben wäre, würde der Befehl zur Eskalation gegeben. »Wir werden Kuba aus der Luft ganz schön aufmischen«, meinte der Chef des Pentagon. Zunächst würden Luftabwehrstellungen angegriffen – und zwar alle. Dann wäre der Rubikon überschritten: Nach amerikanischen Geheimdienstinformationen waren die SAM-Stellungen mehrheitlich mit sowjetischen Mannschaften besetzt. Amerikanische Flieger würden also eine große Zahl sowjetischer Soldaten töten – faktisch eine Kriegserklärung an die UdSSR. McNamara wußte das – und beharrte auf seinem Vorschlag: »Wir werden da reingehen und schießen müssen.«[59]

Ab diesem Zeitpunkt würde der militärische Fahrplan die weitere Entwicklung diktieren. McNamara wußte: »Wir werden jeden Tag Flugzeuge verlieren. Deshalb werden wir diesen Zustand nicht sehr lange halten können.« Maximal vier Tage, so wähnte er, würde man Zeit haben, vielleicht aber auch nur 24 Stunden. Irgendwann zwischen Montag und Donnerstag der folgenden Woche wäre es dann soweit: Die Air Force würde die Mittelstreckenraketen auf Kuba angreifen, Armee und Marine würden die Invasion starten. »Deshalb müssen wir darauf vorbereitet sein, Kuba anzugreifen – und zwar schnell«, stellte McNamara in knappen Worten fest. Natürlich war es möglich, daß Chruschtschow all dies noch verhinderte – indem er rasch einlenkte. Aber daran glaubte niemand in Kennedys Beraterstab; der Präsident ebenfalls nicht.[60]

Nur wenige und zaghafte Stimmen der Kritik werden laut. Lyndon B. Johnson, der den Beratungen bisher kommentarlos gefolgt ist, meldet sich zu Wort. Er will nicht einsehen, wieso am nächsten Tag die F-101-Jäger zur Niedrigaufklärung eingesetzt werden. Welche neuen Informationen erwartet man denn? Vom geheimdienstlichen und militärischen Standpunkt aus gesehen seien diese Flüge doch völlig überflüssig. Wolle man also nur provozieren und – wie McNamara vor wenigen Minuten gesagt hat – einen Vorwand schaffen? »Das sieht so aus, als wollten wir dort unten 4. Juli spielen oder so etwas. Ich habe ganz schön Angst davor, und ich kann einfach nicht erkennen – ich kann nicht erkennen, was wir eigentlich von diesen Luftaufnahmen haben, die so viel wichtiger sein sollen ...«[61]

McNamara überging derlei Kritik in seiner bewährten Art – er nahm sie einfach nicht zur Kenntnis. Wozu auch? Schließlich hatte er den Präsidenten schon überzeugt. Kurz bevor die Nachrichten über die U-2 eintrafen, hatte John F. Kennedy es noch abgelehnt, daß die Aufklärer von Bombenflugzeugen begleitet würden. Die Bomber seien kein Schutz vor neuen Angriffen, sondern taugten allein zum sofortigen Gegenschlag und könnten folglich eine eigendynamische Eskalation in Gang setzen. Auf einmal sollte dies alles nicht mehr stimmen. Kaum hatte McNamara zu Ende gesprochen, übernahm der Präsident seine Position. Wieder einmal wurde klar, wer der »starke Mann« im ExComm. war. Es zeigte sich erneut, daß John F. Kennedy in Konflikt- und Entscheidungssituationen geneigt war, McNamara zu folgen – auch wenn er damit kurzfristig eigene Positionen revidieren mußte. Der Präsident wies den stellvertretenden Verteidigungsminister, Roswell Gilpatric, an, eine neue Presseerklärung vorzubereiten: Ab sofort würden die US-Aufklärer über Kuba von Bombern begleitet und »geschützt«. John F. Kennedy deckte und favorisierte einen weiteren Schritt in die militärische Konfrontation.

McNamara spielt das militärische Szenario konsequent bis zum Ende durch. Die USA, so die Prognose, beginnen irgendwann in den nächsten Tagen mit dem Großangriff auf Kuba. Wahrscheinlich werden die Sowjets irgendwo in Europa Vergeltung üben. McNamara interessiert daher nur noch eine Frage: Wie kann eine solche Ausweitung des Krieges verhindert oder zumindest eingedämmt werden? Er ist geradezu besessen von der Vorstellung, daß eine Lösung möglich ist und das ExComm. die notwendigen Vorkehrungen treffen kann. In immer kürzeren Abständen und mit immer eindringlicheren Mahnungen kommt er darauf zu sprechen und unterbreitet schließlich einen eigenen Vorschlag. Seine Vision: Wenige Stunden vor dem Angriff auf Kuba setzt sich der Präsident mit Chruschtschow in Verbindung und teilt ihm mit, daß die Jupiter-Raketen in der Türkei und in Italien entschärft worden sind, also sowjetisches Territorium nicht mehr bedrohen. Die Sowjets lassen sich mit dieser Erklärung beruhigen, halten militärisch still und geben den USA damit die Möglichkeit, den letzten Schritt in Kuba zu gehen: »Wenn wir Kuba angreifen, werden wir einen umfassenden Angriff vortragen müssen ... und ich persönlich denke, daß dies fast mit Sicherheit zu einer Invasion führen wird, ... *fast* mit Sicherheit zu einer Invasion führen wird ...«[62]

In einem Punkt hatte McNamara sicher recht: Eine rechtzeitige Entschärfung der Jupiter würde verhindern, daß in einer zugespitzten Konfliktsituation lokale Kommandeure die Nerven verlieren und ohne Rücksprache mit Washington ihre Raketen abfeuerten. Präsidiale Kontrolle hin oder her – McNamara wollte nicht ausschließen, daß es auf vorgeschobenen Basen zu solchen nicht autorisierten Einsätzen kommen könnte. Ob aber eine verschärfte Kontrolle des eigenen Militärs die Sowjets beruhigen würde, stand auf einem anderen Blatt. Wieso sollte sich der Kreml damit zufriedengeben, wenn zur gleichen Zeit in Kuba Tausende sowjetischer Soldaten getötet würden? Die Sowjets wußten überdies, daß die Jupiter militärisch völlig veraltet und praktisch wertlos waren. Würden sie eine »Entschärfung« folglich nicht als bloße Augenwischerei betrachten? In diesem Fall aber würde eine sowjetische Vergeltung nur geographisch umgeleitet werden – von der Türkei etwa auf Berlin.[63]

Wie gehabt, ließ McNamara kritische Fragen dieser Art nicht zu. George Ball und Lyndon B. Johnson standen mit ihren Einwänden allein auf weiter Flur. Der Verteidigungsminister wollte nicht mehr darüber diskutieren, ob Gewalt angewendet werden sollte. Ihn interessierte nur noch das Wann und Wie. McNamaras Modell der »angewandten Vernunft« triumphierte auf makabre Weise: Es beruhigte in einer Situation, wo es ausschließlich Gründe zur Beunruhigung gab; es suggerierte Kontrolle auch dann, wenn das Unkontrollierbare – Krieg nämlich – schon längst die Entwicklung diktierte. Kurz, es war das letzte verbleibende Mittel, um das Denken des Undenkbaren erträglich zu halten, der letzte Ausweg, um im Angesicht möglicher Vernichtung noch diskutieren und in wohlgesetzten Worten Argumente austauschen zu können.[64]

Bislang hatte John F. Kennedy nur Vorentscheidungen zugelassen. Noch hatte er sich nicht festgelegt. Aber es gab einschlägige Erfahrungen aus den vergangenen 13 Tagen: Nie stellte sich der Präsident gegen Robert S. McNamara. Im Gegenteil. Er war ihm stets gefolgt.

Der Sieg der Falken

McNamara drängt darauf, daß sein Vorschlag – Entschärfung der Jupiter kurz vor dem Angriff auf Kuba – zu Papier gebracht wird. Noch heute abend will er die Staats- und Regierungschefs der anderen NATO-Staaten und den NATO-Rat in Paris darüber informieren. George Ball ist entsetzt über diesen Vorstoß.

Ball wurde in der Tradition von Franklin Delano Roosevelts »New Deal« politisch erzogen und stand nach wie vor zu den Prinzipien einer liberalen Politik im Inneren und einer Politik der Entspannung mit den sozialistischen Ländern. Vor wenigen Jahren noch hatte er den Opfern von McCarthys Hexenjagd juristischen Beistand geboten. Jetzt versuchte er, außenpolitischen Schaden zu vermeiden. Kennedys Südostasien- und Vietnam-Politik war ihm von Anfang an suspekt. Die Sitzungen des ExComm. bestätigten seinen Verdacht: Diese Regierung suchte den »showdown« mit dem Kommunismus. Ball setzte deshalb an diesem Nachmittag noch einmal alles auf eine Karte. Er wußte: Wenn McNamaras Vorschlag angenommen würde, dann wären die Möglichkeiten für einen »Raketentausch« endgültig verbaut. Washington hätte sich bündnisintern nämlich festgelegt und verbrieft, daß am Status der Jupiter allenfalls im Vorfeld eines Angriffs auf Kuba etwas geändert würde. Wie sollte man von dieser Position abrücken, ohne der vielzitierten »Führungsschwäche« bezichtigt zu werden? Im übrigen war Ball des ständigen Nachdenkens über Eskalationsszenarien überdrüssig. Ähnlich wie Adlai Stevenson beklagte auch er den Verlust des Politischen. Das ExComm., so unterstellte er, habe den eigentlichen Zweck von Politik, nämlich den Einsatz von Gewalt nach Kräften zu vermeiden, aus dem Auge verloren. Nachdrücklich erinnerte der Staatssekretär im Außenministerium an das Prinzip »Verantwortung«. Zum Erhalt des Friedens müßten die USA notfalls auch bereit sein, als Führungsmacht der NATO ihre Verbündeten zu disziplinieren oder aber über sie hinweg zu regieren. Was bedeutete es schon, daß ein »Raketentausch« in Europa »unpopulär« sei? Wenn durch einen Tausch Krieg vermieden würde, müßten die USA diesen Weg gehen. Diese Kritik richtete sich insbesondere gegen Nitze und Bundy, die sich ständig hinter vorgeblichen Bedenken der Europäer verschanzten und damit ihre eigene Position geschickt verbargen. Im Grunde ging es ihnen nämlich nicht um die NATO, sondern sie lehnten einen Kompromiß mit den Sowjets prinzipiell ab. Ball hatte diese Taktik durchschaut und konterte mit dem Hinweis, amerikanische Politik würde in Washington und nirgendwo sonst gemacht. Offensichtlich wollte er die »hardliner« aus der Reserve locken und sie zwingen, sich dem eigentlichen Problem zu stellen und eine politische Grundsatzdiskussion zu führen. »Ich glaube nicht, daß die NATO zerstört werden wird, und falls die NATO tatsächlich nicht besser sein sollte als das, dann taugt sie auch für uns nicht sehr viel.« Ball brachte seine Überlegungen zu Papier und entwarf einen Brief an Chruschtschow. Darin bot er den »Raketentausch« an, vorausgesetzt, die Sowjets und Kubaner stellten das Feuer auf amerikanische Aufklärungsflugzeuge ein und entschärften sofort und unter internationaler Aufsicht ihre in Kuba stationierten Offensivwaffen.[65]

Doch George Ball hat mit seiner Initiative den richtigen Zeitpunkt verpaßt. Die Karten sind ausgereizt, das ExComm. will oder kann sich nach fast achtstündiger Sitzung dieser Diskussion nicht mehr stellen. Präsident Kennedy, McNamara, Bundy und mehrere andere verlassen zeitweilig den Kabinettssaal zu getrennten Beratungen oder aber, um an diversen Tischvorlagen zu arbeiten. Lyndon B. Johnson, Douglas Dillon, Dean Rusk und Llewellyn Thompson führen derweil eine chaotische Debatte über die Vor- und Nachteile der von McNamara und Ball eingebrachten Vorschläge. Insbesondere der ehemalige Sowjet-Botschafter Thompson bekämpft leidenschaftlich jede Abweichung von der Mehrheitslinie. »Diese Jungs (die Sowjets – B. G.) geben doch bereits nach. Laßt uns den Druck verstärken. Ich denke, sie werden es sich anders überlegen, wenn wir weiterhin entschieden auftreten, wenn wir ihre Schiffe anhalten oder – oder eine SAM-Stellung wegschießen. Dann werden wir einige Russen töten.« »Wir sollten ihnen weiterhin Zunder geben ...« Das wird selbst einem Lyndon B. Johnson allmählich zuviel. Ihm fehlen die Argumente angesichts dieser verbohrten Militanz. An Dillon und Thompson gewandt, kann er nur noch zynisch bemerken: »Ihr Kriegstreiber solltet euch zusammentun.«[66]

Der Präsident ist mit der bisherigen Diskussion sichtlich unzufrieden. Noch immer plagen ihn Zweifel und Skrupel. Er möchte mehr Zeit zum Nachdenken und Beraten herausschinden, sich dem enormen Zeitdruck nicht beugen, den die Falken ständig vorschieben. »Die Zeit arbeitet für die

Sowjets«; »Wir müssen rasch etwas tun« – so lauten ihre stereotypen Begründungen. Bei mehreren Entscheidungen hat Kennedy am heutigen Nachmittag ihrem Drängen nachgegeben, hat sich dabei sehr unentschlossen, bisweilen orientierungslos gezeigt und die Falken dadurch zu einer Verschärfung ihrer Position geradezu ermuntert. Den letzten Schritt aber will er noch nicht gehen, jetzt noch nicht. Er will noch einmal in Ruhe überlegen und die verschiedenen Optionen abwägen. Deshalb bringt er zum wiederholten Male die Rolle der Verbündeten und der Weltöffentlichkeit ins Spiel und erklärt zum x-ten Male, daß die Forderung nach dem »Raketentausch« einfach ein brillanter Schachzug sei. »Wir können doch nicht mit gutem Grund in Kuba einmarschieren, bei all der Mühe und Zeit, die das kosten wird, wenn wir sie (die Raketen – B. G.) hätten herausholen können, indem wir mit den gleichen Raketen in der Türkei gehandelt hätten. Wenn das zum Stand der Dinge gehört, dann sehe ich nicht, wie wir einen sehr guten Krieg bekommen werden.« Kennedy wendet sich keineswegs gegen Luftangriff oder Invasion; noch weniger plädiert er für den »Raketentausch«. Er warnt nur vor überstürzten Aktionen und möchte zumindest die sowjetische Reaktion auf die heutigen Verlautbarungen und Briefe abwarten.[67]

Würde sich John F. Kennedy mit diesen Zweifeln behaupten können? Würde er die Kraft und Moral aufbringen, den Schub der Falken abzubremsen? Vieles sprach dagegen. Im Auftreten Robert McNamaras zeigte sich deutlich, wie sehr sich die Gewichte im ExComm. mittlerweile verschoben hatten. Am 16. Oktober hatte der Verteidigungsminister noch mit Verve argumentiert, ein Angriff auf Kuba komme nicht mehr in Frage, sobald die dortigen Raketen einsatzbereit seien. Das Risiko einer Vernichtung amerikanischer Millionenstädte sei viel zu groß. Nun, zehn Tage später, waren laut CIA einige der Kuba-Raketen einsatzbereit. Aber McNamara interessierte sich nicht mehr für seine Warnungen. Er rechnete für nächste Woche mit Luftangriff und Invasion – und unterstützte nachdrücklich die Militanten um Nitze in ihrem Bemühen, so schnell wie möglich eine Entscheidung herbeizuführen. In dieser Stunde wagte nur noch ein Berater den offenen Widerspruch – George Ball. Er war aber völlig isoliert. Kennedys »inner circle« – jene Gruppe also, deren Rat der Präsident am meisten schätzte – hatte die Positionen der Falken übernommen. Neben Robert McNamara waren dies Robert Kennedy, McGeorge Bundy, Theodore Sorensen und Dean Rusk.

Aber Nitze, Dillon, Thompson oder Taylor wollten sich mit diesem Erfolg keineswegs zufriedengeben. Sie argumentierten von Stunde zu Stunde radikaler. Llewellyn Thompson z. B. wollte längst nicht mehr nur die Raketen von der Insel holen, sondern die Sowjets zum vollständigen Rückzug zwingen. Auch alle Militärs und Wirtschaftsberater müßten das Land verlassen. Das Credo aller Beiträge lautete: Die Zeit der Diskussion ist vorbei, jetzt müssen Taten folgen. Die Militärs setzten sich durch ihren Sprecher, General Maxwell Taylor, geradezu anmaßend in Szene. Sie ließen John F. Kennedy wissen, daß er gar keine Wahl mehr habe. Für sie war es nur noch eine Frage von Stunden, wann die ersten Bomber starten würden. Dabei zeigte sich eine merkwürdige Mischung aus situations- und streßbedingter Überreaktion und präzise durchdachtem Kalkül. Hatte nicht auch der Präsident schon am 16. Oktober betont, daß die USA diesen Konflikt nur für sich entscheiden könnten, wenn sie schnell und unter dem Einsatz aller notwendigen Mittel handelten? Hatte McNamara diesen Punkt heute nicht eindrucksvoll bestätigt? Wer wollte bestreiten, daß man die riesige Invasionsarmee nur für wenige Tage in höchster Gefechtsbereitschaft halten könnte? Oder wollte jemand durch unmäßiges Zögern den Erfolg der militärischen Operationen gefährden? Je länger die Sitzung dauerte, desto ungeduldiger traten die Falken auf. Dementsprechend verlief auch die Diskussion: Ständig wurden die Themen gewechselt, Redner unterbrochen, Argumentationen durch Zwischenrufe gestört, neue Gedanken im Keim erstickt. Es war deutlich spürbar, daß die Falken über John F. Kennedys beharrliches Zögern empört waren. Sie gaben sich mit einem schrittweisen Rückzug des Präsidenten nicht mehr zufrieden. Die »hardliner« wollten jetzt alles – und setzten Kennedy immer massiver unter Druck.[68]

Es ist mittlerweile 18:30 Uhr. Eine weitere Diskussion ist zum jetzigen Zeitpunkt weder sinnvoll noch möglich. Die Stimmung im ExComm. ist aggressiv, verbittert, haßerfüllt – in einem Wort: »rancarous« (Theodore Sorensen). Die Mehrheit ist weder willens noch fähig, länger zu warten, Beschlüsse erneut zu verschieben, mögliche neue Entwicklungen abzuwarten. Die Falken lassen ihrer Wut um so mehr freien Lauf, je länger sie über die Erfahrung der Schweinebucht nachdenken. Hat John F. Kennedy vor 18 Monaten nicht ebenfalls bis zur letzten Minute gezögert? Hat er mit seiner »Ja-Aber«-Politik den Erfolg des Unternehmens nicht von vornherein gefährdet? Und tatsächlich in letzter Minute alles buchstäblich in den Sand gesetzt, indem er eine Unterstützung durch die amerikanische Luftwaffe und Marine untersagt hat? Die Sitzung des Executive Committee wird bis 21 Uhr unterbrochen.[69]

Es war in dieser Stunde sehr zweifelhaft, ob John F. Kennedy dem Druck seiner Berater würde widerstehen können. Gewiß, vor wenigen Tagen hatte er gegen den erbitterten Widerstand der Falken eine Invasion fürs erste verworfen und der Blockade den Vorzug gegeben. Damals war es ihm also gelungen, mehr Zeit herauszuschinden. Aber bei diesen Entscheidungen hatte er stets den eloquenten McNamara an seiner Seite. Auf dessen Unterstützung konnte er jetzt nicht mehr rechnen. McNamara hatte die politisch-diplomatische Lösung längst abgeschrieben. Kennedy würde es in den kommenden Stunden ungleich schwerer haben, seine Skepsis in Politik zu übersetzen. Rückblickend bestätigt Theodore Sorensen diesen Eindruck: »Ich denke, es ist hochgradig spekulativ zu sagen, der Präsident hätte im nächsten Schritt ›niemals‹ den Luftangriff befohlen.« »Ich weiß nicht genau, was geschehen wäre, wenn wir nicht umgehend eine Antwort erhalten hätten.« George Balls Erinnerung geht in eine ähnliche Richtung: »Die Falken wurden immer bösartiger und traten um so geschlossener auf, je mehr Zeit verging. Paul Nitze leitete die Attacke der Falken. Ich glaubte nicht, daß der Präsident einem Luftangriff auf die Raketenstellungen in Kuba zustimmen würde, aber ich fürchtete mich zu Tode, daß Nitze, Dillon und Taylor den Präsidenten zermürben würden.«[70]

Es schien, als hätten die Falken ihr Ziel nun fast erreicht.

Die Geheimdiplomatie des John F. Kennedy

Kaum war das offizielle ExComm. auseinandergegangen, begann John F. Kennedy mit einer in der amerikanischen Nachkriegspolitik einmaligen Geheimdiplomatie – in den eigenen Reihen wie gegenüber den Sowjets. JFK war in Washington als stiller Bewunderer der Geheimdienste und insbesondere der CIA bekannt. »Stets hatte er selbst etwas von einem Geheimagenten an sich, arbeitete für seine eigenen geheimen Wünsche unter dem Deckmantel der Respektabilität, fand es anziehend, wie wenig Wert die Organisation (die CIA – B. G.) auf Protokollfragen, auf Wortgeklaube oder auf moralische Werte legte.« In den nächsten zweieinhalb Stunden umging der Präsident die ihm verhaßten Bürokratien – in erster Linie das Außenministerium und das Pentagon – und brachte mit unkonventionellen Mitteln neue Initiativen auf den Weg. Nur der »inner circle« war eingeweiht: Robert Kennedy, Robert S. McNamara, McGeorge Bundy, Dean Rusk, Theodore Sorensen. Ausnahmsweise wurde zu bestimmten Punkten auch noch ein Außenseiter gehört: Llewellyn Thompson. John F. Kennedy schloß jene Berater aus, von deren politischer Loyalität er nicht völlig überzeugt war, auf deren Urteil er in der jetzigen Situation keinen Wert mehr legte oder deren Position als unabänderlich militant bekannt war: Paul Nitze, Maxwell Taylor und Douglas Dillon – allesamt kompromißlose Falken, die lieber sofort als morgen Kuba angreifen würden; Lyndon B. Johnson, Roswell Gilpatric, U. Alexis Johnson und John McCone – wortkarg und einfallslos; George Ball und Edward Martin – Repräsentanten des liberalen Establishments im Außenministerium und jener Kreise, die im »Raketentausch« eine vernünftige Lösung der Krise sahen. Hauptsächlich wollte sich der Präsident gegen die rechts-konservative und rechts-radikale Opposition absichern. Nach wie vor hegte er große Befürchtungen vor der politischen Rache seiner Gegner im Regierungs-, Verwaltungs- und Militärapparat sowie im Kongreß. Diese hatten ihm nach dem Debakel in der Schweinebucht signalisiert, daß sie einen solchen Fehler nicht noch einmal tolerieren würden und er fortan mit einer erheblichen Belastung seiner politischen Karriere rechnen müßte. Auf dem Höhepunkt der jetzigen Krise wollte John F. Kennedy nur jene in prekäre Details einweihen, die ihn im Zweifelsfall vor denunziatorischen Angriffen schützen würden. Darauf konnte er sich beim »inner circle« unbedingt verlassen – auch dann, wenn die Gruppe seine Meinung nicht teilte. Sie würden bedingungslos die präsidiale Position verteidigen.[71]

1968 gab Robert Kennedy in seinen Erinnerungen zur Kuba-Krise erstmals Details dieser Geheimdiplomatie preis; im März 1987 erregte Dean Rusk mit weiteren präzisen Informationen Aufsehen. Vieles wird aber wohl im Dunkeln oder umstritten bleiben. Die Schlüsselfigur, John F. Kennedy, konnte sich nämlich zu den Ereignissen dieses Abends nicht mehr äußern. Er fiel ein Jahr später einem – bis heute nicht geklärten – Mordanschlag zum Opfer.

Aus der Abfolge der Ereignisse ist zu schließen, daß der Präsident mit seiner Geheimdiplomatie dreierlei bezweckte: Einen zeitlichen Aufschub der endgültigen Entscheidung, ein Offenhalten neuer Optionen, und einen verschärften Druck auf Chruschtschow.

Über das erste Zusammentreffen des »kleinen Kreises« berichtet Robert Kennedy: Der Präsident widersetzte sich nicht prinzipiell dem Kurs der Falken. Er war sehr pessimistisch und wollte nicht daran glauben, daß die Sowjets einlenken würden. Also würde er wahrscheinlich bald zum Angriff »gezwungen« sein – John F. Kennedy kritisierte nicht im mindesten die von den »hardliner« ins Spiel gebrachte Logik. Demnach ließen politische und militärische »Sachzwänge« gar keine andere Wahl. Um die »Führungsposition in der Welt« zu bestätigen und um die Sowjets erneut »auf ihren Platz« zu verweisen, müsse eben gehandelt werden. Kennedy zweifelte nur daran, ob jetzt bereits der richtige Zeitpunkt zum Handeln gekommen sei. Zumindest für den kommenden Tag wollte er sich noch einmal rückversichern und warten, welche Signale aus Moskau kamen. »Ich habe keine Bedenken in bezug auf den ersten Schritt«, sagte er, »sondern in bezug auf die Eskalation beider Seiten zum vierten und fünften Schritt – zum sechsten kommt es nicht, weil niemand mehr dasein wird. Wir müssen uns darüber klar sein, daß wir einen sehr gefährlichen Kurs einschlagen.«[72]

Nach kurzer Debatte einigt man sich auf drei Maßnahmen:

– Am Sonntag werden keine Angriffe gegen die SAM-Luftabwehrstellungen auf Kuba geflogen.

– Die Sowjets sollen nicht nur brieflich über den Ernst der Lage unterrichtet werden. Möglicherweise würden sie den heutigen Brief mißverstehen und die falschen Schlüsse ziehen. Man will ein weiteres Mal, auf informellem Weg, Kontakt zu ihnen aufnehmen und dabei klarmachen, daß die USA nicht nachgeben werden und die schriftlich nach Moskau übermittelten Vorschläge die letzte Möglichkeit zu einer friedlichen Einigung bieten. Robert Kennedy wird deshalb Kontakt zum sowjetischen Botschafter, Anatoli Dobrynin, aufnehmen und ihn um ein Gespräch bitten. In der Vergangenheit haben sich die Unterredungen dieses ungleichen Paars stets als nützlich erwiesen.

– Der Präsident ordnet Vorbereitungen zur Entschärfung der Jupiter-Raketen in der Türkei an. Er folgt damit McNamaras Vorschlag vom Nachmittag. Scheitere eine politische Lösung und ginge man mit militärischen Mitteln gegen Kuba vor, so sollten die Jupiter unmittelbar vor dem Angriff entschärft und die Sowjets von diesem Schritt in Kenntnis gesetzt werden. Auch John F. Kennedy klammert sich jetzt an die diffuse Hoffnung, auf diesem Weg einen sowjetischen Vergeltungsschlag gegen türkisches Territorium verhindern und womöglich eine Eskalation kontrollieren zu können.[73]

Bereits an diesen Beschlüssen wurde deutlich, daß es ein kluger Schachzug gewesen war, die Falken auszuschließen. Sie hätten sicherlich heftig dagegen opponiert, die Angriffe gegen die SAM-Stellungen aufzuschieben, und unter Umständen einen Beschluß blockiert. Als die militärischen Einsatzleiter wenige Stunden später davon erfuhren, glaubten sie zunächst an einen schlechten Witz. Und kurz darauf dachten sie, ihr Oberbefehlshaber im Weißen Haus sei von Sinnen. Wie die Nitzes und Dillons über ein Treffen mit Dobrynin geurteilt hätten, war ebenfalls leicht vorstellbar. Und schließlich die geplante Entschärfung der Jupiter! Maxwell Taylor geriet noch Jahre danach über die Dinge in Rage, die damals hinter seinem Rücken abgewickelt wurden: »Ja, es wäre ein großer Fehler gewesen, das zu tun (nämlich die Jupiter zu entschärfen – B. G.), wo wir doch mitten in dieser Sache drinsteckten... Wenn man dabei ist, einen Burschen in die Flucht zu schlagen, warum soll man dann sagen ›Komm zurück, wir geben Dir auch etwas Kuchen!‹ Warum soll man das tun? Da ist doch kein Sinn und Verstand dahinter. Es würde nur wieder diese unsicheren Amerikaner rauskehren, zeigen, daß sie ihrer selbst nicht sicher sind... Ich wußte nicht, daß er (der Präsident – B. G.) dabei war, irgend etwas zu unternehmen. Ich dachte, wir hätten ihm das bereits ausgeredet.«[74]

Auf diese Art Berater mußte John F. Kennedy jetzt verzichten, wenn er noch Auswege offenhalten wollte. Warum er allerdings im folgenden nur noch seinen Bruder und den Außenminister ins Vertrauen zog, bleibt sein Geheimnis. Welche Gründe auch immer eine Rolle gespielt haben mögen: McNamara, Bundy, Sorensen und Thompson erfuhren nicht, welchen präzisen Auftrag Robert Kennedy für sein Treffen mit Dobrynin erhalten hatte. Das »briefing« war ausschließlich Sache des Präsidenten und des Außenministers. Auch wurde nur mündlich darüber verhandelt. Schriftliche Unterlagen (Protokolle, Gesprächs- oder Aktennotizen) sind jedenfalls nicht bekannt.[75]

Ein Auftrag an Dean Rusk

Kaum hat Robert Kennedy das Weiße Haus verlassen, bittet der Präsident Dean Rusk zu einem weiteren vertraulichen Gespräch – diesmal unter vier Augen.

Dean Rusk war für seine unbedingte Loyalität zum Präsidenten bekannt. Bereitwillig stellte er sich als Kennedys politischer »Blitzableiter« zur Verfügung. Aber dennoch wurde er vom Kennedy-Clan belächelt, als Symbol einer längst vergangenen Zeit und »Mann ohne Schatten« verspottet. Für die vorgeblich »Besten und Klügsten« war er »Jedermanns Nr. 2«. David Halberstam sieht in ihm den »underdog« im elitären Zirkel von Karrierepolitikern und Intellektuellen, die unter Kennedy Führungspositionen einnahmen. »Jeder sprach freundlich von ihm. Gute Eigenschaften. Ein harter Arbeiter. Geduldig. Ausgeglichen. Ausdauernd. Ein guter Diplomat... Dean Rusk hinterließ nur bei wenigen Leuten einen schlechten Eindruck. Er war immer höflich, fleißig und umsichtig.« Aber die Kennedy-Jahre waren für ihn eine qualvolle Zeit. »Noch heute zeugen Photos ... von den unvereinbaren Gegensätzen: Die Kennedy-Leute, wie sie in Erwartung irgendwelcher ausländischen Besucher aufmerksam dastehen, alle jung und flott, und dazwischen ... Rusk und seine Frau, die, beide unelegant und älter und erschöpfter, aussehen, als wären sie die Vertreter einer vorangegangenen Administration oder gar nur die Anstandspersonen bei der Party. Rusk selbst sagte über sich nicht ohne Stolz, er sehe aus wie der Barkeeper in der Eckkneipe. Er wußte, daß man ihn in Georgetown heruntermachte, daß er nicht dazugehörte, und gelegentlich, wenn er gelöst und fern von Washington auf Reisen war, brandete ein grimmiger Populismus gegen die seidene Welt von Georgetown in ihm auf...« Auf dem Posten des Außenministers war Dean Rusk in den Augen des neuen Präsidenten die Idealbesetzung. Der Mann aus Georgia würde ein »schwacher Außenminister« sein und dem Präsidenten in der Diplomatie freie Hand lassen. Kennedy würde sein eigener Außenminister sein und alle für die Geschichtsbücher wichtigen Entscheidungen selbst treffen. »Rusk, der in die zweitmächtigste Stellung der Nation aufgestiegen war, strebte gar nicht nach Macht. Sicher war er gern Außenminister, er schätzte den Titel, die Stellung, das Gepränge und die Gelegenheit zu dienen. Aber sobald es darum ging, sich und seine Vorstellungen durchzusetzen, schreckte er zurück.« Trotzdem war Dean Rusk nicht nur Instrument in den Händen Kennedys. Der Präsident teilte viele seiner politischen Einstellungen, beispielsweise den Glauben an die Politik der Eindämmung. Rusk war ein Konservativer, voller Mißtrauen gegenüber der UdSSR und kritisch gegenüber allen »liberalen Unbesonnenheiten« im Umgang mit den Kommunisten. Kennedy wußte, daß Rusk die Liberalen vom Schlage eines Stevenson und Ball in Schach halten würde, ohne daß es besonderer Anweisung bedurfte. Denn Dean Rusk war, im Unterschied zu den Intellektuellen des »inner circle«, in seinem Amt ein erfahrener Profi.[76]

John F. Kennedy ging kein Risiko ein, als er Rusk um Unterstützung für seine Geheimdiplomatie bat. Im Gegenteil: Der Außenminister würde ihm bereitwillig folgen und im Zweifelsfall stillschweigend und bescheiden alle Kosten tragen.

Beide sprechen noch einmal über den »Raketentausch« und bereiten in weniger als 20 Minuten eine neue Option vor. Kennedy will das Einverständnis der vergangenen Stunden nicht in Frage stellen. In der jetzigen Phase dürfe auf keinen Fall der Eindruck entstehen, man würde den Sowjets nachgeben und erneut »knieweich« (»soft on communism«) werden. Aber der Präsident möchte

Auswege und Handlungsmöglichkeiten offenhalten, denn stündlich können neue Situationen entstehen, stündlich kann Unerwartetes eintreten. Deshalb drängt Kennedy darauf, nicht voreilig alle Wege zu einem »trade« zu verbauen. Nur eine Möglichkeit ist definitiv ausgeschlossen: Daß das Weiße Haus an die Öffentlichkeit tritt und Chruschtschows Vorschlag begrüßt. Die politischen Hürden für diesen Schritt sind zu hoch. Ein »Raketentausch« wird allenfalls dann zu einem umgänglichen Gegenstand, wenn Dritte – entweder neutrale oder Verbündete aus dem westlichen Lager – ihn vorschlagen.

Kennedy weist Rusk deshalb an, informelle Kontakte zu den Vereinten Nationen zu knüpfen. Andrew Cordier scheint der ideale Ansprechpartner zu sein. Cordier ist sowohl mit U Thant als auch mit Dean Rusk persönlich befreundet, ist lange Jahre als amerikanischer Diplomat bei der UNO tätig gewesen, steht aber mittlerweile nicht mehr im politischen Rampenlicht. Im Herbst 1962 unterrichtet er an der Columbia-University in New York City. Rusk ruft seinen Freund an und bittet ihn, sich im Auftrag des Präsidenten für ein Gespräch bei U Thant bereitzuhalten. Er diktiert den Text einer Erklärung, die zu gegebener Zeit an U Thant mit der Bitte zu übergeben sei, sie als Vorschlag der UNO in der Öffentlichkeit vorzustellen. Der Generalsekretär würde demnach fordern, daß die USA und die UdSSR ihre Mittelstreckenraketen aus Kuba und der Türkei zeitgleich abziehen. Sobald Cordier vom Weißen Haus grünes Licht erhalten habe, möge er mit der soeben übermittelten Erklärung zum East River fahren und bei U Thant persönlich vorsprechen. Der UNO-Generalsekretär müsse seinen Auftritt vor dem internationalen Publikum sehr gut vorbereiten. Auf keinen Fall dürfe der Eindruck entstehen, als hätte die Regierung der Vereinigten Staaten mit dieser Initiative etwas zu tun. U Thant habe nur die Wahl, in persönlicher Verantwortung zu sprechen oder Mitgliedsstaaten der UNO für den Vorschlag zu gewinnen.[77]

Die beabsichtigte Tarnung gelang. Außer Rusk und Cordier wurde niemand eingeweiht. Die Öffentlichkeit erfuhr erst 25 Jahre später von diesen Vorgängen.

Eine präzise Bewertung des »Cordier-Ploy« ist aus heutiger Sicht sehr schwer. Einige Beobachter wollen darin den unumstößlichen Beweis sehen, daß John F. Kennedy im Zweifelsfall doch zu einem »Raketentausch« bereit gewesen wäre. Eine überzeugende Begründung gibt es für diese These nicht – kann es nach Lage der Dinge auch gar nicht geben. Die Vorbereitungen blieben streng geheim und auf drei Akteure beschränkt; Kennedy wurde durch das unerwartet schnelle Einlenken Chruschtschows von der Verantwortung für weitere Maßnahmen entbunden. Selbst wenn Cordier vom Weißen Haus gebeten worden wäre, den Auftrag auszuführen, könnten daraus für die weitere Entwicklung nur höchst spekulative Vermutungen abgeleitet werden. Wie wäre U Thants Vorschlag in den USA aufgenommen worden? Hätte der Präsident genügend Rückhalt gehabt, um darauf einzugehen? Hätte er sich über seine Berater hinwegsetzen wollen oder können? Hätte er im Zweifelsfall einen hohen politischen Preis gezahlt? Wäre er bereit gewesen, Karriere und Amt aufs Spiel zu setzen?[78]

Fragen über Fragen also – und der einzige noch lebende Zeuge, Dean Rusk, hält sich mit schwankendem Urteil im Hintergrund. Mal scheint er seiner Sache sicher: »Mir war es klar, daß Präsident Kennedy nicht zulassen wollte, daß die Jupiter in der Türkei zu einem Hindernis für die Beseitigung der Raketenstellungen in Kuba würden, weil die Jupiter ja ohnehin abgezogen würden.« Mal relativiert er diese Sichtweise und empfiehlt eine zurückhaltende Beurteilung. Dies alles sei für Kennedy eine Option unter vielen gewesen, nichts weiter. Auch McGeorge Bundy – der ansonsten die Lesart eines »tauschwilligen Präsidenten« entschieden unterstützt – neigt in diesem Fall zur Skepsis. Aus der Anweisung an Cordier könne noch lange nicht abgeleitet werden, daß sich daraus ein »Raketentausch« hätte entwickeln können.[79]

Das »Cordier-Ploy« besagt weniger über künftige Absichten als über die konkrete Situation am Abend des 27. Oktober. Offensichtlich fühlte sich John F. Kennedy seitens des ExComm. erheblich unter Druck gesetzt. Wichtiger noch: Er zweifelte an der politischen Integrität und Loyalität seiner Berater. War Bundy am Nachmittag nicht sehr deutlich geworden? Hatte er nicht kategorisch festgestellt, für ein »Trading« würde es im Regierungsapparat keine Mehrheiten geben? Was würde wohl geschehen, wenn über eine »undichte Stelle« Interna der Krisensitzungen an diesen Apparat weitergegeben würden? So sah sich der Präsident zur Konspiration gezwungen – nicht etwa, um eine Entscheidung durchzusetzen, sondern nur, um einen möglichen Ausweg offenzuhalten. Kennedys Zaudern, seine Unsicherheit und sein wiederholtes Zurückweichen waren nicht nur persönlichen Eigenschaften geschuldet; sie hingen auch mit der inneren Dynamik des Machtapparates in Washington zusammen. Der Auftrag an Cordier zeigt aber auch, daß sich Kennedy mit diesem Druck und der Einschränkung seiner Möglichkeiten noch nicht abgefunden hatte und zumindest an einer Stelle einen Durchbruch wagte. Freilich war dieser Durchbruch noch immer an eine Bedingung geknüpft: Er mußte streng geheim bleiben. Für Aufgaben dieser Art wollte sich der Präsident nur auf Dean Rusk verlassen, den loyalen Beamten aus Georgia. In Washington verspotteten sie ihn noch immer als »Jedermanns Nr. 2« – John F. Kennedy war offensichtlich anderer Meinung. Die »Besten und Klügsten« waren an diesem Abend für ihn nicht mehr erste Wahl.[80]

Die Mission des Robert Kennedy

Von dieser Kritik war selbstverständlich einer ausgenommen: Robert Francis Kennedy, der jüngere Bruder des Präsidenten. Lange Jahre hatte ihn niemand ernst genommen. Allzu offensichtlich schien der Mangel an politischem Talent, allzu aufdringlich der Versuch, die Brüder in puncto Ehrgeiz, Willen, Entschlossenheit und Ausdauer zu übertreffen. Aber trotz aller Anstrengung verstand er sich nicht auf das kühle Management der Macht, das die anderen Kennedys an den Tag legten. Sicher konnte »Bobby«, der kleine Bruder, ebenso skrupellos wie sie auftreten; aber häufig stand er sich mit emotionalen Ausbrüchen und rücksichtslosen Rundumschlägen selbst im Wege. Auch andere Eigenschaften verhießen keine große Karriere. Er war bisweilen introvertiert und grüblerisch, kompromißlos in seinen moralischen Begriffen von »gut« und »böse«, rachsüchtig und nachtragend.[81]

Sein Bruder ernannte ihn zum Justizminister, beileibe keine Schlüsselposition für das Programm der neuen Regierung. Doch schon im April 1961 änderte sich alles. Nach dem Debakel in der Schweinebucht zog John F. Kennedy ihn immer stärker ins Vertrauen. Er schickte ihn in die Kommission, die den Untersuchungsbericht zur bisherigen Kuba-Politik erarbeiten sollte (Cuban Study Group) und bestellte ihn zu seinem persönlichen Vertreter bei der CIA. »Bobby« erkannte diese Chance und nutzte sie. Das Justizministerium interessierte ihn nur noch am Rande, in erster Linie kümmerte er sich fortan um das reibungslose

Funktionieren der Amtsgeschäfte im Weißen Haus. Er hielt dem großen Vorbild den Rücken frei, erledigte die Dreckarbeit, trat gegenüber politischen Gegnern als »Rache-Engel« seines Bruders auf. Allen Liberalen im Außenministerium und dem Stevenson-Flügel in der Demokratischen Partei hatte er den Kampf angesagt. Chester Bowles, George Ball und andere konnten ein Lied davon singen. Die ehedem guten persönlichen und politischen Beziehungen zu Senator McCarthy waren an Robert Kennedy nicht spurlos vorübergegangen. Nichts fürchtete er mehr, als daß die Kommunisten in den USA einen »Papiertiger« sähen. Und er, der jüngste einer jungen außenpolitischen Elite, wollte den alten Bannerträgern aus der Frühphase des Kalten Krieges beweisen, wie wenig berechtigt ihre Kassandrarufe waren. Er war geradezu begierig nach einem Erfolg auf dem »Schlachtfeld der Zukunft«, wie die Dritte Welt von den Kennedy-Leuten bisweilen genannt wurde. Im Sommer 1961 unternahm er seinen ersten Vorstoß und verlangte die Entsendung amerikanischer Truppen in die krisengeschüttelte Dominikanische Republik, deren Diktator Rafael Trujillo gerade ermordet worden war. Chester Bowles konnte ihn erst in letzter Minute bremsen – und bezahlte dafür wenige Monate später mit seiner politischen Karriere.[82]

Die Ereignisse in der Schweinebucht stachelten Robert Kennedy mehr als alles andere an. Nach dem Abschluß des Untersuchungsberichts entwickelte er eine hektische Aktivität, um die Konterrevolution in Kuba voranzutreiben. »Mit Castro kann es auf lange Sicht keine nachbarschaftlichen Beziehungen geben«, hieß es in den Empfehlungen der »Cuban Study Group«. »Get Castro« war seitdem ein geflügeltes Wort im politischen Washington. Der unermüdliche Antreiber dieser Kampagne hieß Robert Kennedy. In seinen Augen lief die ganze Arbeit viel zu schleppend. Geld und Leute forderte er und schaffte es schließlich, »Operation Mongoose« – das CIA-Programm zur Bekämpfung Castros – zum Schwerpunkt der CIA-Arbeit in der Dritten Welt zu machen. »Bald wurde das Hauptquartier der Einsatzgruppe ›W‹ in Miami ... die größte CIA-Einrichtung in der Welt; am Ende beschäftigte sie 500 Projektmitarbeiter, die ungefähr 3000 Kubaner dirigierten und dafür über 100 Millionen Dollar im Jahr ausgaben.« Guerillabekämpfung im allgemeinen und der Sturz Castros im besonderen, ohnehin bereits in das Programm der Administration Kennedy aufgenommen, fanden in Robert Kennedy ihren entschiedensten Fürsprecher. Er entwickelte für diese Ziele nach Meinung vieler zeitgenössischer Beobachter eine persönliche Manie. Nicht noch einmal sollte durch dilettantische Planung in letzter Minute alles schieflaufen. Unter Robert Kennedy waren Profis am Werk. Sie arbeiteten diverse Optionen aus und gaben präzise Handlungsanweisungen – u. a. auch zur Ermordung Fidel Castros.[83]

Die Raketen auf der Zuckerinsel drohten alle CIA-Planungen zunichte zu machen. Wer würde in den USA noch zum Sturz Castros aufrufen wollen, wenn dieser über die Mittel verfügte, sich mit der Zerstörung amerikanischer Großstädte zu rächen? Die große Krise um Kuba und der »showdown« mit der Sowjetunion waren in Robert Kennedys Augen daher die letzte Chance, »Mongoose« zum Erfolg zu führen. Von Anfang an opponierte er daher gegen »halbe Sachen«. Eine Invasion großen Stils sei das angemessene Mittel. Nur widerwillig unterstützte er die Blockade und rückte schon bald wieder davon ab. Am Donnerstag, den 25. Oktober, machte er sich erneut für Luftangriffe und Invasion stark. Mittlerweile hegte er auch keine Bedenken mehr gegen einen Luftangriff. Gefahr eines Atomkrieges? Davon wollte er nichts wissen. Krieg gebe es nur, wenn die Russen es wollten. Sollte dies der Fall sein, dann wäre eine schnelle Entscheidung am besten. »Wir alle waren der Überzeugung, daß die Russen

– falls sie bereit waren, wegen Kuba einen Atomkrieg zu beginnen – sich von vornherein auf den nuklearen Krieg vorbereitet hatten. Wenn es so war, konnten wir die Kraftprobe ebensogut jetzt und nicht erst sechs Monate später haben.«[84]

Viele sahen in Robert Kennedy den wichtigsten und einflußreichsten Berater des Präsidenten. Lyndon B. Johnson etwa war sich seiner Sache sehr sicher: »Macht euch bei keiner der Konferenzen etwas vor, wer der führende Berater ist. Es ist nicht McNamara, nicht die Stabschefs oder irgend jemand von der Sorte. Bobby ist als erster da und geht als letzter. Und Bobby ist der Junge, auf den er hört.« Am Abend des 27. Oktober wurde der Justizminister mit der schwierigsten Aufgabe dieses Tages betraut. Er würde Anatoli Dobrynin vermitteln müssen, daß die Uhr abgelaufen war.[85]

Es ist mittlerweile 19:45 Uhr. Vor dem Justizministerium – einem festungsähnlichen, mit Basalt und Granit bewehrten Bau an der Pennsylvania Avenue, auf halbem Weg zwischen Kapitol und Weißem Haus – hält ein Dienstwagen der sowjetischen Botschaft. Anatoli Dobrynin begibt sich sofort in das Arbeitszimmer von Robert Kennedy. Ihre Unterhaltung wird sich einen halben Tag später als Höhepunkt und zugleich Wendemarke der Kuba-Krise erweisen.

Seit 1968, als durch Robert Kennedys Memoiren dieses Gespräch bekannt wurde, reißen die Spekulationen nicht ab. Was ist damals unter vier Augen besprochen und versprochen worden? Hat der Justizminister seine Kompetenzen überschritten oder sich an die vereinbarten Vorgaben gehalten? Hat er gedroht? War die Drohung ernst gemeint oder nur ein Bluff? Wie reagierte Dobrynin darauf?

Beide fertigten Gedächtnisprotokolle dieser Sitzung an und hinterlegten sie wenig später in den einschlägigen Archiven. Robert Kennedy gab im Frühjahr 1964 einige wichtige Details in einem als »streng geheim« klassifizierten Interview mit Daniel Ellsberg (der im Auftrag der RAND-Corporation und der Regierung Johnson eine Studie zur Kuba-Krise erarbeitete) preis und wertete 1968 seine Unterlagen für das Buch »13 Tage« aus. Auf sowjetischer Seite erhielt Anatoli Gromyko, der Sohn des langjährigen Außenministers, in den frühen 70er Jahren Zutritt zu Dobrynins Akten und faßte seine Ergebnisse in einem Aufsatz zusammen. Nur wenig später erschienen in den USA Chruschtschows Memoiren – in ihnen findet sich die zweifellos lebhafteste Schilderung jener Stunden. Lange Zeit als seriöse Quelle in Zweifel gezogen, scheint inzwischen eine Neubewertung von »Khrushchev Remembers« am Platze. Das Buch enthält offensichtlich sehr viele wichtige Informationen und Bewertungen. Folgt man diesen Darstellungen, so nahm die Unterredung im Justizministerium folgenden Verlauf:

Robert Kennedy will zunächst vermitteln, daß eine neue Situation entstanden sei. Neu insofern, als die Arbeit an den Raketenbasen beschleunigt fortgesetzt werde und amerikanische Aufklärungsflugzeuge beschossen worden seien. Neu aber auch, daß sich die Lage in Washington stündlich zuspitze und der Präsident mittlerweile unter erheblichem Druck stehe. Möglicherweise gerate die Entwicklung schon bald außer Kontrolle – auf diesen Punkt kommt Robert Kennedy mehrfach zu sprechen. Die Sowjets verstehen die Botschaft. Chruschtschow erinnert sich an Dobrynins Bericht wie folgt: »Präsident Kennedy bittet den Vorsitzenden Chruschtschow mit Nachdruck, sein Angebot anzunehmen und die Besonderheiten des amerikanischen Systems zu berücksichtigen. Obwohl der Präsident selbst entschieden dagegen ist, einen Krieg wegen Kuba auszulösen, könnte gegen seinen Willen eine unumkehrbare Kettenreaktion einsetzen.«[86]

Wann und wodurch könnte eine eigendynamische Eskalation ausgelöst werden? Diesbezüglich wurden unterschiedliche Interpretationen angeboten. Chruschtschow wertete in seinen Memoiren diesen Hinweis als Warnung vor einem bevorstehenden Militärputsch in den USA. »Wenn die Entwicklung noch länger so weitergeht, dann ist sich der Präsident nicht mehr sicher, ob ihn die Militärs nicht stürzen und die Macht übernehmen werden. Die amerikanische Armee könnte außer Kontrolle geraten.« Von amerikanischer Seite und auch von Anatoli Gromyko wurde diese Sichtweise als übertrieben zurückgewiesen, gleichwohl aber eingeräumt, daß sich Robert Kennedy gegenüber seinem sowjetischen Gast sehr kritisch zur Rolle des Militärs äußerte. Unter den hochrangigen Generälen gäbe es manche Dummköpfe, »die geradezu nach einem Kampf dürsteten«.[87]

Was der Justizminister im einzelnen auch immer gesagt haben mag: Fest steht, daß der »inner circle« des Präsidenten über Auftreten und Rolle der Militärs sehr besorgt war. Wie sich das Verhältnis der politischen zur militärischen Führung im einzelnen während der »13 Tage« entwickelte, gehört nach wie vor zu den »blinden Flecken« bei der Erforschung der Kuba-Krise. Aber Robert Kennedy wollte keineswegs die ganze Verantwortung auf die Militärs abschieben. Unter bestimmten Umständen, so ließ er Dobrynin wissen, würden auch der Präsident und die Zivilisten im ExComm. die Luftangriffe anordnen – z. B. dann, wenn noch einmal ein Aufklärungsflugzeug beschossen oder abgeschossen werden sollte. »In diesem Fall werden wir sofort alle SAM-Stellungen und wahrscheinlich auch die Raketenbasen zerstören.«[88]

Dann kommt Robert Kennedy zu seinem wichtigsten Punkt: dem Ultimatum. Wie gesagt, der Präsident persönlich wolle keinen militärischen Konflikt und sei überzeugt, daß Chruschtschow und die sowjetische Führung ebenso dächten. Aber es läge jetzt ausschließlich in sowjetischer Hand, einen Krieg um Kuba abzuwenden – buchstäblich in letzter Stunde. »Wir müßten morgen die Zusicherung haben, daß diese Raketenbasen abgebaut würden. Meine Erklärung bedeute kein Ultimatum, sondern eine Feststellung der Tatsachen. Wenn die Sowjetunion diese Basen nicht entferne, würden wir sie entfernen.« Er wird noch deutlicher und nennt den Zeitpunkt eines möglichen Angriffs: Dienstag, 30. Oktober, in den frühen Morgenstunden. Auf sowjetischer Seite wird diese Drohung überaus ernst genommen; auch über die Geheimdienste hat man in Moskau inzwischen erfahren, daß Robert Kennedy nicht blufft, sondern die USA materiell und logistisch auf Angriffe jeder Art gegen Kuba vorbereitet sind. Und schließlich bringt – um dem Ultimatum besonderen Nachdruck zu verleihen – Robert Kennedy die atomare Überlegenheit der USA ins Spiel. Sollte die sowjetische Führung einen Vergeltungsschlag in Betracht ziehen, so riskiere sie die Vernichtung ihres Landes. Mit dieser neuerlichen »Feststellung der Tatsachen« unterbricht Robert Kennedy seine Darstellung. Die Sowjets haben maximal noch 48 Stunden Zeit.[89]

Dobrynin fragt nach amerikanischen Gegenleistungen. Wären die USA bereit, neben einem Gewalt- und Invasionsverzicht weitere Zugeständnisse zu machen? Könnten sie Chruschtschows Forderung nach einem Rückzug der Jupiter-Raketen akzeptieren? Robert Kennedy wiederholt zunächst die im Antwortbrief des Präsidenten festgelegte Position. Solange die Raketen aus Kuba nicht abgezogen sind, kann über die Jupiter weder gesprochen noch verhandelt werden; ein »Tauschhandel« gar ist völlig illusorisch. Dann aber weicht der Justizminister von der im Plenum des ExComm. diskutierten Linie ab und signalisiert für die unmittelbare Zukunft ein amerikanisches Entgegenkommen. »Präsident Kennedy habe jedoch schon seit langem darauf gedrängt, diese Raketen aus Italien und der Türkei abzuziehen. Er habe den Abbau vor einiger Zeit angeordnet, und wir rechneten damit, daß die Raketen bald nach Beendigung dieser Krise entfernt sein würden.« Erstmals wird ein Rückzug auch aus Italien in Aussicht gestellt. Robert Kennedy »vergißt« in seinem Buch den Hinweis, daß er Dobrynin überdies einen präzisen Zeitplan vorstellt. Sollten die Sowjets jetzt einlenken und ihre Raketen aus Kuba zurückholen, dann wären auch die Jupiter in vier bis fünf Monaten aus Italien und der Türkei verschwunden.[90]

Damit beendet Robert Kennedy das Gespräch. Ein weiteres Entgegenkommen wird es nicht geben, für zusätzliche Gespräche oder informelle Krisendiplomatie gibt es keine Gelegenheit mehr. »Die Zeit verstreiche, sagte ich, es blieben uns nur noch wenige Stunden, wir müßten sofort eine Antwort der Sowjetunion bekommen – innerhalb des nächsten Tages.« Er gibt Dobrynin eine Telefonnummer mit auf den Weg, unter der er jederzeit erreichbar ist.[91]

Über diese Unterredung ist viel geschrieben, gestritten und spekuliert worden. Welcher Aspekt ist höher zu bewerten: Das Ultimatum oder der in Aussicht gestellte Rückzug der Jupiter? Deutet Robert Kennedys Jupiter-Versprechen darauf hin, daß der Präsident seine Meinung bereits geändert hatte und im Zweifelsfall – wenn Chruschtschow nämlich nicht nachgegeben hätte – auch zu einem sofortigen »Raketentausch« bereit gewesen wäre? Immerhin bezog Robert Kennedy erstmals die Jupiter in Italien in die Überlegungen ein. Wäre der logisch nächste Schritt also nicht gewesen, auch in aller Öffentlichkeit mit den Sowjets einen Kompromiß zu schließen?

Wie nahm die sowjetische Seite die Ergebnisse des Treffens auf? Fedor Burlatsky, der Redenschreiber Chruschtschows, nennt das informelle Jupiter-Versprechen »wichtig« und für den weiteren Entscheidungsprozeß in Moskau »bedeutsam«. Zwar war das Angebot für die Sowjets diplomatisch und propagandistisch wertlos; sie hätten damit nicht an die Öffentlichkeit gehen können. Aber der Parteivorsitzende sah darin offensichtlich ein Mittel, um jene in Partei und Regierung zu beruhigen, die gegen das Ultimatum Kennedys Widerstand leisten wollten. Für diese Interpretation spricht auch die Tatsache, daß am 29. Oktober Botschafter Dobrynin einen Briefentwurf an Robert Kennedy übergab: Darin wurde der Präsident aufgefordert, den Rückzug der Jupiter aus Italien und der Türkei schriftlich zu bestätigen. (Das Ersuchen wurde von amerikanischer Seite kategorisch und mit einer Warnung zurückgewiesen: Sollten die Sowjets *öffentlich* die Jupiter in einen Zusammenhang mit der Lösung der Krise bringen, würde sich das amerikanisch-sowjetische Verhältnis erheblich verschlechtern, und die USA würden den Abzug der Jupiter rückgängig machen.) Burlatskys These läßt freilich noch viele Fragen offen. Insbesondere wären präzisere Informationen über die Meinungsverschiedenheiten oder Gruppenbildungen im Präsidium vonnöten.[92]

Sergo Mikojan, Sohn und politischer Sekretär von Anastas Mikojan, behauptet das Gegenteil. Er wisse aus eigener Anschauung und aus Gesprächen mit seinem Vater – der Chruschtschows Stellvertreter und engster Vertrauter war –, daß die Jupiter bei der Entscheidung in Moskau keine Rolle spielten. »Die Feststellung lautete: Ihr nehmt die Raketen weg oder wir werden es tun... Das Versprechen, die Jupiter in ein paar Monaten zurückzuziehen, war absolut unwichtig.« Chruschtschow habe die Drohung ernst genommen und unter allen Umständen vermeiden wollen, daß Kuba angegriffen wird. Einzig und allein deshalb sei die Krise so schnell beigelegt worden. Dobrynin und Chruschtschow hätten sehr schnell begriffen, daß Robert Kennedy nicht bluffe. Moskau sei klar geworden: Der amerikanische Präsident hat keinen Spielraum mehr; er wird bald den Militärs grünes Licht geben müssen, ob er das persönlich will oder nicht.[93]

In der Tat: Robert Kennedy bluffte nicht an diesem Abend. Wie das Tonbandprotokoll beweist, gab er die Stimmung und Beschlußlage des ExComm. korrekt wieder. Dobrynin gewann einen realistischen Eindruck dessen, was sich im Weißen Haus abspielte. Während des gesamten Gesprächs stand das Ultimatum eindeutig im Mittelpunkt. Robert Kennedys Memoiren stimmen in diesem Punkt völlig mit der sowjetischen Interpretation überein. Über die Jupiter wurde erst auf Nachfrage Dobrynins gesprochen. Zweifellos ging Robert Kennedy dann über die Mehrheitsmeinung im ExComm. hinweg und folgte dem Rat des Präsidenten: Ohne sich festzulegen, wollte John F. Kennedy ausloten, ob es überhaupt noch einen Spielraum für politische Lösungen gab. Laut Dean Rusk hatte der Präsident diese Linie mit ihm und Robert Kennedy vorher abgestimmt. Die Aussagen zum Thema Jupiter sollten neue Aspekte bieten, aber stets informeller Art bleiben. Die Sowjets müßten verstehen, daß es weder eine bilaterale Bestätigung noch eine öffentliche Bestätigung geben würde. »Das Bonbon für die Sowjets in dieser Vereinbarung war nichts weiter als eine ›Information‹, die ihnen übermittelt wurde und die sie nach Belieben interpretieren konnten.« Nichts deutete darauf hin, daß der Präsident seine Meinung geändert oder insgeheim bereits eine andere Linie eingeschlagen hatte. Im Gegenteil: Das unverbindliche und beliebig interpretierbare Jupiter-Versprechen markierte höchstwahrscheinlich die politische Grenzlinie, die auch John F. Kennedy nicht überschritten hätte. Trotz aller Zweifel an der Meinung seiner Berater hätte er es wahrscheinlich nicht gewagt, die ursprüngliche sowjetische Forderung nach einem offiziellen Kompromiß zu akzeptieren. Der Präsident hatte wohl nur eine Möglichkeit, sich dem Druck von Beratern und Apparaten zu entziehen: Auf dem Weg der Geheimdiplomatie und mittels Absprachen, die keine politische Bindekraft haben durften und überdies geheim bleiben mußten. John F. Kennedy erhoffte sich von dem Gespräch seines Bruders mit Anatoli Dobrynin eine letzte »Schonfrist«, einen letztmaligen Aufschub der endgültigen Entscheidung, Militär einzusetzen. Es ist aus den Tonbandprotokollen deutlich erkennbar, daß der Präsident eine militärische Eskalation mehr als die anderen fürchtete und sie im Grunde genommen nicht wollte. Ebenso unbestreitbar scheint aber auch, daß er sich dem Druck seines politischen und militärischen Umfelds hätte beugen müssen. Genau dies wollte Robert Kennedy seinem sowjetischen Gesprächspartner vermitteln. Und Dobrynin verstand die Botschaft.[94]

Diese Interpretation wurde von Robert Kennedy indirekt bestätigt. Als er ins Weiße Haus zurückkehrte, fand er einen sehr pessimistischen Präsidenten vor. John F. Kennedy wollte nicht glauben, daß sich in Moskau etwas bewegen würde. Wenn es zutraf, daß die dortigen »hardliner« Chruschtschow überstimmt hatten, dann würden sie auch auf dem »öffentlichen Raketentausch« bestehen und sich nicht mit vagen Versprechen begnügen. Mit keinem Wort gab John F. Kennedy zu erkennen, daß er möglicherweise auf anderem Weg die Notbremse ziehen und über Andrew Cordier eine Lösung suchen wollte. Noch hoffte er, daß Chruschtschow rechtzeitig nachgeben würde. Es war freilich, wie Robert Kennedy schreibt, »eine Hoffnung, keine Erwartung. Wir erwarteten eine militärische Konfrontation am Dienstag und möglicherweise schon morgen.«[95]

Die Grenzen der Geheimdiplomatie waren offensichtlich erreicht.

Der Präsident: orientierungslos

Gegen 21 Uhr tritt das ExComm. zum letzten Mal an diesem Tag zusammen. Die Sitzung verläuft wie gehabt: turbulent.

Der Präsident kam noch einmal auf das lästige Thema »Verbündete« und »Rolle der NATO« zu sprechen. Die Diskussion über diesen Punkt war am Nachmittag ergebnislos abgebrochen worden. Kennedy hatte seine ursprüngliche Position – sofortige Konsultation und möglicherweise europäische Beteiligung an der Jupiter-Entscheidung – Schritt für Schritt aufgegeben. Seine Berater hatten darin schlichtweg eine Zumutung gesehen. Bis zum Abend hatte man sich nicht zu einer Entscheidung durchringen können. Stundenlang war jeder Beschluß blockiert worden, hatte sich die Diskussion im Kreis gedreht: Patt.

Man einigte sich schließlich darauf, am nächsten Morgen eine Sitzung des NATO-Rates in Paris einzuberufen. NATO-Oberbefehlshaber Lauris Norstad ließ dem ExComm. seine Vorstellungen für den Ablauf der geplanten Sitzung schriftlich zukommen. Seiner Meinung nach sollte der US-Vertreter im NATO-Rat, Botschafter Finletter, die Jupiter-Frage ansprechen, aber auf keinen Fall den Eindruck erwecken, als würden die Europäer an der Entscheidung beteiligt. Das NATO-Treffen hatte für Norstad hauptsächlich taktische Bedeutung: Die USA kämen ihrer Konsultationspflicht nach und setzten sich folglich nicht dem Vorwurf aus, sie hätten über ihre Verbündeten hinwegregiert. »Finletters Darstellung sollte kurz und sachlich sein, kühl und skeptisch, ohne zu suggerieren, daß Sie (Herr Präsident – B. G.) bereits einen festen und endgültigen Standpunkt eingenommen haben. Die anschließende Diskussion könnte Ihnen, wie ich hoffe, nützliche Hinweise auf die Meinung der Europäer geben und einige Problemaspekte weiterentwickeln, die für ihre Entscheidungsfindung wichtig sind. Auf alle Fälle könnte sie dazu beitragen, eine Situation zu vermeiden, in der Sie, ganz gleich, was Sie tun, ins Unrecht gesetzt werden können, während Ihre Verbündeten ungeachtet der weiteren Entwicklung recht bekämen und als kluge Leute dastünden. Natürlich trägt sie auch dazu bei, die Konsultationsverpflichtungen zu erfüllen.

Wie produktiv und nützlich eine Diskussion im Nordatlantikrat auch sein mag, sie wird Ihnen im wesentlichen nicht, fürchte ich, die Last einer schwierigen Entscheidung abnehmen.« Im übrigen sprach sich Norstad vehement gegen einen »Raketentausch« aus und schlug vor, die Europäer nicht im Zweifel darüber zu lassen, daß die USA Chruschtschows Forderung wahrscheinlich zurückweisen würden. »Ich glaube, Finletter sollte angewiesen werden, darauf hinzuweisen, daß allgemein in dieser Richtung in den USA gedacht wird.«[96]

John F. Kennedy reagiert auf diese Vorschläge mit einem argumentativen Eiertanz ohnegleichen. Eindeutig ist nur seine Zweideutigkeit. Er gibt bisweilen Antworten, die nur als konfus und verwirrt zu bezeichnen sind. »Nun ja, wird der Bezug auf die Türkei, wir denken, daß wenn wir eine Maßnahme ergreifen, die wir möglicherweise ergreifen müssen, ich glaube nicht, daß wir sagen sollten – die wir vielleicht ergreifen müssen angesichts der Eskalation, falls sie die Türkei angreifen und falls sie Berlin angreifen, wir wollen, daß sie – falls sie jetzt da rauskommen wollen, dann ist jetzt die Zeit, darüber zu sprechen.« Dies ist der sprachliche Ausdruck eines Mannes, der ständig zwischen verschiedenen Lösungswegen schwankt, von tiefen Zweifeln geplagt ist, aber zugleich sich nicht zutraut, eine von der Mehrheitsmeinung deutlich abweichende und alternative Position zu beziehen. Folglich ist John F. Kennedy auch zu einer koordinierten und souveränen Verhandlungsleitung nicht in der Lage. Er schafft es nicht, die Diskussion in die Hand zu nehmen, Richtlinien zu formulieren, zu überzeugen, Entscheidungen vorzubereiten und noch weniger, sie durchzusetzen. Vielmehr verzettelt er sich, wieder einmal, in einem ständigen »sowohl-als-auch«, »ja-aber«, »vielleicht doch nicht«, »möglicherweise, wenn«, »unter anderen Umständen, falls«. Natürlich sollten die USA auf das Jupiter-Problem zu sprechen kommen, aber sich »neutral« verhalten und ihre Meinung verbergen. »Alles, was wir tun, ist zu sagen: ›So ist es. Diese Situation wird immer schlimmer, und wir werden Maßnahmen ergreifen müssen, und wir wollen euch wissen lassen, wir wollen euch die Gelegenheit geben, und wir beraten mit euch, ernsthaft, hat dies denn irgendwelche Vorzüge?‹« Aber vielleicht sei es ja doch richtiger, der NATO eine Ablehnung des »Raketentauschs« zu empfehlen – dann dürfe es aber auf keinen Fall so aussehen, als hätten die USA ihre Verbündeten dazu überredet. »Selbst wenn wir wollen, daß sie schließlich zu diesem Punkt kommen, wollen wir doch nicht so aussehen, als hätten wir sie dorthin gedrängt ...« Die Europäer sollen ihre Meinung darlegen, ohne über das Problem voll im Bilde zu sein; sie sollen die Kriegsgefahr spüren, aber im unklaren bleiben, welche Risiken die USA eigentlich eingehen wollen. Kurz, sie sollen einen politischen Blankoscheck unterschreiben. Aber vielleicht doch nicht morgen, sondern erst am Montag. Und überhaupt – wie war das noch einmal mit dem NATO-Treffen? Ist es bereits angesetzt oder nicht? »Ja, Herr Präsident«, bemerkt eine Stimme aus dem Hintergrund.[97]

Von den Militärs im Pentagon wurde berichtet, sie wären schon am frühen Abend wegen Kennedys ständigem Zaudern »die Wände hochgegangen«. Wie hätten die Herren mit dem klaren Welt- und Feindbild wohl reagiert, wenn sie Zeugen dieser Sitzung gewesen wären?

Kein Wunder, daß im ExComm. Unmut und Unruhe aufkommen. Ähnlich wie gegen 18 Uhr steht die Sitzung wieder auf der Kippe. Wut und Aggressionen können nur noch mit großer Anstrengung kanalisiert werden. Robert McNamara fordert daher den Präsidenten mit leiser Ungeduld auf, seine nebulösen Skizzen doch endlich einmal zu präzisieren, das mäandrierende Abweichen zu unterlassen und zum eigentlichen Problem zurückzukommen. »Herr Präsident, glauben wir, daß wir Kuba leichter mit den Jupitern in der Türkei oder eher ohne sie lösen können. Ich denke, wir sollten diese Frage entscheiden, bevor wir die Tür zur NATO öffnen.« An dieser Stelle interveniert auch Robert Kennedy heftig – und keineswegs brüderlich. Auch er will jetzt endlich »klare Verhältnisse« und setzt noch einmal alles daran, den »Raketentausch« zu denunzieren. Wieso man auf den Gedanken kommen könne, die notorisch uneinigen Europäer in dieser Sache um Rat zu fragen, will er nicht begreifen. Sie gar zu einem »Trading« überreden zu wollen, hält er für eine absurde Vorstellung – nicht der Rede und schon gar nicht des Nachdenkens wert.[98]

Statt dessen unterbreitet der Justizminister folgendes Szenario:

– In der morgigen NATO-Sitzung berichten die USA lediglich über die jüngsten Ereignisse (Briefe aus Moskau, Washingtons Antwort, Abschuß der U-2, weitere militärische Vorbereitungen). Die Jupiter kommen *nicht* auf die Tagesordnung.

– Bis Sonntag nachmittag, 16 Uhr, wartet Washington ab, wie die Sowjets wohl reagieren werden. »Wir bleiben hart und zäh in diesem Punkt.« Niemand soll den Eindruck haben, die USA seien verunsichert oder dächten noch einmal über Alternativen nach. »Wir warten.«

– Wahrscheinlich wird im Laufe des Sonntags eine ablehnende Antwort aus Moskau eingehen – falls der Kreml überhaupt reagiert. In diesem Fall berufen die USA den NATO-Rat für Montag, 10 Uhr, ein. Sie teilen ihren Verbündeten mit, daß die Jupiter kein Tauschobjekt seien und ein Angriff auf Kuba folglich der notwendige und richtige Schritt sei.

– Die Europäer begrüßen Washingtons Empfehlung. »Und sie sagen, ›Wir wollen standhaft bleiben‹, und dann gehen wir am Dienstag da rein.« Daß die Europäer einen »Raketentausch« wünschen könnten, kommt in Robert Kennedys Szenario nicht vor.[99]

Robert Kennedy führte hier exemplarisch vor, wie er die zwischenzeitlich auf den Weg gebrachte Geheimdiplomatie des Präsidenten verstand: Als Versuch, noch einige Stunden herauszuschinden. Nicht mehr und nicht weniger. »Wir warten« – bis Sonntag, 16 Uhr. Mehr war nicht mehr möglich. Sollte es anders sein, müßte er seinen Bruder schon grob mißverstanden haben. Wer aber wollte von dieser Möglichkeit ausgehen, wo doch jedermann im politischen Washington wußte, daß die beiden einander »blind« verstanden, untereinander nur noch in Kürzeln redeten und nach langen Jahren jugendlicher Entfremdung mittlerweile emotional und intellektuell »auf gleicher Wellenlänge« waren?[100]

Sollte der Präsident jemals ernsthaft an einen »Raketentausch« gedacht haben – hier war die Kampfansage. Sollte er jemals eine Beteiligung der NATO an dieser Entscheidung erwogen haben – hier war der Boykott. Sollte er jemals gedacht haben, durch ständiges Verzögern womöglich weitere Optionen offenzuhalten – hier war die Sabotage. Die »deadline« stand: Sonntag, 16 Uhr. Nicht länger. Was danach passieren würde, war für Robert Kennedy völlig klar. Wie hatte er noch am frühen Nachmittag gesagt: »Laßt uns jetzt Zeit schinden, um am Dienstag dann anzugreifen.«

Niemand im ExComm. erhob die Stimme gegen dieses Szenario oder machte kritische Einwände geltend. Im Gegenteil. Des Präsidenten »inner circle« – McNamara, Bundy, Sorensen und Rusk – unterstützte den Vorschlag, am folgenden Tag im NATO-Rat auf keinen Fall über die Jupiter zu diskutieren. Die Europäer könnten ihre Sicht der Dinge mitteilen, aber mehr auch nicht. Und der Präsident? Er fügte sich – wieder einmal – und übernahm die Argumentation seines Bruders. »Wir sollten zu diesem Zeitpunkt das Problem der Jupiter nicht aufbringen, weil etwas davon durchsickern könnte ...« McGeorge Bundy hakte gleich nach und faßte, um jedes Mißverständnis zu vermeiden, zusammen, wie die Anleitung für Botschafter Finletter aussehen sollte: »Es ist jetzt entschieden, daß Ihr Vortrag sich nicht auf den sowjetischen Vorschlag beziehen sollte, sondern auf die Situation ...«[101]

Selbstverständlich war damit noch immer keine endgültige Entscheidung in Sachen »Raketentausch« gefallen. John F. Kennedy wollte nach wie vor nicht ausschließen, daß man unter Umständen zu diesem Zugeständnis gezwungen sein könnte – auch wenn es niemand wollte. »Falls wir keinen Erfolg haben, dann – es ist möglich, daß wir dann vielleicht auf die Jupiter-Sache zurückkommen müssen.« Aber immer deutlicher erkannte der Präsident das Illusionäre dieser Vorstellung. Er registrierte den massiven Widerstand im ExComm. und gestand ein, daß die Voraussetzungen für ein »Trading« stündlich schlechter wurden. Bisweilen erschienen ihm die anvisierten Gespräche im NATO-Rat deshalb wie eine Einstimmung der Verbündeten auf den kommenden Krieg. »In der NATO [Worte unklar] Um diese Grundlage für ein Desaster für die NATO zu legen, später in der Woche, in Berlin oder sonstwo, sollten wir ihnen sagen, daß der Grund für unsere Beratungen mit ihnen der ist, daß die Situation sich verschlechtert, und falls wir Maßnahmen ergreifen, wird es, so denken wir, Vergeltung geben ...«[102]

Sollte John F. Kennedy jemals ernsthaft an einen »Raketentausch« gedacht haben – so versäumte er es jetzt, dafür in letzter Stunde die Initiative zu ergreifen. Sollte er jemals erwogen haben, auf die NATO Druck auszuüben und sie zu dem »Tausch« zu überreden – so unterließ er es jetzt, noch rechtzeitig die erforderlichen Schritte einzuleiten. Sollte der Präsident jemals gedacht haben, durch ständiges Verzögern den Widerstand seiner Berater unterlaufen und Entscheidungen vertagen zu können – so war er jetzt gescheitert.

Militärische Provokationen

Auch in der Frage der weiteren militärischen Planung agiert John F. Kennedy nicht wie ein Präsident, der die Eskalation mit allen Mitteln aufschieben oder gar vermeiden will. Vielmehr gibt er zu erkennen, daß er unter bestimmten Bedingungen bereits morgen bzw. am Montag den Einsatz des Militärs autorisieren würde.

Noch immer hielt der Tanker »Graznny« Kurs auf Kuba. Am 25. Oktober hatte sich das ExComm. vorläufig darauf geeinigt, die Sowjets nicht herauszufordern und den Tanker passieren zu lassen. Die CIA hatte zu diesem Zeitpunkt bereits gemeldet, daß alle Schiffe mit militärischem Cargo unmittelbar nach Kennedys Fernsehrede die Rückreise angetreten haben. Und nicht zuletzt hatte das ExComm. bei der Entscheidung vom 25. Oktober die sowjetischen Interessen in Rechnung gestellt. Chruschtschow war immer wieder bemüht gewesen, den USA die »politische Schmerzgrenze« der UdSSR zu verdeutlichen. Übergriffe auf Handelsschiffe würden als exemplarische und provokante Demütigung begriffen und die Sowjetunion zu Gegenmaßnahmen herausfordern. Man wollte sich nicht vor den Augen der Weltöffentlichkeit das Recht auf freie Seefahrt nehmen lassen. Vor zwei Tagen also noch wollte das ExComm. diese Erklärungen des Kreml würdigen und einen direkten Zusammenstoß mit sowjetischen Schiffen vermeiden. Nun aber sollte das alles nicht mehr gelten. Kennedy wollte über UNO-Generalsekretär U Thant wegen der »Graznny« eine Warnung an die Sowjets aussprechen lassen. Sollte das Schiff dennoch nicht abdrehen, würde es am Sonntag von amerikanischen Kreuzern aufgebracht. Der Präsident ließ keinen Zweifel daran, daß er diesen Zusammenstoß riskieren würde. »Die Konfrontation muß stattfinden. Es muß sein ...« Am Beispiel der »Graznny« sollten »Standfestigkeit« und »Ernsthaftigkeit« amerikanischer Politik demonstriert werden. »Dieses Schiff wird die wichtige Sache sein. Wird er (Chruschtschow – B. G.) dem Boot die Umkehr befehlen oder ...« Das ExComm. nahm Kennedys Bemerkungen kritiklos und selbstgefällig zur Kenntnis. Endlich, so die unterschwelligen Kommentare, hat der Präsident begriffen, worum es geht. Endlich schließt er sich der Mehrheit ohne Wenn und Aber an.[103]

Die zunehmende Verhärtung der Standpunkte zeigte sich auch in der Diskussion über die Einsätze niedrig fliegender Aufklärer. Am Sonntag, den 28. Oktober, würden die F-101 wieder in wenigen Dutzend Metern Höhe über die Insel rasen und Bilder von Raketenstellungen machen, über die man schon längst hinreichend informiert war. Vom rein militärischen Standpunkt aus gesehen, glaubte das Pentagon auf diese Flüge verzichten zu können. McNamara und General Taylor bestanden freilich aus zwei Gründen auf diesen Einsätzen:

– Sie waren ein wichtiges Mittel psychologischer Kriegsführung. Man glaubte, die Sowjets damit effizient unter Druck setzen und verunsichern zu können.

– Sollten die Sowjets und/oder die Kubaner auf diese Flugzeuge feuern, dann hätte man einen idealen Vorwand für den lange geplanten Einsatz der US-Luftwaffe über Kuba.

Diese Provokation eines Zwischenfalls schält sich immer mehr als der eigentliche Grund der F-101-Flüge heraus. John F. Kennedy beginnt mit dem lauten Nachdenken: Sollte morgen auf die Flugzeuge geschossen werden und sollten die Sowjets bis Sonntag abend nicht bzw. ablehnend auf die heutigen Forderungen reagiert haben, dann werde er nicht länger zögern. Die Luftwaffe werde Kuba offiziell zu einem »open territory«, d. h. vogelfrei, erklären; am Montag werden *alle* Luftabwehrstellungen zerstört werden. So weit der Präsident.[104]

Einige im ExComm. überblicken sofort die Reichweite eines solchen Beschlusses. Die SAM-Batterien dienen mehrheitlich dem Schutz der Mittelstreckenraketen und sind in unmittelbarer Nähe derselben ringförmig angelegt. Es ist unmöglich, bei Luftangriffen auf diese Komplexe präzise zwischen verschiedenen Objekten zu unterscheiden und beispielsweise die Mittelstreckenraketen zu verschonen – zumal es sich bei diesen um ungehärtete, mit leichtem Bordfeuer verwundbare Ziele handelt. Sie würden also im Zuge einer Angriffswelle zerstört werden, die sich vorgeblich nur gegen die Luftabwehr auf Kuba richtet und vorgeblich nur »Vergeltung« für vorausgegangenes Artilleriefeuer üben will. An dieser Stelle wird deutlich, warum McNamara und die Militärs von der ursprünglichen Forderung, exemplarisch nur eine SAM-Batterie anzugreifen, abgerückt sind und die Zerstörung aller SAM fordern. Sie würden zwei Fliegen mit einer Klappe schlagen und hätten überdies eine ideale politische Rechtfertigung zur Hand. Die Kubaner, so würden sie vor der Öffentlichkeit argumentieren, hätten verhindern wollen, daß die US-Air Force weiterhin die Arbeit an den Raketenstellungen beobachtet; die USA seien auf diese Informationen aber angewiesen, um rechtzeitig Vorbereitungen für einen Überraschungsangriff erkennen zu können; daher habe man die SAM vernichten müssen; im Zuge dieser Angriffe und infolge einer Verkettung unvorhergesehener Umstände seien auch die Mittelstreckenraketen gesprengt worden. In der Planung des Pentagon ist dieses Szenario mittlerweile die Option Nr. 1; unter Option Nr. 2 würde die Luftwaffe auch gegen Flugplätze, die sowjetischen MIGs und Häfen eingesetzt; Option Nr. 3 sieht eine Kombination von Bombardierung und Invasion vor. McNamara favorisiert zu diesem Zeitpunkt Option Nr. 1. Wiederholt orakelt er, daß man einen »Vorwand« für die Angriffe auf die SAM brauche. Außenminister Rusk begreift offenbar erst jetzt, was sich hinter dem Vorschlag verbirgt und ruft überrascht in die Runde: »Auf die Raketen schießen, die am Boden stationiert sind, mit der Begründung, daß man das Feuer eröffnet auf die ...« – der Rest geht im Stimmengewirr unter, muß aber zweifellos »SAM« heißen.[105]

Es war erstaunlich, daß weder McNamara noch Taylor diese Zusammenhänge in der ExComm.-Diskussion offen beim Namen nannten. Möglich, daß darüber in kleineren Gruppen oder während der Sitzungspausen beraten worden war. Möglich, daß Übermüdung, Streß und psychische Erschöpfung ihren Preis forderten und notwendige Informationen deshalb nicht mehr weitergegeben werden konnten. Möglich, daß Kennedys Berater daran kein Interesse hatten, weil sie ohnehin eine baldige Entscheidung erzwingen wollten und zum Einsatz des Militärs entschlossen waren. Allerdings ist auch eine weitere Vermutung nicht von der Hand zu weisen: Die Konsequenzen wurden bewußt nicht beim Namen genannt, weil man endlich Fakten schaffen wollte. Jetzt war der Punkt erreicht, vor dem McNamara noch am 16. Oktober gewarnt hatte. Es wurden Entscheidungen getroffen, deren Implikationen und Konsequenzen nicht offengelegt waren.

Ob John F. Kennedy die Zusammenhänge durchschaute, ist aus den Tonbandprotokollen nicht ersichtlich. Jedenfalls folgte er den Überlegungen McNamaras und autorisierte die für den folgenden Tag vorgesehenen Flüge der Niedrigaufklärer. Er wollte das Spiel mit den vielen Unbekannten riskieren, wollte unbedingt testen, wie weit er selbst gehen konnte und ab wann die Sowjets Widerstand leisteten, ob sie oder die Kubaner neue Angriffe wagten, wo ihre Schwächen lagen. »Wir wollen auch herausfinden, ... ob sie morgen Artillerie einsetzen.«[106]

Das Drehbuch für einen möglichen Krieg war damit zu Ende geschrieben. Wer in dieser Stunde welche Details kannte, wer aus welchen Gründen Informationen zurückhielt oder wer wen mit welchen politischen Manövern übertölpeln wollte, war zweitrangig geworden. Entscheidend war, daß die Risiken blindlings akzeptiert wurden – von den militanten Falken, weil sie in ihrer Allmachtsphantasie nicht an eine sowjetische Vergeltung glauben wollten; vom »inner circle« der Kennedy-Berater, weil sie politisch keine Alternative zur »Politik der Stärke« sahen und unbedingt die Hegemonie der USA in der Weltpolitik wiederherstellen wollten; und schließlich von einem Präsidenten, der zwar immer noch zweifelte, aber allmählich zurückwich und den Verlockungen eines vermeintlich »schnellen Sieges« erlag.

So können Kriege entstehen.

Die notwendigen militärischen Vorbereitungen waren zu diesem Zeitpunkt abgeschlossen. McNamara erhielt die Erlaubnis, weitere 14 000 Reservisten der Lufttransporteinheiten (insgesamt 24 »squadrons«) einzuberufen und 300 zusätzliche Truppentransporter anzufordern. Damit war das Invasionsheer komplett. Der Military Air Transport Service (MATS) hatte die Mannschaften in Florida und auf Schiffen im Abstand von 50 bis 150 Meilen um Kuba in Stellung gebracht – die Zahlenangaben schwanken zwischen 100 000 und 150 000 Mann. Sie konnten mit der Unterstützung von 850 Kampfflugzeugen rechnen. (Das waren ca. 40% aller taktischen Kampfverbände der US-Luftwaffe). Rückblickend kam Luftwaffengeneral David A. Burchinal noch immer ins Schwärmen: »Ich dachte, es (Florida – B. G.) würde im Meer versinken, so viele Flugzeuge, Bomben und Raketen transportierten wir nach Florida. Wir hatten genug, um Kuba buchstäblich von einem Ende zum anderen einzunehmen, und wir hätten jede beliebige Option, die sie wollten, umsetzen können. Invasion oder Luftangriff, wir konnten es.« Burchinal übertrieb nicht. Der Vorsitzende der Vereinigten Stabschefs, Maxwell Taylor, hatte bereits am 25. Oktober in einem Memorandum für McNamara die Zeitvorgaben für verschiedene Optionen zusammengefaßt. Wieviel Zeit würde verstreichen zwischen einem Einsatzbefehl aus Washington und der militärischen Ausführung? Taylor faßte zusammen: Bei Einsätzen gegen Luftabwehrstellungen zwei Stunden; bei einem umfassenden Luftangriff 12 Stunden. Sollte eine Invasion durchgeführt werden, müßte Kuba zunächst flächendeckend bombardiert werden, um den Widerstand zu brechen. Sieben Tage nach Beginn der Bomberflüge würden die ersten Truppen auf der Insel landen; voraussichtlich 18 Tage nach »D-Day« hätte man alle Truppen samt Unterstützungseinheiten nach Kuba gebracht.[107]

Aber die Militärs hatten nicht nur für den Krieg um Kuba vorgesorgt. Man mobilisierte auch für »Armageddon«, für den Fall eines strategischen Atomkrieges gegen die UdSSR. 672 atomare Langstreckenbomber (B-47 und B-52) standen bereit, verteilt über 33 zivile und militärische Flughäfen. 60 von den B-52 kreuzten ständig im Luftraum über den USA (»airborne-alert«) und konnten ohne jeden Zeitverlust eingesetzt werden. Alle an-

Уважаемый господин Президент!

Получил Ваше послание от 27 октября с.г. Выражаю свое удовлетворение и признательность за проявленное Вами чувство меры и понимание ответственности, которая сейчас лежит на Вас за сохранение мира во всем мире.

Я отношусь с большим пониманием к Вашей тревоге и к тревоге народов Соединенных Штатов Америки в связи с тем, чтс оружие, которое Вы называете наступательным, действительно является грозным оружием.

И Вы и мы понимаем, что это за оружие.

Чтобы скорее завершить ликвидацию опасного конфликта для дела мира, чтобы дать уверенность всем народам, жаждущим мира, чтобы успокоить народ Америки, который, как я уверен, так же хочет мира, как этого хотят народы Советского Союза, Советское правительство в дополнение к уже ранее данным указаниям о прекращении дальнейших работ на строительных площадках для размещения оружия, отдало новое распоряжение о демонтаже вооружения, которое Вы называете наступательным, упаковке его и возвращении его в Советский Союз.

Г-н Президент, я хотел бы еще раз повторить, о чем я уже писал Вам в своих предыдущих письмах, что Советское правительство предоставило правительству Республики Куба экономическую помощь, а также оружие, поскольку Куба, кубинский народ постоянно находились под непрерывной угрозой вторжения на Кубу

Его Превосходительству
Джону Ф.Кеннеди,
Президенту Соединенных Штатов
Америки

\- 8 -

В связи с ведущимися сейчас переговорами и.о.Генерального секретаря г-на Тана с представителями Советского Союза, Соединенных Штатов Америки и Республики Куба, Советское правительство направило в Нью-Йорк Первого заместителя министра иностранных дел СССР В.В.Кузнецова для оказания содействия г-ну Тану в его благородных усилиях, направленных к ликвидации сложившегося опасного положения.

С уважением к Вам

Н.ХРУЩЕВ

28 октября 1962 года

☐ *Faksimile des Briefes von Nikita Chruschtschow an John F. Kennedy, 28. Oktober 1962*
☐ *Anastas Mikojan bei Fidel Castro, Ende Oktober 1962*
☐ *US-Marine kontrolliert auf offener See den Rücktransport der Raketen auf dem Frachter »Volgoles«, 9. November 1962*

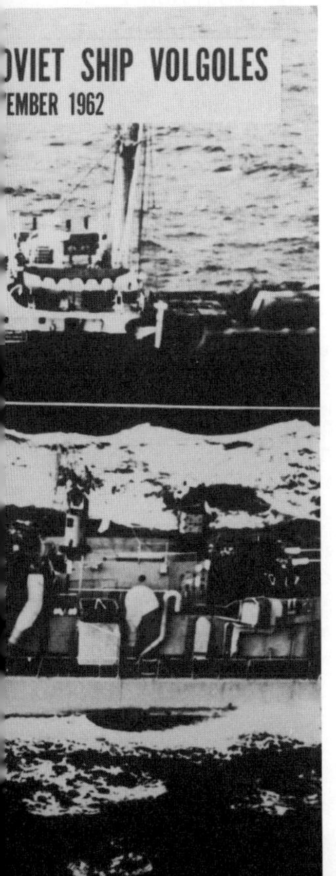

OFFICE OF THE SECRETARY OF DEFENSE.

MEMO FOR

4/25

Mr. President

The last Jupiter missile in Turkey came down yesterday.

The last Jupiter warhead will be flown out of Turkey on Saturday.

RMcN

☐ *Anastas Mikojan bei der Ankunft in New York, 26. 11. 1962*
☐ *Aktennotiz Robert McNamaras über den Abzug der amerikanischen Jupiter-Raketen aus der Türkei, 25. 4. 1963. (»Mr. President, die letzte Jupiter-Rakete wurde gestern demontiert. Der letzte der Jupiter-Sprengköpfe wird am Samstag aus der Türkei ausgeflogen werden. R Mc«)*

deren Bomber konnten binnen 15 Minuten starten. 172 Interkontinentalraketen vom Typ Atlas und Titan waren einsatzbereit. Mit der Direktive Nr. 6917 wurde das Oberkommando der Strategischen Luftstreitkräfte angewiesen, alle verfügbaren Kapazitäten auszuschöpfen. In der Nacht vom 27. auf den 28. Oktober warteten 2858 Atomwaffen auf ihren Einsatz. Die Vereinigten Stabschefs hatten mittlerweile angeordnet, daß im Fall eines Krieges oder Notstandes die Armee die Exekutivgewalt im Land übernehmen und das öffentliche Leben regulieren würde. Der Stabschef des Heeres unterhielt eine Planungsgruppe (»civil affairs special planning group«), die detaillierte Einsatzpläne für die Aufrechterhaltung von »Ruhe und Ordnung« ausarbeitete.[108]

Es ist kurz vor 23 Uhr. Nach nahezu 13stündigen Beratungen vertagt sich das ExComm. Die Stimmung ist nervös, überreizt, voll düsterer Vorahnungen. Jeder weiß, daß der Schlüssel für die weitere Entwicklung jetzt in Moskau liegt. Alles hängt davon ab, ob Chruschtschow die amerikanischen Signale richtig versteht und bereit ist, nachzugeben. Er darf im Ultimatum Robert Kennedys keinen Bluff sehen; das Präsidium muß in der Lage sein, in einer extrem angespannten Situation und binnen kürzester Frist eine definitive Entscheidung zu treffen. Einen nochmaligen Aufschub wird es nicht geben – auch dies weiß jeder in Washington.

Robert McNamara hat die Situation noch klar vor Augen: »An diesem zweiten Wochenende mußten wir die Sache zu einer schnellen Entscheidung bringen, weil ab Montag der Druck, Luftangriffe zu fliegen, enorm gewesen wäre.« Der Präsident und sein »inner circle« konnten nicht mehr recht daran glauben, daß ihr Vabanque-Spiel gutgehen würde. Ihre eigene Analyse sprach dagegen. Wie sollte ein zerstrittenes und womöglich in mehrere Lager gespaltenes Politbüro die geforderten Zugeständnisse machen können? Die »Besten und Klügsten« wußten: Man verlangte von der Gegenseite Schritte, die im umgekehrten Fall als unzumutbar und als Zeichen der »Schwäche« empört zurückgewiesen worden wären. Und sie wußten, daß von Seiten des Präsidenten wohl keine neuen politischen Initiativen mehr kommen würden.[109]

»Ich denke, wir tun das, was wir als einziges tun können...«, bemerkte Robert Kennedy lakonisch. John F. Kennedy schätzte das Kriegsrisiko auf irgendwo zwischen 25:75 und 50:50; McNamara fragte sich, ob er jemals wieder einen Samstag erleben würde. Einzig die traditionellen Falken schienen keine Angst vor dem »großen Krieg« zu haben. Ausgerechnet sie entwickelten ein hohes Vertrauen in die Rationalität und Berechenbarkeit sowjetischer Politik. Konventioneller Krieg mit der UdSSR? Möglich, aber wenig wahrscheinlich. Atomkrieg? Ausgeschlossen! Und selbst wenn das Unmögliche eingetreten wäre: Viele der höchsten Militärs waren davon überzeugt, 90–100% (!) des strategischen Arsenals der Sowjets am Boden zerstören zu können. Ob Naivität, Selbsttäuschung oder Kriegslust – solche Visionen erleichterten es, den Einsatz im Krisenpoker zu steigern. Wäre es also tatsächlich zu einem Krieg mit der UdSSR gekommen – ob konventionell oder atomar –, so hätte niemand im ExComm. behaupten können, man sei »hineingeschlittert«.[110]

In dieser Stunde glaubt die Mehrheit im ExComm. und in den politischen und militärischen Apparaten, daß John F. Kennedy den Luftangriff befehlen werde. Auch Robert McNamara sieht den Rubicon bereits überschritten. Er packt seine Unterlagen zusammen und will den Raum verlassen, als ihn Robert Kennedy zur Seite nimmt und fragt, wie er sich fühle. »Nun, schwer zu sagen«, antwortet der Verteidigungsminister. »Hast du irgendwelche Zweifel? ...Bobby, ...wir werden zwei Sachen parat haben müssen, eine Regierung für Kuba, weil wir eine brauchen werden [Worte unklar] und zweitens, Pläne, wie wir der Sowjetunion in Europa antworten, weil sie dort etwas unternehmen werden, so sicher wie das Amen in der Kirche.« Ein anderer der »Besten und Klügsten« hört im Hinausgehen das Gespräch mit und kommentiert trocken: »Wie wäre es, wenn wir Bobby zum Bürgermeister von Havanna machten?«[111]

Moskau lenkt ein

Es war Sonntag früh, Moskauer Ortszeit, als sich Chruschtschows Krisenstab erneut zu Beratungen im Kreml zurückzog. Einziger Tagesordnungspunkt: das von Anatoli Dobrynin übermittelte Ultimatum der Amerikaner. Über den Verlauf dieser Sitzung ist nur wenig bekannt. Raymond Garthoff, damals als Staatssekretär für »politisch-militärische Angelegenheiten« im amerikanischen Außenministerium tätig, vermutet, daß die sowjetischen Militärs gegen einen Abzug der Raketen votierten. Nach einigen Stunden Bedenkzeit entschied die Gruppe aber am frühen Nachmittag anders. Man wollte auf schnellstem Wege Kennedys Bedingungen akzeptieren, d.h. die Raketen zurückholen und sich mit dem Versprechen der USA zufriedengeben, keine militärische Gewalt gegen Kuba anzuwenden. Angeblich – so jedenfalls behauptet Garthoff – fiel noch eine weitergehende Entscheidung. Die UdSSR würde auch im Falle einer amerikanischen Invasion Kubas nicht zu den Waffen greifen.[112]

Chruschtschow drängt darauf, daß die Gegenseite so schnell wie möglich in Kenntnis gesetzt wird. Er glaubt, nur noch wenig Zeit zu haben. Deshalb wird die Nachricht weder verschlüsselt noch auf den üblichen diplomatischen Kanälen weitergeleitet, sondern über Rundfunk verbreitet. Angst überfällt den Kurier des Kreml auf dem Weg zur Rundfunkstation. Er darf, so sagt er sich, jetzt keinen Motorschaden haben. Wird die technische Übermittlung reibungslos funktionieren? Hoffentlich treten keine atmosphärischen oder technischen Störungen auf, die den Inhalt der Botschaft verstümmeln, unkenntlich machen oder zu Mißverständnissen Anlaß geben. Chruschtschow fürchtet insbesondere, daß Kennedys Krisenstab falsch reagieren und das Versprechen aus Moskau als Bluff und Hinhaltemanöver auslegen könnte. Fast zeitgleich wird daher der Befehl an die sowjetischen Brigaden auf Kuba ausgegeben, sofort mit dem Abbau der Raketenstellungen zu beginnen. Die Amerikaner sollen schon in den nächsten Stunden Augenzeugen der Demontage werden. Gegen 13 Uhr Washingtoner Ortszeit – drei Stunden sind seit der neuesten Nachricht aus Moskau vergangen – schickt die CIA ein Telex zum Weißen Haus. Die Stützpunkte werden aufgelöst.[113]

Wahrscheinlich hatte Chruschtschow eher als alle anderen erkannt, daß der Siedepunkt erreicht war und ihm die Ereignisse aus dem Ruder liefen. Der Abschuß der U-2 war eine erste Warnung gewesen, hatte ihm die Grenzen seiner Macht und seines Einflusses über militärische Apparate vor Augen geführt. Auch bestätigten ihm die Nachrichtendienste, daß Robert Kennedy nicht geblufft hatte. Eine Invasion Kubas konnte in den nächsten zwei oder drei Tagen, möglicherweise auch schon früher, stattfinden. Glücklicherweise verfügte der Parteichef in Moskau noch über die physischen und psychischen Energien sowie über die politische Autorität, um die notwendigen Konsequenzen zu ziehen. Wollte er die Regierung Castro retten und eine militärische Konfrontation mit den USA vermeiden, blieb nur noch der Rückzug. Diese Krise konnte man nicht mehr »managen« oder steuern.[114]

Alles weitere war – trotz zahlreicher Komplikationen – nur noch Formsache:

– Anastas Mikojan, Chruschtschows Stellvertreter und Freund, flog am 2. November nach Havanna, um Fidel Castro von den Vorteilen dieser Lösung zu überzeugen. Es war keine leichte Aufgabe, wie sich herausstellen sollte. Castro war über Chruschtschows Nachgeben erbost und hatte deshalb am 28. Oktober kubanische Miliz vor den Raketenstützpunkten aufziehen lassen. Er wollte von den USA keine allgemeinen Versprechungen hören, sondern forderte konkrete Zusagen: Beendigung der Wirtschaftsblockade; sofortiges Einstellen aller subversiven Aktionen gegen Kuba; Verzicht auf militärische Beobachtungsflüge im kubanischen Luftraum; Räumung des US-Flottenstützpunktes Guantanamo. In wochenlangen und turbulenten Gesprächen konnte sich Mikojan schließlich behaupten und Castro von diesen Forderungen abbringen. Aber Castro weigerte sich weiterhin beharrlich, Inspekteure einreisen und den Abbau der Raketen von internationalen Beobachtern verifizieren zu lassen. Daraufhin einigten sich amerikanische und sowjetische Unterhändler auf einen anderen Modus. Die Schiffsladungen würden zeitweise sichtbar gemacht und die US-Marine würde auf hoher See den Transport beobachten können.[115]

– Welche Waffen würden zurückgezogen werden? Insbesondere die IL-28-Bomber waren umstritten. Kennedy und Chruschtschow diskutierten dieses Problem in einer Reihe privater Briefe. Details sind keine bekannt, da diese Briefe merkwürdigerweise und abweichend von der üblichen Praxis noch immer unter Verschluß gehalten werden. Im November 1962 kam es schließlich zu einer Einigung. Die 42 Bomber wurden ebenfalls abgezogen, im Gegenzug hoben die USA die Blokkade auf.[116]

Damit endete die bislang schwerste internationale Krise der Nachkriegszeit.

Epilog
Der historische Ort der Kuba-Krise

Auf Havanna folgt Saigon

Waren die 13 Tage im Oktober ein singuläres historisches Ereignis? Eine Ausnahme, provoziert durch die Verkettung unglücklicher Umstände?

Zunächst scheint vieles für diese These zu sprechen. Amerikanische Regierungen seit Truman hatten im Umgang mit den Sowjets zwar immer laute und kraftmeierische Töne angeschlagen, waren in der politischen Praxis aber doch sehr zurückhaltend aufgetreten. Keiner konnte besser ideologische Schlachten schlagen als Dean Acheson und John Foster Dulles, die langjährigen Außenminister. Die Weltpolitik geriet in ihren Reden zu einem beständigen Entscheidungskampf gegen das »Reich der Finsternis« und zu einem fortwährenden »Wandeln am Rande des Abgrunds«. In entscheidenden Situationen freilich hatten sie sich stets rückversichert und darauf geachtet, daß die Konfrontation nicht auf die Spitze getrieben wurde. Das war während der Blockade Berlins 1948 nicht anders als im Korea-Krieg; während des sowjetischen Einmarsches in Ungarn nicht anders als im Streit mit der VR China um die dem chinesischen Festland vorgelagerten Inseln Quemoy und Matsu; während der Berlin-Krise 1959 nicht anders als während des Mauerbaus im August 1961. War letzteres nicht der anschauliche Beweis dafür, daß auch die Regierung Kennedy von ihren Vorgängern gelernt hatte?

In der Tat bezeugen diese Beispiele eine auffällige Diskrepanz zwischen Rhetorik und Praxis des Kalten Krieges. Es wäre verfehlt und irreführend, die martialischen Prophezeihungen und Symbole jener Jahre mit der tatsächlichen Politik gleichzusetzen. Während der Berliner Krise 1948 drohte Truman nach außen hin mit dem Atomwaffenmonopol – aber die demonstrativ nach England und in die Westzonen verlegten Bomber waren nicht atomwaffenfähig. Sie dienten eher der »Beruhigung« der Westeuropäer als zur Einschüchterung der Sowjets. Im Korea-Krieg wollte General MacArthur tatsächlich die »Entscheidungsschlacht« gegen die VR China und womöglich auch gegen die Sowjets – doch Truman enthob ihn kurzerhand seines Amtes.[1]

Die Kuba-Krise freilich war kein Ausrutscher oder Zufall. Eine 17 Jahre währende politisch-militärische Konfrontation forderte im Herbst 1962 ihren Preis. Damals wurde die ganze Tragweite der »Strategie des Kalten Krieges« deutlich, damals zeigte sich, daß scheinbar randständige Politikmodelle sehr schnell eine dominierende Rolle spielen können.

Anfang der 60er Jahre wurde in den USA sehr lebhaft über den Begriff »forcierte Krise« (»precipitated crisis«) diskutiert. Die Debatte konzentrierte sich auf die These, daß unter bestimmten historischen Bedingungen Zurückhaltung und Kompromiß nicht in Frage kommen könnten. »Forcierte Krise« besagte in diesem Zusammenhang zweierlei:

– Es kann für die Vereinigten Staaten von Vorteil sein, eine politische und/oder militärische Auseinandersetzung mit den sozialistischen Ländern zu provozieren.

– Möglicherweise ist es auch angebracht, solche Krisen im Ost-West-Verhältnis kalkuliert zu forcieren und kontrolliert zu eskalieren.[2]

Unter John F. Kennedy avancierte diese Konzeption zu einem wichtigen Bestandteil der »Strategie des Kalten Krieges«. Ausdrücklich wurde anerkannt, daß Krisenkontrolle versagen und amerikanische Politik selbst zum kriegsauslösenden Faktor werden konnte. Ein im September 1962 erstelltes Memorandum der regierungsnahen RAND-Corporation kam zu der einprägsamen Schlußfolgerung: »Eine Politik, die jegliches Risiko eines Weltkrieges vermeidet, würde die Nation hilflos feindlichen Drohungen ausliefern.«[3]

Im Oktober 1962 schien es gerechtfertigt und notwendig, das Risiko eines Weltkrieges einzugehen. In Washington war man wegen der Erfolge nationaler Befreiungsbewegungen in der Dritten Welt nervös geworden und befürchtete insbesondere nach den Ereignissen in der Schweinebucht neue Rückschläge. Die Zeit war »reif« für einen exemplarischen Erfolg amerikanischer Außen- und Militärpolitik. Eines Tages, so hatte der Präsident schon im Sommer 1961 zu verstehen gegeben, könnte der Zeitpunkt kommen, wo er das größtmögliche Risiko würde eingehen müssen, um Chruschtschows Politik gegenüber den Entwicklungsländern »einzudämmen«. »Er muß uns in Aktion sehen.« So gesehen, wurde in Kuba über Erfolg oder Mißerfolg der gesamten Dritte-Welt-Politik der USA entschieden. Walt Whitman Rostow, der Stellvertreter McGeorge Bundys, faßte die vorherrschende Meinung prägnant zusammen, als er in einem Memorandum vom 24. Oktober schrieb: »Es ist zu diesem Zeitpunkt der Auseinandersetzung zwischen Ost und West unbedingt erforderlich, daß den Sowjets kein Erfolg in der Größenordnung zugestanden wird, wie dies bei einer funktionsfähigen Raketenstellung auf Kuba der Fall wäre.« John F. Kennedy teilte diese »Logik«. Ein Erfolg der Sowjets »hätte das Gleichgewicht der Macht politisch verändert. Es hätte den Anschein gehabt, und der Schein ist Teil der Realität.«[4]

Der Schlüssel zum Erfolg dieser Politik lag, wie Phil Williams in einer kritischen Studie über »Krisenmanagement« schreibt, »darin, eine Entwicklung in Gang zu setzen, welche die Wahrscheinlichkeit einer Katastrophe vergrößert, ohne aber die Kontrolle über die Situation allzusehr einzuschränken«. Oder in den Worten des ehemaligen Außenministers John Foster Dulles: »Die Fähigkeit, zum Abgrund zu gehen, ohne in einen Krieg hineingezogen zu werden, ist die notwendige Kunst.«[5]

Aus amerikanischer Sicht konnte der Ausgang der Kuba-Krise trotz allem nicht befriedigen. Der entscheidende »Schönheitsfehler«: Castro war noch immer an der Regierung. Nach wie vor war man weit davon entfernt, in der Dritten Welt das selbstgesteckte Ziel des »Zurückrollens« des Sozialismus zu erreichen. Eben deshalb drängten die »Radikalen« auf weitere Taten – und hatten Erfolg. 1965 gewährte Lyndon B. Johnson dem Pentagon hinsichtlich der Dominikanischen Republik freie Hand. »Tut, was ihr für richtig haltet!« war sein Kommentar, nachdem der Stabschef der Armee, Earl G. Wheeler, auf die »kommunistische Gefahr« in diesem Land hingewiesen hatte. Das ließen sich die Militärs nicht zweimal sagen. Sie marschierten kurzerhand mit 32 000 Marines ein. Das Drehbuch für diese Intervention war bereits im November 1962 geschrieben worden – in einer von den Vereinigten Stabschefs verfaßten Rückschau auf die Kuba-Krise. Was sie in Kuba nicht hatten leisten können, holten sie in der Dominikanischen Republik nach.[6]

In Vietnam wollte man schließlich den endgültigen Durchbruch schaffen. Maxwell Taylor und Walt Whitman Rostow hatten das Land am Mekong im Herbst 1961 bereist und bereits zu diesem frühen Zeitpunkt die Entsendung amerikanischer Kampftruppen empfohlen. Nach der Kuba-Krise fanden sie innerhalb der Administration zunehmend Gehör. Noch unter John F. Kennedy wurde der Grundstein für die spätere massive Intervention und den jahrelangen Krieg gelegt. Insofern wäre es falsch zu behaupten, der Kalte Krieg habe mit der Kuba-Krise seinen Höhepunkt überschritten oder habe gar mit ihr geendet. Der Kalte Krieg trat 1962 lediglich in eine neue Etappe ein. Seine Kraft war erst gebrochen, als Hunderttausende Zivilisten und Soldaten auf den Schlachtfeldern Südostasiens ihr Leben verloren hatten. Das Modell der »dosierten«, »sukzessiv eskalierten« und »kontrollierten Gewaltanwendung« zerbarst am Widerstand des vietnamesischen Volkes. In diesem Augenblick war auch der Kalte Krieg gescheitert – zwölf Jahre nach der Kuba-Krise. Die Ereignisse des Oktober 1962 hatten den Kalten Krieg noch einmal belebt. Sie nährten nämlich die tödliche Illusion, man könnte auch in anderen Regionen mit »gradueller Eskalation« zum Erfolg kommen. Das neue Havanna hieß Saigon, und der zweite Akt der Kuba-Krise wurde in Vietnam geschrieben.[7]

Das intellektuelle Zeughaus des Atomkrieges

Selbstverständlich wußte man in Washington, daß die Eskalation einer lokalen Krise zu einem »großen Krieg« mit der eigenen Vernichtung enden konnte. Und sicher waren John F. Kennedy, Robert S. McNamara oder McGeorge Bundy keine Desperados, die bedenkenlos mit der Gefahr eines Krieges gespielt hätten. Gleichwohl begriffen die führenden Politiker und Militärs in den USA einen Krieg – auch den Atomkrieg – als Mittel der Politik. Gerade die Regierung Kennedy unternahm große Anstrengungen, um in dieser Hinsicht auf der »Höhe der Zeit« zu sein. Die intellektuelle Modernisierung der Kriegsstrategie schlug sich in der Forderung nach »Flexibilität« und »glaubwürdiger Erstschlags-Option« nieder. »Was aber zählt, ist, daß man ihren Einsatz kontrollieren muß, wenn man diese Waffen einsetzt. Was wir brauchen, ist Kontrolle, Flexibilität, eine Wahlmöglichkeit«, setzte der Präsident dem Journalisten Stewart Alsop auseinander. Und schließlich dürfte Chruschtschow nie sicher sein, ob die Vereinigten Staaten vielleicht nicht doch den ersten Schlag mit Atomwaffen führen würden. »Unter bestimmten Umständen könnte es sein, daß wir die Initiative ergreifen müssen.« Diese verdeckte, aber stets erkennbar signalisierte Drohung sollte gerade in Krisensituationen die Sowjets politisch einschüchtern und den USA ermöglichen, ihre Bedingungen zu diktieren.[8]

Dergleichen Überlegungen waren nicht neu; man hatte sie auch schon zu Eisenhowers Zeiten diskutiert. Aber unter John F. Kennedy blieb es nicht bei unverbindlichen programmatischen Allgemeinheiten. Bereits im Oktober 1962 verfügten die amerikanischen Militärs über ein erstschlagsfähiges Waffenarsenal (»first strike capability«). Insbesondere die Luftwaffe hatte beständig darauf gedrängt. Sie forderte – wie McNamara dem Präsidenten in einem Memorandum mitteilte – ein Potential, das »es uns ermöglichen würde, das sowjetische Vergeltungspotential anzugreifen und bis zu einem Punkt zu reduzieren, von dem aus es der Bevölkerung und Industrie der Vereinigten Staaten keinen ernsthaften Schaden mehr zufügen könnte«. Wie auch immer die Repräsentanten des Weißen Hauses zu den vom Pentagon vorgebrachten Überlegungen im einzelnen gestanden haben mögen – sie haben Entscheidungen vorbereitet, durchgesetzt und politisch verantwortet, die Amerikas Raketenstreitmacht enorm aufstockten und die amerikanische Fähigkeit zu einem Erstschlag drastisch vergrößerten. Desmond Ball faßt eine detaillierte Studie zu dieser Entwicklung mit dem Hinweis zusammen, daß die militärische Überlegenheit der USA zu keinem Zeitpunkt größer gewesen sei.[9]

Ob, wann und wie eine solche Erstschlags-Fähigkeit einzusetzen sei, blieb – wie nicht anders zu erwarten – in Washington heftig umstritten. Im Pentagon wurden Stimmen laut, die für den überraschenden Atomangriff auf die Sowjetunion plädierten. Die Mehrheit distanzierte sich freilich von solchen Szenarien eines nuklearen Pearl Harbour. Sie verstand unter »Erstschlag« entweder den Prä-Emptivkrieg oder aber den Ersteinsatz von Atomwaffen. Im ersten Fall würden die USA in einer akut zugespitzten Konfliktsituation »dem Gegner zuvorkommen«. D. h., wenn nach eigener Einschätzung ein Krieg unmittelbar bevorstand, sollte die UdSSR so früh wie möglich und in jedem Fall zu einem Zeitpunkt angegriffen werden, *bevor* sie ihre Atomraketen gegen die USA abschießen konnte. Im zweiten Fall, bei einem »Ersteinsatz von Atomwaffen«, würde man den Verlauf der ersten und mit konventionellen Waffen ausgetragenen Kriegsphase abwarten und dann womöglich als erster nuklear eskalieren.[10]

Es fiel der Regierung nicht schwer, die Visionen eines überraschenden atomaren Überfalls und eines nuklearen Angriffs »aus heiterem Himmel« glaubhaft zurückzuweisen. Von solchen Vorstellungen hatte noch keine Administration etwas wissen wollen. Aber das eigentliche Problem waren nicht die Konzepte einer radikalen Minderheit unter den Militärs. Das Problem war vielmehr, daß im Pentagon, im Außenministerium, im Nationalen Sicherheitsrat und auch im Weißen Haus über Szenarien eines »Prä-Emptivkrieges« und »Ersteinsatzes« wohlgefällig diskutiert wurde. Davon wollte sich die Regierung keineswegs distanzieren. Im Gegenteil: Sie wollte dergleichen Optionen ausdrücklich wahren. Ob der Präsident und sein Beraterstab dabei in erster Linie an politische Einschüchterung und Erpressung oder an im Zweifelsfall realisierbare militärische Konzeptionen dachten, sei dahingestellt. Politisch entscheidend sollte sein, daß man an dieser Planung festhielt:

– Im März 1961 studierte McNamara den Allgemeinen Atomkriegsplan der Streitkräfte (SIOP) und stellte fest, daß darin auch der Plan für einen Erstschlag verankert war. Die zivile Führung tolerierte diesen Sachverhalt. Zu keinem Zeitpunkt wurde der Versuch unternommen, den SIOP umzuschreiben oder zumindest diese Option mit der Kennziffer »SIOP 1(a)« zu eliminieren.[11]

– Unter McNamaras Federführung wurden in der Folge Waffenprogramme aufgelegt, die in erster Linie der Bekämpfung von »counterforce«-Zielen, d. h. militärischen Anlagen, dienten. Großeinsätze gegen militärische Ziele aber waren und sind nur dann »sinnvoll«, wenn sie den Gegner hindern, selbst zu den Waffen zu greifen. »Counterforce« und »Erstschlag/Einsatz« sind daher zwei Seiten einer Medaille.[12]

Gerade die von McNamara ins Pentagon berufenen Zivilisten hingen der Illusion nach, auf diesen Wegen zu handhabbaren Optionen nuklearer Kriegsführung zu finden. Ihre fixen Ideen hießen »Steuerbarkeit«, »Kontrolle«, »Selektion«, »Schadensbegrenzung« und »Rationalität« in einem Atomkrieg. Wenn es schon so weit kommen sollte, dann wollte man auch die Gewißheit, einen solchen Krieg frühzeitig und für die amerikanische Seite »siegreich« beenden zu können. Die »Zauberlehrlinge« der Nuklearstrategie waren überzeugt, Rezepte ausknobeln zu können, die es ermöglichen würden, einen Atomkrieg nach dem Vorbild konventioneller Kriege der Vergangenheit zu führen. So jedenfalls sprach Robert Mc Namara im Mai 1962 zu seinen NATO-Kollegen in Athen. »Kontrollierte Erwiderung« hießt das Zauberwort der Stunde – und die Kombination aus Prä-Emption und Ersteinsatz schien der Schlüssel zum Erfolg.

Alle diese Visionen sind Traumtänzerei und verantwortungsloses intellektuelles Glasperlenspiel – fürwahr. Aber dennoch prägten sie politische Realität. Sie verdichteten sich im Washington der frühen 60er Jahre zu einer blinden »Arroganz der Macht«. Das militärische Drohpotential schien beliebig manipulierbar. Wie könnten die Sowjets im Zweifelsfall ernsthaften Widerstand wagen? Sie würden – so verkündete McNamara in Athen – noch nicht einmal eine politische Krise eskalieren wollen oder können. Auf dieser Linie lag der Vorschlag, den der Verteidigungsminister am 16. Oktober im ExComm. unterbreitete: Man sollte der UdSSR öffentlich mit der totalen atomaren Vernichtung für den Fall drohen, daß die geringsten Anzeichen eines von Kuba ausgehenden Angriffs entdeckt würden. Die Vorstellung eines solchen Angriffs auf die USA war selbstverständlich absurd – und jeder in Washington wußte das. Darum ging es auch gar nicht. Vielmehr verfolgte McNamara einen anderen Zweck. Die UdSSR sollte von vornherein politisch eingeschüchtert werden. Chruschtschow müßte begreifen, daß die Vereinigten Staaten ihre Kuba-Politik nicht änderten und sich weiterhin alle Möglichkeiten offenhielten. So erweist sich McNamaras Vorschlag als klassisches Beispiel »atomarer Diplomatie«.[13]

Die »große Koalition« aus Erstschlags-Theoretikern und Aposteln »rationalen Atomwaffeneinsatzes« sah im Oktober 1962 eine einmalige politische Chance gekommen. Jetzt würde man den politischen Wert der Hochrüstung demonstrieren und beweisen, daß sich die Investitionen gelohnt hatten. In diesem intellektuellen Klima verflüchtigte sich allmählich die selbstverständliche Einsicht und Erkenntnis, daß es in einem Atomkrieg keine Sieger geben kann und daß auch die eigene Gesellschaft vernichtet werden würde. Schon war die Rede von »nicht ernsthaften Schäden« an der amerikanischen Bevölkerung und Industrie. Die Geschichte des Krieges ist immer auch die Geschichte solcher Denkmodelle.

Die Mär vom »Krisenmanagement«

Kaum war die Krise beigelegt, entbrannte der Streit darum, ob in den 13 Tagen des Oktobers tatsächlich eine akute Kriegsgefahr bestanden habe. Parteigänger und Bewunderer John F. Kennedys vertraten mit Nachdruck die These des »rationalen Krisenmanagement«. Robert McNamara entdeckte gar eine neue Qualität des Politischen: »Es gibt keine Strategie mehr, nur noch Krisenmanagement.« Kennedys ExComm. wurde zum Inbegriff verantwortungsbewußter Planungs- und Entscheidungskompetenz. Hans Morgenthau, der Nestor der amerikanischen Politikwissenschaft, nannte die Politik des Krisenstabes »das Destillat einer kollektiven intellektuellen Anstrengung auf hohem Niveau, das in der Geschichte seinesgleichen suchen muß«. Lobpreisungen dieser Art sind Legion. Sie gipfeln in Arthur Schlesingers Hymne: Die Beratungen des Oktobers seien eine »Kombination von Härte und Zurückhaltung, Willenskraft, Nervenstärke und Weisheit, brillant kontrolliert und geeicht«.[14]

Die Tonbandprotokolle der Sitzungen des Executive Committee vermitteln einen anderen Eindruck. Sie bestätigen die in den letzten Jahren formulierte Kritik am Modell des »rational actor« und »rational decision-making«. Richard Ned Lebow faßt diese Kritik treffend zusammen:

– Von einer »offenen Beratung« konnte keine Rede sein. Die wichtigste Entscheidung war bereits gefallen, bevor das ExComm. zum ersten Mal zusammentrat. Mit politischen Mitteln wäre ein Abzug der Raketen nicht zu erreichen, also müßte Gewalt angewendet werden. So lautete die vom Präsidenten und seinem »inneren Kreis« eingebrachte Prämisse. Das ExComm. befaßte sich nur noch mit der Frage des »Wie«. Welche militärische Option wäre wohl am besten geeignet?

– Über Alternativen, insbesondere diplomatische Lösungsmöglichkeiten, wurde nicht nachgedacht. Es spricht für sich, wie das ExComm. in der Anfangsphase auf Adlai Stevenson reagierte. Streit über Grundsätzliches war nicht erwünscht; es ging allein um die angemessene Taktik.

– Für John F. Kennedy hatte das ExComm. in erster Linie legitimatorischen Charakter. Er brauchte diese überparteilich zusammengesetzte Gruppe, um die risikoreiche Konfrontation gegenüber Kongreß und Öffentlichkeit politisch abzusichern. Selbstverständlich läge die Verantwortung letztendlich beim Präsidenten. Aber dieser Präsident war aus den Erfahrungen der Schweinebucht klug geworden. Ein zweites Mal sollten seine innenpolitischen Gegner nicht über ihn herfallen und ihn des politischen Versagens bezichtigen können. Die Entscheidung war auf viele Schultern verteilt. Erstmals waren alle wichtigen Behörden und Apparate an einem Tisch vertreten; Republikaner wie Douglas Dillon diskutierten mit Kennedys Liberalen; die CIA und das Pentagon würden nicht behaupten können, sie wären vom Außenministerium oder dem Stab des Weißen Hauses überspielt worden.[15]

Auch kann keine Rede von einer stets kontrollierten und risikoarmen Politik des ExComm. sein. Im Gegenteil: Am 27. Oktober war die Geduld der Gruppe eindeutig erschöpft. Amerikanische Herrschaftsinteressen wurden der Erhaltung des Friedens übergeordnet. Man war nicht einmal zu einer Kursänderung fähig, als der Abschuß der U-2 eine eigendynamische Eskalation signalisierte. Die Grenzen einer politisch »rückversicherten Diplomatie« waren eindeutig überschritten. Würde man noch einmal davonkommen? Der Krisenstab hoffte es, aber – wie Robert Kennedy schrieb – »es war eine Hoffnung, keine Erwartung. Wir erwarteten eine militärische Konfrontation am Dienstag und möglicherweise schon morgen.«[16]

Aber hätte John F. Kennedy nicht im letzten Moment das Ruder doch noch herumgerissen? Hätte er nicht in letzter Minute eingewilligt und Chruschtschows Forderung nach einem »Raketentausch« erfüllt? Einige Berater des Präsidenten – allen voran McGeorge Bundy – bejahen diese Frage mittlerweile emphatisch. Sie glauben aus dem Tonbandprotokoll des 27. Oktober die Kompromißbereitschaft des Präsidenten herauszuhören bzw. herauszulesen. Diese These kann mit Fug und Recht bezweifelt werden. Gerade das Tonbandprotokoll liefert keinen Beweis für eine solche Absicht Kennedys. Es gibt noch nicht einmal ausreichend deutliche Hinweise. Freilich kann auch das Gegenteil nicht nachgewiesen werden – daß der Präsident nämlich hart geblieben wäre und unter allen Umständen ein Entgegenkommen abgelehnt hätte. John F. Kennedy hat sich – soweit aus den vorliegenden Quellen erkenntlich – nie zu dieser Frage geäußert. Folglich wird stets ein Rest Zweifel bleiben müssen.[17]

Dennoch gibt es keinen Grund, sich an dieser Stelle in pure Spekulation zu flüchten. Neben dem Tonbandprotokoll gibt es noch weitere Indizien für Absicht und Haltung des Präsidenten – nämlich das Urteil seiner engsten Berater am Abend des 27. Oktober und unmittelbar danach. Wie dachte der »inner circle« in der konkreten historischen Situation über John F. Kennedy? Überraschenderweise urteilten alle ähnlich. Ob Bundy oder McNamara, ob Rusk oder Sorensen, ob Robert Kennedy oder Taylor – keiner traute dem Präsidenten am 27. Oktober zu, daß er den Kurs ändern und in den nächsten Tagen auf Chruschtschows Forderung eingehen würde. Die »Radikalen« um Nitze waren sicher, die Oberhand zu behalten. In ihren Augen würde John F. Kennedy den Befehl zum Angriff geben. Alle anderen sahen den Rubicon ebenfalls überschritten. Der Präsident würde dem Druck nicht mehr lange standhalten können.[18]

Die in den frühen 60er Jahren veröffentlichten Memoiren stützten diese Einschätzungen. Laut

Sorensen nahm das Drängen zugunsten eines Angriffs »rapide und *unwiderstehlich* zu.« »Der Präsident hatte nicht die Absicht, das Bündnis (die NATO – B. G.) zu zerstören, indem er sich beugte.« Auch für Arthur Schlesinger stand damals fest: »Die Vereinigten Staaten hätten gar keine andere Wahl gehabt, als gegen Kuba in dieser Woche etwas zu unternehmen.« Und Robert Kennedy schließlich kam es erst gar nicht in den Sinn, die Frage ernsthaft zu stellen, ob sein Bruder an ein Nachgeben gedacht hätte. Auch ihm schien die Antwort allzu offensichtlich.[19]

Es gibt somit keinen Grund, das Kriegsrisiko herunterzuspielen und demgegenüber die Effizienz des »politischen Krisenmanagement« nachträglich aufzuwerten. Alle Beteiligten in Washington schätzten am Abend des 27. Oktober das Kriegsrisiko als sehr hoch ein. In Abwägung aller Faktoren scheint dieses situative Urteil der Wirklichkeit am nächsten zu kommen.

Es bleibt die Frage, warum eine Eskalation trotzdem vermieden werden konnte. Vier Momente scheinen ausschlaggebend zu sein:

– Offenkundig liegt eine Verkettung glücklicher Zufälle vor. Zufall war es, daß ein sowjetisches U-Boot, als man es zum Auftauchen zwang, nur beschädigt, nicht aber versenkt wurde. Zufall auch, daß die U-2 am 27. Oktober rechtzeitig den sowjetischen Luftraum verlassen konnte. Nur zufällig wurden zwischen dem 22. und 27. Oktober gravierende Mängel in der politisch-militärischen Kommunikationsstruktur rechtzeitig entdeckt. Zufall schließlich, daß der Blockadering im letzten Moment verlegt und ein frühzeitiger Zusammenstoß mit sowjetischen Schiffen vermieden wurde. Die flexible Handhabung der Blockade lebte von solchen und ähnlichen Zufälligkeiten.

– Die Sowjets verhielten sich so, wie man es erhofft hatte. Überzeugende Gründe für diese Erwartung gab es freilich nicht. Eine Spekulation ging auf. Sie bleibt aber eine Spekulation, trotz des glücklichen Ausgangs. Ausschlaggebend war wohl, daß die UdSSR die militärischen Vorbereitungen der USA nicht spiegelbildlich kopierte. Weder mobilisierte sie in großem Umfang Truppen noch machte sie ihre Atomraketen startklar. Wie hätten wohl die Vereinigten Stabschefs in Washington reagiert, wenn »ernsthafte Anzeichen eines bevorstehenden Angriffs« – und nichts anderes ist eine Mobilmachung – gemeldet worden wären? Wäre dies ihrem Denken zufolge nicht der »casus belli« gewesen, der überzeugende Grund für einen Erstschlag – für die Option 1(a) im Allgemeinen Atomkriegsplan?

– Chruschtschow hatte im eigenen Lager politischen Handlungsspielraum. Freilich stellte sich auch dies erst heraus, nachdem er in die Enge getrieben worden war. Die Geschichte der Moskauer Krisenpolitik wird en detail noch zu schreiben sein. Sie wird Probleme schildern müssen, die im amerikanischen Kalkül jener Tage überhaupt nicht vorgesehen waren. Z. B. die Tatsache, daß Fidel Castro heftig gegen ein Nachgeben opponierte. Wie und zu welchen Bedingungen diese Opposition überwunden wurde, wissen wir noch nicht.

– Beiden Seiten stand genügend Zeit zur Verfügung. Zumindest zu Beginn und in der mittleren Phase der Krise konnten immer wieder Denk- und Entscheidungspausen eingelegt, neue Entwicklungen sondiert und Beschlüsse differenziert vorbereitet werden. Wahrscheinlich – so legen Studien über simuliertes Krisenverhalten nahe – wäre der Angriff befohlen worden, wenn statt der 13 Tage nur ein oder zwei Tage zur Verfügung gestanden hätten. Wahrscheinlich brauchte auch Chruschtschow diese lange Zeitspanne, um in letzter Minute einlenken zu können.[20]

Der Oktober 1962 ist ein typisches Beispiel dafür, wie Kriege entstehen können. Von einem ungewollten »Hineinschlittern« in die Gefahr kann keine Rede sein. Im vollen Bewußtsein der möglichen Konsequenzen ließ man sich auf eine Politik des »brinkmanship«, des Wandelns am atomaren Abrund, ein. Die gefährliche Dynamik dieser Entscheidung war offenkundig, aber auf amerikanischer Seite war kaum jemand willens oder fähig, dieser Dynamik Einhalt zu gebieten. Auf sowjetischer Seite dauerte es ziemlich lange, bis die Notbremse gezogen wurde. Nachdem die USA mehrere informelle Angebote abgelehnt hatten, entschloß sich Chruschtschow mit dem Brief vom 27. Oktober zu einer politischen Eskalation. Ohne die amerikanische Reaktion prognostizieren und abschätzen zu können, ließ er es auf den Test ankommen. Wahrscheinlich erkannte man in Moskau erst im nachhinein, auf welches Risiko man sich eingelassen hatte.

Robert McNamara gesteht im historischen Rückblick ein, daß sehr viel Glück im Spiel war. Nach 25 Jahren verwirft er jene Ideen und Konzepte, die er in seiner Zeit als Verteidigungsminister mit Verve vertreten hatte. Die Idee des »rationalen Krisenmanagement« ist mittlerweile für ihn Makulatur. »Ich denke«, sagt er im Oktober 1987 in Harvard, »wir haben zwei Dinge gelernt. Erstens: Man kann eine Krise nicht managen, wenn es sich dabei um eine militärische Konfrontation zwischen den beiden großen Mächten oder zwischen dem Warschauer Pakt und der NATO handelt. Da gibt es absolut keine Möglichkeit. Es ist unmöglich, in einem solchen Fall Aktionen zu starten und darauf zu vertrauen, die Konsequenzen dieser Aktionen im Griff zu behalten ... Wir sind fehlbar, in Zeiten der Krise reagieren wir auf Fehlinformationen, Fehleinschätzungen, Fehlurteile, Emotionen. Und ich denke, dies ist der erste Punkt. Man kann keine Krise managen und dabei sicher sein, daß unannehmbare Konsequenzen vermieden werden ... Und deshalb lautet die zweite Lehre: Wir müssen lernen, Krisen zu vermeiden.«[21]

Wiederholung ausgeschlossen

In der Tat ist militärisches und politisches Abenteurertum weniger denn je tolerierbar. Im Vergleich zu den frühen 60er Jahren fehlen heutzutage wesentliche politische Sicherungen. Dies hängt mit rüstungstechnologischen und militärstrategischen Entwicklungen zusammen:

1) Die Vorwarnzeiten wurden und werden drastisch gesenkt. Konnte während der Kuba-Krise noch mit Tagen und Stunden kalkuliert werden, so ist heute ein vernichtender Angriff binnen weniger Minuten möglich. Sobald aber der Führung eines anderen Staates mit vorbereitungsloser Zerstörung gedroht werden kann, sind alle Voraussetzungen einer konfliktlösenden Kommunikation hinfällig. Absichten werden prinzipiell unkalkulierbar; geringfügige Mißverständnisse können die Eskalation ins Rollen bringen. Kurzschlüssigen oder irrationalen Handlungen ist dann Tür und Tor geöffnet. Zweifel und Abwägungen haben keinen Platz mehr, es geht nur noch darum, der Gegenseite zuvorzukommen und rechtzeitig einen lähmenden oder entwaffnenden Schlag zu führen. Denken wird zwangsweise auf die Annahme des »schlimmstmöglichen Falles« reduziert. Dann aber ist das Politische endgültig und buchstäblich vom Militärischen »besetzt«.

2) Die Frage danach, wer die Erlaubnis zum Einsatz von Atomwaffen geben darf, ist umstritten, seit es diese Waffen gibt. Nach außen wird immer die alleinige Entscheidungsbefugnis des Präsidenten betont. Aber gerade in den frühen 60er Jahren drängten führende Militärs anhaltend darauf,

daß ihnen diese Kompetenz teilweise übertragen würde. Und Präsident Kennedy fürchtete während der Kuba-Krise offensichtlich ein eigenmächtiges Handeln untergeordneter Militärs. Wohl nicht umsonst ließ er Vorbereitungen zur Entschärfung der atomar bestückten Jupiter-Raketen in der Türkei treffen. Verminderte Vorwarnzeiten beeinflussen die Frage nach der Einsatzbefugnis erheblich, weil es nämlich mehr denn je auf schnellstmögliches Handeln ankommt. Also wird den Militärs – und im Zweifelsfall auch Computern – ein Mitbestimmungs- und Enscheidungsrecht über Zeitpunkt und Art des Atomwaffeneinsatzes übertragen werden. Kritiker unterstellen bereits für heutige Verhältnisse, daß die Politik mit dem Beginn einer kriegerischen Eskalation faktisch entmachtet wäre.[22]

Nach Lage der Dinge muß damit gerechnet werden, daß in der Zukunft internationale Krisen häufiger ausgelöst werden – gerade in der von Unterdrückung und Armut geplagten Dritten Welt. Wenn es nicht gelingt, die Hochrüstung zu unterbinden und Konfrontation durch politische Kooperation zu ersetzen, kann es in der Tat wieder zu einem »zweiten Kuba« kommen. Aber ein »happy end« würde es dann voraussichtlich nicht mehr geben.

John F. Kennedy beobachtet den Start einer Polaris-Rakete

Anhang
Quellen / Anmerkungen / Literaturverzeichnis

Quellenverzeichnis

Die folgende Aufstellung enthält in chronologischer Folge jene Quellen, die im Text zitiert oder erwähnt wurden. Die mit * gekennzeichneten Quellen werden im Dokumentenanhang dieses Buches in deutscher Übersetzung vorgestellt.

Folgende Abkürzungen werden verwendet:

HSG = Hamburger Stiftung für Sozialgeschichte des 20. Jh.

JFK = John F. Kennedy Library, Waltham, Massachusetts

LBJ = Lyndon B. Johnson Library, Austin, Texas

NSA = National Security Archives, Washington, D. C.

NSF = National Security Files

POF = President's Office Files

1 National Security Council, Memorandum NSC 5412/2: National Security Council Directive on Covert Operations, December 28, 1955, Top Secret. In: National Archives, Modern Military Branch, Washington, D. C.

2 National Security Council, Memorandum NSC 5810/1: Basic National Security Policy, May 5, 1958, Top Secret. In: National Archives, Modern Military Branch, Washington, D. C.

***3** National Security Council, Memorandum: A Program of Covert Action Against the Castro Regime, March 17, 1960, Top Secret – Eyes Only. In: JFK, NSF, Countries, Cuba, Subjects, Para-Military Study Group: Taylor Report, Part III – Annex 1, Box 61B

(*Übersetzt als Dokument Nr. 1*)

***4** The Joint Chiefs of Staff, Memorandum (JCSM-44-61) for the Secretary of Defense. Subject: U. S. Plan of Action in Cuba (C), January 27, 1961, Top Secret. In: JFK, NSF, Countries, Cuba, Subjects, Para-Military Study Group, Taylor Report, Part III – Annex 7, Box 61B

(*Übersetzt als Dokument Nr. 2*)

5 Memorandum (McGeorge Bundy) to Secretary Rusk, Secretary McNamara, Mr. Allen Dulles, January 27, 1961, Top Secret. In: JFK, NSF, Countries, Cuba, General, 1/61 – 4/61, Box 35

6 The White House, Memorandum (McGeorge Bundy) of Discussion on Cuba, Cabinet Room, January 28, 1961, Top Secret – Eyes Only. In: JFK, NSF, Countries, Cuba, Subjects, Para-Military Study Group, Taylor Report, Part III – Annex 8, Box 61B

7 Memorandum (David W. Gray) for Record. Subject: Summary of White House Meetings (January 28 – April 12, 1961), May 9, 1961, Top Secret. In: JFK, NSF, Countries, Cuba, Subjects, Para-Military Study Group, Taylor Report, Part III – Annex 16, Box 61B

8 Record of Actions by the National Security Council at its 475th Meeting, held on February 1, 1961 (Approved by the President on February 2, 1961), Top Secret. In: National Archives, Modern Military Branch, Washington D. C.

9 The White House, Notes (McGeorge Bundy) on Discussion of the Thinking of the Soviet Leadership, Cabinet Room, February 11, 1961, February 13, 1961, Top Secret. In: JFK, NSF, Countries, USSR, General, 2/2/61 – 2/14/61, Box 176

10 Department of State, Memorandum: General Shoup Rides Again, Unsigned, February 28, 1961. In: JFK, NSF, Countries, USSR, General, 2/21/61 – 3/6/61, Box 176

11 Memorandum (Arthur M. Schlesinger, Jr.) for the President: Report on Visit to Latin America, March 10, 1961. In: JFK, NSF, Regional Security, Latin America, 3/8/61 – 3/14/61, Box 215

***12** Letter: Nikita Khrushchev to John F. Kennedy, April 18, 1961. In: JFK, NSF, Countries, USSR, Khrushchev Correspondence, 1/61 – 10/61, Box 183

(*Übersetzt als Dokument Nr. 3*)

13 Address by the President to the American Society of Newspaper Editors, Statler Hotel, Washington, D. C., April 20, 1961. In: JFK, NSF, Countries, Cuba, General, 1/61 – 4/61, Box 35

14 Record of Actions by the National Security Council at its 483rd Meeting, held on May 5, 1961 (Approved by the President on May 16, 1961), Top Secret. In: JFK, NSF, Meetings and Memoranda, National Security Council Meetings 1961, No. 483, 5/5/61, Box 313, Folder 10

15 President's Meeting with Khrushchev, Vienna, June 3–4, 1961, Scope Paper, May 23, 1961, Secret. In: JFK, POF, Countries, USSR, Vienna Meeting (G), Briefing Material, Box 126

***16** Recommendations of the Cuban Study Group, Memorandum No. 4, June 13, 1961, Top Secret – Eyes Only – Ultra Sensitive. In: JFK, NSF, Countries, Cuba, Subjects, Para-Military Study Group, Taylor Report, Memos 2–4 and Enclosures, Box 61

(*Übersetzt als Dokument Nr. 4*)

***17** Department of State, Memorandum (George C. McGhee)

for McGeorge Bundy. Subject: Turkish IRBMs, June 22, 1961, Secret. In: JFK, NSF, Regional Security, NATO, Weapons, Cables, Turkey, Box 226
(*Übersetzt als Dokument Nr. 6*)

***18** Department of State, Policy Planning Council (Walt Whitman Rostow), Memorandum to the President, June 26, 1961, Secret. In: JFK, NSF, Countries, Germany-Berlin, General, 6/23/61 – 6/28/61, Box 81
(*Übersetzt als Dokument Nr. 7*)

***19** The White House, National Security Action Memorandum No. 55: Relations of the JCS to the President in Cold War Operations, June 28, 1961, Top Secret. In: JFK, NSF, Meetings and Memoranda, NSAM 55, Box 330
(*Übersetzt als Dokument Nr. 8*)

***20** Memorandum (Richard N. Goodwin) for the President. Subject: Conversation with Commandante Ernesto Guevara of Cuba, August 22, 1961, Secret. In: JFK, Theodore Sorensen Papers, Classified Subject Files, 1961–1964, Cuba, General, 8/17/61 – 8/29/61 and Undated, Box 48
(*Übersetzt als Dokument Nr. 5*)

21 Executive Office of the President (Carl Kaysen), Memorandum to Arthur M. Schlesinger, Jr., August 23, 1961. In: JFK, Arthur M. Schlesinger, Jr. Papers, White House Files, Subject File 1961-1964, National Security Council, 5/5/61 – 10/30/61, Box 16

***22** Briefing (JCS 2056/281 – Enclosure) to the President by the Chairman of the Joint Chiefs of Staff (Lyman L. Lemnitzer). Subject: SIOP-62, September 13, 1961, 4:30 PM, The White House, Top Secret. In: RG 218, Records of the U. S. Joint Chiefs of Staff 1961, CCS 3105 Joint Planning, September 13, 1961, Box 31, National Archives, Washington, D. C.
(*Übersetzt als Dokument Nr. 9*)

23 Department of State, Memorandum for Mr. McGeorge Bundy. Subject: Embargo of Trade with Cuba, February 3rd, 1962. In: JFK, NSF, Countries, Cuba, General, 1/62 – 8/62, Box 36

24 Memorandum (Special Group) to the President, March 22, 1962, Secret. In: JFK, NSF, Meetings and Memoranda, Special Group (CI), 1/61 – 6/62, Box 319

***25** Department of State, Policy Planning Council, Memorandum: Basic National Security Policy (S/P Draft), March 26, 1962, Secret. In: LBJ, Vice Presidential Security File, Box 7
(*Übersetzt als Dokument Nr. 10*)

***26** Department of Defense, Remarks by Secretary McNamara, NATO Ministerial Meeting, May 5, 1962, Restricted Session – Top Secret. In: Department of Defense, Document Released under Freedom of Information Act, August 17, 1979
(*Übersetzt als Dokument Nr. 11*)

27 The Joint Chiefs of Staff, Memorandum for the Special Assistant to the President for National Security Affairs. Subject: Summary Report, Military Counterinsurgency Accomplishments Since January 1961, July 21, 1962, Top Secret. In: JFK, NSF, Meetings and Memoranda, Special Group (CI), Military Organization and Accomplishments, 7/62, Box 319

28 Interdepartmental Committee, Memorandum: U. S. Overseas Internal Defense Policy, August 1, 1962, Secret. In: National Archives, Modern Military Branch, Washington, D. C.

29 Central Intelligence Agency, Office of Current Intelligence, Current Intelligence Memorandum (OCI No. 3047/62). Subject: Recent Soviet Military Aid to Cuba, August 22, 1962, Secret. (Cover-Memorandum: Arthur M. Schlesinger for McGeorge Bundy). In: JFK, NSF, Countries, Cuba, Subjects, Intelligence Material, 1/62 – 9/62, Box 51

***30** The White House, National Security Action Memorandum No. 181, August 23, 1962, Top Secret – Sensitive. In: The Declassified Documents Reference System, Washington, D. C.: Carrollton Press, 1978, 188A (Zensierte Fassung in: JFK, NSF, Meetings and Memoranda, NSAM 181, Cuba (A), 8/23/62, Box 338)
(*Übersetzt als Dokument Nr. 12*)

31 The White House, National Security Action Memorandum No. 182. Subject: Counterinsurgency Doctrine, August 24, 1962, Secret. In: JFK, NSF, Meetings and Memoranda, NSAM 182, Box 338

32 International Telephone and Telegraph Corporation (Edward J. Gerrity, Jr.), Letter to Mr. Ralph Dungan, The White House, September 7, 1962. In: JFK, NSF, Countries, Cuba, General, 9/62, Box 36

33 Department of State, The Legal Adviser (Abram Chayes), Memorandum for Mr. McGeorge Bundy. Subject: International Law Problems of Blockade, September 10, 1962, Confidential. In: JFK, Theodore Sorensen Papers, Classified Subject Files, 1961–1964, Cuba, Subjects, Standing Committee, 9/62 – 10/62 and Undated, Box 49

34 Central Intelligence Agency, Special National Intelligence Estimate, No. 85–3–62: The Military Build-Up in Cuba, September 19, 1962. In: NSA, Cuban Missile Crisis Papers, 01/01/80, 1714

35 The White House, Memorandum (Carl Kaysen) for Secretary of Defense, Chairman – Joint Chiefs of Staff, October 3, 1962, Top Secret. In: NSA, Cuban Missile Crisis Papers, 01/01/80, 1694

***36** The Secretary of Defense, Memorandum for the President. Subject: Presidential Interest in SA-2 Missile System and Contingency Planning for Cuba, October 4, 1962, Secret. In: JFK, NSF, Countries, Cuba, General, 10/1/62 – 10/14/62, Box 36
(*Übersetzt als Dokument Nr. 13*)

***37** Department of State (European Division), Memorandum: Attempts to Equate Soviet Missile Bases in Cuba with NATO Jupiter Bases in Italy and Turkey, October 10, 1962. In: JFK, POF, Countries, Cuba, General, 1/1/62 – 10/22/62, Box 114a, Folder 13

(*Übersetzt als Dokument Nr. 14*)

38 International Telephone and Telegraph Corporation (Edward J. Gerrity, Jr.), Letter to Mr. Ralph A. Dungan, The White House, October 10, 1962. In: JFK, NSF, Countries, Cuba, General, 10/15/62 – 10/23/62, Box 36

39 Memorandum (Unsigned): Why was there a blank space in our overflying Cuba from September 5 to October 14?, October 14, 1962. In: NSA, Cuban Missile Crisis Document Set, 03/04/87, 619

***40** Personal History or Diary of Vice Admiral Alfred G. Ward, U. S. Navy, While Serving as Commander Second Fleet. In: Naval Historical Center, Operational Archives, Washington, D. C.

(*Übersetzt als Dokument Nr. 15*)

***41** Cuban Missile Crisis Meetings, October 16, 1962, 11:50 AM – 12:57 PM. In: JFK, POF, Presidential Recordings, Transcripts, Audiotape 28.1

(*Übersetzt als Dokument 16*)

***42** Cuban Missile Crisis Meetings, October 16, 1962, 6:30 – 7:55 PM. In: JFK, POF, Presidential Recordings, Transcripts, Audiotapes 28.2 and 28A.1

(*Übersetzt als Dokument 17*)

43 Memorandum (Theodore Sorensen), October 17. In: JFK, Theodore Sorensen Papers, Classified Subject Files, 1961–1964, Cuba, General, 10/17/62 – 10/27/62, Box 48

***44** Letter (Adlai Stevenson) for President Kennedy, October 17, Secret – Eyes Only. In: JFK, NSF, Countries, Cuba, Box 115

(*Übersetzt als Dokument Nr. 19*)

45 Memorandum (Theodore Sorensen), October 18. In: JFK, Theodore Sorensen Papers, Classified Subject Files, 1961–1964, Cuba General, 10/17/62 – 10/27/62, Box 48

***46** Department of State, Incoming Telegram Nr. 1003. From: Moscow-Embassy. To: Secretary of State, October 18, Limited Official Use. In: JFK, NSF, Countries, Cuba, Cables, 10/16/62 – 10/21/62.

(*Übersetzt als Dokument Nr. 20*)

47 Central Intelligence Agency, Memorandum for Director of Central Intelligence, October 18. In: JFK, NSF, Cuba Subjects, Intelligence Materials, 10/62 – 11/12/62, Box 51

48 Memorandum (Theodore Sorensen): JFK draft letter to Khrushchev, October 18, Top Secret. In: JFK, Theodore Sorensen Papers, Classified Subject Files, 1961–1964, Cuba, General, 1962, Box 48

49 Walt W. Rostow, »Das gegenwärtige Stadium des Kalten Krieges«, Vortrag vor der Ernst-Reuter-Gesellschaft, gehalten am 18. Oktober 1962 im Auditorium Maximum der Freien Universität Berlin. In: Amerika Dienst, Oktober 1962

50 Central Intelligence Agency, Memorandum, October 19, Top Secret – No Foreign Dissemination. In: The Declassified Documents Reference System, Washington, D. C.: Carrollton Press, 1978, 7 F

51 Central Intelligence Agency, Office of Current Intelligence, Current Intelligence Memorandum. Subject: Evidence of a Soviet Military Commitment to Defend Cuba, OCI, Nr. 2428/62, October 19, Secret. In: JFK, NSF, Countries, Cuba Subjects, Intelligence Materials, 10/62 – 11/12/62, Box 51

52 Memorandum (Adlai Stevenson): Suggestions for Speech, Undated, Top Secret. In: JFK, Theodore Sorensen Papers, Classified Subject Files, 1961–1964, Cuba Subjects, Standing Committee, 9/62 – 10/62 and Undated, Box 49

53 Memorandum (Llewellyn Thompson): Steps which would make air strike more acceptable to blockade group, October 19, Top Secret. In: JFK, Theodore Sorensen Papers, Classified Subject Files, 1961–1964, Cuba Subjects, General and Historical Information, 8/31/62 – 10/19/62, Box 48

54 Memorandum, Possible World Consequences of Military Action, Undated. In: JFK, Theodore Sorensen Papers, Classified Subject Files, 1961–1964, Cuba, General, 1/7/62 – 11/30/62, Box 48

55 Central Intelligence Agency, Memorandum. Subject: SNIE 11–19–62: Major Consequences of Certain US Courses of Action on Cuba, October 20. In: The Declassified Documents Reference System, Washington, D. C.: Carrollton Press, 1975, 48 E

***56** Memorandum (Adlai Stevenson): Political Program to be Announced by the President, October 20, Top Secret. In: JFK, Theodore Sorensen Papers, Subject Files, 1961–1964, Cuba Standing Committee, Box: Documents declassified from Closed Collection)

(*Übersetzt als Dokument Nr. 21*)

***57** Memorandum (Douglas Dillon) for the President, Undated, Top Secret – Sensitive. In: JFK, NSF, Countries, Cuba, General, 10/26/62 – 10/27/62, Box 36

(*Übersetzt als Dokument Nr. 22*)

58 Memorandum (Adlai Stevenson) to Arthur M. Schlesinger, Jr., Undated, Confidential. In: JFK, NSF, Meetings and Memoranda, Executive Committee, Adlai Stevenson Analysis, Box 316

59 Central Intelligence Agency, Memorandum, October 21. In: JFK, NSF, National Security Council, Meetings and Memoranda, Meetings 1962, No. 507, 10/22/62, Box 313, Folder 40

60 Memorandum (Adlai Stevenson): Concerning Security

Council Presentation, Undated, Top Secret. In: JFK, Theodore Sorensen Papers, Classified Subject Files, 1961–1964, Cuba Subjects, General and Historical Information, 10/20/62 – 10/25/62, Box 48

***61** Notes on October 21, 1962, Meeting with the President (Robert S. McNamara), October 21, Top Secret. In: JFK, NSF, National Security Council, Meetings and Memoranda, Meetings 1962, No. 506, 10/21/62, Box 313, Folder 39
(*Übersetzt als Dokument Nr. 23*)

***62** National Security Council, 507th Meeting, October 22, 3 PM, Minutes. In: JFK, NSF, National Security Council, Meetings and Memoranda, Meetings 1962, No. 507, 10/22/62, Box 313, Folder 40
(*Übersetzt als Dokument Nr. 24*)

63 Memorandum (Theodore Sorensen): Why was action not taken earlier? October 22. In: JFK, Theodore Sorensen Papers, Classified Subject Files, 1961–1964, Cuba, General, 10/17/62 – 10/27/62, Box 48

64 Department of State, Bureau of Intelligence and Research (Roger Hilsman), Memorandum for the Under Secretary. Subject: Presidential Speech, October 22, Top Secret. In: JFK, Roger Hilsman Papers, Countries, Cuba, 1962, Box 1, Folder 11

65 Department of State, Policy Planning Council (Walt Whitman Rostow), Memorandum for the Secretary. Subject: The Crisis, October 22, Top Secret. In: JFK, NSF, Countries, Cuba, General, 10/15/62 – 10/23/62, Box 36

66 Department of State, Memorandum for Bureau Staff Assistants, October 22, Confidential. In: JFK, NSF, Countries, Cuba, General, 10/15/62 – 10/23/62, Box 36

67 The Pentagon, Background Briefing on Cuban Situation, October 22, 8 PM. In: JFK, NSF, Countries, Cuba, General, 10/15/62 – 10/23/62, Box 36

***68** Memorandum (W. Averell Harriman): On: Kremlin Reactions, October 22, Secret. In: JFK, NSF, Regional Security, NATO, Weapons, Cables, Turkey, Box 226
(*Übersetzt als Dokument Nr. 25*)

69 Foreign Broadcast Information Service, Daily Report Supplement, World Reaction Series, No. 10 – 1962, Foreign Radio and Press Reaction to President Kennedy's 22 October Speech on Cuba, October 24, Official Use Only. In: JFK, NSF, Countries, Cuba Subjects, Foreign Reaction Reports, Foreign Broadcast Information Division, 9/7/62 – 10/24/62, Box 49

***70** Executive Committee Meeting, October 23, 10 AM, Minutes, Top Secret – Sensitive. In: JFK, NSF, Meetings and Memoranda, Executive Committee, Meetings Vol. I, Meetings 1–5, 10/23 – 25/62, Box 315
(*Übersetzt als Dokument Nr. 26*)

71 Executive Committee Meeting No. 2, October 23, 6 PM, Record of Action, Top Secret – Sensitive. In: JFK, NSF, Meetings and Memoranda, Executive Committee, Meetings Vol. I, Meetings 1–5, 10/23 – 25/62, Box 315

72 Central Intelligence Agency, Office of Current Intelligence, Current Intelligence Memorandum. Subject: Readiness Status of Soviet Missiles in Cuba, October 23. In: JFK, NSF, Meetings and Memoranda, Executive Committee, Meetings Vol. I, Meetings 1–5, 10/23 – 25/62, Box 315

***73** Executive Committee Meeting No. 3, October 24, 10 AM, Record of Action, Top Secret – Sensitive. In: JFK, NSF, Meetings and Memoranda, Executive Committee, Meetings Vol. I, Meetings 1–5, 10/23 – 25/62, Box 315
(*Übersetzt als Dokument Nr. 27*)

***74** Department of State, Policy Planning Council (Walt Whitman Rostow), Memorandum to McGeorge Bundy (The White House): The Cuban Base Problem in Perspective, October 24, Top Secret. In: JFK, NSF, Countries, Cuba, General, 10/28/62 – 10/31/62, Box 36
(*Übersetzt als Dokument Nr. 28*)

75 Department of State, Bureau of Intelligence and Research (Roger Hilsman), Intelligence Note to the Secretary: Soviets Soft-Pedal Direct US-Soviet Confrontation, October 24, Confidential. In: JFK, Roger Hilsman Papers, Countries, Cuba 1962, Box 1, Folder 11

***76** Memorandum (Arthur Schlesinger, Jr.) to Governor Stevenson, October 24, Confidential – Limited Distribution. In: JFK, NSF, Countries, Cuba, General, 10/26/62 – 10/27/62, Box 36
(*Übersetzt als Dokument Nr. 29*)

***77** Department of State, Bureau of Intelligence and Research (Roger Hilsman), Memorandum to the Secretary: Khrushchev's Conversation with Mr. W. E. Knox, President Westinghouse Electrical International, Moscow, October 24. October 26, Secret. In: JFK, NSF, Countries, Cuba, General, 10/26/62 – 10/27/62, Box 36
(*Übersetzt als Dokument Nr. 30*)

78 Memorandum (McGeorge Bundy) for the President, October 24. In: JFK, NSF, Countries, Cuba, General, Macmillan Telephone Conversations, 10/62 – 11/62, Box 37

79 Department of State, Policy Planning Council (Walt Whitman Rostow), Memorandum to McGeorge Bundy. Subject: Report Number One of Planning Subcommittee, October 24, Top Secret. In: JFK, NSF, Countries, Cuba, General, Planning Subcommittee, 10/62 – 11/62, Box 37

80 Memorandum (Walt Whitman Rostow) to the President, October 24, Top Secret – Sensitive. In: JFK, NSF, Countries, Cuba, General, 10/24/62 – 10/25/62, Box 36

81 Department of State, Outgoing Telegram, Action: Amembassy ANKARA 445; Amembassy PARIS FOR USRO 2345: For Ambassadors Hare and Finletter from Secretary, October 24, Secret – Eyes Only. In: JFK, NSF, Regional Security, NATO, Weapons, Cables, Turkey, Box 226

82 Department of State, Outgoing Telegram, Action: Circular 743 to all Diplomatic and Consular Posts, October 24, Confidential. In: JFK, NSF, Countries, Cuba, General, Planning Subcommittee, 10/62 – 11/62, Box 37

83 Department of State, Incoming Telegram. From: Wellington. To: Secretary of State. Reference: Cuba Quarantine, October 24, Secret – Eyes Only Rusk, Harriman and Sorenson (sic) (White House). In: The Declassified Documents Reference System, Washington, D. C.: Carrollton Press, 1978, 266 C

84 Department of the Air Force, Staff Message Division: Operations Summary, October 24, Top Secret. In: JFK, NSF, Countries, Cuba, Cables, 10/24/62, Part II, Box 41

85 Department of the Army, Staff Communications Office, Situation Report No. 2–62 as of 240 500 Oct 62: Summary of Special Operations, October 24, Top Secret. In: The Declassified Documents Retrospective Collection, Washington, D. C.: Carrollton Press, 1977, 156 C

86 Central Intelligence Agency, Memorandum: The Crisis USSR/Cuba, October 24. In: JFK, NSF, Meetings and Memoranda, Executive Committee, Meetings Vol. I, Meetings 1–5, 10/23 – 25/62, Box 315

87 Executive Committee Meeting No. 4, October 25, 10 AM, Record of Action, Top Secret – Sensitive. In: JFK, NSF, Meetings and Memoranda, Executive Committee, Meetings Vol. I, Meetings 1–5, 10/23 – 25/62, Box 315

***88** Executive Committee Meeting No. 5, October 25, 5 PM, Summary Record, Top Secret – Sensitive. In: JFK, NSF, Meetings and Memoranda, Executive Committee, Meetings Vol. I, Meetings 1–5, 10/23 – 25/62, Box 315
(Übersetzt als Dokument Nr. 31)

***89** Department of State, Incoming Telegram, No. POLTO 506. From: Paris – Permanent Representative (NATO). To: Secretary of State. October 25, Secret – Eyes Only for Secretary. In: JFK, NSF, Regional Security, NATO, Weapons, Cables, Turkey, Box 226
(Übersetzt als Dokument Nr. 32)

***90** The White House, Memorandum: Draft Analysis of the Next Major Moves: 1. Airstrike. 2. Political Path. 3. Economic Blockade, October 25, Top Secret – Sensitive; Top Secret; Secret. In: JFK, NSF, Meetings and Memoranda, Executive Committee, Meetings Vol. I, Meetings 1–5, 10/23 – 25/62, Box 315
(Übersetzt als Dokument Nr. 33)

91 Department of State, Policy Planning Council (William R. Tyler, W. W. Rostow, Philip Talbot), Memorandum to the Secretary. Subject: Cuba, October 25, Secret. In: JFK, NSF, Regional Security, NATO, Weapons, Cables, Turkey, Box 226

92 Department of State, Policy Planning Council (Walt Whitman Rostow), Memorandum for Mr. Bundy. Subject: Summitry, October 25, Secret. In: The Declassified Documents Retrospective Collection, Washington, D. C.: Carrollton Press, 1977, 753 A

93 Department of State, Policy Planning Council (Walt Whitman Rostow), Memorandum to Mr. McGeorge Bundy. Subject: Report Number Two of the Planning Subcommittee, October 25, Top Secret. In: JFK, NSF, Countries, Cuba, General, Planning Subcommittee, 10/62 – 11/62, Box 37

94 Department of State, Policy Planning Council (Walt Whitman Rostow), Memorandum to the Secretary, the Under Secretary, the Deputy Under Secretary. Subject: Negotiations About Cuba, October 25, Secret. In: JFK, NSF, Countries, Cuba, General, 10/24/62 – 10/25/62, Box 36

95 Draft Telegram (Adlai Stevenson), Undated, Secret. In: JFK, NSF, Meetings and Memoranda, Executive Committee Meetings, Meetings 1–5, 10/23/62 – 10/25/62, Box 316

96 Department of State, Incoming Telegram. From: New York (Adlai Stevenson). To: Secretary of State; Priority for President and Secretary. Subject: Policy re Cuba (SYG Appeal), October 25, Confidential. In: The Declassified Documents Reference System, Washington, D. C.: Carrollton Press, 1977, 221 D

97 Department of State, Bureau of Intelligence and Research (Roger Hilsman), Intelligence Note to the Secretary. Subject: Soviet Strategy in UN Discussions of Cuba, October 25, Confidential. In: JFK, Roger Hilsman Papers, Countries, Cuba 1962, Box 1, Folder 11

98 Department of State, Bureau of Intelligence and Research (Roger Hilsman), Intelligence Note to the Secretary. Subject: Indications in Soviet Statements of Conditions for Withdrawal of Military Aid to Cuba, October 25, Official Use Only. In: JFK, Roger Hilsman Papers, Countries, Cuba, 1962, Box 1, Folder 11

99 Department of the Army, Staff Communications Office, Message from Commander in Chief Caribbean (CINCARIB), October 25, Top Secret. In: The Declassified Documents Retrospective Collection, Washington, D. C.; Carrollton Press, 1977, 156 D

100 The Joint Chiefs of Staff (Maxwell Taylor), Memorandum for the Secretary of Defense. Subject: Timing Factors, October 25, Top Secret. In: JFK, NSF, Countries, Cuba, General, 10/24/62 – 10/25/62, Box 36

101 Central Intelligence Agency, Memorandum: The Crisis. USSR/Cuba, October 25. In: JFK, NSF, Meetings and Memoranda, Executive Committee, Meetings Vol. I, Meetings 1–5, 10/23 – 25/62, Box 315

102 Office of Emergency Planning (Edward A. McDermott), Memorandum for Heads of Departments and Agencies Having

Nonmilitary Defense Responsibilities, October 25, 1962, Secret. In: JFK, NSF, Departments and Agencies, Office of Emergency Planning, 10/25/62 – 10/10/63, Box 283, Folder 25

***103** Executive Committee Meeting No. 6, October 26, 10 AM, Summary Record, Top Secret – Sensitive. In: JFK, NSF, Executive Committee, Meetings Vol. I, Meetings 6 – 10, 10/26/62 – 10/28/62, Box 316
(Übersetzt als Dokument Nr. 34)

104 Executive Committee Meeting No. 6, October 26, 10 AM, Record of Action, Top Secret – Sensitive. In: JFK, NSF, Executive Committee, Meetings Vol. I, Meetings 6 – 10, 10/26/62 – 10/28/62, Box 316

105 The White House, Office of the White House Press Secretary, Press Release, October 26. In: JFK, NSF, Countries, Cuba, General, 10/26/62 – 10/27/62, Box 36

***106** Department of State, Policy Planning Council (Walt Whitman Rostow), Memorandum to the Secretary, the Under Secretary, the Deputy Under Secretary. Subject: Alliance Missiles, October 26, Secret. In: JFK, NSF, Countries, Cuba, General, 10/26/62 – 10/27/62, Box 36
(Übersetzt als Dokument Nr. 35)

107 Department of State, Policy Planning Council, Memorandum for George Ball (Under Secretary of State): Scenario, October 26, Secret. In: JFK, NSF, Regional Security, NATO, Weapons, Cables, Turkey, Box 226

***108** Department of Defense, Assistant Secretary of Defense – International Security Affairs (Paul H. Nitze), Memorandum for the Executive Committee of the National Security Council: Soviet/GDR Inspection of Allied Traffic into Berlin, October 26, Top Secret. In: JFK, NSF, Countries, Cuba, General, 10/26/62 – 10/27/62, Box 36
(Übersetzt als Dokument Nr. 36)

***109** The Joint Chiefs of Staff, Memorandum for the Secretary of Defense: Nuclear-Free or Missile-Free Zones, October 26, Secret. In: JFK, NSF, Countries, Cuba, General, 10/26/62 – 10/27/62, Box 36
(Übersetzt als Dokument Nr. 37)

110 Department of State, Deputy Under Secretary of State (U. Alexis Johnson), Memorandum to McGeorge Bundy: Proposed Message to Castro, October 26, Eyes Only – ExComm. In: JFK, NSF, Executive Committee, Meetings Vol. I, Meetings 6–10, 10/26/62 – 10/28/62, Box 316

111 The Secretary of State, Memorandum for the President. Subject: Negotiations, October 26, Secret – Eyes Only. In: JFK, NSF, Countries, Cuba, General, 10/26/62 – 10/27/62, Box 36

112 Memorandum (W. Averell Harriman) to the Under Secretary (George Ball), October 26, Secret. In: JFK, NSF, Countries, Cuba, General, 10/26/62 – 10/27/62, Box 36

113 Department of State, Policy Planning Council (Walt Whitman Rostow), Memorandum to Mr. McGeorge Bundy. Subject: Report Number Three of the Planning Subcommittee, October 26, Top Secret. In: JFK, NSF, Countries, Cuba, General, Planning Subcommittee, 10/62 – 11/62, Box 37

114 Central Intelligence Agency, Memorandum: The Crisis. USSR/Cuba, October 26. In: JFK, NSF, Executive Committee, Meetings Vol. I, Meetings 6–10, 10/26/62 – 10/28/62, Box 316

115 Department of the Army (Acting Secretary of the Army, Stephen Ailes), Letter to the Secretary of State, October 26, Secret – Eyes Only. In: JFK, NSF, Countries, Cuba, General, 10/26/62 – 10/27/62, Box 36

***116** Letter: Nikita Khrushchev to John F. Kennedy, October 26. In: David L. Larson, (Ed.), The »Cuban Crisis« of 1962. Selected Documents, Chronology and Bibliography, Lanham, New York, London: University Press of America, 1986:2, S. 175–181
(Übersetzt als Dokument Nr. 38)

117 Department of State, Bureau of Intelligence and Research (Roger Hilsman), Memorandum for the Secretary. Subject: Implications of the Soviet Initiative on Cuba, October 27, Top Secret – Eyes Only. In: JFK, Roger Hilsman Papers, Countries, Cuba, 1962, Box 1, Folder 11

***118** Letter: Nikita Khrushchev to John F. Kennedy, October 27. In: David L. Larson, (Ed.), The »Cuban Crisis« of 1962. Selected Documents, Chronology and Bibliography, Lanham, New York, London: University Press of America, 1986:2, S. 183–186
(Übersetzt als Dokument Nr. 39)

***119** Department of State, Bureau of Intelligence and Research (Roger Hilsman), Memorandum to the Secretary: Trading US Missile Bases in Turkey for Soviet Bases in Cuba, October 27, Secret – No Foreign Dissemination. In: JFK, NSF, Countries, Cuba, General, 10/26/62 – 10/27/62, Box 36
(Übersetzt als Dokument Nr. 40)

***120** Department of State, Incoming Telegram No. 587. From: Ankara-Embassy. To. Secretary of State, October 27, Secret – Eyes Only. In: JFK, NSF, Regional Security, NATO, Weapons, Cables, Turkey, Box 226
(Übersetzt als Dokument Nr. 41)

***121** Cuban Missile Crisis Meetings, October 27, 1962, 10 AM. In: JFK, POF, Presidential Recordings, Transcripts, Audiotape 40.3
(Im englischen Original vorgestellt als Dokument Nr. 42)

122 Executive Committee Meeting No. 7, October 27, 10 AM, Summary Record, Top Secret – Sensitive. In: JFK, NSF, Executive Committee, Meetings Vol. I, Meetings 6 – 10, 10/26/62 – 10/28/62, Box 316

123 Executive Committee Meeting No. 7, October 27, 10 AM, Record of Action, Top Secret – Sensitive. In: JFK, NSF, Executive Committee, Meetings Vol. I, Meetings 6 – 10, 10/26/62 – 10/28/62, Box 316

124 Department of State, Policy Planning Council (Walt Whitman Rostow), Memorandum for Mr. McGeorge Bundy. Subject: Report Number Four of the Planning Subcommittee, October 27, Top Secret. In: JFK, NSF, Countries, Cuba, General, Planning Subcommittee, 10/62 – 11/62, Box 37

125 Department of State, Planning Subcommittee (Walt Whitman Rostow), Memorandum for McGeorge Bundy: Negotiations, October 27, Secret – Eyes Only. In: JFK, NSF, Countries, Cuba, General, 10/28/62 – 10/31/62, Box 36

***126** Cuban Missile Crisis Meetings, October 27, 1962, 4 PM. In: JFK, POF, Presidential Recordings, Transcripts, Audiotapes 41.1, 41A.1 and 42.1

(Im englischen Original vorgestellt als Dokument Nr. 43)

***127** Presidential Letter to Nikita Khrushchev: Draft by Adlai Stevenson, October 27. In: Cuban Missile Crisis Meetings, October 27, 1962, 4 PM. In: JFK, POF, Presidential Recordings, Transcripts, Audiotape 41.1., 41A.1 and 42.1., S. 28/29.

(Übersetzt als Dokument Nr. 44)

***128** Presidential Letter to Nikita Khrushchev: Draft by George Ball, October 27. In: Cuban Missile Crisis Meetings, October 27, 1962, 4 PM. In: JFK, POF, Presidential Recordings, Transcripts, Audiotape 41.1., 41A.1 and 42.1, S. 59.

(Übersetzt als Dokument Nr. 45)

129 Executive Committee Meeting No. 8, October 27, 4 PM, Summary Record, Top Secret – Sensitive. In: JFK, NSF, Executive Committee, Meetings Vol. I, Meetings 6 – 10, 10/26/62 – 10/28/62, Box 316

130 Executive Committee Meeting No. 8, October 27, 4 PM, Record of Action, Top Secret – Sensitive. In: JFK, NSF, Executive Committee, Meetings Vol. I, Meetings 6–10, 10/26/62 – 10/28/62, Box 316

***131** Letter: John F. Kennedy to Nikita Khrushchev, October 27, 1962. In: David L. Larson, The »Cuban Crisis« of 1962. Selected Documents, Chronology and Bibliography, Lanham, New York, London: University Press of America, 1986:2, S. 187/188.

(Übersetzt als Dokument Nr. 46)

***132** Cuban Missile Crisis Meetings, October 27, 1962, 9 PM. In: JFK, POF, Presidential Recordings, Transcripts, Audiotape 42.2

(Im englischen Original vorgestellt als Dokument Nr. 47)

***133** Memorandum: Message to the North Atlantic Council and the Governments of all NATO Countries, Unsigned, Undated. In: JFK, NSF, Countries, Cuba, General, 10/15/62 – 10/23/62, Box 36

(Übersetzt als Dokument Nr. 48)

***134** Letter: Lauris Norstad to John F. Kennedy, October 27, 1962. In: Cuban Missile Crisis Meetings, October 27, 1962, 9 PM. In: JFK, POF, Presidential Recordings, Transcripts, Audiotape 42.2., S. 73/74

(Übersetzt als Dokument Nr. 49)

***135** Departments of State, Outgoing Telegram, TOPOL 578. To: All NATO-capitals, Info Ambassadors, October 27, Secret – Eyes Only. In: JFK, NSF, Executive Committee, Meetings Vol. I, Meetings 6 – 10, 10/26/62 – 10/28/62, Box 316

(Übersetzt als Dokument Nr. 50)

136 Executive Committee Meeting No. 9, October 27, 9 PM, Summary Record, Top Secret – Sensitive. In: JFK, NSF, Executive Committee, Meetings Vol. I, Meetings 6 – 10, 10/26/62 – 10/28/62, Box 316

137 Executive Committee Meeting No. 9, October 27, 9 PM, Record of Action, Top Secret – Sensitive. In: JFK, NSF, Executive Committee, Meetings Vol. I, Meetings 6 – 10, 10/26/62 – 10/28/62, Box 316

138 Central Intelligence Agency, Memorandum: The Crisis. USSR/Cuba, October 27. In: JFK, NSF, Executive Committee, Meetings Vol. I, Meetings 6 – 10, 10/26/62 – 10/28/62, Box 316

139 Department of Defense, Memorandum: Cuba Fact Sheet, Unsigned, Undated, Top Secret. In: JFK, NSF, Countries, Cuba, General, 10/26/62 – 10/27/62, Box 36

140 Executive Committee Meeting No. 10, October 28, 11:10 AM, Summary Record, Top Secret – Sensitive. In: JFK, NSF, Executive Committee, Meetings Vol. I, Meetings 6 – 10, 10/26/62 – 10/28/62, Box 316

(Übersetzt als Dokument Nr. 51)

141 Executive Committee Meeting No. 10, October 28, 11:10 AM, Record of Action, Top Secret – Sensitive. In: JFK, NSF, Executive Committee, Meetings Vol. I, Meetings 6 – 10, 10/26/62 – 10/28/62, Box 316

142 Department of State, Bureau of Intelligence and Research (Roger Hilsman), Memorandum to the Secretary. Subject: Analysis of Krushchev's Message, October 28, Top Secret. In: JFK, Roger Hilsman Papers, Countries, Cuba 1962, Box 1, Folder 11

143 Department of State, European Division (William R. Tyler), Memorandum to the Secretary. Subject: Implications of a Cubean Settlement for Berlin, October 28, Secret. In: JFK, NSF, Countries, Cuba, General, 10/28/62 – 10/31/62, Box 36

144 Transcript: Background Press and Radio News Briefing by Secretary Rusk, October 28, 1 PM. In: JFK, NSF, Countries, Cuba, General, 10/28/62 – 10/31/62, Box 36

145 Central Intelligence Agency, Memorandum: The Crisis. USSR/Cuba, October 28. In: JFK, NSF, Executive Committee, Meetings Vol. I, Meetings 6 – 10, 10/26/62 – 10/28/62, Box 316

146 The Joint Chiefs of Staff, Talking Paper on JCS Recommendations Re Post-Cuba Actions, October 29, 1962, Top Secret. In: The Declassified Documents Reference System, Washington, D. C.: Carrollton Press, 1978, 237C

***147** Department of State, Policy Planning Council (Walt Whitman Rostow), Memorandum for the Executive Committee of the National Security Council: U. S. Strategy Toward a Post-Crisis Cuba, November 7, 1962, Secret – Eyes Only. In: LBJ, Vice Presidential Security File, Nations and Regions, Policy Papers and Background Studies on Cuba Affair, II
(Übersetzt als Dokument Nr. 52)

148 Department of State, Bureau of Intelligence and Research (George C. Denney, Jr.), Memorandum: Cuba, Possible Courses of Action, July 25, 1963, Secret. In: JFK, NSF, Countries, Cuba, Policy, Voll. III, Box 55

149 RAND-Report (T. F. Burke): An Analysis of the Cuban Crisis (U), November 12, 1962, Secret. In: LBJ, Vice Presidential Security File, Nations and Regions, Cuba, Misc. Papers, May 1961 and Nov.-Dec. 1962

150 Department of State, Bureau of Intelligence and Research (Roger Hilsman), Memorandum to the Under Secretary: Talking Paper. Probable Soviet Motivations in Deploying Strategic Missiles to Cuba, November 14, 1962, Secret. In: JFK, Roger Hilsman Papers, Countries, Cuba, General, 1962

151 Memorandum (Unsigned): The Cost of Cuba to the Soviet Bloc, Undated. In: JFK, NSF, Countries, Cuba, General, 10/15/62 – 10/23/62, Box 36

152 Office of the Secretary of Defense (Adam Yarmolinsky), Memorandum: Department of Defense Operations During the Cuban Crisis, February 12, 1963, Secret. In: The Declassified Documents Reference System, Washington, D. C.: Carrollton Press, 1979, 136B

153 Department of State, Bureau of Intelligence and Research (Thomas L. Hughes), Intelligence Note to the Secretary: Reported Differences Between Khrushchev and Marshalls on Cuban Missile Deployment, April 16, 1963. In: The Declassified Documents Reference System, Washington, D. C.: Carrollton Press, 1979, 321B

154 Sieverts, Frank A., Special Assistant to the Assistant Secretary of State for Public Affairs, *The Cuban Crisis, 1962*. In: JFK, NSF, Countries, Cuba Subjects, History of the Cuban Crisis, Memos 1/9/63 – 9/1/63 & Report, Box 49

155 Kennedy Library Oral History Program, Interview with Maxwell D. Taylor. John F. Kennedy Library, Boston

156 Alfred P. Sloan Foundation, New York, Videotape Interviews, June 1983:
- Robert S. McNamara
- Maxwell D. Taylor

***157** United States Air Force Oral History Program, Interview of General David A. Burchinal, K239.0512–837, April 11, 1975, Maxwell Air Force Base, Alabama
(Übersetzt als Dokument Nr. 18)

***158** Interview mit Sergo Mikojan: Die Kuba-Krise aus sowjetischer Sicht, 13. 10. 1987. In: HSG, Sammlung Greiner, Kuba-Krise.
(Übersetzt als Dokument Nr. 53)

Anmerkungen

Der Anmerkungsapparat soll übersichtlich gestaltet sein. Aus diesem Grund wurde folgende vereinfachte Zitierweise gewählt:

– Alle Quellen werden mit dem Kürzel »Q« und der jeweiligen Nummer aus dem Quellenverzeichnis zitiert. Seitenangaben kommen nur dann vor, wenn ein Dokument länger als zwei Seiten ist.

– Monographien und Aufsätze werden in einheitlicher Kurzform zitiert. Die vollständigen Angaben können dem Literaturverzeichnis entnommen werden.

– Hervorhebungen des Verfassers werden in den Anmerkungen erwähnt. Fehlt ein solcher Hinweis, sind die Hervorhebungen aus dem zitierten Text übernommen.

– Alle Zitate aus dem Englischen wurden vom Autor übersetzt.

Vorwort

[1] Zu Art und Umfang der Raketenlieferungen vgl. Q 50.

[2] Zu Robert Kennedys Buch vgl. Proceedings Hawk's Cay Conference, S. 165. Viele Indizien sprechen dafür, daß Theodore Sorensen der »ghost-writer« dieses Buches ist; vgl. Anderson, Cuban Crisis. Discussion, S. 88. Zur »Relativierung« der Kuba-Krise vgl. Bundy u. Blight, Transcripts.

[3] Vgl. Trachtenberg, Influence of Nuclear Weapons, S. 164 ff.

[4] Die wichtigsten sowjetischen Publikationen zur Kuba-Krise sind nach wie vor Anatoli A. Gromykos The Caribbean Crisis und die Memoiren von Nikita Chruschtschow, Khrushchev Remembers. Fedor Burlatsky hat 1985 ein Theaterstück vorgelegt: »Black Saturday«. Darin schildert er aus sowjetischer Sicht die Ereignisse auf dem Höhepunkt der Krise, am 27. Oktober 1962.

[5] Die in den USA publizierten Dokumentationen zur Kuba-Krise sind im Literaturverzeichnis gesondert aufgeführt. Hinzuweisen ist des weiteren auf die Arbeiten von Trachtenberg, Influence of Nuclear Weapons, und von Bundy und Blight, Transcripts.

[6] Die Empfehlung Konrad Adenauers wird zitiert in Der Spiegel, Nr. 45/1987, S. 203; über die Vorbereitungen der Berliner SPD berichtete Egon Bahr (der 1962 für den Regierenden Bürgermeister, Willy Brandt, arbeitete) in einer Fernsehdokumentation des ZDF, die am Abend des 11. Oktober 1987 anläßlich des 25. Jahrestages der Kuba-Krise ausgestrahlt wurde. Zur Rolle der bundesdeutschen Presse vgl. Girgensohn-Marchand, Kuba-Krise im Spiegel der deutschen Presse.

Einleitung

[1] Cline, CIA Reminiscence, S. 90. Vgl. Alsop und Bartlett, In Time of Crisis, S. 18.

[2] Vgl. Interview mit Robert S. McNamara, Warum wir stärker sind als Rußland, in: Der Spiegel, Nr. 49/1964, S. 108–112.

[3] Q 5,6,7.

[4] Kuba dürfe auf keinen Fall zu einem sozialistischen Modell in Lateinamerika werden. Aus diesem Grund drängte die »International Telephone and Telegraph Corporation« (ITT) im September und Anfang Oktober 1962 wiederholt auf den baldigen Sturz Fidel Castros. Zwei ihrer Schreiben an das Weiße Haus liegen vor. Vgl. Q 32 und 38.

[5] Zum Richtungsstreit in Washington Anfang 1961 vgl. Q 4, 10 und 11. John F. Kennedys Vorschlag ist festgehalten in Q 7.

[6] Die Gefangenen der »Brigade 2506« wurden in Kuba in einer öffentlichen Anhörung nach ihren Motiven befragt. Vgl. Enzensberger, Das Verhör von Habana. Zu Vorbereitung, Ablauf und Auswertung der Invasion in der Schweinebucht vgl. Q 16.

[7] Vgl. Q 155: In diesem Interview schildert Maxwell Taylor sehr anschaulich die Stimmung im Weißen Haus nach der gescheiterten Invasion.

[8] Che Guevara hatte gegenüber Richard Goodwin, einem Lateinamerika-Experten des US-Außenministeriums, im August 1961 ein weitreichendes Angebot unterbreitet: vgl. Q 20. Zu den Empfehlungen der »Cuban Study Group« vgl. Q 16. Bereits am 5. Mai 1961 hielt der Nationale Sicherheitsrat anläßlich seiner 483. Sitzung fest, daß die USA »nichts tun sollten, was die Möglichkeit einer zukünftigen militärischen Intervention verbauen würde«. (Q 14). Vgl. zu dieser Linie auch die diversen Memoranden des Policy Planning Council (Außenministerium): Q 18. John F. Kennedys Schreiben an die JCS kann als Abschluß dieser Diskussion gesehen werden: Q 19.

[9] Chruschtschows Brief an John F. Kennedy vom 18. 4. 1961 ließ erkennen, daß die UdSSR entschlossen war, die Regierung Castro mit Wirtschafts- und Militärhilfe zu unterstützen: Q 12. Zur Geschichte von Operation »Mongoose« vgl. Senate, Alleged Assassination Plots, S. 139–142.

[10] Khrushchev Remembers, Bd. 1, S. 525.

[11] Ebd.

[12] Ebd., S. 526.

[13] Vgl. das Interview mit S. Mikojan im Dokumentenanhang.

[14] Zur militärischen Überlegenheit der USA vgl. Ball, Politics and Force Levels; vgl. Garthoff, Meaning of the Missiles, S. 79; vgl. Proceedings Hawk's Cay Conference, S. 32, 41. Chruschtschows und Mikojans Einschätzung sind wiedergegeben in Khrushchev Remembers, Bd. 1, S. 526 und Proceedings Hawk's Cay Conference, S. 23.

[15] Khrushchev Remembers, Bd. 1, S. 526; vgl. ebd., S. 528. Fedor Burlatsky referierte im Rahmen eines von der John F. Kennedy School of Government veranstalteten Experten-Seminars zur Kuba-Krise (11.–13. Oktober 1987, Harvard University, Cambridge, Mass.).

[16] Zur Organisation der sowjetischen Raketenlieferungen vgl. das Interview mit Sergo Mikojan im Dokumentenanhang; vgl. Q 29. Die wichtigsten sowjetischen Presse-Erklärungen im Vorfeld der Krise sind publiziert in Larson, Selected Documents; vgl. auch Robert Kennedy, Thirteen Days, S. 14 – 16 (Kennedys Buch wird durchgängig nach der jüngsten deutschen Veröffentlichung zitiert: Verlag Darmstädter Blätter, 1982:2).

[17] Yarmolinskys Studie gibt einige wichtige Hinweise zur Vorgeschichte der Krise: Q 152.

[18] Vgl. Q 29; McCones Einschätzung wird im Begleitschreiben Arthur M. Schlesingers zusammengefaßt. Zur Mehrheitsmeinung innerhalb der CIA vgl. auch Q 34; vgl. Garthoff, Reflections, S. 26. Chruschtschow berichtet, daß die amerikanischen Geheimdienste bereits frühzeitig Verdacht schöpften: Khrushchev Remembers, Bd. 1, S. 527.

[19] Die frühzeitigen Warnungen McCones kamen zu Beginn der Kuba-Krise intern noch einmal zur Sprache. Vgl. Q 41, S. 14, 15; Q 42, S. 12, 13.

[20] Die politische Dimension der sowjetischen Waffenlieferungen an Castro wurde von der CIA lange vor der Stationierung der Raketen betont: Q 29, S. 1, 4.

[21] Q 30.

[22] Zur Geschichte der Operation »Mongoose« vgl. Senate, Alleged Assassination Plots, S. 147.

[23] Damit ist auch die – ursprünglich von Robert Kennedy vorgebrachte – Behauptung widerlegt, der Präsident habe bereits 1961 den Rückzug der Jupiter-Raketen angeordnet und erst während der Kuba-Krise erfahren, daß seine Anordnung nicht befolgt worden sei. Zahlreiche Politologen in den USA nahmen diese These zum Anlaß bürokratie-theoretischer Abhandlungen und unterstellten, daß die Politik des Präsidenten durch eine vom Außenministerium inszenierte Obstruktion unterlaufen worden sei. Vgl. Hafner, Bureaucratic Politics.

[24] Vgl. Q 30, § 5 und 6. Dean Rusks Pressegespräch ist protokolliert in Q 144.

[25] Q 30. Das Sitzungsprotokoll wurde als »Streng Geheim – Sensibel« klassifiziert und nur den Teilnehmern ausgehändigt.

[26] John F. Kennedys Erklärungen vom 4. und 13. September sind veröffentlicht in Larson, Selected Documents, S. 17–18, S. 31–33.

[27] Zu den Debatten im Kongreß vgl. Congressional Report, Senate, Vol. 108, Part 14, United States Government Printing Office, Washington, D. C., 1962, S. 18 360, 18 959, 20 055, 20 058. Zur Presse-Kampagne für eine Blockade Kubas vgl. Wall Street Journal, 18. und 19. 9. 1962, Washington Post, 18. 9. 1962 und US News & World Report, 24. 9. 1962. Die Resolution des Kongresses wurde als Public Law 87–733, 87th Congress, S. J. Res. 230 verabschiedet (vgl. JFK, NSF, Countries, Cuba, General, 10/1/62 – 10/14/62, Box 36). Zur These der »Kriegspartei« in Washington vgl. Richard H. Rovere, Letter from Washington, S. 152/53.

[28] Vgl. Q 41, S. 24. Es ist äußerst unwahrscheinlich, daß man in Washington zu diesem Zeitpunkt etwas vom Transport der Raketen wußte. Wäre dies der Fall gewesen, hätte man die Planung nicht auf den 20. Oktober, sondern auf ein früheres Datum ausgerichtet.

[29] Vgl. Q 33. Als die Juristen den Text einer Blockade-Erklärung aufsetzen wollten, fehlten ihnen überzeugende Argumente. Sie suchten die Bibliothek des Justizministeriums nach einer historischen Vorlage ab, fanden aber nur einen einschlägigen Text: die Erklärung über eine Blockade Kubas, die Präsident McKinley zum Auftakt des spanisch-amerikanischen Krieges 1898 abgegeben hatte. Vgl. hierzu Proceedings Hawk's Cay Conference, S. 48. Zu den Blockadevorbereitungen des Außenministeriums vgl. Q 37. Auch Robert McNamara hatte frühzeitig diplomatische Kontakte aufgenommen und gehofft, die Jupiter-Raketen vor einer Konfrontation um Kuba aus der Türkei abziehen zu können. So sprach er in der ersten Oktoberhälfte u. a. mit dem italienischen Verteidigungsminister Andreotti über diese Möglichkeit. Vgl. Q 126, S. 39.

[30] Q 35 und 36.

[31] Vgl. »Cuban Crisis Diary«; vgl. Arnold R. Shapack, (Hrsg.), Proceedings Naval History Symposium, United States Naval Academy, Annapolis, Maryland, April 27–28, 1973; vgl. Q 40.

[32] Q 40. Ward nennt kein präzises Datum, wann er erstmals von seiner bevorstehenden Versetzung erfuhr. Es sei während des »homecoming football-Spiels« in Annapolis, dem Sitz der Marineakademie, gewesen. Solche »homecoming-Spiele« werden traditionell kurz nach Semesterbeginn durchgeführt; nach der Sommerpause beginnen die Trimester bzw. Semester an

amerikanischen Colleges und Universitäten Mitte September. Vgl. Q 40, S. 1.

[33] Über das Treffen McNamaras mit den Vereinigten Stabschefs berichten Yarmolinsky (Q 152, S. 1, 7) und Ward (Q 40, S. 1/2).

[34] Q 40, S. 2.

[35] Q 152, S. 8, 1. Über PHIBRIGLEX 62 wird auch im »Cuban Crisis Diary« der Marinezeitschrift Navy (S. 20) berichtet.

[36] Q 154, S. 151/152. Alle Kapitel des Sieverts-Reports, die sich mit der Vorgeschichte der Krise und insbesondere dem Zeitraum vom 19. September bis zum 10. Oktober befassen, sind geschwärzt.

[37] So äußerte sich General Taylor während der ersten Sitzung des Executive Committee am 16. Oktober. Vgl. Q 42, S. 36. Vgl. Proceedings Hawk's Cay Conference, S. 52, 56.

[38] Auf Andersons Information angesprochen, behauptete Robert McNamara im März 1987, er habe damals davon keine Kenntnis gehabt. Vgl. Proceedings Hawk's Cay Conference, S. 22, 26. Zur Überwachung Kubas durch die CIA vgl. Q 29.

[39] Q 152, S. 8; vgl. Q 39; George Ball spricht dieses Thema auch im ExComm. an: Q 42, S. 49. In zeitgenössischen Presseberichten wurde ebenfalls davon gesprochen, daß die Raketen vor dem 15. Oktober entdeckt worden wären. Vgl. Der Spiegel, Nr. 45/1962, S. 107.

[40] Keating, »My Advance View«; vgl. Q 41, S. 19. Es ist noch immer unklar, wer zu welchem Zeitpunkt Senator Keating mit welchen Informationen versorgte. Vgl. zuletzt Paterson, The Historian as Detective. Hartnäckig halten sich folgende Behauptungen: Keating habe seine Informationen von einem in Kuba akkreditierten Botschafter eines NATO-Landes erhalten, dessen eigene Regierung den Raketen-Berichten keine Bedeutung zumessen wollte (Garthoff, Reflections, S. 14). Angeblich soll es sich bei diesem Botschafter um den Vertreter der BRD, Graf von Spreti, gehandelt haben. (v. Spreti wurde Anfang der 70er Jahre in Lateinamerika ermordet). Walter Lippmann, der einflußreichste amerikanische Journalist dieses Jahrhunderts, teilte seinem Biographen, Ronald Steel, mit, ein in Kuba tätiger französischer Agent mit dem Decknamen »Topas« habe Keating unterrichtet. (»Topas« taucht als fiktive Gestalt auch in Alfred Hitchcocks gleichnamigen Polit-Thriller zur Kuba-Krise auf). Vgl. Steel, Walter Lippmann.

[41] So Maxwell Taylor in der Vormittagssitzung des ExComm. am 16. Oktober: Q 41, S. 22; vgl. S. 24. Vgl. Q 42, S. 29; vgl. Q 152, S. 7. Vgl. Cuban Crisis Diary, S. 20/21: »Unsere Streitkräfte waren in einem Zustand fortgeschrittener Alarmbereitschaft, die amphibischen Landetruppen der Marine und der Elitetruppen waren in ihren vorgesehenen Stellungen, bereit und fähig, zu jeder Zeit gegen Kuba vorzugehen.«

Erstes Kapitel

[1] Halberstam, Die Elite, S. 75 und Schlesinger, A Thousand Days, S. 391: »If Khrushchev wants to rub my nose in the dirt . . . it's all over.«

[2] Diese Information geht auf private Gespräche zurück, die ich mit amerikanischen Historikern führte.

[3] Halberstam verwendet das eingängige Bild der »Das schaffen wir«-Männer: Die Elite, S. 214.

[4] Zur Interpretation der Luftaufnahmen: Q 41, S. 1,7,8. Zu den ungelösten Fragen: Q 41, S. 3,4; Q 42, S. 1–3,5,11,35,42.

[5] Vgl. Q 41, S. 6,7,12,30,31; Q 42, S. 8. »Take it right out with one hard crack« und »take 'em out without any warning whatsoever« lauten die stereotyp wiederholten Forderungen. Gerade der Präsident drängt darauf, die Kubaner auf keinen Fall vorzuwarnen: Vgl. Q 42, S. 10,11, u, 32.

[6] Bundy: Q 42, S. 4; Rusk: Q 41, S. 8; Taylor: Q 41, S. 12.

[7] Q 42, S. 35; vgl. S. 13,25,26,32,36. Vgl. Q 41, S. 16.

[8] Q 42, S. 26. ICBM steht für Interkontinental-Rakete (InterContinental Ballistic Missile) und MRBM für Mittelstrekkenrakete (Medium Range Ballistic Missile).

[9] Sehr anschaulich wird dieser Gedanke in Q 42, S. 26 entwickelt: »Doesn't he (Khrushchev – B. G.) realize he has a deficiency of ICBMs, needs a PR capacity perhaps . . . He's got lots of MRBMs and this is a way to balance it out a bit?« Vgl. Q 41, S. 13. Walt Whitman Rostow, Bundys Stellvertreter, führte diese Interpretation in einem Memorandum vom 24. Oktober weiter aus: Q 74.

[10] Immer wieder unterstreichen Kennedys Berater den angeblich großen Handlungsspielraum der USA. Dean Rusk: »We've never really believed that, that Khrushchev would take on a general nuclear war over Cuba.« Q 42, S. 12; vgl. S. 27. Zugleich erkannte Rusk aber die große Gefahr einer eigendynamischen Eskalation.

[11] Q 42, S. 13–15. Auch Außenminister Rusk unterstützte diese Sichtweise: Vgl. Q 41, S. 15.

[12] McNamara kam mehrfach auf die innenpolitische Seite des Konflikts zu sprechen. Vgl. Q 42, S. 12,45,46,48. Theodore Sorensen berichtet über Dillons Intervention: Kennedy, S. 688. Zum Zusammenhang von Innen- und Außenpolitik vgl. Hampson, Divided Decision-Maker; Hilsman und Steel, An Exchange; Paterson und Brophy, October Missiles and November Elections; Rovere, Letter from Washington; Wills, Kennedy Imprisonment.

[13] Vgl. Q 42, S. 14,15.

[14] Rusk: Q 41, S. 9; Robert und John F. Kennedy: Q 42, S. 14.

[15] Vgl. Halberstam, Die Elite, S. 120/121, 167–171. John F. Kennedys Antrittsrede als Präsident ist dokumentiert in:

The Department of State Bulletin, Vol. XLIV, No. 1128, February 6, 1961, Washington, D. C.: U. S. Government Printing Office.

[16] Prä-emptivkrieg: »Krieg, der in der sicheren Annahme begonnen wird, ein feindlicher Angriff stehe unmittelbar bevor oder habe bereits begonnen; Vorwegnahme eines erwarteten feindlichen Angriffs.« Diese Definition steht in klarer Abgrenzung zum Begriff des »Präventivkrieges«. Darunter soll ein Krieg verstanden werden, »der in der Überzeugung begonnen wird, daß eine militärische Auseinandersetzung zwar nicht unmittelbar bevorsteht, aber auf die Dauer unvermeidlich ist, und daß Zuwarten ein größeres Risiko wäre.« Ernst Lutz, Lexikon zur Sicherheitspolitik, München: Beck, 1980, S. 154. Zum Stellenwert von Prä-emptiv- und Präventivkrieg in der amerikanischen Militärstrategie vgl. Greiner, Politik am Rande des Abgrunds? In konkreten Entscheidungssituationen werden die Unterschiede zwischen beiden Konzepten sehr schnell eingeebnet. Stewart Alsop z. B. zitiert Robert Kennedy mit den Worten: »Wir alle waren der Überzeugung, daß die Russen – falls sie bereit waren, wegen Kuba einen Atomkrieg zu beginnen – sich von vornherein auf den nuklearen Krieg vorbereitet hatten. Wenn es so war, konnten wir die Kraftprobe ebensogut jetzt und nicht erst sechs Monate später haben.« Stewart Alsop, ›Der Kerl hat bereits mit den Wimpern gezuckt‹. Die Kuba-Krise und das Komitee der Neun, in Der Spiegel, Nr. 51/1962, S. 72.

[17] Vgl. Q 42, S. 13. In den ersten Krisentagen kamen von der CIA sehr unterschiedliche und einander widersprechende Einschätzungen der Lage. Bisweilen wurde der Alarmismus der Militärs kritisiert und darauf verwiesen, daß die Raketen in erster Linie ein politisches Problem seien: vgl. Q 55. Vgl. Proceedings Hawk's Cay Conference, S. 36.

[18] McNamara: Q 42, S. 12; John F. Kennedy: Q 42, S. 13. Taylor: ebd. Vgl. Proceedings Hawk's Cay Conference, S. 12,66.

[19] Theodore Sorensen kam in einem Memorandum vom 17. Oktober zu folgendem Ergebnis: Die Mehrheit der Berater sei der Meinung, daß »these missiles, even when fully operational, do not significantly alter the balance of (military) power ... do not significantly increase the potential megatonnage capable of being unleashed (against) American soil, even after a surprise attack.« Memorandum (Theodore Sorensen), October 17. In: JFK, POF, Cuba Files, Box 115.

[20] Rusk: Q 41, S. 8; Q 42, S. 6,7. Als besonders gefährdet galten die Regimes in Bolivien, Chile und der Dominikanischen Republik. Dorthin verschiffte das Pentagon tonnenweise Material zur Niederschlagung politischen Widerstandes (»riot control equipment«): vgl. Q 99. McGeorge Bundy interveniert mehrfach gegen Rusks Vorschläge: Q 41, S. 16,20; Q 42, S. 15.

[21] Q 42, S. 5,6. Vgl. Q 41, S. 9.

[22] Rusk spricht über eine Kontaktaufnahme zu Chruschtschow: Q 41, S. 10. McNamara bringt diesen Vorschlag schließlich zu Fall: Q 42, S. 9; vgl. S. 44: »Once you start this political approach, I don't think you're gonna *have* any opportunity for a military operation.« Zur Charakterisierung McNamaras vgl. Halberstam, Die Elite, S. 218/219.

[23] John F. Kennedy: Q 42, S. 10,32.

[24] Zur Haltung der Militärs: Q 42, S. 8; Q 41, S. 12. George Ball: Q 42, S. 49. Ball behielt seine kritische Haltung bis zum Ende der Krise bei.

[25] McGeorge Bundy: Q 42, S. 18,43. Vgl. Q 41, S. 17.

[26] Q 157, S. 114.

[27] McNamara: Q 41, S. 11. Taylor und die JCS unterstützten McNamara: Q 42, S. 8. Zum Zusammenhang von Luftangriff und Konterrevolution: Q 42, S. 24. Vgl. Q 41, S. 17,18,23.

[28] Rusk: Q 41, S. 22; vgl. Q 42, S. 10. John F. Kennedy: Q 41, S. 22. Maxwell Taylor: Q 42, S. 23,24. Zur Haltung der Geheimdienste: Q 55, S. 9.

[29] Vgl. Senate, Alleged Assassination Plots, 135–171.

[30] Q 41, S. 21. Vgl. Q 42, S. 24.

[31] Q 42, S. 27. Vgl. Q 41, S. 31.

[32] General Hideko Tojo war der militärische Einsatzleiter des japanischen Überfalls auf den US-Marinestützpunkt Pearl Harbour (Hawai) im November 1941.

[33] Q 41, S. 21. Q 42, S. 25.

[34] Die Mythenbildung um Robert Kennedy geht auf folgende Texte zurück: Kennedy, Dreizehn Tage, S. 31–33; Alsop und Bartlett, ›Der Kerl hat bereits mit den Wimpern gezuckt‹; Schlesinger, Robert Kennedy, S. 507. Unter Bezugnahme auf diese Quellen taucht allerorts das Argument auf, Robert Kennedy sei im ExComm. eine »Taube« gewesen und habe zu Beginn der Krise den Militaristen eine empfindliche Niederlage zugefügt. Das Transkript der Tonbandaufnahme vom 16. Oktober spricht eine andere Sprache.

[35] Marc Trachtenberg kommt zu ähnlichen Ergebnissen. Vgl. Trachtenberg, Influence of Nuclear Weapons, S. 166,167. Erst fünf Tage später, am 21. Oktober, befürwortete Robert Kennedy die Blockade. An der Invasion hielt er aber noch immer fest. Sie sollte gestartet werden, falls die Blockade ihren Zweck verfehlte. Vgl. Q 61.

[36] John F. Kennedy: Q 41, S. 27; vgl. S. 22, 31. Vgl. Q 42, S. 13,23,28.

[37] Hilsman und Steel, Exchange, S. 37. Ramsey Clark, der stellvertretende Justizminister unter Kennedy, bestätigte diese Sicht in einem Gespräch mit dem Autor im September 1985. Zur Unterredung des Präsidenten mit führenden Mitgliedern des Kongresses vgl. Kennedy, Dreizehn Tage, S. 48,49. Zum Problem der Amtsenthebung vgl. ebd., S. 63. Die deutsche

Übersetzung ist an dieser Stelle irreführend. Das englische »impeach« wird mit »vertrauensunwürdig« übersetzt. Nach der amerikanischen Verfassung ist ein »Impeachement« klar definiert: Es bedeutet die Amtsenthebung des Präsidenten durch die Legislative.

[38] Q 74, S. 13.

[39] Rusk: Q 41, S. 10. Zum Abschreckungswert des sowjetischen Atompotentials vgl. Q 42, S. 15. John F. Kennedys Haltung zu einem »prä-emptiven Schlag« kommt ausführlich zur Sprache bei Alsop, Grand Strategy. Vgl. Halberstam, Die Elite, S. 228. Trachtenberg, Influence of Nuclear Weapons, S. 159.

[40] John F. Kennedy: Q 41, S. 25; vgl. S. 17. Q 42, S. 10–12,17. Rusk: Q 41, S. 14; vgl. Q 42, S. 12,27.

[41] Vgl. Q 155 und Q 156 (Interviews mit Maxwell Taylor).

[42] Die RAND-Corporation ist die »Denkfabrik« der US-Luftwaffe. Fred Kaplan setzt sich ausführlich mit RAND auseinander: Kaplan, Wizards of Armageddon.

[43] Die Charakterisierung McNamaras ist angelehnt an Halberstam, Die Elite, S. 234,213,216,236,220,227,233. Zu McNamaras Risikobereitschaft: Q 42, S. 10; vgl. S. 50.

[44] McNamara: Q 42, S. 22; vgl. S. 29. Zu seinem Katalog ungelöster Fragen: Q 41, S. 7; Q 42, S. 9, 49.

[45] Q 42, S. 46. Vgl. Q 41, S. 29.

[46] Q 42, S. 25.

[47] Q 42, S. 47; vgl. S. 9,48.

[48] Q 42, S. 10; vgl. S. 50.

[49] McNamara im ExComm.: Q 42, S. 40; vgl. S. 29 – 31,44,47–49. Über McNamara: Halberstam, Die Elite, S. 212.

[50] Vgl. Trachtenberg, Influence of Nuclear Weapons, S. 143.

[51] Sweeney: Q 42, S. 20. McNamara: Q 42, S. 29; vgl. S. 24. Taylor: Q 41, S. 22. Robert Kennedy warnte, mit der Mobilisierung auf keinen Fall Aufsehen zu erregen. Insbesondere dürfte über die Rolle der Batista-Söldner nichts an die Öffentlichkeit dringen: Q 41, S. 23. Zur Rolle des Strategic Air Command und den Notstandsplanungen vgl. Q 42, S. 10.

[52] Chester Bowles, zit. nach Halberstam, Die Elite, S. 66/67. Ähnlich äußerte sich damals Lucian Pye, Professor für Politikwissenschaft am Massachusetts Institute of Technology (MIT): »Wissen Sie, man schläft nicht mehr ganz so gut, wenn man ein paar von den Leuten kennt, die jetzt nach Washington gehen.« Ebd., S. 159.

Zweites Kapitel

[1] Q 44.

[2] Bohlen, Witness to History, S. 491/492.

[3] Zum Besuch des Außenministers aus sowjetischer Sicht: Gromyko, Caribbean Crisis, S. 19 ff; aus amerikanischer Sicht: Q 154, S. 54 – 60. Zum Bericht der amerikanischen Botschaft in Moskau: Q 46.

[4] Fedor Burlatsky anläßlich eines Symposiums zur Kuba-Krise (John F. Kennedy School of Government, Harvard University, 11.–13. Oktober 1987). Zur Unterredung des Präsidenten mit Außenminister Gromyko vgl. Anmerkung 3.

[5] Vgl. Proceedings Hawk's Cay Conference, S. 54.

[6] In diesem Punkt gehen die Darstellungen bei Anatoli Gromyko und Frank Sieverts auseinander. Gromyko äußert sich wie dargestellt, Sieverts hingegen behauptet, es sei nur in allgemeinen Worten über den Kalten Krieg gesprochen worden.

[7] Zur sowjetischen Presse-Politik im Vorfeld der Krise vgl. Larson, Selected Documents, S. 21–31, 34–40. Über den Kontakt zu sowjetischen Diplomaten in Washington berichtet Robert Kennedy, Dreizehn Tage.

[8] Gromyko, Caribbean Crisis, S. 19. Q 154, S. 57.

[9] Gromyko, Caribbean Crisis, S. 25.

[10] Burlatsky und Mikojan stellten diese These anläßlich des oben genannten Symposiums zur Kuba-Krise vor: vgl. Anmerkung 4.

[11] Theodore Sorensen stellte dieses Szenario im Entwurf eines Briefes an Nikita Chruschtschow vor: Q 48.

[12] Q 44.

[13] Q 56. Im Januar 1963 faßte Adlai Stevenson seine Haltung während der »13 Tage« in einem Memorandum an Arthur Schlesinger noch einmal zusammen: Q 58.

[14] Robert Kennedy, Dreizehn Tage, S. 44.

[15] Der mit 18. Oktober datierte Entwurf für eine Rede John F. Kennedys stammt offenbar aus der Feder Theodore Sorensens und ist in dessen Papieren in der Kennedy-Bibliothek abgelegt: JFK, Theodore Sorensen Papers, Classified Subject Files, 1961–1964, Cuba, General, 1962, Box 48. Zur ExComm.-Sitzung am 19. Oktober vgl. Bernstein, Trading the Jupiters?, S. 105 und Schlesinger, Robert Kennedy, S. 515. Zum 27. Oktober s. u., Drittes Kapitel.

[16] Im Detail wird dieses Modell in Q 91 entwickelt. Laut Sieverts lag dieses Memorandum dem ExComm. bereits am 23. Oktober vor.

[17] Die öffentliche Denunziation Stevensons begann mit einem Artikel von Stewart Alsop und Charles Bartlett in der Saturday Evening Post vom 8. Dezember 1962: »In Time of Crisis«. Eine der Zwischenüberschriften lautet: »Adlai wanted a Munich. He wanted to trade U. S. bases for Cuban bases.« Auch in späteren Jahren wurde mit der Kuba-Krise gezielt (Personal-)Politik gemacht. So denunzierte Robert Kennedy mehrfach Dean Rusk. Dieser war unter Lyndon B. Johnson Außenminister geblieben und geriet ins Kreuzfeuer der Kennedy-Kritik, als Robert Kennedy seine Kampagne für das Prä-

sidentenamt begann. Rusk wurde zum Symbol der unfähigen Johnson-Regierung erklärt. Dies war nur möglich, wenn man seine Rolle während der Kuba-Krise herabspielte. Robert Kennedy behauptete, Rusk habe an den ExComm.-Sitzungen nicht teilgenommen oder geschwiegen und sei gegen Ende der Krise geistig und körperlich zusammengebrochen. (Schlesinger, Robert Kennedy, S. 546–547) Eine Analyse der Entwicklung am 27. Oktober zeigt, daß diese Vorwürfe unhaltbar sind: s. u., Drittes Kapitel.

[18] Vgl. Kennedy, Dreizehn Tage, S. 28,43.

[19] John F. Kennedy und McNamara: Kennedy, Dreizehn Tage, S. 54/55; vgl. S. 51. Vgl. Q 154, S. 75. Laut Frank Sieverts stellte der Präsident während dieser Sitzung auch klar, »that there would be no bargains over our bases in Turkey and Italy.« (Ebd.).

[20] Zur Rolle der Falken und Curtis LeMays: Kennedy, Dreizehn Tage, S. 31 ff.,42. Zur Rolle der Geheimdienste: Q 154, S. 68. Vgl. Q 50,51,55.

[21] Kennedy, Dreizehn Tage, S. 38.

[22] Zu den Vorbereitungen der taktischen Luftstreitkräfte: Q 61. General Shoup: Q 154, S. 72 ff.

[23] Rostow: Q 65, S. 2. John F. Kennedy: Q 154, S. 89.

[24] John F. Kennedy: Q 62, S. 1. Zur Rolle Ormsby-Gores: Q 78.

[25] Q 62, S. 1. Sollte die Überzeugungsarbeit nichts nutzen, würden die USA selbstverständlich im Alleingang handeln. Vgl. Q 154, S. 90: »While it was important to get the allies to see the issue as we saw it, the U. S. was determined to act and would do so.«

[26] Q 62, S. 2,4,5. Vgl. Q 154, S. 96.

[27] Q 67, S. 31; vgl. S. 27. Q 154, S. 89/90, 96/97.

[28] Der Sieverts-Report enthält eine detaillierte Aufstellung der einzelnen Schritte (S. 86,86a,87,87a) – diese Seiten sind aber nach wie vor nicht zugänglich. Die im folgenden genannten Beispiele sind Q 154, S. 88–111b entnommen.

[29] Die Regimes in Bolivien, Chile und der Dominikanischen Republik galten als besonders gefährdet: s. o., Erstes Kapitel, Anm. 20.

[30] Vgl. Garthoff, Reflections, S. 37; Sagan, Nuclear Alerts, S. 106 ff.

[31] Vgl. Kennedy, Dreizehn Tage, S. 48/49.

[32] Tagebuch Horst Osterheld, zit. nach Der Spiegel, Nr. 45/1987, S. 203.

[33] Präsident Kennedys Rede vom 22. Oktober ist dokumentiert in Larson, Selected Documents, S. 59–64. Anatol Rapoports Kritik ist im Anhang zur jüngsten deutschen Ausgabe von Robert Kennedy, Dreizehn Tage, veröffentlicht: S. 247,245.

[34] Memorandum (Commanding Officier, USS ESSEX) to Commander in Chief, U. S. Atlantic Fleet. Subject: Historical and feature news coverage Cuban crisis; forwarding of, December 29, 1962, Confidential. In: US Navy, Operational Archives, Naval Historical Center, Washington, D. C.

[35] Das jüngste Beispiel dieser Rechtfertigungsliteratur liegt mit der kommentierten Quellenedition von Bundy und Blight vor, October 27, 1962.

[36] Q 154, S. 112.

[37] Arnold R. Shapack, (Hrsg.), Proceedings Naval History Symposium, United States Naval Academy, Annapolis, Maryland, April 27–28, 1973, S. 84; Cuban Crisis Diary, S. 29.

[38] Kennedy, Dreizehn Tage, S. 57. Wortwechsel McNamara – Anderson: Proceedings Hawk's Cay Conference, S. 97.

[39] Zur Rolle Ormsby-Gores: Kennedy, Dreizehn Tage, S. 63. Zur Kontroverse um die Politik der Marine: Allison, Essence of Decision, S. 127–132; Anderson, An Admiral's Memoir; Anderson, The Cuban Crisis. Discussion; Caldwell, Research Note.

[40] Zur Kursänderung der sowjetischen Schiffe: Q 101, S. 1: »Changes in course appear to have been executed in midday on 23 October, before the President signed the proclamation establishing the quarantine.« Vgl. Garthoff, Reflections, S. 49. Zur Reaktion des ExComm.: Q 73; Kennedy, Dreizehn Tage, S. 68,69,73.

[41] Zur »Völkerfreundschaft« und »Graznny«: Q 88, S. 4 – 6. Vgl. Kennedy, Dreizehn Tage, S. 79/80. Zur Durchsuchung der »Marucla«: USS Joseph P. Kennedy Jr., Serial: 021, Cuban Quarantine Operations. In: US Navy, Operational Archives, Naval Historical Center, Washington, D. C.

[42] Rusk: Abel, Missile Crisis, S. 135. Ungenanntes ExComm.-Mitglied: Alsop, ›Der Kerl hat bereits mit den Wimpern gezuckt‹, S. 70. Zur Kritik der Militärs am Führungsstil McNamaras: Q 157, S. 117.

[43] Unterredung Chruschtschows mit William Knox: Q 77. Die vor Kuba georteten sowjetischen U-Boote waren nicht mit Atomraketen bestückt: Sagan, Nuclear Alerts, S. 116.

[44] Sagan, Nuclear Alerts, S. 116,117. Vgl. Kennedy, Dreizehn Tage, S. 65,74.

[45] Kennedy, Dreizehn Tage, S. 58,65; Sagan, Nuclear Alerts, S. 113.

[46] Kennedy, Dreizehn Tage, S. 64 – 67.

[47] Über den Kurswechsel der sowjetischen Schiffe um die Mittagszeit des 23. Oktober vgl. Q 101, S. 1. Zum Entscheidungsprozeß im ExComm. am Morgen des 24. Oktober: Q 73.

[48] Vgl. Sagan, Nuclear Alerts, S. 115.

[49] Kennedy, Dreizehn Tage, S. 83.

[50] Zur Reaktion des Präsidenten: Sorensen, Kennedy, S. 713. Zur Reaktion McNamaras: Q 157, S. 114/115. Noch immer gibt es ungelöste Fragen zu dem U-2-Flug über der UdSSR: vgl. Sagan, Nuclear Alerts, S. 120/121. Zur Interpretation des Zwi-

schenfalls aus sowjetischer Sicht ist Chruschtschows Brief an John F. Kennedy vom 28. Oktober sehr aufschlußreich: dokumentiert in Larson, Selected Documents, S. 189–193.

[51] Sagan verweist auf diese Eigenmächtigkeit von General Power in seinem 1985 publizierten Aufsatz (Nuclear Alerts, S. 108); Garthoff bestätigt die Information 1987: Reflections, S. 37. General Burchinal: Q 157, S. 115/116.

[52] Garthoff, Reflections, S. 37.

[53] Sagan, Nuclear Alerts, S. 121.

[54] Garthoff berichtet über die Geheimdienstinformationen, die dem ExComm. hinsichtlich der SAM-Stellungen zur Verfügung standen: Reflections, S. 52.

[55] Interview mit Sergo Mikojan im Dokumentenanhang dieses Buches.

[56] Hersh, Castro out of Control? Vgl. Garthoff, Reflections, S. 52/53.

[57] Die von Ellsberg genannten und bei Hersh, Castro out of Control? zitierten Belege – etwa die Telefonregister von Rusk und McNamara – sind wenig überzeugend. Es handelt sich hier um Berichte aus dritter und vierter Hand. Vgl. Interview mit Sergo Mikojan im Dokumentenanhang dieses Buches.

[58] Zu den Aktionen der »Task Force W«: vgl. Sagan, Nuclear Alerts, S. 121/122; Proceedings Hawk's Cay Conference, S. 154/155.

[59] George Ball zit. nach Hersh, Castro out of Control?

[60] Zu den Entscheidungen am Morgen des 23. Oktober. Q 70. Vgl. Kennedy, Dreizehn Tage, S. 53/54, 81. John F. Kennedy: Sagan, Nuclear Alerts, S. 119.

[61] Kennedy, Dreizehn Tage, S. 81,63.

[62] Zur Relativierung der Kriegsgefahr: vgl. Bundy und Blight, October 27, 1962; Proceedings Hawk's Cay Conference.

[63] Die Informationen über die Situation in Moskau gehen zurück auf Gespräche des Autors mit Beteiligten (Februar und Juni 1987). Zur umstrittenen Rolle Penkovskys: Garthoff, Reflections, S. 39–41; Anthony Verrier, Through the Looking Glass: British Foreign Policy in an Age of Illusion, New York: W. W. Norton, 1983.

[64] Vgl. Interview mit Sergo Mikojan im Dokumentanhang dieses Buches. Vgl. Garthoff, Reflections, S. 41. Zum Präsidium (heute: Politbüro) der KPdSU gehörten im Oktober 1962: N. Chruschtschow, L. Breschnew, G. I. Voronov, F. R. Kozlov, A. N. Kosygin, O. V. Kuusinen, A. I. Mikojan, N. V. Podgorny, D. S. Polyansky, M. A. Suslow und N. M. Schwernik.

[65] Chruschtschows Briefe sind dokumentiert in Larson, Selected Documents, S. 67/68, 127–129. Die Übermittlung des ersten Briefes hatte sich wegen technischer Pannen um mehrere Stunden verzögert.

[66] Vgl. Q 86 und 101. Der Geheimdienst der Armee bestätigte die von der CIA kommenden Nachrichten und Einschätzungen: vgl. Q 85.

[67] Zum Treffen Chruschtschows mit William Knox: Q 77. Chruschtschows Angebot, auf den Ersteinsatz von Atomwaffen zu verzichten, wird in Roger Hilsmans Memorandum nicht erwähnt. Es findet sich in einem CIA-Bericht, der u. a. auch auf das Treffen mit William Knox eingeht: Q 138, S. III–3. Chruschtschows Brief an Bertrand Russell ist dokumentiert in Larson, Selected Documents, S. 148–150.

[68] Vgl. Q 76. Auch Roger Hilsman kam zu dem Ergebnis, daß die Sowjets eine weitere Zuspitzung vermeiden wollten. Vgl. Q 75.

[69] Zur Debatte im ExComm.: Kennedy, Dreizehn Tage, S. 61. Der heftige Wortwechsel zwischen den UNO-Botschaftern Stevenson und Zorin am 25. Oktober vor dem Sicherheitsrat der Vereinten Nationen ist dokumentiert in Larson, Selected Documents, S. 154–164.

[70] Vgl. Interview mit Sergo Mikojan im Dokumentenanhang dieses Buches. Auch Robert Kennedy war davon überzeugt, daß Botschafter Dobrynin über die Vorgänge in Kuba nicht informiert war: vgl. Q 41 und 42.

[71] Chruschtschow hatte über William Knox ein Gipfeltreffen angeboten; am gleichen Tag, dem 24. Oktober, war der Diplomat Jevgeni E. Ivanov im Foreign Office in London vorstellig geworden und hatte angeregt, Premierminister Macmillan möge vermitteln und ein Gipfeltreffen in London vorschlagen. Das britische Außenministerium wies diesen Vorschlag zurück: Q 154, S. 147 ff. Die Initiative U Thants vom 24. Oktober ist dokumentiert in Larson, Selected Documents, S. 133–136.

[72] Über den Vorschlag Mikhailovs berichtet Garthoff, Reflections, S. 50.

[73] Die ausführlichste Darstellung des Treffens Scali-Fomin findet sich im Sieverts-Report: vgl. Q 154, S. 172 ff.

[74] Khrushchev Remembers, Bd. 1, S. 530–535. Chruschtschows Brief vom 26. Oktober: Q 116.

[75] Zu den Interventionen von CIA und Pentagon: vgl. Q 109 und 114. Dean Rusk: Q 88, S. 1.

[76] Präsident Kennedys Briefe an Chruschtschow und UNO-Generalsekretär U Thant sind dokumentiert in Larson, Selected Documents, S. 145, 168/169.

[77] Q 103, S. 3.

[78] McNamara: Q 88, S. 3. In der gleichen Sitzung des ExComm. fordert Dean Rusk, die Gespräche auf »einige wenige Tage« zu beschränken: Q 88, S. 3.

[79] Q 88, S. 6.

[80] Q 103, S. 5.

[81] Zum Vorschlag der atomwaffenfreien Zone: Q 107. John F. Kennedy: Q 103, S. 6.

[82] Der Vorschlag eines »Raketentauschs« stößt auf eine geschlossene Front der Ablehnung: Q 103, 106, 107 und 109. Averell Harriman plädierte für den »Raketentausch«: Q 112. Harriman hatte seit den 20er Jahren enge wirtschaftliche und politische Beziehungen zur UdSSR. In Washington war er bekannt für seine unkonventionellen Vorschläge bezüglich einer »aufgeklärten Politik« gegenüber der UdSSR. Präsident Roosevelt hatte ihn gegen Ende des Zweiten Weltkrieges mehrfach mit Sondermissionen zu Stalin geschickt (vgl. Averell Harriman und Elie Abel, Special Envoy to Churchill and Stalin, 1941–1946, New York, 1975). In der Administration Kennedy war Harriman nicht gern gesehen – das Weiße Haus versuchte nach Kräften, ihn ins politische Abseits zu manövrieren.

[83] Q 103, S. 6.

[84] Vgl. Garthoff, Reflections, S. 45; vgl. Q 154, S. 166.

[85] Q 103 und 104. Über das Telefonat mit John F. Kennedy berichtet Harold Macmillan, At the End of the Day: 1961–1963, New York: Harper & Row, 1973, S. 210–211.

[86] Q 154, S. 174 ff.

[87] Q 154, S. 177 ff.

[88] Hilsmans Memorandum liegt am nächsten Morgen vor: Q 117.

Drittes Kapitel

[1] Kennedy, Dreizehn Tage, S. 90. Laut Garthoff handelte es sich nicht um Angestellte des New Yorker Konsulats, sondern um Botschaftsangehörige in Washington: Garthoff, Reflections, S. 56.

[2] Vgl. Q 138.

[3] Über den Verlauf des Blockaderings: Q 122, S. 1: »Under -Secretary Ball pointed out that the Soviets did not know the extent of our quarantine zone.« Dieser Teil der Diskussion ist im Tonband-Transkript der 10 Uhr Sitzung nicht wiedergegeben: vgl. Q 121, S. 1. Vgl. Proceedings Hawk's Cay Conference, S. 134, Anm. 13. Es ist nicht klar, warum die Sowjets über die geographische Ausdehnung der Blockade nicht informiert waren. Hatten die USA versäumt, rechtzeitig zu informieren? Oder weigerten sich die Sowjets prinzipiell, Informationen dieser Art – d. h. über die von ihnen verurteilte »Piraterie« – entgegenzunehmen? Auf jeden Fall zeigt sich an diesem Beispiel erneut, wie eng die Grenzen eines »flexiblen Krisenmanagement« gezogen sind. Nur weil die Sowjets nicht ausreichend unterrichtet waren, hätte es zu einem unbeabsichtigten Zusammenstoß mit der US Navy kommen können.

[4] Hilsman: Q 117; Rostow: Q 124,125; CIA: Q 138.

[5] Chruschtschows Brief: Q 118.

[6] Zur Spekulation über Chruschtschows Motive: Q 121, S. 6,8. John McCone vermutete, daß die Gespräche Botschafter Hares mit der türkischen Regierung in Ankara an die Sowjets durchgesickert sind: Q 126, S. 44. Marc Trachtenberg argwöhnt, bei der UNO sei eine »undichte Stelle« gewesen: vgl. Proceedings Hawk's Cay Conference, 134–136. McGeorge Bundy: Q 121, S. 11; vgl. ebd., S. 8.

[7] Vgl. Interview mit Sergo Mikojan im Dokumentenanhang dieses Buches.

[8] Q 121, S. 5,8,12.

[9] Q 121, S. 8,9.

[10] Q 121, S. 11,3,2.

[11] Q 121, S. 11. Die kompromißbereite Haltung der britischen Regierung und politischen Öffentlichkeit kommt im ExComm. immer wieder zur Sprache. Der Guardian z. B. hatte am 23. Oktober in einem Leitartikel großes Verständnis für Chruschtschows Politik gezeigt. »Conceivably, if Mr. Khrushchev really has begun to build offensive missile bases in Cuba, he has done so primarily to demonstrate to the United States and the world the meaning of American bases close to Soviet territory.« Entsprechend kritisch fällt die Beurteilung der amerikanischen Politik aus: »But even a limited military action will be hard to justify. In the end the United States may find that it has done its cause, its friends, and its own true interests little good.« Kommentare dieser Art wurden in Washington genau registriert.

[12] Ball und John F. Kennedy: Q 121, S. 3. Schon in der Diskussion des ExComm. am 16. Oktober hatte sich gezeigt, daß der Präsident über die Jupiter-Raketen in der Türkei auf dem laufenden war. Vgl. auch Einleitung, Anm. 23. Dean Rusk steuerte im Februar 1987 eine zusätzliche Information zum lange umstrittenen Thema Jupiter bei. Demnach erklärte sich Präsident Kennedy im Mai 1961 damit einverstanden, den ins Auge gefaßten Rückzug der Jupiter aufzuschieben – wahrscheinlich bis zum Frühjahr 1963. Dann nämlich glaubte man mit den Polaris U-Booten einen ausreichenden Ersatz für die Jupiter einsatzbereit zu haben: Brief Dean Rusk vom 25. Februar 1987 an James Blight, zit. in Welch und Blight, Introduction to the ExComm. Transcripts, Anm. 36.

[13] Q 121, S. 10.

[14] Q 121, S. 4. Zu Paul Nitze und NSC-68 vgl.: Bernd Greiner, Amerikanische Außenpolitik von Truman bis heute. Grundsatzdebatten und Strategiediskussionen, Köln: Pahl-Rugenstein, 1982:2, S. 23–38.

[15] Q 121, S. 10,2,6,9,12; vgl. S. 3,8.

[16] Q 121, S. 11.

[17] Q 126, S. 15/16; vgl. S. 18,19.

[18] Q 121, S. 9. Q 126, S. 18.

[19] Die Erklärung ist dokumentiert bei Larson, Selected Documents, S. 186.

[20] Lebow spricht von »zwei bedeutenden ExComm.-Mitgliedern«: »They became entirely passive and unable to fulfill their responsibilities.« Lebow, Nuclear Crisis Management, S. 147. Entgegen der von Robert Kennedy aus politischen Gründen verbreiteten Denunziationen, war Dean Rusk – wie das Transkript vom 27. Oktober belegt – kein »Ausfall«. (Vgl. Zweites Kapitel, Anm. 17). Robert Kennedy: Q 122, S. 5.

[21] Collier und Horowitz, The Kennedys, S. 331,343,349.

[22] Q 126, S. 19; vgl. S. 15.

[23] Q 126, S. 20,24,25. Dieser Zeitdruck wird Stunden vor der Nachricht ins Spiel gebracht, daß eine U-2 über Kuba abgeschossen worden war. Es gibt also keinen Zusammenhang mit militärischen Entwicklungen. Aus prinzipiellen politischen Erwägungen pochte Kennedy darauf, eine Entscheidung so schnell wie möglich herbeizuführen. Vgl. Proceedings Hawk's Cay Conference, S. 77.

[24] Q 126, S. 18.

[25] Q 126, S. 23,27; S. 23,24; S. 27. Vgl. S. 20.

[26] Q 126, S. 21, 22.

[27] Q 126, S. 28; vgl. S. 24/25,43.

[28] Vgl. Collier und Horowitz, The Kennedys, S. 291–293, 306,335,351–353,363,376,385. Vgl. Halberstam, Die Elite, S. 290/291.

[29] Q 121, S. 4/5. Vgl. Q 126, S. 17–19.

[30] Bundy: Q 126, S. 19. John F. Kennedy: Collier und Horowitz, The Kennedys, S. 363/364,344.

[31] Zur Diskussion im ExComm.: Q 126, S. 16,17; vgl. S. 15,18–20. Zum Brief an U Thant: Q 130, S. 1.

[32] Es ist fraglich, ob U Thant die Forderung nach einem »standstill-Agreement« überhaupt an die Sowjets weiterleitete. Vieles deutet darauf hin, daß er sich an die falsche Adresse wandte und die Kubaner um eine sofortige Einstellung der Arbeiten bat: Proceedings Hawk's Cay Conference, S. 135/136.

[33] Dillon: Q 126, S. 23. McNamara: ebd., S. 24. Ball: ebd., S. 22. Vgl. ebd., S. 20,39,40,50,51.

[34] Q 126, S. 43 ff., 49 ff.

[35] Q 126, S. 50; vgl. S. 51/52.

[36] Q 126, S. 65.

[37] Zum Treffen Scali-Fomin: Q 154, S. 188 ff.

[38] Q 126, S. 16.

[39] Q 126, S. 29 (Hervorhebung B. G.); vgl. S. 37. Vgl. Q 127.

[40] Q 126, S. 29,30,32,35,37. Der Präsident befürchtet, daß der öffentliche Druck für einen »Raketentausch« immer stärker werden wird: »We're not going to get these weapons out of Cuba, probably, anyway. But I mean – by negotiation – we're going to have to take our weapons out of Turkey.« (Q 126, S. 31).

[41] Q 126, S. 31; vgl. S. 28–38.

[42] Q 126, S. 27; vgl. S. 31.

[43] Robert Kennedy: Q 126, S. 37.

[44] Q 126, S. 38; vgl. S. 31,32.

[45] Robert Kennedy: Q 126, S. 37,36; vgl. S. 32–35.

[46] Q 126, S. 25.

[47] Q 126, S. 38.

[48] Kennedy, Dreizehn Tage, S. 99. Antwortschreiben an Chruschtschow: Q 131.

[49] Vgl. Halberstam, Die Elite, S. 160. Vgl. Q 156.

[50] Taylor: Q 126, S. 38,39. Robert Kennedy: ebd., S. 39.

[51] McNamara: Q 126, S. 57. Zu Castro: Hersh, Castro out of Control?; Garthoff, Reflections, S. 52–53.

[52] Q 126, S. 41.

[53] Q 126, S. 42,41.

[54] Q 126, S. 42: »We've got to be very clear then that – uh – if we're doing this tomorrow, and they do shoot weapons, and then we do need to have the general response, there's no time to do what you're talking about with Turkey, and then we . . .«

[55] Vgl. Erstes Kapitel, »Wie groß ist das Risiko?«

[56] Q 126, S. 57,58. Vgl. ebd., S. 23,24,39,40,43,53–55.

[57] Q 126, S. 45 – 49. Aus dem Tonband-Transkript geht eindeutig hervor: Die Nachricht über den Abschuß der U-2 trifft zu einem Zeitpunkt ein, als alle wesentlichen Entscheidungen dieses Nachmittags bereits gefallen sind. Auch ist nicht erkennbar, daß dieser Zwischenfall die weitere Entscheidungsfindung beeinflußte.

[58] Q 126, S. 48; vgl. ebd., S. 45/46.

[59] Q 126, S. 52,47,57.

[60] Q 126, S. 52.

[61] Lyndon B. Johnson: Q 126, S. 58/59 (Der 4. Juli, der amerikanische Nationalfeiertag, wird traditionell im ganzen Land mit großen Feuerwerken begangen). John F. Kennedy: ebd., S. 41,46 – 48.

[62] Q 126, S. 52. Vgl. ebd., S. 55: » . . . all I'm suggesting is, don't push us into a position where we *haven't* traded it and we *are* forced to attack Cuba, and the missiles remain in Turkey. That's all I'm suggesting. Let's avoid that position. We're fast moving into that.«

[63] Proceedings Hawk's Cay Conference, S. 70, 140/141.

[64] Vgl. Q 126, S. 54 – 56.

[65] McNamara: Q 126, S. 52/53. Entwurf eines Briefes an die Regierungschefs anderer NATO-Staaten: Q 133. Ball: Q 126, S. 56; vgl. S. 55,59. Balls Entwurf eines Antwortbriefes an Chruschtschow: Q 128.

[66] Q 126, S. 63; vgl. S. 64 – 67.

[67] Q 126, S. 67; vgl. S. 65.

[68] Vgl. Q 126, S. 65 – 67.

[69] Theodore Sorensen im März 1987: »Bob (Robert McNamara – B.G.) and I were reminiscing last night about the night of Saturday the 27th. We had just dispatched Bobby Kennedy

to Dobrynin, expecting the so-called ›ultimatum‹ to be rejected. The only word which can describe the meeting that night is »rancorous« – we *did* show the effects of stress and fatigue, and the air strike *was* gaining strength and its proponents were becoming more and more vigorous. The President was under *tremendous* pressure at this point, and I think it's highly speculative to say that the President would »never« have gone ahead with the air strike.« Proceedings Hawk's Cay Conference, S. 67. Vgl. Kennedy, Dreizehn Tage, S. 99.

[70] Sorensen: Proceedings Hawk's Cay Conference, S. 67, 113. Vgl. ebd., S. 90,91,99,114 – 117. Ball: zit. n. Welch und Blight, Introduction to Transcripts, Anmerkung 50.

[71] Collier und Horowitz, The Kennedys, S. 331. Vgl. Lebow, Between War and Peace, S. 299–305. Douglas Dillon behauptete noch 1987, er habe an allen Krisensitzungen dieses Tages teilgenommen (vgl. Proceedings Hawk's Cay Conference, S. 103). Seine Erinnerung ist in diesem Punkt nachweislich falsch.

[72] Kennedy, Dreizehn Tage, S. 96. Die Chronologie in Robert Kennedys Buch ist oft schwer zu entschlüsseln. Nachträgliche Interviews mit Beteiligten und die Transkripte der Tonbandmitschnitte vermitteln einen besseren Einblick.

[73] Kennedy, Dreizehn Tage, S. 96. McGeorge Bundy bestätigte mir am Rande des Harvard-Symposiums zur Kuba-Krise (11.-13. Oktober 1987), daß während dieser ersten Sitzung des »kleinen Kreises« ausführlich über den Kontakt zu Dobrynin gesprochen wurde und alle Beteiligten ein solches Treffen befürworteten.

[74] Maxwell Taylor, zit. n. Proceedings Hawk's Cay Conference, S. 131.

[75] Vgl. Proceedings Hawk's Cay Conference, S. 103.

[76] Halberstam, Die Elite, S. 334,34; vgl. S. 296 – 303, 307,314,333 – 335.

[77] Vgl. Proceedings Hawk's Cay Conference, S. 133,137. Vgl. Blight, Missile Crisis Revisited, S. 178/179. Vgl. Lukas, Class Reunion.

[78] Vgl. Rusk Reveals Ploy Prepared by Kennedy over Cuba, in: International Herald Tribune, 29./30. 8. 1987, S. 1,5. Vgl. Welch und Blight, Introduction to ExComm. Transcripts.

[79] Zur Position von Dean Rusk: Blight, Missile Crisis Revisited, S. 179; International Herald Tribune, 29./30. 8. 1987. Zur Position von Bundy: Blight, Missile Crisis Revisited, S. 179.

[80] Noch Jahre danach wurde Dean Rusk denunziert: vgl. Zweites Kapitel, Anm. 17; Drittes Kapitel, Anm. 20.

[81] Vgl. Collier und Horowitz, The Kennedys, S. 72,73,138, 217,218,269,270,362.

[82] Collier und Horowitz, The Kennedys, S. 341–343,339. Vgl. Halberstam, Die Elite, S. 262.

[83] Collier und Horowitz, The Kennedys, S. 343, 350 – 352,365,366,370,371.

[84] Q 88, S. 5: »He (Robert Kennedy – B. G.) repeated his view that we may decide that it is better to avoid confronting the Russians by stopping one of their ships and to react by attacking the missiles already in Cuba.« Vgl. ebd., S. 3. Vgl. Alsop und Bartlett, ›Der Kerl hat bereits mit den Wimpern gezuckt‹, S. 72.

[85] Collier und Horowitz, The Kennedys, S. 363.

[86] Khrushchev Remembers, Bd. 1, S. 530. Vgl. Proceedings Hawk's Cay Conference, S. 98,107.

[87] Khrushchev Remembers, Bd. 1, S. 530/531. Gromyko, Caribbean Crisis, S. 44.

[88] Interview Robert Kennedy mit Daniel Ellsberg, zit. n. Hersh, Castro Out of Control? Vgl. Proceedings Hawk's Cay Conference, S. 98–101.

[89] Kennedy, Dreizehn Tage, S. 106. Interview Robert Kennedy mit Daniel Ellsberg, zit. n. Hersh, Castro Out of Control? In diesem Interview bestätigt Robert Kennedy, daß man den Sowjets eine Frist von 48 Stunden setzte. Proceedings Hawk's Cay Conference, S. 102.

[90] Kennedy, Dreizehn Tage, S. 107. Garthoff, Reflections, S. 55. Es entspricht *nicht* den Tatsachen, daß Präsident Kennedy den Abbau der Jupiter »vor einiger Zeit« angeordnet hatte: vgl. Drittes Kapitel, Anmerkung 12.

[91] Kennedy, Dreizehn Tage, S. 108.

[92] Gespräch mit Fedor Burlatsky am Rande des Harvard-Symposiums zur Kuba-Krise (11.-13. Oktober 1987). Garthoff, Reflections, S. 55.

[93] Interview mit Sergo Mikojan im Dokumentenanhang dieses Buches.

[94] Dean Rusk, zit. n. Blight, Missile Crisis Revisited, S. 178.

[95] In allen deutschen Ausgaben von Robert Kennedys Buch fehlt dieser entscheidend wichtige Satz: »It was a hope, not an expectation.« Kennedy, Thirteen Days, S. 109. Vgl. Proceedings Hawk's Cay Conference, S. 67.

[96] Q 132, S. 73/74. Norstads Brief an John F. Kennedy: Q 134.

[97] Q 132, S. 76: »Well now, will the introduction of Turkey, we think that if we take an action which we may have to take, I don't think we ought to say – which we may well have to take the way it's escalating, if they hit Turkey and they hit Berlin, we want them – if they want to get off, now's the time to speak up.« Vgl. ebd., S. 75.

[98] Q 132, S. 76.

[99] Q 132, S. 76–78.

[100] Vgl. Collier und Horowitz, The Kennedys, S. 362.

[101] Q 132, S. 79.

[102] Q 132, S. 81; vgl. S. 82,79.

[103] Vgl. Q 87 und 88. Q 132, S. 72,80.

[104] McNamara und Taylor: Q 132, S. 72; vgl. Q 121, S. 1,2. John F. Kennedy: Q 132, S. 70.

[105] Q 132, S. 70.

[106] Q 132, S. 72.

[107] Q 132, S. 70; vgl. S. 71,73. Q 152, S. 9–20. Q 157, S. 115. Q 100.

[108] Vgl. Q 84; Q 100; Q 152; The White House, Memo for Record. Subject: Cuba Fact Sheet, October 27, 1962, Top Secret. In: NSA, Cuban Missile Crisis Document Set, 01/21/87, 57. Vgl. Sagan, Nuclear Alerts, S. 109.

[109] Proceedings Hawk's Cay Conference, S. 80.

[110] Robert Kennedy: Q 132, S. 82. Zur Einschätzung des Kriegsrisikos: Proceedings Hawk's Cay Conference, S. 130, 137,143,145,168. Hilsman, To Move a Nation, S. 224. Schlesinger, Thousand Days, S. 830. Sorensen, Kennedy, S. 715/716. Kennedy, Dreizehn Tage, S. 108. Q 156: McNamara. Garthoff, Reflections, S. 113.

[111] Q 132, S. 82. Vgl. Garthoff, Reflections, S. 59.

[112] Garthoff, Reflections, S. 48,51.

[113] Gespräche des Autors mit Zeitzeugen in Moskau, Juni 1987. Vgl. Garthoff, Reflections, S. 58; Proceedings Hawk's Cay Conference, S. 154.

[114] Vgl. Garthoff, Reflections, S. 57, 120.

[115] Vgl. Interview mit Sergo Mikojan im Dokumentenanhang dieses Buches. Vgl. Der Spiegel, Nr. 45/1962, S. 102.

[116] Vgl. Q 154, S. 198–202. Der besagte Briefwechsel Kennedy-Chruschtschow befindet sich in den noch nicht freigegebenen Akten von Dean Rusk.

Epilog

[1] Vgl. Greiner, Politik am Rande des Abgrunds?

[2] Vgl. RAND-Memorandum RM-3034–ISA, Tactics in a Local Crisis (Allen R. Ferguson), Santa Monica (Ca.), September 1962.

[3] RAND-Memorandum, Local Crisis, S. 56.

[4] John F. Kennedy: zit. n. Alexander L. George et. al., The Limits of Coercive Diplomacy. Laos, Cuba, Vietnam; Boston, 1971, S. 98; Allison, Essence of Decision, S. 51. Walt Whitman Rostow: Q 74, S. 12.

[5] Phil Williams, Crisis Management. Confrontation and Diplomacy in the Nuclear Age, London, 1976, S. 53. John Foster Dulles: zit. n. RAND-Paper 3883, The Theory and Practice of Blackmail (Daniel Ellsberg), Santa Monica (Ca.), May 1967, S. 38. Vgl. Q 10,16,18,25.

[6] Q 157, S. 118/119. Vgl. Q 146.

[7] Vgl. Halberstam, Die Elite, S. 167–171; Herken, Counsels of War, S. 137–229; Cohen, Why We Should Stop Studying.

[8] Alsop, Kennedy's Grand Strategy, S. 11,14.

[9] Brower, Nuclear Strategy of the Kennedy Administration. McNamara schrieb in einem im November 1962 verfaßten Memorandum an den Präsidenten folgendes: »It has become clear to me that the Air Force proposals . . . are based on the objective of achieving a first-strike capability. In the words of an Air Force report to me: ›The Air Force has rather supported the development of forces which provide the United States a first-strike capability credible to the Soviet Union, as well as to our Allies, by virtue of our ability to limit damage to the United States and our Allies to levels acceptable in light of the circumstances and the alternatives available.‹ . . . I indicated then and I reaffirm now my belief that the ›full first-strike capability‹ – and I now include the Air Force's variant of it – should be rejected as a U. S. policy objective.« (Robert Scheer, With Enough Shovels: Reagan, Bush and Nuclear War, New York: Random House, 1982, S. 150) Vgl. Ball, Politics and Force Levels; Herken, Counsels of War, S. 148–162.

[10] Vgl. Proceedings Hawk's Cay Conference, S. 24; Q 25; Herken, Counsels of War, S. 161.

[11] Proceedings Hawk's Cay Conference, S. 25–28; vgl. ebd., S. 32, 40.

[12] Die »Counterforce«-Option wurde in McNamaras Athener Rede vom Mai 1962 ausführlich dargestellt: Q 26.

[13] Q 26, S. 12,14. Vgl. Q 25. Ähnlich argumentierte General Power, der Oberkommandierende des Strategic Air Command, im April 1963: »Power thought it was a grave mistake to let the Russians know we would not preempt a war. This made their war planning easy as they did not have to plan against a sneak attack.« (Strategic Air Command, Commander in Chief – Thomas S. Power, Presentation on SAC's Strategic Role, April 1963 (?), Secret. In: LBJ, NSF, Agencies, Department of Defense, 11/63)

[14] McNamara: zit. n. Coral Bell, The Conventions of Crisis. A Study in Diplomatic Management, London etc., 1971, S. 2. Hans J. Morgenthau, Truth and Power. Essays of a Decade 1960–1970, New York: Praeger, 1970, S. 158. Schlesinger, Thousand Days, S. 841.

[15] Lebow, Between Peace and War, S. 299–305.

[16] Vgl. Drittes Kapitel, Anmerkung 95.

[17] Bundy und Blight, October 27, 1962.

[18] Vgl. Blight, Cuban Missile Crisis Revisited, S. 178.

[19] Sorensen, Kennedy, S. 715/716; 714 (Hervorhebung B. G.). Schlesinger, Thousand Days, S. 830.

[20] Vgl. Götz-Marchand, Krieg durch menschliches Versagen.

[21] Robert S. McNamara, Redebeitrag anläßlich des Harvard-Symposiums zur Kuba-Krise (11.–13. Oktober 1987).

[22] Zu den Befürchtungen vor Übergriffen der Militärs während der Kuba-Krise: vgl. Kennedy, Dreizehn Tage, S. 96. Zur Rüstungskritik der jüngsten Zeit: vgl. Greiner, Strategien, Krisen und Kriegsgefahr.

Literaturverzeichnis

Bibliographien

Brune, Lester H., The Missile Crisis of October 1962: A Review of Issues and References, Claremont: Regina Books, 1985

Chilcote, Ronald H., (Hrsg.), Cuba, 1953–1978: A Bibliographical Guide to the Literature, New York: Kraus International Publications, 1986

Dokumentationen

The Current Digest of the Soviet Press, Vol. XIV, No. 43, October 23–29, 1962

Divine, Robert A., (Hrsg.), The Cuban Missile Crisis, Chicago: Quadrangle, 1971

Larson, David L., The »Cuban Crisis« of 1962. Selected Documents, Chronology and Bibliography, Lanham, New York, London: University Press of America, 1986:2

Pope, Ronald R., (Hrsg.), Soviet Views on the Cuban Missile Crisis. Myth and Reality in Foreign Policy Analysis, Washington, D. C.: University Press of America, 1982

Saikowski, Charlotte u. Gruliow, Leo, (Hrsg.), Current Soviet Policies IV. The Documentary Record of the 22nd Congress of the Communist Party of the Soviet Union, New York, London: Columbia University Press, 1962

Monographien und Aufsätze

Abel, Elie, The Missile Crisis, Philadelphia: Lippincott, 1966

Acheson, Dean, Dean Acheson's Version of Robert Kennedy's Version of the Cuban Missile Affairs: Homage to Plain Dumb Luck, in: Esquire, Vol. 71, February 1969

Allison, Graham T., Essence of Decision: Explaining the Cuban Missile Crisis; Boston: Little, Brown, 1971

Alsop, Stewart, Kennedy's Grand Strategy, in: Saturday Evening Post, March 31, 1962 S. 11–16

Alsop, Stewart u. Bartlett, Charles, In Time of Crisis, in: Saturday Evening Post, December 8, 1962, S. 16–20

Alsop, Stewart, ›Der Kerl hat bereits mit den Wimpern gezuckt‹, in: Der Spiegel, Nr. 51, 1962, S. 70–73

Anderson, George, The Cuban Blockade: An Admiral's Memoir, in: Washington Quarterly, Vol. 5, No. 4, Autumn 1962, S. 83–88

Anderson, George, The Cuban Crisis. Discussion, in: Arnold R. Shapack (Hrsg.), Proceedings Naval History Symposium, United States Naval Academy, Annapolis, Maryland, April 27–28, 1973, S. 81–93

Ball, Desmond, Politics and Force Levels. The Strategic Missile Program of the Kennedy Administration, Berkeley, Los Angeles, London: University of California Press, 1980

Ball, Desmond, Targeting for Strategic Deterrence, in: Adelphi Papers, No. 185, London: Institute for Strategic Studies, 1983

Ball, George W., The Past Has Another Pattern: Memoirs, New York: W. W. Norton, 1982

Beck, Kent M., Necessary Lies, Hidden Truths: Cuba in the 1960 Campaign, in: Diplomatic History, Vol. 8, No. 1, Winter 1984, S. 37–61

Bernstein, Barton J., The Week We Almost Went To War, in: The Bulletin of the Atomic Scientists, Vol. 32, No. 2, February 1976, S. 12–22

Bernstein, Barton J., The Cuban Missile Crisis: Trading the Jupiters in Turkey?, in: Political Science Quarterly, Vol. 95, No. 1, Spring 1980, S. 97–125

Betto, Frei, Nachtgespräche mit Fidel. Autobiographisches – Kuba – Sozialismus – Christentum – Theologie der Befreiung, Freiburg (Schweiz): Edition Exodus, 1986

Blechman, Barry M. u. Kaplan, Stephen S., Force Without War. U. S. Armed Forces as a Political Instrument, Washington, D. C.: The Brookings Institution, 1978

Blight, James G. et. al., The Cuban Missile Crisis Revisited, in: Foreign Affairs, Vol. 66, No. 1, Fall 1987, S. 170–188

Bohlen, Charles E., Witness to History, 1929–1969, New York: W. W. Norton, 1973

Bowman, Stephen Lee, The Evolution of United States Army Doctrine for Counterinsurgency Warfare: From World War II to the Commitment of Combat Units in Vietnam, Ann Arbor: University Microfilms International, 1985

Branch, Taylor u. Crile, George, The Kennedy Vendetta. An Account of the CIA's Entanglement in the Secret War Against Cuba, in: Harper's, August 1975, S. 49–64

Brower, Michael, Nuclear Strategy of the Kennedy Administration, in: Bulletin of the Atomic Scientists, Vol. XVIII, No. 8, October 1962, S. 34–42

Bundy, McGeorge, The Presidency and the Peace, in: Foreign Affairs, Vol. 42, April 1964, S. 353–365

Bundy, McGeorge, (Transcriber), u. Blight, James G., (Hrsg.), October 27, 1962: Transcripts of the Meetings of the Ex-Comm., in: International Security, Vol. 12, No. 3, Winter 1987/88, S. 30–92

Caldwell, Dan, A Research Note on the Quarantine of Cuba, October 1962, in: International Studies Quarterly, Vol. 22, No. 4, December 1978, S. 625–633

Cline, Ray S., A CIA Reminiscence, in: Washington Quarterly, Vol. 5, No. 4, Autumn 1982, S. 88-93.

Cohen, Eliot A., Why We Should Stop Studying the Cuban Missile Crisis, in: The National Interest, No. 2, Winter 1985/86, S. 3–13

Collier, Peter u. Horowitz, David, The Kennedys. An American Drama, New York: Warner Books, 1985

94th Congress, Senate, Alleged Assassination Plots Involving Foreign Leaders, An Interim Report of the Select Committee to Study Governmental Operations with Respect to Intelligence Activities, Washington, D. C.: U. S. Government Printing Office, November 1975

96th Congress, House, Committee on Foreign Affairs, Soviet Diplomacy and Negotiating Behavior: Emerging New Context For U. S. Diplomacy, Special Studies Series on Foreign Affairs Issues, Vol. 1, Prepared by the Senior Specialists Division, Congressional Research Service, Washington, D. C.: Government Printing Office, 1979

Cuban Crisis Diary. An Account of the Washington Meetings and Decision-Making During October's Dangerous Days, in: Navy. The Magazine of Sea Power, Vol. 6, No. 2, February 1963, S. 18–24

Dinerstein, Herbert S., The Making of a Missile Crisis: October 1962, Baltimore: The Johns Hopkins University Press, 1976

Donovan, John C., The Cold Warriors: A Policy Making Elite, Lexington, Ma.: D. C. Heath, 1974

Enzensberger, Hans Magnus, Das Verhör von Habana, Frankfurt/M.: Suhrkamp, 1970

Frady, Marshall, The Transformation of Bobby Kennedy, in: The New York Review of Books, October 12, 1978, S. 44–51

Frei, Daniel, (Hrsg.), Managing International Crises, Beverly Hills: Sage, 1982

Futrell, Robert F., Ideas, Concepts, Doctrine: A History of Basic Thinking in the United States Air Force, 1907 bis 1964, Maxwell Air Force Base (Alabama): Air University, 1974

Garthoff, Raymond L., Soviet Views on the Interrelation of Diplomacy and Military Strategy, in: Political Science Quarterly, Vol. 94, No. 3, Fall 1979, S. 391–405

Garthoff, Raymond L., The Meaning of the Missiles, in: Washington Quarterly, Vol. 5, No. 4, Autumn 1982, S. 76–83

Garthoff, Raymond L., Reflections on the Cuban Missile Crisis, Washington, D. C.: The Brookings Institution, 1987

George, Alexander et. al., The Limits of Coercive Diplomacy. Laos, Cuba, Vietnam, Boston: Little, Brown, 1971

Götz-Marchand, Bettina, Krieg durch menschliches Versagen. Psychologische, sozialpsychologische und organisationsbedingte Aspekte von Entscheidungen am Beispiel der Kuba-Krise 1962, in: Reiner Steinweg, (Hrsg.), Kriegsursachen, Frankfurt/M.: Suhrkamp, 1987, S. 248–275

Girgensohn-Marchand, Bettina, Die Kuba-Krise im Spiegel der deutschen Presse, in: Englisch-Amerikanische Studien, 9. Jg., Heft 3–4, 1987, S. 524–541

Greiner, Bernd u. Steinhaus, Kurt, Auf dem Weg zum 3. Weltkrieg? Amerikanische Kriegspläne gegen die UdSSR, Köln: Pahl-Rugenstein, 1982:2

Greiner, Bernd, Politik am Rande des Abgrunds? Die Außen- und Militärpolitik der USA im Kalten Krieg, Heilbronn: Distel, 1986

Greiner, Bernd, Strategien, Krisen und Kriegsgefahr. SDI im Spiegel der Kuba-Krise, in: Gunnar Lindström (Hrsg.), Bewaffnung des Weltraums. Ursachen, Gefahren, Folgen, Berlin, Hamburg: Dietrich Reimer, 1986, S. 38–65

Greiner, Bernd, Das ›Undenkbare‹ wagen. Interessen und Politik der USA während der Kuba-Krise, in: Kühnl, Reinhard u. Schönwälder, Karen, (Hrsg.), Sie reden vom Frieden und rüsten zum Krieg. Friedensdemagogie und Kriegsvorbereitung in Geschichte und Gegenwart, Köln: Pahl-Rugenstein, 1986, S. 210–236

Griffin, Geraldine Mazzei, United States Counterinsurgency Policy in Latin America: Its Origins, Methods and Effects, Ann Arbor: University Microfilms International, 1986

Gromyko, Anatoli A., Die 1036 Tage des Präsidenten Kennedy, Berlin (DDR): Dietz, 1970

Gromyko, Anatoli A., The Caribbean Crisis (1: The U. S. Government's Preparations of the Caribbean Crisis. 2: Diplomatic Efforts of the USSR to Eliminate the Crisis), in: Soviet Law and Government, Vol. 11, No. 1, Summer 1972, S. 3–54

Hafner, Donald L., Bureaucratic Politics and ›Those Frigging Missiles‹: JFK, Cuba and U. S. Missiles in Turkey, in: Orbis, Vol. 21, No. 2, Summer 1977, S. 307–335

Halberstam, David, Die Elite. The Best and the Brightest, Reinbek bei Hamburg: Rowohlt, 1974 (1972)

Halberstam, David, (Hrsg.), The Kennedy Presidential Press Conferences, London: Heyden, 1978

Hampson, Fen Osler, The Divided Decision-Maker. American Domestic Politics and the Cuban Crisis, in: International Security, Winter 1984/85, Vol. 9, No. 3, S. 130–165

Harriman, W. Averell, America and Russia in a Changing World: A Half Century of Personal Observations, Garden City: N. Y.: Doubleday, 1971

Herken, Gregg, Counsels of War, New York: Alfred A. Knopf, 1985

Hersh, Seymour M., Was Castro Out Of Control in 1962?, in: The Washington Post, October 11, 1987

Hilsman, Roger, To Move a Nation: The Politics of Foreign Policy in the Administration of John F. Kennedy, New York: Doubleday, 1967

Hilsman, Roger u. Steel, Ronald, An Exchange on the Missile Crisis, in: The New York Review of Books, May 8, 1969, S. 36–38

Kaku, Michio u. Axelrod, Daniel, To Win A Nuclear War: The Pentagon's Secret War Plans, Boston: South End Press, 1987

Kaplan, Fred, The Wizards of Armageddon, New York: Simon & Schuster, 1983

Keating, Kenneth B., My Advance View of the Cuban Crisis, in: Look, Vol. 28, 3. 11. 1964, S. 96–106

Kennedy, Robert F., Thirteen Days: A Memoir of the Cuban Missile Crisis, New York: W. W. Norton, 1969 (Ursprünglich erschienen in McCall's Magazine, Vol. XCVI, No. 2, November 1968. Deutsche Ausgaben: Scherz (1969), Rowohlt (1970) und Verlag Darmstädter Blätter (1974, 1982:2)

Khrushchev Remembers. Translated and Edited by Strobe Talbott. 2 Vols., Harmondsworth, New York: Penguin, 1977 (1971)

Lebow, Richard Ned, Between Peace and War: The Nature of International Crisis, Baltimore: The Johns Hopkins University Press, 1981

Lebow, Richard Ned, The Cuban Missile Crisis: Reading the Lessons Correctly, in: Political Science Quarterly, Vol. 98, No. 3, Fall 1983, S. 431–458

Lebow, Richard Ned, Nuclear Crisis Management: A Dangerous Illusion, Ithaca: Cornell University Press, 1987

Le May, Curtis E., America is in Danger, New York: Funk & Wagnalls, 1968

Lukas, J. Anthony, Class Reunion. Kennedy's Men Relive the Cuban Missile Crisis, in: The New York Times Magazine, August 30, 1987

Martin, John Bartlow, Adlai Stevenson and the World, Garden City, NY: Doubleday, 1977

McNamara, Robert S., Red Missiles in Cuba: An Inside Story from Secretary McNamara, in: U. S. News and World Report, Vol. 53, 5. 11. 1962, S. 44–50

McNamara, Robert S., Blindlings ins Verderben. Der Bankrott der Atomstrategie, Reinbek bei Hamburg: Rowohlt, 1987

Mikojan, Sergo, Der Krieg, der nicht stattfand, in: Neue Zeit, Nr. 46, 1987, S. 18–20

Miroff, Bruce, Pragmatic Illusions: The Presidential Politics of John F. Kennedy, New York: David McKay, 1976

Morley, Morris H., The U. S. Imperial State in Cuba 1952–1958: Policymaking and Capitalist Interests, in: Journal of Latin American Studies, Vol. 14, No. 1, S. 143–170

Nathan, James A., The Missile Crisis: His Finest Hour, in: World Politics, Vol. XXVII, No. 2, January 1975, S. 256–282

Pachter, Henry M., Collision Course: The Cuban Missiles Crisis and Coexistence, New York: Praeger, 1963

Parkinson, F., Latin America, the Cold War and the World Powers, 1945–1973: A Study in Diplomatic History, Beverley Hills: Sage, 1974

Paterson, Thomas G., Bearing the Burden: A Critical Look at JFK's Foreign Policy, in The Virginia Quarterly Review, Vol. 54, Spring 1978, No. 2, S. 193–212

Paterson, Thomas G. u. Brophy, William J., October Missiles and November Elections: The Cuban Missile Crisis and American Politics, 1962, in: The Journal of American History, Vol. 73, No. 1, June 1986, S. 87–119

Paterson, Thomas G., The Historian as Detective: Senator Kenneth Keating, the Missiles in Cuba, and His Mysterious Sources, in: Diplomatic History, Vol. 11, No. 1, Winter 1987, S. 67–70

Pringle, Peter u. Arkin, William, SIOP. Der geheime Atomkriegsplan der USA, Berlin, Bonn: Dietz Nachf., 1985

Proceedings of the Hawk's Cay Conference on the Cuban Missile Crisis, Marathon, Florida, March 5–8, 1987. Zu beziehen über: John F. Kennedy School of Government, Harvard University

Quester, George H., Nuclear Diplomacy. The First Twenty-Five Years, New York: Viking, 1970

Ranelagh, John, The Agency. The Rise and Decline of the CIA, New York: Simon & Schuster, 1987

Reichstein, Andreas, Das Bild John F. Kennedys in der westdeutschen Öffentlichkeit, in: Amerika-Studien, 31. Jg., Nr. 3, 1986, S. 325–334

Rovere, Richard H., Letter from Washington, September 27, in: The New Yorker, October 6, 1962, S. 148–157

Rusk, Dean, Winds of Freedom, Boston: Beacon, 1963

Sagan, Scott D., Nuclear Alerts and Crisis Management, in: International Security, Vol. 9, No. 4, Spring 1985, S. 99–140

Sagan, Scott D., SIOP-62: The Nuclear War Plan Briefing to President Kennedy, in: International Security, Vol. 12, No. 1, Summer 1987, S. 22–51

Smith, Wayne S., The Closest of Enemies. A Personal and Diplomatic Account of U. S.-Cuban Relations Since 1957, New York: W. W. Norton, 1987

Sobel, Lester A., (Hrsg.), Cuba, the U. S. & Russia, 1960–63. A journalistic narrative of events in Cuba and of Cuban relations with the U. S. and the Soviet Union, New York: Facts on File, 1964

Sorensen, Theodore C., Kennedy, New York: Harper & Row, 1965

Schlesinger, Arthur M., A Thousand Days. John F. Kennedy in the White House, Boston: Houghton Mifflin, 1965

Schlesinger, Arthur M., Jr., Robert Kennedy and His Times, London: Andre Deutsch, 1978

Steel, Ronald, Walter Lippmann and the American Century, New York: Random House, 1980

Stevenson, Adlai E., The Papers of Adlai E. Stevenson, 8 Vols., hrsg. v. Walter Johnson, Boston: Little, Brown, 1972–1979

Stone, I. F., In A Time of Torment, New York: Vintage, 1964

Taylor, Maxwell D., Responsibility and Response, New York: Harper & Row, 1967

Thomas, Hugh, Castros Kuba, Berlin: Siedler, 1984

Trachtenberg, Marc, The Influence of Nuclear Weapons in the Cuban Missile Crisis, in: International Security, Vol. 10, No. 1, Summer 1985, S. 137–203

Walton, Richard J., Cold War and Counterrevolution. The Foreign Policy of John F. Kennedy, New York: Viking, 1972

Weintal, Edward u. Bartlett, Charles, Facing the Brink: An Intimate Study of Crisis Diplomacy, New York: Scribner, 1967

Welch, David A. und Blight, James G., An Introduction to the ExComm. Transcripts, in: International Security, Vol. 12, No. 3, Winter 1987/88, S. 5–30

Welch, Richard E., Jr., Response to Revolution. The United States and the Cuban Revolution, 1959–1961, Chapel Hill: The University of North Carolina Press, 1985

Williams, Phil, Crisis Management: Confrontation and Diplomacy in the Nuclear Age, New York: John Wiley, 1976

Wills, Garry, The Kennedy Imprisonment: A Meditation on Power, Boston: Little, Brown, 1982

Wohlstetter, Albert u. Roberta, Controlling the Risks in Cuba, in: Adelphi Papers, No. 17, London: Institute for Strategic Studies, 1965

Zhurkin, V. V. u. Primakov, Ye. M., International Conflicts, Joint Publications Research Service: Arlington, Va., 1973

Teil II
Dokumentation

Verzeichnis der Dokumente

E. Zehn Tage im Oktober 283

A. Das Unternehmen Schweinebucht

Nr. 1

Memorandum des Nationalen Sicherheitsrates über ein geheimes Aktionsprogramm gegen die Regierung Castro, 17. März 1960, Streng Geheim – Nur zur Ansicht (gekürzt)

National Security Council, Memorandum: A Program of Covert Action Against the Castro Regime, March 17, 1960, Top Secret – Eyes Only.

(John F. Kennedy Library, Boston: National Security Files, Countries, Cuba, Subjects, Para-Military Study Group: Taylor Report, Part III – Annex 1, Box 61B)

Dieses Papier ist unser politisches Grundlagenpapier. Es wurde auf einer Sitzung im Weißen Haus am 17. März 1960 vom Präsidenten genehmigt.[1]

1. *Zielsetzung*: Ziel des hierin dargelegten Programms ist es, die Ablösung des Castro-Regimes durch ein anderes herbeizuführen, das sich stärker den wahren Interessen des kubanischen Volkes verpflichtet fühlt und für die Vereinigten Staaten eher annehmbar ist, und zwar auf eine Weise, die jeden Anschein einer Intervention seitens der Vereinigten Staaten vermeidet. Die Methode, mit der dieses Ziel zu erreichen ist, wird im wesentlichen darin bestehen, innerhalb und außerhalb Kubas solche Aktionen ausgewählter Gruppen von Kubanern zu veranlassen, zu unterstützen und soweit wie möglich zu steuern, von denen man annehmen könnte, daß sie sie aus eigener Initiative durchführen könnten und würden. Umstände, die sich der Kontrolle der Vereinigten Staaten entziehen, könnten – schon bevor das geheime Aktionsprogramm seinen Zweck erfüllt hat – eine Krise heraufbeschwören, die zwangsläufig drastische Maßnahmen in oder gegen Kuba zur Folge hätte; daher wird man alles unternehmen, die Durchführung des Programms so zu gestalten, daß sich die Handlungsfähigkeit der Vereinigten Staaten in einer Krise zunehmend verbessert.

2. *Zusammenfassender Überblick*: Das Programm sieht vier übergeordnete Vorgehensweisen vor:

a) Zunächst ist es notwendig, eine zuverlässige, ansprechende und einheitliche kubanische Opposition gegen das Castro-Regime zu schaffen, die öffentlich als solche auftritt und daher zwangsläufig außerhalb Kubas angesiedelt sein muß. (*Gelöscht*)

[...]

b) Um dieser Operation Gehör zu verschaffen und die Basis für Castros Rückhalt im Volk zu untergraben, ist es notwendig, die Mittel für ein Massenmedium zu schaffen, mit dem sich die kubanische Bevölkerung erreichen und so eine wirksame Propagandaoffensive im Namen der erklärten Opposition einleiten läßt. Zu diesem Zweck wird als Hauptinstrument ein halb legaler Lang- und Kurzwellensender vorgeschlagen, der wahrscheinlich auf Swan Island liegen soll. (*Gelöscht*)

[...]

c) Am Aufbau einer geheimen Nachrichten- und Einsatzorganisation innerhalb Kubas, die den Anordnungen und Befehlen der »Exilopposition« folgt, wird bereits gearbeitet. (*Gelöscht*)

d) Es sind bereits Vorbereitungen für den Aufbau einer geeigneten paramilitärischen Truppe außerhalb Kubas und von Einrichtungen für die notwendige logistische Unterstützung geheimer Militäroperationen auf der Insel getroffen. Zunächst wird nach einer sorgfältigen Auswahl ein Führungskader aufgestellt, dessen Mitglieder eine Schulung als paramilitärische Ausbilder erhalten. In einer zweiten Phase werden eine Reihe paramilitärischer Kadertruppen an sicheren Orten außerhalb der Vereinigten Staaten ausgebildet, so daß sie für eine sofortige Stationierung in Kuba bereitstehen, um dort Widerstandsgruppen zu organisieren, auszubilden und anzuführen, die vor und nach dem Aufbau eines oder mehrerer aktiver Widerstandszentren rekrutiert werden. Diesen Stand zu erreichen, wird mindestens sechs, wahrscheinlich eher acht Monate erfordern. Indessen besteht bereits eine begrenzte Luftverbindung unter Kontrolle der CIA für Nachschub und zum Ein- und Herausschleusen, die sich recht einfach erweitern läßt, sofern und sobald die Situation es erfordert. Es besteht die Hoffnung, daß sich innerhalb der nächsten zwei Monate parallel dazu eine Luftverbindung für kleine Nachschubmengen einrichten läßt, die gut getarnt als Handelsunternehmung von einem anderen Land aus operiert.

3. (*Gelöscht*)

[...]

6. *Empfehlungen*: Die CIA sollte den Auftrag erhalten, das oben dargelegte Programm durchzuführen. (*Gelöscht*)

[...]

Nr. 2
Memorandum der Vereinigten Stabschefs für Robert S. McNamara, Verteidigungsminister, über das Vorgehen in Kuba, 27. Januar 1961, Streng Geheim (gekürzt)

The Joint Chiefs of Staff, Memorandum (JCSM-44-61) for the Secretary of Defense. Subject: U.S. Plan of Action in Cuba (C), January 27, 1961, Top Secret.

(John F. Kennedy Library, Boston: National Security Files, Countries, Cuba, Subjects, Para-Military Study Group, Taylor Report: Part III - Annex 7, Box 61B)

1. Die Vereinigten Stabschefs sind in wachsender Besorgnis über die Situation, die sich aus der ständig zunehmenden militärischen Stärke des Castro-Regimes sowie aus der Tatsache ergibt, daß die Kommunisten die Mittel zur Konterrevolution – Militär, Polizei, staatliche Finanzierungsquellen und Propagandaorgane eingeschlossen – fest im Griff haben. Wenn die Vereinigten Staaten nicht sofort nachdrückliche Maßnahmen ergreifen, besteht unmittelbar die große Gefahr, daß Kuba sich dauerhaft als Teil des kommunistischen Blocks etabliert, was verheerende Konsequenzen für die Sicherheit der westlichen Welt hätte. Kuba bildet eine kommunistische Operationsbasis für den Export ähnlicher Revolutionen in ein jetzt schon instabiles und potentiell brisantes Lateinamerika.

2. Die Vereinigten Stabschefs sind der Auffassung, daß die Vereinigten Staaten als vorrangiges Ziel gegenüber Kuba den baldigen Umsturz der Castro-Regierung anstreben sollten und die anschließende Einsetzung einer den Vereinigten Staaten freundlich gesinnten Regierung, die mit Unterstützung der Vereinigten Staaten die gewünschte Zielfolge für das kubanische Volk anstrebt. Besonderer Nachdruck ist darauf zu legen, daß für die Vereinigten Staaten die dringende Notwendigkeit besteht, Kubaner ausfindig zu machen, auszubilden und zu unterstützen, die in der Lage sind, eine neue, nicht kommunistische Regierung zu bilden, sobald Castro gestürzt ist.

3. Der gegenwärtig verfolgte politisch-paramilitärische Plan gewährleistet nicht, daß das oben genannte Ziel erreicht wird, noch bestehen detaillierte Folgepläne, um im Erfolgsfall diesen Plan weiterzutreiben oder für eine direkte Aktion, die erforderlich werden könnte, falls sich der Plan als unzureichend herausstellt.

[...]

5. Die Vereinigten Stabschefs empfehlen daher:

a) daß eine interministerielle Planungsgruppe einen umfassenden Aktionsplan der Vereinigten Staaten für den Sturz der Castro-Regierung erarbeitet.
[...]

c) den daraus resultierenden umfassenden Aktionsplan der Vereinigten Staaten nach Vorlage bei den Vereinigten Stabschefs und anderen zuständigen Stellen und nach Genehmigung durch den Präsidenten durch Detailpläne der ausführenden Stellen zu unterstützen, die für die Durchführung der in dem umfassenden Aktionsplan der Vereinigten Staaten vorgesehenen Aufgaben zuständig sind.

6. Die Vereinigten Stabschefs sind bereit, Personal abzustellen, das sich für das Verteidigungsministerium an dieser interministeriellen Planung beteiligt.

Für die Vereinigten Stabschefs:
gez.: L. L. Lemnitzer
Vorsitzender
der Vereinigten Stabschefs

Nr. 3
Brief Nikita Chruschtschows an John F. Kennedy, 18. April 1961
Letter: Nikita Khrushchev to John F. Kennedy, April 18, 1961.

(John F. Kennedy Library, Boston: National Security Files, Countries, USSR, Khrushchev Correspondence, 1/61–10/61, Box 183)

Herr Präsident, ich sende Ihnen diese Botschaft in einer Stunde des Alarms, die von Gefahr für den Frieden der ganzen Welt gezeichnet ist. Es hat eine bewaffnete Aggression gegen Kuba begonnen. Es ist für niemanden ein Geheimnis, daß die bewaffneten Banden, die in dieses Land eindringen, in den Vereinigten Staaten von Amerika ausgebildet, ausgerüstet und bewaffnet wurden. Die Flugzeuge, die zur Zeit kubanische Städte bombardieren, gehören den Vereinigten Staaten von Amerika; die Bomben, die sie abwerfen, werden vom amerikanischen Staat geliefert.

All das erweckt hier in der Sowjetunion bei der sowjetischen Regierung und dem sowjetischen Volk ein verständliches Gefühl der Empörung.

Erst kürzlich sprachen wir bei einem Meinungsaustausch durch unsere jeweiligen Vertreter mit Ihnen über den beiderseitigen Wunsch, die gemeinsamen Bemühungen um eine Verbesserung der Beziehungen zwischen unseren Ländern und die Beseitigung der Kriegsgefahr voranzutreiben. Ihre Erklärung von vor einigen Tagen,[1] daß die USA sich nicht an Militäraktionen gegen Kuba beteiligen würden, erweckte den Eindruck, daß die Führungsspitze der Vereinigten Staaten den Konsequenzen Rechnung trüge, die eine Aggression gegen Kuba für den allgemeinen Frieden und die USA selbst hätte.

Wie ist das, was die Vereinigten Staaten in Wirklichkeit tun, zu verstehen, nachdem nun ein Angriff auf Kuba zur Tatsache geworden ist?

Es ist noch nicht zu spät, das Irreparable zu verhindern. Die Regierung der USA hat noch die Möglichkeit, die Flamme des Krieges, die die Intervention in Kuba entzündet hat, nicht zu einer Feuersbrunst ohnegleichen anwachsen zu lassen. Ich wende mich an Sie, Herr Präsident, mit dem dringlichen Aufruf, der Aggression gegen die Republik Kuba ein Ende zu bereiten. Der Rüstungsstand und die weltpolitische Situation sind zur Zeit so geartet, daß jeder sogenannte »kleine Krieg« eine Kettenreaktion in allen Teilen der Welt auslösen kann.

Was die Sowjetunion betrifft, so sollte es keine Mißverständnisse über unsere Position geben: Wir werden dem kubanischen Volk und seiner Regierung jede erforderliche Hilfe zukommen lassen, um einen bewaffneten Angriff auf Kuba zurückzuschlagen.

Wir sind ernsthaft an einer Entspannung der internationalen Lage interessiert, doch wenn andere weiter auf ihre Verschärfung hinwirken, werden wir ihnen in vollem Maße antworten. Im allgemeinen ist es kaum möglich, die Dinge so zu steuern, daß die Situation in einem Gebiet geregelt und der Brand gelöscht wird, während in einem anderen Gebiet ein neuer Krisenherd geschürt wird.

Ich hoffe, die Regierung der USA betrachtet unsere Auffassungen als einzig von der Sorge diktiert, keine Schritte zuzulassen, die die Welt in eine militärische Katastrophe führen könnten.

Nr. 4
Auszug aus den Empfehlungen der »Untersuchungsgruppe Kuba«, 13. Juni 1961, Streng Geheim – Nur zur Ansicht – Höchst Sensibel[1]

Recommendations of the Cuban Study Group, Memorandum No. 4, June 13, 1961, Top Secret – Eyes Only – Ultra Sensitive.

(John F. Kennedy Library, Boston: National Security Files, Countries, Cuba, Subjects, Para-Military Study Group: Taylor Report, Memos 2 - 4 and Enclosures, Box 61)

[...]

Empfehlung 5

1. Unserer Ansicht nach sollte man alles tun, um aus der kubanischen Operation alle Lehren zu ziehen, besonders solche, die die begangenen Fehler und ihre Ursachen aufdecken. Zu diesem Zweck sollte man alle Hauptbeteiligten am Entscheidungsprozeß darüber informieren, was geschehen ist, so daß man die Operation in ihrer Gesamtheit objektiv beurteilen kann. Aufgrund der strengen Sicherheitsstufe, die in Regierungskreisen für diese Operation galt, kennt vermutlich kein Regierungsvertreter derzeit alle in diesem Zusammenhang wichtigen Fakten. Wir sind der Ansicht, daß die Untersuchungsgruppe Kuba den Beteiligten einen mündlichen Bericht über die wesentlichen Ergebnisse ihrer Untersuchung geben sollte.

2. Wir haben auch den Eindruck, daß dieser Anlaß dem Präsidenten die Gelegenheit bietet, gegenüber seinen wichtigsten Mitarbeitern und Beratern sein Bewußtsein für die Notwendigkeit zum Ausdruck zu bringen, daß sich die Einstellung der Regierung und des Volkes zu der Notlage, mit der wir uns konfrontiert sehen, ändern muß. Eine solche Änderung erfordert zunächst die klare Erkenntnis, daß wir uns in einem Kampf auf Leben und Tod befinden, den wir verlieren können und werden, wenn wir nicht unsere Haltung ändern und unsere Mittel mit einer Kraftanstrengung aufbieten, wie es in der Vergangenheit nur in Kriegszeiten der Fall war.* Um diese Änderung zu bewirken, müssen wir sofort Maßnahmen in Erwägung ziehen wie die Ausrufung eines begrenzten nationalen Notstands; die Überprüfung sämtlicher Verträge und internationalen Vereinbarungen, die den vollen Einsatz unserer Mittel im Kalten Krieg einschränken; und den Beschluß, den Respekt unserer Nachbarn zu gewinnen, ohne die internationale Popularität als Kriterium zu nehmen; sowie eine Politik, die Rücksicht darauf nimmt, daß eine Auslandshilfe im richtigen Verhältnis zur Haltung unserer Nachbarn uns gegenüber steht. Angesichts der angespannten Lage in Laos[2] und der potentiellen Krise, die sich um Berlin[3] abzeichnet, sollten wir sofort positive Programme ins Auge fassen, um der Bedrohung in beiden Gebieten Herr zu werden. Man sollte die Machtbefugnisse des Präsidenten in Notlagen dahingehend überprüfen, ob sie ausreichen, die sich entwickelnde Situation zu meistern.

3. Der Präsident könnte diese Äußerungen mit unserer Empfehlung 1 verbinden – der Notwendigkeit, ein Regierungsinstrument für den besseren Einsatz unserer Mittel für den Kalten Krieg zu schaffen – und mit der Erklärung schließen, daß jede Operation des Kalten Krieges, die man einmal begonnen hat, mit derselben Entschiedenheit zum Abschluß gebracht werden muß wie eine Militäroperation.

4. Es wird empfohlen, eine Manöverkritik der kubanischen Operation vorzunehmen, bei der zugleich eine Erklärung des Präsidenten vorgelegt wird und an der mindestens folgender Personenkreis teilnehmen sollte: der Vizepräsident, der Außenminister, der Verteidigungsminister, der Justizminister, die Vereinigten Stabschefs, der Leiter der CIA, der Sonderbeauftragte für Fragen der Nationalen Sicherheit und General Taylor.

Empfehlung 6

Im Laufe ihrer Arbeit war die Untersuchungsgruppe mit den Kuba betreffenden Meinungen vieler US-Regierungsvertreter und Einzelpersonen sowohl aus Kuba als auch den Vereinigten Staaten, die eng mit der Kuba-Frage befaßt sind, konfrontiert. Uns fiel auf, daß allgemein der Eindruck besteht, es könne auf lange Sicht kein Zusammenleben mit Castro als Nachbarn geben. Seine ständige Präsenz als bedenklich effektvoller Exponent des Kommunismus und Antiamerikanismus innerhalb der amerikanischen Gemeinschaft[4] stellt eine reale Bedrohung dar, die schließlich zum Sturz der gewählten Regierungen in einzelnen oder mehreren der schwachen Republiken Lateinamerikas führen kann. Es gibt nur zwei Möglichkeiten, dieser Bedrohung zu begegnen: entweder zu hoffen, daß die Zeit und die innere Unzufriedenheit ihr schließlich ein Ende bereiten, oder aktive Maßnahmen zu ergreifen, um ihre Beseitigung zu erzwingen. Wenn man mit »Zeit« nicht gerade Jahre meint, dann gibt es wenig Veranlassung, sich darauf zu verlassen, daß die erste Möglichkeit bei Castros Polizeistaat Erfolg haben könnte. Die zweite Möglichkeit ist durch das Scheitern im April erschwert worden und ist heute nur noch durch eine offenkundige Beteiligung der Vereinigten Staaten mit der größtmöglichen Unterstützung Lateinamerikas denkbar. Keine der beiden Alternativen ist verlokkend; doch keine Entscheidung zu treffen, bedeuted in der Konsequenz, sich für die erste zu entscheiden. Während wir persönlich dazu neigen, unverzüglich aktiv gegen Castro vorzugehen, sind wir uns der Gefahr bewußt, die eine Behandlung der Kuba-Frage außerhalb des Kontextes der Weltlage im Kalten Krieg bedeuten würde. Ein Vorgehen gegen Castro muß in Zusammenhang stehen mit der wahrscheinlichen Entwicklung der Dinge an Orten wie Südostasien und Berlin, die möglicherweise gleichzeitig unseren Einsatz erfordert.

Es wird empfohlen, eine Neueinschätzung der Kuba-Frage nach allen derzeit bekannten Faktoren vorzunehmen und neue Richtlinien für ein politisches, militärisches, ökonomisches und propagandistisches Vorgehen gegen Castro aufzustellen.

Nr. 5

Gedächtnisprotokoll von Richard N. Goodwin, Sachbearbeiter für Lateinamerikafragen im Stab des Nationalen Sicherheitsrates, für John F. Kennedy über ein Gespräch mit Che Guevara, 22. August 1961, Geheim

Memorandum (Richard N. Goodwin) for the President. Subject: Conversation with Commandante Ernesto Guevara of Cuba, August 22, 1961, Secret.

(John F. Kennedy Library, Boston: Theodore Sorensen Papers, Classified Subject Files, 1961-1964, Cuba, General. 8/17/61-8/29/61 and undated, Box 48)

Das Gespräch fand am 17. August um zwei Uhr früh statt. Während der Konferenz von Punta del Este[1] hatten sich mehrere Vertreter der brasilianischen und der argentinischen Delegation darum bemüht, ein Treffen zwischen mir und Che zu arrangieren. Das geschah offensichtlich mit Ches Zustimmung, wenn nicht auf sein Drängen. Während der Konferenz hatte ich ein solches Treffen vermieden. Am Donnerstag trafen wir in Montevideo ein, und ich erhielt eine Einladung zu einer Geburtstagsparty des dortigen brasilianischen Delegierten in der Freihandelszone. Etwa eine Stunde, nachdem ich dort eingetroffen war, teilte mir einer der anwesenden Argentinier (der der argentinischen Delegation angehört hatte) mit, daß sie Che zu der Party eingeladen hatten. Er kam gegen zwei Uhr früh und sagte Edmundo Barbosa DaSilva aus Brasilien und Horation Larretta aus Argentinien, er habe mir etwas mitzuteilen. Wir gingen zu viert in einen Raum; was weiter geschah, ist im folgenden zusammengefaßt. (Der Argentinier und der Brasilianer übernahmen abwechselnd die Aufgabe des Dolmetschers).

Che trug eine grüne Drillichuniform und seinen üblichen zu üppigen und zottigen Bart. Unter dem Bart sind seine Gesichtszüge recht weich, fast feminin; er hat eine impulsive Art, sich zu geben. Er hat Sinn für Humor, und während des Treffens wurden hin und her sehr viele Scherze ausgetauscht. Er schien sich sehr unbehaglich zu fühlen, als wir das Gespräch aufnahmen; doch er entspannte sich bald und sprach ungezwungen. Obwohl er keinen Zweifel daran ließ, daß er persönlich aktiver Anhänger des Kommunismus ist, war seine Redeweise frei von Propaganda und hochtrabenden Floskeln. Er sprach ruhig, geradeheraus und mit dem Anschein von Unparteilichkeit und Objektivität. Er ließ zu keiner Zeit einen Zweifel daran, daß er völlig freie Hand hatte, für seine Regierung zu sprechen, und er machte kaum einen Unterschied zwischen seinen persönlichen Anmerkungen und der offiziellen Position der kubanischen Regierung. Ich hatte entschieden den Eindruck, daß er sich seine Äußerungen sehr sorgfältig überlegt hat – sie waren äußerst systematisch aufgebaut.

Ich sagte ihm zu Beginn, daß ich nicht autorisiert sei, über die Belange meines Landes zu verhandeln, daß ich jedoch den zuständigen Vertretern unserer Regierung Bericht über das erstatten werde, was er mir mitteilte. Er sagte: »Gut« und fing an.

Guevara sagte zu Anfang, daß ich die kubanische Revolution verstehen müsse. Sie hätten die Absicht, einen sozialistischen Staat aufzubauen, und die Revolution, die sie eingeleitet hätten, sei unumkehrbar. Zudem befänden sie sich nun außerhalb der Einflußsphäre der Vereinigten Staaten, und auch das sei unumkehrbar. Sie würden ein Einparteiensystem einführen mit Fidel als Generalsekretär. Ihre Verbindungen zum Osten gingen auf natürliche Sympathien zurück und auf gemeinsame Überzeugungen hinsichtlich der richtigen Struktur des Gesellschaftssystems. Sie spürten, daß sie die Unterstützung der Massen für ihre Revolution hätten und daß diese Unterstützung mit der Zeit wachsen werde.

Er sagte, wir – die Vereinigten Staaten – dürften nicht von der falschen Voraussetzung ausgehen, (a) wir könnten Kuba aus den Klauen des Kommunismus erretten (er meinte auf anderem Wege als über ein direktes militärisches Eingreifen); (b) Fidel sei ein Gemäßigter, der von einer Gruppe fanatischer und aggressiver Männer umgeben sei, und den man auf die Seite des Westens bringen könne; (c) die kubanische Revolution ließe sich von innen niederschlagen – er sagte, die Unterstützung für einen solchen Versuch sei im Abnehmen und werde nie groß genug sein.

Er sprach von der großen Stärke der Revolution und von dem Einfluß, den sie auf das fortschrittliche Denken in ganz Lateinamerika gehabt habe. Er sagte, daß zum Beispiel alle linken Kräfte Uruguays sich unter dem Banner Kubas zusammenschlössen. Er erklärte, in vielen Ländern würde ein Bürgerkrieg ausbrechen, wenn Kuba in Gefahr wäre – Bürgerkriege könnten in jedem Fall ausbrechen. Er sprach sehr leidenschaftlich vom Einfluß Kubas auf den Kontinent und von der zunehmenden Wirkung ihres Beispiels.

Er erklärte, daß sie beim Aufbau des kommunistischen Staates keine der aggressiven Maßnahmen des Ostens wiederholt hätten. Sie hätten nicht die Absicht, einen Eisernen Vorhang um Kuba zu errichten, sondern wollten Fachleute und Besucher aus allen Ländern gerne aufnehmen, die kämen, um mitzuarbeiten.

Er sprach auch die Flugzeugentführungen[2] an. Er sagte, er wisse nicht, ob ich darüber unterrichtet sei, aber sie seien für keine der Flugzeugentführungen verantwortlich. Das erste Flugzeug habe ein junger Bursche entführt, ein anständiger Kerl, aber etwas wild; er sei jetzt im Gefängnis. Sie hätten den Verdacht, daß das letzte Flugzeug von einem Provokateur (einem CIA-Agenten) entführt worden sei. Wenn diese Entführungen weitergehen, fürchtet er, daß es sehr gefährlich wird.

Er wandte sich dann den Schwierigkeiten der Allianz für den Fortschritt zu. Er fragte mich, ob ich seine Rede zum Abschluß der Konferenz gehört hätte. Ich antwortete, daß ich sie aufmerksam verfolgt hätte. Er erklärte, sie habe seinen Standpunkt zur Allianz für den Fortschritt deutlich gemacht. (Er hatte in dieser Rede gesagt, die Idee der Allianz sei gut, würde aber scheitern. Er sprach auch vom Spiel der historischen Kräfte, das für die Kommunisten arbeite, und so weiter; es würde entweder linke Revolutionen oder rechte Staatsstreiche geben, die zur Machtübernahme der Linken führen würden; und es bestünde eine hohe Wahrscheinlichkeit, daß die Kommunisten über allgemeine Wahlen ins Parlament kämen). Er fuhr fort, er würde gerne hinzufügen, daß es in der Allianz einen inneren Widerspruch gebe: indem wir die auf Veränderung gerichteten Kräfte und das Verlangen der Massen förderten, könnten wir Kräfte freisetzen, die außerhalb unserer Kontrolle lägen und zu einer Revolution nach kubanischem Muster führen würden. Kein einziges Mal deutete er an, daß Kuba im Gang der Geschichte eine direktere Rolle spielen könnte.

Er erklärte dann, nachdem er nun unsere Schwierigkeiten erörtert habe, würde er gerne von seinen Problemen sprechen – und er würde dies gerne in aller Offenheit tun. In Kuba, sagte er, gebe es mehrere Grundprobleme.

1. Es gebe störende revolutionäre Strömungen, bewaffnete Männer und Sabotage.
2. Die kleine Bourgoisie stehe der Revolution feindlich oder bestenfalls gleichgültig gegenüber.
3. Die katholische Kirche (hier schüttelte er entmutigt den Kopf).
4. Die Fabriken rechneten natürlich mit Materialien aus den Vereinigten Staaten, insbesondere mit Ersatzteilen, und gelegentlich gestalte sich die Lage aufgrund der Materialknappheit sehr kritisch.
5. Sie hätten den Entwicklungsprozeß zu stark beschleunigt, und ihre Reserven in stabilen Devisen seien sehr gering. So seien sie nicht in der Lage, Konsumgüter zu importieren und den Grundbedürfnissen des Volkes Rechnung zu tragen.

Er erklärte darauf, sie wollten keine Verständigung mit den Vereinigten Staaten, weil sie wüßten, daß dies unmöglich sei. Sie fänden gerne einen Modus vivendi, zumindest einen vorläufigen Modus vivendi. Natürlich, sagte er, sei es schwierig, eine praktische Formel für solch einen Modus vivendi zu entwickeln – er wisse das, weil er schon sehr lange darüber nachgedacht habe. Er finde, wir sollten eine solche Formel erarbeiten, weil wir auf die öffentliche Meinung Rücksicht zu nehmen hätten, während er alles ohne Rücksicht auf die öffentliche Meinung akzeptieren könne.

Ich sage nichts dazu; er wartete und sagte dann, er habe auf jeden Fall einige Punkte im Sinn.

1. Sie könnten den enteigneten Besitz – die Fabriken

und Banken – nicht zurückgeben, sie könnten sie jedoch auf dem Tauschweg bezahlen.

2. Sie könnten sich verpflichten, kein politisches Bündnis mit dem Osten zu schließen, obwohl das ihre natürlichen Sympathien nicht beeinträchtigen würde.
3. Sie würden frei Wahlen durchführen, aber erst nachdem eine Phase der institutionellen Absicherung der Revolution abgeschlossen sei. Auf meine Frage hin antwortete er, daß dazu auch die Errichtung eines Einparteiensystems gehöre.
4. Natürlich würden sie Guantanamo[3] nicht angreifen (hier lachte er wie über die banale Selbstverständlichkeit einer solchen Haltung).
5. Er deutete sehr versteckt und – wegen der Gesellschaft, in der das Gespräch stattfand – mit offensichtlichem Widerstreben an, daß sie auch die Wirkung der kubanischen Revolution in anderen Ländern diskutieren könnten.

Er erklärte dann weiter, daß er sich sehr bei uns für die Invasion bedanken möchte; sie habe einen großen politischen Sieg für sie bedeutet, habe es ihnen ermöglicht, ihre Stellung zu festigen, und habe sie von einem entrechteten kleinen Land zu einem ebenbürdigen gemacht.

Guevara sagte, er wisse, daß es schwierig sei, Gespräche über diese Dinge zu führen; wir könnten jedoch einige dieser Fragen erschließen, indem wir zunächst mit untergeordneten Problemen begännen. Er schlug Gespräche über die Flugzeugfrage vor. (Vermutlich würden wir die Flugzeugfrage als Vorwand für ernstere Gespräche nehmen).

Er erklärte, eine Formel, die bedeuten würde, daß sie die Gesellschaftsform aufgäben, der sie sich verschrieben hätten, sei für sie indiskutabel.

Zum Abschluß sagte er, er würde den Inhalt dieses Gespräches außer an Fidel an niemanden weitergeben. Ich erklärte, daß auch ich ihn nicht veröffentlichen würde.

Nach Beendigung des Gesprächs verließ ich die Party, um mir Notizen über den Gesprächsverlauf zu machen. Er blieb auf der Party und unterhielt sich mit dem Brasilianer und dem Argentinier.

Der Argentinier – Larretta – rief mich am nächsten Morgen an, um mir zu sagen, daß Guevera das Gespräch recht einträglich fand und ihm gesagt habe, daß es viel einfacher sei, mit jemandem aus der »neuen Generation« zu reden.

Dies ist im wesentlichen eine vollständige Zusammenfassung des gesamten Gesprächs.

Richard N. Goodwin[4]

B. Beziehungen zur UdSSR

Nr. 6

Memorandum von George C. McGhee, Sachbearbeiter in der Europa-Abteilung des Außenministeriums, an McGeorge Bundy, Sonderberater des Präsidenten für Fragen der Nationalen Sicherheit, über amerikanische Mittelstreckenraketen in der Türkei, 22. Juni 1961, Geheim

Department of State, Memorandum (George C. McGhee) for McGeorge Bundy. Subject: Turkish IRBMs, June 22, 1961, Secret.

(John F. Kennedy Library, Boston: National Security Files, Regional Security, NATO, Weapons, Cables, Turkey, Box 226)

1. Mit dieser Mitteilung komme ich einer Verpflichtung nach, die der Präsident mir mit seiner Bitte auferlegte, die Frage der türkischen Mittelstreckenraketen zu prüfen und darüber Bericht zu erstatten.

2. Die abschließende Empfehlung ist, keine Schritte einzuleiten, um die geplante Stationierung von Mittelstreckenraketen in der Türkei rückgängig zu machen.

3. Dieser Schluß basiert in erster Linie auf der Auffassung, daß ein Rückgängigmachen der Stationierung der Mittelstreckenraketen im Nachhall des unnachgiebigen Auftretens von Chruschtschow in Wien als Zeichen der Schwäche erscheinen könnte.[1] Hinzu kommt:

a) Als der Außenminister diese Frage gegenüber dem türkischen Außenminister in der CENTO[2] ansprach, war die türkische Reaktion äußerst ablehnend.

b) Als der türkische Außenminister die Angelegenheit mit dem Oberbefehlshaber der NATO-Streitkräfte in Europa besprach, unterstrich General Norstad die militärische Bedeutung einer Stationierung von Mittelstreckenraketen in der Türkei. Damit ist unwahrscheinlich, daß ein Versuch, das türkische Militär zur Aufgabe des Projekts zu bewegen, Erfolg hätte.

4. Der Außenminister hat die Schlußfolgerung mit General Norstad besprochen, der mit ihr übereinstimmt.

gez.: George C. McGhee

Nr. 7

Memorandum von Walt Whitman Rostow, Vorsitzender des Außenpolitischen Planungsrates im Außenministerium, für John F. Kennedy über Chruschtschows Strategie und mögliche amerikanische Antworten, 26. Juni 1961, Geheim[1]

Department of State, Policy Planning Council (Walt Whitman Rostow), Memorandum to the President, June 26, 1961, Secret.

(John F. Kennedy Library, Boston: National Security Files, Countries, Germany-Berlin, General, 6/23/61-6/28/61, Box 81)

Chruschtschows Strategie läuft im wesentlichen auf folgendes hinaus: Er übt an irgendeinem Punkt auf unserer Seite der Linie Druck aus; mit diesen Druckmitteln schafft er eine Situation, in der wir nur auf die

Gefahr hin antworten können, einen Atomkrieg anzufangen oder eine Eskalation in diese Richtung zu bewirken; mit dieser Aussicht konfrontiert, suchen wir einen Kompromiß; er gibt etwas nach; und es kommt zu einem Kompromiß, der alles in allem seine Linie vorrückt und uns zurückdrängt.

Damit sehen wir uns in Laos konfrontiert, wo die Kommunisten sich mit Erfolg über die beiden Provinzen hinaus ausgedehnt haben, die ihnen 1954 zugesprochen wurden[2]; das ist aus Chruschtschows Sicht der Zweck der Übung in Berlin; und in nicht allzu langer Zeit wird man uns einen »Kompromiß« in Vietnam anbieten, bei dem man uns für Vietnams »Neutralität« ein Nachlassen des Guerillakrieges anbietet.

Um einer solchen Knabbertaktik im Zeitalter der Atombombe begegnen zu können, sind viele in den letzten zehn Jahren dazu übergegangen, sich für einen Ausbau der konventionellen Streitkräfte einzusetzen. Dem lag die Überlegung zugrunde, den Vereinigten Staaten brauchbare Gewaltmittel an die Hand zu geben, die eine Alternative zu der Wahl zwischen Kapitulation und Atomkrieg schaffen.

Da wir von Tag zu Tag in dieser Frage hinzulernen, behaupte ich, daß ein Ausbau der konventionellen Kampfkraft nicht ausreicht, um es mit Chruschtschows Taktik aufzunehmen. Wenn wir angesichts dieser Taktik den Status quo erhalten wollen, müssen wir Möglichkeiten finden, auf Chruschtschows Seite der Linien Druck auszuüben (mit konventionellen Streitkräften oder mit anderen Mitteln), was den Druck auf unserer Seite der Linie abschwächen wird. Wenn er glaubt, daß wir dazu in der Lage sind, läßt er vielleicht den Status quo unangetastet. Sollte er uns auf die Probe stellen, dann ermöglicht dieser Gegendruck vielleicht Verhandlungen, die den Status quo eher schützen als ihn zu unseren Ungunsten zu verschieben. Anders ausgedrückt, wir müssen Chruschtschow dazu zwingen, daß er die Last mitträgt, Opfer zu bringen, um einen Atomkrieg zu verhindern. Das heißt, wir müssen darauf gerüstet sein, sowohl die Kriegsgefahr auf seiner Seite der Linie zu erhöhen als auch ihr auf unserer Seite zu begegnen.

(*Gelöscht*)

In bezug auf die Südostasienkrise würde diese Sicht der Dinge implizieren, daß wir möglicherweise Südvietnam nicht allein schützen wollen, indem wir eine Ausweitung des Guerillakrieges südlich des 17. Breitengrades hinnehmen. Vielleicht wollen wir Moskau, Peking, Hanoi und die Weltöffentlichkeit wissen lassen, daß eine Ausweitung des Angriffs auf Diem zu unmittelbaren Vergeltungsmaßnahmen auf Vietminhgebiet führen kann. Dazu wäre es notwendig, die Genfer Konferenz über Laos, die Vereinten Nationen – oder beide – zu benutzen, um die Aggression der Vietminh gegen Vietnam vorzubringen und nachdrücklich zu veranschaulichen und den Fall mit dem Antrag einzubringen, gegen die Quelle der Aggression vorzugehen.[3]

Unabhängig davon, ob diese konkreten Vorschläge nun brauchbar sind oder nicht, bin ich der Überzeugung, daß es ein schwerwiegender Fehler wäre, in jedem Fall Chruschtschows Richtlinien für jede Krise anzunehmen: sie zielen darauf ab, uns soweit wie möglich in den Nachteil zu setzen; und das gelingt ihnen.

Nr. 8

Richtliniendirektive des Präsidenten über sein Verhältnis zu den Vereinigten Stabschefs bei Aktionen im Rahmen des Kalten Krieges, 28. Juni 1961, Streng Geheim

The White House, National Security Action Memorandum No. 55: Relations of the JCS to the President in Cold War Operations, June 28, 1961, Top Secret.

(John F. Kennedy Library, Boston: National Security Files, Meetings and Memoranda, NSAM 55, Relations of the JCS to the President in Cold War Operations, Box 330)

An: Den Vorsitzenden der Vereinigten Stabschefs
Betreff: Verhältnis der Vereinigten Stabschefs zum Präsidenten bei Operationen im Kalten Krieg

Ich möchte den Vereinigten Stabschefs bezüglich meiner Auffassung ihres Verhältnisses zu mir bei Operationen im Kalten Krieg folgendes mitteilen:

a) Ich betrachte die Vereinigten Stabschefs als meine Hauptmilitärberater, in deren Zuständigkeit es liegt, mir sowohl aus eigener Initiative als auch auf Anfrage Ratschläge zu unterbreiten. Ich erwarte, daß ihr Rat mich unmittelbar und ungefiltert erreicht.

b) Die Vereinigten Stabschefs tragen für die nationale Verteidigung im Kalten Krieg eine Verantwortung ähnlich jener, die sie bei konventionellen Feindseligkeiten haben. Sie sollten wissen, welche militärischen und paramilitärischen Truppen und Mittel dem Verteidigungsministerium zur Verfügung stehen, sollten ihre Einsatzbereitschaft prüfen, über ihreZulänglichkeit Bericht erstatten und entsprechende Vorschläge zu ihrer Erweiterung und Verbesserung machen. Ich erwarte von den Stabschefs, daß sie eine aktive und einfallsreiche Führungsrolle übernehmen, indem sie zum Gelingen der militärischen und paramilitärischen Aspekte der Programme innerhalb des Kalten Krieges beitragen.

c) Ich erwarte, daß die Vereinigten Stabschefs den militärischen Gesichtspunkt in Regierungsgremien in einer Weise vertreten, die gewährleistet, daß die militärischen Faktoren eindeutig geklärt sind, bevor es zu Entscheidungen kommt. Wenn nur der Vorsitzende oder ein einziger Stabschef anwesend ist, hat dieser Offizier die Stabschefs als Gremium zu vertreten und sowohl vorbereitend als auch nachfolgend alle erforderlichen Schritte zu unternehmen, um sicherzustellen, daß er tatsächlich die gemeinsame Meinung der Vereinigten Stabschefs vertritt.

d) Ich erwarte zwar von den Stabschefs, daß sie den militärischen Faktor ohne Einschränkung und Zögern vertreten, sehe in ihnen jedoch mehr als nur Militärs und rechne mit ihrer Unterstützung, die militärischen Erfordernisse an den Gesamtkontext einer Situation anzupassen in Anerkennung der Tatsache, daß das schwierigste Problem der Regierung darin besteht, alle Faktoren zu einem einheitlichen und effektiven Plan zusammenzufügen.

gez. John F. Kennedy
Durchschlag an: Verteidigungsminister
General Taylor[1]

Nr. 9

Unterrichtung des Präsidenten durch Lyman L. Lemnitzer, Vorsitzender der Vereinigten Stabschefs, über den Einheitlichen Integrierten Operationsplan der Vereinigten Stabschefs für das Jahr 1962 (SIOP–62), 13. September 1961, Streng Geheim (gekürzt)

Briefing (JCS 2056/281 – Enclosure) to the President by the Chairman of the Joint Chiefs of Staff (Lyman L. Lemnitzer). Subject: SIOP–62, September 13, 1961, 4:30 PM, The White House, Top Secret.

(National Archives, Washington, D.C., RG 218, Records of the U.S. Joint Chiefs of Staff 1961, Box 31, CCS 3105 Joint Planning, September 13, 1961)

[...] Ich werde Ihnen jetzt einiges aus der Methodik beschreiben, die wir bei der Entwicklung der Nationalen Strategischen Zielliste (NSTL) und des Einheitlichen Integrierten Operationsplans (SIOP) angewendet haben.[1]

Tafel 15 Die NSTL wurde aus einer Liste mit mehr als 80 000 potentiellen Zielen in der Bombing Encyclopedia entwickelt. Diese Liste wurde analysiert, gefiltert und schließlich auf 3729 Einrichtungen reduziert, die als unbedingt notwendige Angriffsziele bestimmt worden waren. Viele davon liegen als Zielkomplexe nahe beieinander. Ein Ground Zero oder erwünschter Ground Zero kann so lokalisiert werden, daß mehrere Einrichtungen von einer einzigen Waffe zerstört oder neutralisiert werden. Deshalb deckt die Gesamtsumme von 1060 Ground Zeros die 3729 Einrichtungen in der NSTL ab.

Tafel 16 Dieses Bild zeigt die Verteilung von Ground Zeros nach Ländern. (*Gelöscht*)

Tafel 17 Diese Karte gibt Ihnen einen Eindruck von der geographischen Aufteilung der Ground Zeros im chinesisch-sowjetischen Block. Jeder rote Kreis stellt einen gegenwärtig geplanten Ground Zero dar. Es wurde nicht versucht, die Ground Zeros nach Umfang oder Bedeutung zu differenzieren.

Jetzt zum Plan selbst. Die Vereinigten und Einzelkommandobereiche, die an einem Angriff auf diese Ziele teilnehmen, sind auf dieser Tafel aufgeführt:

Tafel 18 Strategisches Luftkommando
Pazifisches Kommando
Atlantisches Kommando
Europäisches Kommando
Alaska-Kommando

Die Streitkräfte des SIOP sind auf insgesamt 112 Basen gestützt.

Tafel 19 49 Basen befinden sich in den USA. (*Gelöscht*)

[...]

Tafel 33

[...]

Optimierung der Startzeiten.

Für den Fall, daß eine Vorwarnzeit verfügbar ist, wurde ein Verfahren eingeführt, das den Umfang der sofort zu startenden Systeme festlegt und die Zeitabstimmung für die gesamte Streitmacht besorgt.

Tafel 34 Wir erreichen diese Zeitabstimmung durch *Ausführungsoptionen*. Diese geben uns die Fähigkeit, sofort verschiedenartige Systeme zu starten als Funktion der Vorbereitungszeit, und sie sorgen für die richtige Zeitabstimmung für jedes System.

In diesen Plan sind 14 Optionen eingeführt. Option 1 ist die Alarmoption. Optionen 2 bis 13 beruhen auf Vorbereitungszeiten von bis zu 14 Stunden. Option 14 ist die Strategische Alarmoption. Sie setzt ein Minimum von 14 Stunden Vorbereitung voraus ohne zeitliche Obergrenze.

Tafel 35 Herstellung von Schlagkraft. Diese Tafel illustriert die auf der Vorbereitungszeit beruhenden Zuordnungen und den Zuwachs an verfügbaren Trägersystemen für jede der sukzessiven Optionen. Die linke Spalte listet die Optionsnummern auf. Die mittlere Spalte zeigt die Stunden nach dem Alarm an. Die rechte Spalte zeigt die zusätzlichen Trägersysteme, die in der entsprechenden Zeitspanne in gefechtsbereiten Zustand versetzt worden sind.

In der Option 1 also, der Alarmoption, gibt es 1004 Trägersysteme, die sofort gestartet werden können. Sie tragen 1685 Waffen. Im Falle eines Überraschungsangriffs und mit nur 15 Minuten Vorwarnzeit würde im wesentlichen die Alert Force unserer Vergeltungsstreitmacht darstellen. Wenn eine Stunde Vorbereitungszeit verfügbar ist, werden 95 zusätzliche Systeme vorbereitet sein. Nach sechs Stunden Vorbereitungszeit werden 1658 Trägersysteme für den Start unter Option 7 vorbereitet sein. Option 14 vervollständigt die Streitmacht mit insgesamt 2244 fertiggestellten und startbereiten Trägersystemen, die insgesamt 3267 Waffen tragen.

Tafel 36 Die NATO und der SIOP benutzen ein gemeinsames Bezugssystem für die Zeitabstimmung. (*Gelöscht*)

Tafel 37 Die Vereinigten Stabschefs lösen auf folgender Grundlage Alarm aus:

a. verfügbare nachrichtendienstliche Informationen
b. Empfehlungen aus den Vereinigten und Einzelkommandobereichen oder
c. Erklärung des Luftverteidigungsernstfalls oder des Verteidigungsernstfalls durch die Oberbefehlshaber der Vereinigten und Einzelkommandobereiche.

Die Vereinigten Stabschefs legen die Ausführungszeit und die angemessene Ausführungsoption fest:

a. Nach Konsultierung der entsprechend geeigneten Befehlshaber und des Direktors der Strategischen Zielplanung, falls durchführbar und
b. nach Autorisierung durch den Präsidenten, einschließlich zurückgehaltener Instruktionen.

Die Befehlshaber der Vereinigten und Einzelkommandobereiche können Flugkörper unter sicherer Kontrolle starten, »fehlsichere« Systeme, und beraten die Vereinigten Stabschefs.

Die Befehlshaber der Vereinigten und Einzelkommandobereiche können nach Beginn der Ausführungszeit und vor der geplanten Startzeit Systeme starten, sollen aber anderen im SIOP geplanten Schlägen im zeitlichen Ablauf aus dem Wege gehen und die Vereinigten Stabschefs informieren.

Flexibilität

Ein grundlegender Wesenszug des gegenwärtigen SIOP besteht darin, daß er für einen Angriff auf ein optimal gemischtes Zielsystem angelegt ist. Das kommt den Schlußfolgerungen und der Entscheidung des Präsidenten bezüglich der Studie Nr. 2009[2] nach, daß eine optimale Mischung von militärischen und städtisch-industriellen Zielen erfolgreich angegriffen werden muß, damit die USA letztendlich die Oberhand gewinnen. Folglich wurde der SIOP entworfen, um diese absolut lebenswichtige Aufgabe zu erfüllen. Das umfaßt Dinge wie Zeitabstimmung und Abstimmung von Angriffsrouten, um die größtmögliche gegenseitige Unterstützung der Angriffskräfte zu erreichen. Zum Beispiel bezieht sich die Taktik der follow-on-forces[3] direkt auf die Resultate, die voraussichtlich von früher eingesetzten Streitkräften erreicht wurden. Also ist der SIOP grundsätzlich für die Gesamtausführung *konzipiert*.

Ungeachtet des oben Gesagten hat der gegenwärtige SIOP eine gewisse Flexibilität – einige Elemente davon wurden absichtlich in den Plan eingebaut und einige sind, obwohl sie nicht in der Konzeption des Plans eingeschlossen sind, dem Kontrollmechanismus der Waffensysteme inhärent, die an den Plan gebunden sind.

Tafel 38 Der Plan ist so *konzipiert*, daß er folgende Flexibilitätseigenschaften enthält:

a. Er kann als Gesamtplan ausgeführt werden.
   (1) Als Vergeltung auf einen Atomangriff der Sowjets auf die USA oder
   (2) als prä-emptive Maßnahme.[4]
   (Den ballistischen Raketen, die in den Plan einbezogen sind, wurden alternative Ziele für die beiden Bedingungen – Vergeltung und prä-emptiver Schlag – zugeordnet).
b. Schläge gegen Ziele in irgendeinem oder auch allen Satellitenländern können ausgeklammert werden, ausgenommen Schläge gegen Verteidigungsziele. (Es wäre auch möglich, die Ausklammerung aller Schläge gegen Ziele in den Satellitenländern anzuordnen, vorausgesetzt, daß die Oberkommandierenden davon rechtzeitig genug vor der Ausführungszeit unterrichtet werden, um Änderungen in der aktuellen Planung zu erlauben).

Zusätzlich zu der oben skizzierten Flexibilität wäre es wegen der wirksamen Steuerungskontrolle unserer nuklearen Streitkräfte auch möglich, Angriffe gegen irgendeine bestimmte Art von Zielen oder Arten von Zielen in einem beliebigen Gebiet auszuklammern. Zum Beispiel wäre es möglich anzuordnen, daß Städte nicht direkt angegriffen werden.

Es muß jedoch ganz deutlich werden, daß jede Entscheidung, die darauf hinausläuft, nur einen Teil des Gesamtplans auszuführen, bestimmte ernste Risiken akzeptieren würde.

Es wurde schon vorher darauf hingewiesen, daß der Plan für die Ausführung in seiner Gesamtheit konzipiert ist. Der Ausschluß irgendeiner Kategorie oder von Kategorien von Zielen würde in verschiedenem Maß die Wirksamkeit des Plans mindern. Es gibt keinen effektiven Mechanismus, der es gestatten würde, den Plan nach dem Ausführungsbefehl rasch für andere Bedingungen als die vorgesehenen umzuarbeiten. Außerdem sind die Eigenschaften der überwiegenden Mehrzahl der in den Plan einbezogenen Systeme so geartet, daß ihre weitere Überlebensfähigkeit nicht mehr gesichert wäre, wenn sie nicht planmäßig ihre zugewiesenen Ziele angreifen würden.

Wenn also ein Teil des geplanten Angriffs nicht ausgeführt würde, könnten unser Plan und die entsprechenden Streitkräfte so weit geschwächt werden, daß sie ihre für unser nationales Überleben unabdingbare Aufgabe nicht mehr erfüllen können.

Es gibt weitere Faktoren, die sich bei einer nur teilweisen Ausführung des SIOP negativ auswirken würden.

Die überwiegende Mehrzahl der Ziele, die jetzt vom SIOP abgedeckt werden, ist militärischer Art. Zum Beispiel sind von etwa 1000 Ground Zeros, die vom Plan abgedeckt werden, ungefähr 800 militärische Ziele. Außerdem wirken Atomwaffen relativ undifferenziert, was besonders den Fallout betrifft. Wegen der relativ hohen Zahl militärischer Ziele, wegen der räumlichen Nähe vieler dieser Ziele zu urban-industriellen Zentren und wegen der Eigenschaften von Atomwaffen ist folglich sehr die Frage, ob die Sowjets fähig sein würden, zwischen einem Totalangriff und einem Angriff nur auf militärische Ziele zu unterscheiden, *selbst wenn* die US-Befehlshaber erkennen ließen, daß der Angriff auf militärische Ziele beschränkt ist.

Ein anderer Punkt betrifft die Überlegung, daß der Schaden, den die Sowjets den Vereinigten Staaten zufügen, wesentlich verringert werden könnte, wenn wir den Angriff allein auf militärische Ziele konzentrieren würden. Der gegenwärtige SIOP bürgt für sehr große Erfolgssicherheit beim Angriff auf die sowjetischen Ziele, die eine direkte nukleare Bedrohung der Vereinigten Staaten darstellen. Auf alle Fälle aber – selbst bei einem präemptiven Angriff durch die USA – muß man annehmen, daß ein Teil der sowjetischen Langstreckenraketen die USA treffen würde.

Es ist nicht ausgemacht, daß ein verstärkter Einsatz von US-Kräften gegen militärische Ziele, über das hinaus, was bereits im SIOP vorgesehen ist, den Umfang der sowjetischen Schläge gegen die USA wesentlich ändern würde. Der wichtigste Faktor, der das Schadensausmaß in den USA beeinflußt, ist aber ganz klar, ob die USA in Vergeltung oder in präemptiver Absicht handeln.

Ein weiterer Gesichtspunkt ist folgender. Die Verluste an Menschenleben könnten etwas reduziert werden, wenn urban-industrielle Einrichtungen nicht direkt angegriffen würden. Dennoch würden die Verluste in die Millionen gehen wegen des Fallouts aus dem Angriff auf militärische Ziele und weil viele militärische Ziele in der Nähe urban-industrieller Ziele liegen. Deshalb hat die Begrenzung des Angriffs auf militärische Ziele wenig praktische Bedeutung als humanitäre Maßnahme.

Der SIOP wurde konzipiert, um Maßnahmen für den Fall zu treffen, daß unser nationales Überleben auf dem Spiel steht. Wenn der Gegner zur gegenwärtigen Zeit einen umfassenden Atomangriff auf die USA und ihre Verbündeten durchführen würde, müßte die anzunehmende riesige Zerstörung an Einrichtungen, militärischen Fähigkeiten, Kommunikations- und Kontrollmöglichkeiten und anderen Werten von nationaler Bedeutung die absolute Notwendigkeit einer unkomplizierten Strukturierung der militärischen Antwort erzwingen. Diese absolute Notwendigkeit grenzt die Einsatzmöglichkeiten, die praktisch geplant werden können als Antwort, erheblich ein. Dies ungeachtet dessen, wie wünschenswert gewisse Gegenschläge für sich genommen unter bestimmten Umständen sein würden. Die Fähigkeit, den Feind zu besiegen, darf nicht verlorengehen durch die Einführung einer übermäßigen Anzahl von Optionen in den SIOP, denn das könnte zur Verwirrung führen und unter den ungünstigsten Umständen unsere Erfolgssicherheit mindern.

Schlußfolgerung

Schlußfolgernd meinen wir, daß der gegenwärtige SIOP die betroffenen Streitkräfte wirksam integriert in einem gutgeplanten und koordinierten Angriff. Weiterhin ist der Plan gut geeignet, die Ziele zu erreichen, die von politischer Seite bei seiner Vorbereitung geltend gemacht worden waren.

Nr. 10

Memorandum des Außenpolitischen Planungsrates im Außenministerium über die Grundlagen der Nationalen Sicherheitspolitik, 26. März 1962, Geheim (gekürzt)

Department of State, Policy Planning Council, Memorandum: Basic National Security Policy (S/P Draft), March 26, 1962, Secret.

(Lyndon B. Johnson Library, Austin: Vice Presidential Security File, Box 7)

Teil II: Strategie
I. Militärpolitik

[...]

D. Strategische Streitkräfte

[...]

12. *Hauptstreitfragen*: Die wesentlichen strittigen Punkte im Zusammenhang mit dem Aufbau und dem Einsatz dieser strategischen Streitkräfte drehen sich um die Fragen: Erst- oder Zweitschlag (siehe Seite 45–51 dieses Dokuments); taktischer oder strategischer Einsatz von Atomwaffen als Antwort auf einen nicht-atomaren kommunistischen Großangriff (siehe Teil III, Kapitel I (A), Seite 223) und das Verhältnis zwischen den bedeutenderen Atomwaffen unter Kontrolle der Vereinigten Staaten und denen unserer Verbündeten (siehe Teil II, Kapitel III (C) und Teil III, Kapitel III (D), Seite 251).

13. *Erst- oder Zweitschlag*: Einerseits hat es die amerikanische Politik seit 1945 ausgeschlossen, einen nuklearen Angriff gegen die Sowjetunion als Mittel einzusetzen, den Kalten Krieg zu beenden und der freien Welt zum entscheidenden Sieg zu verhelfen. Eine Politik, die den Beginn eines Atomkrieges vorsieht, war – neben der Tatsache, daß sie eine Verletzung unserer moralischen und politischen Tradition darstellt – immer von den Folgen für Westeuropa überschattet; zudem hat sich die Zweckmäßigkeit einer solchen Politik aus rein militärischen Erwägungen in dem Maße reduziert, wie die Sowjetunion über atomare Trägersysteme mittlerer und langer Reichweite verfügte. Andererseits haben wir – in der Verteidigung Westeuropas explizit und in der Verteidigung Asiens und des Mittleren Ostens implizit – die Verpflichtung, eher Atomwaffen einzusetzen als eine entscheidende Niederlage auf dem Boden dieser Gebiete hinzunehmen. Diese Situation wirft unmittelbar die Frage auf, ob ein begrenzter Einsatz von Atomwaffen und eine mögliche allmähliche Eskalation des atomaren Beschusses der richtige Weg ist oder ob ein umfassender Atomangriff auf die sowjetischen Trägersysteme für Atomwaffen der beste Weg ist. Zur Zeit bildet diese Frage – die komplexe Pro-

bleme der Einschätzung und Projektion nachrichtendienstlicher Erkenntnisse sowie der Entwicklung der Militärtechnologie aufwirft – den Gegenstand legitimer Auseinandersetzungen, um deren Klärung wir bemüht sein müssen, damit wir unsere Militärpolitik und die Struktur unserer Streitmacht entsprechend planen können.[1]

Im wesentlichen geht es um folgende Überlegungen: (1) Die Vereinigten Staaten verfügen derzeit über ein atomares Potential, das groß genug ist, der Sowjetunion (und China) bei einer Vielzahl von möglichen Formen des Kriegsausbruchs eine militärische Niederlage beizubringen – dazu gehört auch die äußerst ungünstige Möglichkeit eines atomaren Überraschungsangriffs mit geringer Vorwarnzeit; (2) verstärkend kommt hinzu, daß die Vereinigten Staaten der Sowjetunion erhebliche zivile Verluste zufügen könnten; (3) dieses militärische Kräfteverhältnis wird vermutlich noch für mindestens einige Jahre erhalten bleiben; (4) dieser Kräftevorsprung würde nicht verhindern, daß die Vereinigten Staaten und vor allem Westeuropa erheblichen zivilen Schaden nehmen. Die zivilen Zerstörungen in einem totalen Atomkrieg wären bestenfalls schwerwiegend, wenn auch nicht von einem Ausmaß, das den Kern unserer oder der europäischen Gesellschaft vernichten würde; schlimmstenfalls würde er alle Beteiligten praktisch auslöschen – und es gibt keine Garantie, daß der schlimmste Fall nicht eintritt; (5) mit der Zeit werden die sowjetischen Möglichkeiten für eine zivile Zerstörung mit ziemlicher Sicherheit noch zunehmen; (6) das stark abgesicherte militärische Kräftepotential der Vereinigten Staaten und die wahrscheinliche Zunahme der sowjetischen Zweitschlagkapazität bilden derzeit einen wesentlichen Stabilitätsfaktor – und das wird in Zukunft noch stärker der Fall sein.

14. *Die derzeitige politische Linie in bezug auf einen »Erstschlag«*: Um die Ergebnisse dieser Auseinandersetzung nicht vorwegzunehmen, ist es wichtig, in unseren Plänen und unserer Haltung nach außen äußerste Flexibilität zu bewahren. In diesem Zusammenhang verdienen vier Vorschläge besondere Erwähnung:

a) Wir sollten versuchen, den Kommunisten recht subtil zu verstehen zu geben, wir versicherten ihnen, daß wir nicht die Absicht haben, einen Erstschlag gegen sie zu führen, solange sie nicht die Grenzen der freien Welt verletzen, daß wir aber sehr wohl unter gewissen Umständen den Erstschlag führen könnten, falls sie dies doch tun. Praktisch ist das die Botschaft, die wir ihnen in bezug auf Westberlin zu verstehen gegeben haben.

b) Wir dürfen uns nicht so sehr auf Erstschlagpläne und -annahmen festlegen, daß sie uns blockieren und in einer größeren internationalen Krise eine ähnliche Rolle spielen könnten, wie die Mobilisierungs- und Kriegspläne der Großmächte es 1914 getan haben, und zum Beispiel einen solchen Zwang zu frühzeitigem militärischen Eingreifen erzeugen, daß der Diplomatie nicht mehr die Zeit bleibt, die sie braucht, um die Krise auf friedlichem Wege beizulegen.

c) Die Hauptaufgabe unserer strategischen Streitmacht wird darin bestehen: erstens, die atomaren Streitkräfte der Sowjetunion aufzureiben; und zweitens, andere Elemente des sowjetischen oder chinesischen Militärpotentials zu reduzieren. Wir haben nicht die unbedingte Anforderung aufgestellt – und sollten dies auch nicht tun –, daß unsere strategischen Streitkräfte tatsächlich in der Lage sein sollten, alle sowjetischen Trägersysteme für Atomwaffen in einem Erstschlag zu zerstören. Es besteht nicht die Aussicht, daß sich eine solche Schlagkraft realisieren ließe, selbst nicht mit einem sehr viel höheren Ausgabenniveau für strategische Streitkräfte als dem heutigen.

d) Wir haben nicht die Absicht, zivile Ziele in der Sowjetunion oder in China anzugreifen, wenn wir nicht dazu gezwungen werden. Um aber in der Lage zu sein, solche zivilen Zerstörungen glaubhaft anzudrohen, werden gut abgesicherte und für eine lange Kriegführung geeignete Kampfmittel einen wesentlichen Bestandteil unserer strategischen Streitmacht bilden.

Kurz gesagt, wir sollten die Möglichkeit, einen atomaren Erstschlag zu führen, nicht von vornherein so ausschließen, daß wir uns den Abschreckungsvorteil nehmen, den die sowjetische Unsicherheit in diesem Punkt bietet; noch sollten wir uns so sehr auf dieses Konzept festlegen, daß wir seinen Destabilisierungseffekt in Spannungszeiten maximieren oder ein Ungleichgewicht in der Verteilung der Mittel schaffen, das die Streitkräfte der Vereinigten Staaten und unserer Verbündeten einem nicht-atomaren Angriff ungeschützt aussetzen würde und uns entgegen unseren Interessen und denen unserer Verbündeten zu einem atomaren Gegenschlag zwingen würde, wenn wir einen solchen Angriff abzuwehren hätten.

Wie auch immer die Auseinandersetzung über den angemessenen Ersteinsatz von Atomwaffen unter den angenommenen Bedingungen ausgeht, unterstreicht die Tatsache, daß wir zum Ersteinsatz von Atomwaffen gezwungen sind, die Notwendigkeit, die Schwellen zum Einsatz von Atomwaffen unter den Bedingungen der verschiedenen Krisen zu definieren, die an der Peripherie des kommunistischen Blocks entstehen können. Zudem wirft sie die ebenso fundamentale Frage auf (Teil III, Kapitel I (B), Seite 226–227), ob sich die konventionellen Streitkräfte der Vereinigten Staaten und unserer Verbündeten so weit ausbauen lassen, daß für die Vereinigten Staaten die Notwendigkeit zum Ersteinsatz von Atomwaffen angesichts eines nicht-atomaren kommunistischen Angriffs verringert oder beseitigt wird.

15. *Derzeitige Zielsetzungen für Strategische Streitkräfte der Vereinigten Staaten*: Bis zur Klärung der Frage, ob bis Mitte der sechziger Jahre ein »Erstschlag« praktisch durchführbar und – unter gewissen Umständen – notwendig ist, sollten die Vereinigten Staaten ein differenziertes System von Trägersystemen unterhalten, das so weit gestreut und befestigt ist, daß

a) die UdSSR nicht darauf vertrauen kann, das Vergeltungspotential der Vereinigten Staaten neutralisieren oder entschärfen zu können;
b) eine einzelne Angriffsform oder ein oder zwei technologische Durchbrüche ihr Vergeltungspotential nicht spürbar senken können;
c) die Vereinigten Staaten das Militärpotential des Feindes unter optimalen Bedingungen drastisch reduzieren oder neutralisieren und einen großen Teil des eigenen strategischen Potentials einsatzbereit, effektiv und kontrolliert in der Hinterhand behalten könnten.
d) diese Verbände in bezug auf die Einleitung, Führung und Beendigung von Operationen schnell und präzise auf Regierungsentscheidungen reagieren.

[...]

Nr. 11

Rede von Robert S. McNamara, Verteidigungsminister, vor dem NATO-Ministertreffen in Athen, 5. Mai 1962, Streng Geheim (gekürzt)[1]

Department of Defense, Remarks by Secretary McNamara, NATO Ministerial Meeting, May 5, 1962, Restricted Session - Top Secret.

(Department of Defense; Document released under Freedom of Information Act, 17. 8. 1979)

Herr Vorsitzender, meine Herren;

[...]

Die Atomtechnologie hat im Laufe der letzten siebzehn Jahre die Kriegführung revolutioniert. Die beispiellose vernichtende Wirkung dieser Waffen hat die Denkweise in bezug auf Konflikte zwischen Ländern radikal verändert. Sie hat zu Recht dazu geführt, daß die Allianz einen Großteil ihrer Aufmerksamkeit und ihrer Bemühungen auf die Konfliktverhütung konzentriert hat. Trotzdem sind die Vereinigten Staaten zu dem Schluß gekommen, daß man im Rahmen des Machbaren an die grundlegende Militärstrategie in einem allgemeinen Atomkrieg weitgehend auf die gleiche Weise herangehen sollte, wie man es in der Vergangenheit bei eher konventionellen Militäroperationen getan hat. Das heißt, im Falle eines Atomkriegs, der durch einen größeren Angriff auf die Allianz ausgelöst wird, sollte unser militärisches Hauptziel in der Vernichtung der feindlichen Streitkräfte bestehen, wobei wir versuchen, die Gesellschaften der Alliierten sowohl in ihrer Struktur als auch in ihrer Ganzheit zu bewahren. Im einzelnen haben unsere Untersuchungen ergeben, daß eine Strategie, die die Atomstreitkräfte lediglich gegen Städte oder gegen eine Mischung aus zivilen und militärischen Zielen richtet, ernsthafte Beschränkungen für die Abschreckung und für die Führung eines allgemeinen Atomkriegs aufweist.

Nach unseren günstigsten Einschätzungen ist die Vernichtung der feindlichen Streitkräfte unter Erhaltung unserer eigenen Gesellschaften – innerhalb der Grenzen, die die große Schlagkraft der Atomwaffen setzt – ein nicht gänzlich unerreichbares militärisches Ziel. Selbst wenn es zu einem erheblichen Abtausch von Atomwaffen kommen sollte, wäre das Maß der Zerstörungen in den kriegführenden Ländern je nach den Zielen, die getroffen würden, äußerst unterschiedlich. Sollten beide Seiten ihre Angriffe auf wichtige militärische Ziele beschränken, dann wäre der Schaden zwar hoch, aber dennoch wesentlich geringer, als wenn sie auch städtische Industriegebiete angreifen. Unsere Untersuchungen ergeben zum Beispiel, daß ein für 1966 angenommener umfassender Atomkrieg, der unter bestimmten Bedingungen ausbricht und in dessen Verlauf die Sowjets ihre Angriffe auf militärische Ziele beschränken, in den Vereinigten Staaten nach den gegenwärtigen Zivilverteidigungsplänen 25 Millionen Tote fordern könnte und in Europa etwas weniger. Sollten die Sowjets andererseits sowohl städtische Industriegebiete als auch militärische Ziele angreifen, dann könnte es in den Vereinigten Staaten 75 Millionen Tote geben, und Europa müßte mit Verlusten von etwa 115 Millionen Menschen rechnen. Wenn sich auch beide Zahlenpaare grausam ausnehmen, so ist doch das erste dem zweiten vorzuziehen. Es gibt noch weitere solcher Vergleichszahlen.

Angesichts dieser Ergebnisse haben die Vereinigten Staaten ihre Planungen so aufgebaut, daß sie eine breite Auswahl strategischer Möglichkeiten bieten. Wir haben zudem eine Reihe von Programmen eingeleitet, die es der Allianz ermöglichen, einen kontrollierten und flexiblen Gegenschlag zu führen, falls die Abschreckung ihre Wirkung verfehlen sollte. Ob die Sowjetunion sich ähnlich verhalten wird, bleibt zwangsläufig im Ungewissen. Alles, war wir dazu sagen können, ist, daß der Kreml sehr starke Beweggründe hat – zum Großteil aufgrund der atomaren Stärke der Allianz –, ähnliche Strategien und Programme zu entwickeln. So schätzen wir für den Fall, daß die Allianz ihren Vergeltungsschlag auf militärische Ziele begrenzen und eine überlegene Streitmacht in Reserve halten würde, die Zahl der Toten bei den Sowjets 1966 auf etwa 25 Millionen; falls wir infolge eines sowjetischen Angriffs auf europäische und amerikanische Städte städtische Industrieziele angreifen würden, läge die Zahl der Toten bei den Sowjets indessen bei mindestens 100 Millionen.

Neben den Zielstrategien der kriegführenden Parteien würden in einem thermonuklearen Krieg noch andere Faktoren das Ausmaß der Zerstörungen bestimmen. Die Vernichtungskraft der Sprengköpfe, die man bei einem atomaren Schlagabtausch einsetzt, macht einen erheblichen Unterschied im Ausmaß der Druck-, Hitze- und Strahlenschäden; es besteht die Möglichkeit, die Vernichtungskraft an die jeweils angegriffenen Ziele anzupassen und so die Verluste für die Zivilbevölkerung zu reduzieren. In dem Maße wie die Zielgenauigkeit der Raketen wächst, könnten die kriegführenden Parteien außerdem Ziele mit größerer Treffsicherheit angreifen; dadurch könnten sie ebenfalls die Vernichtungskraft, mit der sie angreifen, reduzieren. Wenn sie wollen, können sie regulieren, in welcher Höhe sie ihre Waffen zur Explosion bringen und damit die Menge der radioaktiven Strahlung beeinflussen, die sich ausbreitet. Ebenso könnte sich das Vorhandensein von Einrichtungen für den Zivilschutz erheblich auf die Zahl der Toten auswirken, insbesondere wenn nur militärische Ziele angegriffen werden, so daß für den Großteil der Zivilbevölkerung die Hauptgefahr in der Strahlung liegt. In Abhängigkeit von diesen und anderen Faktoren kann die Zahl der Toten sehr stark variieren – etwa um das Vierfache oder mehr. Je gezielter die Angriffe sind, um so geringer sind die Zerstörungen.

Ich habe diese Punkte angesprochen, weil wir der Auffassung sind, daß sie für die Verteidigungspolitik der Alliierten jetzt und in Zukunft relevant sind. Wir sind insbesondere der Meinung, daß sie wichtige Implikationen für die allgemeine militärische Kräftestruktur der Allianz und für die Rolle enthalten, die die NATO den Atomstreitkräften in ihrer Gesamtstrategie zuweist.

II. Die Stellung der Allianz in einem totalen Krieg

Die vielleicht wichtigste Implikation dieser Überlegungen ist, daß die atomare Überlegenheit eine wesentliche Bedeutung hat. Ich möchte betonen: für den relevantesten Planungszeitraum – bis über die Mitte der sechziger Jahre hinaus – kann es kaum einen Zweifel geben, daß die Allianz in der Lage sein wird, ihre atomare Überlegenheit über den chinesisch-sowjetischen Block zu erhalten. Im kommenden Haushaltsjahr planen die Vereinigten Staaten, an die 15 Milliarden Dollar für Atomwaffen auszugeben, um diese Überlegenheit sicherzustellen.

Strategische Streitkräfte für einen Vergeltungsschlag

Wir sind zuversichtlich, daß unsere laufenden Programme geeignet sind, uns für die absehbare Zukunft eine anhaltende Überlegenheit zu sichern. Wie die folgende Übersicht zeigt, werden uns bis zum Jahr 1965 durch diese Programme 935 Fernbomber, etwa 800 luftgestützte Raketen und über 1500 Interkontinental- und Polaris-Raketen zur Verfügung stehen zusätzlich zu den Atomstreitkräften, die in Europa, Fernost und auf See stationiert sind.

Tabelle

Strategische U.S.-Streitkräfte für einen Vergeltungsschlag

	Ende des Haushaltsjahres				
	1961	1962	1963	1964	1965
Bomber:					
B-52	555	615	630	630	630
B-47	900	855	585	450	225
B-58[2]	40	80	80	80	80
Bomber insgesamt	1495	1550	1295	1160	935
Luftgestützte Raketen:					
Hound Dog	216	460	580	580	480
Skybolt	–	–	–	–	322
CAM's insgesamt	216	460	580	580	802
Interkontinental- und Polarisraketen:					
Atlas	28	87	129	129	129
Titan	–	53	91	114	114
Minuteman, besonders gesichert und gestreut stationiert	–	–	150	600	800
Polaris	80	144	192	304	464
ICMB/Polaris insgesamt	108	284	562	1147	1507

Wir bezweifeln, daß die Sowjetunion in der Lage sein wird, es mit diesem Potential aufzunehmen. Trotzdem haben wir zur Sicherheit gegen unvorhergesehene Entwicklungen bereits Möglichkeiten geschaffen, die Produktion der Minuteman-Rakete schnell über unseren geschätzten Bedarf hinaus auszudehnen, indem wir neben den für das laufende Programm benötigten zusätzliche Fertigungsstraßen einrichten. Sollten sich in unseren Schätzungen des sowjetischen Potentials erhebliche Änderungen ergeben, können wir weitere Maßnahmen ergreifen.

[...]

Effektivität im Kampf

Ich glaube, wir können mit Recht darauf vertrauen, daß die Sowjetunion angesichts unserer nuklearen Überlegenheit keinen atomaren Erstschlag führen wird. Ein atomarer Überraschungsangriff aus heiterem Himmel ist einfach für die Sowjetunion nicht zweckmäßig. Doch selbst wenn ein solcher Angriff kommen sollte, können wir in der Vorausschau bis 1966 darauf vertrauen, daß wir nach einem solchen Angriff etwa (*Gelöscht*) Prozent der festen Ziele in der Sowjetunion zerstören könnten und große Streitkräfte in Reserve behielten, mit denen wir überlebende Ostblocktruppen bekämpfen und dem Konflikt ein Ende bereiten könnten. Zudem könnten wir zivile Zerstörungen in einem Ausmaß verursachen, das von unserer jeweiligen Zielstrategie abhängt. Die Sowjets könnten einen solchen Krieg auf keine militärisch relevante Weise gewinnen, und möglicherweise würden sie im Verlauf dieses Kampfes ihr Land verlieren.

Ein sowjetischer Ersteinsatz von Atomwaffen als Folge begrenzter Kampfhandlungen in Europa oder anderswo scheint ebenso unwahrscheinlich. Auch in diesem Fall sähen die Sowjets sich nicht in der Lage, einträgliche Ziele zu erringen.

Unteilbarkeit der Kontrolle

Ich habe bereits erwähnt, wie wichtig das Kommando und die Kontrolle sind. Wenn wir unsere Streitkräfte in der erforderlichen Weise führen wollen, muß ein Kommandosystem dafür überdauern. Kommando und Heerführung erfordern jedoch mehr als nur unterirdische Zentralen, seegestützte Leitstellen und luftgestützte Einsatzzentralen, die wir bereits besitzen oder entwickeln. Ein effektiver Einsatz unserer Mittel setzt voraus, daß das Abschreckungssystem der Allianz drei wesentliche Bedingungen erfüllt: Einheit der Planung und der Exekutivgewalt sowie zentrale Leitung – denn in einem totalen Atomkrieg gibt es keine Kriegsschauplätze, beziehungsweise der Kriegsschauplatz ist die ganze Welt. Spezifische Einsatzplanungen und der beste Weg, sie zu erfüllen, entscheiden darüber, welche Waffen wir anschaffen, wo wir sie stationieren und unter wessen Kommando sie stehen sollten.

In bezug auf die Beantwortung feindlicher Aktionen und insbesondere in Hinblick auf Vergeltungsschläge gegen den Feind ist es noch entscheidender, daß die Allianz bei der Planung, Beschlußfassung und militärischen Führung einheitlich vorgeht. In der Führung eines Atomkriegs darf es keine konkurrierenden und widersprüchlichen Strategien geben. Wir sind der Überzeugung, daß in einem allgemeinen Atomkrieg die Auswahl der Ziele unteilbar ist; sollte es zu einem Atomkrieg kommen, dann liegt unsere größte Hoffnung darin, unter zentraler Leitung einen Schlag gegen die entscheidenden Atompotentiale des Feindes zu führen. Das bedeutet, daß die Zentrale es übernimmt, Ziele sorgfältig auszuwählen, Angriffe vorzuplanen, Offensiven zu koordinieren, die Ergebnisse auszuwerten und die Kampfanordnung und Befehle für Folgeangriffe festzulegen. Das erfordert nach unserer Auffassung eine stärkere Beteiligung der Allianz an der Formulierung der Atompolitik und engere Konsultationen darüber, in welchen Fällen ein Einsatz dieser Waffen angebracht ist. Darüber hinaus ist es von größter Bedeutung, die Entscheidung über den Einsatz von Atomwaffen soweit wie möglich zu zentralisieren. Es wäre für uns alle ein untragbarer Gedanke, wenn auch nur ein Teil der strategischen Streitmacht isoliert von unserer Hauptschlagkraft zum Einsatz käme.

[...]

Ein Angriff, der darauf abzielt, die auf Land A gerichteten Mittelstreckenraketen zu zerstören, die anderen aber stehenläßt, wäre – abgesehen von der Tatsache, daß er uns alle in Gefahr brächte – nur von geringem Nutzen für Land A. Er würde die Sowjets lediglich zwingen, andere Raketen so zu verlegen, daß sie die Angriffsziele in Land A abdecken. Ebenso untragbar wäre es für uns alle, wenn ein Teil der Streitkräfte der Allianz städtische Industriegebiete angreifen würde, während es uns mit dem Hauptteil unserer Streitkräfte gelänge, den größten Teil des feindlichen Atompotentials zu vernichten. Ein solcher Mangel an Koordination könnte dazu führen, daß wir unser Unterpfand – die sowjetischen Städte – gerade dann zerstören, wenn wir mit unserer Strategie, die Sowjets zum Einstellen der Kampfhandlungen zu zwingen, kurz vor dem Erfolg stehen. Sollten wir in dem Bemühen scheitern, die Atomstreitkräfte der NATO unter zentrale Führung zu stellen, dann liefen wir Gefahr, eben die Katastrophe heraufzubeschwören, die zu vermeiden unser dringendster Wunsch ist.

In diesem Zusammenhang legen unsere Analysen recht deutlich den Schluß nahe, daß verhältnismäßig schwache Atomstreitkräfte, die auf feindliche Städte gerichtet sind, kaum in der Lage sind, angemessen als Abschreckung zu dienen. In einer Welt der Bedrohung, der Krisen und möglicherweise sogar der Unfälle ist eine solche Anordnung eher geeignet, den Besitzer dieser Waffen in einer Zwangslage von einer festen Haltung abzuschrecken, als einen potentiellen Angreifer zurückzuhalten. Wenn diese Streitkräfte klein sind oder am Boden oder in der Luft angreifbar oder nicht treffsicher sind, dann kann ein größerer Gegner sie mit einer Vielzahl von Maßnahmen außer Gefecht setzen. Ja, wenn ein größerer Gegner zu der Auffassung gelänge, es bestünde eine erhebliche Wahrscheinlichkeit, daß man sie unabhängig einsetzt, dann würden diese Streitkräfte praktisch einen Präventivschlag gegen sich herausfordern. Im Falle eines Kriegs käme der Einsatz solcher Streitkräfte einem Selbstmord gleich, während ihre Wirkung bei einem Einsatz gegen wichtige militärische Ziele für den Ausgang des Kampfs so gut wie unbedeutend ist. Kurz, schwache Atomstreitkräfte, die unabhängig operieren, sind kostspielig, schnell veraltet und in ihrem Abschreckungseffekt wenig überzeugend.

Aus diesen Gründen habe ich so viel Wert auf eine einheitliche Planung, eine Konzentration der Exekutivgewalt und auf eine zentrale Führung gelegt. Ohne sie bedeutet ein allgemeiner Atomkrieg den sicheren Untergang; mit ihnen haben wir eine Chance, als Nationen zu überleben.

III. Die Rolle der allgemeinen Kriegsstärke in der Strategie der Allianz

Was erreicht die Allianz, indem sie diese komplexe Maschinerie schafft, um die nukleare Überlegenheit über den chinesisch-sowjetischen Block zu erhalten? Und welchen Einfluß haben die schweren Schäden, die ein Atomkrieg anrichten würde, und das sehr unterschiedliche Ausmaß dieser Schäden bei verschiedenen Strategien auf die Politik der NATO?

Meine Regierung ist der Ansicht, daß die strategischen Möglichkeiten, die ich dargelegt habe, bedeutende politische Konsequenzen haben. Die Allianz wird auch weiterhin einen Großteil der diplomatischen Freiheit besitzen, die sie in der Vergangenheit genossen hat. Wir können die Bedrohung durch die Raketen, mit denen Herr Chruschtschow so unbedacht Drohgebärden vollführt, selbstsicher zurückweisen. Sollten die Sowjets oder ihre Satellitenstaaten unsere Interessen verletzen, können wir dem mit einem beträchtlichen Maß an Zuversicht entgegentreten, daß unsere Gegner nicht den Wunsch haben werden, den Konflikt zu eskalieren. Die Frage ist heute, in welchem Punkt die NATO – und nicht die Sowjets – die Eskalation eines nicht-atomaren Konflikts wünschen.

Wie der Präsident bei verschiedenen Anlässen erklärt hat, sind die Vereinigten Staaten bereit [...], jeden konventionellen Angriff der Sowjets, der so stark ist, daß er sich nicht mit konventionellen Mitteln zurückschlagen läßt, mit Atomwaffen zu beantworten. Doch sollten wir uns sehr wohl darüber im klaren sein, was wir sagen und womit wir rechnen müssen. Aufgrund unserer Schwächen im konventionellen Bereich besteht erstens eine hohe Wahrscheinlichkeit, daß der Westen – und nicht der Osten – in einer problematischen Situation die Entscheidung zum Ersteinsatz von Atomwaffen treffen müßte. Zweitens besteht fast mit Sicherheit die Aussicht, daß wir alle trotz unserer nuklearen Überlegenheit und trotz unserer Fähigkeit, die sowjetischen Zielkomplexe zu vernichten, im Fall eines größeren Atomkriegs erheblichen Schaden nehmen würden.

Die Berlin-Krise steht beispielhaft für eine Art der Bedrohung, mit der wir auch an anderen Orten innerhalb des NATO-Bereichs rechnen sollten. In einer solchen Krise verlangt die Provokation – wenn sie auch schwerwiegend ist – nicht unmittelbar eine Beantwortung mit unseren stärksten Gewaltmitteln, noch rechtfertigt sie einen solchen Schritt. Außerdem macht in dem Maß, wie die Krise fortschreitet und Militärgewalt angedroht oder – selbst in begrenztem Umfang – eingesetzt wird, die wachsende Alarmbereitschaft der atomaren Stellungen beider Seiten das voraussichtliche Ergebnis eines Atomangriffs für beide Kontrahenten noch weniger attraktiv.

Kurz, betrachtet man die wahrscheinlicheren Möglichkeiten, dann würde die NATO – und nicht die Sowjets – die folgenschwere Entscheidung über den Ersteinsatz von Atomwaffen zu treffen haben; und wir würden dies in dem Bewußtsein tun, daß die Folgen für uns alle katastrophal sein könnten.

Wir in den Vereinigten Staaten sind bereit, unseren Teil dieser Verantwortung zu übernehmen. Und wir glauben, daß die Kombination unserer nuklearen Überlegenheit mit einer Strategie des begrenzten Gegenschlags uns einige Hoffnung bietet, den Schaden für den Fall, daß wir unser Versprechen einlösen müssen, so gering wie möglich zu halten. Es wäre alles andere als aufrichtig von mir zu behaupten, daß die Vereinigten Staaten allein auf ihre Atommacht angewiesen wären, um die Sowjets von Handlungen abzuschrecken, die keinen massiven Einsatz sowjetischer Gewaltmittel beinhalten. Mit Sicherheit kann eine Allianz, die über den Reichtum, die Fähigkeiten und die Erfahrung verfügt wie wir, einen besseren

Weg finden, mit der gemeinsamen Bedrohung fertigzuwerden.

Wir werden auch weiterhin für die Allianz als Ganzes starke Atomstreitkräfte unterhalten. Sie werden auch in Zukunft eine harte Sanktion gegen einen sowjetischen Ersteinsatz von Atomwaffen darstellen. Unter gewissen Umständen können sie das einzige Mittel sein, mit dem wir einen konventionellen sowjetischen Angriff abwehren können; in diesem Fall werden wir sie einsetzen. Doch unserer Ansicht nach sollte die Drohung mit einem totalen Krieg nur eine Waffe unter anderen in unserem Arsenal sein; und zwar eine, die mit Vorsicht zu gebrauchen ist. In dieser Frage kann ich keinen triftigen Grund für eine fundamental verschiedene Sichtweise beiderseits des Atlantiks sehen.

IV. Der taktische Einsatz von Atomwaffen

Unsere starke nukleare Überlegenheit in einem allgemeinen Krieg löst nicht all unsere Probleme, die in der Abschreckung und Handhabung direkter Angriffe von nicht globalem Ausmaß entstehen. Wie steht es nun um die Möglichkeit, daß die NATO auf den lokalen oder taktischen Einsatz von Atomwaffen zurückgreifen kann? Die NATO hat Atomwaffen für den Einsatz auf dem Schlachtfeld zu einer Zeit eingeführt, als unsere Schildstreitkräfte schwach und die sowjetischen Atomreserven gering waren. Unter diesen Umständen war die Hoffnung berechtigt, daß die NATO einen sowjetischen Vormarsch in Westeuropa mit einem einseitigen Einsatz von Atomwaffen auf dem Schlachtfeld oder in dessen Umgebung sehr schnell zum Stehen bringen könnte. Auch zu Beginn der sechziger Jahre könnte ein taktischer Einsatz von Atomwaffen noch dazu beitragen, ein angestrebtes Ziel zu erreichen. Daher werden wir auch weiterhin beträchtliche Atomstreitkräfte in Europa unterhalten (*Gelöscht*).

Doch inwieweit sollte sich die NATO von diesen Potentialen abhängig machen? Es dürfte uns gelingen, die Sowjets von einem Ersteinsatz ihrer Atomwaffen durch Abschreckung zurückzuhalten und (*Gelöscht*) einen lokalen sowjetischen Einsatz von Atomwaffen zu verhindern. Doch die NATO kann nicht mehr erwarten, daß sie einen nuklearen Vergeltungsschlag verhindern könnte, falls sie mit dem Einsatz von Atomwaffen beginnt. Selbst ein lokaler atomarer Schlagabtausch könnte für Europa Folgen haben, die äußerst schmerzlich sind. Außerdem ist es unwahrscheinlich, daß wir mit einem solchen Schlagabtausch einen spürbaren militärischen Vorteil erringen würden. Er könnte sehr schnell zum totalen Atomkrieg führen.

Sicher könnte ein sehr begrenzter Einsatz von Atomwaffen, der in erster Linie dem Zweck dient, unsere Entschlossenheit und Absicht zu demonstrieren, solche Waffen einzusetzen, einem sowjetischen Angriff ein Ende bereiten, ohne daß es zu einem wesentlichen Vergeltungsschlag oder einer Eskalation kommt. Das ist eine vorletzte Möglichkeit, die wir nicht fallenlassen können. Doch die Aussicht auf Erfolg ist nicht groß, und ich wage nicht vorherzusagen, welche politischen Konsequenzen ein solches Vorgehen hätte. Es ist auch denkbar, daß ein begrenzter taktischer Einsatz von Atomwaffen auf dem Schlachtfeld nicht zu einer Ausweitung oder einer radikalen Änderung des Charakters einer konventionellen Kampfhandlung führen würde. Doch dieser Möglichkeit messen wir keine sehr hohe Wahrscheinlichkeit bei.

Es wäre schwierig, stark gestreute Atomwaffen in der Hand der Truppen zentral zu steuern. Auf beiden Seiten könnte es sehr gut zu Unfällen und unbefugten Handlungen kommen. Der Druck, unter den die Sowjets geraten, in gleicher Weise zu antworten; die hohe Flexibilität atomarer Systeme; die gewaltige Sprengkraft, die eine einzige Waffe besitzt; die Leichtigkeit und Genauigkeit, mit der sich diese Sprengkraft von nicht angegriffenen und daher unzerstörten entfernten Basen aus zünden läßt; die entscheidende Bedeutung einer Überlegenheit in der Luft bei Atomwaffeneinsätzen – all diese Erwägungen legen außerdem den Schluß nahe, daß ein lokaler Atomkrieg ein vorübergehendes, aber äußerst verheerendes Phänomen wäre.

Ich stelle fest, daß es eine Denkrichtung gibt, die die Auffassung vertritt, die Vereinigten Staaten und die Sowjetunion könnten versuchen, Europa als atomares Schlachtfeld zu benutzen, um so Angriffe auf ihr jeweiliges Heimatland zu vermeiden. Meine Regierung weist eine solche Sichtweise nicht nur entschieden zurück, wir halten sie auch für unrealistisch. Sie läßt die grundlegenden Tatsachen, die einen Atomkrieg kennzeichnen und die ich eben dargelegt habe, außer acht; sie betrachtet geographische Grenzen nicht in Verbindung mit den tatsächlichen Gegebenheiten der Zielstandorte und mit den verschiedenen Quellen, von denen ein Angriff erfolgen kann. Jeder wesentliche Atomwaffeneinsatz in Europa würde unvermeidlich sowohl Streitkräfte aus als auch Ziele in den Vereinigten Staaten und der UdSSR miteinbeziehen. Wie ich bereits erwähnt habe, ist es möglich, daß ein begrenzter, demonstrativer Einsatz von Atomwaffen sich räumlich beschränken ließe, und vielleicht lassen sich auch entferntere Atomwaffeneinsätze an weniger wichtigen Standorten außerhalb des NATO-Bereichs oder auf See begrenzen. Aber wahrscheinlich gibt es keine effektive Einsatzgrenze oder beiderseitige Beschränkungen, die einen großangelegten Atomkrieg auf die europäischen NATO-Partner und die Satellitenstaaten einschränken könnten. Aufgrund unseres Verständnisses der Dynamik eines Atomkriegs sind wir der Ansicht, daß ein lokaler atomarer Schlagabtausch in Europa schwerwiegende Zerstörungen zur Folge hätte, militärisch ineffektiv wäre und sich wahrscheinlich sehr schnell zu einem totalen Atomkrieg ausweiten würde.

V. Konventionelle Streitkräfte und Abschreckung

Wenn die Allianz über die militärische Stärke und Strategie verfügt, die ich beschrieben habe, ist es äußerst unwahrscheinlich, daß die Sowjetunion einen Atomangriff gegen die NATO führen wird. Doch es gibt noch andere Formen der Aggression, und im Dezember habe ich unsere Besorgnis zum Ausdruck gebracht, daß die Drohung mit einem totalen Krieg möglicherweise kein geeignetes Mittel gegen geringfügigere sowjetische Aktionen – sowohl politischer als auch militärischer Natur – ist. Manchen dieser Feindseligkeiten könnten wir heute begegnen; anderen nicht. Wie können wir, um mit diesen anderen fertigzuwerden, überzeugend klarmachen, daß eine Aggression, falls sie fortgesetzt wird, in eine Situation mündet, in der die Gefahr eines Atomkriegs tatsächlich sehr groß ist?

[...]

Die jüngsten Entwicklungen in bezug auf Berlin mögen als einschlägiger Beweis für den Nutzen eines begrenzten, aber entschiedenen Vorgehens dienen. Wenn es auch noch zu früh ist, von einem Ende der Krise zu sprechen, und wir keinesfalls sicher sein können, welche Einflüsse am stärksten auf die Kreml-Politik wirken, besteht doch eine gewisse Wahrscheinlichkeit, daß die Aufrüstung der NATO im konventionellen Bereich den Sowjets die richtige Botschaft in bezug auf Berlin vermittelt hat. Als die Sowjets anfingen, Berlin zu bedrohen, mögen sie an der Entschlossenheit des Westens gezweifelt haben; eindeutig haben unsere vorhergehenden atomaren Drohungen sie nicht vor den ersten Schritten zurückschrecken lassen. Aber die Schaffung einer neuen, größeren Stärke im konventionellen Bereich hat unsere Abschreckungswirkung insgesamt verstärkt, so daß es nicht zur Aggression kam. Es war nicht allein die Tatsache, daß die NATO die Zahl ihrer Soldaten beträchtlich erhöht und eine Erweiterung vorgenommen hat, die vier gefechtsbereiten Divisionen entspricht, und 88 zusätzliche Schiffe und 19 weitere Flugzeugstaffeln angeschafft hat, sondern auch der Eindruck der Entschlossenheit, den diese Erweiterung vermittelte, der die Sowjets veranlaßt haben mag, sich ihr Vorgehen noch einmal reiflich zu überlegen.

Für die Art von Konflikten, die nach unserer Einschätzung im Bereich der NATO höchstwahrscheinlich entstehen werden, scheint es klar auf der Hand zu liegen, daß die Allianz hier zunächst konventionelle Mittel wird einsetzen wollen. Der Zweck unserer gemeinsamen Bemühungen liegt in der Verteidigung der Bevölkerung und der Territorien im Bereich der NATO. Um dies – zumindest am Anfang – mit konventionellen Mitteln zu erreichen, ist es notwendig, daß unsere konventionelle Verteidigung dort beginnt, wo die Bevölkerung und die Territorien beginnen. Wir halten es für dringend erforderlich, daß die Allianz Stationierungen wirklich ganz vorne entlang den von General Norstad vertretenen Linien vornimmt.

Lassen Sie mich jedoch deutlich machen, daß wir nicht der Ansicht sind, eine Verteidigung in vorderster Linie müsse in der Lage sein, jeden erdenklichen Teil der sowjetischen Streitmacht, der gegen sie zum Einsatz kommen könnte, mit konventionellen Mitteln zurückzuschlagen. Sollte sich ein umfassender Angriff entwickeln, kämen sehr bald unsere Atomstreitkräfte mit ins Spiel. Wir sind überzeugt, daß die Sowjets daran kaum einen Zweifel hegen können; daher halten wir es für recht unwahrscheinlich, daß sich aus einer Krise ein größerer Angriff entwickeln würde.

[...]

Die Qualität unserer Streitkräfte ist jedoch eine andere Frage; und zwar eine, der sich alle Regierungen der NATO-Staaten eingehend widmen sollten. Im Dezember habe ich dieses Problem angesprochen und die Gutachten führender NATO-Kommandeure zitiert. Einige Maßnahmen wurden damals gerade durchgeführt, mit einigen anderen hat man inzwischen begonnen. Auch hier hat es manche Verbesserungen gegeben. Doch selbst wenn die laufenden Programme abgeschlossen sind, werden immer noch recht ernst zu nehmende Mängel bleiben. Es ist abzusehen, daß die personelle Besetzung auch weiterhin unzureichend bleibt, und viele Reserveeinheiten sind schwach oder fehlen ganz.

[...]

Auch unsere Versorgungseinrichtungen weisen alarmierende Schwächen auf. Zu den Mängeln, die unsere Fähigkeit einschränken, eine langwierige konventionelle Auseinandersetzung durchzustehen, gehören Depots in exponierter Lage, fehlende Tiefe der Depoteinrichtungen, geringer Umfang der Kriegsreserven an Munition und Ersatzteilen und ein hoher Anteil veralteten oder fehlenden Materials. Die Verbesserungen, die man in bezug auf Versorgungsniveau und Lagerbestand bestimmter Arten von Munition, Sonobojen und Mannschaftswagen vorgenommen hat, lassen hoffen, daß wir unsere logistischen Schwachpunkte beheben können.

Diese Schwachpunkte sollten die Allianz noch aus einem weiteren Grund beschäftigen. Sie lassen darauf schließen, daß die Allianz ihre Verteidigungsaufgaben nicht effektiv erfüllt. Die Mittel, die wir derzeit beiderseits des Atlantiks für die konventionellen Streitkräfte aufwenden, sind keineswegs gering. Doch solange diese Streitkräfte nicht stark genug sind, ein wirkungsvolles Vorgehen gegen die des Ostblocks zu ermöglichen, tragen sie wenig zu unserer Verteidigung bei. Außerdem sind unsere Bemühungen nicht ausgewogen. Zum Beispiel hat die NATO mehr Männer unter Waffen als die Sowjetunion und die europäischen Satellitenstaaten; nach eigener Einschätzung ist sie ihnen jedoch in einer konventionellen Auseinandersetzung unterlegen – also in eben der Form von Auseinandersetzung, in der die Truppenstärke am meisten ins Gewicht fällt. Zu einem erheblichen Teil ist diese Unterlegenheit auf spezifische, behebbare Mängel zurückzuführen. Solange sie jedoch weiterbestehen, werden sie unsere gesamten Bemühungen untergraben.

Ich möchte hier unterstreichen, wie ernst meine Regierung den Ausbau der konventionellen Streitkräfte nimmt, indem ich auf einige unserer einschlägigen Programme verweise. Nachdem wir eine Reihe von Maßnahmen eingeleitet hatten – unter anderem die Erhöhung des Etats für 1962 und 1963 um vier Milliarden Dollar –, um eine entsprechend gesicherte strategische Atomstärke zu gewährleisten, haben wir im vergangenen Sommer mit der Stärkung unserer konventionellen Streitmacht begonnen, indem wir die ursprünglich für diesen Zweck geplanten Ausgaben für die Haushaltsjahre 1962 und 1963 um zehn Milliarden Dollar aufgestockt haben. Um die in bezug auf Berlin erforderlichen Sofortmaßnahmen durchführen zu können und um uns über die Zeit hinwegzuhelfen, die wir zur Erweiterung der ständigen Truppenstärke benötigten, haben wir 158 000 Reservisten einberufen. Wir werden sie in diesem

Sommer entlassen, doch nur, weil wir inzwischen die ständige Truppenstärke über die zusätzliche Stärke hinaus, die wir mit dieser Einberufung erzielt haben, ausgebaut haben. Die Vereinigten Staaten haben die Zahl ihrer einsatzbereiten Divisionen von 11 auf 16 erhöht. In Europa liegt zur Zeit je eine vollständige Ausrüstung für zwei weitere Divisionen auf Lager; die Truppen für diese Divisionen können wir innerhalb kurzer Zeit auf dem Luftweg nach Europa verlegen.

Die Vereinigten Staaten sind bereit, ihren Verbündeten Unterstützung zu gewähren, damit sie ihre logistischen Schwierigkeiten und ihre Materialengpässe überwinden; sie sind bereit, Kredite für den Kauf von Gerät und Versorgungsmaterial zur Verfügung zu stellen und dieses Material in bestimmten Fällen aus vorhandenen amerikanischen Beständen oder aus der laufenden Produktion der Vereinigten Staaten an die alliierten Streitkräfte zu liefern.

Ich möchte wiederholen: Diese Planziele zu erfüllen und die Qualität und Widerstandskraft der konventionellen Streitkräfte zu verbessern, mag uns nicht in die Lage versetzen, einen umfassenden konventionellen Angriff des Ostblocks zurückzuschlagen; aber es wird die wesentliche Lücke in unserem System der Abschreckung schließen. Wenn wir die Stärke und Widerstandskraft der Landstreitkräfte und die konventionellen Luftstreitkräfte verbessert und die Reserveeinheiten besser ausgerüstet und ausgebildet haben, kann die Sowjetunion sicher sein, daß es in der NATO-Verteidigung für diese wesentliche Region keine Lücke mehr gibt und daß kein Angriff – ob klein oder groß – mehr eine Aussicht auf Erfolg hat.

[...]

Überstellung von Polaris-U-Booten

Einen wesentlichen und in seiner Bedeutung zunehmenden Bestandteil dieser externen Streitkräfte bildet die Polaris-Flotte. Der Präsident hat in Ottawa erklärt, daß die Vereinigten Staaten einige dieser U-Boote der NATO unterstellen werden. Tatsächlich überstellen wir zur Zeit die fünf voll einsatzbereiten U-Boote dem Oberkommando der NATO-Streitkräfte im Atlantik. Bis Ende 1962 werden wir zwei weitere U-Boote überstellen; das ergibt eine Gesamtzahl von sieben. Wir rechnen damit, daß wir bis Ende 1963 12 U-Boote übergeben und wahrscheinlich zwei zur Überholung abgezogen haben; somit blieben insgesamt zehn. Damit wird unsere gesamte Polaris-Flotte, die bis zu diesem Zeitpunkt fertiggestellt ist, der NATO unterstellt sein.

Wir beabsichtigen gegenwärtig, mit der anschließenden Weiterentwicklung dieses Programms jeweils jene Polaris-U-Boote der NATO zu unterstellen, die voll einsatzbereit sind – also alle generalüberholten, einsatzbereiten U-Boote bis auf die, die zur Generalüberholung abgezogen sind – und die normalerweise im Nordatlantik operieren. Nach den derzeitigen Planungen wird das den größten Teil der Polaris-Flotte ausmachen, während einige U-Boote im Pazifik und vielleicht einige zu gegebener Zeit an anderen Standorten zum Einsatz kommen.

Diese gesicherte, belastbare und gezielt einsetzbare Flotte bildet einen wesentlichen und einzigartigen Bestandteil des NATO-Potentials für einen Vergeltungsschlag. Sie ist so einzusetzen, daß sie einen maximalen Beitrag zur gesamten atomaren Reaktion der NATO leistet, die wir für unteilbar halten. Insbesondere müssen die Einsätze, die Festlegung der Ziele und die zeitliche Abschlußkoordinierung der Polaris-U-Boote auf die umfassenden Erfordernisse der Allianz als Ganzes abgestimmt sein. Ihr Einsatz ist daher nicht auf einen einzigen Kommandobereich oder Oberbefehlshaber beschränkt.

Mittelstreckenraketen

Wir sind bereit, sobald wie möglich nach diesem Treffen eingehende Gespräche im NATO-Rat aufzunehmen über die Notwendigkeit von Mittelstreckenraketen. Wir werden dann in der Lage sein, die technischen, militärischen und politischen Probleme, die mit einer solchen Streitmacht verbunden wären, in ihrem vollen Ausmaß zu erörtern. Wir gehen davon aus, daß unsere Verbündeten alle Implikationen dieses Vorhabens sehr sorgfältig abwägen möchten. Es stellen sich viele komplizierte Fragen, die zu klären sind. In der Zwischenzeit setzen die Vereinigten Staaten – obwohl sie nicht verpflichtet sind, ein Waffensystem auf der Basis von Mittelstreckenraketen zu entwickeln oder bereitzustellen – die Entwicklung einer derartigen Waffe fort. Bestimmte technische Einzelheiten zu der Waffe, an deren Entwicklung wir arbeiten, sind der Übersicht im Anhang zu entnehmen.

Anhang:

Datenüberblick zu Rakete »X«

Reichweite[3]: 3700 Kilometer
Streukreisradius[4]: (Landgestützt) circa 160 Meter auf 1853 Kilometer
(Seegestützt) circa 280 Meter auf 1853 Kilometer
Sprengkraft der Sprengköpfe
Bruttogewicht der Rakete: circa 5400 kg
Einsatzweise: mobiles System, nach verschiedenen Faktoren see- oder landgestützt
Kosten für 250 Raketen etwa 2 Milliarden Dollar
Geplanter Forschungs- und Entwicklungsetat der Vereinigten Staaten für das Haushaltsjahr 1963: 80 Millionen Dollar
Verfügbar: Vorausgesetzt, daß bis 1. Juli 1963 ein Produktionsbeschluß vorliegt, würde die Stationierung 1966 beginnen.

C. Der Auftakt der Kuba-Krise

Nr. 12

Richtliniendirektive des Präsidenten über Aktivitäten gegen Kuba, 23. August 1962, Streng Geheim – Sensibel

The White House, National Security Action Memorandum No. 181, August 23, 1962, Top Secret – Sensitive.

(The Declassified Documents Reference System, Washington, D.C.: Carrollton Press, 1978, 188A; ebenfalls in: National Archives, Modern Military Branch, Washington D.C.)

An: den Außenminister
den Verteidigungsminister
den Justizminister
den amtierenden Leiter der CIA
General Taylor

Der Präsident hat angeordnet, daß angesichts der Hinweise auf neue Aktivitäten des Ostblocks in Kuba folgende Maßnahmen und Untersuchungen durchzuführen sind:

1. Welche Maßnahmen können getroffen werden, um die Jupiter-Raketen aus der Türkei abzuziehen?
(Zuständigkeit: Verteidigungsministerium)
2. Welche Informationen sollte man in den Vereinigten Staaten und im Ausland in bezug auf diese neuen Aktivitäten des Ostblocks in Kuba zugänglich machen?
(Zuständig: Außenministerium unter Konsultation des Informationsamts und der CIA)
3. Man sollte systematisch versuchen, den Regierungen unserer NATO-Partner klarzumachen, was speziell dieser neue Beweis für Castros Ergebenheit gegenüber den Sowjets bedeutet und wie dringend es ist, daß sie ihrerseits ihre Wirtschaftsbeziehungen zu Kuba einschränken.
(Zuständig: Außenministerium)
4. Der für die Operation *Mongoose* Plan B plus vorgesehene Handlungsablauf ist so schnell wie möglich in Angriff zu nehmen.
(Zuständig: General Taylor)[1]
5. Es ist eine Analyse zu erstellen, welche militärischen, politischen und psychologischen Auswirkungen die Stationierung von Boden-Luft-Raketen oder Boden-Boden-Raketen, die die Vereinigten Staaten erreichen können, in Kuba wahrscheinlich hätte.
(Zuständig: Das Weiße Haus unter Hinzuziehung des Außenministeriums, des Verteidigungsministeriums und der CIA)
6. Es ist zu untersuchen, welche Vor- und Nachteile eine Erklärung hätte, daß die Vereinigten Staaten die Stationierung von Streitkräften (Raketen oder Luftstreitkräften oder beiden?) nicht dulden werden, die von Kuba aus einen Atomangriff gegen die Vereinigten Staaten führen könnten.
(Zuständig: Außenministerium unter Hinzuziehung des Verteidigungsministeriums hinsichtlich der in Punkt 7 angeordneten Studie)
7. Es ist eine Studie über die verschiedenen militärischen Alternativen anzufertigen, die zur Durchführung eines Beschlusses angewendet werden könnten, alle Einrichtungen in Kuba zu vernichten, die einen Atomangriff auf die Vereinigten Staaten ermöglichen. Was wäre das Für und Wider zum Beispiel eines gezielten, punktuellen Angriffs, eines allgemeinen Angriffs gegen Militärziele und einer direkten Invasion?
(Zuständig: Verteidigungsministerium)
(*Gelöscht*)

Um die Koordination dieser Maßnahmen zu erleichtern, möchte ich von den zuständigen Ministerien und Ämtern eine sofortige Rückmeldung erhalten, welcher Beamte in ihrer Dienststelle unmittelbar mit den Fragen betraut ist, für die das Ministerium einen Auftrag erhalten hat. Soweit es machbar ist, sollte man diese Aufgaben – bis auf Punkt 1, 3 und 5 – dienstälteren Beamten übertragen, die bereits über *Mongoose* informiert sind.[2]

Um den 1. September wird ein weiteres Treffen mit dem Präsidenten stattfinden, um zu prüfen, welche Fortschritte es in all diesen Punkten gibt. Falls es wichtige neue Erkenntnisse geben sollte, wird eine Sitzung zu einem früheren Termin einberufen.

Der Präsident weist nochmals nachdrücklich darauf hin, daß diese Anweisungen im sensiblen Sicherheitsbereich liegen.

McGeorge Bundy

Nr. 13
Memorandum von Robert S. McNamara, Verteidigungsminister, für den Präsidenten über Luftabwehrraketen auf Kuba und die laufende Eventualplanung gegen Kuba, 4. Oktober 1962, Geheim

The Secretary of Defense, Memorandum for the President. Subject: Presidential Interest in SA-2 Missile System and Contingency Planning for Cuba, October 4, 1962, Secret.

(John F. Kennedy Library, Boston: National Security Files, Countries, Cuba, General, 10/1/62-10/14/62, Box 36)

1. In Ihrem Memorandum vom 21. September 1962 stellten Sie einen offensichtlichen Mangel an Übereinstimmung zwischen General LeMay und Admiral Anderson hinsichtlich der bei einem Luftangriff auf einen SA-2-Stützpunkt[1] zu erwartenden Verluste fest. Weiterhin baten Sie um gesicherte Informationen über den aktuellen Stand der Eventualplanung für Kuba.

2. Ich habe mit General LeMay und Admiral Anderson über ihre Einschätzung der bei einem Luftangriff auf SA-2-Stützpunkte zu erwartenden Verluste gesprochen. Admiral Anderson stimmt mit General LeMays Einschätzung überein, daß keine Verluste durch SA-2-Raketen zu erwarten sind, da die angreifenden Flugzeuge unterhalb der effektiven Minimalhöhe der SA-2 fliegen würden. General LeMay teilt Admiral Andersons Ansicht, daß die angreifenden Flugzeuge durch die Flakeinrichtungen der SA-2-Stützpunkte gewisse Einbußen erleiden könnten. (*Gelöscht*)

3. Sollten zur direkten Verteidigung des Raketenstützpunktes Flakgeschütze zum Einsatz kommen, ist möglicherweise mit Verlusten zu rechnen. Die Erfahrungen des Zweiten Weltkriegs und des Koreakriegs zeigen, wenn man sie auf den derzeitigen Stand der Flugabwehrmöglichkeiten gegen moderne Flugzeuge überträgt, daß Luftstreitkräfte bei einer niedrigen Angriffshöhe einige Kampfverluste durch Flakfeuer zu erleiden hätten; die Zahl der Verluste läßt sich jedoch nicht exakt vorhersagen. Zur Zeit ist nichts über Flakeinrichtungen auf SA-2-Stützpunkten in Kuba bekannt. Die Angriffspläne lassen sich dahingehend verbessern, die Flakgeschütze während eines Angriffs unter Beschuß zu nehmen, falls die Aufklärung ergibt, daß solche Verteidigungsanlagen bestehen, und sich aus den Analysen ein Feuerschutz als notwendig erweist. Die Erfahrung in Korea zeigt, daß ein solcher Feuerschutz unnötig war, wenn man einen Überraschungseffekt erzielen konnte.

4. Nach meiner Auffassung und nach der der Vereinigten Stabschefs ist es nicht erforderlich, zu Übungszwecken ein Modell eines SA-2-Stützpunkts zu bauen. Die befestigten Flugzeughangars des Typs, den wir in Santa Clara und Camaguey ausgemacht haben, bilden jedoch ein schwierigeres Angriffsziel als der SA-2-Stützpunkt. Der Luftwaffe erschien es daher sinnvoll, diesen Typ eines befestigten Hangars nachzubauen, um die Auswahl der Waffen und der Bombardierungsmethode sowie das Training der Besatzungen zu erleichtern. Das Zielobjekt wurde am

30. September auf dem Gelände des Luftwaffenstützpunktes Nellis, Nevada, fertiggestellt; die Kosten beliefen sich auf etwa 28 000 Dollar. Anfängliche Tests haben ergeben, daß eine Kombination der 20 Millimeter Bordkanone vom Typ GAM 83 mit Napalm gegen Flugzeuge in derartigen Hangars am effektivsten ist.

5. Ich habe Maßnahmen getroffen, um zu gewährleisten, daß unsere Eventualplanungen für Kuba laufend auf den neuesten Stand gebracht werden.

6. Die Marine plant, SA-2-Ziele aus geringer Höhe mit vier A-4D-Abteilungen (vier Flugzeuge pro Abteilung) anzugreifen, die mit Bomben mit geringem Luftwiderstand und einer Sprengkraft von 110, 225 und 900 Kilogramm sowie mit Napalm bewaffnet sind. Alle Besatzungen sind mit den geplanten Angriffstechniken vertraut. Die Luftwaffe plant entsprechend in erster Linie den Einsatz von Napalm und 20 Millimeter Bordkanonen aus geringer Höhe; die Besatzungen sind eingewiesen. Beide haben detaillierte Zielstudien durchgeführt; Unterlagen über die Ziele wurden den Besatzungen ausgehändigt, sie sind mit den ihnen zugewiesenen Zielen vertraut. Sobald neue Raketenstützpunkte ausgemacht werden, werden sie innerhalb weniger Stunden nach Erhalt der Photographien in die Ziel- und Angriffspläne aufgenommen.

Robert S. McNamara

Nr. 14
Memorandum der Europa-Abteilung im Außenministerium über einen Vergleich sowjetischer Raketenstützpunkte auf Kuba mit Raketenbasen der NATO in Italien und der Türkei, 10. Oktober 1962 (gekürzt)

Department of State (European Division), Memorandum: Attempts to Equate Soviet Missile Bases in Cuba with NATO Jupiter Bases in Italy and Turkey, October 10, 1962.

(John F. Kennedy Library, Boston: National Security Files, Regional Security Series, NATO, Weapons, Cables, Turkey, Box 226. Auch: National Security Files, President's Office Files, Countries, Cuba, General, 1/1/62-10/22/62)

Raketenstützpunkte in Kuba[1] werden im geheimen errichtet nach geheimen Absprachen mit dem Castro-Regime und zu Zwecken, die nur als offensiv anzusehen sind. Die Absichten und Bedingungen der Errichtung dieser Stützpunkte sind nur denen bekannt, die die entsprechenden Entscheidungen treffen.

Demgegenüber wurden die Jupiter-Stützpunkte in Italien und der Türkei errichtet: (1) um angesichts der offenen sowjetischen Drohungen, atomar bestückte Langstreckenraketen gegen Westeuropa einzusetzen, die Verteidigung des Westens zu verstärken; (2) in Übereinstimmung mit einer öffentlichen Erklärung der Regierungschefs der NATO-Länder vom Dezember 1957; und (3) aufgrund von Verträgen, die unter den Auspizien der NATO zwischen den Vereinigten Staaten einerseits und Italien und der Türkei andererseits frei zustandegekommen sind. [. . .]

Stützpunkte in Italien und der Türkei

Die Entscheidung, Jupiter-Stützpunkte in Italien und der Türkei zu errichten, war Bestandteil von Verträgen zwischen der Regierung der Vereinigten Staaten einerseits und den Regierungen von Italien und der Türkei andererseits. In beiden Fällen wurde die Presse über die Verträge informiert. Das Italien-Abkommen kam im März 1959 zustande, das Türkei-Abkommen im Oktober 1959. Die Verträge sahen vor, daß die in beiden Ländern zu stationierenden Raketen im Krieg wie im Frieden dem Oberbefehlshaber der NATO-Streitkräfte in Europa unterstellt würden. Der Oberbefehlshaber der NATO-Streitkräfte in Europa würde die Entscheidung über den Start in Abstimmung mit den Regierungen der Vereinigten Staaten und des Stationierungslandes treffen. Die Sprengköpfe für diese Raketen würden in der Obhut der von den Vereinigten Staaten abgestellten Überwachungseinheiten bleiben.

Zusammenfassung

Die beteiligten Regierungen schlossen diese Verträge in Durchführung eines einstimmigen und ratifizierten Beschlusses der Regierungschefs der NATO-Länder. Die Regierungen sind diese Verträge aus freiem Willen und im Bewußtsein der Notwendigkeit kollektiver Sicherheitsvorkehrungen eingegangen, gemäß dem Recht auf individuelle und kollektive Selbstverteidigung, das in Artikel 51 der Charta der Vereinten Nationen verankert ist. Der Gegensatz zu den insgeheim errichteten sowjetischen Raketenstützpunkten in Kuba liegt auf der Hand.

Nr. 15
Auszüge aus dem Tagebuch von Alfred G. Ward, Vize-Admiral in der US-Navy, über seine Zeit als Befehlshaber der Zweiten Flotte, Oktober 1962 (gekürzt)

Personal History or Diary of Vice Admiral Alfred G. Ward, U. S. Navy, While Serving as Commander Second Fleet.

(Naval Historical Center, Operational Archives, Washington, D. C.)

Samstag, 20. Oktober 1962

Nicht geheim

Um 10 Uhr morgens Vizeadmiral John McNay Taylor als Befehlshaber der 2. Flotte in einer kurzen, aber wirkungsvollen Kommandoübergabe auf dem Achterdeck des Flaggschiffs USS Newport News (CA-148) abgelöst. Anwesend waren etwa 400 wichtige Gäste, darunter die führenden Zivilisten aus Norfolk und Umgebung.

Nicht geheim

Ursprünglich besagten meine Befehle, daß ich das Flottenkommando Anfang Januar übernehmen sollte. Der Marinepersonalchef, Vizeadmiral Smedberg, sagte mir in Annapolis beim homecoming football-Spiel[1], daß die Ablösung wesentlich früher stattfinden würde, vermutlich wegen des gesteigerten Interesses, etwas in der Kuba-Frage zu unternehmen und weil man zu Beginn der Aktion einen Flottenkommandeur haben will, der voraussichtlich die normale Dienstzeit absolvieren und nicht abkommandiert würde wie Admiral Taylor. Es gab tatsächlich eine Beschleunigung, denn am 12. Oktober erstattete Admiral Rivero Bericht und löste mich am 15. Oktober als Befehlshaber der Landungstruppen der US-Atlantikflotte ab. Ich erstattete am 18. Oktober Bericht an Bord der Newport News und übernahm das Kommando am 20. Oktober.

Geheim

Ich hörte zum ersten Mal davon, daß die Regierung ernsthaft eine Seeblockade in Erwägung zog, anläßlich der Einweisungen durch Admiral Dennison für Max Taylor, kurz nachdem dieser vom Präsidenten zum Vorsitzenden der Vereinigten Stabschefs ernannt worden war[2] – diese Einweisung fand in Anwesenheit der Oberkommandierenden der atlantischen Flotte statt. General Taylor stellte bei dieser Gelegenheit fest, daß wir den Sowjets höchstwahrscheinlich auf See entgegentreten würden, wenn wir militärische

Aktionen gegen sie durchführen wollten. Seine These lief darauf hinaus, daß der Einsatz von Luftstreitkräften die Vernichtung der Zivilisation, wie wir sie kennen, zur Folge hätte und daß keine Seite siegen könnte; daß ein begrenzter Krieg in Europa mit Bodentruppen zweifellos mit einem Sieg der Sowjets enden würde wegen ihrer zahlenmäßigen Überlegenheit an Mannschaften; daß wir also einzig im Bereich der Seestreitkräfte überlegen seien und daß wir diese Streitkräfte gegebenenfalls einsetzen müßten, um die Ausbreitung des Kommunismus aufzuhalten. Admiral Dennison und andere führten gegen eine Blockade sowjetischer Schiffe an, daß zweifellos eine Reaktion erfolgen würde, und verwiesen auf die Tatsache, daß wir die freie Schiffahrt brauchen, während die Sowjetunion sie als Festlandsmacht zum Überleben nicht braucht. Am 3. Oktober gab der Flottenbefehlshaber Atlantik einen Operationsbefehl zur Blockade Kubas aus, in dem er den Befehlshaber der Vereinigten Einsatztruppe 122 anwies, die Blockade zu leiten und Konteradmiral Ailes als Befehlshaber der Blockadegruppe einzusetzen.

Geheim

Während meines Dienstes als Befehlshaber der Landungstruppen Atlantik und in meiner Eigenschaft als Befehlshaber der Marine-Einsatztruppe (CFT 123) für Operationen gegen Kuba hatte ich schon viel mit den Operationsplänen 312[3] zu tun gehabt. (*Gelöscht*) Zu diesen Plänen fanden Beratungen der führenden Kommandeure unter dem Oberbefehlshaber Atlantik statt. Dabei argumentierte der Befehlshaber der taktischen Luftstreitkräfte, General Sweeney, überzeugend für eine Kontrolle der Einsätze gemäß Einsatzplan 312 durch die Luftwaffe, wobei der Befehlshaber der taktischen Luftstreitkräfte als Oberbefehlshaber der Luftstreitkräfte Atlantik unter Admiral Dennison dienen sollte. Seine Argumente waren nicht nur überzeugend, sie setzten sich auch durch. Er erklärte, daß seine Streitkräfte am 20. Oktober einsatzbereit sein würden. Die Vertreter der Luftstreitkräfte, Vizeadmiral O'Beirne, Konteradmiral Chick Hayward und Konteradmiral Stroh legten dar, daß es für sie unbegreiflich wäre, daß ein (*Gelöscht*). Diese Argumente waren ebenfalls überzeugend und erfolgreich. Da sich keine Flugzeugträger in Mayport oder sonstwo in der Region befanden, war die Independence vor vier Tagen ausgelaufen, um am 20. Oktober in Angriffsnähe vor Kuba zu sein. Verschiedene andere Maßnahmen zeigten, daß der 20. Oktober ein Schlüsseldatum sein würde. Ich glaube auch, daß der Kommandowechsel in der 2. Flotte nicht zufällig am 20. Oktober stattfand.[4]

Vertraulich

Am 19. Oktober hob der Oberbefehlshaber Atlantik das Kommando der Vereinigten Einsatztruppe 122 auf und gliederte dessen Funktionen in seinen Vereinigten Stab ein. [. . .]

D. Dienstag, der 16. Oktober

Nr. 16

Tonbandtranskript der Sitzung des Exekutiv-Komitees des Nationalen Sicherheitsrates am Morgen des 16. Oktober 1962 (gekürzt)[1]

Cuban Missile Crisis Meetings, October 16, 1962, 11:50 AM – 12:57 PM.

(John F. Kennedy Library, Boston: President's Office Files, Presidential Recordings, Transcripts, Cuban Missile Crisis Meetings, October 16, 1962)

1. Die Auswertung der Luftaufnahmen

(Gelöscht)

[1] J. F. KENNEDY: In Ordnung.
LUNDAHL: Das ist ein Ergebnis der Aufnahme von Sonntag, Sir.
J. F. KENNEDY: Ja.
LUNDAHL: Es gibt da eine Abschußbasis für Mittelstreckenraketen und zwei neue Militärlager am Südrand der Sierra del Rosario im westlichen Zentralkuba.
J. F. KENNEDY: Wo wäre das?
LUNDAHL: Mhm, westlich-zentral, Sir. Das ...
SPRECHER?: Südlich von (*unverständlich*), südlich ...
SPRECHER?: Ich glaube, diese(s)? (andere?) (Abstufung oder Graue?) stellt die drei Punkte dar, über die wir reden. Im Bau.
J. F. KENNEDY?: Ja.
LUNDAHL?: Haben Sie d- (*unverständlich*)?
SPRECHER?: Ja, Sir.
LUNDAHL?: Der Präsident würde sie gerne sehen.
LUNDAHL: Also, auf einem Gelände in einem der Lager stehen mindestens 14 mit Planen abgedeckte Raketentransporter, 20 Meter lang und 2,75 Meter breit. Die Gesamtlänge der Anhänger einschließlich der Deichseln beträgt etwa 24 Meter. In dem anderen Lager stehen Fahrzeuge und Zelte, aber keine Raketentransporter.
SPRECHER?: Das hier sind die Abschußrampen. Das sind Raketenbasen oben auf (*unverständlich*).
[2] LUNDAHL?: In diesem Fall steht der Raketentransporter mit der Rückseite zur Abschußstelle. Die Abschußrampe für diese spezielle (*unverständlich*) ist hier. Die Rakete (kann?) (*unverständlich*) ist nicht gemacht.
SPRECHER?: In Ordnung.
LUNDAHL: Auf dem Gelände, das Sie da sehen, stehen mindestens acht mit Planen abgedeckte Raketentransporter. Vier haben wahrscheinlich Raketenheberampen angeliefert. Sie sind nicht abgedeckt. Die vermutlichen Startpositionen sind eingezeichnet und liegen in einem Abstand von etwa 260, 210 und 140 Metern, also insgesamt auf einer Strecke von etwa 610 Metern. Auf Areal II stehen mindestens sechs raketengedeckte, raketen-, eh, mit Planen abgedeckte Raketentransporter, etwa 75 Fahrzeuge, etwa 18 Zelte. Und auf Areal Nummer III haben wir 35 Fahrzeuge, 15 große Zelte, 8 kleine Zelte, 7 Gebäude und ein Gebäude im Bau. Das entscheidende – sehen Sie, was ich meine – ist das. Da ist (Mondschein?) genau hier, sehen Sie?
SPRECHER?: (Mh-mhm).
LUNDAHL?: Der Raketentransporter steht im Moment mit der Rückseite dazu. Das muß so sein. Und, eh, der Raketentransporter ist hier. (Sieben?) (*unverständlich*) sind hier vergrößert worden. Die mit den Planen abgedeckten Objekte auf den Anhängern waren 20 Meter lang und, eh, da ist ein kleiner (Hügel?) zwischen den beiden. Die Klappe auf der Seite sichert die Hängerrampe, so daß (*unverständlich*). Das scheint die am weitesten fortgeschrittene zu sein. Das andere Areal ist dann etwa acht Kilometer entfernt. Da sind keine Hebebühnen, nur Raketen, eh ...
J. F. KENNEDY: Wie weit ist das fortgeschritten?
LUNDAHL:
J. F. oder R. KENNEDY?: *(Gelöscht)*
LUNDAHL:
J. F. KENNEDY: Woher wissen Sie, daß das eine Mittelstreckenrakete ist?
LUNDAHL: Die Länge, Sir.

J. F. KENNEDY: Die was? Die Länge?
LUNDAHL: Ihre Länge. Ja.
J. F. KENNEDY: Die Länge der Rakete? Welcher Teil? Ich meine, welcher . . .
LUNDAHL: . . . die Rakete (*unverständlich*) zeigt, wel- [3] che (*unverständlich*). Das ist noch . . .
SPRECHER?: (*Unverständlich*)
LUNDAHL: Ja. Eh, Mr. Graybeal, unser Raketen- eh, fachmann, hat einige Bilder von der entsprechenden sowjetischen Ausrüstung, die man durch die Straßen von Moskau gefahren hat, die Ihnen einen gewissen . . .
GRAYBEAL: Es geht um zwei Raketen. Eine davon ist unsere SS-3[2], die 1100 Kilometer und weiter bis zu 1300 Kilometer weit reicht. Sie ist etwa 20,7 Meter lang. Die Raketen messen etwa 20,7 Meter. Die andere Rakete, die 2000 Kilometer Rakete, eh, ist 22,25 Meter lang. Die Frage, die sich uns aus der Aufnahme stellt, ist der Kopf. Wenn der Sprengkopf nicht auf der Rakete ist und sie mißt 20,7 Meter – der Kopf wäre 1,20 bis 1,50 Meter länger, Sir; und mit dieser zusätzlichen Länge könnten wir es hier mit einer Rakete zu tun haben, die eine Reichweite von 2000 Kilometern hätte, Sir. Die Rakete, die bei der Moskauer Parade mitgeführt wurde, war (*unverständlich*), aber . . .
J. F. KENNEDY: Ist diese abschußbereit?
GRAYBEAL: Nein, Sir.
J. F. KENNEDY: Wie lang haben wir noch. . . . Das läßt sich nicht sagen, nehme ich an . . .
GRAYBEAL: Nein, Sir.
J. F. KENNEDY: . . . wie lange, bis sie abgeschossen werden kann?
GRAYBEAL: Das hängt davon ab, wie einsatzbereit das [. . .]
J. F. KENNEDY: Aber wovon muß sie abgeschossen werden?
GRAYBEAL: Sie müßte von einem stabilen, festen Untergrund abgeschossen werden. Das könnte verdichteter Boden sein; es könnte Beton sein oder, oder Asphalt. Der Untergrund muß hart sein, dann installiert man einen Hitzedeflekt–, eine Deflektorplatte darauf, um die Rakete zu steuern.
MCNAMARA: Würden Sie bitte die Lage bei den Atomsprengköpfen erläutern – das heißt in bezug auf die Frage des Präsidenten – erläutern Sie, wann sie abschußbereit sind.
GRAYBEAL?: Sir, wir haben sehr gründlich gesucht. Wir haben nichts gefunden, das auf Atomsprengköpfe hinweist in der Art eines isolierten Areals oder einer außergewöhnlichen Sicherung innerhalb des Areals. Den Atomsprengkopf einer der anderen Kurzstreckenraketen da in die Rakete einzusetzen würde etwa, eh, ein paar Stunden dauern, das zu machen.
MCNAMARA: Das ist, glaube ich, im Moment nicht geschützt?
LUNDAHL: Noch nicht, Sir.
MCNAMARA: Das ist wichtig, weil es darauf hinweist, ob diese hier heute abschußbereit sind, Herr Präsident. Es scheint mir fast ausgeschlossen, daß sie ein- [4] satzbereit sind mit Atomsprengköpfen auf dem Gelände ohne auch nur einen Zaun darum herum. Man braucht vielleicht nicht lange, sie dahin zu bringen, einen Zaun aufzustellen, aber zumindest im Augenblick gibt es einigen Grund zu der Annahme, daß die Sprengköpfe nicht da sind und sie daher nicht abschußbereit sind.
GRAYBEAL: Ja, Sir, wir glauben nicht, daß sie abschußbereit sind . . .
TAYLOR?: Man hat aber nicht den Eindruck, daß sie von dieser Art Feldstellung nicht sehr bald einen Abschuß vornehmen können, nicht wahr? Man braucht doch nicht auf ausgedehnte Betonrampen oder etwas in der Art zu warten?
GRAYBEAL?: Der unbekannte Faktor hierbei, Sir, ist, wieweit die Ausrüstung überprüft wurde, nachdem sie aus der Sowjetunion hierher gebracht wurde. Es geht darum, wie betriebsbereit die Ausrüstung ist. Wenn die Ausrüstung überprüft ist, muß das Gelände sehr genau überwacht werden, soweit wir die Lage überblicken. Wenn man das einmal weiß, handelt es sich um eine Frage von Stunden.
TAYLOR?: Also, könnte das ein betriebsbereites Gelände sein, vielleicht abgesehen von der Tatsache, daß es zum jetzigen Zeitpunkt da keinen Zaun gibt? Könnte es jetzt betriebsbereit sein?
GRAYBEAL?: Es gibt da nur eine Rakete, Sir, und sie ist, eh, anscheinend am eigentlichen Startplatz. Sie bräuchten. . . . Wenn alles durchgeprüft wäre,

bräuchten sie immer noch schätzungsweise zwei oder drei Stunden, ehe sie diese Rakete aufrichten und startklar machen könnten, Sir.

LUNDAHL oder CARTER?: (*Gelöscht*)

TAYLOR?: Sie sagen, es gibt nur eine Rakete da?

GRAYBEAL?: Da, eh, sind acht Raketen. Eine davon ist an der Stelle, von der sie allem Anschein nach abgeschossen werden – horizontal. Anscheinend in der Nähe einer Hebebühne, um sie in eine vertikale Lage zu bringen.

RUSK: Haben Sie (eine aufgerichtete?) Sie meinen, es muß etwas gebaut werden, oder ist das etwas, das sich in ein paar Stunden machen läßt?

SPRECHER?: (*Unverständlich*)...

LUNDAHL: Mobiles Gerät, Sir. Wir haben darüber noch keine Einzelheiten, aber so, glauben wir, könnten sie sich jetzt aufrichten lassen. Etwas in dieser Art. Nun, das, das wären die Hebebühnen, um die Rakete von dem Transporter in eine vertikale Lage (*unverständlich*) auf den Boden zu heben.

[5] MCNAMARA: Stimmt es, daß wir bis jetzt noch keine Atomwaffenlager mit Gewißheit ausgemacht haben? Das ist eine der wichtigsten Überlegungen, die wir bei der Einschätzung der Einsatzbereitschaft dieser, dieser Raketen anstellen. Es ist mir unvorstellbar, daß die Sowjets Atomsprengköpfe auf einem nicht umzäunten Gelände stationieren würden. Da ist, da muß es ein Lager geben. Es sollte eines unserer wesentlichen Ziele sein, dieses Lager zu finden.

LUNDAHL oder CARTER?: Darf ich hierzu sagen, Sir, daß gestern zwei weitere SAC[3]-Einsätze geflogen worden sind. Die Ergebnisse wurden gestern abend nach Washington gebracht. Sie werden zur Zeit im Marinezentrum Suitland entwickelt und dürften uns gegen acht Uhr heute abend im National PI[4] erreichen. Beide Flüge gehen von einem Ende Kubas zum anderen – einer entlang der Nordküste und einer entlang der Südküste –, so daß wir zusätzliche Daten über Aktivitäten oder über diese Lager, die wir für entscheidend halten, in Händen haben, falls wir sie finden können.

MCNAMARA: Und stimmt es, daß es außerhalb von Havanna, eh, eine Einrichtung gibt, die so befestigt zu sein scheint, daß sie die Art von Einrichtung sein könnte, die sie für Atomsprengköpfe benutzen würden, eh, und daher eine, eine voraussichtliche Lagerstätte solcher Sprengköpfe ist?

LUNDAHL: Sir, das kann ich nicht mit Sicherheit sagen. Eh, das sollten die Leute von der Vereinigten Atomkommission[5] sich vielleicht ansehen und sich ein Urteil darüber bilden, aber allein aufgrund von Photos kann ich das nicht bestätigen.

CARTER?: Es scheint doch kaum einen Grund zu geben, diesen Raketentyp da aufzustellen, wenn er nicht mit Atomsprengköpfen bestückt wäre.

[...]

MCNAMARA: Das steht außer Frage. Die Frage ist die Einsatzbereitschaft der, zum Abschuß und – und das ist für unsere Planungen äußerst entscheidend – daß die Zeit von heute bis zu dem Zeitpunkt, an dem die Möglichkeit der Einsatzbereitschaft entsteht, ein sehr wesentlicher Punkt ist. Einzubeziehen, daß wir wissen müssen, wo diese Sprengköpfe sind, und wir haben bislang noch kein mögliches Sprengkopflager gefunden, und daher scheint es äußerst unwahrscheinlich, daß sie derzeit einsatzbereit sind oder möglicherweise innerhalb von Stunden oder sogar von ein oder zwei Tagen einsatzbereit sein werden.

[...]

[6] BUNDY?: ... überlegen, ob wir nicht noch mehr Flüge auf der Grundlage von COMOR[6]-Dringlichkeitsaufträgen anordnen sollten. Die spezielle Frage ist, ob wir uns dieses, dieses Gebiet näher und eingehender ansehen wollen. Ich denke, das sollte man jedoch in Zusammenhang mit der Frage betrachten, ob wir eine taktische Vorwarnung auf mögliche andere Schritte geben wollen.

[7] MCNAMARA: Ich würde empfehlen, Herr Präsident, daß Sie so viele Flüge genehmigen, wie notwendig sind, um ein vollständig flächendeckendes Bild von der Insel zu bekommen. Nun, das scheint mangelhaft definiert zu sein, aber ich definiere es absichtlich so, weil wir auf einigen dieser Flüge in Wolkendecken hineingeraten, und ich würde vorschlagen, daß wir den Flug ganz einfach wiederholen, wenn wir dichte Bewölkung haben, und ihn genügend oft wiederholen, um die Erfassung zu bekommen, die wir brauchen. [...]

J. F. KENNEDY: Mit anderen Worten, die einzige Raketenbasis...

SPRECHER?: Mittel-, Mittelstreckenraketen größerer Reichweite...
J. F. KENNEDY: ... Raketenbasis, die uns zur Zeit bekannt ist, ist diese?
LUNDAHL oder
CARTER?: Richtig.
J. F. KENNEDY
oder TAYLOR?: Sind das eine oder zwei? Das ist eine...
CARTER?: Da sind drei.
LUNDAHL: Drei, Sir.
SPRECHER?: Drei, die zusammenhängen.
SPRECHER?: (*Unverständlich*)
[8] BUNDY: Verstehe ich das recht, daß das nach Ihrer Einschätzung eine Batterie ist, Mr. Graybeal?
GRAYBEAL: Ja, Sir. Wir schätzen, daß vier Raketen eine Batterie bilden, eh, so daß in dieser, die Sie gerade ansehen, Herr Präsident, acht Raketen sind. Das wären zwei Batterien (von?) (*unverständlich*) Größe. Das vor dem Tisch ist eine zweite, separate Einrichtung, von der wir sechs Raketen sehen können. Also sind da wahrscheinlich zwei weitere Batterien. Die anderen Raketen sind vielleicht unter dem Baum. In der dritten Einrichtung sind die Zelte, aber wir haben nirgendwo auf dem Gelände Raketen identifiziert.
SPRECHER?: In Ordnung.
J. F. KENNEDY: Das sind die einzigen, von denen wir wissen?
GRAYBEAL: Ja, Sir.
SPRECHER?: Außer den Marschflugkörpern...
SPRECHER?: (*Unverständlich*) (danke?)
SPRECHER?: ... die Ihnen bekannt sind, diesen U-Bootbunkern und den Boden-Luft-Raketen.
SPRECHER?: Irgendwelche Erkenntnisse dazu?

2. Der Abgesang der Diplomatie (I)

J. F. KENNEDY: Minister Rusk?
RUSK: Ja. (Nun?), Herr Präsident, das ist eine, natürlich eine (sehr?) ernste Entwicklung. Eine, von der wir – wir alle – nicht wirklich geglaubt haben, die Sowjets könnten, eh, es so weit treiben. Eh, sie, eh scheinen abzustreiten, daß sie eigene Stützpunkte errichten würden (*unverständlich*) mit einem sowjetischen Stützpunkt, und machten es damit (wesentlich für einen oder zu einem im wesentlichen?) kubanischen Standpunkt. Die Kubaner könnten damit ohnehin nicht (*unverständlich*), also.... Nun, ehm, ich denke, wir müssen eine Reihe von Maßnahmen in Gang bringen, die diese Basis eliminieren. Ich glaube nicht, daß wir stillhalten (können?). Es stellt sich die Frage, ob wir es mit einer Art von plötzlichem Überraschungsschlag machen oder ob wir, eh, die Krise bis zu dem Punkt treiben, wo die andere Seite sehr ernsthaft in Betracht ziehen muß, nachzugeben, oder sogar die Kubaner selbst, eh, in der Richtung etwas unternehmen, etwas unternehmen. Worüber ich mir natürlich völlig im klaren bin, ist, daß glaube ich, keinerlei einseitiges Vorgehen der Vereinigten Staaten in Frage kommt. Sie sind mit 42 Alliierten und Konfrontationen an vielen Orten so (überaus oder stark?) engagiert, daß jeder Schritt, den wir tun, eh, das Risiko direkter Maßnahmen, die unsere übrigen Alliierten oder unsere Streitkräfte in anderen Teilen der Welt mitbetreffen, erheblich erhöht. Ehm, ich denke also, wir müssen über zwei Haupt- eh, -vorgehensweisen als Alternativen sehr gründlich nachdenken. Eine ist der Blitzangriff. Die Kernfrage, bei der wir [9] (auskommen oder nach- denken), das ist die, eh, überwältigende, alles überragende Notwendigkeit, alle Risiken einzugehen, die dieses Vorgehen birgt. Ich glaube nicht, daß das schon an sich eine Invasion Kubas erforderlich machen würde. Ich denke, daß mit oder ohne so eine Invasion, mit anderen Worten, wenn wir deutlich machen, daß eh, unser Vorgehen dahingeht, diese eine Basis beziehungsweise jede weitere derartige Basis, die errichtet wird, zu eliminieren. Uns drängt es nicht zu einem umfassenden Krieg; wir tun lediglich das, was wir angekündigt haben zu tun, falls sie gewisse Maßnahmen ergreifen würden. Eh, oder wir beschließen, daß dies der Zeitpunkt ist, das Kubaproblem aus der Welt zu schaffen, indem wir die Insel tatsächlich ausschalten.

Die andere wäre, wenn wir ein paar Tage haben – vom militärischen Standpunkt aus, wenn wir diese Zeit haben – eh, dann denke ich, daß eh es eine andere Vorgehensweise gäbe, eine Kombination von Punkten, die eh wir vielleicht in Betracht ziehen wollen. Ehm, zunächst, eh, daß wir eh sofort den Weg über die OAS[7] einleiten, damit sie prompt handelt und sehr deutlich macht, daß die gesamte amerikanische Hemisphäre eine Verletzung des Rio-Paktes[8] als gegeben ansieht, (und tatsächlich?) erwägt, welche Maßnahmen (wir?) gemäß den Vereinbarungen des Rio-Paktes (treffen sollten oder getroffen werden sollten?). Die OAS könnte sofort als beratendes Gremium zusammentreten, wenn es auch vielleicht ein oder zwei Tage dauern würde, eh, Instruktionen der Regierungen oder ähnliches einzuholen. Ich denke, die OAS könnte jederzeit eh den Beschluß fassen, gegenüber den Kubanern darauf zu bestehen, daß sie einer OAS-Prüfungs- eh -kommission erlauben, zu kommen und sich diese Stützpunkte unmittelbar selbst anzusehen, um der amerikanischen Welt Sicherheit(en?) zu verschaffen. Das wird ohne Zweifel abgelehnt, doch es ist ein weiterer Schritt zur Bekräftigung des, eh, Bekräftigung eines Standpunkts.

Ich denke auch, daß wir in Erwägung ziehen sollten, Castro eine Mitteilung zukommen zu lassen, vielleicht über den kanadischen Botschafter in Havanna oder über eh seinen Vertreter bei den U. N. Eh, ich glaube, der kanadische Botschafter wäre vielleicht der beste, der bessere Weg, Castro (allein?) privat zu erreichen und ihm zu sagen, daß eh das keine Unterstützung mehr für Kuba ist, daß Kuba hier hereingelegt wird und daß eh die Sowjets Vorbereitungen treffen, Kuba zu zerstören oder zu verraten.

Sie haben den Bericht in der *Times*[9] gestern morgen gesehen, daß führende sowjetische Vertreter gesagt haben, »Wir tauschen Kuba gegen Berlin«. Darauf sollte man Castro aufmerksam machen. Man müßte Castro sagen, daß eh ein derartiger Stützpunkt nicht zu tolerieren und zu akzeptieren ist. Jetzt ist der Zeitpunkt gekommen, an dem er die Interessen des kubanischen Volkes wahrnehmen muß, er muß jetzt eindeutig mit der Sowjetunion brechen und verhindern, daß diese Raketenbasis einsatzfähig wird.

Und ich denke, es gibt gewisse militärische ehm, eh Maßnahmen, die wir jetzt sofort ergreifen könnten, wohl möglicherweise ergreifen wollen. Erstens, eh, eh, stark ausgewählte Einheiten eh einzuberufen, (nicht mehr als?) 150 000. Es sei denn, wir halten es für besser, ratsamer, den allgemeinen nationalen Notstand auszurufen, so daß wir völlige Handlungsfreiheit haben. Wenn wir bekanntgeben, zu dem Zeitpunkt, wo wir diese Entwicklung bekanntgeben – und ich denke, wir müssen diese Entwicklung irgend- [10] wann in dieser Woche bekanntgeben –, eh, dann erklären wir, daß eh wir eine ständige Überwachung Kubas, über Kuba, durchführen, und wir werden unser Recht geltend machen, so zu handeln. Wir lehnen in diesem Teil der Welt in allen Angelegenheiten dieser Art Geheimmissionen ab. Wir, wir werden unsere Truppen in Guantanamo verstärken. Wir verstärken unsere Truppen im Südosten der Vereinigten Staaten – alles, was vom militärischen Standpunkt aus notwendig ist, um in der Lage zu sein, einen überwältigenden Schlag gegen jede dieser Stellungen zu führen, durchzuführen, einschließlich der Boden-Luft-Raketenbasen. Und eh, auch, um alle eh MIGs oder Bomber zu erledigen, die einen Schlag gegen Miami oder die Vereinigten Staaten führen könnten. Starke Streitkräfte aufbauen, eh, falls sie nicht bereits in Stellung sind.

(*Gelöscht*)

Ich denke auch, daß wir ein paar Tage brauchen, ehm, um unsere übrigen Verbündeten zu alarmieren, zur Konsultation mit der NATO. Ich nehme an, daß wir in dieser Richtung gleichzeitig veranlassen könnten, daß der gesamte Flugverkehr von Ländern der freien Welt nach Kuba abgebrochen wird, bei den Mexikanern und den Holländern insistieren, daß sie ihre Flugzeuge nicht hereinkommen lassen. Den Briten und allen anderen, die in diesem Punkt betroffen sind, sagen, daß eh, wenn ihnen etwas am Frieden liegt, sie jetzt ihre Schiffe dazu bringen müssen, den Handel mit Kuba abzubrechen. Eh, mit anderen Worten, Kuba zum jetzigen Zeitpunkt eh, ohne eine gewaltsame Blockade vollständig zu isolieren.

Ich denke, es wäre wichtig, zu nutzen, eh zu erwägen, eh, General Eisenhower[10] hinzuzuziehen, ihm vollen Einblick in die Lage zu geben, bevor man eine öffentliche Erklärung abgibt, und in die (zwangsbesetzten?) Maßnahmen, die Sie eventuell beschließen.

Aber ich denke, im großen und ganzen gibt es, gibt es diese beiden groben Alternativen: einerseits den Blitzangriff; andererseits unsere Verbündeten *und* Herrn Chruschtschow zu warnen, daß hier eine äußerst ernste Krisensituation entsteht und daß, eh....

Chruschtschow mag das selbst zu diesem Zeitpunkt nicht wirklich einsehen oder glauben. Ich glaube, wir werden uns einer Situation gegenübersehen, die sehr gut zu einem umfassenden Krieg führen könnte; daß es unsere Pflicht ist, zu tun, was getan werden muß, es aber auf eine Weise zu tun, die eh jedem die Chance gibt, eh (*unverständlich*) aufzugeben, bevor es zu schwierig wird. Das ist meine, meine Reaktion heute [11] morgen, Herr Präsident. Ich muß natürlich in den nächsten Stunden sehr gründlich darüber nachdenken, was ich und meine Kollegen im Außenministerium in dieser Sache tun können.

McNamara: Herr Präsident, es gibt eine Reihe von Unbekannten in dieser Situation, zu denen ich etwas sagen möchte und in bezug auf die ich gerne ganz kurz einige militärische Alternativen aufzeigen und General Taylor bitten würde, sie zu erläutern.

Doch bevor ich mich zu den Unbekannten äußere oder militärische Alternativen aufzeige, möchte ich gerne zwei Vorschläge machen, die wir als eh, Grundlage für unsere weiteren Überlegungen nehmen sollten. Mein erster ist, falls wir einen Luftangriff gegen diese Stellungen – oder gegen irgendeinen Teil Kubas – führen sollten, müssen wir jetzt übereinkommen, ihn für die Zeit zu planen, bevor diese Raketenstellungen einsatzbereit sind. Ich bin nicht in der Lage, zu sagen, wann das sein wird, aber ich halte es für äußerst wichtig, daß unser Gespräch und unsere Diskussion von dieser Voraussetzung ausgehen: Daß ein Luftangriff so geplant wird, daß er stattfindet, bevor sie einsatzbereit sind. Denn wenn sie vor dem Luftangriff einsatzbereit werden, glaube ich nicht, daß wir erklären können, wir könnten sie außer Gefecht setzen, bevor sie abgeschossen werden; und wenn sie abgeschossen werden, gibt es fast mit Sicherheit eh ein Chaos in einem Teil der Ostküste oder in einem Gebiet eh, im Umkreis von 1000 bis 1600 Kilometern um Kuba.

Eh, zweitens würde ich, ich den Vorschlag machen, daß ein Luftangriff sich nicht allein gegen die Raketenbasen richten darf, sondern gegen die Raketenbasen und die Flugplätze und die Flugzeuge, die eventuell nicht auf den Flugplätzen, sondern bis dahin versteckt sind, und gegen alle potentiellen Atomwaffenlager. Nun, das ist ein recht umfangreicher Luftangriff. Es ist nicht nur ein Angriff auf die Raketenbasen; und er würde mit möglichen Verwundeten unter den Kubanern, nicht unter U. S.-Bürgern, sondern möglichen Verwundeten unter den Kubanern einhergehen, in einem Ausmaß von mindestens einigen Hundert, wahrscheinlich eher ein paar Tausend, sagen wir zwei- oder dreitausend. Mir scheint, diese beiden Grundsätze eh sollten unserer, unserer Diskussion zugrunde liegen.

Nun, welche Art von Militäraktion können wir durchführen, und was sind möglicherweise die Konsequenzen? Eh, wir könnten einen Luftangriff innerhalb einiger Tage durchführen. Wir wären innerhalb, innerhalb einiger Tage bereit, so einen Luftangriff aufzunehmen. Falls es unbedingt erforderlich wäre, ließe es sich buchstäblich innerhalb einiger Stunden machen. Ich glaube, die Stabschefs würden es vorziehen, wenn man ihn einige Tage hinauszögern könnte, aber wir sind darauf schnell vorbereitet. Der Luftangriff ließe sich im Anschluß an den ersten Tag noch über einige Tage fortsetzen, falls erforderlich. Eh, vermutlich wird es entweder unmittelbar vor dem Luftangriff oder sowohl vorher als auch währenddessen einige politische Diskussionen geben. Jedenfalls wären wir darauf vorbereitet, im Anschluß an den Luftangriff eine Luft-, Invasion durch Luft- und Seestreitkräfte durchzuführen. (*Gelöscht*) Nach Beginn des Luftangriffs wäre das möglich, sofern das politische Umfeld es zu diesem Zeitpunkt ratsam oder notwendig machen sollte.

(In Ordnung?) In Verbindung mit dem Luftangriff sollte man einen bestimmten Grad von Mobilmachung durchführen. Eh, ich meine, die Mobilmachung [12] sollte nicht vor dem Luftangriff kommen, sondern entweder gleichzeitig oder etwas danach, sagen wir vielleicht fünf Tage später, je nach den Erfordernissen einer eventuellen Invasion. Die Mobilmachung wäre so geartet, daß sie sich zumindest in der ersten Phase im Rahmen der vom Kongreß erteilten Handlungsvollmacht durchführen ließe. Möglicherweise ist eine zweite Phase erforderlich, die dann die Ausrufung eines nationalen Notstands notwendig machen würde.

Nun, das sind in sehr groben Zügen die militärischen eh Möglichkeiten, und ich denke, Sie möchten

gerne hören, wie General Taylor, eh seinen Vorschlag begründet.
SPRECHER?: Fast zu (*unverständlich*) für Kuba.
SPRECHER?: Ja.
TAYLOR: Eh, wir haben den Eindruck, Herr Präsident, daß es von großer Bedeutung ist, einen Angriff mit allen Vorteilen eines Überraschungseffekts zu führen, eh, was im *Idealfall* bedeuten würde, daß wir alle Raketen, die sich in Kuba befinden, oberirdisch vorfänden, wo wir sie zerstören können. Eh, dieser, dieser Wunsch läuft dem Punkt zuwider, auf den der Minister so starken Wert gelegt hat, wenn nämlich das andere Optimum darin bestehen würde, jede Rakete zu erreichen, bevor sie einsatzbereit wäre, wird. Eh, praktisch glaube ich, der, es wird so, so, eh, schwierig werden, den genauen Zeitpunkt der Einsatzbereitschaft zu erfahren, daß wir nie den, den exakten permanenten eh perfekten Zeitpunkt kennen werden. Wir würden gerne diese neue Aufnahme ansehen, denke ich – und weitere machen – und versuchen, die Anordnung der Ziele in eine so optimale Position zu bringen wie möglich, und sie dann ohne irgendeine Vorwarnung zerstören. Das schließt, glaube ich, Herr Minister, einige der Punkte, von denen Sie gesprochen haben, nicht aus. Es ist etwas schwierig zu sagen, in welcher zeitlichen Größenordnung sich meine Überlegungen bewegen. Aber wir müssen gute Arbeit leisten, wenn wir das erste Mal da hineingehen, eh, indem wir mit unserem, mit unserem Angriff hundertprozentig genauso weit, so nah heranrücken, wie wir können. Ich habe heute Nachmittag alle zuständigen Planer bei mir, Herr Präsident, um vier Uhr, um das mit ihnen auszudiskutieren und ihr Urteil zu erfahren.

Ich möchte zu den, den militärischen Maßnahmen, die wir ergreifen sollten, auch noch erwähnen, daß wir, nachdem wir erst einmal so viele von diesen Offensivwaffen wie möglich zerstört haben, verhindern sollten, sollten, daß weitere hineinkommen, das heißt, eine Seeblockade. Also schlage ich vor, daß alle.... Und auch eine Verstärkung von Guantanamo[11] und Evakuierung der Familienangehörigen. Also die, in puncto Zeit denke, denke ich an drei Phasen.

Erstens ein, ein anfängliches Stillhalten in irgendeiner Art, während wir uns voll einsatzbereit machen und die, die korrekte Anordnung des Ziels bekommen, so daß wir ganze Arbeit leisten können. Dann, praktisch gleichzeitig, ein Luftangriff auf – wie der Minister sagte – Raketen, Flugplätze eh, Atomwaffenlager, die uns bekannt sind. Gleichzeitig Seeblokkade. Gleichzeitig Guantanamo verstärken und die Familienangehörigen evakuieren. Dann würde ich mit der fortlaufenden Luftüberwachung anfangen – die Liste, die Sie hatten – über Kuba fortsetzen.
[13] Dann, dann kann man die Entscheidung treffen, während wir, während wir eh für den Luftangriff mobilmachen, ob wir eine Invasion machen oder nicht. Ich glaube, das ist militärisch gesehen die schwierigste Frage in der ganzen Angelegenheit – eine, die wir uns sehr gründlich überlegen sollten, bevor wir in diesen tiefen Sumpf in Kuba unsere Füße hineinstecken.
RUSK: Da gibt es st-, ein oder zwei Dinge, Herr Präsident, eh. Gromyko bat darum, Sie am Donnerstag zu treffen. Eh, es könnte interessant sein, zu erfahren, was er dazu sagt, falls er etwas dazu sagt. Vielleicht überbringt er eine Botschaft zu diesem Thema. Eh, aber das.... Ich möchte Sie nur daran erinnern, daß Sie ihn treffen und daß das für diese (Frage?) relevant sein mag. Ich möchte nebenbei bemerken, Sir, daß Sie alles, was Sie zu tun haben, bis dahin verschieben.

Zweitens glaube ich persönlich nicht, daß die kritische Frage ist, ob man eine spezielle Rakete erreicht, bevor *sie* losgeht, denn wenn sie *diese* Rakete abschießen, sind wir in einem umfassenden Atomkrieg. Mit anderen Worten, die Sowjetunion muß eine ganz andere Entscheidung treffen. Ob sie, ob sie diese Raketen abschießen, sie abschießen wollen, bevor sie durch Flugzeuge zerstört werden.... Also, ich bin nicht sicher, daß das eh, unbedingt genau der (entscheidende?) Faktor ist, Bob.
MCNAMARA: Nun, ich möchte besonders großen Nachdruck darauf legen, daß ich finde, unser Zeitplan sollte auf der Annahme basieren, daß es das ist, Dean. Wir wissen nicht, welche Verbindungen die Sowjets zu diesen Stützpunkten haben. Wir wissen nicht, welche Art von Kontrolle sie über die Sprengköpfe haben.
RUSK: Ja, (*unverständlich*)...

McNamara: Wenn wir einen Sprengkopf auf dem Gelände gesehen hätten und wenn wir wüßten, daß diese Abschußrampe in der Lage ist, den Sprengkopf abzuschießen, würde ich.... Ganz offen, ich würde eindringlich von einem Luftangriff abraten, um ganz offen zu sein, weil ich glaube, daß die Gefahr für dieses Land im Verhältnis zum Gewinn, den er uns nach allzu (langer Zeit?) bringen würde.... Deshalb schlage ich vor, daß, wenn wir über einen Luftangriff sprechen, wir meiner Ansicht nach ihn *ausschließlich* unter der Voraussetzung in Betracht ziehen sollten, daß wir ihn durchführen können, bevor sie einsatzbereit werden.
J. F. Kennedy: Was ist der, eh, Vort-.... Es muß einen wesentlichen Grund für die Russen geben, das, eh, auszubauen als.... Es muß so sein, daß sie mit ihren Interkontinentalraketen nicht zufrieden sind. Was könnte der Grund sein, daß sie eh....
Taylor: Was es ihnen in erster Linie bringen würde, es bildet eine Abschußbasis eh, für Kurzstreckenraketen gegen die Vereinigten Staaten als Ergänzung zu ihrer recht (anfälligen?) Ausrüstung mit Interkontinentalraketen zum Beispiel. Das ist ein Grund.
J. F. Kennedy: Ich sehe natürlich keine Möglichkeit, wie wir verhindern könnten, daß weitere per U-Boot hereinkommen.
[14] Taylor: Nun, ich denke, diese Sache ist insgesamt...
J. F. Kennedy: Ich meine, wenn wir das Ding blokkieren lassen, kommen sie mit U-Booten herein.
McNamara: Nun, ich glaube, die einzige Möglichkeit, zu verhindern, daß sie hereinkommen, ist – ganz offen – zu sagen, daß man sie im selben Moment zerstört, wie sie hereinkommen. Man wird sie zerstören und eine offene Überwachung durchführen und eine Politik verfolgen, bei der man sie zerstört, sobald sie hereinkommen. (*Gelöscht*)
Bundy: Sind Sie sich absolut sicher mit Ihrer Voraussetzung, daß ein Luftangriff sich auf den gesamten Luftkomplex beziehen muß?
McNamara: Nun, das sind wir, Mac...
[...]
McNamara: ... weil wir diese MIG-21 fürchten. Wir wissen nicht, wo sie sind. Wir wissen nicht, wozu sie in der Lage sind. Wenn die Raketenbasen mit Atomsprengköpfen ausgestattet sind, muß man annehmen, daß auch die Luftwaffe mit Atomsprengköpfen ausgerüstet ist. Selbst wenn die Flugzeuge nicht mit Atomsprengköpfen ausgerüstet sind, muß man davon ausgehen, daß sie mit einem hohen Sprengstoffpotential ausgestattet sind. (*Gelöscht*)

3. Die Sowjets in der Defensive (I)

Rusk: Noch einmal dazu, warum die Sowjets das tun, ehm, Mr. McCone vermutete vor einigen Wochen, daß eine Sache, die Chruschtschow im Sinn haben mag, ist, daß eh, eh, er weiß, daß wir eine erhebliche nukleare Überlegenheit besitzen, aber er weiß auch, daß wir tatsächlich nicht in dem Maße in Angst vor seinen Atomwaffen leben eh, wie er in Angst vor unseren leben muß. Zudem haben wir Atomwaffen ganz in ihrer Nähe, in der Türkei und an ähnlichen Orten. Ehm....
J. F. Kennedy: Wie viele Waffen haben wir in der Türkei?
Taylor?: Wir haben Jupiter-Raketen...
Bundy?: Jaa. Wie viele haben wir?
[15] McNamara?: Etwa fünfzehn sind es, glaube ich.
Bundy?: Ich glaube, das stimmt. Ich glaube, das stimmt.
Sprecher?: (*Unverständlich*)
Rusk: Aber dann gibt es auch noch Trägersysteme, die sind, die könnte man leicht...
McNamara: Flugzeuge.
Rusk:... auf dem Luftwege verlegen, Flugzeuge und so weiter.
Sprecher?: Sie durch die Türkei transportieren.
Rusk: Ehm, und dieser Mr. McCone äußert die Ansicht, Chruschtschow habe vielleicht den Eindruck, daß es für uns wichtig sei zu lernen, wie es sich im Schatten von Mittelstreckenraketen lebt, und er mache das, um in gewisser Weise ein Gleichgewicht in diesem eh, diesem politischen, psychologischen (Punkt?) zu schaffen. Ich glaube auch, daß eh Berlin eh sehr viel damit zu tun hat. Ehm, zum ersten Mal fange ich an, mich wirklich zu fragen, ob Chruschtschow wirklich ganz rational in bezug auf Berlin

ist. Wir haben (kaum?) über seine Besessenheit davon gesprochen. Und ich denke, wir müssen eh diesen Punkt im Auge behalten. Aber, eh, sie glauben vielleicht, sie könnten entweder Berlin und Kuba gegen einander eintauschen, oder sie könnten uns zu einer Vorgehensweise in Kuba provozieren, die ihnen Deckung für Maßnahmen in bezug auf Berlin geben würde. Mit anderen Worten wie die Suez-Ungarn-Kombination.[12] Wenn sie uns dazu provozieren könnten, den ersten offenen Schritt zu tun, wäre die Welt verwirrt, und sie hätten das, eh, was sie für eine Rechtfertigung hielten, irgendwo anders einen Schritt zu tun. Aber eh, ich muß sagen, ich sehe wirklich den Sinn nicht darin, daß eh die Sowjets es so weit treiben, es sei denn, daß sie die Bedeutung Kubas für unser Land grob falsch einschätzen.

BUNDY: Ich denke, es ist wichtig, zu sehen, daß sie diese Entscheidung, soweit wir es gegenwärtig überblicken, im Frühsommer getroffen haben, und das ist seit August geschehen. Ihre *TASS*-Erklärung vom 12. September, die die Experten, glaube ich, sehr stark Chruschtschow selbst zuschreiben, ist in diesem Punkt sehr durcheinander. Sie enthält eine recht deutliche Erklärung, »das harmlose Militärgerät, das nach Kuba gesandt wurde, ist ausschließlich zur Verteidigung, für Verteidigungszwecke bestimmt. Der Präsident der Vereinigten Staaten und die amerikanischen Militärs, die Militärs jeden Landes wissen, was Verteidigungsmittel sind. Wie können diese Mittel eine Bedrohung für die Vereinigten Staaten darstellen?«

Nun, *das* läßt sich sehr schwer mit dem vereinbaren, was geschehen ist. Der Rest enthält, wie der Minister sagt, viele Vergleiche zwischen Kuba und Italien, der Türkei und Japan. Wir haben noch weitere Hinweise darauf, daß Chruschtschow, der aufrichtig glaubt oder, oder zumindest vorgibt zu glauben, daß wir Atomwaffen in Japan haben, die Kombination (*unverständlich*) ...

RUSK: Gromyko stellte das in seiner Pressekonferenz neulich ebenfalls fest.

[16] BUNDY: Ja. Sie meinen Okinawa.

SPRECHER?: Stimmt.

MCNAMARA: Es ist unwahrscheinlich, aber es ist denkbar, daß die Atomsprengköpfe für diese Raketenbasen noch nicht auf kubanischem Boden sind.

BUNDY: Nun, das scheint mir, das ist .... Es ist absolut möglich, daß dies, daß sie in diesem Sinne ein Bluff sind. Das macht sie für uns um nichts weniger offensiv ...

MCNAMARA: Nein.

BUNDY: ... weil wir dafür keine Beweise haben können.

MCNAMARA: Nein, aber es ist möglicherweise ein Hinweis auf eine andere Vorgehensweise ...

BUNDY: Ja.

MCNAMARA: ... und deshalb denke ich – womit ich keinen Vorschlag mache, wie wir damit umgehen sollten –, einer der wichtigsten Schritte, die wir unternehmen sollten, ist: Den Standort der Atomsprengköpfe für diese Raketen festzustellen. Darauf können wir im weiteren Verlauf der Diskussion noch einmal zurückkommen. Es gibt mehrere alternative Möglichkeiten, das anzugehen.

4. Ein neues Pearl Harbour? (I)

J. F. KENNEDY: Doug, haben Sie etwas ...

DILLON: Nein. Das einzige, was ich sagen würde, würde, ist, daß eh das alternative Vorgehen einer, einer Vorwarnung, die eh öffentliche Meinung hinter sich zu bekommen, eh OAS-Maßnahmen und Mitteilung an die Leute in der NATO, und all das scheint mir die Gefahr zu bergen, eh daß wir zu sehr in die Öffentlichkeit geraten und die Russen zwingen, eh die Sowjets zwingen, eine Position zu beziehen, daß sie, falls wir etwas unternehmen, eh zurückschlagen müßten. Während eh ein, ein schnelles Handeln eh, mit einer gleichzeitigen Erklärung, die besagt, daß die Angelegenheit damit erledigt ist, könnte ihnen eine Chance geben, eh sich zurückzuziehen und gar nichts zu tun. Indessen denke ich, daß die Chance, diese Sache ohne eine russische Reaktion durchzustehen, bei einem Blitz- eh -angriff größer ist, als eh wenn man die ganze Sache auf den Höhepunkt treibt und dann durchzieht .... (Es wird eine Menge Diskussionen darüber geben?)

RUSK: Das ist natürlich eine Möglichkeit, aber eh ...

BUNDY: Die Schwierigkeiten – ich, ich teile die Meinung des Finanzministers ein wenig – die Schwierigkeiten, die OAS und die NATO zu einem geschlossenen Handeln zu bewegen; das Geschrei, das wir von unseren Alliierten zu hören bekämen, daß eh sie mit den sowjetischen Mittelstreckenraketen leben können, wieso können wir es nicht; eh, die Spaltung in der Allianz; die Gewißheit, daß die Deutschen den Eindruck hätten, wir würden tatsächlich wegen unserer Sorge um Kuba Berlin aufs Spiel setzen. Die Aussicht auf dieses Bild ist nicht verlockend ...

RUSK: Ja, aber sehen Sie ...

BUNDY: ... (*Unverständlich*)

[17] RUSK:... eh, eh alles hängt entscheidend davon ab, was *passiert*.

BUNDY: Dem stimme ich zu, Herr Minister.

RUSK: Und wenn wir im Blitzangriff vorgehen und sie dann *tatsächlich* hart bleiben, dann haben wir all unsere Verbündeten (*unverständlich*) uns selbst all diesen erheblichen Gefahren ausgesetzt, ohne ...

BUNDY: Dann hat man wieder das Geschrei.

RUSK: ... ohne eh, die geringste Konsultation oder, oder Vorwarnung oder Vorbereitung.

J. F. KENNEDY: Aber, sie zu warnen, eh heißt selbstverständlich, wie mir scheint, jeden zu warnen. Und ich, ich, es liegt auf der Hand, daß man nicht irgendwie ankündigen kann, daß man sie heute in vier Tagen zerstört. Möglicherweise kündigen sie in drei Tagen an, daß sie sie mit Sprengköpfen ausrüsten; sobald wir kommen und sie angreifen, werden sie sie abschießen. Was, was machen wir dann? Dann setzen wir sie nicht außer Gefecht. Natürlich erklären wir dann, gut, wenn sie das tun, dann werden wir mit Atomwaffen angreifen.

DILLON: Ja, Sir, das ist die Frage, die niemand – ich habe es nicht verstanden – niemand erwähnt hat, ist, ob es bei diesem s-, eh, »außer Gefecht setzen«, diesem Einsatz, eh, um die (*unverständlich*) Verwendung von ...

SPRECHER?: Ich weiß es nicht.

DILLON: ... hochexplosiven Sprengstoffen geht?

SPRECHER?: Hochexplosive Sprengstoffe, ja.

J. F. KENNEDY: Wie effektiv kann der Angriff sein, was meinen sie?

TAYLOR?: Er wird nie hundertprozentig sein, Herr Präsident, das wissen wir. Eh, wir hoffen, daß wir eine überwiegende Mehrheit beim ersten Angriff zerstören können, aber das ist nicht nur eine einmalige Angelegenheit, ein Angriff, ein Tag, sondern andauernde Luftangriffe solange es nötig sein mag, jedesmal, wenn wir ein Ziel ent-, entdecken.

BUNDY: Jetzt sprechen sie davon, auch die Luftwaffe außer Gefecht zu setzen ...

SPRECHER?: Ich (könnte Ihnen das im Stab sagen?).

SPRECHER?: (*Unverständlich*)

BUNDY: Ich komme noch einmal auf die Frage zurück, ob eh, ob wir das Problem, militärische Problem (*unverständlich*), aber ich würde *annehmen*, es ist von erheblichem, politischen Vorteil, den Angriff chirurgisch gesprochen auf die Sache zu beschränken, die die eigentliche Ursache des Eingriffs ist.

MCNAMARA?: (*Gelöscht*)

[18] TAYLOR: Nun, ich würde meinen, wir hätten, wir sollten in der Lage sein, eine Invasion jederzeit durchzuführen, wenn wir es wünschen. So daß also, eh, in Vorbereitung darauf sollten wir eh, ist es nur von Vorteil, wenn wir tatsächlich Waffen außer Gefecht setzen (*unverständlich*) ...

J. F. KENNEDY: Nun, sagen wir, wir zerstören nur die Raketenbasen, dann eh, haben sie noch ein paar mehr da. Es liegt auf der Hand, daß sie sie per U-Boot und so weiter hereinbringen können, ich weiß nicht, ob Sie, Sie können einfach nicht ständig weiter starke Angriffe führen.

TAYLOR: Ich fürchte, Herr Präsident, wir müßten die Boden-Luft-Raketen außer Gefecht setzen, um hineinzukommen, um hineinzukommen, einige von ihnen außer Gefecht setzen. Vielleicht (*unverständlich*).

J. F. KENNEDY: Wie lange wird, schätzen wir, bleibt das geheim, diese eh, Information, eh, haben Leute sie?

BUNDY: Was die Straffheit unserer Nachrichtenkontrolle betrifft, Herr Präsident, sind wir, glaube ich, in einer außergewöhnlich guten und glücklichen Position. Wir haben gerade vor fünf Tagen, vier Tagen, ein eh neues Abschirmsystem unter General Carter eingeführt, das genau den Bereich des Offensivpotentials in Kuba regelt. Das eh beschränkt ihn eh, auf Leute, für die zu Abwehrzwecken eine unmittelbare, funktionelle Notwendigkeit besteht, mit diesen Daten zu arbeiten, und auf die Leute, die ...

J. F. Kennedy: Wie viele wären das, etwa?
Bundy: Oh, das wird eine sehr *große* Zahl sein, aber da entstehen im allgemeinen nicht die undichten Stellen. Eh, die (wichtigere?) Einschränkung ist, daß nur Regierungsbeamte dies erhalten, die Ihnen unmittelbar rechenschaftspflichtig sind …
J. F. Kennedy: Wie viele würden es drüben im Verteidigungsministerium erfahren, General, bei Ihrer Sitzung heute Nachmittag?
Taylor: Nun, das wollte ich gerade erwähnen. Wir müßten um eine Lockerung der Regelung bitten, eh die, die Mac gerade aufgestellt hat, so daß ich eh sie an die ranghöheren Kommandeure weitergeben kann, die in die Planungen einbezogen sind.
J. F. Kennedy: Wären das etwa fünfzig?
[19] Taylor: Bis dann…. Nein, Sir. Ich würde sagen, daß eh, innerhalb, in diesem Stadium weitere *zehn*.
McNamara: Nun, Herr Präsident, ich, ich denke, um realistisch zu sein, sollten wir davon ausgehen, daß das ziemlich weitreichend bekannt wird, wenn nicht in der Presse, dann zumindest über politische Vertreter beider Parteien innerhalb – ich würde, ich nenne einfach einmal eine Zahl – ich würde sagen, einer Woche. (*Es reden mehrere Sprecher gleichzeitig, und es ist nichts zu verstehen.*)
McNamara: Und ich sage das, weil wir, weil wir bereits Maßnahmen ergriffen haben, die in den Köpfen der Leute Fragen aufwerfen. Normalerweise, wenn eine U-2 zurückkommt, machen wir Abzüge von den Filmen. Die Abzüge gehen an eine Reihe von Kommandos. Ein Abzug geht an das SAC. Ein Abzug geht an CINCLANT[13]. Ein Abzug geht an die CIA. Und normalerweise eh warten die Auswerter des Bildmaterials und die, und die führenden Offiziere in diesen Kommandostellen schon darauf. Wir haben das alles gestoppt und diese, eine solche Nachricht spricht sich in der ganzen Behörde herum. Und ich, ich bezweifle sehr, daß wir das für zum Beispiel länger als eine Woche vor eh, vor Kongreßmitgliedern verborgen halten können.
Rusk: Nun, Senator Keating hat es tatsächlich schon im Senat bekanntgegeben.
Bundy: Senator Keating hat das am 10. Oktober im Senat gesagt …
Rusk: (Das ist richtig?)
Bundy: … »Die Bauarbeiten für mindestens ein halbes Dutzend Abschußbasen für taktische Mittelstreckenraketen größerer Reichweite haben begonnen.«
Rusk: Nun, das ist, das ist der Weg, auf dem (*unverständlich*). Ich denke, wir können davon ausgehen, es spätestens Donnerstag oder Freitag dieser Woche bekanntzugeben.
Taylor?: (*Gelöscht*)
J. F. Kennedy: Gibt er Keating das Material?
Taylor?: Das wissen wir nicht.
Bundy: Meine Frage, Herr Präsident, ist, ob wir nicht aus taktischen eh Gründen Senator Keating befragen und sein Datenmaterial überprüfen sollten. Ich meine, das, das sollte als Routineüberprüfung durch einen ausgewiesenen Beamten des Nachrichtendienstes geschehen.
Sprecher?: Ich denke, das ist (richtig?).
J. F. Kennedy: Was meinen Sie, Herr Vizepräsident?
[20] Johnson: Ich stimme mit Mac überein, daß man *das* tun sollte. Ich denke, daß wir verpflichtet sind, immer, wenn wir den Eindruck haben, daß es ein Aufgebot gibt, das in irgendeiner Weise gefährlich wird, alles zu tun, was wir tun müssen, um unsere Sicherheit zu gewährleisten. Ich würde sagen, die Einschätzung des Ministers in dieser Sache, die das Ganze nach allen Seiten erfaßt, ist recht genau; ich denke, man würde eine Woche brauchen, das durchzuführen. Vielleicht etwas weniger.

Ich würde eh gerne hören, was die zuständigen Kommandeure heute Nachmittag dazu zu sagen haben. Ich denke, die Frage mit diesen Stützpunkten ist, ob wir sie zerstören oder ob wir Gespräche darüber führen, und eh, beides, jede der Alternativen ist sehr beunruhigend, aber von den beiden, ich würde sie zerstören.
J. F. Kennedy: Nun, eh, das, eh …
Johnson: Angenommen, die Kommandeure wären dieser Meinung. Ich befürchte, wenn wir…. Ich habe das Wochenende mit den Botschaftern der Organisation der Amerikanischen Staaten verbracht. Ich halte diese Organisation für gut, aber ich glaube nicht, ich verlasse mich nicht allzusehr darauf, daß sie in so einer Sache Stärke zeigen. Und, ich, die Tatsache, daß

wir über unsere anderen Verbündeten sprechen, eh, ich schließe mich der Position an, die Mr. Bundy vertritt. Wir sollten all die Jahre damit leben (*unverständlich*), *unseren* Blutdruck hochtreiben. Aber Tatsache ist, der Blutdruck im Land *ist* hoch, und sie sind ängstlich, und sie sind unsicher, und wir geraten in eine Spaltung, und eh, ich glaube nicht, daß eh ... Ich nehme einmal dieses kleine *Bulletin des Außenministeriums*, das Sie an alle Kongreßmitglieder gesandt haben. Einer, einer der Punkte, die Sie anführen – daß sobald der Aufbau unsere Sicherheit in irgendeiner Weise gefährdet oder bedroht ist, wir sofort alles tun werden, was getan werden muß, um unsere eigene Sicherheit zu schützen. Und wenn Sie das sagen, nun die, geben Ihnen einmütige Unterstützung. Die Leute sind wirklich besorgt darüber, meiner Meinung nach. Eh, ich denke, wir müssen vernünftig und vorsichtig sein, mit den Kommandeuren reden und sehen, was sie sagen, was sie ... (Ich bin?) nicht sehr dafür, das im Kapitol und bei unseren Verbündeten zu verbreiten, obwohl ich einsehe, daß es ein Vertrauensbruch ist. Er besteht darin, sich nicht mit ihnen zu beraten. Wir werden keine große Hilfe in ihnen haben.

BUNDY: Es gibt einen Mittelweg. Es gibt unter unseren Hauptverbündeten oder ihren Regierungschefs zwei oder drei, mit denen wir uns zumindest auf der Basis einer Vorankündigung 24 Stunden vorher in Verbindung setzen könnten. Sicher erleichtert, erleichtert das ...

JOHNSON: (Erfordert einen großen?) (*unverständlich*) die Flugzeuge, die Schiffe, die U-Boote und alles andere am (Starten und Auslaufen?) zu hindern. Es einfach nicht zuzulassen. Und sie dann daran zu hindern, hereinzukommen.

SPRECHER?: Ja.

J. F. KENNEDY: Eh, eh, nun, das, was .... Das, worüber Sie eigentlich sprechen, sind zwei oder drei verschiedene eh (straffe?) Operationen. Eine ist der Angriff nur auf die, diese drei Stützpunkte. Eine, die zweite ist die breiter angelegte, von der Minister McNamara gesprochen hat und die sich auf die Flugplätze und auf die Boden-Luft-Raketenstellungen und auf alles bezieht, was mit eh Raketen zusammen- [21] hängt. Die dritte ist, diese beiden Dinge zu tun und außerdem gleichzeitig eine Blockade zu verhängen, was tatsächlich das eh, das eh dritte erfordert und ein weitreichenderer Schritt ist. Und dann ist, wie ich es verstanden habe, die vierte Frage der eh Grad der Konsultation. (*Gelöscht*)

SPRECHER?: Mhm.

J. F. KENNEDY: Müssen einfach (*unverständlich*) und es tun. Vermutlich sollten wir es ihnen doch sagen, am Abend vorher.

R. KENNEDY: Herr Präsident.

J. F. KENNEDY: Ja.

R. KENNEDY: Wir haben da auch noch die fünfte, und zwar die Invasion. Ich würde sagen, daß eh wir werfen Bomben auf ganz Kuba ab, wenn wir das zweite machen, eh Luft-, die Flugplätze, ihre Flugzeuge zerstören, sie auf alle ihre Raketen werfen. Damit deckt man den größten Teil Kubas ein. Wir töten furchtbar viele Menschen, und eh, und wir werden deswegen ganz schön Zunder kriegen ...

SPRECHER?: Ja.

R. KENNEDY: ... und, eh, und dann eh, wissen Sie, die Entrüstung, wir werden bekanntgeben, daß der Grund, weshalb wir das tun, ist, daß eh sie diesen Raketentyp herübersenden. Nun, ich würde meinen, die Russen sind schon fast gezwungen, dann zu sagen: Gut, wir senden wieder welche hin, und wenn ihr das noch einmal macht, dann werden wir, dann werden wir das gleiche in der Türkei machen, oder wir werden das gleich im Iran machen.

SPRECHER?: Haben sie die ...

J. F. KENNEDY: Ich glaube nicht, wir brauchen, mindestens, eh .... Wie lange brauchten wir, bis wir in der Lage sind, eine Invasion in Kuba durchführen zu können? Fast einen Monat? Zwei Monate?

MCNAMARA: Nein, Sir.

SPRECHER?: Direkt über den Strand ...

MCNAMARA:
J. F. KENNEDY:
TAYLOR:
J. F. KENNEDY:
SPRECHER?: (*Gelöscht*)
TAYLOR:
MCNAMARA:
J. F. KENNEDY:

[22] TAYLOR: Eh, zumindest reicht es, die Sache ins

Rollen zu bringen. Und ich würde sagen, es wäre, wer .... Es müßte reichen.
McNamara: Besonders, wenn es zu Beginn nicht auf Havanna gerichtet ist, das Gebiet um Havanna. Eh, das ist eine Variante. General Taylor und eh ...
J. F. Kennedy: Uns liegt kein wirkliches Gutachten darüber vor, wie die Reaktion der *Bevölkerung* auf all das aussehen würde, nicht wahr? Wir wissen nicht, ob ...
Taylor: Sie wären äußerst verwirrt, glauben Sie nicht?
J. F. Kennedy: Was?
Taylor: Große, große Verwirrung und Panik, glauben Sie ...
Carter?: Nun, es ist sehr schwierig, die Auswirkung einzuschätzen (*unverständlich*).
Sprecher?: Stimmt, stimmt.
McNamara: Irgendwann heute, ich denke, (im?) Außenministerium, werden wir das mit in Erwägung ziehen. Es besteht eine reelle Möglichkeit, daß wir eine Invasion machen müßten. Wenn man einen Luftangriff durchführen würde, könnte das zu einem solchen Aufstand führen, daß wir, um ein Blutbad unter, unter, eh, unter den freien Kubanern zu verhindern, eine Invasion machen müßten, um, um, eh, die Ordnung im Land wiederherzustellen. Und wir wären darauf vorbereitet, das zu tun.
Rusk: Ich würde eher denken, wenn es zu einem, einem umfassenden Luftangriff gegen die gesamten Luftstreitkräfte käme, könnte man es ebensogut machen, ganze Arbeit leisten.
J. F. Kennedy: Gut, lassen Sie uns eh beschließen, was wir tun sollten ...
R. Kennedy: Könnte ich noch eine Frage stellen?
J. F. Kennedy: Ja.
R. Kennedy: (*Gelöscht*)
[23] Taylor: Wenn Sie weniger geben, laufen Sie Gefahr, den Überraschungseffekt aufzugeben. Wenn Sie anfangen, Truppen zu verlegen, um, um das (*unverständlich*) zu verringern ...
R. Kennedy: Ja. Das ist nur eine Sache, es hat, es hat soviel Aufmerksamkeit um Berlin gegeben in der letzten .... Müßte man sie so bewegen, daß jeder wüßte, daß es Kubaner sind?
Taylor: (*Gelöscht*)
McNamara: Eh, darf ich darauf hinweisen, daß wir, wir erwähnten diesen anderen Plan, darüber wurde gesprochen. Wir sollten auf eine Reihe von Eventualitäten vorbereitet sein, nachdem der Luftangriff angefangen hat. Ich denke, es ist nicht wahrscheinlich, aber vorstellbar, daß der Luftangriff einen landesweiten Aufstand auslösen würde. (*Gelöscht*)
[...]
J. F. Kennedy: Aber unt- .... Das, das Problem ist, wie ich es sehe .... Wir haben zwei Probleme. Eins ist, wieviel Zeit wir bei diesen speziellen Raketen haben, bis sie einsatzbereit sind.
McNamara?: Richtig.
J. F. Kennedy: Haben wir zwei Wochen? Sollten wir zwei Wochen haben, dann könnten wir das alles vorbereiten und fertig zum Einsatz haben, aber un-, die eigentliche Frage ist, ob wir zwei Wochen warten können.
Sprecher?: Ja.
Taylor: Ich glaube nicht, daß wir das je wissen werden, Herr Präsident, diese Fragen der Einsatzbereit-[24]schaft, weil eh dieser Raketentyp eh läßt sich mit einer getarnten behelfsmäßigen Vorrichtung sehr schnell abschießen.
[...]
Bundy: Eine äußerst wichtige Frage ist, ob es noch andere Stellungen gibt, bei denen vorstellbar ist, daß sie sogar noch eher einsatzbereit sein könnten, und die wir *nicht* identifiziert haben.
McNamara: Deshalb meine ich, daß wir, sobald wir hier fortgehen, Mac, eben diese neue Genehmigung nehmen müssen, die wir haben, und sie ... [...]
McNamara: Wir, wir, wir haben bereits ganz im stillen Munition und *POL* verlegt. Wir werden bis zum zwanzigsten, das ist Freitag, glaube ich, werden wir Munitions- und *POL*-Vorräte[14] im Südosten des Landes stationiert haben. So daß eine Art von Truppenbewegung bereits beginnt ...
[25] J. F. Kennedy: Was ist *POL*, mh?
McNamara: Treibstoff, Öl, Schmiermittel. So daß diese Verlegung bereits stattgefunden hat, und es war möglich, das im stillen durchzuführen.
J. F. Kennedy: Was ist mit den Panzereinheiten und so weiter? Was ist mit all den ...
McNamara: (*Gelöscht*)

5. Der »Sachzwang« (I)

TAYLOR: Ich denke, unser Standpunkt kann sich aufgrund nachträglicher Korrekturen hier noch etwas ändern. Nach der Entscheidung würden wir nur die bekannten Raketenstellungen außer Gefecht setzen und die Flugplätze nicht. Es besteht eine große Gefahr, daß die Ausrüstung für all die, die in Frage kommenden Flugzeuge weit gestreut ist. [...]
J. F. KENNEDY: Der Vort-, was ist .... Der Vorteil, wenn man diese Flugzeuge außer Gefecht setzt, wäre, uns vor einem Vergeltungsschlag zu schützen...
TAYLOR: Ja.
J. F. KENNEDY: ... von ihnen. Ich würde meinen, man müßte er-, davon ausgehen, daß sie eh konventionelle Bomben einsetzen und keine Atomwaffen, weil es liegt auf der Hand, warum sollten die Sowjets zulassen, daß ein Atomkrieg auf eine dermaßen dumme Art ausbricht?
MCNAMARA: Ich denke, das ist einleuchtend.
[...]
J. F. KENNEDY: Sie meinen also, wenn wir die eh, Raketenstellungen außer Gefecht setzen, dann würden Sie gerne auch gleichzeitig diese Flugzeuge außer Gefecht setzen?
CARTER?: Es gibt acht Flugplätze, von denen diese Jets starten können. Acht (*unverständlich*)...
BUNDY: Aber politisch – wenn sie versuchen, ihm verständlich zu machen, wo die Grenzen liegen und [26] wieviel Toleranz wir noch haben, und es ihm so leicht wie möglich machen – hat es enorme Vorteile, eine begrenzte, eine so begrenzte und klar umrissene Aktion wie möglich zu führen, gegenüber dem Wagnis einer eh, alle einsatzbereiten Flugplätze anzugreifen wird eine Art von...
J. F. KENNEDY: General.
TAYLOR?: Ich frage mich, ob wir erfahren könnten, eh...
[...]
TAYLOR?: ... wie viele Stunden für jede Art von Luftangriff nötig sind, wenn wir nur abzielen würden auf...
CARTER?: Ja, sicher, sicher.
J. F. KENNEDY: Gut, also, was ist, eh haben wir, was wollen wir tun, müssen wir in den nächsten 24 Stunden tun, um uns auf jede dieser drei vorzubereiten? Mit scheint, daß wir mehr oder weniger alle das gleiche tun wollen, ganz gleich, wofür wir uns letzten Endes entscheiden (*unverständlich*)...
BUNDY: Wir haben Auftrag gegeben, Herr Präsident, wir haben eine Entscheidung über zusätzliche Aufklärungseinsätze, eine unbedeutendere Entscheidung, daß wir Senator Keating sprechen werden. Scheint (daß?)...
J. F. KENNEDY: Ich glaube nicht, daß Keating...
BUNDY: Nein.
J. F. KENNEDY: ... so nützlich sein wird.
BUNDY: Lassen Sie das aus.
J. F. KENNEDY: Ja.
R. KENNEDY: Ich denke, das wird, dann wird er nachher sagen, wir hätten versucht...
BUNDY: In Ordnung, der nächste, eh....
R. KENNEDY: ... ihn zu bedrängen.
BUNDY: Ich denke, wir müssen wissen, zu welchem frühesten Zeitpunkt wir für die Luftangriffe in dem jeweiligen Ausmaß einsatzbereit sind und wie lange man brauchen würde, sie durchzuführen.
[...]
DILLON: Eine andere Frage ist, was – wenn überhaupt etwas – zu tun ist, um auf eh die Eventualität eines sowjetischen Eingreifens vorbereitet zu sein?
J. F. KENNEDY?: Und dann denke ich, was wir tun sollten....
[27] MCNAMARA?: Welche Form von Alarmbereitschaft zu veranlassen...
J. F. KENNEDY?: ... ist, einzuschätzen, wie hoch die minimale Zahl von Leuten ist, denen wir das wirklich sagen müssen. (*Gelöscht*)
BUNDY: Richtig. (*Gelöscht*) Man muß es sagen, mir scheint, man wird es SACEUR[15] sagen müssen...
J. F. KENNEDY: Mhm.
BUNDY: ... und, eh dem Kommandanten.
DILLON: Ich meine, diese Sache mit der sowjetischen Reaktion, daß da, es könnte nützlich sein, eh, wenn wir vielleicht einige Maßnahmen in der Art eh einer allgemeinen Kriegsvorbereitung treffen könnten, die ihnen zeigen würden, daß wir vorbereitet sind, wenn sie irgend etwas in Gang bringen wollen, ohne, was Sie auch könnten, irgend etwas ins Rollen zu bringen.
BUNDY: Ein....

DILLON: Man weiß einfach nicht.
BUNDY: Ein offensichtlicher Faktor auf der politischen Seite ist in dieser Linie, sagen wir etwas gleichzeitig oder eh, zu den Kubanern, zu den Sowjets, oder lassen wir die Taten für sich sprechen?
RUSK: Dieser Punkt, ob wir den Kubanern und den Sowjets etwas sagen, bevor irgend, bevor ...
J. F. KENNEDY: Ich denke, wir sollten, was wir tun sollten, ist, ist, eh nach dieser Sitzung heute nachmittag sollten wir heute abend um sechs wieder zusammenkommen, die verschiedenen eh Vorschläge abwägen. In der Zwischenzeit werden wir mit Hochdruck weitermachen, alles, was für die Flüge gebraucht wird, und außerdem werden wir .... Ich glaube nicht, daß wir viel Zeit haben mit den Raketen. Sie können .... Es kann also sein, daß wir einfach müssen, wir können nicht zwei Wochen warten, während wir uns auf den Einsatz vorbereiten. Vielleicht müssen wir sie eben einfach zerstören und unsere anderen Vorbereitungen fortsetzen, wenn wir uns entschließen, das zu machen. Darauf läuft es möglicherweise hinaus. Ich denke, wir sollten uns sofort von jetzt an vorbereiten .... Denn, das werden wir ohnehin tun. Wir werden mit Sicherheit Nummer eins durchführen; wir werden diese eh, Raketen zerstören. Eh, die Frage wird sein, ob das, was ich als Nummer zwei bezeichnen würde, das wäre ein umfassender Luftangriff. Das können wir noch nicht sagen, aber wir sollten Vorbereitungen dafür treffen. Das dritte ist die, ist die eh umfassende Invasion. Zumindest werden wir Nummer eins durchführen, daher scheint mir, daß wir nicht sehr lange warten dürfen. Wir, wir sollten *diese* Vorbereitungen treffen.
BUNDY: Sie sollten sich darüber klar sein, Herr Präsident, ob wir uns *definitiv gegen* einen politischen Weg entschieden haben. Ich persönlich meine, wir sollten ...
[28] TAYLOR?: Nun, wir müssen ...
BUNDY: ... eine Möglichkeit dafür erarbeiten.
TAYLOR?: Wir, wir werden beide Wege ausarbeiten.
J. F. KENNEDY: (*Gelöscht*) Wir sollten eben entscheiden, mit wem wir sprechen und wie lange im voraus und mit wie vielen Leuten wirklich, in der Regierung. Es wird Meinungsverschiedenheiten geben zwischen denen, die wissen, daß es – und das wird in den nächsten paar Tagen durchsickern – diese eh, eh, Basen gibt, bis wir es sagen, oder das Pentagon oder das Außenministerium bleibt nicht hart. Wir haben es bereits auf dem (*unverständlich*) gesagt. Also wir, sagen wir, wir haben noch zwei oder drei Tage.
BUNDY: Gut, lassen wir es doch, sollen wir es nicht darauf ankommen lassen und eh einfach sagen, es gibt keinen Beweis und wir müssen ...
J. F. KENNEDY: Wir sollten den Kampf hinauszögern, bis wir etwas unternehmen wollen.
[...]
J. F. KENNEDY: Sonst verraten wir uns, also lassen Sie ...
BUNDY: Darf ich noch einen anderen Vorschlag zur Tarnung machen ...
J. F. KENNEDY: Ja.
BUNDY: ... Herr Präsident? Es wird Sitzungen im Weißen Haus geben. Ich denke, das beste, was wir tun können, ist, die Leute mit einer speziellen lateinamerikanischen Angelegenheit im Dunkeln zu halten und den Rest als »intensive Sitzung zur Etatprüfung« zu erklären, aber ich konnte mir noch nichts anderes überlegen ...
J. F. KENNEDY: Keiner, scheint mir, im Außenministerium. Ich habe die Angelegenheit mit eh, Bohlen von der Sowjetabteilung besprochen und ihm gesagt, er könnte mit Thompson sprechen. Das sind also diese beiden. Mir scheint, daß zu niemandem sonst im Außenministerium darüber gesprochen werden sollte ...
[...]
J. F. KENNEDY: ... in keiner Weise und eh, bis wir etwas mehr wissen. Und dann, wie ich sagte, im Verteidigungsministerium müssen wir es so geheim wie möglich halten ...
[...]
J. F. KENNEDY: ... besonders, was wir deswegen unternehmen wollen. Vielleicht wissen eine ganze Menge Leute davon, was da ist, aber was wir dagegen unternehmen werden, sollte wirklich, verstehen Sie, am allergeheimsten bleiben, weil wir es uns sonst verderben.
[29] MCNAMARA: Herr Präsident, darf ich vorschlagen, daß wir heute nachmittag wiederkommen und darauf vorbereitet sind, drei Fragen zu beantworten.

Erstens, sollten wir unsere Überwachungsflüge bekanntgeben? Ich denke, das ist eine *sehr* wichtige ...
SPRECHER?: Sehr wichtiger Punkt.
MCNAMARA: ... Frage im Moment. Wir sollten versuchen, uns heute für ja oder nein zu entscheiden.
[...]
MCNAMARA: Ich meine, sollten wir öffentlich erklären ... [...]
MCNAMARA: ... daß, daß Sie erklärt haben, wir werden, wir werden etwas tun, um alle Offensivwaffen auszuschalten. Um sicherzugehen, ob Offensivwaffen da sind oder nicht, planen wir U-2-Flüge oder andere Überwachungs- ...
[...]
MCNAMARA: ... oder Aufklärungsflüge, um eh, diese Informationen zu bekommen. Wir werden die Information eh, veröffentlichen.
J. F. KENNEDY: Vielleicht gibt es keine. In Ordnung, warum nicht?
MCNAMARA: Das ist eine Frage. Eine zweite Frage ist, sollten wir den militärischen Maßnahmen politische Schritte vorausgehen lassen? Wenn ja, in welcher zeitlichen Folge? Ich würde annehmen, die Antwort ist fast mit Sicherheit ja. Und ich würde nicht, ich würde da besonders an die Kontakte mit Chruschtschow denken. Und ich meine, falls sie stattfinden sollen, müssen sie zeitlich sehr, sehr sorgfältig im Verhältnis zu einem möglichen militärischen Vorgehen geplant werden. Es muß eine sehr, sehr präzise Folge von Kontakten mit ihm geben und Hinweise darauf, was wir zu bestimmten Zeiten in deren Folge tun werden. Und drittens sollten wir darauf vorbereitet sein, Ihre Fragen hinsichtlich des, des Wirkungsgrades dieser Angriffe und der erforderlichen Zeit, sie durchzuführen, zu beantworten. Ich denke ...
J. F. KENNEDY: Wie lange es dauern würde, sie zu organisieren.
MCNAMARA: G-, g-, genau. Wir werden darauf vorbereitet sein ...
J. F. KENNEDY: Mit anderen Worten, wie viele Tage von morgen früh an würde es .... Wie viele Morgen von morgen früh an würde es dauern, nur diese Raketen auszuschalten ...
MCNAMARA: Raketenstellungen, richtig.
J. F. KENNEDY: ... Raketenstellungen auszuschalten, die wir, (nun?) wir jetzt kennen müssen? Wie lange dauert es, bis wir die Informationen über den Rest der Insel bekommen, was schätzen Sie, General?
[30] CARTER: Könnte Wochen dauern, Herr Präsident.
J. F. KENNEDY: Wochen?
SPRECHER?: Eh ...
CARTER: Um eine wolkenverhangene Insel vollständig abzudecken.
BUNDY oder
MCNAMARA?: Hängt vom Wetter ab.
TAYLOR: Nun, wir, wir haben jetzt etwa 80 Prozent, nicht wahr (*unverständlich*)?
LUNDAHL: Ja, Sir. Es hängt sehr davon ab, was wir mit dem Flug von gestern herausfinden, Sir. Sie werden nicht (*unverständlich*) ...
[...]
J. F. KENNEDY: ... der Teil der Insel, der *nicht* von eh diesem Flug abgedeckt ist, den wir, eh bis morgen früh. Was halten sie davon eh, den morgen eh zu machen plus den bewölkten Teil im Tiefflug? Haben wir ein Flugzeug, das ...
BUNDY: Wir können natürlich im Tiefflug fliegen ...
SPRECHER?: Tief fliegen, tiefer fliegen (*unverständlich*) ...
BUNDY: ... und wir haben gezögert, das zu machen. Die, die einzige Sache, über die man sich bei niedrigen Höhen Sorgen machen muß, ist, daß das eine Art von taktischem Alarm auf der Insel auslöst, und ich bin mir nicht sicher, ob wir das wollen. Wir vermuten, daß man die in großen Höhen tatsächlich nicht entdeckt hat.
[31] TAYLOR: Ich denke, das stimmt.
BUNDY?: Keinerlei Reaktionen.
J. F. KENNEDY: Ich denke, wenn wir tatsächlich hingehen und diese und irgendwelche anderen, die wir finden, ausschalten, dann würden wir eh gleichzeitig aus geringer Höhe eine umfassende ...
BUNDY: Man könnte gleichzeitig eine aus geringer Höhe von (all?) denen machen, die wir noch nicht gesehen haben.
[...]
BUNDY: Das wäre sicher vernünftig.
J. F. KENNEDY: Dann wären wir darauf vorbereitet ...

BUNDY: Es ist in der Tat so . . .
J. F. KENNEDY: . . . sie fast jederzeit auszuschalten.
BUNDY: . . . aus Gründen des Nachweises, eh, jemand hat heute morgen darauf hingewiesen, daß wir, wenn wir einen Blitzangriff führen, ein Aufklärungsflugzeug Aufnahmen machen lassen sollten von den (Treffern?).
[. . .]
TAYLOR?: Ich denke, das ist richtig, das ist (*unverständlich*).
J. F. KENNEDY: In Ordnung, gut, also, ich denke, wir müssen, eh (*unverständlich*) für das für uns, alles schnell und im stillen und vollständig zu tun, das müssen wir in den nächsten zwei oder drei Tagen tun. Also treffen wir uns um sechs?
[. . .]
R. KENNEDY: Wie lange . . . Entschuldigung. Ich habe mich gerade gefragt, wie lange es dauern würde, wenn man sie nehmen würde und eine Invasion (machen oder anschließen würde?)?
TAYLOR: Eine Invasion vorzubereiten?
R. KENNEDY: Nein, wie lange würde es dauern . . .
SPRECHER?: Was ist das . . .
R. KENNEDY: . . . eh, die Insel einzunehmen?
TAYLOR: Sehr schwer einzuschätzen, Bobby . . .
[. . .]
(*Es finden verschiedene Gespräche statt, und von jedem sind nur Bruchstücke zu verstehen.*)
[32] TAYLOR:
SPRECHER?:
MCNAMARA: (*Gelöscht*)
SPRECHER?:
J. F. KENNEDY: Ja, so bekommen wir eine Vorstellung von unserem Empfang da. Ich vergeude einfach äußerst ungern auch nur diese sechs Stunden, es kann also sein, daß wir vielleicht eh einige Schritte in den nächsten sechs Stunden unternehmen, eh . . .
[. . .]

Nr. 17

Tonbandtranskript der Sitzung des Exekutiv-Komitees des Nationalen Sicherheitsrates am Nachmittag des 16. Oktober 1962 (gekürzt)[1]

Cuban Missile Crisis Meetings, October 16, 1962, 6:30 – 7:55 PM.

(John F. Kennedy Library, Boston: President's Office Files, Presidential Recordings, Transcripts, Cuban Missile Crisis Meetings, October 16, 1962)

1. Gibt es neue Nachrichten?

[1] J. F. KENNEDY: Eh, irgend etwas drauf?
CARTER: Nichts auf dem neuen Film, Sir. Wir haben eine viel bessere Auswertung von dem, was uns ursprünglich vorlag. Es gibt stichhaltige Hinweise, daß sie Raketen rückwärts gegen jede der vier Abschußrampen auf jedem der drei Stützpunkte fahren, so daß also schließlich die doppelte Anzahl – insgesamt acht – errichtet werden könnte. Das würde ein Potential von sechzehn bis möglicherweise vierundzwanzig ergeben. Wir haben aufgrund der Informationen, die uns zur Zeit vorliegen, den Eindruck, daß es sich hier eher um Feststoffraketen mit Trägheitsnavigation und einer Reichweite von gut 2000 Kilometern handelt als um die sauerstoffgetriebenen eh, radargesteuerten. Vor allem, weil wir keinerlei Hinweis auf Radar haben und keinerlei Hinweis auf Sauerstoffausrüstungen. Und vom Standpunkt einer Geheimdienstschätzung würde es nur logisch erscheinen, daß sie, wenn sie sich schon so viel Mühe machen, auch noch weiter gehen und die 2000-Kilometer-Raketen stationieren wegen der ungemein hohen Erweiterung des bedrohten Gebiets. Zeigen Sie mir diese (*unverständlich*).
J. F. KENNEDY: Was ist das für eine Karte?
CARTER: Das ist, zeigt den Umkreis der Reich- ...
J. F. KENNEDY: Wann ist das gezeichnet worden?
CARTER: ... weite.
J. F. KENNEDY: Ist das nach dieser Information gezeichnet?
CARTER: Eh, nein, Sir. Es wurde eh, vor einiger Zeit gezeichnet, glaube ich, aber das sind mehr die nominellen Reichweiten als die maximalen.
SPRECHER?: Die Kreise (darum oder sind hinzugefügt?) ...
CARTER: Das ist ein Radius von 1900 Kilometern gegenüber 2100 Kilometern.
J. F. KENNEDY: Nun, ich habe mich gerade gefragt, eh ob eh, diese Raketen in San Diego de los Baños sind?
CARTER: Eh, ja, Sir. Nun, das ...
J. F. KENNEDY: Nun, ich frage mich, wie viele hiervon gedruckt worden sind.
BUNDY: Ja, nun, der Kreis ist mit roter Tinte *auf* die Karte gezeichnet, Herr Präsident.
CARTER: Der Kreis ist ...
J. F. KENNEDY: Oh, ich verstehe. Sie wurde nie gedruckt?
CARTER: Nein, das ist oben drauf.
[2] J. F. KENNEDY: Ich verstehe. Das ist nicht gedruckt.
CARTER: Daraus würde hervorgehen, daß mit diesem Raketentyp, mit den Feststofftriebwerk- und Trägheitsnavigationssystemen, daß sie wohl innerhalb von zwei Wochen einsatzbereit sein könnten, wie wir die Aufnahmen jetzt sehen. Und einmal einsatzbereit eh, könnten sie sie innerhalb sehr kurzer Zeit abschießen. Nach dem Abschuß einer Rakete braucht man vier bis sechs Stunden pro Abschußrampe bis zum nächsten Start.
J. F. KENNEDY: Wie sieht es mit der Anfälligkeit dieser Raketen gegen eh, g-, eh Kugeln aus?
SPRECHER?: Äußerst anfällig, (Herr Präsident?).
CARTER: Eh, sie sind anfällig. Sie sind nicht annähernd so anfällig wie die sauerstoffgetriebenen, aber sie sind anfällig für normales Gewehrfeuer. Wir haben keinerlei Hinweise auf ein Lager für Atomsprengköpfe in der Nähe der Feldabschußrampen. Aber wir haben schon seit vergangenen Februar eine ungewöhnliche Einrichtung unter Beobachtung, die jetzt mit automatischen Flugabwehrwaffen geschützt ist. Sie ist in (Bahu?). (*Gelöscht*)

Das ist der beste Kandidat für eine Stellung und wir haben sie zur weiteren Überwachung vorgemerkt. Aber die Anzeichen reichen wirklich absolut nicht aus, um zu sagen, daß es dort eine Lagermöglichkeit für Atomwaffen *gibt*. Es handelt sich hier um Feldabschußrampen. Sie haben mobile Versorgungs-, Hebe- und Prüfeinrichtungen. (*Gelöscht*)
J. F. Kennedy: Eh, General, was würden Sie sagen, wie lange haben wir eh, bis diese – zumindest so gut Sie es für die, die uns derzeit bekannt sind, einschätzen können – abschußbereit sind?
Carter: Nun, unsere Leute schätzen, daß diese innerhalb von zwei Wochen voll einsatzbereit sein könnten. Eh, das wäre der gesamte Komplex. Wenn es sich hier um den Sauerstofftyp handelt, eh, haben wir keine.... Das würde erheblich länger dauern, da wir keinerlei Hinweis auf eh, auf Sauerstofftanks da haben oder auch auf Radareinrichtungen.
Sprecher?: Das würde aber die Möglichkeit nicht ausschließen, daß eine davon schon sehr viel früher einsatzbereit wäre.
Carter: (Nun oder nein?), eine davon, eh eine von ihnen könnte schon sehr viel früher einsatzbereit sein. Unsere Leute haben den Eindruck, daß man diese hier vermutlich seit Anfang September stationiert hat, stationiert. Es war zweimal ein sowjetisches Schiff hier, das seitlich eine 2,40 Meter große Ladevorrichtung hat. Und das ist soweit das einzige Transportfahrzeug, von dem wir vermuten würden, daß es sie hergebracht hat. Und das kam Ende August und eins Anfang September. (Eh...)
Sprecher?: Warum müßte das (denn?) seitlich sein?
Carter: Nun, es ist wohl einfacher, sie einzuladen, schätze ich.
[...]
[3] Rusk: Eh, die, die, die vollständige Auswertung der eh Flüge von gestern wird heute abend fertig sein, meinen Sie?
Carter: Sie müßte eh wohl bis Mitternacht fertig sein.
J. F. Kennedy: Also was, sie sollten die ganze Insel abdecken, nicht wahr, mh?
Carter: Eh, ja, Sir.
J. F. Kennedy: Bis auf...
Carter: In zwei Partien. Aber, eh, ein Teil des Zentrallandes und, eigentlich ein Großteil des Zentrallandes und ein Teil des Ostens lag unter einer Wolkendecke. Die westliche Hälfte hatte, eh, wirklich gute Sicht.
J. F. Kennedy: Ich verstehe. Nun, was steht für morgen an?
Carter: Da gibt es sieben, sechs oder sieben...
McNamara: Ich komme gerade (*unverständlich*) (Ausrüstung?). Wir haben sieben U-2-Flugzeuge einsatzbereit: zwei U-2s für große Höhen, fünf U-2s für geringere Höhen; sechs sind mit einem alten Filmtyp ausgestattet, eine ist mit einem neuen Versuchsfilm ausgerüstet, der hoffentlich die Auflösung verbessert. Wir *brauchen* nur zwei Flüge morgen, wenn das Wetter gut ist. Wir werden nur zwei machen, wenn das Wetter gut *ist*. Sollte das Wetter *nicht* gut sein, fangen wir mit zwei Flügen an und halten die anderen startklar, damit sie fliegen können, sobald das Wetter im Laufe des Tages aufklart. Wir lassen Wetterflugzeuge an der Peripherie von Kuba kreisen und können das Wetter im Laufe des Tages in allen Teilen der Insel verfolgen. Damit werden wir hoffentlich morgen eine vollständige Abdeckung erreichen. Wir planen, das anschließend jeden Tag zu machen oder die Einsatzbereitschaft zu haben, das jeden Tag zu machen, und zwar auf unbegrenzte Zeit.
Carter: Das ist ein Feldraketentyp, und (*Gelöscht*) er ist darauf angelegt, daß er sich in sechs Stunden in Stellung bringen, aufbauen und abschießen läßt. Eh, es hat den Anschein, daß wir ihn in einem sehr frühen Stadium der Stationierung entdeckt haben. Es hat auch den Anschein, als schiene es ihnen nicht so dringend zu sein, sie *sofort* in Stellung zu bringen. Das könnte sein, weil sie noch nicht überprüft sind. Oder es könnte sein, daß es sich um die Rakete mit kürzerer Reichweite handelt, und die Radareinrichtungen und der Sauerstoff noch nicht eingetroffen sind.
[4] J. F. Kennedy: Es besteht für Sie aber kein Zweifel, eh, daß es sich um eine Mittelstreckenrakete größerer Reichweite handelt?
Carter: Nein, daran haben wir nicht den geringsten Zweifel. Das sind...
J. F. Kennedy: Nur (*unverständlich*)...
Carter: ... nach all den Charakteristika, die wir gesehen haben, (echte?).

RUSK: Sie haben tatsächlich die Raketen gesehen und nicht nur die Wagenaufbauten, nicht wahr?
CARTER: Nein, wir haben sie gesehen.... Auf der Aufnahme ist *eine* wirkliche Rakete.
RUSK: Ja. Sicher, da ist eine.
CARTER: Ja. Da haben wir keinen Zweifel, Sir. Und sie *sind* echt. Sie sind keine eh Attrappe oder ein verkappter Versuch, uns hereinzulegen.
BUNDY: Wieviel wissen wir, eh, (Pat?)? Ich möchte Ihr Urteil nicht in Zweifel ziehen, aber eine Sache, die *wirklich* katastrophal wäre, wäre, hier ein Urteil zu fällen aufgrund einer, einer *falschen* Vermutung, was diese Dinger *sind*. Das darf uns nicht passieren.
CARTER: Nun...
BUNDY: Woher *wissen* wir wirklich, was das für Raketen sind und welche Reichweite sie haben?
CARTER: (*Gelöscht*)
BUNDY: Was (war ausschlaggebend?) für die Verifizierung? Das ist meine eigentliche Frage. Woher wissen wir, was eine bestimmte sowjetische Rakete machen wird?
CARTER: (*Gelöscht*)
BUNDY: Ich weiß, daß wir sie angenommen haben...
CARTER: Das ist...
BUNDY:
CARTER: (*Gelöscht*)
[5] RUSK: Pat, wir kennen keine sowjetische 20-Meter-Rakete, die eine Reichweite von, sagen wir, 25 Kilometern hat, nicht wahr?
CARTER: 25 Kilometer? Nein, bestimmt nicht.
RUSK: Mit anderen Worten, wenn das Raketen dieser Größe sind, sind es Raketen mit einer erheblichen Reichweite, denke ich.
MCNAMARA: Ich habe heute versucht, zu beweisen – ich bin, ich bin zufriedengestellt –, daß das keine Mittelstreckenraketen größerer Reichweite wären. Und ich habe mich lange damit befaßt. Ich habe unsere Experten hinzugezogen, und ich konnte *keinen* Beleg finden, der *irgendeinen* anderen Schluß zugelassen hätte, als daß es Mittelstreckenraketen sind. Ob es sich nun um solche von 2000, 1100 oder 1600 Kilometern handelt, ist *meiner* Meinung nach eine Vermutung. Aber daß es Mittelstreckenraketen sind, scheint im Moment die wahrscheinlichste Annahme zu sein.
SPRECHER?: Ich würde dem eindeutig zustimmen, eh, die Bedeutung dessen mit einbezogen.
J. F. KENNEDY: Kommt General Taylor noch herüber?
MCNAMARA: Ja, eh, Herr Präsident.
J. F. KENNEDY: Sind sie fertig, General?
CARTER: Ja, Sir. Das, ich glaube, das ist im, eh (*unverständlich*)...

2. Der Abgesang der Diplomatie (II)

RUSK: (Weil?) wir hatten einige weitere Arbeitssitzungen heute nachmittag, und wir werden (gleich?) heute abend weiter daran arbeiten, aber ehm, ich könnte einige Punkte nennen, über die einige von uns besorgt sind. Einer ist, ehm, die Chance, daß eh, dies der Punkt sein könnte, an dem eh Castro sich dafür entscheiden würde, mit Moskau zu brechen, wenn er wüßte, daß er in tödlicher Gefahr schwebt. Nun, die Chancen dafür stehen hundert zu eins, wahrscheinlich. Aber jedenfalls, ehm, wir, wir sind sehr an der Möglichkeit einer direkten Botschaft an Castro interessiert, eh, ebenso an Chruschtschow, könnte sinnvoll sein (*Gelöscht*). Eh, Mr. Martin wird Ihnen in groben Zügen darlegen, eh, an welche Art von eh Botschaft an Castro eh wir gedacht hatten.
MARTIN: Es ginge um eine mündliche Note, Botschaft über eine dritte Partei. Eh, erstens einfach eine Beschreibung, was wir über das wissen, was in d-, den Raketenstellungen ist, so daß er weiß, daß wir informiert sind, was vorgeht. Eh, zweitens, klarstellen, daß die Streitfragen, die das aufwirft, soweit es die Sicherheit der Vereinigten Staaten betrifft, eine Verletzung von zwei der von Ihnen veröffentlichten Punkte darstellt. Eh, erstens die Boden-Boden-Rakete und zweitens ist es offensichtlich eine von den Sowjets betriebene Basis in Kuba. Eh, drittens, das stellt Castro vor die größten Probleme, so wie wir es sehen. In erster Linie, eh, haben die Sowjets ihn mit diesem Vorgehen eh der Gefahr eines Angriffs durch die Vereinigten Staaten ausgesetzt, und eh, damit auch eines Umsturzes seines Regimes; sein Territorium benutzt, um eh, das zu machen, eh, ihn in diese Gefahr zu bringen. Und zweitens sprechen die Sowjets mit anderen Leuten über die Möglichkeit, diese Unterstützung und die Raketen eh gegen Konzessio-

nen in Berlin und anderswo einzutauschen und dro- [6] hen damit, ihn bei einem Tauschhandel aufzugeben. Eh, unter diesen Umständen fragen wir uns, ob eh, er sich über die, die Lage im klaren ist, eh in die man ihn gebracht hat, und über die Art, in der die Sowjets ihn benutzen.

Dann sagen wir weiter, daß eh wir unser Volk über die Bedrohung unterrichten müssen, die hier existiert, und daß wir vorhaben, am nächsten Tag oder so Maßnahmen einzuleiten. Und wir werden das tun müssen, es sei denn, wir erhalten Nachricht von *ihm*, daß *er* bereit ist, Maßnahmen zu ergreifen, die Sowjets aus der Stellung herauszubekommen. Eh, er wird uns das nicht nur mit Erklärungen, privaten oder öffentlichen, zeigen müssen, sondern eh mit Taten; daß wir beabsichtigen, eh durch Überfliegen die Stellung sorgfältig zu überwachen, um si-, um zu erfahren, was tatsächlich gemacht wird. Aber wir müssen wissen, daß er etwas *tut*, um diese Bedrohung zu beseitigen, eh, um die Maßnahmen zu verhindern, die wir beabsichtigen, die zu ergreifen wir gezwungen sind.

Eh, sollte eh Castro den Eindruck haben, daß ein Versuch *seinerseits*, so vorzugehen, wie wir es ihm vorschlagen, eh ihn innerhalb Kubas in ernsthafte Schwierigkeiten bringen würde, möchten wir ihn zumindest wissen lassen, mh, eh, und ihm zu verstehen geben und die Erklärung in Erinnerung rufen, die Sie, Herr Präsident, vor eineinhalb Jahren abgegeben haben, daß es zwei Punkte gibt, über die es kein Verhandeln gibt. Einer ist die Bindung an die Sowjets und deren Präsenz, und der zweite ist eine Aggression in Lateinamerika. Das ist eine, eine Andeutung und nichts mehr als das, daß eh wir vielleicht Wohlwollen zeigen und ihm helfen, falls er in Schwierigkeiten gerät, wenn er versucht, die Kommunisten alter Schule und die Sowjets hinauszuwerfen.

RUSK: Ja.

MARTIN: Wir geben ihm 24 Stunden Zeit, zu antworten.

RUSK: Der Nachteil dabei ist natürlich die eh, die Vorwarnung, wenn er annimmt, daß wir, wir würden bei diesem, bei einem solchen Vorgehen hier nicht genau sagen, was wir tun würden, aber eh, es könnte ihn natürlich dazu veranlassen, mobile Flugabwehrwaffen um diese eh Raketen zu stationieren eh, oder, eh andere Maßnahmen zu ergreifen, die den Angriff um so schwieriger machen würden. Ehm, aber das ist das, das ist der (Schritt der?).

Es gibt noch zwei andere Fragen, die uns Sorgen machen. Eh, wenn wir die Raketen angreifen, müssen wir, glaube ich, eh mit stärksten Reaktionen der Kommunisten in Lateinamerika rechnen. Bei etwa sechs der Staaten könnte es – sofern die Regierungschefs nicht einen Hinweis erhalten eh, daß gewisse Vorkehrungen vom Sicherheitsstandpunkt aus notwendig sind – eh, könnte die ein oder andere Regierung leicht gestürzt werden (*Gelöscht*) eh, daher eh, eh, stellt sich die Frage, ob wir sie nicht irgendwie eh, in irgendeiner Weise auf den Ernst der Lage hinweisen sollten, so daß sie Vorsichtsmaßnahmen treffen können, ob wir ihnen nun genau sagen, was wir vorhaben oder, oder nicht[2].

Das andere Problem ist die NATO. Ehm, wir, eh, [7] wir schätzen, daß die Sowjets, eh, fast mit Sicherheit, eh, irgendwo etwas unternehmen würden. Ehm, einen derartigen Schritt zu unternehmen, ohne eh, unsere engeren Verbün- von einer Angelegenheit zu unterrichten, die sie einer sehr großen, eh, Gefahr aussetzen könnte, eh, ist eine sehr, eh, weitreichende Entscheidung. Und eh, wir könnten uns in einer Situation wiederfinden, in der wir isoliert sind und das Bündnis zerfällt, ganz so wie es eine Zeitlang während der Suezkrise war, doch in einem Augenblick sehr viel größerer Gefahr wegen einer Angelegenheit, die eine sehr viel stärkere Bedrohung für die Allianz darstellt als die Suezkrise[3]. Ich denke, das sind Fragen, an denen wir heute abend sehr gründlich arbeiten werden, aber ich dachte, ich sollte sie erwähnen, weil sie, eh, zwangsläufig einen Teil dieses Problems bilden.

3. Der »Sachzwang« (II)

J. F. KENNEDY: Können wir zu einer ungefähren Vorstellung kommen, wie die militärische Seite nun aussieht? Gut, natürlich würden sie vorschlagen, sie zu zerstören?

MCNAMARA: (*Gelöscht*)

J. F. KENNEDY: Das hieße, diese drei Raketenstellungen zu zerstören eh und alle MIGs?
MCNAMARA: Nun, man kann von den drei Raketenstellungen ausgehen und ausdehnen auf die drei Raketenstellungen plus die MIGs, auf die drei Raketenstellungen plus MIGs plus Atomwaffenlager plus Flugplätze und so weiter, durch das gesamte Offensiv-, potentielle Offensiv- (*unverständlich*) . . .
J. F. KENNEDY: Nur die drei Raketenstellungen wäre jedoch möglich?
MCNAMARA: (*Gelöscht*)
J. F. KENNEDY: Natürlich, alles was man damit errei- [8] chen würde, wäre . . . Was würde man da erreichen? Man würde, vermutlich würde man die Raketen bekommen, die da sind, sein müssen . . . .
MCNAMARA: Man würde die Abschußrampen bekommen . . .
[. . .]
J. F. KENNEDY: Wieviel sind noch einmal die Abschußrampen? Sie, sie sind nicht viel, nicht wahr?
MCNAMARA: Nein, sie sind einfach eine mobile Abschuß- eh Vorrichtung.
TAYLOR: Das ist ein Punktziel, Herr eh Präsident. Man kann nie ganz sicher sein, daß man alles da unten hat, trifft. Wir haben vor, ziemlich viel zu zerstören, weil wir (*unverständlich*). Aber, wie der Minister hier schon sagt, waren sich alle Kommandeure bei den Vereinigten Stabschefs einig, eh, daß es nach unserer Einschätzung ein Fehler wäre, sich für dieses sehr begrenzte, selektive Ziel zu entscheiden, weil es zu Vergeltungsschlägen herausfordert, und das könnte von Nachteil sein. Nun, wenn die eh Sowjets bereit waren, eh diese Raketen mit Atomsprengköpfen auszurüsten, dann haben sie allen, genauso viel Grund, die Stützpunkte atomar zu bestücken. Wir glauben nicht, daß wir je noch eine Chance hätten, sie ein weiteres Mal zu nehmen, so daß wir diesen, den Überraschungseffekt des Erstschlags verlieren. Unsere Empfehlung wäre, eine vollständige Aufklärung zu bekommen, alle Aufnahmen, die wir brauchen, in den nächsten zwei oder drei Tagen zu bekommen, keine, keine Eile unserer Meinung nach. Dann sehen wir uns das Abschußsystem an. Wenn es die Vereinigten Staaten tatsächlich bedroht, dann zerstören wir es direkt mit einem harten Schlag.
J. F. KENNEDY: Das würde heißen, wir zerstören eh, einige von diesen Jägern, Bombern und . . .
TAYLOR: Jäger, die Bomber, eh IL-28 tauchen möglicherweise in der Aufnahme auf. Es ist nicht so ganz unwahrscheinlich, daß es da einige gibt.
J. F. KENNEDY: Glauben Sie, Sie können das an einem Tag schaffen?
TAYLOR: (*Gelöscht*)
[9] MCNAMARA: Herr Präsident, könnte ich kurz drei Vorgehensweisen . . .
J. F. KENNEDY?: (Ja?).
MCNAMARA: . . . umreißen, die wir in Erwägung gezogen haben, und zu jeder ganz kurz etwas sagen? Die erste ist das, was ich das politische Vorgehen nennen würde, bei dem wir, eh, einige der Möglichkeiten befolgen, die Minister Rusk heute morgen erwähnt hat, indem wir mit Castro in Verbindung treten, mit Chruschtschow in Verbindung treten und mit unseren Verbündeten sprechen. Ein offenes und öffentliches politisches Herangehen an das Problem (in dem Versuch oder mit dem Ziel?), es zu lösen. Es scheint mir wahrscheinlich, daß es zu keinem zufriedenstellenden Ergebnis führt, und es schließt ein späteres militärisches Vorgehen fast aus. (*Gelöscht*)

Eine zweite Vorgehensweise, die wir nicht besprochen haben und die zwischen dem militärischen Kurs, den wir gerade diskutiert haben, und dem politischen Kurs liegt, ist ein Vorgehen, das die Erklärung einer offenen Überwachung beinhalten würde; eine Erklärung, daß wir sofort eine, eh, eine Blockade gegen *Offensiv*waffen verhängen würden, die in Zukunft nach Kuba kommen; und einen Hinweis, daß mit unserer in aller Öffentlichkeit durchgeführten Überwachung, von der wir planen, sie in Zukunft unbegrenzt durchzuführen, (*Gelöscht*). Aber die dritte Vorgehensweise besteht aus einer dieser Varianten des militärischen Vorgehens gegen Kuba, angefangen bei einem Luftangriff auf die Raketen. Die Stabschefs sind entschieden gegen einen so beschränkten Luftangriff. Aber selbst ein so beschränkter Luftangriff ist ein sehr ausgedehnter Luftangriff. Es geht dabei nicht um zwanzig Feindflüge oder fünfzig Feindflüge oder hundert Feindflüge, sondern vermutlich um mehrere hundert Feindflüge. Eh, wir haben die Einzelheiten noch nicht ausgearbeitet. Das ist sehr schwer zu machen, wenn wir bestimmte Erkenntnisse noch nicht vorliegen haben, die wir hoffentlich morgen oder übermorgen bekommen. Aber es geht um einen erheblichen Luftangriff. (*Gelöscht*) Das ist in sehr, sehr groben Zügen der Plan, den die Stabschefs entworfen haben, und nach ihrer Beurteilung sollte ein Luftangriff in dieser Art durchgeführt werden. (*Gelöscht*) Es [10] scheint mir nahezu sicher zu sein, daß jede dieser Formen eines direkten militärischen Vorgehens zu einer militärischen Antwort der Sowjets in irgendeiner Form an irgendeinem Ort der Welt führen wird. Es mag diesen Preis wohl wert sein. Vielleicht sollten wir ihn bezahlen. Aber ich denke, wir sollten diese Möglichkeit klar erkennen, und mehr noch, wir müssen ihr auf vielfältige Weise Rechnung tragen. Wir müssen ihr Rechnung tragen, indem wir versuchen, sie durch Abschreckung zu verhindern, das heißt, wir sollten wahrscheinlich SAC[4] alarmieren, vermutlich eine luftgestützte Alarmbereitschaft einrichten, vielleicht noch andere S-, Maßnahmen zur Alarmbereitschaft treffen. Sie bringen wieder eigene Risiken mit sich. Das bedeutet, wir müssen dem mit Mobilmachung Rechnung tragen. Mit ziemlicher Sicherheit sollten wir parallel zu dem ersten Luftangriff eine Teilmobilmachung durchführen. Parallel zu einer, einer Invasion, die sich an einen Luftangriff anschlösse, sollten wir eine Mobilmachung im großen Stil durchführen; eine Mobilmachung sehr großen Stils, die den Rahmen der Handlungsvollmacht gewiß überschreitet, die wir vom Kongreß haben und die deshalb die Ausrufung eines nationalen Notstands erforderlich macht. Wir sollten selbst im Falle eines kleineren Luftangriffs und ganz bestimmt im Fall eines größeren Luftangriffs auf die Möglichkeit eines Aufstandes in Kuba vorbereitet sein, der uns in gewisser Weise in Zugzwang bringen würde. Uns entweder zwingt, einen, einen, eh, einen unbefriedigenden Aufstand hinzunehmen, mit allen kontroversen Erklärungen der Kritik, die das mit sich bringt; oder es würde, würde uns zu einer Invasion zwingen, um den Aufstand zu unterstützen.

RUSK: Herr Präsident, darf ich dazu ganz kurz etwas anmerken? Ich glaube, daß ehm, eh, jede Vorgehensweise schwere politische Verwicklungen mit sich bringt. Ehm, es wird jede Art von Politik, Standpunkten, eh ebenso beeinflussen wie die strategische Situation. Ich glaube also nicht, daß es überhaupt so etwas wie ein unpolitisches Vorgehen gibt. Ich glaube zudem, daß ehm, eh, wir überlegen müssen, welche politischen Vorkehrungen – wenn überhaupt – vor einem Luftangriff oder in Verbindung mit einem militärischen Vorgehen zu treffen sind. Und als ich heute morgen das Wort ergriffen habe, habe ich von einigen Schritten gesprochen, die uns in die günstigste Position bringen würden, die...

J. F. KENNEDY: Ich denke, die Schwierigkeit...

RUSK: ... Stärke Kubas zu brechen.

J. F. KENNEDY: ..., scheint mir, ist.... Ich stimme dem voll zu, daß es keinerlei Zweifel gibt, wenn wir bekanntgeben würden, daß da Stellungen mit Mittelstreckenraketen entstehen, änderte das, eh, würden wir uns eine ganze Menge politischer Unterstützung sichern, eh, nach meiner Erklärung; und eh, die Tatsache, daß wir unser Bemühen um Zurückhaltung zeigen würden, würde wirklich den Sowjets die Last aufbürden. Auf der anderen Seite macht schon allein die Tatsache eines solchen Handelns das militärische.... Wir verlieren all die Vorteile für unseren Angriff. Denn wenn wir bekanntgeben, daß sie da sind, dann ist es für sie ziemlich offensichtlich, daß wir voraussichtlich etwas dagegen unternehmen werden. Würde ich *annehmen*. Nun, ich weiß nicht, mir scheint, worüber wir heute abend nachdenken müßten, ist, ob wir bekanntgeben, daß uns Erkenntnisse vorliegen, die zeigen, daß es sie gibt, und ob wir (die schriftliche?) Note an Chruschtschow (senden?).... Ich glaube nicht, eh, daß Castro wissen muß, daß wir dem mehr Beachtung geschenkt haben als.... Eine Zeitlang könnte das eine Wirkung haben, sich wieder (beruhigt haben?), ändern. Ich glaube nicht, daß er so [11] vorgeht. Also, eine Note an Chruschtschow (senden?).... Ich habe nicht.... Mir scheint, eh, meine Presseerklärung war so *eindeutig* darin, daß wir unter diesen Umständen *nichts* unternehmen würden und unter welchen Umständen wir es tun *würden*. Er muß wissen, daß wir es herausfinden werden, daher scheint mir, daß er einfach, eh...

BUNDY: Das ist natürlich der Grund, weshalb er in seinen Mitteilungen an uns sehr, sehr ausdrücklich darauf hingewiesen hat, wie gefährlich das ist, und...

J. F. KENNEDY: Das stimmt, aber er...
BUNDY: ... in der TASS-Erklärung und seinen anderen Botschaften.
J. F. KENNEDY: Er hat die Gefahr wirklich heraufbeschworen, nicht wahr? Er ist derjenige, der (Gott oder seine Karten aus-?)spielt, nicht wir. Also könnten wir, eh...
RUSK: Und seine Äußerung gegenüber Kohler über seinen Besuch und so weiter, absolut scheinheilig.
(*Ende Band 1.*)
(*Band 2 beginnt mitten im Gespräch.*)

4. Warum es zur Krise kommen muß

MCNAMARA: ... Kuba. Es besteht stark die Möglichkeit, daß sie sie schnell einsatzbereit haben können. Es sei denn, wie General Carter gesagt hat, daß das System vielleicht eine, eine *normale* Vorlaufzeit hat, eine Aufbauzeit von sechs Stunden. Ob es nun sechs Stunden oder zwei Wochen dauert, wir wissen nicht, wann es angefangen hat, noch wissen wir, welches Potential sie haben, Sprengköpfe vom Flugzeug aus abzuschießen. Wir wissen nicht, welches Potential sie haben, hochexplosive Sprengköpfe vom Flugzeug aus abzuschießen. Es ist fast mit Sicherheit, eh, ein, ein erhebliches Potential an hochexplosiven Sprengstoffen in dem Sinne, daß sie eine oder zwei oder zehn hochexplosive Bomben irgendwo entlang der Ostküste abwerfen können. Und das ist das *minimale* Risiko für unser Land, das wir außerdem mit einer Vorwarnung eingehen.
TAYLOR:
J. F. KENNEDY: (*Gelöscht*)
TAYLOR: Nein, aber es ist sicher angemessen, zu...
J. F. KENNEDY: ... wenn sie einen Schlag abbekommen.
DILLON: Was ist, wenn sie mit Atomwaffen bestückt sind?
J. F. KENNEDY: Nun, wenn sie mit Atomwaffen bestückt sind.... Sie nehmen an, daß sie das nicht tun würden.
[12] TAYLOR: (*Unverständlich*) Ich denke, wir müßten mit einer konventionellen Waffe rechnen.
RUSK: Ich würde nicht meinen, daß sie eine Atomwaffe einsetzen, es sei denn, daß sie bereit wären, einen Atomkrieg (einzugehen?), das glaube ich nicht. Ich s-, seh-, sehe diese Möglichkeit einfach nicht.
SPRECHER?: Dem würde ich zustimmen.
BUNDY?: Das ist auch meine Meinung.
RUSK: Das würde heißen, eh, wir könnten uns auch sehr irren, aber eh, wir haben *nie wirklich* geglaubt, daß, daß Chruschtschow wegen Kuba einen *allgemeinen Atomkrieg* anfangen würde.
BUNDY: Darf ich in diesem Zusammenhang eine Frage stellen?
J. F. KENNEDY: In der Frage, was er versucht, in Kuba zu machen, haben wir uns ganz bestimmt geirrt. Es besteht keinerlei Zweifel, daß (*möglicherweise ein Wort unverständlich*)....
BUNDY: (*Unverständlich*) daß wir uns geirrt haben.
J. F. KENNEDY: ... viele von uns gedacht haben, daß er Mittelstreckenraketen in Kuba stationieren würde.
BUNDY: Ja. Außer John McCone.
CARTER: Mr. McCone.
J. F. KENNEDY: Ja.
BUNDY: Aber die, eh, Frage, die ich gerne stellen würde, ist, ganz abgesehen von dem, was wir gesagt haben – und wir sind sehr stark darauf festgelegt, das weiß ich –, welchen strategischen Einfluß haben die Mittelstreckenraketen in Kuba auf die Position der Vereinigten Staaten? Wie ernsthaft verändert sich dadurch das strategische Gleichgewicht?
MCNAMARA: Mac, ich habe genau das auch die Stabschefs heute nachmittag gefragt. Und sie haben gesagt, erheblich. Meine persönliche Auffassung ist, überhaupt nicht.
BUNDY: Nicht so sehr.
MCNAMARA: Und, und ich denke, das ist hier ein wesentlicher Faktor. Aber es ist alles sehr...
CARTER: Der Grund, weshalb unsere Leute, die die Einschätzung vorgenommen haben, nicht geglaubt haben, daß sie sie da stationieren würden, weil...
MCNAMARA: Das haben sie selbst gesagt...
BUNDY: Das haben sie selbst gesagt....
MCNAMARA: ... in der TASS-Erklärung.
[13] BUNDY: Ja.
CARTER: Aber dann, wenn man darüber hinaus geht...
J. F. KENNEDY: (Aber warum? Hat sie angedeutet? Daß es ihnen?) soviel wert ist?

BUNDY: Das heißt für das (gesamte?) strategische Gleichgewicht gar nichts.
CARTER: Das heißt gar nichts.[5] Das war auch der Eindruck, den die Leute hatten, die die Einschätzung vorgenommen haben, und daß die Sowjets das Risiko nicht eingehen würden. Mr. McCones Überlegung war jedoch, wenn das so ist, welchen möglichen Grund haben sie dann, so nach Kuba hineinzugehen, wie sie es tun, mit Boden-Luft-, eh, Raketen und Marschflugkörpern. Er konnte einfach nicht verstehen, während ihr, *warum* die Sowjets Kubas Verteidigungsstellung so stark aus-, ausbauen. Dahinter muß etwas stecken, das brachte ihn *dann* zu der Annahme, daß sie mit Mittelstreckenraketen kommen *mußten*.
TAYLOR: Ich glaube, es war eine (alterfahrene?)...
CARTER: (*Unverständlich*)
TAYLOR: ... Sicht, Herr Präsident. Sie haben ganz Recht, wenn Sie sagen, daß das, das nur ein paar Raketen mehr sind, eh, die auf die Vereinigten Staaten zielen. Eh, aber sie *können* eine, eine sehr, eine ziemlich wichtige Ergänzung und Verstärkung für das, für das Angriffspotential der Sowjetunion werden. Wir haben keine Ahnung, wie weit sie gehen werden. Aber mehr noch als das, das sind, eh, eh, für unser Land bedeutet es, bedeutet es sehr viel mehr. Ihr seid euch doch alle darüber bewußt, es geht um Kuba und nicht drüben um die Sowjetunion.
BUNDY: Gut, ich stelle die Frage...
TAYLOR: Ja.
BUNDY: ... mit einem Bewußtsein (Lachen?) der politischen...
J. F. KENNEDY: Ich möchte sagen, meine Auffassung ist, daß...
BUNDY: (*Unverständlich*)
J. F. KENNEDY: ... sagen wir einfach einmal, daß eh, sie, sie sie da stationiert bekommen, und dann können wir nicht, eh, sie erreichen ein genügend großes Potential, und wir können also nicht, eh, an Sprengköpfen. Dann wollen wir sie nicht zerstören, (weil?), eh, das ein zu großes Risiko ist. Dann fangen sie einfach an, diese Luftstützpunkte da auszubauen und stationieren immer mehr. Ich nehme an, daß sie wirklich.... Dann fangen sie an, sich darauf vorzubereiten, uns in Berlin unter Druck zu setzen, macht das nicht.... Sie mögen sagen, es macht keinen Unterschied, ob man von einer Interkontinentalrakete in die Luft gejagt wird, die aus der Sowjetunion herüberfliegt, oder von einer, die 150 Kilometer weit weg war. Geographie ist nicht von so großer Bedeutung.
TAYLOR: Wir müßten dann unsere Raketen auf sie [14] richten und hätten die gleiche Situation von auf die Brust gesetzten Pistolen, wie wir sie zur Zeit in der Sowjetunion haben.
BUNDY: (*Gelöscht*)
J. F. KENNEDY: Deshalb zeigt es auch, daß die Schweinebucht wirklich richtig war. (Wir haben oder wir hatten?) das richtig angefangen. Das war sowohl besser und besser als auch schlechter und schlechter.
TAYLOR: (*Gelöscht*)
(*Leises Lachen*)
TAYLOR: (Wir haben?) unsere Einschätzungen sehr (geändert?).
R. KENNEDY: Das andere Problem ist natürlich, eh, in Südamerika in Südamerika in einem Jahr. Und die Tatsache, daß wir dann *diese* Dinger in Händen der Kubaner hier haben, und wir dann, sagen wir, unser, in Venezuela entsteht eine Krise, em, und dann sagt Castro, wenn ihr Truppen in diesen Teil von Venezuela entsendet, dann werden wir die Raketen abfeuern.
TAYLOR: Nun, ich denke, Sie haben (*unverständlich*).
R. KENNEDY: Ich glaube, das ist die Schwierigkeit...
[...]
J. F. KENNEDY: Es erweckt den Anschein, als wären sie uns gleichgestellt und daß...
DILLON: Wir vor den Kubanern Angst haben.
R. KENNEDY: Wir lassen die, eh.... Ich meine, so wie es uns unangenehm wäre, wenn sie in den Händen der Chinesen wären. (*Wahrscheinlich unverständlich*)
DILLON: (Richtig?) Ich stimme dieser Sache entschieden zu.
MARTIN: Es ist ein psychologischer Faktor. Es wird sich nicht so weit auswirken, daß es Venezuela betrifft.
DILLON: Nun, das ist...
MCNAMARA: Es wird sich aber auf die Vereinigten Staaten auswirken. Das ist der *springende Punkt*.
[15] SPRECHER?: Das ist der springende Punkt.

DILLON: Ja. Das ist der springende Punkt.
MARTIN: Ja. Der psychologische Faktor, daß wir es hingenommen haben.
DILLON: Es hingenommen. Das ist das Beste.
R. KENNEDY: Nun, und die Tatsache, daß wir, wenn ihr dahin geht, sie abfeuern werden.
J. F. KENNEDY: Was ist das wieder, Ed? Was sagen Sie?
MARTIN: Nun, es ist ein psychologischer Faktor, daß wir nachgegeben und zugelassen haben, daß sie uns das antun, das ist wichtiger als die unmittelbare Bedrohung. Eh, es ist eine Bedrohung in der Karibik ...
J. F. KENNEDY: (*Unverständlich*) ich habe gesagt, wir würden es nicht hinnehmen.
MARTIN: ... (*unverständlich*).
BUNDY?: Das ist etwas, womit wir fertig werden könnten.
J. F. KENNEDY: Vergangenen Monat habe ich gesagt, wir würden es nicht hinnehmen.[6]
(*Lachen*)
J. F. KENNEDY: Ich hätte letzten Monat sagen sollen, wir sind ...
SPRECHER?: Nun ...
J. F. KENNEDY: ... daß es uns nichts ausmacht. Aber nachdem wir gesagt haben, daß wir es *nicht* hinnehmen würden, und dann machen sie weiter und tun es, und dann machen wir gar nichts, dann ...
SPRECHER?: Das stimmt.

5. Ein neues Pearl Harbour? (II)

J. F. KENNEDY: ... ich würde meinen, daß unser Risiko wächst. Eh, ich stimme dem zu. Was macht es für einen Unterschied? Sie haben ohnehin genug, um uns in die Luft zu jagen. Ich denke, es ist nur eine Frage von .... Letzten Endes ist das ebensosehr ein politischer Kampf wie ein militärischer. Gut, eh, also, wo stehen wir jetzt? Wo ist d- .... Ich glaube nicht, daß die Botschaft an Castro viel Sinn hat. Eh, lassen Sie uns eben, eh, lassen Sie uns versuchen, eine Antwort auf diese Frage zu finden. Wieviel .... Es ist ganz offensichtlich zu unserem Vorteil, wenn wir diese Sache bis zu einem gewissen Grad an die Öffentlichkeit bringen, bevor .... Erstens, diese Regierungen in Lateinamerika zu informieren, wie der Minister vorgeschlagen hat; zweitens, eh, den Rest der NATO zu (*Gelöscht*) Eh, um wieviel schwächt uns das .... Nicht, daß wir etwas unternehmen werden, sondern ihre Existenz ohne ein Wort darüber, was wir tun werden. Sagen wir, wir, 24 Stunden bevor wir etwas dagegen unternehmen, (*Gelöscht*) geben wir eine öffentliche Erklärung ab, daß man sie auf der Insel entdeckt hat. Das wäre, das wäre in gewissem Sinne eine amtliche Mitteilung, daß eh, über ihre Existenz und jeder könnte daraus schließen, was immer er will.
[16] MARTIN?: Ich würde sagen, das, Herr Präsident, ich würde, wenn Sie eine öffentliche Erklärung abgegeben haben, dann müssen sie sofort handeln, oder Sie, Sie bekommen ein- ...
J. F. KENNEDY: Oh, ich ...
MARTIN?: ... ein- (*unverständlich*) in *unserem* Land.
J. F. KENNEDY: ... oh, *das* verstehe ich. Wir werden darüber reden .... Sagen, sagen wir, wir würden an einem Samstag angreifen, und wir würden am Freitag sagen, daß diese Mittelstreckenraketen, daß ihre Existenz eine äußerste Bedrohung unserer Sicherheit darstellt und wir entsprechende Maßnahmen ergreifen müssen.
R. KENNEDY: Könnte man über ihnen Flugzeuge kreisen lassen, bis Sie Ihre Erklärung um sechs Uhr am Samstagmorgen abgegeben haben? Und um dieselbe Zeit oder gleichzeitig Flugzeuge hinüberschikken, um sich zu vergewissern, daß sie keine Maßnahmen oder Vorkehrungen treffen und daß wir einschreiten können, wenn sie anfangen würden, die Raketen in Stellung zu bringen oder so etwas, würden wir einschreiten und zerstören, das wäre das auslösende Moment, um mit unseren Flugzeugen vorzudringen und sie zu zerstören. Andernfalls würden wir bis sechs Uhr oder sieben Uhr abends warten. Ich, ist das, eh, ist das....
TAYLOR: Ich glaube, nichts dergleichen ... Ich kann mir nicht vorstellen, es so, eh, es auf diese Weise mit Erfolg durchzuführen. Ich denke, daß, eh, eh, alles, was auf unsere Angriffsabsicht, eh, hindeutet, dazu führt, die Flugzeuge und, und die Raketen in, das sind tra-, wirklich mobile Raketen. Sie lassen sich ...
R. KENNEDY: (Sie meinen, sie können einfach?) ...
TAYLOR: Sie lassen sich unter Bäume und Wald

schleppen und können fast augenblicklich verschwinden, wie ich es sehe.
McNamara: Und sie lassen sich vielleicht auch einsatzbereit machen in der Zeit, die zwischen dem Augenblick liegt, in dem wir *sagen*, wir kommen hinüber, und dem Zeitpunkt, zu dem wir tatsächlich ankommen. Das, das ist eine sehr, sehr große Gefahr für unsere, unsere Küste. Ich weiß nicht genau, wie das einzuschätzen ist, wegen...
Sprecher?: Ich weiß nicht.
McNamara: ... der Vorbereitungszeit, aber es ist *möglich*, daß das Feldraketen sind, und dann, in diesem Fall, können sie sehr schnell einsatzbereit gemacht werden, wenn sie es wollen.
Carter: Das *sind* Feldraketen, Sir. Das sind mobile Raketen.
Taylor: Ein Countdown von etwa 40 Minuten, etwas in der Art hat man geschätzt.
Ball?: Sie würden also sagen, daß, eh, der Angriff *jeder* öffentlichen Diskussion vorausgehen sollte?
[17] McNamara: Ich glaube ja, *falls* wir angreifen. Ich finde, bevor Sie irgendwelche Erklärungen abgeben, sollten Sie sich entscheiden, ob Sie angreifen. Wenn Sie angreifen wollen, sollten Sie keine Erklärung abgeben.
Bundy: Das ist richtig.
Dillon: Was ist der Vorteil einer Erklärung vorher? Weil sie, soll sie Sympathien bilden oder etwas, wofür man es tut; aber Sie haben die gleichzeitige Erklärung, was da war und warum Sie angegriffen haben, mit Bildern und allem, das erfüllt, (glaube?) ich, denselben...
Ball?: Nun, die einzige Erklä-, der einzige Vorteil ist, es ist eine Art Ultimatum, es ist, es *besteht* die Gelegenheit zu einer Antwort, die, die ihn verhindern würde. Ich meine, es ist, es ist mehr, eine mehr, zum, zum Schein als in Wirklichkeit. Denn es liegt auf der Hand, daß man eine derartige Antwort nicht bekommen wird. Aber ich würde meinen, daß es einen Kurs gibt, der etwas anders ist, und zwar eine persönliche Note des Präsidenten (*Gelöscht*)
Martin?: (*Gelöscht*)
Ball?: Eh, und, eh, das ist, daß Sie das werden machen müssen, Sie sind dazu gezwungen, und Sie müssen schnell handeln, und Sie wollen, daß sie das wissen. Vielleicht zwei Stunden vor dem Angriff, etwas in der Art...
Dillon: Gut, das ist es, das ist etwas anderes.
Ball?: ... selbst am Abend vorher. Eh, aber Sie.... Aber es muß auf der Basis absoluter Geheimhaltung bleiben. Und dann ist die Frage, was man mit diesen lateinamerikanischen Regierungen macht, eine andere Sache. Ich denke, wenn man, wenn man sie im voraus unterrichtet...
J. F. Kennedy: Das ist richtig. (Angebracht?)
Ball?: ... kann alles vorbei sein.
J. F. Kennedy: Dann muß man nur, eh, der Kongreß würde, den Kongreß hinter sich bringen...
Bundy: Ich kann nicht.... Ich finde, das ist einfach nicht, nicht richtig.
Sprecher?: (*Unverständlich*)

6. Der Sachzwang (III)

J. F. Kennedy: Ich bin nicht vollständig, eh, ich denke nicht, daß wir den Gedanken aufgeben sollten, einfach nur diese Raketenstützpunkte, soweit sie gegen uns gerichtet sind, zu zerstören; das ist viel eher, eh, zu verteidigen, zu erklären, politisch, oder ein in jeder Beziehung zufriedenstellendes Vorgehen als der umfassende Angriff, der uns... [...]
[18] J. F. Kennedy: ... gewagtere Feuergefechte hineinbringt. Nun, ich weiß, die Stabschefs sagen, das heißt, daß ihre Bomber auf uns losgehen können, eh, aber, eh...
Bundy: Wenn ihre Bomber auf uns losgehen, dann haben *sie* daraus einen umfassenden Krieg gegen Kuba gemacht, das ist ein, das wird dann vielmehr *ihre* Entscheidung. Wir gehen auf *diese* Weise vor.... Die politischen Vorteile sind, sind *sehr* groß, scheint mir, bei einem begrenzten Angriff. Eh, das entspricht dem, politisch gesehen ist die Strafe dem Verbrechen angemessen, das, wir tun lediglich, wovon wir wiederholt und öffentlich *warnend* gesagt haben, daß wir es zu tun *gezwungen* wären. Eh, wir weiten es *nicht* zu einem allgemeinen Angriff aus. Die Dinge, von denen wir schon zugegeben haben, daß wir davon wissen, und von denen wir gesagt haben, daß wir es *nicht* für notwendig halten, sie anzugreifen, und gesagt ha-

ben, wir würden es nicht notwendig finden, anzugreifen ...
J. F. KENNEDY: Nun, hier ist .... Lassen Sie uns, sehen Sie, lassen Sie uns, lassen Sie uns, heute abend, scheint mir, sollten wir von der Voraussetzung ausgehen, daß wir einen allgemeinen – Nummer zwei haben wir es genannt –
BUNDY: Eh-mhm.
J. F. KENNEDY: ... Kurs Nummer zwei, das wäre ein allgemeiner Angriff – daß wir in der Lage sein sollten, ihn durchzuführen ...
BUNDY: Ich stimme dem zu.
J. F. KENNEDY: ... und wenn wir uns dann entscheiden, daß wir Nummer eins machen wollen.
R. KENNEDY: Wie paßt die In- ...
J. F. KENNEDY: Was?
R. KENNEDY: Schließt das, eh, eine Invasion ein?
J. F. KENNEDY: Eh, nein, ich würde sagen, das ist der *dritte* Kurs. Wir wollen erst anfangen mit .... Ich müßte sagen, erst, eh, die *Luft*frage klären, so daß ich also meinen würde, daß wir in der Lage sein sollten, eins und zwei durchzuführen. Das wäre .... Eins wäre, nur *diese* Raketen außer Gefecht setzen, sollte es noch andere geben, würden wir es in den nächsten 24 Stunden herausfinden. Nummer zwei wäre, alle Flugzeuge außer Gefecht setzen, und Nummer drei ist die Invasion (hier?).
SPRECHER?: Nun, Sie müßten die Stellungen der Boden-Luft-Raketen außer Gefecht setzen ...
DILLON?: (*Unverständlich*) auch, Herr Präsident.
J. F. KENNEDY: (In Ordnung?) aber das ist in, das wäre in zwei, in Nummer zwei enthalten ...
[19] SPRECHER?: Gut ...
SPRECHER?: Das ist d-, das ist ein schrecklich schwierige- ...
DILLON: Das ist ein, ich meine, das ist einfach (*unverständlich*) ...
SPRECHER?: (*Unverständlich*) das könnte drei sein, und die Invasion vier.
TAYLOR: Um hineinzukommen und an die Flugplätze zu gelangen, müßten wir eine ganze Menge (ausschalten?).
GILPATRIC?: Besteht da nicht die Frage, ob überhaupt Stellungen mit Boden-Luft-Raketen einsatzbereit sind?
TAYLOR?: Wir sind noch nicht sicher.
J. F. KENNEDY: In Ordnung, gut, sagen wir also, wir haben beschlossen, eh, wir müssen auf ganzer Linie herangehen. Also sagen wir, Nummer zwei betrifft die Boden-Luft-Raketen plus die Flug- ...
BUNDY: Es ist eigentlich, um den Luftraum freizuhalten ...
J. F. KENNEDY: Ja. Nun, was auch immer ...
BUNDY: ... und den Luftkampf zu gewinnen.
J. F. KENNEDY: ... (*unverständlich*) (durchzusprechen?). Ja. Nun, mir scheint, wir sollten uns *jetzt* unter äußerster Tarnung darauf vorbereiten, eins und zwei *durchzuführen*, mit der Möglichkeit, die Entscheidung über Nummer eins abhängig zu machen von den Informationen, die wir dazu haben, eh, welche (*unverständlich*) Schritte das erfordert und wie sehr das ...
MCNAMARA: Herr Präsident, das erfordert keine weiteren Maßnahmen als die bereits eingeleiteten, und Sie können vor dem Start am Samstag oder irgendwann danach eine Entscheidung treffen.
SPRECHER?: (*Unverständlich*)
J. F. KENNEDY: Gut, wo setzen wir all diese Flugzeuge ein?
TAYLOR: Sie erinnern sich, eh, wir haben ...
SPRECHER?: (*Unverständlich*)
TAYLOR: ... genau das Problem, Herr Präsident. Wir werden neue Erkenntnisse gewinnen, die von diesen Flügen stammen ...
J. F. KENNEDY: Richtig.
TAYLOR: ... und die werden, die müssen in die, jeden Angriffsplan, den wir vorbereiten, eingearbeitet werden, das ist also eine Zeitfrage. Der Minister hat Ihnen die, die Zeit genannt, die wenigste Zeit haben wir, eine Entscheidung sofort zu treffen, so daß wir die Piloten instruieren können und dann die neuen Er-[20]kenntnisse einbeziehen. Ich möchte darauf hinweisen, daß, nun ...
MCNAMARA: (Die Hauptsache?), um die Frage zu beantworten, die Sie gestellt haben, wir müssen nicht *entscheiden*, wie wir vorgehen. Alles, was wir entscheiden müssen, ist, ob wir wollen, ...
TAYLOR: Nein.
MCNAMARA: ... daß Sweeney darauf vorbereitet ist, es zu machen.

Taylor: Das ist richtig, d- (*unverständlich*)...
McNamara: Und Sweeney hat gesagt, er wird die Aufnahme nehmen, die morgen hereinkommt, und sie Donnerstag und Freitag vervielfältigen und die Einsatzunterlagen für (*unverständlich*) Angriffe am Samstag oder frü-, an einem beliebigen Tag danach vorbereiten.
Taylor: Ja. Der wesentliche Punkt ist, daß wir die Piloten einweisen müssen. Wir, wir...
McNamara: Richtig.
Taylor: ... zögern, eh, zögern das hinaus. Und es werden, oh, ich würde sagen, es werden wohl 400 Piloten fliegen müssen und sind im Laufe dieser Sache einzuweisen. Ich sage also nur, daß das die, die ganze militärische Reichweite dieser Sache erheblich erweitert, wenn wir das zu diesem Zeitpunkt machen sollen.
J. F. Kennedy: Also, wann fangen wir an, die Piloten zu instruieren?
Taylor:
J. F. Kennedy:
Taylor:
J. F. Kennedy:
Bundy: (*Gelöscht*)
Taylor:
McNamara:
Bundy:
McNamara:
[21] Sprecher?: Mh-mhm.
McNamara: Und der Vorbereitungsprozeß selbst birgt nicht die Gefahr, die Vorbereitung offen aufzudecken.
Bundy: Umfaßt sie die Instruktion nicht, die Vorbereitung?
Taylor: Eh, schon, aber...
McNamara: Sie umfaßt die Vorbereitung von Einsatzunterlagen.
Taylor:
J. F. Kennedy:
Taylor:
J. F. Kennedy:
Taylor: (*Gelöscht*)
McNamara:
Sprecher?:
McNamara:
J. F. Kennedy:
McNamara: Herr Präsident, wir müssen zwei Dinge wissen, scheint mir. Erstens, *wir* müssen einen speziellen Angriffsplan entwickeln, der sich auf die Raketenstellungen und die Atomwaffenlager be- [22] schränkt, was wir noch nicht getan haben. Das wäre Teil eines umfassenderen Plans...
J. F. Kennedy: Ja.
McNamara: ... aber ich denke, wir sollten die Mindestzahl der Feindflüge abschätzen. Da Sie sich an dieser Möglichkeit interessiert gezeigt haben, sollten wir dafür sorgen, daß Sie diese Wahl haben. Das haben wir noch nicht getan.
J. F. Kennedy: In Ordnung.
McNamara: Aber das läßt sich leicht machen. Die zweite Sache, die wir, wie mir scheint, als Regierung machen sollten, ist, die *Konsequenzen* in Erwägung zu ziehen. Ich glaube nicht, daß wir uns die Konsequenzen...
[...]
McNamara: ... jeder einzelnen Vorgehensweise genügend überlegt haben, und weil wir uns die Konsequenzen nicht überlegt haben, bin ich mir nicht sicher, ob wir alles tun, was wir jetzt tun sollten, um sie auf ein Minimum zu reduzieren. Ich, ich weiß nicht genau, wie die Welt aussehen wird, nachdem wir Kuba angegriffen und wir, wir damit angefangen haben. Wir haben, sagen wir einmal, (*Gelöscht*). Sie haben, Sie haben, eh, eh, 24 Zielobjekte. Nun, Sie haben 24, Sie haben 24, eh, Absch-, eh, Träger plus, eh, 16 Abschußrampen plus einem möglichen Atomwaffenlager, aber das ist das absolute Minimum, das Sie zerstören wollen. (*Gelöscht*)
Taylor: Und man wird ein paar verfehlen.
McNamara: Und man wird ein paar verfehlen. Das stimmt. Nun, nachdem wir (*Gelöscht*) Feindflüge gestartet haben, wie sieht dann die Welt aus, in der wir leben? Wie, wie hören wir an diesem Punkt auf? Ich weiß darauf keine Antwort. Ich denke, das Außenministerium und wir sollten uns heute abend mit den Konsequenzen jeder einzelnen Vorgehensweise befassen, Konsequenzen, von denen ich nicht glaube, daß sie...
Ball: Mit...
McNamara: ... jedem von uns völlig klar sind.

BALL: ... an jedem Ort der Welt.
MCNAMARA: An jedem Ort der Welt, George. Das ist richtig. Da stimme ich mit Ihnen überein.
TAYLOR: (*Gelöscht*)
[23] J. F. KENNEDY: Ja, aber ich, ich denke, das einzige ist, die, die, eh Möglichkeiten, daß die Auseinandersetzung sich viel stärker ausweitet, sind in dem Maße größer, wie man dazu übergeht, eh .... Um von den Gefahren für die Vereinigten Staaten zu sprechen, eh ...
BUNDY: Ja.
J. F. KENNEDY: ... wenn man erst einmal dahinkommt, eh, anzufangen, die Flugplätze unter Beschuß zu nehmen, dann gerät man in, dann hat man eine Menge Flak, und man hat eine Menge, ich meine, man führt einen wesentlich größeren Einsatz durch, daher sind die Gefahren weltweiter Auswirkungen erheblich für die Vereinigten Staaten, sind größer. Das ist das einzige Argument dafür. Ich bin ganz Ihrer Meinung, daß es, wenn (Sie oder wir?) nur an Kuba denken, es das beste ist, beherzt vorzugehen, wenn man daran denkt, zu versuchen, diese Sache unter ein gewisses Maß an, eh, Kontrolle zu bringen.
RUSK?: In dieser Hinsicht, Herr Präsident, gibt es eine Kombination der Pläne, die man ins Auge fassen könnte, nämlich den begrenzten Angriff und *dann* die Botschaften oder gleichzeitig die Botschaften an Chruschtschow und Castro, die sie darauf hinweisen würden, daß das tatsächlich nichts anderes war, als lediglich das, ein Einlösen der Erklärungen, die wir fortwährend abgegeben haben.
J. F. KENNEDY: Nun, ich denke, wir.... Mit anderen Worten, das ist eine Frage, über die wir heute abend nachzudenken haben.
SPRECHER?: Gut...
J. F. KENNEDY:
(*Lachen*)
J. F. KENNEDY:
(*Gelöscht*)
MARTIN?:
TAYLOR:
TAYLOR: (*Gelöscht*) zu versuchen, jede Waffe, die die Vereinigten Staaten angreifen kann, so effektiv wie möglich zu eliminieren.
J. F. KENNEDY: Aber Sie sind nicht für die Invasion?
TAYLOR: Ich würde zu diesem Zeitpunkt nicht (*unverständlich*)
MCNAMARA: Deshalb...
TAYLOR: (*Unverständlich*) wir werden in einem [24] Maße festgelegt, das uns in Westberlin die Hände bindet.
MCNAMARA: (*Gelöscht*)
MARTIN: (Nun?) während des Gesprächs heute morgen sind wir näher darauf eingegangen, haben mit einigen Ihrer Leute, glaube ich, ein bißchen gesprochen, und wir hatten den Eindruck, daß ein Luftangriff, selbst einer von mehreren Tagen, gegen *vorwiegend* militärische Ziele nicht zu erheblichen Unruhen führen würde. Die Leute würden einfach zu Hause bleiben und versuchen, Schwierigkeiten aus dem Weg zu gehen.
MCNAMARA: (*Gelöscht*) [...]
R. KENNEDY: Herr Präsident, wenn wir dieses Problem heute abend besprechen, sollten wir, meine ich, auch in Betracht ziehen, was, eh, in einem Jahr oder in zwei Jahren mit Kuba sein wird. Angenommen, wir gehen hin und zerstören diese Stellungen, eh, ich weiß nicht, was sie daran hindern sollte, zu sagen, wir bauen die Stellungen in sechs Monaten wieder auf, bringen sie herein...
[25] TAYLOR: Es, es ist nichts Dauerhaftes.
R. KENNEDY: Eh, das, was, wo stehen wir in sechs Monaten? Oder daß wir in einer besseren Position sind, oder sind wir nicht in einer schlechteren Position, wenn wir hingehen und sie zerstören und sagen, eh... [...]
R. KENNEDY: ... macht das nicht. Eh, ich meine, es liegt auf der Hand, daß sie es dann tun *müssen*.
MCNAMARA: Wir müssen eine Blockade errichten nach einer...
SPRECHER?: Sicher.
MCNAMARA: ... begrenzten Aktion.
R. KENNEDY: Dann müssen wir russische Schiffe versenken.
MCNAMARA: Richtig.
R. KENNEDY: Dann müssen wir...
MCNAMARA: Richtig.
R. KENNEDY: ... russische U-Boote versenken. Wenn es nun nicht zur Debatte stehen würde, ob wir uns auf all das einlassen, wir uns nun einfach darauf

einlassen sollten und es hinter uns bringen und sagen, daß, eh, nehmen wir die Verluste hin, und wenn wir .... Wenn er *darüber* einen Krieg eingehen will, eh .... Zum Teufel, wenn aus dieser Sache tatsächlich ein Krieg entstehen sollte oder wenn er solche Raketen da stationiert, dann geschieht das nach der Warnung, und er wird, er wird in einen Krieg geraten in sechs Monaten oder in einem Jahr, also ....
McNAMARA: Herr Präsident, deshalb meine ich, daß wir heute abend die alternativen Pläne und die wahrscheinlichen, möglichen Konsequenzen daraus in einer Weise zu Papier bringen sollten, der das Außen- und das Verteidigungsministerium zustimmen könnten, selbst wenn wir, eh, nicht einer Meinung sein sollten und beide Sichtweisen festhalten. Denn die Konsequenzen dieser Handlungsweisen sind noch *nicht* klar durchdacht. Die, die der Justizminister gerade erwähnt hat, zeigen das sehr anschaulich.

7. Die Sowjets in der Defensive (II)

J. F. KENNEDY: Wenn d-, eh, es ihre strategische, eh, Stärke nicht sehr erhöht, warum ist es, eh, kann uns ein Rußlandexperte sagen, warum sie .... Schließlich hat Chruschtschow eine gewisse Vorsicht gezeigt (Tausende?) ...
SPRECHER?: Nun, es gibt mehrere, mehrere mögliche ...
J. F. KENNEDY: ... Berlin, war er vorsichtig, ich meine, er war nicht, eh ...
BALL?: Mehrere Möglichkeiten, Herr Präsident. Eine ist, daß er uns mitgeteilt hat, daß er im November zu den Vereinten Nationen herüberkommt. Wenn, er mag von der Voraussetzung ausgehen – und das Feh- [26] len eines Eindrucks *spürbaren* Drängens scheint das zu, zu bestätigen – daß man das zum gegenwärtigen Zeitpunkt *nicht* entdecken wird und daß das, eh, wenn er herüberkommt, etwas darstellt, womit er etwas machen kann, eine List. Daß hier Kuba gerüstet gegen die Vereinigten Staaten steht, oder vielleicht benutzt er es zu dem Versuch, einen Handel über Berlin abzuschließen, indem er sagt, er rüstet in Kuba ab, wenn, eh, wenn wir, eh, einige unserer Interessen in Berlin aufgeben und eine diesbezügliche Abmachung. Ich meine, das ist ein, es ist eine Handelslist.
BUNDY: Ich würde meinen, eine Sache, an der ich immer noch festhalten würde, ist, daß es unwahrscheinlich ist, daß er Fidel Castro Atomsprengköpfe gibt .... Ich glaube nicht, daß das geschehen ist oder wahrscheinlich geschehen wird.
J. F. KENNEDY: Warum stellt er dann diese da auf?
BUNDY: Sowjetisch kontrollierte Atomsprengköpfe (dieser Art?) ...
J. F. KENNEDY: Das ist richtig, aber was ist der Vorteil davon? Es ist genauso, als wenn wir plötzlich anfangen würden, eine größere Anzahl Mittelstreckenraketen in der Türkei zu stationieren. Nun, das wäre verdammt gefährlich, würde ich meinen.
BUNDY?: Nun, das *haben* wir getan, Herr Präsident.
U. A. JOHNSON?: Das *haben* wir. Wir ...
J. F. KENNEDY: Ja, aber das war vor fünf Jahren.
U. A. JOHNSON?: ... haben es auch in England gemacht, weil, wir waren knapp.
J. F. KENNEDY: Was?
U. A. JOHNSON?: Wir haben England zwei gegeben, als wir zu wenig Interkontinentalraketen hatten.
J. F. KENNEDY: Ja, aber das ist, eh ...
U. A. JOHNSON?: (Versuch?)
J. F. KENNEDY: ... das war während einer anderen Zeit damals.
U. A. JOHNSON?: Aber ist er sich nicht darüber klar, daß er ein Defizit an Interkontinentalraketen hat, vielleicht PR-Möglichkeiten braucht, angesichts .... Er hat eine Menge Mittelstreckenraketen, und das ist eine Möglichkeit, das etwas auszugleichen?
BUNDY?: Ich bin sicher, seine Generale sagen ihm seit eineinhalb Jahren, er hätte, er vertue eine einmalige Gelegenheit, seine strategische Stärke auszubauen.
BALL?: Ja, ich denke, ich denke, Sie ziehen die Möglichkeit in Betracht, daß dies ein Versuch ist, seine strategische Stärke auszubauen. Eine zweite Überlegung ist, daß es einfach eine Handelslist darstellt, daß er, er sie da stationieren will, so daß er (*unverständlich*) könnte ... [...]
[27] U. A. JOHNSON?: Wir sehen sie dann also jetzt als *sowjetische* Raketen an, ein *sowjetisches* ...
SPRECHER?: Ich denke, das müßten wir.
U. A. JOHNSON?: ... Offensivpotential.
TAYLOR?: Man *muß* sie als sowjetische Raketen ansehen.

U. A. JOHNSON?: Mir scheint, wenn wir mit allem Drum und Dran angreifen, können wir sie als ausschließlich kubanisch betrachten.
BUNDY: Ach, also, was wir aus politischen Erwägungen sagen und was wir denken, ist hier nicht identisch.
SPRECHER?: Aber, ich meine, jeder, jeder vernünftige Ansatz muß davon ausgehen, daß es sowjetische Raketen sind, weil, ich glaube, ...
SPRECHER?: Sie meinen ...
SPRECHER?: ... Chruschtschow selbst würde nie, würde nie einen größeren Krieg riskieren wegen eines Burschen, der so offensichtlich exzentrisch, eh und unüberlegt ist wie, wie Castro.
[...]

8. Ein neues Pearl Harbour? (III)

R. KENNEDY: ... ist eine weitere Frage, ob, eh wir auch daran denken sollten, eh, eh, ob es noch eine *andere* Möglichkeit gibt, wie wir darin verwickelt werden können, über, eh, Guantanamo Bay oder so etwas, ehm, oder ob es ein Schiff gibt, das, Sie wissen schon, die *Maine*[7] noch einmal versenken oder so etwas.
TAYLOR: Wir glauben, Herr Präsident, daß wir bei jedem dieser Pläne wahrscheinlich mit einem Angriff [28] auf, auf Guantanamo rechnen müssen, zumindest mit Artilleriefeuer. Sie haben Artillerie und Mörser in der, gut in Schußweite, und, eh, bei jeder Maßnahme, die wir ergreifen, werden wir Guantanamo Luftunterstützung geben müssen und vermutlich die Garnison verstärken.
J. F. KENNEDY: Gut, deshalb, eh, scheint mir, daß, eh, das, wenn wir beschließen, daß wir in der Lage sein werden, das zu machen, entweder eins oder zwei, Samstag oder Sonntag, dann würde ich meinen, daß wir auch in der Lage sein wollen, je nachdem, was (wirklich?) geschieht, entweder wegen einer Invasion, eines Angriffs auf Guantanamo oder aus einem anderen Grund, die Inva-, eine Wiedereinnahme durchzuführen.
TAYLOR: Herr Präsident, ich persönlich möchte Sie nur dringend bitten, keinen Zeitplan wie Samstag oder Sonntag festzulegen, ...
J. F. KENNEDY: Nein, das habe ich auch nicht.
TAYLOR: ... bis alle Erkenntnisse, die möglicherweise ...
J. F. KENNEDY: Das ist richtig. Ich wollte nur, ich wollte nur, ich dachte, wir sollten etwas tun, ich möchte keine Zeit verlieren, wenn wir beschließen, daß, eh, die Zeit ist nicht unbedingt auf unserer Seite. Ich denke einfach, wir sollten darauf vorbereitet sein, etwas zu unternehmen, selbst wenn wir uns entscheiden, es nicht zu tun. Ich sage nicht, ...
TAYLOR: Alles ...
J. F. KENNEDY: ... daß wir es tun sollen.
TAYLOR: ... das alles läuft bereits, bis auf die Instruktion. Wir haben das hinausgezögert, eh ...
J. F. KENNEDY: Ich verstehe.
TAYLOR: ... wir haben die Zahl der Leute begrenzt auf ...
J. F. KENNEDY: (*Gelöscht*)
TAYLOR: Ich würde sagen, meine Antwort wäre, weitgehend planen, besonders im Bereich der Mobilmachung, eben, was wir mö-, was wir, eh, an Nachschub schaffen wollen, nachdem wir, eh, diese Truppen nach Kuba (*unverständlich*).
SPRECHER?: Das ist (vielleicht?) (*unverständlich*).
TAYLOR: Ich möchte sagen, diese Maßnahmen zur Luftverteidigung, die wir, wir haben bereits angefangen, sie durchzuführen. Wir haben mehr Jäger in den Südosten der Vereinigten Staaten verlegt und verbessern nach und nach unsere, unsere Treibstoffversorgung, eh, unter dem allgemeinen Vorwand von, eh, Vorkehrungen für diesen Teil des Landes. Wir glauben nicht, daß es da irgendwelche Schwachstellen geben könnte, die sich ungünstig auf unsere militärischen Ziele auswirken könnten. Ich, ich möchte wie- [29] derholen, daß unsere Verteidigung in diesem Teil des Landes immer schwach war.
J. F. KENNEDY: Eh, Herr Minister, gibt es noch etwas oder eine dieser Möglichkeiten, wenn wir angreifen, das, eh, in den nächsten 24 Stunden – wir werden morgen nachmittag (deswegen?) wieder zusammenkommen – gibt es noch etwas (*unverständlich*) ...
MCNAMARA: Nein, Sir, ich glaube, die militärische Planung läuft schon seit geraumer Zeit, ist in vollem Gange. Und ich glaube, alle Vorbereitungen, die wir treffen können, ohne Gefahr zu laufen, daß die Vor-

bereitungen Diskussionen oder Aufsehen erregen, entweder bei uns in der Öffentlichkeit oder in Kuba, sind getroffen oder angeordnet; alle erforderlichen Aufklärungsmaßnahmen werden durchgeführt oder sind angeordnet. Das einzige, was wir *nicht* getan haben, ist wirklich, diese Alternativen gründlich abzuwägen.
BUNDY: Unser Hauptproblem ist, den Versuch zu unternehmen, uns bildlich vorzustellen, . . .
McNAMARA: Ja.
BUNDY: . . . wie die Welt aussehen würde, wenn wir das machen . . .
McNAMARA: (Ich weiß?)
BUNDY: . . . und wie sie aussieht, wenn wir es nicht tun . . .
McNAMARA: Das stimmt genau.
BUNDY: . . . wenn wir es tun und scheitern.
McNAMARA: Daran sollten wir heute abend arbeiten.
[. . .]
[31] BUNDY: Es wäre sehr von Vorteil, keine größeren Zusammenkünfte mehr im Weißen Haus abzuhalten – Ärger mit all den (unverständlich), wenn wir uns morgen im Außenministerium treffen könnten.
(*Mehrere Sprecher reden gleichzeitig, und es ist nichts zu verstehen.*)
J. F. KENNEDY: In Ordnung, dann könnte ich Sie treffen, Mac, wenn ich morgen zurückkomme und ganz gleich, wie die Dinge liegen, und dann können wir uns Donnerstagmorgen treffen. Nein . . . . Die Frage ist, ob, eh . . . . Ich treffe Gromyko am Donnerstag, und ich denke, die Frage, was ich wirklich gerne hätte, ist eine Art von Einschätzung über, ist, ob wir etwas mit Gromyko machen. Ob wir *ihm* etwas sagen sollten, ob wir ihm, eh, indirekt eine Art von, ihm ein Ultimatum in dieser Sache stellen sollten oder ob wir einfach ohne ihn weitermachen. Mir scheint, daß . . .
SPRECHER?: Mit anderen Worten . . .
J. F. KENNEDY: . . . er gesagt hat, wir wären . . . . Der [32] Justizminister, der Botschafter hat dem Justizminister gesagt, wie er auch Bohlen neulich gesagt hat, daß sie diese Waffen hier nicht stationieren würden. Nun, entweder er lügt, oder er weiß es nicht. Wenn nun der Justizminister Dobrynin aufsuchen würde – nicht, daß er sich so verhält, als hätten wir irgendwelche Informationen über sie – und sagen würde, daß, natürlich, daß sie klar sehen müßten, falls das je wirklich geschehen sollte, würde es dazu führen und einen sehr eindeutigen Hinweis darauf geben, was passieren wird. Also, ich weiß nicht, was dabei herauskommen würde, ich . . . . Vermutlich nichts. Vermutlich, eh, würde sie das alarmieren. Möglicherweise würden sie ihre Entscheidung überdenken, aber ich glaube nicht, daß wir eindeutige Belege dafür hätten, und es gäbe ihnen . . . Wir würden eine Woche verlieren.
BALL?: Sie meinen, ihnen sagen, daß . . .
J. F. KENNEDY: Nun, nicht sagen, daß wir *wissen*, daß sie es getan haben, sondern lediglich im Laufe eines Gesprächs, nachdem Dobrynin erklärt hat, sie würden es nie tun, würde der Justizminister, der Dobrynin dann und wann trifft . . .
BALL?: Wieso würden wir eine Woche verlieren?
J. F. KENNEDY: Was?
BALL?: Wieso würden wir eine Woche verlieren?
J. F. KENNEDY: Oh, wir würden . . . . Was wir, Bobby ihnen sagen würde, ist kurz zusammengefaßt, wenn je solche hier auftauchen, dann werden wir, dann müßte die derzeitige Regierung Maßnahmen ergreifen. Und, eh, das (*unverständlich*), eh, das könnte (*unverständlich*) die weitreichendsten Konsequenzen nach sich ziehen. Auf die Möglichkeit hin, daß sie das vielleicht dazu bringt, ihr Vorgehen zu überdenken. Ich weiß nicht, ob sein, sie sich darüber im *klaren* sind, was ich gesa- . . . . Ich kann ihren Standpunkt nicht begreifen, wenn sie sich darüber im klaren sind, was wir auf der Pressekonferenz[8] gesagt haben. Also, ich habe nie . . . . Ich glaube nicht, daß es schon irgendwo vorgekommen ist, daß die Sowjets jemals eine so direkte Herausforderung hätten ergehen lassen, jemals, wirklich . . .
BUNDY: Wir müssen uns darüber klar sein, Herr Präsident . . .
J. F. KENNEDY: . . . seit der Berliner Blockade.
BUNDY: . . . daß sie diese Entscheidung getroffen haben, aller Wahrscheinlichkeit nach, *bevor* Sie Ihre Erklärungen abgegeben haben.
McNAMARA: Hm-mhm.
BUNDY: Das ist, eh, ein wesentlicher Faktor in der Zeitrechnung.
DILLON: Das hat es nicht geändert.
BUNDY: Nein. In der Tat, sie haben es nicht geändert,

aber sie, sie .... Es ist etwas ganz anderes. Es gab entweder einen Widerspruch über einen ...
[33] DILLON: Ja.
BUNDY: Meine Güte, ich würde keinen *roten Heller* darauf wetten, daß Dobrynin nicht die leiseste Ahnung hat da- ...
DILLON: Hm-mhm.
BUNDY: ...-von.
J. F. KENNEDY: Sie meinen, er weiß es doch?
R. KENNEDY: Er wußte es nicht.
BUNDY: Ich, ich würde (*unverständlich*) ...
R. KENNEDY: Er wußte noch nicht einmal, daß (*unverständlich*) meiner Meinung nach.
SPRECHER?: (*Unverständlich*)
TAYLOR: Aber es ist, ich meine, es gibt Belege, daß man Ende August, glaube ich, und Anfang September etwas gesichtet hat.
SPRECHER?: Ich habe den Eindruck, Herr Präsident, es gibt, in Ihrer öffentlichen Präsentation während oder nach einem Eingreifen stärkt es Ihre Position etwas, wenn die Sowjets sie, eh, angelogen haben, entweder privat oder in der Öffentlichkeit.
BUNDY?: Das ist auch meine Meinung.
SPRECHER?: Und dann, wenn oder wenn Sie, eh, ohne zu wissen, wenn Sie Gromyko fragen oder wenn Bobby Dobrynin noch einmal fragt oder wenn ein anderes Land die Sowjets dazu bringen könnte, öffentlich in der UN zu erklären: Nein, wir haben keine Offensiv- ...
R. KENNEDY: TASS[9] hat natürlich gesagt, sie würden ...
J. F. KENNEDY: Wann hat TASS das gesagt?
SPRECHER?: Vor einiger Zeit.
R. KENNEDY: ... sagte, sie würden Offensivwaffen nach Kuba senden.
BUNDY: Ja. Die TASS- ...
J. F. KENNEDY: Hat Chruschtschow das gesagt?
BUNDY: ... Erklärung, die ich heute morgen vorgelesen habe.
J. F. KENNEDY: (Ja?)
BUNDY: Nein, die TASS-Erklärung. Es ist ...
[34] SPRECHER?: Wir wissen nicht, ob Chruschtschow schon unter Kontrolle ...
SPRECHER?: Hm.
BUNDY: Eh, nein, wir wissen nichts Genaues darüber. Sowjetische ...
J. F. KENNEDY: Gut, was ist mit meiner .... Was für eine Frage bestünde dazu, was ich Gromyko in dieser Sache sagen könnte, wenn Sie wollen, daß ich offiziell nur soviel sage ...
SPRECHER?: Hm-mhm.
J. F. KENNEDY: ... wie *ihn* zu fragen, ob sie vorhaben, es zu machen.
SPRECHER?: Also, ich glaube, was Sie machen, ist ...
BUNDY: Um es anders herum zu formulieren, sagen, daß wir ...
SPRECHER?: ... seine ...
BUNDY: ... sehr großen Wert auf seine Zusicherungen legen ...
SPRECHER?: ... Aufmerksamkeit auf die Erklärung zu lenken, die Sie dazu abgegeben haben ...
SPRECHER?: Ja.
SPRECHER?: ... das ist Ihre öffentliche Verpflichtung und, eh, Sie, Sie müssen, Sie werden daran festhalten, und Sie wollen lediglich Zusicherungen von ihm, daß, daß, eh, sie sich an das halten, was sie gesagt haben, daß sie *nicht* ...
J. F. KENNEDY: Gut, nehmen wir an, er hat gesagt: Also, wir haben das *nicht* vor.
BUNDY: »Die Regierung der Sowjetunion hat TASS auch zu der Erklärung autorisiert, daß für die Sowjetunion keine Notwendigkeit besteht, ihre Waffen zur Abwehr einer Aggression, für einen Vergeltungsschlag, in ein anderes Land – zum Beispiel Kuba – zu verlegen. Unsere Atomwaffen haben eine so große Sprengkraft, die Sowjetunion besitzt so starke Trägerraketen für diese Sprengköpfe, daß keine Notwendigkeit besteht«, ...
J. F. KENNEDY: (Aha?)
BUNDY: ... »für sie Stellungen außerhalb der Grenzen der Sowjetunion zu suchen«.
J. F. KENNEDY: Also, von wann ist das?
BUNDY: 11. September.
SPRECHER?: (*Unverständlich*)
DILLON: Als sie alle schon da waren.
[35] SPRECHER?: (*Unverständlich*) sicher unterwegs.
J. F. KENNEDY: Aber ist das nicht .... Aber wie ich sage, wir müssen .... Wir hatten wirklich noch nie einen Fall, wo die Dinge so lagen, eh .... Schließlich haben sie in, eh, bei den chinesischen Kommunisten '58[10] klein beigegeben. Sie sind nicht in Laos einmar-

schiert. Haben einem Waffenstillstand da zugestimmt.
(Mehrere Sprecher reden gleichzeitig, und vieles ist unverständlich.)
[...]

9. Wie groß ist das Risiko?

BUNDY: Ebenso wie Bob verwirrt mich das Fehlen eines Atomwaffenlagers.
TAYLOR: Wir wissen noch nicht genug darüber und wir (*unverständlich*)...
BUNDY: Das verstehe ich. Wir erfahren vielleicht über Nacht eine ganze Menge.
SPRECHER?: Ist es nicht auch seltsam, daß es keinen Hinweis auf Truppen gibt, die die Stellung sichern?
TAYLOR: Also, da sind Truppen. Zumindest sind Zelte da...
(Mehrere Sprecher reden gleichzeitig, und vieles ist unverständlich.)
[...]
MCNAMARA?: Aber sie sehen aus wie (*unverständlich*). Es sieht aus, als könnte man über die Felder so bis zwischen die Wohnwagen hineinspazieren. (Das gebe ich zu?).
J. F. KENNEDY: Also, mir ist das ein völliges Rätsel.
MCNAMARA: (*Unverständlich*)
J. F. KENNEDY: Ich weiß nicht genug über die Sowjetunion, aber wenn mir jemand irgendeinen anderen [36] Fall seit der Berliner Blockade nennen kann, bei dem die Russen uns so eindeutig provoziert haben, ich weiß nicht, wann das gewesen ist, denn sie waren furchtbar vorsichtig, wirklich. Die Russen, ich habe nie.... Nun, vielleicht lag unser Fehler darin, nicht zu einer Zeit *vor* diesem Sommer zu sagen, daß wir, wenn sie das machen, (*unverständlich*) handeln müssen. Vielleicht waren sie schon soweit gegangen, (daß?) es....
R. KENNEDY: Ja, aber warum haben sie dann diese Erklärung abgegeben?
J. F. KENNEDY: Vielleicht....
[...]
J. F. KENNEDY: Das war nach meiner Erklärung, nicht wahr?
R. KENNEDY: 11. September.
[...]
SPRECHER?: Nein, das ist zwei Tage *vor* Ihrer Erklärung.
CARTER: Eh, wir können es *versuchen*, aber Ihre Probleme mit dem Herausschleusen und Ihre Probleme, jemanden darauf zu trainieren, auf was er achten muß, lassen sich nicht in 24 Stunden lösen.
MCNAMARA: Besser wäre es, ein tieffliegendes Flugzeug hinüberzuschicken.
CARTER: Ja.
MCNAMARA: ... und wir haben sie heute in Alarmbereitschaft versetzt, aber wir würden empfehlen, ...
SPRECHER?: (*Unverständlich*)
MCNAMARA: ... sie bis kurz vor einem geplanten Angriff *nicht* einzusetzen.
TAYLOR: Damit haben sich die, die Ko-, Kommandeure heute befaßt, und sie waren alle der Ansicht, daß der Verlust des Überraschungseffekts dort ernster zu nehmen wäre als die, die Informationen, die wir daraus ziehen würden.
SPRECHER?: Ich denke, es wäre sehr nützlich, sie kurz vor dem Angriff hinfliegen zu lassen, einfach um die Bestätigung zu bekommen. Ich meine, wenn Sie Aufnahmen haben, die wirklich zeigen, was Sie, was da war.
[37] J. F. KENNEDY: Nun, mit diesen großen Demono-, eh, eh, Bohlen und Thompson, hatten sie eine Erklärung, warum die Russen ein- (*unverständlich*) für sich aufstellen?[11]
(Mehrere Gespräche laufen parallel, und nur folgende Bruchstücke sind zu verstehen.)
[...]
[39] MCNAMARA: ... Ich würde vorschlagen, daß wir, eh, die Reihenfolge der Ziele, eh, aufteilen nach, eh, Anzahl der Abwurfgebiete und, eh, und eh, Anzahl der erforderlichen Feindflüge, um sie zu zerstören, für eine Reihe von Alternativen, angefangen nur mit den Raketen und dann weitergehend über die Atomwaffenlager und die MIGs und die, eh, und die Boden-Luft-Raketen und so weiter. So daß wir sagen können: Dieser Zielplan würde soundso viele Punkte, achtzig Punkte erfordern, und um soundso [40] viele Zielobjekte außer Gefecht zu setzen, braucht man soundso viele Feindflüge. Das, das...

Nicht, weil ich glaube, daß das vernünftige Alternativen sind...

BUNDY?: Sie werden nicht einmal wirklich realistisch sein, aber sie geben uns (*unverständlich*)...

MCNAMARA: ... aber sie geben eine Größenordnung (*unverständlich*) für den Präsidenten, um eine Vorstellung davon zu bekommen. Und das können wir machen, und das läßt sich sehr leicht machen. Aber das *Allerwichtigste*, was wir tun müssen, ist diese Einschätzung der Weltlage *nach* jeder dieser Situationen...

BUNDY: Sicher.

MCNAMARA: ... in *aller* Ausführlichkeit.

BUNDY?: Das ist richtig.

MCNAMARA: Und, und ich denke, das ist wahrscheinlich etwas, das das Außenministerium machen müßte...

SPRECHER?: (*Unverständlich*)

MCNAMARA: ... und ich würde sehr darauf drängen, daß wir es zu Papier bringen...

SPRECHER?: Das ist richtig.

MCNAMARA: ... und wir, ich werde gerne bleiben, oder, wie, eh, es mir morgen früh ansehen oder etwas in der Art, falls, damit wir möglicherweise unterschiedliche Auffassungen hineinnehmen können, falls wir (*unverständlich*)...

BUNDY: Was ich vorschlagen würde, ist, daß wir jemanden beauftragen, ein Papier zu erarbeiten, das wiedergibt, was, eh, wirklich vorgeht. Ich denke, der Handlungsspielraum reicht von der Frage, ob wir (den Angriff auf die Raketenzone durchführen? oder: die Raketen mit einem Schlag zerstören?) oder eine Menge Luftstützpunkte nehmen. Das ist eine taktische Frage im Rahmen der Entscheidung, militärische Maßnahmen zu ergreifen. Nun, nicht überwältigend, es mag die Welt erheblich, wenn auch nicht überwältigend verändern. Ich denke, jedes militärische Vorgehen ändert die Welt. Und ich denke, nicht zu handeln ändert die Welt ebenfalls. Und das sind, meine ich, die beiden Welten, die wir uns ansehen müssen.

MCNAMARA: Ich neige sehr dazu, Ihnen zuzustimmen, aber ich denke, wir müssen besonderes Gewicht darauf legen, ...

BUNDY: Stimmt.

MCNAMARA: ... innerhalb des militärischen Vorgehens...

BUNDY: Stimmt.

MCNAMARA: ... eine Abstufung...

BUNDY: Oh, viele Abstufungen, und sie können größere, das kann größere Auswirkungen haben.

[41] MCNAMARA: Ja.

BUNDY: Ich meine, ich muß das jetzt nicht allzu sehr ausführen. Die Frage ist, wie man damit weiterkommt, und ob, eh, ich würde meinen, persönlich, daß es, es, es, der geeignete Ort, diese vorbereitende Analyse zu erstellen, ist das Außenministerium. Ich denke, die übrigen von uns sollten den Abend wirklich ausnutzen und jeder für sich verbringen und versuchen, sich eigene Gedanken dazu zu machen. Und ich denke, wir sollten uns treffen, um zumindest Teilpapiere auszutauschen, vor zwei Uhr, eh, morgen vormittag, wenn es recht ist.

MCNAMARA: Warum treffen wir uns nicht morgen früh und, und mit Entwürfen, eh, des Außenministeriums, und das ist ein...

[...]

BUNDY: Also, wer ist *de facto* vom Außenministerium? Ist, sind, sind Sie alle heute abend schon beschäftigt? Oder was?

SPRECHER?: Nein, nein.

BALL?: Eh, es sieht so aus, daß der einzige, der heute abend beschäftigt ist, der Minister ist, und er kommt um elf Uhr von seinem Abendessen herunter, um zu sehen, was wir in der Zwischenzeit gemacht haben.

SPRECHER?: Alex ist zurück und wartet auf ihn.

BALL?: Oh, gut, dann haben wir Alex, wir haben Tommy. Nun, wir haben... [...]

BUNDY: Dann sind Sie, haben Sie eine, eh.... Es würde mich brennend interessieren, wie er das nach dem ersten Eindruck sieht.

BALL?: Nun, die, die, die Auseinandersetzung fand eigentlich zwischen, eh, Hilsmans Demonologen statt, die schon eingeschaltet waren, weil sie (*unverständlich*), die meinten, das sei eine Operation mit geringem Risiko. Tommy meinte, das sei eine Opera- [42] tion mit hohem Risiko von den Sowjets, mit anderen Worten, sie würden es wirklich darauf ankommen lassen. Andere meinten eher, sie hätten uns vermutlich falsch eingeschätzt und gedacht, es wäre *keine* riskante Operation. Wissen Sie, aus der Art, wie sie da herangegangen sind...

SPRECHER?: (*Unverständlich*)
BALL?: ... entweder ungeduldig, weil die Stellungen der Boden-Luft-Raketen noch nicht aufgebaut waren, um es zu sichern, die verschiedenen Faktoren, die für sie darauf schließen lassen, daß sie nicht gedacht haben, daß etwas passiert. Tommy tendierte zur anderen Auffassung.
MCNAMARA: Könnte ich den Vorschlag machen, daß wir heute abend wirklich ein Papier aufsetzen und es so anfangen: kurz ein Absatz oder zwei über, über die bekannten Fakten. Eh, wir müssen.... Die bekannten Fakten sind, daß die Boden-Luft-Raketen, die hier sind. Sagen wir die vermuteten Tatsachen, denn wir haben über keine von ihnen Gewißheit. Es besteht die Wahrscheinlichkeit, daß das Boden-Luft-Raketensystem zur Zeit noch nicht in Betrieb ist. Das ist wichtig. Es besteht die Wahrscheinlichkeit, daß diese Raketen zur Zeit noch *nicht* einsatzbereit sind. Es besteht die Wahrscheinlichkeit, daß sie nicht eher als in x Tagen einsatzbereit sein werden, obwohl wir dessen nicht sicher sein können. Pat hat gesagt, zwei Wochen. Ich bin mir nicht so sicher, ob ich es so spät ansetzen würde. Aber ich.... Es gibt zwei oder drei solche bekannten Fakten. Ich würde nebenbei auch hineinnehmen...
SPRECHER?: Wie...
MCNAMARA: ... die Zahl der...
SPRECHER?: Ungesicherten.
MCNAMARA: Eh, sie sind ungesichert. Eine weitere Tatsache, die ich hineinnehmen würde, ist, daß sie etwa fünfzig x, eh, MIGs, -15, -17 und -19 haben; daß sie eine gewisse Menge zerlegter, eh, ich habe es vergessen, sagen wir, zehn, ehm, soundso viele zerlegte MIG-21 haben, von denen unserer Ansicht nach nur eine zusammengebaut ist. Sie haben soundso viele zerlegte IL-28, von denen wir annehmen, daß keine zusammengebaut ist. Diese, das ist gewissermaßen das Problem, vor dem wir da stehen.
BUNDY: Meinen Sie, das Außenministerium oder die Nachrichtendienste sollten die militärischen Fakten erläutern?
MCNAMARA: Nun, das.... Ich kann...
SPRECHER?: Ich denke...
MCNAMARA: ... wir können das eben in zehn Sekunden machen...
SPRECHER?: Ja.
MCNAMARA: ... eine ganz, ganz einfache...
SPRECHER?: Ja.
[43] MCNAMARA: ... Erklärung, denke ich. Aber dann würde ich daran die, die Alternativen anschließen, nicht alle, nur die wahrscheinlicheren Alternativen, von denen wir meinen, daß sie uns offenstehen. Und ich würde hoffen, daß wir noch einen Moment hierbleiben könnten und sehen, ob wir sie jetzt kurz skizzieren können. Wie...
BUNDY: (*Gelöscht*)
SPRECHER?: Ja.
BUNDY: Ich persönlich meine, daß diese Möglichkeiten einen *enormen* politischen Vorteil haben, wobei ich einräume, daß *alle* Stabschefs nicht ganz damit einverstanden waren, das zu zerstören, was den Ärger macht, und das, was den Ärger nicht macht, nicht.
MCNAMARA?: Das, was sie ablehnen, eh, ist das ein Luftangriff auf...
BUNDY: Zusätzlich zu einem Luftangriff. Ich meine, wie wollen Sie wissen, daß Sie sie getroffen haben? Und wenn sie sie nicht getroffen haben, was haben sie dann gemacht?
TAYLOR: Nun, das, das wirft natürlich die Frage auf, was passiert, nachdem man *diesen* Teil getroffen hat, mit dem, der nächste Woche ankommt?
MCNAMARA: Oh, ich, ich denke, die Antw-...
TAYLOR: Ja.
MCNAMARA: ... ich, lassen Sie mich zuerst Macs Frage beantworten. Woher wissen wir, ob wir sie getroffen haben? Wir haben eine Luftbildaufklärung (militärisch?) während des Angriffs. Sweeney plant das ausdrücklich, und...
BUNDY: Etwas Negatives nachzuweisen ist eine verteufelt schwierige Sache.
MCNAMARA: Wie bitte?
BUNDY: Etwas Negatives nachzuweisen ist eine verteufelt schwierige Sache.
TAYLOR: (*Gelöscht*)
BUNDY: Das stimmt.
MCNAMARA: Furchtbares Risiko, sie da einzusetzen, eh...
[44] BUNDY: Dem sti-, ich denke d- (*unverständlich*) ist wahrscheinlich keine gute Idee, aber es...
MCNAMARA: Ich glaube, das Risiko macht mir Sor-

gen, es ist zu groß im Verhältnis zu dem Risiko, nicht zu wissen, ob wir sie getroffen haben.
BUNDY: Nun...
MCNAMARA: Aber das ist in jedem Fall nur eine kleine Variante zu einem...
BUNDY: Das ist richtig, es ist eine kleinere...
MCNAMARA: ... der Pläne.
BUNDY: ... Variante eines Plans.
MCNAMARA: Mir scheint, es gibt hier einige Hauptalternativen, von denen ich nicht glaube, daß wir sie heute ausführlich genug diskutiert haben, und ich hätte es gern, wenn sie schriftlich festgehalten würden, falls das Außenministerium einverstanden ist. Die erste ist die, die ich, ich nenne sie *immer noch* den politischen Ansatz. Eh, lassen Sie es mich ein nichtmilitärisches Vorgehen nennen. (*Lachen*)
MCNAMARA: Es fängt nicht mit einem an, und es endet nicht in einem.
SPRECHER?: Ja.
MCNAMARA: Und, eh, deshalb nenne ich es einen politischen Ansatz.
SPRECHER?: Richtig...
MCNAMARA: Und ich sage, es endet nicht mit einem, denn wenn man einmal diesen politischen Ansatz eingeleitet hat, glaube ich nicht, daß man noch eine Möglichkeit zu einer militärischen Operation *haben* wird.
SPRECHER?: Ganz meine Meinung.
TAYLOR: Es wird *sehr* schwierig.
MCNAMARA: Aber ich denke, wir sollten das zumindest darin festhalten, eh.
TAYLOR: Richtig.
BUNDY: Und es sollte ausgearbeitet werden. Ich meine, was, was das Maximum... [...]
MCNAMARA: Ja, es sollte, sollte bestimmt ausgearbeitet werden. Was genau, was schli-, schließt das ein, und wie sind die Erfolgsaussichten? Sie sind nicht gleich *null*. Sie sind positiv, glaube ich.
[45] TAYLOR?: Wir haben heute einen Entwurf in dieser Richtung gemacht.
MCNAMARA: In Ordnung. Das, das ist (*unverständlich*) ohnehin...
BUNDY: Ehm, aber, sehen Sie, es sind, es sind nicht allein die Erfolgsaussichten, es sind die, man müßte es auf die Plus- und Minuspunkte eines, eines Mißerfolgs hin überprüfen...
MCNAMARA: Ja. Ja.
BUNDY: ... denn es gibt so etwas wie eine Möglichkeit, daß sich die Sache auf eine Weise auszahlt, die...
MCNAMARA: Ja. Ja.
BUNDY: ... von einiger Bedeutung ist, selbst wenn wir nicht...
MCNAMARA: Ja. Dem stimme ich voll zu.
BUNDY: ... danach handeln oder vorgehen.
MCNAMARA: Und, und das ist im einzelnen meine zweite Alternative...
BUNDY: Ja.
MCNAMARA: ... und ich möchte gleich darauf kommen. Aber die *erste*, ich...
BUNDY: Ja.
MCNAMARA: ... ich stimme dem vollkommen zu, es ist nicht das. Ich, habe mich falsch ausgedrückt. Nicht die Erfolgsaussichten. Es sind die Folgen...
[...]
MCNAMARA: ... für die Menschheit...
BUNDY: Ja.
MCNAMARA: ... die (wir heraufbeschwören oder verursachen?).
BUNDY: Ja.
MCNAMARA: Nun, die zweite Alternative, die ich, ich gerne nur einen Moment besprechen würde, weil wir sie heute nicht ganz ausdiskutiert haben, und ich habe es eben schon angedeutet. Ich, ich, ich möchte ganz offen sein. Ich glaube nicht, daß es hier ein militärisches Problem *gibt*. Das ist meine Antwort auf Macs Frage...
BUNDY: Das ist meine aufrichtige (Meinung?).
MCNAMARA: ... und daher, und ich bin das heute durchgegangen, und ich habe mich gefragt, also was ist es dann, wenn es kein militärisches Problem ist? [46] Nun, es ist einfach genau *das* Problem, daß, daß, eh, wenn Kuba ein Potential besitzen sollte, um Offensivmaßnahmen gegen die Vereinigten Staaten zu ergreifen, dann würden die Vereinigten Staaten handeln.
SPRECHER?: Das ist richtig.
SPRECHER?: Das ist richtig.
MCNAMARA: Nun, es geht um das Problem, das...
SPRECHER?: Darum kommt man nicht herum.
MCNAMARA: ... das, das ist ein innenpolitisches, politisches Problem. Die Erklärung – wir haben nicht

gesagt, wir würden hingehen und nicht, und sie töten, wir haben gesagt, wir würden *handeln*. Nun, wie werden wir handeln? Also, wir wollen handeln, um ihren Einsatz zu verhindern, und es geht eigentlich um das...

BUNDY: Ja.

MCNAMARA: ... das Handeln. Nun, wie ver-, handeln wir, um ihren Einsatz zu verhindern? Also, in erster Linie führen wir eine offene Überwachung durch, damit wir wissen, was sie machen. Ständig. 24 Stunden am Tag von jetzt an ununterbrochen, gewissermaßen auf unbegrenzte Zeit. Was machen wir noch? Wir verhindern, daß weitere Offensivwaffen hineingelangen. Mit anderen Worten, wir errichten eine Blockade gegen Offensivwaffen.

BUNDY: Wie machen wir das?

MCNAMARA: Wir durchsuchen jedes Schiff.

TAYLOR: Es gibt zwei Arten von, von Blockade: Eine Blockade, bei der man die Schiffe daran hindert, hineinzugelangen, und einfach eine Beschlagnahmung, ich meine, eine, einfach eine Durchsuchung.

MCNAMARA: Eine Durchsuchung, das ist richtig...

TAYLOR?: Ja.

MCNAMARA: ... und...

SPRECHER?: Also, es ginge um eine Durchsuchung und ein Beseitigen, wenn man etwas findet.

BUNDY: Sie müssen den Burschen dazu bringen, anzuhalten, um ihn zu durchsuchen, und wenn er nicht anhalten will, müssen Sie schießen, stimmt's?

SPRECHER?: Alles (*unverständlich*) auf...

SPRECHER?: Und Sie müssen das, wonach Sie suchen, wegnehmen, wenn Sie es finden.

SPRECHER?: Das ist richtig.

MCNAMARA: Vollkommen. Vollkommen. Und dann ein Ul-, ich nenne es ein Ultimatum, das mit diesen beiden Aktionen einhergeht, und in einer Erklärung [47] an die Welt besteht, besonders an Chruschtschow, daß wir diese Offensivwaffen ausgemacht haben; wir halten sie unter ständiger Überwachung; sollte es jemals ein Anzeichen dafür geben, daß sie gegen unser Land abgefeuert werden sollen, werden wir nicht nur gegen Kuba antworten, sondern wir werden direkt gegen die Sowjetunion antworten, und zwar mit, mit einem unbeschränkten Atomangriff. Nun, diese Alternative scheint nicht besonders akzeptabel zu sein, aber warten Sie, bis Sie an den anderen arbeiten.

BUNDY: Das ist richtig.

(*Lachen*)

MCNAMARA: Das ist das, das ist das Problem, aber ich habe heute nachmittag über die anderen etwas nachgedacht.

SPRECHER?: Er hat Recht.

BALL?: Bob, lassen Sie mich etwas fragen, das nicht ganz zur Sache zu gehören scheint. Wie nützlich wäre es wirklich für die Vereinigten Staaten, wenn wir tatsächlich je eins dieser Dinger in die Hände bekämen und untersuchen und auseinandernehmen könnten?

MCNAMARA: Nicht besonders. Nein. Nein.

BALL?: Würden wir etwas über die...

MCNAMARA: Nein. Nein.

BALL?: ... Technologie erfahren, das von Bedeutung wäre?

MCNAMARA: Ich (*unverständlich*). Pat mag...

CARTER: Ich glaube nicht.

MCNAMARA: ... anderer Meinung sein als (ich?), aber ich...

SPRECHER?: Ja.

MCNAMARA: Nun, jedenfalls ist das eine Alternative. Ich hätte gerne, daß sie festgehalten und diskutiert wird.

BALL?: Natürlich, wenn, wenn es zwei Stunden dauert, einen Sprengkopf zu montieren, wie jemand heute morgen sagte, zwei bis vier Stunden...

MCNAMARA: Oh, übrigens, das sollte eine der bekannten Tatsachen sein in diesem...

BALL?: Ja.

MCNAMARA: ... einleitenden Abschnitt.

BUNDY: Das ist richtig.

BALL?: ... eh, sie haben die ganze Nacht Zeit. Wie [48] überwachen Sie sie während der Nacht? Eh, ich meine, ich habe den Eindruck, daß die Überwachung einige Lücken aufweist.

MCNAMARA: Oh, nun, es ist eigentlich das, nicht die Überwachung, das Ultimatum spielt...

BALL?: Ja.

MCNAMARA: ... die Schlüsselrolle darin.

BALL?: Ja.

MCNAMARA: Und was ich versucht habe, ist, ein kleines Maßnahmenpaket zu entwickeln, das dem Hand-

lungsbedarf des Absatzes, den ich vorgelesen habe, gerecht wird.
SPRECHER?: Ja.
MCNAMARA: Denn, wie ich schon sagte, ich glaube nicht, daß es in erster Linie ein militärisches Problem ist. Es ist in erster Linie ein, ein innenpolitisches, politisches Problem.
BALL: Ja, also, was die amerikanische Bevölkerung angeht, bedeutet Handeln ein militärisches Eingreifen, Punkt.
MCNAMARA: Nun, wir haben eine Blockade. Durchsuchung und, eh Beseitigung von, von Offensivwaffen, die auf dem Weg nach Kuba sind. Eh, (*unverständlich*) noch einmal, ich möchte mich nicht dafür aussprechen...
BALL: Nein, nein, ich...
MCNAMARA:... denn ich, ich glaube nicht, daß es...
BALL:... ich denke, es ist eine Alternative.
MCNAMARA:... eine perfekte Lösung ist, keinesfalls. Ich möchte lediglich...
BUNDY: Bei welcher sind wir (noch?), würden Sie mir das sagen?
MCNAMARA: Immer noch bei der zweiten, eh...
BALL: Nun, eines der Dinge, die wir überlegen, ist, ob ein, die tatsächliche Durchführung einer Blockade nicht fast eine stärkere Verwicklung bedeutet als ein...
MCNAMARA: Das könnte gut sein, George.
BALL:... militärisches Vorgehen.
SPRECHER?: Ich glaube schon.
MCNAMARA: Es handelt sich, es handelt sich um eine Durchsuchung, nicht um ein Embargo, eh...
SPRECHER?: Ja.
[49] BALL: Es ist eine Folge von nicht zusammenhängenden Einzelaktionen ohne Überraschungseffekt. Dieser, eh, Überfall da auf Pearl Harbour[12] macht mir einfach fürchterliche Sorgen in bezug auf, was darüber hinaus läuft. (Ja, nun, wie dem auch sei?) der Board of National Estimates[13] hat sich seitdem ständig damit befaßt...
BUNDY: Was, was läuft, was läuft worüber hinaus?
BALL: Was darüber hinaus passiert. Sie unternehmen einen Überraschungsangriff. Sie setzen all diese Raketen außer Gefecht. Damit ist es nicht *zu Ende*. Das ist erst der *Anfang*, glaube ich. Es gibt verteufelt viele Sachen... [...]

(*Zwei Gespräche laufen parallel. Nur diese Bruchstücke sind zu verstehen.*)
MCNAMARA: Nun, das, das bringt mich zu der dritten Kategorie des Handelns. Ich würde sie alle unter der dritten Kategorie zusammenfassen. Ich nenne sie offenes militärisches Eingreifen mit unterschiedlichen Intensitätsgraden, angefangen.... Und wenn Sie den Eindruck haben, daß es zwischen ihnen einen Unterschied gibt, in der Art, wie die Welt nach den verschiedenen Intensitätsgraden aussieht,...
SPRECHER?: Richtig.
MCNAMARA:... dann müssen Sie die Kategorie drei in Subgruppen nach Intensität und wahrscheinlicher Auswirkung auf die Welt hinterher aufteilen. Und ich denke, es *gibt* sie, zumindest in Hinblick auf den kubanischen Aufstand, der – wie ich glaube – ein äußerst wichtiger Faktor in Kategorie drei ist, das trifft für einige Faktoren in Kate-, einige Kategorien in Kategorie drei zu, aber nicht für alle. Aber jedenfalls, wie, wie sieht die Welt aus, in der wir leben? Welche Maßnahmen ergreifen wir in Kuba? Was erwarten wir, was wird *Castro* machen, nachdem, eh, Sie diese Raketen angegriffen haben? Überlebt er das als, als politischer Führer? Wird er gestürzt? Eh, ist er stärker, schwächer? Eh, wie wird er reagieren? Wie werden die Sowjets reagieren? Was kann.... Wie, wie könnte Chruschtschow es sich *erlauben*, dieses Eingreifen hinzunehmen, ohne auf *irgendeine* Art zurückzuschlagen? Ich glaube nicht, daß er es *nicht* hinnehmen kann, ohne zurückzuschlagen. Es mag kein erheblicher Gegenschlag sein, aber es, es *muß irgendeiner* sein. Wo? Wie reagieren wir darauf? Was passiert, wenn wir tatsächlich mobilmachen? Wie wirkt sich das auf die Unterstützung unserer Verbündeten in bezug auf Berlin aus? Nun, Sie kennen die Probleme [50] weit besser als ich, eh, aber mit scheint, wenn wir das heute abend skizzieren könnten und uns dann um eine angemessene Zeit morgen früh treffen, um einen vorläufigen Entwurf durchzugehen, ihn diskutieren und dann einen weiteren Entwurf für eine Zeit am Nachmittag vorbereiten...
GILPATRIC?: Eine Art von Planung, Bob, über die, eh, die, eh wir heute nicht ausdrücklich gesprochen haben, eh, das ist, auf die verwundbaren Stellen auf der ganzen Welt zu achten, nicht nur in Berlin...

McNamara: Sicher.
Gilpatric?: ... nicht nur in der Türkei ...
McNamara: Sicher. Iran.
Gilpatric?: Iran und alle anderen ...
McNamara: Und Korea.
Gilpatric?: Welche, welche Vorsichtsmaßnahmen sollten getroffen werden?
McNamara: Ja. Ja.
Gilpatric?: Also, das, dies, das sind, das sind *sowohl* militärische als auch politische ...
McNamara: Genau. Ja, eh, und wir nennen es eine weltweite Alarmbereitschaft ...
Sprecher?: (Ja?)
McNamara: ... unter diese Überschrift fallen eine ganze Reihe von Vorsichtsmaßnahmen, die wir, man unserer Meinung nach treffen sollte. Unsere gesamten Streitkräfte sollten in Alarmbereitschaft versetzt werden, aber darüber hinaus, Mobilmachung, Truppenverlegung und -bewegung und so weiter .... Also, wäre es machbar, daß wir irgendwann morgen früh zusammenkommen, eh, wann es ...
[...]
McNamara: Gut, warum treffen wir uns nicht um halb neun? Ist das ...
Bundy?: (Gut?)
[51] McNamara: Versuchen, versuchen wir es.
Bundy: In Ordnung.
[...]
McNamara: ... wenn Ihnen irgend etwas einfällt, was wir tun können. Wir, wir machen uns heute abend an die Arbeit und stellen die Anzahl der Feindflüge pro Zielfolge zusammen. [...]

E. Zehn Tage im Oktober

Nr. 18
Interview mit General David A. Burchinal, US-Luftwaffe, 11. April 1975 (gekürzt)

(United States Air Force, Oral History Program, K239.0512-837, Maxwell Air Force Base, Alabama)

[...] Die Vereinigten Stabschefs trafen sich mit McNamara zweimal und manchmal auch dreimal täglich, morgens, mittags und abends. Danach pflegte McNamara ins Weiße Haus zu gehen. Mit McNamara und den Stabschefs begann das Weiße Haus Optionen als fortlaufende Reihe von Pluspunkten und Minuspunkten zu entwickeln. Und dabei teilte sich die Gruppe jenseits des Flusses in Falken und Tauben. Interessant an dieser Zeit war, daß dabei der wahre McNamara zum Vorschein kam. Ich habe an allen Sitzungen teilgenommen. Das war ungewöhnlich, denn ich war ein zusätzlicher Teilnehmer aus den Reihen der Luftwaffe. Ich erinnere mich an eine Sitzung, auf der wir über die Raketen sprachen. McNamara dachte sich Handlungsverläufe aus. Er wandte sich an General Le May und sagte: »So, Curt, wir sind ziemlich sicher, daß da unten sowjetische Techniker sind, und ich möchte mit einem Luftangriff dazwischengehen.« Wir hatten Luftangriffspläne für jede nur denkbare Option, von der totalen Vernichtung bis zu demonstrativen Schlägen, was auch immer. Er sagte: »Ich möchte keinen dieser Techniker töten, aber ich möchte ein paar verwunden.« Er sagte: »Ich möchte keine dieser Raketen zerstören, ich möchte nur eine beschädigen. Können wir das machen?« Le May sah ihn an und sagte: »Sie müssen den Verstand verloren haben.« (Gelächter) Aber er meinte es ernst. »Ich will sie nicht töten, ich will sie nur verletzen. Ich will sie nicht zerstören, ich will sie nur beschädigen. Laßt uns doch die Flugzeuge nehmen, um so etwas zu machen.« Und Le May sah ihn nur an und sagte: »Sie haben den Verstand verloren.«

In einigen der Gespräche, die sie zu der Zeit mit dem Minister führten, kamen ziemlich fundamentale Dinge hoch. Einen weiteren Meinungsaustausch werde ich nicht vergessen. Eine unserer U-2 flog gerade über die Arktis.[1] Das Navigationssystem fiel aus, und als der Knabe versuchte, wieder nach Alaska zu kommen, flog er doch tatsächlich mitten über die Halbinsel Kola. Wir hatten ihn ins Radar gekriegt, und wir hatten einen Blitzbericht aus Alaska. Sie hatten ihn geortet, wußten, wo er war, und er hatte seinen Kurs bekommen, der ihn wieder herausbringen sollte. Aber er war immer noch mitten über der Halbinsel Kola. Und diese Information erreichte den »tank«, in dem McNamara und die Stabschefs tagten. »Wir haben eine U-2 75 000 Fuß über der Halbinsel Kola.« Er wurde kreidebleich und schrie hysterisch: »Das bedeutet Krieg mit der Sowjetunion. Der Präsident muß an den heißen Draht nach Moskau«, und rannte in heller Aufregung aus der Sitzung.[2] Völlig außer sich! Zu der Zeit waren wir in einem ziemlich fortgeschrittenen Stadium der Krise und kurz bevor der Präsident sich an die Öffentlichkeit wandte.[3] Aber wir hatten folgendes gemacht – zum Glück hatte man uns beträchtlichen Spielraum gegeben – wir hatten alle Raketen von der mit Wartung und Reparatur beauftragten Firma zurückbeordert und den Countdown bis zur Gefechtsbereitschaft durchgeführt. Wir verstärkten die alarmbereite B-52-Flotte um ein Drittel. Auf zivilen Flugplätzen über die ganzen USA verteilt standen Maschinen des Strategischen Bomberkommandos in nuklearer Alarmbereitschaft mit gefüllten Bombenschächten. Auch die Maschinen der Luftverteidigung, mit Atomwaffen an Bord, verteilten wir auf Zivilflughäfen über das ganze Land.

Alle diese Bewegungen waren Signale, die die Sowjets sehen konnten, und wir wußten, daß sie sie sehen konnten. An all unseren strategischen Atomwaffen führten wir den Countdown bis zur Gefechtsbereitschaft durch, einschließlich der Zielerfassung, und wir sorgten dafür, daß sie es verdammt noch mal sahen, daß aber niemand darüber sprach. Das war nun alles da. Gleichzeitig gingen wir nach Florida – ich dachte, es würde im Meer versinken, so viele Flugzeuge, Bomben und Raketen transportierten wir nach Florida. Wir hatten genug, um Kuba buchstäblich von einem Ende zum anderen einzunehmen, und wir hätten jede beliebige Option, die sie wollten, umsetzen können. Invasion oder Luftangriff, wir konnten es. Und immer noch kein Wort nach außen. Hier ist das Foto – McDill, Homestead, alle Basen der taktischen Luftstreitkräfte sind mit startbereiten Maschinen bedeckt, Hunderte. Aber nichts sickerte durch. Wir waren wirklich erstaunt und fragten uns, wie das geheim gehalten werden konnte, warum nichts durchdrang die ganze Zeit über bis zur Botschaft des Präsidenten, in der er Chruschtschow sagte, daß eine Rakete aus Kuba dasselbe wäre wie eine Rakete aus der Sowjetunion. Unser Botschafter in Moskau war zu der Zeit Foy Kohler, und der sagte: »Es war völlig klar, daß die Vereinigten Staaten den Vorsitzenden an den Rand eines Nuklearkrieges gebracht hatten, und er (Chruschtschow) blickte über die Kante, und es gefiel ihm überhaupt nicht.«

Chruschtschow sah die umfassenden Vorbereitungen, die wir getroffen hatten, und er wußte, daß wir ihn zum Handeln aufgefordert hatten. Er hatte keine andere Möglichkeit, als sie abzuziehen und zurückzuholen. Die Militärs sahen die Lage sehr klar. Sie sahen, daß die Sowjets keine Wahl hatten. Keine Frage, er mußte sagen: »Ich gebe auf.« Krieg führen kam nicht in Frage, das konnte er nicht. Zu keiner Zeit versetzte er einen Bomber in Alarmbereitschaft und veränderte kein bißchen seine militärische Handlungsweise. Wir hatten ihm eine Pistole an die Schläfe gesetzt, und er bewegte keinen Muskel. Und, es gab keine nukleare Konfrontation. Aber man konnte Mr. McNamara und einige dieser Zivilisten nicht davon überzeugen, daß es so war, daß dies eine militärische Tatsache war. Wir hatten noch die Überlegenheit im strategischen Bereich, um ihn zum Rückzug zu zwingen, nukleare Überlegenheit, und er hatte keine Alternative. Das war das. Es ist niemals richtig verstanden worden, bis zum Präsidenten hinauf, daß das sicherste, was er jemals gesagt hat, war: »Eine Rakete aus Kuba ist eine Rakete aus der Sowjetunion.« Und jeder glaubte, daß dies nun eine große nukleare Konfrontation war. Es war vorüber, bevor es begonnen hatte, aber nicht einmal unsere eigenen Leute wußten das. In dieser Zeit etwa beschlossen wir auch, eine Blockade durchzuführen, und wir schickten unsere Kriegsschiffe auf Posten – keine Schiffe mehr nach Kuba. Sie sollten auf hoher See ungeachtet ihrer Flagge aufgebracht und durchsucht werden. Und wenn sie irgend etwas an Bord hätten, was unter Kriegsmaterial fiel, sollten sie auf anderen Kurs gehen oder versenkt werden. So dachten wir uns das. Es gab auch eine Detailkontrolle. So gab es zum Beispiel eine direkte Telefonverbindung zwischen dem Verteidigungsministerium und dem Deck des unseligen Zerstörers, der in dieser Blockade auf Patrouille war. So, und nun kommt das erste Schiff an die Blockadelinie. Es ist ein Schwede. Sie signalisieren ihm »längsseits« und »standby«, was haben Sie geladen? Und der sagte: »Geh zum Teufel!« Volle Kraft voraus, und er fuhr mitten durch diese blöde Blockade direkt nach Havanna. Niemand hielt ihn auf. Er sagte einfach: »Zum Teufel mit euch – niemand sagt mir, was ich auf hoher See mit meinem Schiff zu tun habe.« Ja, und dann sahen sie sich an, diese Leute, die gerade »Krisenmanagement« lernten und wie man Kriege führt. »Das hat nicht sehr gut funktioniert. Was machen wir jetzt?« Unser Mann am Telefon hatte also gesagt: »Nicht schießen«, und der Zerstörer hatte gesagt: »Ich bin bereit, ihn zu stoppen.« »Nein, nein, laßt ihn fahren, laßt ihn fahren.« So, nun kommt das nächste Schiff, ein Libanese – er hat die libanesische Flagge gesetzt. Sie rufen ihn also an. Und der antwortet: »Oh, dieser Aufforderung komme ich gern nach. Ich werde stoppen, kommen Sie an Bord, ich bin nur ein armer Libanese, der sein Schiff nach Kuba fährt.« Sie gingen also an Bord und öffneten die Luken. Er hatte einen Haufen elektronisches Militärgerät, und sie schlossen die Luken wieder, taten so, als wäre nichts und sagten: »Fahr weiter, mein Freund.« Und er dampfte fröhlich ab nach Havanna. Das war unsere Seeblockade. So wurde damit umgegangen unter dieser Art von ziviler Kontrolle, wie wir sie damals hatten. Rufe nur nicht irgendeine Art von Krise hervor, nirgends. Es gab zwei große Diskussionen. Die eine ging über die nukleare Konfrontation. Das war schon gelöst. Da hatten wir gewonnen mit den Händen im Schoß. Die zweite ging über die Frage, machen wir eine Invasion in Kuba oder nicht? Natürlich, die Militärs und die Falken wollten einmarschieren und das Land säubern – Castro herausholen und das Problem definitiv für alle Zeit los sein. Und die andere Seite wollte keine Invasion, wollte nur reden. Wir tun ein wenig hiervon oder ein wenig davon. Wir hatten einige Zwischenfälle. Einige Flugzeuge waren beschossen worden. Also gingen wir hin und führten ein paar Vergeltungsaktionen durch. Wir spielten einfach herum. Zum Teufel, unsere Marines kamen den ganzen Weg vom Pazifik her durch den Kanal. An der Ostküste wurde eine Invasionseinheit nach der anderen eingeschifft. Das fliegende Gerät war startbereit. Das war schon eine runde Sache. Wir waren vollkommen in der Lage, das Ding durchzuführen, aber letztlich war es die Unentschiedenheit ... an der Spitze. Niemand wollte so richtig anbeißen. Also die zweite Entscheidung, marschieren wir ein? Nein! Wir konnten die Blockade nicht durchführen. Wir hatten das Raketenshowdown gewonnen, und sie würden sie abziehen. Damit sollten wir uns zufrieden geben. Das war unser Sieg. Und damit gaben wir uns zufrieden. Es war sehr interessant, daß in einer anderen Situation etwas später die Sache ganz anders angepackt wurde, mit ganz anderen Ergebnissen. Das war in der Dominikanischen Republik. Eine straff organisierte kommunistische Gruppe hatte die Regierung gestürzt in einem Coup und war dabei, die Macht zu übernehmen.

Und wir hätten es in der Dominikanischen Republik mit einem weiteren Kommunistenregime wie in Kuba zu tun gehabt. Damals hatten wir einen Präsidenten, der ein wenig anders war. Wir hatten Lyndon B. Johnson, der kurz vorher an die Regierung gekommen war. Er wurde eines Nachts ziemlich spät von Buz Wheeler[4] angerufen – und über die Lage informiert. Johnson sagte: »Ich gebe euch eine Richtung vor und die beinhaltet, daß diese Insel nicht kommunistisch wird. Was immer ihr tun müßt, tut es!« Also zogen wir in zwei Tagen die Luftstreitkräfte zusammen, die der Air Force und der Army zur Verfügung standen. Tatsächlich war es eine Streitmacht, die ausgereicht hätte, einzumarschieren und das Land zu besetzen. Anstatt unsere Kräfte tröpfchenweise wie mit der Pipette zu kalkulieren, zogen wir dreimal mehr zusammen als wir brauchten, schafften alles nach Puerto Rico, stellten es dort zur Schau, setzten neue Leute in die Dominikanische Republik und sagten ihnen, der Geschichte ein Ende zu machen. Sie sahen, wie groß das war, und dann brach die ganze Sache in sich zusammen. Und als sie zusammenbrach, waren die Einheimischen, die gegen die Kommunisten waren, bereit, mit den Kommunisten aufzuräumen. Schließlich hatten wir die Gruppe in einem Stadtteil eingekeilt. Sie hätten eliminiert werden können, und damit wäre es zu Ende gewesen. Aber wir ließen die Einheimischen das nicht machen. Wir mußten sie zurückhalten und die Kommunisten davonkommen lassen. Aber die Dominikanische Republik ist nie kommunistisch geworden. Möglicherweise hat L. B. J. nicht verstanden, wie man militärische Stärke einsetzt, aber er ließ uns freie Hand, und das hieß, mehr als genug einsetzen, und keiner dieser neunmalklugen Knaben schaltete sich in die Aktion ein und sagte uns, wie wir es zu tun hätten, bis alles vorüber war. Sie wußten nicht einmal, daß die Aktion lief, bis die Fakten geschaffen waren. So schnell handelten wir.

Das war also eine »Krise«, die zeigte, daß man die erwünschten Resultate haben konnte, wenn man es richtig machte – mit dem richtigen Gebrauch von militärischer Stärke – und das hieß, ein ganzer Haufen mehr als das, was man für nötig hielt, überwältigend. Was alle berühmten Kriegsherren aus allen Kriegen gelernt haben, wenn man nicht gerade genug hat – dann muß man es verdoppeln oder verdreifachen und dafür sorgen, daß es ganz sicher beim ersten Mal klappt, und man darf nicht zurückweichen. Mach es richtig und gleich beim ersten Mal. Aber das war eine Lektion, die an einigen Zivilisten an der Spitze, die unsere Streitkräfte führten, vorüberging. [...]

Nr. 19

Brief von Adlai Stevenson, US-Botschafter bei den Vereinten Nationen, an John F. Kennedy über Alternativen zur Kuba-Politik, 17. Oktober 1962, Geheim – Nur zur Ansicht

Letter (Adlai Stevenson) for President Kennedy, October 17, Secret – Eyes Only.

(John F. Kennedy Library, Boston: National Security Files, Countries, Cuba, Box 115)

Sehr geehrter Herr Präsident,

Ich habe die bisherige Planung noch einmal durchgesehen und habe folgende Anmerkungen:

Wie bereits gesagt, denke ich, daß Ihre *persönlichen* Emissäre Ihre Botschaften an Castro und Chruschtschow überbringen sollten. Was Castro betrifft, gibt es keine Meinungsverschiedenheiten. Was Chruschtschow angeht, könnte ein Emissär den Ernst der Lage, die Sie Gromyko dargelegt haben, besser unterstreichen. Und ein *Gespräch* mit Chruschtschow böte eine Gelegenheit, seine Motive und Zielsetzungen weit besser aufzudecken, als es mit einer Mitteilung über die »üblichen Kanäle« möglich wäre.

Was Ihre öffentliche Erklärung angeht, denke ich, – vorausgesetzt, daß es unumgänglich wird, bald etwas zu sagen – es wäre ein Fehler, zu diesem Zeitpunkt offenzulegen, daß ein Angriff kurz bevorsteht; eine bloße Darstellung des Sachverhaltes, die den Ernst der Lage hervorhebt und betont, daß weitere Schritte in Vorbereitung sind, wäre für die *erste* öffentliche Erklärung genug.

Da ein Angriff höchstwahrscheinlich zu sowjetischen Vergeltungsmaßnahmen irgendwo führen würde – Türkei, Berlin und so weiter –, ist es äußerst wichtig, daß wir die Welt soweit wie möglich auf unserer Seite haben. Einen Atomkrieg anzufangen oder zu riskieren, daß er ausbricht, kann bestenfalls zu Uneinigkeit führen; und das Urteil der Geschichte deckt sich nur selten mit den Launen des Augenblicks.

Falls es zum Krieg kommt, muß unsere Sache auf lange Sicht darauf beruhen, daß wir dem sowjetischen Vorstoß zur Weltbeherrschung Einhalt gebieten, solange es noch Zeit ist; daß wir unsere Verpflichtungen im Rahmen des interamerikanischen Systems erfüllen und so weiter. Wir müssen darauf gefaßt sein, daß eine weitverbreitete Reaktion sein wird: Wenn wir einen Raketenstützpunkt in der Türkei und an anderen Orten rund um die Sowjetunion haben, dann haben sie wohl auch ein Recht auf einen Stützpunkt in Kuba. Wenn wir Kuba angreifen – einen Verbündeten der UdSSR –, ist ein Angriff auf NATO-Stützpunkte dann nicht ebenso gerechtfertigt? Das ließe sich endlos weiterführen. Wenn die Begründung für unser Handeln für uns auch klar sein mag, so wird sie es für viele andere nicht sein. Wenn die Konsequenz Krieg heißt, kann es außerdem sehr gut sein, daß die lateinamerikanischen Staaten sich spalten und einige erklären, daß die Vereinigten Staaten nicht mit ihrer Zustimmung und Billigung handeln. Sofern die Sachlage nicht völlig eindeutig ist, kann es auch zu harten Auseinandersetzungen mit unseren westlichen Verbündeten kommen, die schon so lange unter der gleichen Bedrohung eines sowjetischen Angriffs leben, der von den Stützpunkten in den Satellitenstaaten mit den gleichen Mittelstreckenraketen ausgehen könnte.

Aber all diese Überlegungen und diese Hindernisse für ein klares und weltweites Verständnis, daß wir weder voreilig, noch ungestüm, noch gleichgültig gegenüber dem Schicksal anderer sind, sind Ihnen – wie ich weiß – nur allzu vertraut.

Ich weiß, daß Ihr Dilemma darin besteht, anzugreifen, bevor die kubanischen Stellungen einsatzbereit werden, oder das Risiko einzugehen, zu warten, bis man eine geeignete Rechtfertigungsgrundlage erarbeiten kann. Die nationale Sicherheit muß an erster Stelle stehen. *Aber die geplanten Maßnahmen haben so unabsehbare Konsequenzen, daß ich den Eindruck habe, Sie sollten deutlich gemacht haben, daß man über die Existenz von atomaren Raketenstützpunkten an irgendeinem Ort verhandeln[1] kann, bevor wir irgend etwas in Gang bringen.*

Unser Standpunkt ist dann, daß wir nicht verhandeln können, wenn man uns die Pistole auf die Brust setzt; eine Pistole, die das unschuldige, hilflose kubanische Volk ebenso bedroht wie die Vereinigten Staaten; und wenn sie die Raketen nicht abbauen und den status quo ante wiederherstellen wollen, müssen wir das selbst tun – und danach sind wir bereit, mit ihnen im Rahmen eines Abrüstungsvertrages oder etwas ähnlichem über Stützpunkte zu verhandeln. Kurz, sie – und nicht die Vereinigten Staaten – haben das Gleichgewicht gestört und diese für die ganze Welt bedrohliche Situation geschaffen.

Ich gebe zu, ich habe viele Befürchtungen in bezug auf die vorgeschlagene Vorgehensweise, aber sie weiter zu diskutieren würde dem, was Sie bereits an Überlegungen anstellen, wenig hinzufügen. Also wiederhole ich lediglich: Es sollte eindeutig klar sein, daß die Vereinigten Staaten bereit waren, sind und sein werden, über den Abbau von Stützpunkten und alles andere zu verhandeln; daß sie es sind, die das empfindliche Gleichgewicht in der Welt in arroganter Mißachtung unserer Warnungen gestört haben – durch Drohungen gegen Berlin und nun von Kuba aus – und daß wir keine andere Wahl haben, als das Gleichgewicht wiederherzustellen; das heißt, Erpressung und Einschüchterung: *niemals;* Verhandlung und gesunder Menschenverstand: *jederzeit.*

Ihr

Mittwoch morgen, 17. Okt. gez.: Adlai S. Stevenson

P. S.: Ich fahre nach New York zurück und kann selbstverständlich ganz nach Ihrem Belieben zurückkommen.

Nr. 20

Telegramm der US-Botschaft in Moskau an Dean Rusk, Außenminister, über die Kuba-Politik der UdSSR, 18. Oktober 1962, Nur zum Dienstgebrauch

Department of State, Incoming Telegram No. 1003. From: Moscow-Embassy. To: Secretary of State, October 18, Limited Official Use.

(John F. Kennedy Library, Boston: National Security Files, Countries, Cuba, Cables, 10/16/62–10/21/62)

Von Hamilton in *New York Times,* 15. Oktober, verbreitetes Gerücht, daß Moskau bereit sei, moderateren Kurs in Kuba zu verfolgen, falls U.S. Haltung zu Berlin lockern, wird von Kommentator Polyanov in Iswestija, 17. Oktober, wütend verurteilt. Polyanov beschuldigt Außenministerium, Gerücht in die Welt gesetzt zu haben, um Sowjetunion in den Augen der Weltöffentlichkeit zu kompromittieren und »das Dementi des nicht existenten Angebots zu benutzen, um die Kriegspsychose sowohl in der Karibik als auch in Zentraleuropa aufzupeitschen«.

Auch Prawda, 18. Oktober, schneidet Thema Kuba an in einem Korrespondentenbericht von TASS aus Mexiko, der Zitate eines Interviews enthält, das der ehemalige Präsident Cardenas gegeben hat und das in der Zeitung *Dia* veröffentlicht wurde. Es heißt dort, Cardenas habe gesagt, Kubas friedliche Absichten seien offensichtlich; verweist in diesem Zusammenhang auf Erklärung von Dorticos[1], daß Kuba bereit sei, mit den U.S. auf dem üblichen diplomatischen Weg oder anderen geeigneten Kanälen Verhandlungen zu führen, und daß Kuba amerikanische Bürger entschädigen könne, die durch Revolutionsgesetze geschädigt worden seien.

Kommentar: Obwohl es zur üblichen Praxis der Sowjets gehört, Berichte wie den Hamiltons zu dementieren, nachdem Versuchsballon von der anderen Seite abgeschossen ist – wie der Minister es in diesem Fall getan hat –, neigen wir dazu, zu bezweifeln, ob Sowjets die Lage in Berlin weiter komplizieren wollen, indem sie sie mit der Kubafrage verknüpfen. Tendenz, wie wir sie hier zur Zeit interpretieren, ist, Kuba in gemäßigter Tonart zu behandeln (z. B.: Jemen nimmt in den letzten Tagen in der sowjetischen Presse ebensoviel oder mehr Raum ein als Kuba). Artikel über Cardenas-Interview legt sowjetischem Leser nahe, daß Moskau den Gedanken amerikanisch-kubanischer Verhandlungen zur Beilegung der Differenzen gutheißt. Nicht uninteressant ist, daß Artikel Hinweis auf Entschädigung für amerikanische Bürger enthält und so andeutet, daß U.S. legitime Ansprüche gegen Castro-Regime haben.

Kohler

Nr. 21
Memorandum von Adlai Stevenson, US-Botschafter bei den Vereinten Nationen, über die bevorstehende Rede des Präsidenten zu Kuba, 20. Oktober 1962, Streng Geheim

Memorandum (Adlai Stevenson): Political Program to be Announced by the President, October 20, Top Secret.

(John F. Kennedy Library, Boston: Theodore Sorenson Papers, Subject Files, 1961–64, Cuba Standing Committee, Box: Documents declassified from Closed collection)

1. Die jüngsten Entwicklungen hinsichtlich des Angriffspotentials in Kuba stellen eine äußerst schwerwiegende Bedrohung für den Frieden und die Sicherheit im karibischen Raum sowie in der Welt dar. Daher können und sollten sie vom Sicherheitsrat behandelt werden, und es sollten Maßnahmen ergriffen werden, um eine unmittelbare Gefahr abzuwenden und auf dem Verhandlungswege eine dauerhafte Lösung dieses Problems zu finden.
2. Botschafter Stevenson wird dem Sicherheitsrat morgen (?) eine Resolution vorlegen, nach der die Vereinten Nationen umgehend Beobachter zu allen Stützpunkten strategischer Atomraketen entsenden würden, die auf dem Territorium von Ländern außerhalb der drei großen Atommächte unterhalten werden. [. . .][1] Diese Beobachtergruppen, die in Kuba, Italien und der Türkei eingesetzt würden, würden sicherstellen, daß von keinem dieser Länder ein Überraschungsangriff ausgehen könnte, solange eine dauerhafte Lösung der Frage ausländischer Raketenbasen aussteht.
3. Wenn die Sowjetunion die Raketenbasen in Kuba damit rechtfertigt, daß sie notwendig sind, um Kuba gegen eine Invasion von außen zu schützen, antworte ich, daß es in Wirklichkeit eine derartige Bedrohung für Kuba nicht gibt. Die Vereinigten Staaten sind jedoch gemeinsam mit den übrigen amerikanischen Staaten bereit, die territoriale Integrität Kubas zu garantieren, und wir schlagen [. . .][2] die sofortige Entsendung einer UN-Truppe nach Kuba vor, die nach dem Vorbild der UNO-Notstandstruppe gebildet ist, um diese Garantie zu erfüllen. Um aber die Sicherheit der Hemisphäre sicherzustellen, müssen wir auf dem sofortigen Abbau dieser Raketenstellungen in Kuba und auf dem Abzug des gesamten sowjetischen Militärpersonals bestehen. Parallel werden die Vereinigten Staaten ihren Stützpunkt in (Guantanamo)[3] räumen und alle Truppen und Waffen von dort abziehen.

Durch die Gefahr einer Eskalation hat das klammheimliche Vorgehen der Sowjetunion in Kuba die ganze Welt gefährdet und verlangt von uns allen, die Entscheidung über nukleare und allgemeine Abrüstung voranzutreiben, ehe es zu spät ist. Wir können aus dieser Erfahrung keine bessere Lehre ziehen. Und die Vereinigten Staaten sind bereit, mit der Sowjetunion über den Abbau der strategischen NATO-Stützpunkte in Italien und der Türkei und aller anderen Stützpunkte auf dem Boden von Ländern außerhalb der Atommächte im Rahmen der gegenwärtig ins Auge gefaßten Abrüstungsverträge nachzudenken.

Adlai Stevenson

Nr. 22
Memorandum von Douglas Dillon, Finanzminister, für John F. Kennedy über die Alternativen Luftangriff oder Blockade, o. D.[1], Streng Geheim – Sensibel

Memorandum (Douglas Dillon) for the President, Undated, Top Secret – Sensitive.

(John F. Kennedy Library, Boston: National Security Files, Countries, Cuba, General, 10/26/62–10/27/62, Box 36)

Meiner Ansicht nach hat die Sowjetunion jetzt bewußt unsere Intentionen einem öffentlichen Test unterzogen, der den zukünftigen Lauf des Weltgeschehens über viele Jahre hinweg bestimmen kann.

Wenn wir zulassen, daß das Offensivpotential, das sich derzeit in Kuba befindet, dort bleibt, bin ich überzeugt, daß wir früher oder später – und wahrscheinlich früher – ganz Lateinamerika an den Kommunismus verlieren, weil wir in den Augen der Lateinamerikaner jede Glaubwürdigkeit hinsichtlich unserer Bereitschaft, der sowjetischen Militärmacht wirkungsvoll entgegenzutreten, verloren haben werden. Mit ähnlichen Reaktionen können wir auch andernorts rechnen, zum Beispiel im Iran, in Thailand und Pakistan.

Daher bin ich der Überzeugung, daß das Überleben unserer Nation die sofortige Beseitigung der Offensivwaffen in Kuba verlangt. Darüber kann es kein Verhandeln geben, und jedes Vorgehen, das zu Verhandlungen über diese Frage führt, die zwangsläufig in die Länge gezogen würden, hätte die oben umrissenen Folgen.

Bleibt die Frage, wie die sofortige Beseitigung dieser Waffen aus Kuba am besten zu erreichen ist. Mir sind die Schwierigkeiten, die ein Überraschungsangriff in der öffentlichen Meinung mit sich bringen würde, völlig klar; aber ich glaube, daß man eher sie in Kauf nehmen muß, wenn kein effektiverer Kurs zur Verfügung steht, als das hohe Risiko für unsere nationale Sicherheit, das eine Duldung der Waffen in Kuba birgt.

Entsprechend würde ich einen Blockade-Kurs insofern ablehnen, als er darauf ausgerichtet ist, Verhandlungen entweder in den Vereinten Nationen oder mit Chruschtschow direkt zu führen.

Falls militärisch vertretbar, würde ich es vorziehen, mit einer Blockade und einer intensiven Tiefflugüberwachung zu beginnen in Verbindung mit einer Forderung an Kuba, die Waffen sofort zu entfernen und eine internationale Überwachung zu akzeptieren, beginnend innerhalb von 24 Stunden. Im Falle einer kubanischen Weigerung würde sofort der Luftangriff folgen, vor Ablauf von 72 Stunden nach der ersten öffentlichen Erklärung.

Sollte das militärisch nicht vertretbar sein oder sollte eine solche Verzögerung ein unvertretbares Risiko bergen, daß von Kuba aus Atomwaffen gegen die Vereinigten Staaten zum Einsatz kommen, würde ich einem frühzeitigen Angriff den Vorzug geben, der mit dem Luftangriff-Kurs übereinstimmt.

Ich glaube, in einer solchen Situation müssen wir im Interesse des Überlebens des gesamten Gefüges der freien Welt bereit sein, die Folgen eines Überraschungsangriffs für die öffentliche Meinung in Kauf zu nehmen, wobei wir die ganze Schuld Kuba geben, weil es unsere eindeutigen und wiederholten Warnungen ebenso ignoriert hat wie die scharfe Kritik der übrigen amerikanischen Staaten.

Douglas Dillon

Nr. 23
Protokoll von Robert S. McNamara, Verteidigungsminister, über eine Sitzung mit John F. Kennedy, 21. Oktober 1962, Streng Geheim (gekürzt)

Notes on October 21, 1962, Meeting with the President (Robert S. McNamara), October 21, Top Secret.

(John F. Kennedy Library, Boston: National Security Files, National Security Council, Meetings and Memoranda, Meetings 1962, No. 506, 10/21/62, Box 313, Folder 39)

[...]

5. General Sweeney legte folgenden Plan für einen Luftangriff dar, dessen Zielsetzung die Zerstörung des bekannten kubanischen Raketenpotentials wäre.

a) Die fünf Boden-Luft-Raketeneinrichtungen in der Nähe der uns bekannten Raketenstellungen würden jeweils mit etwa acht Flugzeugen angegriffen; die drei MIG-Stützpunkte, die die Raketenstellungen verteidigen, würden mit zwölf U.S.-Flugzeugen pro Flugplatz abgedeckt; insgesamt würden die Einsätze gegen die Abwehr etwa 100 Feindflüge erfordern, die erforderlichen Ersatzflugzeuge mit eingerechnet.
b) Jede der Abschußrampen auf den acht oder neun bekannten Stützpunkten (insgesamt etwa 32 bis 36 Rampen) würde von sechs Flugzeugen angegriffen. Zu diesem Zweck würden insgesamt etwa 250 Einsätze geflogen.
c) Die U.S.-Flugzeuge, die die drei MIG-Stützpunkte abdecken, würden die MIGs angreifen, sobald sie zum Start ansetzen. General Sweeney empfahl dringend Angriffe auf all diese Flugplätze, um die MIG-Flugzeuge zu zerstören.

6. General Sweeney erklärte, er sei sicher, daß der Luftangriff »erfolgreich« sein würde; doch wäre es selbst unter optimalen Bedingungen unwahrscheinlich, daß alle bekannten Raketen zerstört würden. (Wie in Punkt 4 erwähnt, bilden die bekannten Raketen vermutlich nur 60% aller Raketen auf der Insel.) General Taylor erklärte: »Das Höchste, was wir Ihnen anbieten können, ist, 90% der bekannten Raketen zu zerstören.« Sowohl General Taylor als auch General Sweeney und der Verteidigungsminister betonten nachdrücklich, daß dem ersten Luftangriff ihrer Meinung nach Angriffe an den darauffolgenden Tagen folgen müßten und daß diese zwangsläufig zu einer Invasion führen würden.

7. Vertreter der CIA, die an diesem Punkt hinzukamen, erklärten, es sei wahrscheinlich, daß die einsatzbereiten Raketen (man schätzt, daß es zur Zeit acht bis zwölf einsatzbereite Raketen auf der Insel gibt) über unbegrenzt lange Zeit mit einer Vorwarnzeit von zweieinhalb bis vier Stunden abgeschossen werden können. Diese Vorwarnzeit schließt einen Countdown von 20 bis 40 Minuten ein. Bezogen auf die Countdown-Zeit würde die erste Angriffswelle unserer Luftwaffe ihnen eine Vorwarnzeit von 10 Minuten geben, die zweite Welle eine Vorwarnzeit von 40 Minuten und die dritte Welle eine entsprechend größere Vorwarnzeit.

Wie oben erwähnt, empfahl General Sweeney dringend, daß ein Luftangriff auch Angriffe auf die MIG-Maschinen und außerdem auf die IL-28-Flugzeuge umfassen sollte. Um die Zerstörung dieser Luftflotte vollständig durchzuführen, sollte man die Zahl der Einsätze auf insgesamt 500 erhöhen. Der

Präsident stimmte zu, daß ein Luftangriff, sofern man den Befehl dazu gab, wahrscheinlich auch die Zerstörung der MIG- und der IL-28-Flugzeuge beinhalten sollte.

9. Der Präsident ordnete an, wir sollten darauf vorbereitet sein, den Luftangriff am Montagmorgen oder jederzeit danach im Laufe der Woche durchzuführen. Der Präsident nahm zur Kenntnis, daß der Verteidigungsminister gegen einen Luftangriff am Montagmorgen war, während General Sweeney sich dafür aussprach. Er fragte den Justizminister und Mr. McCone nach ihrer Meinung:

a) Der Justizminister erklärte, er sei gegen einen solchen Angriff, weil:
(1) »Es ein Angriff in der Art von Pearl Harbour wäre«.
(2) Er zu nicht vorhersehbaren militärischen Gegenmaßnahmen der Sowjetunion führen würde, die so ernster Natur sein könnten, daß sie zu einem umfassenden Atomkrieg führen könnten. Er erklärte, wir sollten mit der Einleitung einer Blokkade beginnen und es anschließend »auf deren Verletzung ankommen lassen«.

b) Mr. McCone schloß sich dem Justizminister an, betonte jedoch, er glaube, wir sollten auf einen Luftangriff und eine anschließende Invasion vorbereitet sein.

Robert S. McNamara
10/21/62

Nr. 24
Protokoll der 507. Sitzung des Nationalen Sicherheitsrates, 22. Oktober 1962, Streng Geheim (gekürzt)
National Security Council, 507th Meeting, October 22, 3 PM, Minutes.

(John F. Kennedy Library, Boston: National Security Files, National Security Council, Meetings and Memoranda, Meetings 1962, No. 507, 10/22/62, Box 313, Folder 40)

Der Präsident eröffnete die Sitzung, indem er Minister Rusk bat, die beiliegende Botschaft von Premierminister Macmillan[1] vorzulesen, die soeben eingetroffen war. Minister Rusk bemerkte, für eine erste Reaktion auf die Mitteilung über unsere geplante Blockade sei sie nicht schlecht. Er fügte hinzu, es sei beruhigend, zu sehen, daß der britische Premierminister an alles gedacht habe, woran auch wir gedacht hatten.

Der Präsident erklärte, die Botschaft des Premierministers enthalte das beste Argument dafür, nichts zu unternehmen. Was wir nun bräuchten, seien stichhaltige Argumente, um zu erklären, warum wir so handeln müssen, wie wir es tun.

(Gelöscht)

[...]

Der Präsident faßte dann die Argumente zusammen, warum wir so handeln müssen. Wir müssen denen antworten, die auf die Blockade mit der Frage reagieren, was sich in Anbetracht der Tatsache geändert habe, daß wir in den ganzen letzten Jahren unter einer Bedrohung durch einen atomaren Raketenangriff der UdSSR gelebt haben.

a) Im September haben wir erklärt, wir würden reagieren, wenn in Kuba bestimmte Maßnahmen getroffen würden. Wir müssen Verpflichtungen einlösen, die wir damals öffentlich eingegangen sind.
b) Die heimliche Stationierung strategischer Raketen in Kuba seitens der Russen war ein so vollständiger Umschwung ihrer bisherigen Politik, solche Raketen nicht außerhalb der UdSSR zu stationieren, daß wir, wenn wir in diesem Fall nichts unternehmen würden, den Russen damit den Eindruck vermitteln würden, wir würden niemals eingreifen, ganz gleich was sie wo tun.
c) *(Gelöscht)*
d) Die Auswirkungen in Lateinamerika wären unseren Interessen sehr abträglich, wenn wir den La-

teinamerikanern mit dem Verzicht auf ein Eingreifen den Eindruck vermitteln würden, daß die Sowjets ihren Einfluß in der Welt ausbauen, während der unsrige abnimmt.

[...]

Der Präsident schloß mit einer Anerkennung der Schwierigkeiten, die, in Kauf zu nehmen, er von den Militärs verlangte, weil die Notwendigkeit bestehe, Maßnahmen zu ergreifen, die Kuba vor der Möglichkeit einer Invasion warnten.

Minister Rusk erklärte, falls jemand glaube, unsere Reaktion sei schwach, sei er im Unrecht; denn er glaube, daß wir unmittelbar vor einer »brennenden Krise« stünden.

[...]

Es folgte eine Diskussion über die Frage, weshalb keine Beweise für sowjetische Raketen vorgelegen haben. Die Flüchtlinge hatten Informationen über die strategischen Raketenstellungen geliefert, doch konnten sie nicht durch Luftaufnahmen erhärtet werden. *(Gelöscht)* Erst am 14. Oktober lag Bildmaterial über die Stellungen und die Raketen vor. Die Wolkendecke machte eine Zeitlang Aufnahmen unmöglich. Mr. McCone war der Ansicht, daß die Informationen, die Senator Keating über die Raketenstellungen erhalten hat, von Flüchtlingen stammten und er sie ohne weitere Überprüfung akzeptiert hat. Der Justizminister wies darauf hin, daß *(Gelöscht)* die Bauarbeiten auf den Raketenstützpunkten nicht weit genug fortgeschritten waren, um sie auf Luftaufnahmen viel früher als dem 14. Oktober auszumachen. Man wies darauf hin, daß alle Rußlandexperten sich einig waren, daß Chruschtschow keine strategischen Raketen nach Kuba senden würde. Daher habe eine Tendenz bestanden, die Berichte der Flüchtlinge herunterzuspielen.

In der Frage, was man über unser Vorgehen in Kuba in der Öffentlichkeit sagen sollte, mahnte Minister Rusk zur Vorsicht. Wir sollten nichts sagen, was uns später die Hände binden könnte für den Fall, daß wir weitere Schritte unternehmen wollten. *(Gelöscht)*

General Taylor fragte, wie wir auf die Frage antworten sollten, ob wir uns auf eine Invasion vorbereiten. Der Präsident antwortete, wir sollten die Presse bitten, die Befragung nicht in diese Richtung zu drängen und sich mit unserer Erklärung zufriedenzugeben, daß wir alle Vorsichtsmaßnahmen für alle Eventualitäten treffen. Minister McNamara stimmte zu, daß wir erklären sollten, das Verteidigungsministerium habe Anweisung, sich auf alle Eventualitäten vorzubereiten, und daß wir zum jetzigen Zeitpunkt nicht bereit seien, etwas zu sagen, das über die Rede des Präsidenten hinausgehe.

(Gelöscht)

[...]

Nr. 25
Memorandum von W. Averell Harriman, Sonderbotschafter, über die Reaktionen des Kreml, 22. Oktober 1962, Geheim (gekürzt)

Memorandum (W. Averell Harriman): On Kremlin Reactions, October 22, Secret.

(John F. Kennedy Library, Boston: National Security Files, Regional Security, NATO, Weapons, Cables, Turkey, Box 226)

Ohne Zweifel steht Chruschtschow seit geraumer Zeit unter starkem Druck, etwas wegen unseres Rings von Stützpunkten zu unternehmen, der sich durch unsere Stationierung von Jupiter-Raketen in der Türkei noch enger geschlossen hat.

Wohin ich während meines Besuchs in der Sowjetunion im Juni 1959 auch kam – selbst in Zentralasien und in Sibirien –, fragten die Leute mich: »Warum haben Sie ihre Stützpunkte, die uns anzugreifen drohen? Wir waren so enge Verbündete während des Krieges. Warum wollen Sie nicht in Frieden leben?« Da man mich während des Krieges sehr bekannt gemacht hatte, begegneten die Russen mir wie einem Freund[1].

Nach meiner Einschätzung hat das Militär und die aggressivere Gruppe Chruschtschow unter Druck gesetzt, Kuba zu benutzen, um dem U.S.-Vorgehen zu begegnen und die Demütigung auszugleichen, die man ihnen ihrer Meinung nach mit den atomaren Stützpunkten in der Nähe ihrer Grenzen zugefügt hat.

Chruschtschow plaudert häufig auf die eine oder andere Weise über das, was Kreml-Gremien diskutieren. Ein Punkt, der in diesem Zusammenhang von besonderem Interesse ist, ist seine Erklärung, daß man die Sowjetunion nun als uns der Stärke nach ebenbürtig behandeln muß und daß das infolge des sowjetischen Einflusses in der westlichen Hemisphäre[2] noch unterstrichen worden ist. Eine weitere aufschlußreiche Äußerung war seine Bemerkung gegenüber Robert Frost[3], daß Demokratien zu liberal sind, um energisch vorgehen zu können, soll heißen, zu schwach, um anzugreifen. Das klingt nach den Argumenten seiner härteren Berater, als sie auf Raketenbasen in Kuba drängten.

Schon als es zum ersten Mal vorgeschlagen wurde, hatte ich den Eindruck, daß die Stationierung unserer Raketen in der Türkei und in Italien Widerstand erzeugen würde sowohl in unseren Beziehungen zur Sowjetunion als auch auf unserer Seite, besonders in Italien. Und zwar inbesondere, weil die Raketen so leicht zu zerstören sind; aber darüber hinaus bedeuteten sie eine Demütigung für den sowjetischen Stolz, weil sie die Existenz einer solchen Bedrohung in unmittelbarer Nähe hinnehmen mußten.

Ich habe auch seit einigen Jahren schon gedacht, da wir Stützpunkte ohnehin aufgeben – wegen des lokalen Drucks oder weil wir sie nicht mehr brauchen –, hätte man sie in Verhandlungen mit der Sowjetunion nutzen sollen. Chruschtschow hätte bei seinen Leuten politisch einiges zur Rechtfertigung eines kooperativeren Ansatzes erreichen können, wenn er hätte behaupten können, daß die Stützpunkte auf seine Verhandlungen hin beseitigt wurden.

[...]

Als Konsequenz aus dem oben Gesagten rate ich ganz dringend dazu, die Auseinandersetzung klar zu sehen, die ohne Zweifel in der Sowjetunion stattfindet, daß Chruschtschow von der härteren Gruppe gedrängt wird, diese gefährliche Aktion in Kuba durchzuführen. Daher sollten wir die Situation heute so handhaben, daß wir Chruschtschow die Möglichkeit geben, das Gesicht zu wahren, dieser harten Gruppe die Schuld zu geben und auf die stärker kooperative Richtung einzuschwenken. Ich benutze die Worte »stärker kooperativ« in dem begrenzten kommunistischen Sinne und nicht in ihrer Bedeutung für uns.

W. Averell Harriman

Nr. 26
Protokoll der Sitzung des Exekutiv-Komitees des Nationalen Sicherheitsrates am Morgen des 23. Oktober 1962, Streng Geheim – Sensitiv (gekürzt)[1]

Executive Committee Meeting, October 23, 10 AM, Minutes, Top Secret – Sensitive.

(John F. Kennedy Library, Boston: National Security Files, Meetings and Memoranda, Executive Committee, Meetings Vol. I, Meetings 1–5, 10/23–25/62, Box 315)

[...]

4. Vom Verteidigungsministerium vorgelegte Punkte

[...]

c. Der Präsident genehmigte den folgenden Eventualplan für den Fall eines Zwischenfalles bei U-2-Aufklärungsflügen. Der Präsident wird auf dem Weg über das Oberkommando der strategischen Luftstreitkräfte und das Verteidigungsministerium informiert, und es wird erwartet, daß die Empfehlung – falls es eindeutige Hinweise gibt, daß der Zwischenfall auf Feindeinwirkung zurückzuführen ist – auf sofortige Vergeltungsmaßnahmen gegen den Boden-Luft-Raketenstützpunkt lautet, der mit der größten Wahrscheinlichkeit in diese Aktion verwickelt ist. Der Präsident hat die Entscheidungsbefugnis in diesem Punkt unter folgenden Bedingungen dem Verteidigungsminister übertragen:

(1) daß der Präsident selbst nicht erreichbar sein sollte;

(2) daß der Nachweis einer feindlichen Aktion Kubas ganz eindeutig ist.

d) Es wurde in Aussicht genommen, aber nicht endgültig entschieden, daß es notwendig würde, falls nach einem einzelnen Zwischenfall und einem einzelnen Vergeltungsschlag die feindlichen Handlungen andauern sollten, Maßnahmen zu treffen, die Boden-Luft-Raketen in Kuba außer Gefecht zu setzen.

e) Der Minister erklärte, daß er nicht darauf vorbereitet sei, eine Empfehlung für ein Abfangen sowjetischer Flüge nach Kuba zu geben; er halte die Luftwaffe in Alarmbereitschaft für einen sofortigen Gegenschlag gegen bekannte Raketenstellungen; die Vorbereitungen für eine Invasion seien in vollem Gange; die Quarantäne erstrecke sich zu Beginn nicht auf Treibstoffe, Öle und Schmiermittel, obwohl man diese Entscheidung ständig neu überprüfen sollte.

[...]

5. Aufgaben des Außenministeriums

[...]

b) Es gab eine kurze Diskussion über mögliche Reaktionen in Berlin, und der Präsident deutete an, er würde gerne die Frage erörtern, ob eine zusätzliche sowjetische Überprüfung von Konvois akzeptabel wäre[2]. Nach der Sitzung ernannte der Präsident Unterstaatssekretär Nitze zum Vorsitzenden eines Unterausschusses des Exekutiv-Komitees für Berlin-Fragen.

[...]

McGeorge Bundy

Nr. 27

Beschlußprotokoll der Sitzung des Exekutiv-Komitees des Nationalen Sicherheitsrates am Morgen des 24. Oktober 1962, Streng Geheim – Sensibel (gekürzt)[1]

Executive Committee Meeting No. 3, October 24, 10 AM, Record of Action, Top Secret – Sensitive.

(John F. Kennedy Library, Boston: National Security Files, Meetings and Memoranda, Executive Committee, Meetings Vol. I, Meetings 1–5, 10/23–25/62, Box 315)

[...]

3. Während der Sitzung trafen Meldungen ein, bestimmte sowjetische Schiffe hätten anscheinend gestoppt oder seien umgekehrt. Der Präsident gab Anweisung, für einen Zeitraum von mindestens einer Stunde kein Schiff aufzuhalten, während man sich um weitere Aufklärung bemühte.

4. Dr. Wiesner gab einen ersten kurzen Überblick über die Lage bei den Nachrichtenverbindungen; der Präsident gab Anweisung, daß das Außen- und Verteidigungsministerium und die CIA mit äußerster Dringlichkeit Maßnahmen treffen sollten, die Nachrichtenverbindungen weltweit zu verbessern, besonders jedoch im Karibikgebiet. Nach der Sitzung ord-

nete der Präsident in einem Gespräch mit dem Außen- und dem Verteidigungsminister an, spezielle Zuständigkeiten auf bestimmte Personen zu übertragen; bei der nächsten Sitzung des Exekutiv-Komitees werden Mitarbeiter des Außen- und Verteidigungsministeriums und des Weißen Hauses einen entsprechenden Plan zur Genehmigung vorlegen.

5. Der Präsident wies das Außenministerium und die USIA[2] an, sich umgehend zu bemühen, in Europa das Verständnis für die Tatsache zu vertiefen, daß jede etwaige Krise in Berlin im Grunde das Ergebnis sowjetischen Strebens und Drängens wäre und daß Untätigkeit der Vereinigten Staaten angesichts der Herausforderung in Kuba für Berlin gefährlicher und nicht weniger gefährlich gewesen wäre.

6. Der Präsident gab Anweisung, daß ein ranghoher Vertreter der USIA regelmäßig an den Sitzungen des Exekutiv-Komitees teilnehmen soll.

McGeorge Bundy

Nr. 28

Memorandum von Walt Whitman Rostow, Vorsitzender des Außenpolitischen Planungsrates im Außenministerium, für McGeorge Bundy, Sonderberater des Präsidenten für Fragen der nationalen Sicherheit, über die relative Bedeutung der sowjetischen Stützpunkte auf Kuba, 24. Oktober 1962, Streng Geheim[1]

Department of State, Policy Planning Council (Walt Whitman Rostow), Memorandum to McGeorge Bundy (The White House): The Cuban Base Problem in Perspective, October 24, Top Secret.

(John F. Kennedy Library, Boston: National Security Files, Countries, Cuba, General, 10/28/62–10/31/62, Box 36)

1. Die sowjetische Entscheidung, atomare Angriffsbasen auf Kuba zu errichten, muß als eine der gewagtesten angesehen werden, die die sowjetische Führung seit Korea getroffen hat. Und wie die koreanische Entscheidung war auch diese Entscheidung »untypisch« insofern, als sie das Muster des unmittelbar vorhergehenden Verhaltens durchbrach und unter anderem die Vereinigten Staaten zu einer Art von Reaktion herausforderte, die Moskau vorher hatte vermeiden wollen. Das legt den Schluß nahe, daß die sowjetische Entscheidung entweder aus der Berechnung entstanden ist, sie könnten ohne großes Risiko mit der Errichtung von Stützpunkten auf Kuba davonkommen oder aus zwingenden Beweggründen oder aus beidem.

a) *Es scheint sehr gut möglich, daß die Sowjets die Wahrscheinlichkeit einer gefährlichen U.S.-Reaktion unterschätzt haben.* Kuba ist den Sowjets ohne besondere Anstrengungen oder Kosten auf seiten Moskaus in den Schoß gefallen. Die Ereignisse entwickelten sich jedoch in einer Weise, die eine starke Beteiligung sowjetischer Mittel und sowjetischen Prestiges mit sich brachte. Gleichzeitig zeigte das Castro-Regime sich dem sowjetischen Willen gefügig, während die Vereinigten Staaten eindeutig keine Bereitschaft an den Tag legten, sich offen an Umsturzversuchen gegen das Regime zu beteiligen. Die UdSSR und die Satellitenstaaten konnten auf eine Weise und in einem Ausmaß in Kuba eindringen, die sehr wohl den Schluß auf nahezu unbegrenzte Möglichkeiten nahegelegt haben mag. So übernahm der Ostblock weitgehend die Wirtschaft, die Verwaltung und den Militärapparat. Nachdem die Kubaner sowjetische Militärberater und vermutlich etwas Betriebspersonal, sowjetische Panzer und moderne sowjetische Kampfflugzeuge gerne angenommen hatten – und die Vereinigten Staaten sie toleriert hatten –, mag Moskau wohl überlegt haben, daß es den nächsten folgerichtigen Schritt tun und Kuba gefahrlos zu einer Angriffsbasis machen könnte, die ihm eine konkrete und wirkungsvolle militärische Präsenz an einem strategisch wichtigen Punkt in der westlichen Hemisphäre bringen würde. Neben diesem praktischen Beleg für ein wahrscheinliches Stillhalten der Vereinigten Staaten mag auch die von Chruschtschow oft geäußerte Überzeugung Gewicht gehabt haben, daß die U.S.-Führung es beim derzeitigen Stand der sowjetischen Stärke nicht wagen würde, Gewalt anzuwenden, um einen bestimmten kommunistischen Schritt zu verhindern oder rückgängig zu machen, bei dem keines der sozialistischen Länder direkte Gewalt angewandt hatte.

b) *Man muß auch starke Beweggründe einräumen:*

i. Möglicherweise haben die Sowjets darauf abgezielt, den Schaden zu kompensieren, den das Image ihrer militärischen Stärke gegenüber den Vereinigten Staaten in den letzten Monaten genommen hat, und sich so in eine bessere Position zu bringen, auf die Vereinigten Staaten Druck auszuüben, um für verschiedene Probleme eine Regelung zu sowjetischen Bedingungen zu erreichen – Probleme, unter denen Berlin das erste, aber wohl kaum das letzte ist. Mit dieser Möglichkeit steht in Zusammenhang:

– Seit 1957 haben die Sowjets die Linie verfolgt, daß die Vereinigten Staaten eine Verschiebung der Weltmachtbalance zugunsten der UdSSR als Tatsache hinnehmen müssen. Solange die Vereinigten Staaten den »Raketenvorsprung«[2] und ähnliches hinnahmen, dachte Moskau offenbar, es könnte in Krisenkonfrontationen mit den Vereinigten Staaten zunehmend aus dieser Linie Nutzen ziehen. Aber die Tendenz in den Vereinigten Staaten, seit Sommer 1961 sowohl unser eigenes Militärpotential auszubauen als auch die sowjetische Stärke im Vergleich zu unserer abzuwerten, hat den sowjetischen Berechnungen den Boden entzogen. Die Sowjets mußten daher schnell das Gleichgewicht wiederherstellen und zugleich die Vereinigten Staaten davon überzeugen, daß es wiederhergestellt war oder mehr als wiederhergestellt ist. Andernfalls wäre Moskau in seinem ständigen Kampf gegen die Vereinigten Staaten ernsthaft und vielleicht zunehmend im Nachteil gewesen.

– Es gab seit Herbst letzten Jahres Hinweise auf ein generelles Bemühen der Sowjets, sowohl ihr tatsächliches Militärpotential auszubauen als auch das Image ihrer Stärke zu verbessern: Wiederaufnahme von Tests; eine Folge von Entscheidungen, die auf eine vermehrte Zuweisung von Mitteln für das Militär hindeuten, trotz eingestandener erheblicher Kosten für andere drängende Programme (zum Beispiel: keine Erhöhung der Investitionen in der Landwirtschaft; Preiserhöhungen für Lebensmittel; Kürzungen im Wohnungsbau; und so weiter); eine spektakuläre Wiederbelebung intensiver Aktivitäten im Weltraum während der letzten Monate; die zweite Testrunde; und die kürzlich angekündigten Serien von Raketentests im Pazifik.

– Der Aufbau eines sowjetischen Potentials an Mittelstreckenraketen mittlerer und größerer Reichweite und Mittelstreckenbombern in Kuba würde in das Bild einer so forcierten sowjetischen Anstrengung passen. Bestimmend mag eine der beiden folgenden Überlegungen gewesen sein: a) Man mag in Moskau die Einschätzung gehabt haben, daß es zu lange dauern würde, bis man in der Lage wäre, ein genügend großes Potential an Interkontinentalraketen aufzubauen, um die Vereinigten Staaten einzuschüchtern (vielleicht sogar abzuschrecken); und daher sah man sich vor die dringende Notwendigkeit gestellt, ein Mittel zu entwickeln, die Vereinigten Staaten der gleichen Art unmittelbarer Bedrohung durch Mittelstreckenraketen auszusetzen, wie sie derzeit für Westeuropa besteht, und zwar so schnell und billig wie möglich. (Es ist zu erwähnen, daß die Dinge, die Berichten zufolge nach Kuba geliefert wurden, in der UdSSR in großen Mengen vorhanden sind. Es ist außerdem anzumerken, daß die militärische Bedeutung, die Moskau den kubanischen Basen beigemessen haben dürfte, nach dem zu beurteilen ist, was sie zu erreichen hofften, wenn sie mit dieser Operation durchkämen, und nicht nach dem, was sie bisher erreicht haben. Es drängt sich automatisch die Parallele zwischen den Bestrebungen der Sowjets in Kuba und den Überlegungen auf, die zum forcierten

Polaris-Programm der Vereinigten Staaten geführt haben.) Oder b) Das kubanische Potential mag nur als ein Schritt in einer Serie geplant sein, die nach Moskaus Kalkulation das Vertrauen der Vereinigten Staaten und insbesondere das anderer in die militärische Überlegenheit der Vereinigten Staaten schwächen wird. (Falls das letztgenannte stimmen sollte, sollten wir im Zusammenhang mit weiteren Atomtests oder besonders in Zusammenhang mit den bevorstehenden Raketenstarts im Pazifik auf etwas achten, das Moskau möglicherweise für eine Überraschung hält. Wir sollten auch auf eine baldige Weltraumsensation achten.)

– Es ist wichtig, sich in Erinnerung zu rufen, daß im Verfolgen außenpolitischer Ziele in Moskau im Frühling anscheinend eine relative Flaute einsetzte. Während dies möglicherweise auf Unentschlossenheit zurückging, zog man damals die Möglichkeit in Betracht, Moskau wolle Zeit gewinnen, bis es seine militärische Stärke und Position verbessert habe. Aus verschiedenen Anhaltspunkten geht hervor, daß die Sowjets die Entscheidung, Angriffsbasen in Kuba zu errichten, etwa um diese Zeit getroffen haben müssen (zumindest nicht später).

ii. Man muß die Möglichkeit in Betracht ziehen, daß die Sowjets mehr im Sinn hatten, als nur ihre militärische Gesamtposition gegenüber den Vereinigten Staaten zu verbessern.

– Man kann nicht ganz ausschließen, daß die Kuba-Operation Teil eines Generalplans ist, eine militärische Position zu erlangen, die es den Sowjets ermöglichen würde, mit den größtmöglichen Erfolgsaussichten eine letzte militärische Kraftprobe mit den Vereinigten Staaten einzugehen. In diesem Fall wäre die Aufrüstung in Kuba offensichtlich von großem Wert, da sie den Sowjets zu relativ geringen direkten Kosten ein wichtiges zusätzliches Potential gegen die Vereinigten Staaten geben würde. (Es gibt keine konkreten oder gefolgerten Hinweise, daß dies tatsächlich in der Absicht der Sowjets liegt. Man sollte es jedoch als spekulative Möglichkeit nehmen, weil wir jetzt so wenig wie in der Vergangenheit die Möglichkeit von der Hand weisen können, daß die Sowjets in ihrem Wettstreit mit uns Zuflucht zur Gewalt nehmen, wenn entweder eine Einschätzung vorliegt, daß sie einen entscheidenden militärischen Vorteil uns gegenüber annehmen, oder eine Einschätzung, daß der Wettstreit sich andernfalls hoffnungslos und auf Dauer zu ihren Ungunsten entwickelt.)

– Eine weitere Möglichkeit, die man als allgemeine Warnung einräumen muß, ist, daß die Sowjets vorhaben, den Kalten Krieg anzuheizen, und Kuba als Ausgangspunkt gewählt haben. Sie würden dann erwarten, daß die Vereinigten Staaten auf Kuba in einer Weise reagieren, die ihnen einen Anlaß bietet, einen ernsthaften Vorstoß in bezug auf Berlin oder sogar die Türkei, den Iran oder ein anderes Gebiet, in dem die Vereinigten Staaten eine Auslandsbasis unterhalten, zu machen oder eine diesbezügliche Forderung zu stellen; vielleicht erwarten sie auch, daß die Vereinigten Staaten ihre Aufmerksamkeit so sehr auf Kuba konzentrieren, daß sie nicht in der Lage sind, auf eine andere Krise wirkungsvoll zu reagieren. Diese Möglichkeit setzt ebenso wie die vorige voraus, daß die Sowjets bereit wären, Risiken bis hin zu einer Politik des äußersten Risikos in Kauf zu nehmen. (Wir haben keinerlei Hinweise, daß die Sowjets bereit sind, solche Risiken einzugehen; wir sollten jedoch auch diese Möglichkeit ins Auge fassen, da sie eine Gefahr darstellt, die man im Rahmen der sowjetischen Kampagne gegen uns in Betracht ziehen muß.)

iii. Abgesehen von direkten militärischen und damit verbundenen Erwägungen – oder noch wahrscheinlicher als typisches sowjetisches »Alternativziel«, das darauf zugeschnitten ist, etwas anderes von Wert zu bekommen, wenn das vorrangige Ziel nicht erreicht wird – mag Moskau vorgehabt haben, den Aufbau der kubanischen Basis als Unterpfand im Kalten Krieg zu benutzen, um seinen Wert als Ärgernis auszunutzen, wenn schon nichts anderes. Sie rechnen vielleicht damit, daß unsere Reaktion uns in heillose Verwicklungen mit unseren Verbündeten bringt. Sie könnten auch damit rechnen, Kapital aus dem kubanischen Stützpunkt zu schlagen, indem sie ihn entweder in einem »Handel« mit den Vereinigten Staaten in bezug auf Berlin eintauschen oder ihn dazu benutzen, uns dazu zu bringen, einige unserer eigenen Stützpunkte aufzugeben; oder um sich von unserer Seite wichtige Konzessionen in bezug auf die atomare Bewaffnung Westdeutschlands und die starke

Verbreitung von Atomwaffen zu sichern oder sogar in bezug auf die Standorte von Atomwaffen außerhalb der jeweiligen nationalen Territorien; möglicherweise erwarten sie auch, daß es eine ernüchternde Wirkung auf uns hat in Zusammenhang mit unserer Gesamthaltung zu Verhandlungen, unsere feste Position zu Berlin eingeschlossen (selbst wenn wir kein Interesse an einem direkten »Handel« über Berlin zeigen sollten).

2. Wenn die Vereinigten Staaten auch heftig reagiert haben, so folgt daraus nicht, daß die Sowjets angesichts der Schritte, die die Vereinigten Staaten bisher eingeleitet haben, einfach das Feld räumen werden. Das gilt um so mehr, als es den Anschein macht, als hätten sie starke Motive, die Sache durchzusetzen, wenn sie nur irgend können.

a) *Wenn andere Manöver ohne Erfolg bleiben, werden die Sowjets fast mit Sicherheit in irgendeinem Stadium ausprobieren wollen, wie weit die Vereinigten Staaten zu gehen bereit sind.* Anfangs wird die UdSSR einer Kraftprobe ostentativ aus dem Weg gehen, und zwar »im Interesse des Friedens« und »um der Vernunft eine Chance zu geben, die Oberhand zu behalten«. Wenn aber die Vereinigten Staaten trotz indirekten Drucks ihre offensichtliche Entschlossenheit beibehalten, werden die Sowjets vermutlich sehen wollen, wie fest diese Entschlossenheit ist. Es ist denkbar, daß Moskau von dem, was wir nicht tun, ebenso beeindruckt ist – oder sein wird – wie von dem, was wir tun. Als alte Experten, mit Worten einen härteren Kampf zu führen, als sie es in der Praxis vorhaben, werden sie die Möglichkeit des schieren Bluffs oder zumindest eines allmählichen Rückzugs offenhalten, wenn harte Entscheidungen konkret anstehen.

b) *Selbst nachdem sie sich vergewissert haben, daß es den Vereinigten Staaten ernst ist (zum Beispiel, daß die Vereinigten Staaten jedes erforderliche Gewaltmittel einsetzen, um die Blockade wirksam durchzusetzen), ist kaum zu erwarten, daß die Sowjets unserer Forderung nach Beseitigung der Stützpunkte nachkommen.* Man kann davon ausgehen, daß sie das, was sie haben, auch behalten wollen, (es sei denn, wir sind bereit, einen hohen Preis dafür zu zahlen). Wenn sie nicht – entgegen unseren Erwartungen – ohnehin zu einem allgemeinen Krieg bereit sind, werden sie vermutlich nicht bereit sein, einen Krieg einzugehen, um uns an der Eliminierung ihrer Stützpunkte zu hindern oder uns, nachdem wir das wahr gemacht haben, zu bestrafen, indem sie Zuflucht zu einem Krieg nehmen. Sie werden jedoch keine Veranlassung haben, uns die Mühe zu ersparen, uns ihrer zu entledigen. Sie mögen wohl damit rechnen, daß wir einfach nicht in der Lage sind, uns zu solchen Extremen zu überwinden (ein Gedankengang, den unsere Politik der Vergangenheit wohl fördern könnte) oder daß wir, wenn wir so weit gehen, dafür einen hohen Preis in unseren Beziehungen zu den Lateinamerikanern und den Neutralen im allgemeinen zahlen müßten.

c) Die folgerichtigste Überlegung scheint zu sein, daß die Sowjets sowohl bevor als auch nachdem sie unsere Entschlossenheit auf die Probe gestellt und sie als ernst zu nehmend erkannt haben und vorausgesetzt, daß es im Verlauf dieses Erprobens nicht zu Zwischenfällen kommt, die sie zwängen, weiter zu gehen, als es ihnen lieb ist, zunächst versuchen werden, der Sache die Spitze zu nehmen und dann über eine längere Zeit unsere Entschlossenheit in bezug auf die Basen in den Hintergrund zu drängen, während sie unterdessen an dem, was sie bereits haben, festhalten. Zu diesem Zweck würden sie vielerprobte Mittel und Taktiken als brauchbare Instrumente betrachten: eine lange und irreführende Debatte in den Vereinten Nationen; Ausnutzen der weltweiten Sorge, daß ein Krieg »um jeden Preis« verhindert wird; Forderungen nach einem Gipfeltreffen (von ihnen oder anderen) und anderen Verhandlungsformen, die sie sich zunutze machen, sofern dadurch die zentrale Frage verwässert oder umgangen wird; Organisation von »Hände-weg-von-Kuba«-Bewegungen; Ausbeuten von Zwischenfällen; und das alles vor dem Hintergrund einstudierter sowjetischer Unschuld. Sie werden überlegen, daß die Zeit auf ihrer Seite ist; daß sich die Entschlossenheit der Lateinamerikaner und unserer europäischen Verbündeten untergraben läßt; daß letzten Endes unsere eigene Entschlossenheit verlorengehen wird; daß jeder Monat, der über die intakten Stützpunkte ins Land geht, dazu führen wird, daß man sie zunehmend als gegebene Tatsache akzeptiert.

3. Vom Standpunkt der U.S.-Politik sollte man die entscheidende Tatsache nachdrücklich betonen, daß die dramatische Schnelligkeit und Entschiedenheit, mit der der Präsident gehandelt hat, in der Welt ein neues Image einer wachen U.S.-Regierung geschaffen hat. Dieses entschiedene Handeln hat der Position der Vereinigten Staaten unter den nicht-kommunistischen Ländern ein beachtliches Maß an Unterstützung eingetragen, wie die fast einstimmige Entscheidung in der OAS für die Vereinigten Staaten[3] und die Hinweise auf eine erste mehrheitliche Unterstützung in der Vollversammlung der Vereinten Nationen zeigen. Dieses Maß an Unterstützung wird jedoch wahrscheinlich dahinschwinden, falls sich die Blokkade in die Länge zieht und nicht zu dem Ergebnis führt, daß die gegenwärtig stationierten Raketen beseitigt werden. Unsere Erfahrungen im Koreakrieg zeigen, daß unsere Verbündeten ihre Unterstützung wahrscheinlich in zunehmendem Maße nur noch widerwillig geben und zudem die Unterstützung innerhalb der Vereinigten Staaten für unsere internationale Politik in dem Maße nachlassen wird, wie die Zeit vergeht, ohne daß die Minimalziele erreicht werden, auf die der Präsident sich öffentlich festgelegt hat.

Es ist damit zu rechnen, daß die Sowjets in ihren Gegenmaßnahmen versuchen werden, die vorhergehende potentielle Schwäche demokratischer Länder in ihren Bündnisbeziehungen zu verschlimmern. Außerdem wird es schon allein im Laufe der Zeit für die Sowjets leichter werden, wieder die politische Initiative zu ergreifen, während eine frühzeitige Folgeaktion der Vereinigten Staaten zur Liquidierung der Raketen in Kuba dazu beitragen wird, die Sowjets in der Defensive zu halten.

4. Daher ist die Schlußfolgerung fast unausweichlich, daß die Interessen der Vereinigten Staaten ernstlich gefährdet sind, wenn die Vereinigten Staaten einer Weigerung der UdSSR, die Stützpunkte zu beseitigen, nicht eine gewaltsame Liquidierung folgen lassen.

a) Die Chancen für eskalierende Zwischenfälle steigen im Verhältnis zur Dauer einer effektiv durchgesetzten dichten Blockade.

b) Die Zeit kann tatsächlich – wie oben dargelegt – für die Sowjets arbeiten. (Wir glauben, daß es fast mit Sicherheit so wäre.)

c) Die sowjetischen Raketen stellen eine Bedrohung für einen erheblichen Teil der Strategischen Streitkräfte der Vereinigten Staaten dar, die bei einem Raketenangriff nur eine geringe Vorwarnzeit hätten. Das U.S.-Potential für einen Vergeltungsschlag, auf das unsere Verbündeten sich verlassen, würde in einer Größenordnung verringert, die dem erlittenen Schaden entspricht. Das Wissen um diesen potentiellen Funktionsverlust würde sich nachteilig auf die Wirksamkeit der atomaren Abschreckung der Alliierten auswirken. Das wiederum könnte die Bereitschaft unserer Verbündeten verringern, sich gegen eine sowjetische Aggression zu behaupten.

d) Die politischen Erwägungen sind gleichermaßen zwingend. Ein unbegrenztes Beibehalten der Basen würde sich zwangsläufig nachteilig auf den Kampf zwischen antikommunistischen und prokommunistischen Elementen in einer Reihe von lateinamerikanischen Ländern auswirken und damit unser gesamtes Programm dort ernsthaft beeinträchtigen. Es würde das allgemeine Vertrauen in die Entschlossenheit der Vereinigten Staaten in anderen Krisengebieten der Welt erschüttern. Darüber hinaus könnte eine länger andauernde Unsicherheit in bezug auf die letztendlichen Absichten der Vereinigten Staaten – Unsicherheit im Zusammenhang mit Verhandlungen eingeschlossen – kostspielige politische Konsequenzen haben. Wenn sich – zu Recht oder zu Unrecht – der Gedanke verbreiten sollte, daß die Vereinigten Staaten erwägen, Kuba gegen die Türkei einzuhandeln oder auf der ganzen Welt einen großangelegten gegenseitigen Rückzug zu vereinbaren, würden wachsende Zweifel an der Zuverlässigkeit von U.S.-Verpflichtungen aufkommen. Falls es in Zusammenhang mit solchen Möglichkeiten tatsächlich zu Verhandlungen kommen sollte, würden sich diese Zweifel verstärken, offen zum Ausdruck kommen und sich anschließend vervielfachen. Die Sowjets hätten dann einen beachtlichen Erfolg errungen; und zwar, ohne sich bereit erklären zu müssen, die Stützpunkte in Kuba aufzugeben. Wir hätten nach wie vor das Problem, dieses Ziel gewaltsam durchzusetzen, und dies unter erheblich schlechteren Bedingungen, falls es je erreicht werden soll.

e) Während eine gewaltsame Beseitigung des Potentials durch uns sicher Risiken birgt, scheint es jetzt – wie schon in der Vergangenheit – wahrscheinlich, daß die Sowjets sich nicht wegen Kuba oder auch wegen irgendeiner anderen bestimmten Streitfrage auf einen Krieg einlassen werden, den sie nicht aus allgemeinen Gründen einzugehen bereit sind. Wenn es also um die Frage eines Krieges gehen sollte, können wir damit rechnen, daß wir uns dieser unumstößlichen Realität des Lebens in Zusammenhang mit einer anderen Frage stellen müssen, falls Kuba nicht zu diesem Ergebnis führt.

f) Im gegenwärtigen Stadium der Ost-West-Auseinandersetzung ist es von vitaler Bedeutung, daß man den Sowjets keinen Erfolg in der Größenordnung zugesteht, wie dies bei einem einsatzbereiten Stützpunkt auf Kuba der Fall wäre. Die sowjetische Entscheidung zur Errichtung des Stützpunktes mit allen Risiken, die eindeutig damit verbunden sind, deutet eher auf einen waghalsigen Akt hin, sich einen erheblichen Gewinn zu sichern. Wenn Moskau damit ungestraft davonkommt, wird das Ergebnis zweifellos sein, daß der Druck unwiderruflich verringert wird, dem es sowohl innenpolitisch (zum Beispiel im Wettrüsten) als auch international ausgesetzt ist. Gleichzeitig würde es unsere eigenen Verteidigungsprobleme vergrößern und sich nachteilig auf unser Prestige auswirken. Mit anderen Worten, es wäre ein lächerlich billiger, aber äußerst entscheidender Gewaltmarsch von seiten Moskaus. Hier ist zu betonen, daß die kubanische Entwicklung nicht mit dem zu vergleichen ist, was wir in der Türkei, in Westeuropa oder anderswo gemacht haben; vergleichbar wäre es, wenn wir eine Basis in Finnland oder sogar in Ungarn errichten würden.

g) So wie ein sowjetischer Erfolg ihres kubanischen Abenteuers den Sowjets einen enormen kräftemäßigen und psychologischen Auftrieb geben würde, könnte sein Scheitern sich als äußerst wichtig für unsere Bemühungen erweisen, das sowjetische Problem fest unter Kontrolle zu bringen. Wenn dies – wie man wohl behaupten kann – eine entscheidende Phase für die UdSSR ist, eine Zeit großer Entscheidungen in bezug auf die Frage, ob sie ihre Zielsetzungen im Kalten Krieg weiterverfolgen oder sich zurückziehen, dann könnte es sich als entscheidender Schritt herausstellen, ihnen in diesem speziellen Punkt eine harte Abfuhr zu erteilen. Das sollte man bei den Überlegungen zum weiteren Vorgehen dringend im Auge behalten. Die Haltung der Vereinigten Staaten sollte ohne Zweifel und endgültig sein, daß sie den Stützpunkt nicht dulden können und es darüber kein Verhandeln gibt.

Nr. 29

Memorandum von Arthur Schlesinger Jr., Sonderberater des Präsidenten, an Adlai Stevenson, US-Botschafter bei den Vereinten Nationen, über ein Gespräch mit Averell Harriman, Sonderbotschafter, 24. Oktober 1962, Vertraulich – Begrenzter Umlauf (gekürzt)

Memorandum (Arthur Schlesinger, Jr.) to Governor Stevenson, October 24, Confidential – Limited Distribution.

(John F. Kennedy Library, Boston: National Security Files, Countries, Cuba, General, 10/26/62–10/27/62, Box 36)

Ich hatte heute abend ein Gespräch mit Averell (sic) Harriman. Er wies auf folgende Punkte hin:

1. Chruschtschow, sagt er, sendet uns verzweifelte Signale, um uns dazu zu bewegen, ihm aus der Klemme zu helfen. Er sendet Botschaften, genauso wie er es nach der U-2-Affäre direkt an Eisenhower getan hat.[1] Eisenhower hat diese Botschaften zu seinem Schaden ignoriert. Wir dürften Eisenhowers Fehler nicht wiederholen.

2. Die Signale sind (1) die Anweisungen an die so-

wjetischen Schiffe, den Kurs zu ändern; (2) die Botschaft an Bertrand Russel;[2] (3) sein offensichtlich mit Vorbedacht geplantes Erscheinen bei einem amerikanischen Konzert in Moskau gestern abend und sein anschließender Besuch bei dem amerikanischen Sänger.[3]

3. In Anbetracht dieser Signale von Chruschtschow ist der schlimmste Fehler, den wir nur machen können, energischer zu werden und eine Eskalation zu fördern. Chruschtschow fleht uns an, ihm zu helfen, einen Ausweg zu finden. [...]

4. [...] Wir können es uns nicht leisten, Zeit zu verlieren. Zwischenfälle – das Anhalten von Schiffen und so weiter – werden den Eskalationsprozeß einleiten, das sowjetische Prestige ins Spiel bringen und die Chancen für eine friedliche Lösung reduzieren. Wenn wir geschickt und schnell vorgehen, können wir Chruschtschow aus seiner Zwangslage befreien.

Arthur Schlesinger, Jr.
24. Oktober 1962

Nr. 30

Memorandum von Roger Hilsman, Leiter des Nachrichten- und Ermittlungsbüros im Außenministerium, an Dean Rusk, Außenminister, über ein Gespräch des amerikanischen Industriellen William E. Knox mit Nikita Chruschtschow in Moskau am 24. Oktober 1962, Geheim

Department of State, Bureau of Intelligence and Research (Roger Hilsman), Memorandum to the Secretary: Khrushchev's Conversation with Mr. W. E. Knox, President Westinghouse Electrical International, Moscow, October 24. October 26, Secret.

(John F. Kennedy Library, Boston: National Security Files, Countries, Cuba, General, 10/26/62–10/27/62, Box 36)

Nach den Angaben von Mr. Knox machte Chruschtschow während seines oben genannten Gesprächs mit Mr. Knox folgende Äußerungen in bezug auf Kuba:

1. Chruschtschow war nicht bereit, anzunehmen, daß man das, was am 22. Oktober geschehen ist, aus Wahlkampfgründen gemacht habe. Es schien ihm aus einer Hysterie entstanden zu sein. Der Präsident sei ein sehr junger Mann; Chruschtschows eigener Sohn sei älter. Chruschtschow hatte mit Eisenhower zwar seine Differenzen, war aber sicher, daß Eisenhower die Dinge anders gehandhabt hätte.

2. Außer in Kriegszeiten sei eine Blockade illegal. Sollten die Vereinigten Staaten sowjetische Schiffe aufhalten und durchsuchen, dann wäre das Piraterie.

3. Chruschtschow wiederholte mehrmals, daß die sowjetischen Schiffe unbewaffnet seien, daß einige vielleicht umkehren, andere angehalten würden, aber früher oder später würde die Sowjetunion ihre Unterseeboote aussenden, um die Schiffe zu versenken, die die sowjetischen Schiffe aufhielten.

4. Die Vereinigten Staaten seien jetzt nicht in der Lage, Kuba einzunehmen.

5. Auf die Bemerkung von Mr. Knox, der Präsident sei ungehalten, weil man ihm versichert habe, die Sowjetunion würde keine Offensivwaffen nach Kuba liefern, und es sich herausgestellt habe, daß man ihn angelogen hat, antwortete Chruschtschow mit einer halbstündigen Erörterung über den Unterschied zwischen Offensiv- und Defensivwaffen. Die Vereinigten Staaten behaupteten, ihre Stützpunkte in der Türkei seien defensiver Natur, aber welche Reichweite hätten die Raketen dort.

6. Chruschtschow führte dann im einzelnen aus, die Sowjetunion habe in Kuba Boden-Luft-Raketen und ballistische Raketen, die sowohl mit konventionellen als auch mit atomaren Sprengköpfen ausgerüstet seien. Die Kubaner seien zu temperamentvoll, als daß man ihnen diese Waffen übertragen könne; aus diesem Grund stehe all das hochentwickelte Militärgerät [...][1] vollständig unter direkter sowjetischer Kontrolle. Sie würden niemals abgefeuert, es sei denn zur Verteidigung Kubas, und auch dann auf persönliche Anweisung Chruschtschows als des Oberbefehlshabers der Streitkräfte. Chruschtschow fügte hinzu, wenn die Vereinigten Staaten das nicht glaubten, sollten sie doch Kuba angreifen; sie würden die Antwort dann herausfinden. Guantanamo würde am ersten Tag verschwinden.

7. Chruschtschow würde gerne mit dem Präsidenten sprechen. Er hatte geplant, in diesem Herbst zu den Vereinten Nationen zu kommen; aber die Vereinten Nationen seien ein Ort für Auseinandersetzungen, nicht für Verhandlungen. Er sei gerne zu einem Besuch beim Präsidenten bereit oder zu einem Besuch des Präsidenten bei ihm oder zu einer Begegnung auf hoher See oder an einem anderen Ort. Ein Gipfeltreffen sei zu wünschen, und es sollte kein Zirkus werden.

8. Was am 22. Oktober geschehen ist, sei besonders entttäuschend, weil Minister Rusk und Außenminister Gromyko praktisch zu einer Einigung über die Atomtestfrage, die polnisch-deutsche und die tschechisch-deutsche Grenze und die Nichtverbreitung feindlicher Propaganda in Ost- und Westberlin gekommen seien.

9. Chruschtschow erzählte seine bekannte Geschichte über einen Mann, der gelernt habe, mit einer stinkenden Ziege zu leben, obwohl er die Ziege nicht mochte. Die Sowjetunion habe ihre Ziegen in Italien, Griechenland und so weiter und lebe mit ihnen. Die Vereinigten Staaten hätten nun ihre Ziege in Kuba.

10. Chruschtschow erklärte, er habe einen Versuch unternommen, China und Indien zusammenzubringen, und habe Chou En-lai veranlaßt, Nehru schriftlich einen Vorschlag über einen beiderseitigen Rückzug um 30 Kilometer und über Verhandlungen zu unterbreiten.

An dem Gespräch, bei dem Mr. Knox den oben geschilderten Bericht gab, nahmen teil: Mr. Richard H. Davis, Europa-Abteilung; Mr. John Guthrie, Sowjetunion-Abteilung; *(Gelöscht)* und Mr. Helmut Sonnenfeldt, Nachrichten- und Ermittlungsbüro.[2]

Es ist vorgesehen, daß Mr. Knox heute nachmittag um 15.30 Uhr mit Mr. McGhee zusammentrifft.

Nr. 31
Protokoll der Sitzung des Exekutiv-Komitees des Nationalen Sicherheitsrates am Nachmittag des 25. Oktober 1962, Streng Geheim – Sensitiv (gekürzt)[1]

Executive Committee Meeting No. 5, October 25, 5 PM, Summary Record, Top Secret – Sensitive.

(John F. Kennedy Library; Boston: National Security Files, Meetings and Memoranda, Executive Committee, Meetings Vol. I, Meetings 1–5, 10/23–25/62, Box 315)

[...]

Minister Rusk gab einen Bericht über die diplomatischen Entwicklungen. Er sagte, die Frage sei, ob wir die sowjetischen strategischen Raketen aus Kuba herausbekommen oder zumindest erreichen, daß sie unter die Kontrolle der Vereinten Nationen gestellt werden. Er fügte hinzu, daß ein politischer Kurs nur dann Aussicht auf Erfolg hätte, wenn wir die Russen unter starkem Druck hielten. Er berichtete, daß der sowjetische Vertreter, Zorin, in New York wütend über U Thants Vorschläge sei, die USA und die UdSSR sollten unter Aufsicht der Vereinten Nationen Gespräche in New York führen; Chruschtschow habe solchen Gesprächen jedoch zugestimmt.[2] Unsere Position wäre, daß wir während der nächsten beiden Tage, in denen vorbereitende Gespräche stattfinden, den Raketenaufbau in Kuba irgendwie aufhalten müssen. Wir müssen wissen, was auf den Stützpunkten für Mittelstreckenraketen in Kuba vorgeht, und wir müssen wissen, ob tatsächlich Sprengköpfe nach Kuba geliefert wurden. Kurz, wir müssen entscheiden, ob die Signale, die die Sowjets uns geben, bedeuten, daß sie sich auf Gespräche vorbereiten oder daß sie sich darauf vorbereiten, uns anzugreifen. In bezug auf eine mögliche Initiative der Vereinten Nationen erklärte Minister Rusk, wir wären vermutlich nur in der Lage, im Sicherheitsrat ein Abstimmungsergebnis von sieben zu zwei zu erreichen; aber selbst dann könne man noch etwas in der Vollversammlung der Vereinten Nationen unternehmen. Er erwähnte speziell eine Möglichkeit, nämlich daß die lateinamerikanischen Staaten eine atomwaffenfreie Zone in Lateinamerika vorschlügen. Er ist der Meinung, daß viele lateinamerikanische Staaten eine solche Zone befürworten würden, wie auch viele andere Mitgliedsstaaten der Vereinten Nationen; und die Sowjets hätten Schwierigkeiten, sich dem zu widersetzen.

Minister Rusk machte auf den Zusammenhang zwischen unserer Quarantäne und den sowjetisch-kubanischen Beziehungen aufmerksam. Die Kubaner, die nicht in der Lage wären, in der politischen Isolation zu überleben, müßten sich von nun an vollständig auf die Sowjets verlassen. *(Gelöscht)* Man könnte einen Appell an Castro richten, zurückzutreten, so daß eine neue Regierung die Möglichkeit hätte, diese völlige Abhängigkeit von der Sowjetunion aufzubrechen.

Minister Rusk erläuterte den Charakter der vorbereitenden Gespräche, die in den nächsten zwei oder drei Tagen in New York zwischen U Thant und Zorin einerseits und zwischen Stevenson und U Thant andererseits stattfinden sollen. Zweck der Gespräche ist, zu einer Lösung der Krise zu kommen, oder – wenn keine Lösung möglich ist – eine Basis für ein späteres Vorgehen zu schaffen, nachdem man nicht in der Lage war, eine Beilegung auszuhandeln. Er sagte, daß man diese Gespräche nicht über einen Zeitraum von zwei Wochen führen könne; sie müßten auf sehr wenige Tage beschränkt sein, weil die Stützpunkte für Mittelstreckenraketen in Kuba gefechtsbereit gemacht werden und die IL-28-Bomber bald werden fliegen können. [...]

Minister McNamara zeigte sich besorgt: Falls die Gespräche in New York über längere Zeit gehen würden, hätte man eine Art von Plattform erreicht, die es sehr schwierig machen würde, die Entscheidung für weitere Maßnahmen zu treffen. [...]

Minister McNamara sagte, es gebe viele Möglichkeiten, die Russen mit militärischen Mitteln unter wachsenden Druck zu setzen, z. B. Quarantäne, Überwachung auf See, Flugüberwachung, Flugbenzin als weiteres Produkt auf der Embargoliste und Anhalten aller Öltanker.

Der Justizminister meinte, daß wir, wenn alle Frachtschiffe des Sowjetblocks[3] lieber umkehren, als die Blockadelinien zu überqueren, die sowjetischen Tanker durchlassen könnten, um während der Gespräche in New York einen Zwischenfall auf See zu vermeiden. Er sagte, wir könnten uns dafür entscheiden, daß es besser wäre, die Raketen mit einem Luftangriff zu zerstören, als ein sowjetisches Schiff auf hoher See zu stoppen. [...]

Minister McNamara sagte, wir sollten heute abend beschließen, noch heute Maßnahmen zu ergreifen, die es uns ermöglichten, Schiffe aus dem Sowjetblock zu entern, die sich der Blockadelinie nähern. Wir könnten sowjetische Tanker passieren lassen und später bekanntgeben, daß wir ein Embargo über Flugbenzin verhängen. Wenn wir vorhätten, das ostdeutsche Schiff zu entern, müßten wir das heute abend entscheiden.

Sowohl General Taylor als auch Minister Dillon betonten, wir könnten nicht zulassen, daß sowjetische Techniker die Quarantäne passieren, auch wenn Techniker nicht auf der Embargoliste stünden.

Minister McNamara empfahl, das ostdeutsche Schiff nicht anzuhalten, weil es notwendig sein könnte, daß wir es beschießen oder rammen. Es bestünde dann große Gefahr für die etwa 1500 Passagiere an Bord. Der derzeitige Stand sei folgender: Das Schiff wurde angerufen, und ein U.S.-Zerstörer folgt ihm. Wenn wir es jetzt auffordern, zu stoppen, und es folgt der Aufforderung nicht, dann müßten wir Gewalt anwenden. Wenn wir dabei Passagiere verletzen und dann feststellen, daß keine strategischen Raketen an Bord sind, wären wir in einer äußerst schwierigen Situation. Außerdem würde es den Anschein erwekken, als wäre unsere Stellung in der Welt schwach, wenn wir sowjetische Schiffe die Quarantänelinie passieren lassen, ein ostdeutsches Schiff aber aufhalten. Die »Völkerfreundschaft« wird morgen Landkennung haben; wir müssen bis zwei Uhr in der Früh eine Entscheidung treffen, wenn wir sie außerhalb kubanischer Gewässer stoppen wollen.

[...]

Der Justizminister sagte, er wolle noch einmal die andere Seite der Überlegungen darstellen. Er sagte, wir könnten den Tanker die Blockadelinie passieren lassen. Bislang liefen keine anderen Schiffe auf die Blockadelinie zu. Man könnte Maßnahmen zur Luftüberwachung treffen, um den Druck auf die Russen aufrechtzuerhalten und um Zeit für die politischen Schritte zu gewinnen, die Minister Rusk vorgeschlagen hat, ohne den Eindruck zu erwecken, wir wichen einer Konfrontation aus. Er wiederholte seine Ansicht, wir sollten uns entschließen, daß es besser wäre, eine Konfrontation mit den Russen, indem wir eines ihrer Schiffe stoppen, zu vermeiden und statt dessen mit einem Angriff auf die Raketen, die bereits in Kuba sind, antworten.

Minister Dillon erklärte, er ziehe eine Konfrontation in Kuba einer Konfrontation auf hoher See vor.

[...]

Der Präsident entschied, daß wir das ostdeutsche Schiff nicht aufhalten sollten. Morgen werden wir die sowjetische Antwort auf U Thants Vorschlag wissen. Wir werden den Tanker die Blockadelinie passieren lassen und später Flugbenzin auf die Liste der Embargoprodukte setzen.

Der Justizminister sagte, fünfzehn Schiffe seien umgekehrt, was eine eindrucksvolle Maßnahme der Russen sei. Wir müßten achtgeben, daß die Russen nicht glauben, wir gäben nach.

Minister Rusk machte auf die Bedeutung aufmerksam, die dem Schritt zukomme, wenn wir zum ersten Mal ein Schiff enterten. Wenn das Schiff Beiladung oder Trockenladung führe, lägen die Dinge anders als bei einem Passagierschiff, das ein schlechtes Objekt für einen ersten Fall abgäbe.

Mr. Rostow bekräftigte das Argument für ein Einbeziehen von Mineralölprodukten in die Blockade; er meinte, das hätte drastische Auswirkungen auf die kubanische Wirtschaft.

Der Präsident sagte noch einmal, wir sollten das ostdeutsche Passagierschiff passieren lassen, und wir sollten uns bemühen, jeglichen Zwischenfall zu vermeiden, um U Thants Verhandlungen nicht nachteilig zu beeinflussen. Wir könnten morgen nachmittag entscheiden, was wir außerdem noch unternehmen sollten, wenn wir Chruschtschows Antwort an U Thant kennen. Er erklärte, wir müßten bald handeln, weil die Arbeit an den Raketenstützpunkten immer noch andauert und wir sehr bald die Entschlossenheit, die wir bisher gezeigt haben, bekräftigen müssen.

[...]

Nr. 32
Telegramm von Thomas Finletter, Ständiger Vertreter der USA beim NATO-Rat in Paris, an Dean Rusk, Außenminister, über die Haltung der türkischen Regierung zu den in der Türkei stationierten Jupiter-Raketen, 25. Oktober 1962, Geheim – Nur zur Ansicht durch den Außenminister

Department of State, Incoming Telegram, No. POLTO 506. From: Paris – Permanent Representative (NATO). To: Secretary of State. October 25, Secret – Eyes Only for Secretary.

(John F. Kennedy Library, Boston: National Security Files, Regional Security, NATO, Weapons, Cables, Turkey, Box 226)

Betreff: Telegramme des Ministeriums Nr. 2345 und 2349

1. Der ständige Vertreter der Türkei hat durchweg klar gemacht, daß die Türken großen Wert auf die in der Türkei stationierten Jupiter-Raketen legen. Er macht sehr deutlich, daß die Türkei diese Jupiter-Raketen als Symbol für die Entschlossenheit der Allianz betrachtet, gegen einen russischen Angriff auf die Türkei – sei es mit großen konventionellen oder mit atomaren Streitkräften – Atomwaffen einzusetzen, obwohl die Türken immer noch sehr zurückhaltend sind, die Präsenz von Mittelstreckenraketen in der Öffentlichkeit zuzugeben. Die Tatsache, daß die Jupiter-Raketen veraltet und verwundbar sind, scheint keinen Einfluß auf die gegenwärtige türkische Meinung zu haben. Mein Eindruck ist, daß die symbolische Bedeutung eine feststehende Ansicht der türkischen Regierung darstellt, obwohl natürlich Hare dazu wesentlich besser Stellung nehmen kann als ich.

2. Aus oben genannten Gründen wäre unserer Meinung nach jede Vereinbarung in der Art der Vorschläge oben genannter Telegramme, die nicht vorher die vollständige Zustimmung der türkischen Regierung hätte, äußerst schädlich. Ich empfehle dringend eine vorherige Konsultation, und ich denke, es sollte eine Übereinkunft sein, der sie aus freien Stücken zustimmen. Ich vermute, daß sie jede Vereinbarung ablehnen würden, bei der die Jupiter-Raketen nicht durch eine Art von atomarem Potential in einem erheblichen Umfang ersetzt würden. Siehe unten Vorschläge in Punkt 8 und 9.

3. *Ich bin sicher, daß die hiesige türkische Delegation es sehr übelnehmen würde, wenn man sie in einem Tauschgeschäft öffentlich auf eine Stufe mit Kuba stellen würde. Sie sind sehr stolz auf ihre Mitgliedschaft in der NATO und besonders – wie ich persönlich weiß – auf ihre herausragende Rolle in Korea.*[1] *Auch hier kann Hare besser als ich Auskunft über die Haltung der türkischen Regierung geben.*

4. *Meiner Ansicht nach müssen wir äußerst vorsichtig sein, wenn wir einen Kuhhandel dieser Sorte aushandeln, um sicherzugehen, daß er nicht die Weichen für die Handhabung zukünftiger Übergriffe der Russen in anderen Teilen der Welt stellt (vielleicht in anderen Ländern der amerikanischen Hemisphäre). Das könnte eine gefährliche und entzweiende Situation für das NATO-Bündnis heraufbeschwören – es sei denn, wir können eine Weichenstellung dieser Art verhindern –, denn vielleicht überlegen andere Bündnispartner, ob man nicht bei der nächsten von den Sowjets fabrizierten Krise auch von ihnen verlangt, etwas von ihrem Militärpotential aufzugeben. Daher sollte man für jede Art von Tauschhandel in bezug auf Kuba einen Ausgleich durch andere Arrangements wie zum Beispiel die in Punkt 8 und 9 vorgeschlagenen schaffen.*

5. Da Kuba per definitionem außerhalb des NATO-Bereichs liegt, wäre es in diesem Zusammenhang vielleicht vorzuziehen, die Schließung eines atomaren U.S.-Stützpunktes außerhalb des NATO-Bereichs anzubieten, anstatt einen Handel abzuschließen, der die Türkei oder Italien einbezieht. Ein solcher Handel wäre ein Geschäft nur zwischen den USA und der UdSSR und würde keinen unserer

NATO-Verbündeten in einen Tauschhandel hineinziehen.

6. Ich denke, wir müssen uns völlig im klaren darüber sein, daß die reale Möglichkeit besteht, daß die gesamte Allianz über einen derartigen Handel – außerhalb jeder Vereinbarung, die im Zusammenhang mit einer umfassenden Abrüstung getroffen würde – bestürzt sein könnte; denn er würde das entschlossene Vorgehen der Vereinigten Staaten gegenüber Kuba, das die volle Zustimmung der Allianz gefunden hat, aufs Spiel setzen und entkräften. Wie alle wissen, wurden diese Waffen aufgrund eines Beschlusses der Regierungschefs von 1957 in Europa stationiert als Antwort auf die prahlerische sowjetische Bedrohung Europas mit Mittelstreckenraketen; die Allianz könnte sehr wohl zu dem Schluß kommen, daß die Vereinigten Staaten bereit wären, die atomare Verteidigung in Europa abzuschwächen, um die Bedrohung für die amerikanische Welt zu beseitigen. Ich kann jedoch die Möglichkeit nicht ausschließen, daß einige Bündnispartner eventuell bereit wären, einen Kuba-Türkei-Handel zu akzeptieren, »um einen Atomkrieg zu verhindern«; z. B. die Norweger, die Dänen und vielleicht sogar die Briten.

7. Bezüglich der Frage eines Abzugs der Jupiter-Raketen bei gleichzeitiger Stationierung von Polaris-U-Booten in diesem Gebiet bezweifle ich, ob eine bloße Polaris-Stationierung für die Türken attraktiv wäre, da sie beim Einsatz der Polaris-Raketen in einer Krisensituation tatsächlich keinerlei Mitspracherecht hätten und sie im April 1961 ein ähnliches Angebot abgelehnt haben. Trotzdem, so könnte man argumentieren, haben die Türken auch heute kein Mitspracherecht über die Jupiter, weil hinsichtlich der Verwahrung (der Sprengköpfe – d. Ü.) Vereinbarungen bestehen; aber es gibt ihnen ein Gefühl der Sicherheit, Waffen auf ihrem Territorium und etwas in der Hand zu haben. Zum Teil könnte man der türkischen Besorgnis über einen Ersatz durch Polaris-Raketen begegnen, wenn man sie bei der Auswahl der Ziele hinzuzöge, um sicherzustellen, daß die für sie interessanten Ziele von den Polaris-Raketen abgedeckt werden. Man könnte auch darauf hinweisen, daß drei Polaris-U-Boote in diesem Gebiet letzten Endes mehr als doppelt so viele Ziele abdecken würden wie die veralteten Jupiter-Raketen es augenblicklich tun. Ich bezweifle jedoch, daß eine solche Vereinbarung einen angemessenen Ausgleich für die Türken darstellen würde.

8. Was den Vorschlag in oben genanntem Telegramm bezüglich eines entsprechenden anderen militärischen Ausgleichs angeht, wie zum Beispiel einer seegestützten, multilateralen Atomstreitmacht der NATO, glauben wir, daß der schnellste Weg, dies zu erreichen, der Aufbau einer kleinen, multilateralen, seegestützten Streitmacht im südlichen Kommandobereich und in Form eines Pilotprojektes wäre. Wenn man einen bindenden Vorschlag dieser Art machte, dürfte das für die Türken eine annehmbare Vereinbarung sein, um den Verlust der veralteten Jupiter-Raketen auszugleichen. Ein solches Angebot wäre in der Form zu realisieren, daß man eine Reihe von Handelsschiffen für Mittelstreckenraketen umrüstet und dazu Polaris-A-2-Raketen verwendet; dabei würde man nach den allgemeinen Erkenntnissen amerikanischer Studien und der Erläuterung vorgehen, die Smith am 22. Oktober dem NATO-Rat gegeben hat. Die Schiffe könnten im östlichen Mittelmeer stationiert und mit gemischten Besatzungen – bestehend aus Türken, Italienern und Amerikanern, vielleicht auch Griechen – bemannt werden; sie sollten geeignete Ziele abdecken, die für die Mittelmeer-Partner von Interesse sind. Wenn sich der Aufbau einer solchen Streitmacht auch innerhalb kurzer Zeit realisieren ließe, wäre es für eine Übergangszeit, bis sie zur Verfügung steht, doch notwendig, Polaris-U-Boote, wie in oben genanntem Telegramm vorgeschlagen, im östlichen Mittelmeer zu stationieren. Die Polaris-U-Boote würden dann die Lücke schließen, die durch den Abzug der Jupiter-Raketen entsteht, bis die multilaterale Streitmacht unter Südkommando zusammengestellt ist. Zugleich könnten die übrigen Bündnispartner die Möglichkeit prüfen, eine NATO-weite, multilaterale seegestützte Streitmacht aufzubauen. Eine multilaterale Streitmacht unter Südkommando könnte sehr wohl als Modell einer größeren Streitmacht dienen und in dem Maße erweitert werden, wie andere Verbündete den Wunsch äußerten, sich an Einrichtungen dieser Art zu beteiligen. Um den Türken und anderen diese ganze Alternative

schmackhaft zu machen, wäre es erforderlich, daß die Vereinigten Staaten den Aufbau einer multilateralen seegestützten Streitmacht eindeutig unterstützen; und wenn man es den Türken und den Italienern richtig unterbreitet hat, könnte man die Flexibilität und die höhere Effektivität einer solchen Streitmacht gegenüber den Jupiter-Raketen hervorheben. Unser Eindruck hier ist, daß die Italiener eher geneigt sind, die Jupiter-Raketen abzubauen, wenn sich ein geeigneter Ersatz finden läßt.

9. Ein solches Pilotprojekt, das nicht sofort zum Tragen käme, könnte es den Vereinigten Staaten ermöglichen, den Sowjets für den Rückzug aus Kuba den Abbau der veralteten Jupiter-Raketen als Maßnahme anzubieten, die es ihnen erlaubt, das Gesicht zu wahren. (Die Polaris-U-Boote würden in der Zwischenzeit die Deckung übernehmen.) Ob das nun für die Sowjets akzeptabel wäre oder nicht – man könnte diese Geste machen, und sie könnte in den Augen der Weltöffentlichkeit wohl einen guten Eindruck machen. Unabhängig davon, ob sie diesen Tausch annehmen, glauben wir, daß man in jedem Fall sehr in Erwägung ziehen sollte, die Jupiter-Raketen abzubauen und versuchsweise eine multilaterale Streitmacht aufzubauen, da man damit das Atompotential der NATO im östlichen Mittelmeer stärken könnte. Auch wenn die Türken 1961 nicht einverstanden waren, das Jupiter-Programm abzubrechen, selbst als man ihnen die Tatsache vor Augen hielt, daß die Jupiter-Raketen veraltet sind, militärisch keinen Wert haben und ein gutes Ziel für die Sowjets abgeben, wären sie möglicherweise jetzt bereit, einen Ersatz durch eine multilaterale Streitmacht zu akzeptieren, die in jeder Hinsicht effektiver ist.

Finletter

Nr. 33

Memorandum des Weißen Hauses über die Vor- und Nachteile von Luftangriffen, politischen Initiativen und einer Wirtschaftsblockade, 25. Oktober 1962, Streng Geheim – Sensibel (gekürzt)

The White House, Memorandum: Draft Analysis of the Next Major Moves: 1. Airstrike. 2. Political Path. 3. Economic Blockade, October 25, Top Secret – Sensitive.

(John F. Kennedy Library, Boston: National Security Files, Meetings and Memoranda, Executive Committee, Meetings Vol. I, Meetings 1–5, 10/23–25/62, Box 315)

Endgültiger Entwurf:
Szenario für einen Luftangriff auf offensive Raketenstützpunkte und Bomber in Kuba

Vorteile
1. Erfüllt das Versprechen des Präsidenten, eine offensive Bedrohung der Vereinigten Staaten und der amerikanischen Hemisphäre seitens Kubas zu beseitigen, und verhindert, daß die Schubkraft und Position der USA unterlaufen werden. Das Erfüllen des Versprechens zeigt, daß die Vereinigten Staaten den Willen haben, zu kämpfen und vitale Interessen zu schützen (von großer Wichtigkeit gegenüber Berlin).

2. Da gegen Offensivwaffen gerichtet, behält er nach wie vor die atomare Präsenz der Sowjets in Kuba im Blick, die in Widerspruch zum Beschluß der OAS und der Mehrheit des Sicherheitsrats steht.

3. Ein hartes, möglicherweise einmaliges Einschreiten birgt eventuell geringere Risiken einer Eskalation als eine Serie von Konfrontationen, die sich

über eine gewisse Zeit erstrecken. Es ist unwahrscheinlich, daß sich diese Aktion, die in einem Gebiet stattfindet, das für die Sowjets nicht von vitaler Bedeutung ist, entscheidend auf die Entschlossenheit der Sowjets auswirken wird, das Risiko eines größeren Krieges einzugehen.

4. Ein promptes Handeln schließt die Gefahr aus, daß in ganz Lateinamerika eine Hände-weg-von-Kuba-Bewegung anwächst, die es zunehmend schwieriger machen könnte, einen Angriff auf die Offensivwaffen zu führen. Die gegenwärtige Bereitschaft der Lateinamerikaner, ein hartes Vorgehen zu unterstützen, läßt sich wahrscheinlich nicht unbegrenzt halten.

5. Signalisiert eindeutig, daß die Vereinigten Staaten nicht bereit sind, Stützpunkte in Kuba gegen Positionen in Berlin, der NATO oder anderswo einzutauschen.

6. Er könnte den Kubanern, Castro und anderen die Schwäche der sowjetischen Position in Kuba demonstrieren. Wenn eine scharfe Reaktion der Sowjets zur Verteidigung Kubas ausbleibt, würden wir den Prozeß der Desillusionierung und Unzufriedenheit einleiten, der notwendig ist, um das Vertrauen Castros und der Kubaner in die Sowjetunion zu untergraben. Zudem würden wir in anderen Teilen der Welt die Tendenzen schwächen, sich auf die Sowjets zu verlassen.

7. Beseitigt eine Bedrohung der Vereinigten Staaten, die von kubanischem Boden ausgeht.

8. Vereitelt einen möglichen billigen Sieg Chruschtschows, mit Erfolg Offensivwaffen in Kuba zu unterhalten.

Nachteile

1. Dieses Vorgehen kann Chruschtschow zu einer scharfen Reaktion zwingen und könnte zu einem Krieg in irgendeiner Form führen. Chruschtschow wird nicht den Befehl geben, eine Rakete von Kuba aus zu starten, wenn er nicht aus ganz anderen Gründen zum Krieg bereit ist. Die Wahrscheinlichkeit eines gleichartigen Gegenschlages ist höher. Es ist jedoch unwahrscheinlich, daß das Risiko eines größeren Krieges größer ist als bei einer Eskalation der Blokkade.

2. Es besteht entfernt die Möglichkeit, daß ein sowjetischer Ortskommandeur in Kuba eventuell den Befehl zum Abschuß einer Rakete gibt.

3. Nachteilige Wirkung für das Ansehen der Vereinigten Staaten durch den Ersteinsatz von Gewalt gegen ein kleines Land. Das läßt sich auf ein Minimum reduzieren, wenn man den Angriff selektiv führt und auf sowjetische Offensivwaffen konzentriert. Gleichzeitig hätte er positive Auswirkungen für unser Ansehen, weil er die eindeutige Bereitschaft demonstrieren würde, es zum Schutz unserer vitalen Interessen mit den Sowjets aufzunehmen.

4. Könnte den langfristigen Beziehungen zwischen Kuba und den Vereinigten Staaten schaden, wenn man es nicht sehr vorsichtig handhabt.

5. Beseitigt Offensivwaffen möglicherweise nicht vollständig und könnte somit Folgeangriffe und/oder Invasion erforderlich machen, es sei denn, es kommt zu einer Vereinbarung über eine vollständige und unbegrenzte internationale Überwachung.

Vorbedingungen einer Entscheidung

1. Veto gegen die Resolution der Vereinigten Staaten im Sicherheitsrat.

2. Belege, daß die Sowjets trotz der Warnung des Präsidenten und der OAS-Resolution den Ausbau des bestehenden Offensivpotentials in Kuba fortgesetzt haben.

[Handschriftlich ergänzt:][1]

3. Weigerung, eine Inspektion zuzulassen.

4. Beendigung der vorbereitenden Gespräche.

Maßnahmen vor oder parallel zum Angriff

1. Erklärung des Weißen Hauses, daß der Aufbau von Offensivwaffen andauert und einen gefährlichen und provokativen Akt darstellt, der den Ernst der Lage erhöht. Wiederholen der Warnung an alle, die an diesen Arbeiten beteiligt sind.

2. Überreichen einer Kopie dieser Erklärung des Weißen Hauses an den Vertreter Kubas bei den Vereinten Nationen.

3. Evakuierungswarnung (solange militärisch vertretbar) über Abwurf von Flugblättern an das Personal in den Zielgebieten des Angriffs. Ein Angriffsplan, der so angelegt ist, daß die Mission mit minimalem Schaden für nichtmilitärische Ziele verläuft.

4. Benachrichtigung der OAS (Vorsitzender) kurz vor dem Angriff.

5. Veranlassen, daß die Botschafter die Regierungschefs der lateinamerikanischen Länder in der Stunde des Angriffs über die Lage unterrichten.

6. Die NATO-Verbündeten und andere zu einem geeigneten Zeitpunkt unterrichten.

7. Brief an Chruschtschow, zu überbringen in der Stunde des Angriffs, der die Aktion erklärt; Bedauern ausdrückt, daß die Fortsetzung der Arbeit an den Offensivstützpunkten die Maßnahme erzwungen habe; auf den begrenzten Charakter der Operation hinweist, auf unser Bemühen, die Verluste an Menschenleben gering zu halten; und zu sofortigen Konsultationen auffordert, um die weltweiten Spannungen abzubauen.

Folgemaßnahmen

1. Fortsetzung der genauen Luftüberwachung.

2. Bereit sein, Boden-Luft-Raketen-Stellungen und Flugplätze anzugreifen, falls Aufklärungsflugzeuge angegriffen werden.

3. Sofortiger Bericht an die Konsultativversammlung der OAS und Verabschiedung einer Resolution, die verlangt, daß die Sowjets die Offensivstreitkräfte unter internationaler Überwachung aus Kuba abziehen.

4. Bericht an den Sicherheitsrat der Vereinten Nationen, der den begrenzten Charakter der Operation darlegt und die sofortige Entsendung einer Gruppe von UN-Beobachtern nach Kuba verlangt.

5. Fortsetzung der Blockade, ausgedehnt auf Treibstoff, Öl und Schmiermittel, bis eindeutige Belege vorliegen, daß die Offensivstützpunkte beseitigt wurden.

6. Größere Ansprache des Präsidenten, die eine besondere Botschaft für das kubanische Volk enthält.

7. Abwurf entsprechender Flugblätter über Kuba.

[...][2]

Politischer Kurs

Auf diesem Weg gibt es mehrere Möglichkeiten, sowohl was das Forum angeht, in dem man die Verhandlungen führt, als auch was die Schritte angeht, die zu unternehmen sind.

Was das Forum betrifft, sind wir bereits bei den Vereinten Nationen in Aktion getreten und könnten dies nebenher mit privaten Ansätzen verbinden. Wir könnten den Vorschlägen U Thants folgen, um sofort mit den Sowjets ins Gespräch zu kommen. Das ist fast unverzichtbar, weil die Sowjets sich nahezu mit Sicherheit nicht für Vorschläge aussprechen werden oder sich mit ihnen einverstanden erklären, wenn sie öffentlich gemacht werden.

Ein anderer Weg wäre, ein direktes Treffen mit Chruschtschow vorzuschlagen oder von jemandem wie U Thant vorschlagen zu lassen. Chruschtschow hat seine Bereitschaft zu einer solchen Begegnung in seinem Brief an Bertrand Russell öffentlich gezeigt, und zu diesem Zeitpunkt konnte man nicht von ihm erwarten, daß er solche Vorschläge dem Präsidenten direkt macht, da er Angst vor einer Abfuhr haben mußte. Es wäre jedoch schwierig für ihn, eine Einladung vom Präsidenten nicht anzunehmen. Eine direkte Begegnung müßte bedeuten, daß wir die Quarantäne fortsetzen und wäre für uns schwierig, es sei denn, daß es Fortschritte bei den Vorschlägen gäbe, einen Stillstand unter Kontrolle der Vereinten Nationen sicherzustellen. Sie würde vermutlich Gespräche über Berlin einschließen oder als Minimum über unsere Raketenbasen in der Türkei. Umgehend eine Übereinkunft über ein Treffen mit Chruschtschow vorzuschlagen, könnte verhindern oder verzögern, daß die Sowjets heftig darauf reagieren, wenn wir eines ihrer Schiffe stoppen.

Als Hintergrund für ein politisches Vorgehen, das eine Hoffnung auf Erfolg haben soll, wäre es wesentlich, jedes gewaltsame Vorgehen gegen sowjetische Schiffe bei der Durchführung der Quarantäne soweit wie möglich auf ein Minimum zu reduzieren.

Folgende politische Schritte lassen sich in Erwägung ziehen:

1. In einem beliebigen Forum vorzuschlagen, daß wir unsere Raketen aus der Türkei abziehen als Gegenleistung für den sowjetischen Abbau der Raketen in Kuba. Das ließe sich in allgemeiner Form ausdrükken, zum Beispiel durch Abzug von Raketen aus Gebieten, die in der Nachbarschaft oder in der Nähe des Territoriums des anderen liegen.

2. Ein alternatives Vorgehen könnte in einem Vor-

schlag bestehen, daß die Vereinten Nationen Beobachter nach Kuba und in die Türkei entsenden, die dort die Kontrolle über die Raketen übernehmen, bis die Verhandlungen zu einem Ergebnis führen. Man könnte U Thant dazu bewegen, Vorschläge in dieser Richtung zu machen.

3. *Kontaktaufnahme mit Castro:* Ein lateinamerikanischer Vertreter in Kuba würde an Castro herantreten *(Gelöscht)* und darauf hinweisen, daß Kuba nur für die Interessen der Sowjetunion ausgenutzt wird und daß jede mögliche Entwicklung, die die Kuba-Krise aller Erwartung nach nehmen kann, zum Sturz seines Regimes, wenn nicht gar seiner physischen Vernichtung führen wird. Man könnte darauf hinweisen, daß Präsident Kennedy erklärt hat, nur über zwei Themen könnte es zwischen den Vereinigten Staaten und Castro kein Verhandeln geben: militärische Bindungen an die UdSSR und aggressive Aktionen irgendeiner Art in Lateinamerika.

Wenn die Castro-Regierung der Ansicht ist, daß sie aufgrund der Präsenz sowjetischer Fachleute keine Handlungsfreiheit besitzt, wären wir bereit, es auf uns zu nehmen, mit diesem Problem fertigzuwerden. Wir müßten einige Zusicherungen geben *(Gelöscht)*, daß wir selbst nichts unternehmen, um das Regime zu stürzen oder andere bei diesem Versuch unterstützen.

Die mögliche Rolle einer zunehmenden Wirtschaftsblockade gegen Kuba

1. Die kubanische Wirtschaft erlebt einen fortschreitenden Niedergang; er ist zurückzuführen auf die Unfähigkeit, das Exportniveau zu halten; auf den unzureichenden Ausgleich dieses Exportrückgangs durch Kredite und Handelsaufträge des Sowjetblocks; auf grobe Mißwirtschaft sowohl in der Landwirtschaft als auch in der Industrie (ausgenommen in der Mineralölraffinierung und der Nickelbearbeitung); und auf die Verschlechterung der Situation in Industriebetrieben aufgrund der Probleme, Ersatzteile aus der Freien Welt zu ersetzen. Die Lage hat sich durch die Mobilisierung verschlechtert; zu einem gewissen Grad wird sie sich durch die derzeit laufende begrenzte Blockade noch weiter verschlechtern, da die Schiffe, die umgekehrt sind, fast mit Sicherheit sowohl Wirtschaftsgüter als auch Militärmaterial an Bord haben und (in recht erheblichem Ausmaß) weil die Blockade noch andere Störungen des normalen Handels mit sich bringen wird.

2. Die kubanische Wirtschaft ist in außerordentlich hohem Maße auf den Außenhandel angewiesen. In der Zeit vor Castro betrugen die kubanischen Importe 36% des Bruttosozialprodukts; heute sind es 31%. Nachfolgend ist aufgeführt, inwieweit Kuba auf bestimmte Importe (aufgeteilt nach groben Kategorien) angewiesen ist:

zu 100% (oder annähernd 100%)	Treibstoff, Öle, Schmiermittel;
	Transportausstattung;
	Weizen und Mehl;
	Fett;
	veredelte Metalle (Eisen, Stahl, Kupfer);
zu über 50%	Rohstoffe für Textilien;
	Medikamente und Arzneimittel;
	Maschinen und sonstige Industrieprodukte;
	Rohstoffe für Düngemittel;
	Reis;
	Industriechemikalien;
zu 25–50%	Lebensmittelkonserven;
	Bohnen;
praktisch 0%	tropische Nahrungsmittel;
	Kunstseide und Kunstseidenkordsamt.

3. Kubas wunder Punkt in bezug auf eine Blockade sind Treibstoff, Öl und Schmiermittel, da die Industrie, die militärischen Einrichtungen und die öffentlichen Dienste in ihrem Betrieb hierauf angewiesen sind. Nach unseren Schätzungen sind Vorräte an Schweröl für 120 Tage und an Leichtöl für 60 Tage vorhanden. Eine Blockade für Mineralölprodukte würde tatsächlich die Wirtschaft zum Erliegen bringen und die militärischen Möglichkeiten radikal einschränken. Eine Nachschubsperre würde sofort Rationierungsmaßnahmen erforderlich machen, die – wenn sie streng sind – die bestehenden Vorräte für einen Zeitraum von sechs Monaten einteilen könnten, jedoch mit schwerwiegenden Folgen für die Wirtschaft und die öffentliche Moral. Außerdem sähen sich das Regime und das Volk vor die Aussicht

gestellt, daß die Wirtschaft nach diesen sechs Monaten völlig zusammenbricht. Wenn die Vereinigten Staaten ihre Entschlossenheit signalisieren, die Blockade für Mineralölprodukte fortzusetzen, würde man das in Havanna und in Moskau unmittelbar als entscheidenden Akt verstehen, der ihnen jedoch die Zeit ließe, sowohl ihre gegenwärtige Politik zu überdenken als auch Gegenmaßnahmen in Betracht zu ziehen.

4. Politisch und psychologisch würde eine Blokkade für Treibstoff, Öl und Schmiermittel (oder eine noch allgemeiner gefaßte), wenn man sie allen Gegenmaßnahmen zum Trotz aufrechterhielte, in Kuba ein wachsendes Gefühl der Isolation auslösen (oder verstärken), das die fehlende Bereitschaft oder die Unfähigkeit der Sowjets, Kuba in einer größeren Krise beizustehen, noch dramatisieren würde. Es könnte zu größeren Veränderungen in der Politik der kubanischen Regierung führen, zu einer weit verbreiteten Unruhe (sowohl in der Elite als auch im Volk) oder zu beidem.

5. Für Moskau würde eine andauernde Blockade signalisieren: (a) die Ernsthaftigkeit unserer Absicht; (b) insbesondere daß wir nicht bereit sind, den Abzug ihrer Raketeneinrichtungen gegen irgendeinen Aktivposten in der Freien Welt einzutauschen, außer gegen die Blockade selbst; (c) unsere Bereitschaft, ihnen Zeit für eine Lösung des Raketenproblems zu lassen, bei der sie ihr Gesicht wahren können.

6. Für die Vereinigten Staaten und die Freie Welt würde eine andauernde Blockade signalisieren: (a) daß wir es mit unserer Absicht ernst meinen – trotz des Drucks von außen, zu einem schnellen, zweifelhaften Verhandlungsergebnis zu kommen; (b) daß wir entschlossen sind, in unserem Druck nicht nachzulassen, bis die kubanische Raketenfrage endgültig geklärt ist; (c) daß noch Zeit ist – wenn auch nicht viel –, eine diplomatische Lösung des Problems zu finden; (d) daß – wie der Präsident es in seiner Rede erklärt hat – mit weiteren Maßnahmen zu rechnen ist, falls Havanna und Moskau keine Möglichkeit fänden, die Offensiveinrichtungen zu beseitigen.

7. So könnte ein überzeugendes Signal für ein Fortschreiten in Richtung auf eine andauernde Wirtschaftsblockade eine Verstärkung des Drucks darstellen, die – falls man es für erforderlich hält – letztendlich zu einer direkten Beseitigung der Raketenbedrohung auf Kuba führen kann; oder es könnte einen überzeugenden Hintergrund für eine diskrete Kontaktaufnahme mit Castro liefern, mit dem Vorschlag, sich von den Sowjets loszusagen, oder für das Zustandekommen des brasilianischen Konzepts eines atomwaffenfreien Lateinamerika als Ausweg.

8. In Bezug auf Moskau ergeben sich zwei kritische Kommunikationsprobleme: das Problem, Änderungen der Blockadeliste so frühzeitig anzukündigen, daß ihnen genügend Zeit bleibt, die Anweisung zur Umkehr zu geben; und das Problem, sowohl die Verbindlichkeit unserer Haltung als auch ihre Grenzen klar zu signalisieren. Die Errichtung einer andauernden Wirtschaftsblockade sollte in Moskau nicht als Versuch verstanden werden, die kubanische Regierung abzuwürgen, sondern als Zeichen unserer Bereitschaft, ihnen Zeit für einen würdevollen Ausweg zu geben. Andererseits ist es wichtig, daß wir einen Eindruck unserer Entschlossenheit vermitteln, umgehend die Beendigung der Raketenbedrohung in Kuba zu erreichen, auf dem einen oder anderen Wege und ohne andere Interessen der Freien Welt dagegen einzutauschen. Das letztgenannte Kommunikationsproblem könnte wohl zuverlässig diskrete Kontakte zu sowjetischen Vertretern zu dem Zeitpunkt rechtfertigen, an dem wir diesen Weg einschlagen.

9. In bezug auf die Freie Welt werden wir offensichtlich auf ernsthaften Widerstand stoßen, vor allem, wenn eine andauernde Wirtschaftsblockade als Versuch verstanden wird, Kuba abzuwürgen. Eine Beschränkung der Blockade auf Mineralölprodukte, bei der Nahrungsmittel und Medikamente passieren könnten, würde dieses Problem in einem gewissen Maße mildern, wenn es auch einer besonderen und sorgfältig angelegten logischen Erklärung bedarf, den Zusammenhang zwischen unseren Maßnahmen und der Raketenbedrohung herzustellen. Das wichtigste Gegengewicht gegen die Spannungen innerhalb der Freien Welt, die diese Initiative erzeugen könnte, bestünde darin, zumindest den Anschein aktiver Kontakte und Verhandlungen zu erwecken, während wir die Blockade für Mineralölprodukte verschärfen.

WWR[3]

Freigegeben durch: ARA[4] – E. Martin

Nr. 34

Protokoll der Sitzung des Exekutiv-Komitees des Nationalen Sicherheitsrates am Morgen des 26. Oktober 1962, Streng Geheim – Sensibel (gekürzt)[1]

Executive Committee Meeting No. 6, October 26, 10 AM, Summary Record, Top Secret – Sensitive.

(John F. Kennedy Library, Boston: National Security Files, Executive Committee, Meetings Vol. I, Meetings 6–10, 10/26/62–10/28/62, Box 316)

[...]

Minister McNamara verlas eine Liste von Schiffen des Sowjetblocks und ihren Standorten und stellte fest, daß es heute nicht zu Zustammenstößen auf See kommen würde. Der Tanker Graznny setzt seine Fahrt anscheinend fort, wird aber die Blockadelinie heute nicht überschreiten. Er schlug vor, daß wir in Kürze ein Embargo für Treibstoff verhängen sollten, der für Bomber benutzt wird, und für Stoffe, aus denen man Flugbenzin herstellt, also für Mineralölprodukte.

Der Präsident schlug vor, falls wir beschließen, das Embargo auf Bombertreibstoff auszudehnen, sollten wir auch die Tatsache erwähnen, daß wir ein Embargo gegen Treibstoffe verhängen, die zur Gefechtsbereitschaft der strategischen Raketen beitragen.

Minister Rusk bat darum, das Embargo für Mineralölprodukte noch um mindestens 24 Stunden hinauszuzögern, um eine Störung der Gespräche mit U Thant zu vermeiden, die zur Zeit in New York stattfinden.

Unterstaatssekretär Ball bat darum, zu einer Einigung zu kommen, daß ein Mineralölembargo den nächsten Schritt zur Verstärkung des Drucks darstellen soll, wobei man den Zeitpunkt für das Embargo später in Zusammenhang mit den Gesprächen in New York festlegen würde.

Minister Dillon äußerte seine Bedenken zu dieser Vorgehensweise. Er sagte, es führe dazu, daß man sowjetische Schiffe aufhalten würde. Damit käme es nicht wegen der Raketen, sondern wegen sowjetischer Schiffe zu einer Konfrontation mit den Russen. Er war der Ansicht, wir sollten lieber die Raketen angreifen, als eine Konfrontation mit den Russen auf See zu forcieren.

Die Entscheidung über die Frage, das Embargo auf Mineralöl auszudehnen, wurde bis zu einer Entscheidung über den politischen Kurs verschoben.

[...]

Minister Rusk gab einen zusammenfassenden Überblick über die gegenwärtig laufenden politischen Schritte. Er sagte, Ziel der heutigen Gespräche mit U Thant sei es, mit den Russen zu irgendeiner Form von Verhandlungen in New York zu kommen. Das Ziel sei, von den Russen eine verbindliche Erklärung zu erhalten, daß die Raketenstützpunkte in Kuba nicht weitergebaut würden; daß es keine weiteren sowjetischen Militärlieferungen gäbe; daß die bestehenden Waffen in Kuba entschärft würden; daß sie eine Überwachung aller Raketen, die atomar zu bestücken sind, durch die Vereinten Nationen zulassen sowie einen Beobachterstab vor Ort in Kuba, der aus 350 technisch versierten Inspektoren besteht. Die Quarantänemaßnahmen der Vereinigten Staaten würden fortgesetzt, bis eine Quarantäne durch die Vereinten Nationen eingerichtet ist. Die Vereinten Nationen würden Beobachter in spezifizierten kubanischen Häfen stationieren. U.S.-Kriegsschiffe würden in der Nähe aller kubanischen Häfen bleiben, um sicherzustellen, daß keine Schiffe ohne Wissen der UN-Inspektoren anlegen und keine Ladungen an Orten gelöscht würden, die die UN-Inspektoren nicht sähen.

Mr. McCloy erklärte, daß unsere Quarantänemaßnahmen von entscheidender Bedeutung sind und man sie aufrechterhalten sollte, bis die Russen all unsere Bedingungen akzeptiert hätten.

Minister Rusk wies darauf hin, wir müßten U Thant klar machen, daß sich unsere Quarantäne mehr auf die sowjetischen Raketen bezieht als auf sowjetische Militärlieferungen an Kuba.

(Gelöscht) [...]

Botschafter Stevenson erläuterte die unmittelbaren Verhandlungen, die derzeit mit U Thant im Gange sind, und die längerfristigen Gespräche, die folgen würden, wenn man in New York mit den Russen zu einer Einigung käme. Er sagte, die laufenden Gespräche zielten darauf ab, eine Unterbrechung der Arbeiten an den Raketen in Kuba für 24 bis 48 Stunden zu erreichen. Er stellte fest, daß es unmöglich sei, im Laufe dieser Gespräche zu einer Vereinbarung zu kommen, die Raketen gefechtsunfähig zu machen. Er wollte wissen, ob er versuchen sollte, ein Stillhalteabkommen für alle sowjetischen Waffen zu erreichen oder nur für Offensivwaffen. Er würde versuchen, eine verbindliche Erklärung zu bekommen, daß die Bauarbeiten nicht fortgesetzt würden, es wäre aber nicht möglich, ein Verfahren zu vereinbaren, das sicherstellt, daß die Waffen gefechtsunfähig gemacht würden und es auch blieben. Außerdem müsse er wissen, ob wir bereit wären, im Gegenzug die Quarantäne aufzuheben.

Botschafter Stevenson sagte, Ziel der längerfristigen Gespräche sei es, den Abzug der strategischen Raketen aus der amerikanischen Hemisphäre und den Abbau der bestehenden Stützpunkte zu erreichen. Er sagte voraus, daß die Russen von uns eine erneute Garantie für die territoriale Integrität Kubas verlangen würden und den Abbau der strategischen Raketen in der Türkei.

Mr. McCone lehnte die Verknüpfung ab, die Botschafter Stevenson zwischen den sowjetischen Raketen in Kuba und den U.S.-Raketen in der Türkei herstellte. Er sagte, die sowjetischen Waffen in Kuba zielten direkt auf unser Herz und stellten eine starke Beeinträchtigung für uns dar, unseren Verpflichtungen gegenüber der freien Welt nachzukommen. Er riet dringend dazu, die Quarantäne nicht aufzuheben, bis die sowjetischen Raketen aus Kuba entfernt wären. Er vertrat die Ansicht, wir müßten die Stoßkraft beibehalten, die wir mit der Blockade bislang erreicht hätten.

Der Präsident erklärte, wir würden die sowjetischen strategischen Raketen nur durch eine Invasion Kubas oder durch einen Handel aus Kuba herausbekommen. Er bezweifelte, daß die Blockade allein zu einem Abzug der Waffen führen würde. Er sagte, unser Ziel sollte es sein, weitere Lieferungen von Militärmaterial zu verhindern, die Fortsetzung der Bauarbeiten an den Raketenstützpunkten zu verhindern und ein Mittel zur Überwachung zu schaffen.

Mr. McCone empfahl eindringlich, daß die Inspektoren, die man nach Kuba entsenden würde, U.S.-Fachleute mit Kenntnissen strategischer Raketen sein sollten.

Der Präsident äußerte, soweit er verstanden habe, bitte Botschafter Stevenson um Zeit für den Versuch, den Abzug der Raketen auszuhandeln.

Minister Rusk bezweifelte, daß wir irgendwelche Vorbedingungen an die Verhandlungen würden stellen können.

Minister Dillon meinte ebenfalls, die Sowjets könnten nicht mit der Aufhebung der Blockade als einziger Gegenleistung nachgeben.

Mr. Nitze machte darauf aufmerksam, daß es wichtig ist, eine Garantie zu bekommen, daß die Atomraketen von den Startrampen abgekoppelt werden.

Mr. Bundy sagte, Verhandlungen über eine Unterbrechung oder einen Abbruch der Arbeiten reichten für unsere Sicherheit nicht aus, wir müßten außerdem nachdrücklich auf einer garantierten Überwachung Kubas bestehen.

Minister Dillon erklärte, wir könnten nicht über zwei Wochen unter der Raketenbedrohung verhandeln, die momentan in Kuba besteht.

Der Präsident stellte fest, daß es anscheinend nur geringe Unterstützung für den Plan Botschafter Stevensons gebe. Er fragte, was wir tun werden, falls die Blockade nicht zu dem Ergebnis führt, daß die Sowjets die Raketen abziehen und die Verhandlungen abgebrochen werden.

Mr. Bundy sagte, wenn die Interimsgespräche von 24 bis 48 Stunden scheitern, hätten wir die Wahl, entweder die Blockade auszuweiten oder die Raketen mit einem Luftangriff zu beseitigen.

[...]

Nr. 35

Memorandum von Walt Whitman Rostow, Vorsitzender des Außenpolitischen Planungsrates im Außenministerium, für Dean Rusk, Außenminister, und dessen Stellvertreter über die Bedeutung der in der Türkei und in Italien stationierten Jupiter-Raketen, 26. Oktober 1962, Geheim

Department of State, Policy Planning Council (Walt Whitman Rostow), Memorandum to the Secretary, the Under Secretary, the Deputy Under Secretary. Subject: Alliance Missiles, October 26, Secret.

(John F. Kennedy Library, Boston: National Security Files, Countries, Cuba, General, 10/26/62–10/27/62, Box 36)

Aus all meinen diplomatischen Kontakten – zum Beispiel ein Frühstück mit Kim und dem koreanischen Botschafter heute morgen eingeschlossen – geht für mich eindeutig hervor, daß für unsere Verbündeten der Maßstab für unseren Erfolg oder Mißerfolg in dieser Krise sein wird, ob wir die Raketen aus Kuba herausbekommen, ohne dagegen Aktivposten in der freien Welt einzutauschen. Die Befürchtungen in dieser Hinsicht konzentrieren sich – selbst bei den Koreanern – auf die türkischen Raketen.

Es erscheint mir daher äußerst dringend, daß wir einen Kurs einschlagen, der von der Krise völlig unabhängig ist, und auf den Bemühungen im NATO-Rat im Bereich der Mittelstreckenraketen aufbauen. D. h., wir sollten einen Weg finden, diplomatisch eine klare Entscheidung zu dem Vorschlag einer multilateralen Streitmacht von Mittelstreckenraketen zu signalisieren, auch wenn es offensichtlich noch einige Zeit dauert, diese vollständig zu verwirklichen. In diesem Zusammenhang sollten Sie sich einen Bericht über das Gespräch zwischen dem türkischen Botschafter und Mr. Talbot zu diesem Thema ansehen.

Eine derartige prinzipielle Entscheidung würde zum gegenwärtigen Zeitpunkt zweierlei bewirken. Wenn die Sowjets es als Möglichkeit auslegen wollen, ihnen aus der Klemme zu helfen, steht ihnen das frei; andererseits würde es die Haltung der Allianz zur Raketenfrage festlegen und die Art von Tauschgeschäft, das die Sowjets im Sinn haben mögen und das darauf abzielt, das Vertrauen der Allianz in die Vereinigten Staaten zu erschüttern, unmöglich machen.

Eine zügige Vorgehensweise könnte darin bestehen, Botschafter Finletters Vorschlag (POLTO 506)[1] zu folgen und eine kleine, multilaterale, seegestützte Streitmacht unter Südkommando als Pilotprojekt aufzubauen, die im östlichen Mittelmeer stationiert würde und mit gemischten Besatzungen aus Türken, Italienern, U.S.-Amerikanern und möglicherweise Griechen bemannt wäre.

Ein solcher Schritt als Vorbereitung auf die Errichtung einer größeren multilateralen, seegestützten Streitmacht würde unsere atomare Verpflichtung gegenüber der Verteidigung Europas erneut bekräftigen und deutlich machen, daß wir keine Tauschgeschäfte auf Kosten unserer Verbündeten eingehen würden; vielleicht würde er auch den Weg bereiten für: (1) türkische und italienische Erklärungen, daß sie angesichts dieses Ersatzes die Mittelstreckenraketen allmählich abbauen würden; (2) einen möglichen Austausch von Erklärungen zwischen den Vereinigten Staaten und der Sowjetunion, daß sie die Anschaffung von Mittelstreckenraketen für eine landgestützte nationale Stationierung in Ländern der NATO und des Warschauer Pakts außerhalb der Vereinigten Staaten und der UdSSR nicht fördern würden (aufbauend auf unseren wiederholten Erklärungen, daß wir lediglich die Anschaffung von Mittelstreckenraketen für eine multilaterale, seegestützte Streitmacht fördern würden).

Nr. 36

Memorandum von Paul H. Nitze, Unterstaatssekretär im Verteidigungsministerium für Fragen der Internationalen Sicherheit, für das Exekutiv-Komitee des Nationalen Sicherheitsrates, über mögliche Blockademaßnahmen der UdSSR auf den Transitwegen von und nach Berlin, 26. Oktober 1962, Streng Geheim[1]

Department of Defense, Assistant Secretary of Defense – International Security Affairs (Paul H. Nitze), Memorandum for the Executive Committee of the National Security Council: Soviet/GDR Inspection of Allied Traffic into Berlin, October 26, Top Secret.

(John F. Kennedy Library, Boston: National Security Files, Countries, Cuba, General, 10/26/62–10/27/62, Box 36)

1. *Problemstellung:*
Angenommen, die Sowjets verlangen, alle Fracht der Alliierten, die nach Berlin geht, überprüfen zu dürfen als Quarantänemaßnahme gegen Offensivwaffen dort. Weiterhin angenommen, sie deuten an, das sei ihre ganze Antwort auf unsere Quarantäne gegen Kuba. Welche Haltung sollten die Vereinigten Staaten einnehmen?

2. *Hintergrund:*

a) Der Luftverkehr der Alliierten nach Berlin war noch nie in irgendeiner Form sowjetischer Kontrolle unterworfen.
b) Ladung, die mit korrekt ausgewiesenen Fahrzeugen der Alliierten über die Autobahn oder mit der Bahn transportiert wurde, war noch nie sowjetischen Kontrollen unterworfen.
c) Die Sowjets haben im Lauf der Jahre wiederholt versucht, ihre Kontrollen des alliierten Verkehrs nach Berlin auszudehnen; die Alliierten haben jedoch nachdrücklich auf den beiden oben genannten Punkten bestanden.
d) Die Alliierten haben weder Atomwaffen noch Raketen nach Berlin gebracht (Bazookas und rückstoßfreie Gewehre gelten nicht als Raketen, noch sind sie auch nur entfernt mit Mittelstreckenraketen vergleichbar).

3. *Erörterung:*
Den Sowjets gegenüber auf ein Recht zu verzichten, auf dem wir fast zwei Jahrzehnte lang beständig und nachdrücklich bestanden haben, würde ein deutliches Aufweichen der Haltung der Alliierten zu Berlin bedeuten. Das Recht, die Ladung zu kontrollieren – so würden die Sowjets argumentieren – beinhaltet auch das Recht zu bestimmen, welche Art von Ladung eingeführt werden darf. Die sowjetischen Versuche, solche Rechte geltend zu machen, würden in vitale Interessen der Alliierten hinsichtlich der Präsenz und der Sicherheit der alliierten Streitkräfte in Berlin eingreifen.

Die Bevölkerung von Berlin wäre ernstlich verärgert, wenn die Alliierten die Überprüfung von Transporten zu Lande zulassen sollten; wenn man den Sowjets aber erlauben würde, den Luftverkehr der Alliierten zu kontrollieren, würde man ihr die Grundlage für ihr Freiheitsgefühl nehmen. Denn die Möglichkeit, Berlin völlig ohne Kontrolle der Sowjetunion oder der DDR mit dem Flugzeug zu erreichen und zu verlassen, hält die Westberliner psychologisch aufrecht.

Wendet man sich nun dem Zusammenhang mit der Blockade Kubas zu, dann wäre es gut, wirklich zu wissen, daß von den Sowjets keine andere Reaktion käme als die Forderung, den Berlinverkehr zu kontrollieren. Aber wie könnte man sich darauf verlassen? Welchen Grund gäbe es, zu glauben und der Bevölkerung der alliierten Länder und den Westberlinern zu versichern, daß dies die letzte Scheibe von der Wurst wäre und nicht eine von vielen?

Wenn man den Sowjets die Kontrolle der Transporte erlauben würde, könnten sie dieses »Recht«

später der DDR übertragen und so die *de facto* Souveränität der DDR in beträchtlicher Weise ausweiten.

Die vier Alliierten haben erst kürzlich ihre seit langem bestehende Haltung bestätigt, den Sowjets die Kontrolle von Transporten zu verweigern.

Wie die Vereinigten Staaten nachdrücklich und öffentlich erklärt haben, besteht kein logischer Zusammenhang zwischen einem freien Westberlin, dessen Bevölkerung alliierte Truppen an Ort und Stelle haben möchte, und einem Kuba, dessen unterjochtes Volk möchte, daß die sowjetischen Truppen und Waffen das Land verlassen. Einen solchen Tauschhandel einzugehen, wie es hier angenommen ist, würde diesen Hauptbestandteil des politischen Standpunkts der Vereinigten Staaten korrumpieren.

4. *Schlußfolgerung:*

a) Es wäre gegen die Sicherheitsinteressen der Vereinigten Staaten und ihrer Verbündeten, eine solche Kontrolle zuzulassen.
b) Wir würden nicht nur dulden, daß die Sowjets in unsere seit langem bestehenden Rechte in Berlin eingreifen, wir hätten zudem keine Garantie, daß dieser Eingriff nicht noch weiter geht; daher wäre eine solche Forderung nicht akzeptabel.

Nr. 37

Memorandum der Vereinigten Stabschefs an Robert S. McNamara, Verteidigungsminister, über die Forderung nach atomwaffen- bzw. raketenfreien Zonen in Lateinamerika und Afrika, 26. Oktober 1962, Geheim

The Joint Chiefs of Staff, Memorandum for the Secretary of Defense: Nuclear-Free or Missile-Free Zones, October 26, Secret.

(John F. Kennedy Library, Boston: National Security Files, Countries, Cuba, General, 10/26/62–10/27/62, Box 36)

1. Man hat die Vereinigten Stabschefs um ihre Einschätzung der Frage gebeten, welche militärischen Auswirkungen die Initiative hätte, »atomwaffenfreie« oder »raketenfreie« Zonen in Lateinamerika oder Afrika vorzuschlagen, ausgehend von der Annahme, daß dies mit unserem erklärten Ziel in Einklang steht, die Beseitigung der Raketenstützpunkte aus Kuba zu erreichen, und möglicherweise eine Regelung darstellt, der zuzustimmen die UdSSR eher bereit wäre.

2. Wie Ihnen der Vorsitzende der Vereinigten Stabschefs bereits mündlich mitgeteilt hat, sind die Vereinigten Stabschefs der Meinung, daß die Vereinigten Staaten die Erörterung dieser Frage weder vorschlagen noch akzeptieren sollten. Denn:

a) Über die Tatsache hinaus, daß der Vorschlag an sich nicht wünschenswert ist, ist – was wesentlicher ist – die Tendenz, das eigentliche Ziel – die Beseitigung der Raketen – aus den Augen zu verlieren, für die Vereinigten Staaten nicht von Vorteil. Es gibt keine Garantie, daß ein Gespräch oder selbst eine Übereinkunft über »atomwaffenfreie« Zonen in Lateinamerika zu einem prompten Abzug der Raketen aus Kuba führen würde. Wenn sie nicht umgehend entfernt werden, wird die Gefahr für die Vereinigten Staaten täglich größer.
b) Die Idee ist militärisch nicht zu halten, da sie in ihrer günstigsten Form unsere militärische Flexibilität in unserem eigenen Hinterland einschränkt, während sie gleichzeitig für die Sowjets keine vergleichbaren Auswirkungen hat.
c) Es gibt allen Grund zu der Annahme, daß die UdSSR eine solche Diskussion begrüßen würde,

da sie in Gesprächen dieser Art im wesentlichen nichts zu verlieren hat.

3. Die unmittelbare Frage hier bezieht sich auf den brasilianischen Vorschlag oder auf eine U.S.-Variante dieses Vorschlags. Die grundlegende und wesentliche Frage ist jedoch, ob die Vereinigten Staaten die Kontrolle über die Lage verlieren und sich der Initiative, der Schubkraft und des Vorteils begeben, die sie derzeit haben.

4. Die Frage ist zur Zeit klar eingegrenzt: Die Raketen sollen aus Kuba entfernt werden. Sobald andere Fragen diese scharfe Fokussierung verwischen, sobald der Schwerpunkt beginnt, sich in Diskussionen über ganz Lateinamerika oder Afrika zu verlieren; sobald die Sowjets sich hinter den endlosen Auseinandersetzungen der oftmals naiven Neutralen verstecken können, haben wir die Kontrolle verloren, und es ist gut möglich, daß wir dann auch unsere Sache verloren haben.

5. Das langfristige Ziel ist, Castro loszuwerden. Das unmittelbare und vordringliche Ziel ist, uns von den Raketen in Kuba zu befreien. In einigen Lagern wächst bereits die Sorge um »die Meinung der Weltöffentlichkeit« oder »die Unterstützung durch unsere Verbündeten« – eine Sorge, daß wir die Zustimmung vieler anderer Länder brauchen, ehe wir zu unserer eigenen Verteidigung (und der unserer Verbündeten) handeln. Je länger wir reden, um so diffuser werden die unvermeidlichen Auseinandersetzungen und um so schwächer wird die endgültige Entscheidung – wie auch immer sie aussehen mag. Und wenn dies geschieht – wie schon in der Vergangenheit –, werden wir den Eindruck bestätigt haben, daß wir zwar ein starkes Land sein mögen, aber ein Land, das nicht bereit ist, seine Stärke einzusetzen.

6. Darin – und nicht in einer mutmaßlich nachteiligen Meinung der Weltöffentlichkeit – liegt die eigentliche Gefahr. Wenn wir uns in die Falle zwangsläufig endloser Diskussionen locken lassen, um am Ende zu einer verwässerten Lösung zu kommen, dann werden wir wirklich unsere Freunde verloren haben und die Neutralen ebenfalls.

7. Die Reaktion auf die unerschrockene Erklärung des Präsidenten, die nicht von Befürchtungen und Bedenken wegen unserer Verbündeten verwässert war, bestand fast einmütig in Zustimmung und Unterstützung. Wir sind strategisch mit unserer allgemeinen Kriegsstärke im Vorteil; wir haben taktisch den Vorteil, das moralische Recht auf unserer Seite zu wissen, die Unerschrockenheit, Stärke und Initiative zu besitzen und Herr der Lage zu sein. Das ist nicht der Zeitpunkt, sich einschüchtern zu lassen.

8. Vornehmlich aus diesem Grund empfehlen die Vereinigten Stabschefs dringend, daß wir keine Gespräche über den brasilianischen Vorschlag[1] oder eine U.S.-Variante dieses Vorschlags aufnehmen.

9. Um unser unmittelbares Ziel zu erreichen, empfehlen die Vereinigten Stabschefs, daß die Vereinigten Staaten lediglich Gespräche über den sofortigen Abzug der Raketen aus Kuba führen und daß sie diese Gespräche nur über eine begrenzte Zeit führen. Sollten die Vereinigten Staaten gezwungen sein, zu verhandeln, dann empfehlen die Vereinigten Stabschefs als U.S.-Position, daß wir Gesprächen über sekundäre Fragen, wie zum Beispiel »atomwaffenfreie« Zonen oder ähnliche Angelegenheiten, erst zustimmen, nachdem das Hauptproblem gelöst und eindeutig erwiesen ist, daß die Raketen tatsächlich abgebaut und entfernt worden sind, wie es der Präsident so deutlich erklärt hat. Es sollte festgehalten werden, daß es nach einem Abzug der Raketen in der Tat nichts mehr zu verhandeln gibt außer aktuellen oder potentiellen Vorteilen der Vereinigten Staaten in Lateinamerika und Afrika. Die Sowjets haben bei solchen Verhandlungen nichts zu verlieren.

10. Was speziell den brasilianischen Vorschlag angeht, so lehnen die Vereinigten Stabschefs ihn ab; eine detaillierte Stellungnahme zu diesem Vorschlag findet sich im Anhang hierzu.

Für die Vereinigten Stabschefs
gezeichnet: Maxwell D. Taylor
Vorsitzender der Vereinigten Stabschefs

[...]

Nr. 38
Brief Nikita Chruschtschows an John F. Kennedy, 26. Oktober 1962[1]
Letter Nikita Khrushchev to John F. Kennedy, October 26.

(David L. Larson, (Hrsg.), The »Cuban Crisis« of 1962. Selected Documents, Chronology and Bibliography, Lanham, New York, London: University Press of America, 1986: 2, S. 175–181)

Sehr geehrter Herr Präsident:

Ich habe Ihren Brief vom 25. Oktober erhalten. Aus Ihrem Brief gewinne ich den Eindruck, daß Sie eine gewisse Einsicht in die Lage haben, die entstanden ist, und ein Gefühl der Verantwortung. Ich weiß das zu würdigen.

Bislang haben wir bereits unsere Einschätzung der Vorgänge um Kuba öffentlich ausgetauscht, und jeder von uns hat seine Auslegung und seine Interpretation dieser Ereignisse vorgebracht. Daher liegt es meiner Ansicht nach auf der Hand, daß eine Fortsetzung des Meinungsaustauschs auf diese Entfernung – selbst in Form eines geheimen Briefwechsels – vermutlich dem nichts hinzufügen würde, was beide Seiten einander bereits gesagt haben.

Ich denke, wenn Ihnen tatsächlich am Wohlergehen der Welt gelegen ist, werden Sie mich richtig verstehen. Jedermann braucht Frieden: Sowohl Kapitalisten, sofern sie nicht den Verstand verloren haben, als auch um so mehr Kommunisten – Menschen, die nicht nur ihr eigenes Leben, sondern vor allem das Leben der Völker zu schätzen wissen. Wir Kommunisten sind grundsätzlich gegen Kriege zwischen Staaten und sind für die Sache des Friedens eingetreten, seit es uns gibt. Wir haben Krieg immer als Unglück angesehen, nicht als Spiel oder als Mittel, bestimmte Ziele zu erreichen, und noch viel weniger als Selbstzweck. Unsere Ziele sind eindeutig, und das Mittel, sie zu erreichen, ist die Arbeit. Der Krieg ist unser Feind und ein Unglück für alle Nationen.

So sehen wir, das sowjetische Volk und mit uns auch andere Völker die Frage von Krieg und Frieden. Ich kann dies zumindest für die Völker der sozialistischen Länder mit Sicherheit sagen ebenso wie für alle progressiven Menschen, die für Frieden, Glück und Freundschaft zwischen den Staaten sind.

Wie ich sehe, Herr Präsident, mangelt es auch Ihnen nicht an Sorge um das Geschick der Welt, nicht an Verständnis und an einer richtigen Einschätzung des Wesens eines modernen Krieges und seiner Folgen. Welche Vorteile brächte Ihnen ein Krieg? Sie drohen uns mit Krieg. Aber Sie wissen sehr wohl, daß Sie mindestens das als Antwort erhalten würden, was Sie uns zugefügt hätten; Sie würden die gleichen Konsequenzen tragen. Und das muß uns – den Menschen, bei denen die Macht, das Vertrauen und die Verantwortung liegt – klar sein. Wir dürfen uns nicht der Leichtfertigkeit und kleinlichen Gefühlen hingeben, ganz gleich, ob in dem einen oder anderen Land Wahlen vor der Tür stehen. Das alles sind vorübergehende Erscheinungen; sollte aber tatsächlich ein Krieg ausbrechen, dann läge es nicht mehr in unserer Macht, ihn einzudämmen oder zu beenden; denn das ist die Logik des Krieges. Ich habe an zwei Kriegen teilgenommen, und ich weiß, daß ein Krieg erst endet, wenn er Städte und Dörfer überrollt und überall Tod und Zerstörung gebracht hat.

Ich versichere Ihnen im Namen der sowjetischen Regierung und des sowjetischen Volkes, daß Ihre Schlußfolgerungen in bezug auf Offensivwaffen auf Kuba vollkommen unbegründet sind. Aus dem, was Sie mir geschrieben haben, geht hervor, daß unsere Interpretationen in diesem Punkt auseinandergehen oder vielmehr, daß wir die eine oder andere Art militärischer Mittel unterschiedlich definieren. Und tatsächlich lassen sich die gleichen Waffentypen in der Realität unterschiedlich auslegen.

Sie sind ein Militär, und ich hoffe, Sie werden mich verstehen. Nehmen wir zum Beispiel eine einfache Kanone. Was für eine Art von Waffe ist das – eine Offensivwaffe oder eine Defensivwaffe? Eine Kanone ist eine Defensivwaffe, wenn sie zur Verteidigung von Grenzen oder eines befestigten Gebietes eingesetzt wird. Zieht man aber Artillerie zusammen und ergänzt sie mit einer entsprechenden Anzahl von Truppen, dann ist aus derselben Kanone eine Offensivwaffe geworden, weil sie den Weg für den Vormarsch der Infanterie bereitet und frei macht. Das gleiche gilt für Atomraketen und für jeden dieser Waffentypen. Sie befinden sich im Irrtum, wenn Sie annehmen, daß irgendwelche unserer Waffen in Kuba Offensivwaffen wären. Lassen Sie uns jedoch über diesen Punkt nicht streiten. Ich bin offensichtlich nicht in der Lage, Sie davon zu überzeugen. Aber ich sage Ihnen: Sie, Herr Präsident, sind ein Militär, und Sie müssen einsehen: Wie soll man einen Angriff führen – selbst wenn man eine enorme Anzahl Raketen verschiedener Reichweite und Sprengkraft in einem Gebiet hat –, wenn man ausschließlich diese Waffen einsetzt? Diese Raketen sind ein Mittel der Vernichtung und Zerstörung. Aber es ist unmöglich, mit Hilfe dieser Raketen – selbst mit Atomraketen mit einer Sprengkraft von 100 Megatonnen – einen Angriff zu führen; denn nur Menschen – Truppen – können einen Vormarsch realisieren. Ohne Menschen kann keine Waffe offensiv sein – welche Sprengkraft sie auch immer haben mag.

Wie können Sie also diese völlig falsche Interpretation geben, die Sie jetzt verbreiten, daß einige Waffen in Kuba Offensivwaffen sind, wie Sie sagen? Alle Waffen dort – das versichere ich Ihnen – sind defensiver Art; sie sind ausschließlich zu Verteidigungszwecken in Kuba gedacht, und wir haben sie auf Bitten der kubanischen Regierung nach Kuba entsandt. Und Sie behaupten, es seien Offensivwaffen.

Aber, Herr Präsident, glauben Sie wirklich im Ernst, Kuba könnte einen Angriff auf die Vereinigten Staaten führen oder auch wir könnten zusammmen mit Kuba von kubanischem Territorium aus gegen Sie vorrücken? Glauben Sie das wirklich? Wie ist das möglich? Wir verstehen das nicht. Es hat mit Sicherheit keinerlei Neuentwicklung in der militärischen Strategie gegeben, die Anlaß zu der Annahme gäbe, daß es möglich wäre, auf diese Art und Weise vorzurücken. Und ich meine vorrücken, nicht vernichten; denn diejenigen, die vernichten, sind Barbaren – Menschen, die ihren Verstand verloren haben.

Ich denke, daß Sie keinen Grund haben, dies anzunehmen. Sie mögen uns mit Mißtrauen begegnen, aber Sie können in jedem Fall versichert sein, daß wir bei gesundem Menschenverstand sind und sehr wohl wissen, daß Sie, wenn wir einen Angriff gegen Sie führen, in gleicher Weise antworten werden. Aber auch Sie werden die Antwort erhalten, die dem entspricht, was Sie uns entgegenschleudern. Und ich denke, auch Sie wissen das. Unser Gespräch in Wien gibt mir das Recht, in dieser Weise zu sprechen.

Es zeigt, daß wir gesunde Menschen sind, daß wir die Lage richtig erkennen und einschätzen. Wie könnten wir uns also die falschen Maßnahmen erlauben, die Sie uns nachsagen? Nur Wahnsinnige oder Selbstmörder, die selbst sterben und vor ihrem Tod die Welt vernichten wollen, könnten dies tun. Wir aber wollen leben, und keinesfalls wollen wir Ihr Land vernichten. Wir wollen etwas völlig anderes: Nämlich uns in friedlichem Streben mit Ihrem Land messen. Wir diskutieren mit Ihnen; wir haben Differenzen über ideologische Fragen. Aber nach unserer Vorstellung von der Welt sollten Fragen der Ideologie ebenso wie ökonomische Probleme mit anderen als militärischen Mitteln beigelegt werden; sie müssen in einer friedlichen Auseinandersetzung – oder wie man es in der kapitalistischen Gesellschaft interpretiert – durch Wettbewerb gelöst werden. Unsere Prämisse war und ist, daß die friedliche Koexistenz zwischen zwei unterschiedlichen sozialpolitischen Systemen – eine Realität in unserer Welt – von entscheidender Bedeutung ist und daß sie unentbehrlich ist, um den Frieden dauerhaft zu sichern. Das sind die Grundsätze, an denen wir festhalten.

Sie haben nun piratenhafte Maßnahmen der Art angekündigt, die man im Mittelalter praktiziert hat, als man Schiffe überfiel, die internationale Gewässer befuhren; und Sie haben das eine »Quarantäne« um Kuba genannt. Unsere Schiffe werden wahrscheinlich bald die Zone erreichen, in der Ihre Kriegsmarine patrouilliert. Ich versichere Ihnen, daß die Schiffe, die gegenwärtig nach Kuba unterwegs sind, die harmlosesten, friedlichsten Ladungen an Bord haben. Glauben Sie wirklich, daß wir nichts anderes tun, als sogenannte Offensivwaffen, Atom- und Wasserstoffbomben zu transportieren? Auch wenn Ihre Militärs vielleicht annehmen, das seien spezielle Waffentypen, versichere ich Ihnen, daß es sich um die gewöhnlichste Art von friedlichen Gütern handelt.

Lassen Sie uns deshalb vernünftig sein, Herr Präsident. Ich versichere Ihnen, daß die Schiffe, die nach Kuba unterwegs sind, keinerlei Rüstungsgüter an Bord haben. Die Waffen, die zur Verteidigung Kubas notwendig sind, sind bereits dort. Ich will nicht behaupten, daß es überhaupt keine Waffenlieferungen gegeben hat. Nein, es hat solche Lieferungen gegeben. Aber nun hat Kuba die notwendigen Verteidigungswaffen bereits erhalten.

Ich weiß nicht, ob Sie mich verstehen und mir glauben können. Aber ich wünschte, Sie würden sich selbst glauben und zustimmen, daß man seinen Gefühlen nicht freien Lauf lassen sollte, daß man Herr seiner Gefühle sein sollte. Und welche Richtung nehmen die Ereignisse nun? Sollten Sie anfangen, unsere Schiffe aufzuhalten, dann wäre das Piraterie, wie Sie selbst wissen. Sollten wir anfangen, das mit Ihren Schiffen zu machen, wären Sie ebenso empört, wie wir und die ganze Welt es jetzt sind. Solche Handlungen lassen sich nicht anders auslegen; denn man kann Gesetzlosigkeit nicht legalisieren. Würde man dies zulassen, dann gäbe es keinen Frieden, noch gäbe es friedliche Koexistenz. Wir wären dann gezwungen, die notwendigen Verteidigungsmaßnahmen zu ergreifen, die unsere Interessen in Einklang mit dem internationalen Recht schützen würden. Warum soll das geschehen? Wohin würde das alles führen?

Lassen Sie uns die Beziehungen normalisieren. Wir haben einen Appell von U Thant, dem amtierenden Generalsekretär der Vereinten Nationen, erhalten, der seine Vorschläge enthält. Ich habe ihm bereits geantwortet. Seine Vorschläge sehen vor, daß unsere Seite für eine gewisse Zeit, in der Verhandlungen stattfinden – und wir sind bereit, solche Verhandlungen aufzunehmen –, keine Waffen an Kuba liefert und die andere Seite keine Piratenmaßnahmen gegen Schiffe auf hoher See ergreift. Ich halte diese Vorschläge für vernünftig. Das wäre ein Ausweg aus der Situation, die entstanden ist, und er gäbe den Nationen eine Chance, befreit aufzuatmen.

Sie fragen, was geschehen ist, das zu den Waffenlieferungen an Kuba geführt hat? Sie haben unserem Außenminister gegenüber davon gesprochen. Ich werde Ihnen ganz offen sagen, Herr Präsident, was dazu geführt hat.

Wir waren sehr bekümmert über die Tatsache – ich habe in Wien davon gesprochen –, daß man eine Landung in Kuba gemacht und einen Angriff auf die Insel geführt hat, in dessen Folge viele Kubaner getötet wurden. Sie selbst haben mir damals gesagt, dies sei ein Fehler gewesen. Ich habe diese Erklärung mit Respekt aufgenommen. Sie haben sie mir gegenüber mehrmals wiederholt mit der Andeutung, daß nicht jeder in einer so hohen Position seine Fehler so zugeben würde wie Sie. Ich weiß diese Offenheit zu schätzen. Ich für meinen Teil habe Ihnen erklärt, daß wir nicht weniger Mut besitzen; auch wir haben Fehler zugegeben, die in der Geschichte unseres Staates begangen wurden, und wir haben sie nicht nur zugegeben, sondern sie aufs Schärfste verurteilt.

Während Ihnen ernstlich am Frieden und am Wohlergehen Ihres Volkes liegt – und das ist Ihre Pflicht als Präsident –, liegt mir als dem Vorsitzenden des Ministerrats an meinem Volk. Darüber hinaus sollte die Erhaltung des Weltfriedens unser gemeinsames Anliegen sein; denn sollte unter heutigen Bedingungen ein Krieg ausbrechen, dann fände er nicht nur zwischen der Sowjetunion und den Vereinigten Staaten statt – zwischen denen es streng genommen keine kontroversen Ansprüche gibt –, es wäre ein weltweiter, grausamer und vernichtender Krieg.

Warum haben wir Kuba diese Militär- und Wirtschaftshilfe zukommen lassen? Die Antwort lautet: Wir haben es aus rein humanitären Erwägungen getan. Einst hat unser Volk seine eigene Revolution erfolgreich durchgeführt, als Rußland noch ein rückständiges Land war. Dann wurden wir angegriffen. Wir waren das Angriffsziel vieler Länder. Die Vereinigten Staaten beteiligten sich daran. Beteiligte an diesem Angriff auf unser Land haben dies dokumentiert. General Graves, der damals das Kommando über die amerikanischen Expeditionsstreitkräfte hatte, hat darüber ein ganzes Buch geschrieben. Er nannte es *American Adventure in Siberia.*

Wir wissen, wie schwierig es ist, eine Revolution erfolgreich durchzuführen, und wie schwierig es ist, ein Land auf neuen Prinzipien wiederaufzubauen. Kuba und das kubanische Volk haben unsere aufrichtige Sympathie. Aber wir mischen uns nicht in Fragen ihres inneren Aufbaus ein, wir mischen uns nicht in ihre Angelegenheiten ein. Die Sowjetunion möchte den Kubanern helfen, ihr Leben so zu gestalten, wie sie es selbst wünschen, so daß andere sie in Ruhe lassen.

Sie sagten einmal, die Vereinigten Staaten bereiteten keine Invasion vor. Aber Sie haben auch erklärt, daß Sie mit den kubanischen konterrevolutionären Emigranten sympathisieren, sie unterstützen und ihnen helfen werden, ihre Pläne gegen die derzeitige Regierung Kubas auszuführen. Auch ist es für niemanden ein Geheimnis, daß die ständige Drohung eines bewaffneten Angriffs und bewaffneter Aggression über Kuba schwebte und weiterhin besteht. Nur dies hat uns veranlaßt, der Bitte der kubanischen Regierung nachzukommen, ihr unsere Unterstützung beim Ausbau ihrer Landesverteidigung zu gewähren.

Wenn der Präsident und die Regierung der Vereinigten Staaten zusichern würden, daß die Vereinigten Staaten sich selbst nicht an einem Angriff auf Kuba beteiligen werden und andere von einem solchen Vorgehen abhalten; wenn Sie Ihre Kriegsmarine zurückrufen würden – das würde sofort alles ändern. Ich spreche nicht für Fidel Castro, aber ich glaube, er und die Regierung Kubas würden vermutlich eine Demobilisierung verkünden und würden das kubanische Volk aufrufen, ihre friedliche Arbeit aufzunehmen. Dann würde sich auch die Frage der Waffen erübrigen; denn wo keine Bedrohung ist, stellen Waffen für jedes Volk nur eine Belastung dar. Das würde auch das Herangehen an die Frage ändern, nicht nur die Waffen zu vernichten, die Sie Offensivwaffen nennen, sondern auch alle anderen Arten von Waffen.

Ich habe im Namen der sowjetischen Regierung vor den Vereinten Nationen gesprochen und einen Vorschlag unterbreitet, alle Armeen aufzulösen und alle Waffen zu vernichten. Wie kann ich nun einen Anspruch auf diese Waffen geltend machen?

Waffen bringen nur Verderben. Sie anzusammeln schädigt die Wirtschaft, sie einzusetzen würde Menschenleben auf beiden Seiten vernichten. Deshalb kann nur ein Wahnsinniger glauben, daß Waffen den Hauptfaktor im Leben einer Gesellschaft bilden. Nein, sie bedeuten eine erzwungene Verschwendung menschlicher Energie, die zudem auf die Vernichtung des Menschen selbst verwendet wird. Wenn die Menschen nicht Klugheit walten lassen, werden sie schließlich den Punkt erreichen, an dem sie blind wie die Maulwürfe aufeinanderprallen, und dann wird die gegenseitige Vernichtung ihren Anfang nehmen.

Lassen Sie uns deshalb staatsmännische Klugheit beweisen. Ich schlage vor: Wir erklären unsererseits, daß unsere Schiffe mit Kurs auf Kuba keine Waffen an Bord haben. Sie erklären, daß die Vereinigten Staaten weder mit eigenen Truppen eine Invasion in Kuba durchführen werden noch andere Truppen unterstützen werden, die eine Invasion in Kuba planen könnten. Damit hätte sich die Präsenz unserer Militärexperten in Kuba erübrigt.

Herr Präsident, ich appelliere an Sie, sorgfältig abzuwägen, wohin die aggressiven Piratenmaßnahmen führen würden, von denen Sie erklärt haben, daß die Vereinigten Staaten beabsichtigen, sie in internationalen Gewässern durchzuführen. Sie wissen selbst, daß ein vernünftiger Mensch dem einfach nicht zustimmen kann; daß er Ihnen das Recht zu einem solchen Handeln nicht zuerkennen kann.

Sollten Sie dies jedoch als ersten Schritt getan haben, um einen Krieg zu entfesseln – nun, dann bleibt uns offensichtlich nichts zu tun, als diese Herausforderung von Ihnen anzunehmen. Wenn Sie nicht die Kontrolle über sich verloren haben und klar erkennen, wohin das führen könnte, dann, Herr Präsident, sollten Sie und ich jetzt nicht an den Enden des Taus ziehen, in das Sie den Knoten des Krieges geknüpft haben; denn je härter Sie und ich ziehen, desto fester wird dieser Knoten. Und es mag ein Punkt kommen, an dem der Knoten so fest geknüpft ist, daß der Mensch, der ihn geknüpft hat, ihn nicht mehr zu lösen vermag; und dann muß man den Knoten zerschneiden. Was das bedeuten würde, brauche ich Ihnen nicht zu erklären; denn Sie selbst wissen genau, welch verheerende Streitkräfte unsere beiden Länder besitzen.

Wenn Sie also nicht die Absicht haben, den Knoten fester zu ziehen und die Welt damit zu der Katastrophe eines thermonuklearen Krieges zu verurteilen, dann lassen Sie uns nicht nur die Kräfte entspannen, die an den Enden des Taus wirken, sondern auch Schritte ergreifen, diesen Knoten zu lösen. Wir sind dazu bereit.

Wir begrüßen alle Kräfte, die sich auf die Seite des Friedens stellen. Deshalb habe ich sowohl Bertrand Russell meinen Dank ausgesprochen, der sich alarmiert und besorgt über das Schicksal der Welt gezeigt hat, als auch bereitwillig auf den Appell des amtierenden Generalsekretärs der Vereinten Nationen, U Thant, geantwortet.

Das, Herr Präsident, sind meine Ansichten, die – falls Sie mit ihnen übereinstimmen sollten – die gespannte Lage beenden könnten, die alle Völker beunruhigt.

Diese Gedanken sind von dem aufrichtigen Wunsch geleitet, die Lage zu entspannen und die Gefahr eines Krieges abzuwenden.

Hochachtungsvoll
N. Chruschtschow

26. Oktober 1962

F. 27. Oktober 1962,
Der Schwarze Samstag

Nr. 39

Brief Nikita Chruschtschows an John F. Kennedy, 27. Oktober 1962

Letter Nikita Khrushchev to John F. Kennedy, October 27.

(David L. Larson, (Hrsg.), The »Cuban Crisis« of 1962. Selected Documents, Chronology and Bibliography, Lanham, New York, London: University Press of America, 1986:2, S. 183–186)

Sehr geehrter Herr Präsident,

Mit großer Beruhigung habe ich Ihre Antwort an Herrn U Thant[1] aufgenommen hinsichtlich der Maßnahmen, die ergriffen werden sollten, um einen Kontakt unserer Schiffe und damit irreparable und verhängnisvolle Konsequenzen zu vermeiden. Dieser vernünftige Schritt Ihrerseits stärkt meine Überzeugung, daß Ihnen an der Erhaltung des Friedens liegt, was ich mit Genugtuung zur Kenntnis nehme.

Ich habe bereits erklärt, daß die Sorge meines Volkes, meiner Regierung und meine eigene als Vorsitzender des Ministerrates ausschließlich der Entwicklung unseres Landes gilt und dem Bemühen, einen angemessenen Platz unter den Völkern der Welt einzunehmen im wirtschaftlichen Wettbewerb, in der Förderung der Kultur und der Künste und im Heben des Lebensstandards unseres Volkes. Das ist das edelste und notwendigste Feld für einen Wettbewerb, und sowohl der Sieger als auch der Besiegte werden daraus nur Nutzen ziehen; denn er bedeutet Frieden und einen Zuwachs der Mittel, durch die der Mensch lebt und Freude findet.

In Ihrer Erklärung äußerten Sie die Ansicht, das Hauptziel sei nicht nur, zu einer Einigung zu kommen und Maßnahmen zu ergreifen, um ein Zusammentreffen unserer Schiffe zu verhindern und damit auch eine Verschärfung der Krise, die infolge solcher Zusammenstöße einen militärischen Konflikt auslösen könnte, der jedes Verhandeln überflüssig machen würde, weil dann andere Kräfte und andere Gesetze ins Spiel kommen würden – die Gesetze des Krieges. Ich stimme mit Ihnen überein, daß dies nur der erste Schritt ist. Die Hauptaufgabe, die es zu erledigen gilt, ist, den Frieden zwischen den Staaten und den Völkern zu normalisieren und zu stabilisieren.

Ich verstehe, daß Ihnen die Sicherheit der Vereinigten Staaten am Herzen liegt, Herr Präsident, denn das ist die erste Pflicht eines Präsidenten. Aber auch wir sind über die gleichen Fragen beunruhigt; ich habe als Vorsitzender des Ministerrates der UdSSR die gleichen Verpflichtungen. Sie waren besorgt über die Tatsache, daß wir Kuba mit Waffen unterstützt haben, um sein Verteidigungspotential zu stärken – genau: Verteidigungspotential; denn welche Waffen Kuba auch immer besitzen mag, es läßt sich mit Ihnen nicht auf eine Stufe stellen, weil der Größenunterschied so groß ist, besonders in Anbetracht der modernen Vernichtungsmittel. Unser Ziel war und ist, Kuba zu helfen; und niemand kann den humanitären Charakter unserer Motive in Zweifel ziehen, die sich darauf richten, Kuba in die Lage zu bringen, daß es friedlich leben und sich so entwickeln kann, wie sein Volk es wünscht.

Sie möchten die Sicherheit Ihres Landes garantieren, und das ist verständlich. Doch Kuba möchte das gleiche; alle Länder wollen ihre Sicherheit erhalten. Wie aber sollen wir, die Sowjetunion, unsere Regierung, Ihr Handeln bewerten, das in der Tatsache zum Ausdruck kommt, daß Sie die Sowjetunion mit Militärstützpunkten umgeben haben; unsere Verbündeten mit Militärstützpunkten umgeben haben; Militärbasen buchstäblich rund um unser Land angelegt haben; und dort Ihre Raketenausrüstungen stationiert haben? Das ist kein Geheimnis. Verantwortliche amerikanische Persönlichkeiten erklären öffentlich, daß dies so ist. Ihre Raketen stehen in Großbritannien, in Italien und sind gegen uns gerichtet. Ihre Raketen stehen in der Türkei.

Sie sind beunruhigt über Kuba. Sie sagen, das beunruhigt Sie, weil es nur 150 Kilometer vor der Küste der Vereinigten Staaten von Amerika liegt. Aber die Türkei grenzt an unser Land; unsere Wachposten patrouillieren hin und her und können einander sehen. Meinen Sie denn, Sie hätten das Recht, Sicherheit für Ihr Land zu verlangen und den Abzug der Waffen zu fordern, die Sie offensiv nennen, uns aber dasselbe

Recht nicht zuzugestehen? Sie haben vernichtende Raketenwaffen, die Sie offensiv nennen, in der Türkei stationiert, buchstäblich in nächster Nähe unseres Landes. Wie läßt sich denn die Anerkennung unserer gleichwertigen militärischen Stärke mit so ungleichen Beziehungen zwischen unseren großen Staaten vereinbaren? Das ist unvereinbar.

Es ist gut, Herr Präsident, daß Sie zugestimmt haben, unsere Vertreter zusammenkommen und Gespräche aufnehmen zu lassen, offenbar auf Vermittlung von U Thant, dem amtierenden Generalsekretär der Vereinten Nationen. Daher hat er gewissermaßen eine Vermittlerrolle übernommen, und wir denken, daß er in der Lage ist, dieser verantwortungsvollen Aufgabe gerecht zu werden, vorausgesetzt natürlich, daß jede der an diesem Konflikt beteiligten Parteien sich guten Willens zeigt.

Ich denke, es wäre möglich, diese Kontroverse schnell zu beenden und die Lage zu normalisieren; dann könnten die Menschen aufatmen, in Anbetracht der Tatsache, daß die Staatsmänner, die die Verantwortung tragen, vernünftig denken, sich ihrer Verantwortung bewußt und fähig sind, komplexe Fragen zu lösen, ohne die Dinge in eine militärische Katastrophe zu treiben.

Ich mache daher folgenden Vorschlag: Wir sind bereit, die Waffen, die Sie für offensiv halten, aus Kuba abzuziehen. Wir sind bereit, dies durchzuführen und diese Zusage in den Vereinten Nationen zu geben. Ihre Vertreter werden eine Erklärung des Inhalts abgeben, daß die Vereinigten Staaten ihrerseits in Anbetracht der Besorgnis und des Unbehagens in der Sowjetunion ihre entsprechenden Waffen aus der Türkei abziehen. Lassen Sie uns zu einer Vereinbarung über die Zeit kommen, die Sie und wir brauchen, um dies durchzuführen. Und anschließend könnten Beauftragte des Sicherheitsrates der Vereinten Nationen an Ort und Stelle die Erfüllung dieser Zusagen überprüfen. Selbstverständlich ist es erforderlich, daß die kubanische und die türkische Regierung diesen Vertretern die Genehmigung geben, ins Land zu kommen und die Einhaltung der von beiden Seiten gemachten Zusagen zu überprüfen. Es wäre natürlich das beste, wenn diese Vertreter das Vertrauen des Sicherheitsrates ebenso besäßen wie Ihres und meines – das der Vereinigten Staaten und der Sowjetunion – und auch das der Türkei und Kubas. Ich glaube, es dürfte nicht schwer sein, Personen auszuwählen, die das Vertrauen und den Respekt aller beteiligten Parteien besitzen.

Wenn wir diese Zusage machen, um dem kubanischen und dem türkischen Volk Hoffnung zu geben, sie zu beruhigen und ihr Vertrauen in ihre Sicherheit zu stärken, werden wir im Rahmen des Sicherheitsrates eine Erklärung abgeben, in der die sowjetische Regierung feierlich verspricht, die Unantastbarkeit der Grenzen und der Souveränität der Türkei zu respektieren; uns nicht in ihre inneren Angelegenheiten einzumischen; nicht in die Türkei einzumarschieren; unser Territorium nicht als Brückenkopf für eine solche Invasion zur Verfügung zu stellen und auch jene zurückzuhalten, die die Absicht haben, einen Angriff gegen die Türkei zu führen, und zwar entweder vom Territorium der Sowjetunion oder vom Territorium der übrigen Nachbarländer der Türkei aus.

Die Vereinigten Staaten werden im Rahmen des Sicherheitsrates eine ähnliche Erklärung in bezug auf Kuba abgeben. Sie werden erklären, daß die Vereinigten Staaten die Unantastbarkeit der Grenzen und der Souveränität Kubas respektieren, werden versprechen, sich nicht in seine inneren Angelegenheiten einzumischen, nicht in Kuba einzumarschieren oder ihr Territorium als Brückenkopf für eine solche Invasion zur Verfügung zu stellen und auch jene zurückzuhalten, die vielleicht die Absicht haben, einen Angriff gegen Kuba zu führen, und zwar entweder vom Territorium der Vereinigten Staaten aus oder vom Territorium der übrigen Nachbarländer Kubas aus.

Natürlich müßten wir dazu mit Ihnen zu einer Einigung kommen und eine gewisse zeitliche Begrenzung festlegen. Lassen Sie uns eine Zeit vereinbaren, jedoch ohne unnötige Verzögerung – sagen wir, zwei bis drei Wochen, aber nicht mehr als einen Monat.

Die in Kuba stationierten Waffen, von denen Sie sprechen und die Sie beunruhigen, wie Sie erklärt haben, sind in der Hand sowjetischer Offiziere. Daher ist jeder irrtümliche Einsatz dieser Waffen zum Schaden der Vereinigten Staaten ausgeschlossen. Die Waffen sind auf Bitten der kubanischen Regierung in Kuba stationiert und dienen ausschließlich Verteidigungszwecken. Solange es also nicht zu einer Invasion Kubas kommt oder zu einem Angriff auf die Sowjetunion oder auf einen unserer übrigen Verbündeten, sind und werden diese Waffen für niemanden zur Bedrohung. Denn sie sind nicht zu Angriffszwecken gedacht.

Wenn Sie mit meinem Vorschlag einverstanden sind, Herr Präsident, würden wir unsere Vertreter nach New York, zu den Vereinten Nationen, entsenden und ihnen umfassende Anweisungen geben, damit man schneller zu einer Einigung kommen könnte. Wenn auch Sie Ihre Vertreter auswählen und ihnen entsprechende Anweisungen geben, kann diese Frage bald gelöst werden.

Warum würde ich das gerne tun? Weil die ganze Welt gegenwärtig in Sorge ist und von uns umsichtiges Handeln erwartet. Es wäre für alle Völker die größte Freude, wenn wir unsere Einigung und die Beilegung der Kontroverse bekanntgeben würden, die entstanden ist. Ich messe dieser Einigung insofern große Bedeutung bei, als sie einen guten Anfang darstellen und es insbesondere erleichtern könnte, zu einer Einigung über eine Sperre der Atomwaffentests zu kommen. Die Frage der Tests ließe sich parallel lösen, ohne das eine mit dem anderen zu verbinden, da es sich um separate Fragen handelt. Es ist jedoch wichtig, in beiden Fragen eine Einigung zu erzielen und damit der Menschheit ein außerordentliches Geschenk zu machen und sie zudem mit der Nachricht zu erfreuen, daß man eine Einigung über die Einstellung von Atomversuchen erreicht hat und folglich die Atmosphäre nicht länger vergiftet wird. Unsere Position und Ihre liegen in dieser Frage sehr eng beieinander.

All dies könnte uns sehr viel Aufschwung geben, auch zu anderen kontroversen Fragen, über die Sie und ich unsere Ansichten ausgetauscht haben, für beide Seiten akzeptable Lösungen zu finden. Diese Fragen sind bislang ungelöst, warten aber dringend auf eine Lösung, die die internationale Atmosphäre klären würde. Wir sind dazu bereit.

Das, Herr Präsident, sind meine Vorschläge.

Hochachtungsvoll
N. Chruschtschow

27. Oktober 1962
Durchschrift an U Thant,
Amtierender Generalsekretär
der Vereinten Nationen

Nr. 40

Memorandum von Roger Hilsman, Leiter des Nachrichten- und Ermittlungsbüros im Außenministerium, für Dean Rusk, Außenminister, über die Forderung nach einem »Raketenhandel«, 27. Oktober 1962, Geheim – Kein Umlauf im Ausland

Department of State, Bureau of Intelligence and Research (Roger Hilsman), Memorandum to the Secretary: Trading US Missile Bases in Turkey for Soviet Bases in Cuba, October 27, Secret – No Foreign Dissemination.

(John F. Kennedy Library, Boston: National Security Files, Countries, Cuba, General, 10/26/62-10/27/62, Box 36)

Ministerpräsident Chruschtschow hat Präsident Kennedy in einer Botschaft vom 27. Oktober mitgeteilt, er würde die Offensivwaffen aus Kuba abziehen, wenn die Vereinigten Staaten ihre Raketen aus der Türkei abziehen.

Eine Entscheidung der Vereinigten Staaten, über diese Frage mit den Sowjets Verhandlungen aufzunehmen, würde bei unseren Verbündeten – vor allem bei den Türken – gewisse Fragen aufwerfen; zudem wirft es die Frage auf, welche Absicht die Sowjets mit einem solchen Vorschlag verfolgen.

Vermutlich würde eine Entscheidung der Vereinigten Staaten, den Weg über diese Verhandlungen zu nehmen, als Alternative zu anderen Vorgehensweisen getroffen, vornehmlich zu militärischen Schritten gegen Kuba.

Viele unserer Verbündeten sähen es gerne, wenn die Vereinigten Staaten einen beliebigen Kurs einschlügen oder beliebige Vereinbarungen träfen, sofern dadurch die Kriegsgefahr beseitigt und die Spannungsursachen in Kuba verringert würden. Eine Reihe anderer wäre jedoch entsetzt, zu sehen, daß die Vereinigten Staaten Schritte unternehmen, die für sie wie ein Zeichen der Schwäche seitens der Vereinigten Staaten aussehen würden oder die wie der erste Schritt zum Rückzug der Vereinigten Staaten von ihren gegenseitigen Verteidigungsverpflichtungen erscheinen würden. Die Auswirkungen auf die Haltung der Türken und der Iraner könnten besonders nachteilig sein.

Zudem erfüllt die Präsenz der Jupiter-Raketen in der Türkei einen unzweifelhaften militärischen Zweck in der NATO, für den man vermutlich einen Ersatz stellen müßte, der die Nato und die Türkei zufriedenstellt, wenn man die Raketen abzieht.

Daher lassen sich Überlegungen über eine Einigung in der Art eines Handels mit den Sowjets über Raketenstützpunkte weder von den politischen noch von den militärischen Fragen trennen, die unsere Alliierten betreffen.

Außerdem – und das ist vielleicht das Wichtigste – besteht noch die Frage, welche Absicht die Sowjets mit einem solchen Tausch verfolgen. Es wäre möglich, daß die Sowjets ein Interesse haben, Verhandlungen mit den Vereinigten Staaten über den Vorschlag eines Handels mit Raketenstützpunkten aufzunehmen, ohne die Absicht zu haben, je zu einer Einigung zu kommen.

Die oben genannten Aspekte werden im folgenden eingehender behandelt:

Politisch: Einige unserer Verbündeten würden eine Zustimmung der Vereinigten Staaten zu einem Tauschhandel über die türkisch/kubanischen Raketen mit den Sowjets als möglichen ersten Schritt zu einem Rückzug der Vereinigten Staaten aus Europa werten und möglicherweise ebenso als Hinweis, daß die Vereinigten Staaten sowjetischen Drohungen andernorts – besonders in Berlin – nicht entgegentreten würden. Sie würden es auch als sowjetische List ansehen, die Aufmerksamkeit der Vereinigten Staaten von dem militärischen Aufbau in Kuba abzulenken und auf die allgemeine Frage »ausländischer Militärbasen« zu richten; und sie hätten die Sorge, daß eine derartige Vereinbarung zu weiteren sowjetischen Initiativen im NATO-Bereich, einschließlich der US-Stützpunkte, führen könnte. Die Deutschen, die ihre Unterstützung des U.S.-Vorgehens in bezug auf Kuba mit am deutlichsten zum Ausdruck gebracht haben, wären bestürzt, sich mit einer U.S.-Entscheidung konfrontiert zu sehen, ihre Verbindlichkeiten in der Türkei als Reaktion auf eine sowjetische Bedrohung in Kuba zu ändern. Teile der britischen und der französischen Regierung wären ebenfalls der Ansicht, daß die Vereinigten Staaten in ihrer Entschlossenheit nachlassen.

Andererseits würde ein Großteil unserer Verbündeten eine solche Einigung mit den Sowjets vermutlich vorziehen, weil sie die Ursache der Spannungen wegen Kuba beseitigen würde. In diese Kategorie gehören die Norweger, die Dänen und vielleicht auch die Belgier. Ein Großteil der öffentlichen Meinung in Großbritannien, gewisse Mitglieder der konservativen Regierung und viele Mitglieder der Labor Party würden eine solche Vereinbarung unterstützen.

Die italienische Regierung sieht die Präsenz der Jupiter-Raketen in Italien mit gemischten Gefühlen. Sie hätte nicht gerne, daß die Vereinigten Staaten öffentlich zugeben, die Raketen in der Türkei seien militärisch nicht von großem Wert, weil Italien dann gezwungen wäre, zuzugeben, daß die gleiche Streitmacht in Italien ebenso wertlos ist. Andererseits wären viele Mitglieder der italienischen Regierung erleichtert, wenn die Jupiter-Raketen aus Italien abgezogen würden.

Kanada zieht im allgemeinen Verhandlungslösungen vor, und in Anbetracht der Tatsache, daß sie eine Stationierung von Atomwaffen in Kanada nicht zugelassen haben, wären sie einem kubanisch/türkischen Tauschhandel wahrscheinlich nicht abgeneigt.

Die Griechen, die eine gemeinsame Grenze mit dem Sowjetblock haben und an die Türkei angrenzen, wären wahrscheinlich entsetzt, festzustellen, daß die Vereinigten Staaten sich von der Ostflanke der NATO zurückziehen im Gegenzug für die Verringerung einer sowjetischen Bedrohung vor den Küsten der Vereinigten Staaten.

Wenn auch die öffentliche Meinung in Frankreich natürlich eine Entschärfung der Spannungen über Kuba begrüßen würde, würden de Gaulle und viele Mitglieder seiner Regierung einen solchen Handel doch vermutlich als Zeichen der Schwäche auf seiten der Vereinigten Staaten werten, selbst wenn die Vorteile für den Westen vom militärischen Standpunkt aus klar auf der Hand liegen.

Die türkische Regierung und Öffentlichkeit würde den Abzug der Raketenbasen in erster Linie als Zeichen der Schwäche sehen und als Schritt, einen Ausverkauf mit Einrichtungen zu betreiben, die für die Sicherheit der Türkei von Bedeutung sind, um ein größeres Maß an Sicherheit für das Territorium der Vereinigten Staaten zu erreichen. Die Türkei hat sich auf den Schutz der Vereinigten Staaten und der NATO gegen ihren mächtigen Nachbarn verlassen. Eine Bereitschaft der Vereinigten Staaten, die Raketenstützpunkte in der Türkei abzubauen, würde man wahrscheinlich als Hinweis werten, daß die Vereinigten Staaten das Interesse an der Türkei als einem östlichen Anker der NATO verloren haben. Die Durchführung einer Vereinbarung über türkische und kubanische Raketenstützpunkte würde komplizierte Fragen der Verifikation und Überprüfung aufwerfen. Den Vorschlag einer Überprüfung könnten die Türken als weiteren Hinweis sehen, daß ihre Bedeutung für die Vereinigten Staaten abgenommen hat, sofern man nicht genügend greifbare Beweise für das Gegenteil erbringen könnte.

Es ist unwahrscheinlich, daß die Türken eine Aufrüstung mit konventionellen Waffen in der Türkei oder auch die Stationierung zusätzlicher U.S.-Truppen als Ausgleich für den Verlust des greifbaren Beweises für atomaren Schutz ansehen würden. Das ist vor allem deshalb der Fall, weil die Türken in dem klaren Bewußtsein der überwältigenden konventionellen Streitkräfte leben, die die Sowjetunion gegen ihr Land zum Einsatz bringen kann. Möglicherweise wären die Türken beruhigt, wenn man die landgestützten Raketen in der Türkei durch eine nicht landgestützte atomare Streitmacht ersetzen würde, die der NATO angeschlossen und im Großraum der Ägäis und der dortigen Meeresstraßen stationiert wäre. Doch selbst in diesem Fall hätte es psychologisch einen nachteiligen Effekt auf die Türken, wenn auf der Hand läge, daß man die landgestützten Raketen auf sowjetischen Druck aus der Türkei abzöge.

Der türkische Außenminister hat die neuerliche Besorgnis der Türken über eine solche Möglichkeit zusammengefaßt, als er Berichten zufolge am 27. Oktober erklärte, es käme »nicht in Frage«, daß die Vereinigten Staaten ihre Militärstützpunkte in der Türkei aufgäben.

Ein Abbau der Raketenstützpunkte in der Türkei könnte sehr wohl tiefgreifende Auswirkungen auf die politische Landschaft der Türkei haben. Die neutralistischen Bestrebungen innerhalb der Regierung und in der Bevölkerung würden zunehmen und vermutlich gäbe es erheblichen Druck, auch andere U.S.-Einrichtungen im Land abzubauen. Sowjetische Appelle, zur »Politik Atatürks« zurückzukehren und wieder freundschaftliche Beziehungen zur Sowjetunion aufzubauen, fänden bereitwilliger Gehör als in der Vergangenheit.

Der Abbau der Raketenstützpunkte in der Türkei hätte auch in anderen Teilen des Nahen Ostens Nachwirkungen, besonders im Iran. Auch wenn der Iran erst kürzlich erklärt hat, er würde keine Raketenstationierungen auf seinem Territorium zulassen, würde der Schah den Abbau der U.S.-Raketenbasen in der Türkei als Gegenleistung für den Abbau der sowjetischen Raketenstützpunkte in Kuba als Eingeständnis der Schwäche der Vereinigten Staaten werten und als Bestätigung seiner schlimmsten Befürchtungen hinsichtlich der dauerhaften Wirksamkeit der Unterstützung seitens der Vereinigten Staaten. Falls sich gleichzeitig im Iran der Druck verstärkt, zu einer Verständigung mit der UdSSR zu kommen, könnte es sein, daß der Schah nicht bereit – oder nicht in der Lage – ist, dem zu widerstehen.

Militärisch: In den Vereinigten Staaten hat es Kritik an den Jupiter-Raketen in der Türkei gegeben, weil sie veraltet und anfällig für einen sowjetischen Angriff sind.

Dagegen bedeuten die sowjetischen Raketen auf Kuba eine äußerst wichtige Ergänzung des sowjetischen Raketenpotentials, das Ziele in den Vereinigten Staaten erreichen kann.

Im ganzen gesehen könnte man daher eine solche Vereinbarung als militärischen Reingewinn für die Vereinigten Staaten ansehen; wir hätten einen kleinen Teil unserer Stärke gegen ein wesentlich größeres Element der sowjetischen Stärke eingetauscht.

Die sowjetischen Absichten

Die sowjetische Stationierung in Kuba ist rein strategisch gesehen für die Sowjets von weit größerem Wert als alles, was die Vereinigten Staaten möglicherweise dafür in Form von atomwaffenfreien Zonen andernorts einzutauschen bereit wären, das heißt in Italien und in der Türkei.

Sollte die Sowjetunion es für wahrscheinlich halten, daß die Beseitigung ihrer Raketen auf Kuba ohnehin bald erzwungen würde, könnte es sehr wohl sein, daß sie versuchen, etwas im Gegenzug dafür zu bekommen.

So könnte man in Moskau wohl der Ansicht sein, daß die Aufnahme diplomatischer Gespräche ihren gegenwärtigen taktischen Zielen dient, daß aber mit dem Zustandekommen einer Vereinbarung solange nur wenig zu gewinnen wäre, wie sie nicht überzeugt sind, daß ihr kubanischer Raketenstützpunkt ein verlorener Fall ist.

Wir nehmen an, daß Moskau aus taktischen Gründen fast mit Sicherheit versuchen wird, die Diskussion ihres Vorschlags so zu gestalten, daß sie dazu dient, die sowjetischen Raketen zumindest vorläufig an Ort und Stelle zu erhalten und zugleich politischen Druck auf die Vereinigten Staaten zu erzeugen, ihre Blockade aufzuheben und von allen weiteren Maßnahmen gegen das kubanische Regime Abstand zu nehmen.

Das Interesse der Sowjetunion, einem ehrenvollen Rückzug zuzustimmen und sich auf eine solche Übereinkunft einzulassen, hängt wahrscheinlich jedoch von Moskaus Einschätzung der Aussichten ab, die Raketen in Kuba zu behalten. Solange Moskau annimmt, daß es die Verhandlungen auch weiterhin in die Länge ziehen und seine Stützpunkte gefechtsbereit halten kann, werden die Sowjets vermutlich jede wirkliche Einigung blockieren, indem sie unvertretbar hohe Bedingungen stellen.

Taktik: Taktisch wird Moskau sicherlich die Möglichkeit von Verhandlungen begrüßen. Sie werden hoffen, mit ihrer zur Schau getragenen Verständigkeit und Verhandlungsbereitschaft politischen Druck auf die Vereinigten Staaten ausüben zu können, ihre »Blockade« aufzuheben. Die Sowjetunion dürfte zudem hoffen, die Vereinigten Staaten davon abzuhalten, weitere Schritte gegen die sowjetische Präsenz in Kuba zu unternehmen, solange die Verhandlungen andauern; und es mag wohl sein, daß Moskau die Hoffnung hegt, wenn die Verhandlungen nur lange genug dauern, wären ihre Raketenstützpunkte in Kuba zum Bestandteil des *Status quo* geworden.

In Wirklichkeit würde die UdSSR Verhandlungen im Prinzip zustimmen, sich aber genügend Spielraum für diplomatische Manöver lassen, sobald die Gespräche einmal im Gange wären. Sollten die Vereinigten Staaten versuchen, ihnen als Vorbedingung für Gespräche den Abzug sowjetischer Raketen oder deren Überwachung aufzuerlegen, würde Moskau dies wahrscheinlich ablehnen oder mit einem Gegenvorschlag antworten, z. B. Aufhebung der »Blockade«, verbunden mit einem Moratorium für weitere Waffenimporte nach Kuba. Die UdSSR würde kalkulieren, daß die Vereinigten Staaten bald unter genügend starken Druck geraten, Verhandlungen aufzunehmen, so daß sie gezwungen wären, als Vorbedingung auch weniger zu akzeptieren als die Beseitigung der sowjetischen Raketen.

Die Sowjets würden wahrscheinlich versuchen, die Verhandlungen entweder schon bei den Vorbereitungen oder nach Beginn auf atomwaffenfreie Zonen an anderen Orten auszudehnen; sie könnten auch versuchen, andere Abrüstungsvorschläge im atomaren Bereich in die Gespräche einzubringen. Moskau verfügt über einen ausgearbeiteten Katalog möglicher Vorschläge wie zum Beispiel das Einfrieren oder den Abbau ausländischer Stützpunkte oder die Nichtanwendung atomarer Waffen. Die Überwachungsmöglichkeiten, die zur Durchführung einer derartigen Vereinbarung notwendig wären, böten ihnen ebenfalls

Gelegenheit, die Gespräche in die Länge zu ziehen. Die sowjetischen Möglichkeiten, im Bereich der Abrüstung Verwirrung zu stiften, sind praktisch unbegrenzt. Die Sowjetunion würde sich auf ihre Fähigkeit verlassen, die Gespräche in die Länge zu ziehen, während sie gleichzeitig eine Einigung durch Forderungen von vornherein unmöglich machen würden, die der Westen nicht akzeptieren könnte.

Die Sowjetunion geht fast mit Sicherheit von der Einschätzung aus, daß die sowjetischen Stationierungen in Kuba militärisch von sehr viel größerem Wert sind als die Stationierungen der Vereinigten Staaten in Italien und der Türkei; trotzdem würde Moskau gerne Gespräche über den Abzug von U.S.-Waffen vom Territorium verbündeter Länder führen, um Spannungen zwischen den Vereinigten Staaten und ihren Verbündeten zu schaffen und um das gesamte militärische Bündnisgefüge der Vereinigten Staaten in Frage zu stellen.

Nr. 41

Telegramm der US-Botschaft in Ankara an Dean Rusk, Außenminister, über das Problem der Jupiter-Raketen in der Türkei, 27. Oktober 1962, Geheim – Nur zur Ansicht

Department of State, Incoming Telegram No. 587. From: Ankara-Embassy. To: Secretary of State, October 27, Secret – Eyes Only.

(John F. Kennedy Library, Boston: National Security Files, Regional Security, NATO, Weapons, Cables, Turkey, Box 226)

Betreff: Telegramm 445 des Ministeriums[1]

Wie in oben genanntem Telegramm eingeräumt, würde ein Abzug der Jupiter-Raketen aus der Türkei im Kontext der Lage in Kuba nicht nur in bezug auf die bilateralen türkisch-amerikanischen Beziehungen ein größeres Problem darstellen, sondern auch in Hinblick auf die NATO-Zugehörigkeit. Das Problem wäre teils psychopolitischer, teils sachlicher Art; psychopolitisch insofern, als die Türken stolze, mutige Menschen sind, die kein Verständnis für den Gedanken oder den Vorgang des Kompromisses haben. Gerade in dieser Eigenschaft der unerschütterlichen, ja stoischen Courage sowohl in der geistigen Einstellung als auch in der Politik, verbunden mit dem traditionellen militärischen Können der Türken, besteht ihr größter Wert für die Vereinigten Staaten und für den Westen allgemein; aus eben diesem Grunde hätten wir auch das meiste zu verlieren, wenn die Türken im Laufe des Abzugs der Jupiter-Raketen den Eindruck gewinnen sollten, daß wir ihre Interessen als die eines Bündnispartners *verkaufen,* um einen Feind zu besänftigen. Wie sich gestern in einem Gespräch mit Außenminister Erkin herausstellte, nehmen sie jede Verknüpfung der Türkei mit Kuba äußerst übel, weil die Lage in beiden Ländern völlig unterschiedlich sei und Vorschläge in dieser Richtung – besonders wenn sie aus westlichen Quellen stammen – sowohl unverzeihlich als auch ernstlich schädlich seien; und dies um so mehr, wenn sie mit der Vorstellung einhergehen, daß das Verhältnis zwischen der Türkei und den Vereinigten Staaten sich mit dem Handlangerstatus Kubas in bezug auf die UdSSR gleichsetzen läßt.

Das Problem ist auch sachlicher Art, insofern als die Türkei – wie wir sehr wohl wissen – großen Wert auf die Waffen legt, die sie zur Deckung ihres Bedarfs für notwendig erachtet, und im vergangenen Jahr unseren Vorschlag unnachgiebig abgelehnt hat, das Jupiter-Projekt nicht durchzuführen. Inzwischen gibt es keinen Hinweis, daß sie ihren Standpunkt geändert hätte; daher ist anzunehmen, daß – falls wir auf dem Gegenteil *bestehen* – ihre Forderung nach Waffen sehr spezifisch und umfangreich wäre.

Wenn ich hier so knapp die türkische Seite dieser

Frage skizziere, bin ich mir natürlich über wichtige außertürkische Erwägungen im klaren und darüber, daß *insbesondere der Gedanke* eine starke Anziehungskraft besitzt, wir könnten *in Gestalt* der türkischen Jupiter-Raketen einen – wie manche meinen – zweifelhaften und schwindenden Aktivposten als Gegenleistung in die Verhandlung bringen, um die Beseitigung der unmittelbar bedrohlichen sowjetischen Raketen in Kuba zu erreichen. Um diese Sicht zu untermauern, würde ich sogar so weit gehen, zu behaupten, daß die türkischen Jupiter-Raketen als Verhandlungsposten in den Augen der Sowjets einen stärkeren Faktor darstellen könnten, als sie in Wirklichkeit sind; und zwar aus dem einfachen Grund, weil die Nähe die Dinge leicht größer erscheinen läßt, wie wir wiederholt an der sowjetischen Reaktion auf militärische Einrichtungen an ihrer Peripherie unabhängig von ihrem Verteidigungszweck gesehen haben. Auch der Zeitfaktor spielt zugegebenermaßen eine wesentliche Rolle, da man Aktivposten von zeitlich begrenztem Wert, wenn überhaupt, dann früh genug auswerten muß, bevor sie ihren – realen oder vorgestellten – Nutzen verlieren.

Leider ist die Situation so, daß der Versuch, die wesentlichen Fakten zu erhellen, eher noch das Dunkel unterstreicht, in dem der weitere Weg liegt. Dennoch schlage ich folgende Alternativen vor, die nach dem Grad der mit ihnen verbundenen Schwierigkeiten geordnet sind:

1. Die einfachste Lösung wäre eine Beilegung der Kuba-Frage, ohne die türkischen Raketen ins Spiel zu bringen. Sie würde nicht nur Komplikationen im Verhältnis der Türkei zu den Vereinigten Staaten und der NATO vermeiden, sondern auch mit der offiziell vertretenen politischen Linie in Einklang stehen, daß »es keinen Zusammenhang zwischen der Lage in Kuba und der Lage an anderen Orten der Welt gibt« (Rundschreiben 738 vom 24. Oktober); eine Aussage, die die Vertretungen verwenden durften, um Berichte zu dementieren, die Vereinigten Staaten wären möglicherweise bereit, Stützpunkte in Kuba gegen Stützpunkte in Westeuropa einzutauschen, die aber angesichts des allgemeinen Charakters der Aussage und der Tatsache, daß die Türkei Mitglied der NATO ist, für die Türkei ebenso gültig wäre.

Ich habe natürlich bemerkt, daß das oben genannte Telegramm in eine andere Richtung zielte, hielt es aber für angebracht zu betonen, daß dies eine solide Position ist und daß Abweichungen davon in jeweils unterschiedlichem Maße ein Wagnis bedeuten.

2. Die zweite Möglichkeit wäre, das Jupiter-Programm allmählich auslaufen zu lassen und durch eine andere, derzeit noch nicht bestehende, aber künftig mögliche Alternative zu ersetzen, zum Beispiel durch eine seegestützte, multilaterale Atomstreitmacht innerhalb der NATO, wie sie in oben genanntem Telegramm erwähnt ist. Ich sehe jedoch, daß diese Idee, auch wenn sie sich den Türken im wesentlichen verkaufen ließe, nur begrenzten Verhandlungswert in bezug auf die Sowjets hätte, weil (a) ihre Durchführung erst zu einem späteren Zeitpunkt stattfände; und (b) man sie geheim halten müßte und sie daher für die Öffentlichkeitsarbeit wertlos wäre.

3. Die dritte Alternative wäre auf einen früheren und ausdrücklicheren Abbau der Jupiter-Raketen gerichtet und stünde in einem offensichtlicheren Zusammenhang zur Situation in Kuba, würde aber auf strikt geheimen Abmachungen mit den Sowjets basieren. Die Tatsache, daß die Türken sich entschlossen haben, die Jupiter-Raketen bislang geheim zu halten, könnte eine gewisse Hilfe sein; aber die Verhandlungen mit den Türken wären ein schwieriges Problem, weil wir uns mit einer Verknüpfung der Türkei mit Kuba zwangsläufig auf unsicheren Boden vorwagen würden und eine Geheimhaltungsvereinbarung nicht allzu überzeugend sein mag, da sie auf dem Vertrauen in die Sowjets aufbauen würde, die immer die Möglichkeit hätten, sie zum Schaden für die Beziehungen zwischen den Vereinigten Staaten und der Türkei publik zu machen. Wenn man jedoch von der zweifelhaften Annahme ausgeht, daß sich diese nicht greifbaren Hindernisse überwinden ließen, wäre vorauszusehen, daß die Türken es für notwendig halten, die Lücke, die der Verlust der Jupiter-Raketen schafft, angemessen zu schließen. Es ist möglich, daß sie in diesem Fall ein gewisses Interesse an Polaris-U-Booten oder einer seegestützten Atomstreitmacht hätten, aber es ist zweifelhaft, ob sie darin einen angemessenen Ersatz für den Verlust der Jupiter-Raketen sähen, und es läßt sich voraussehen, daß sie alterna-

tive oder ergänzende Forderungen nach Militärgerät stellen würden.

4. Eine vierte Alternative bestünde in einer Vereinbarung, die implizit oder auf sonstige Weise einen Zusammenhang zu der Lage in Kuba herstellen würde und bei der man von vornherein mit der Möglichkeit einer Veröffentlichung rechnet, wenngleich man sich auch um eine diskrete Behandlung bemühen würde. Das wäre die schwierigste Möglichkeit von allen. Wir hätten nicht nur die Schwierigkeit, sie mit unseren eigenen Prinzipien zu vereinbaren; es läßt sich auch kaum eine Möglichkeit erkennen, wie die Türken das verarbeiten und dabei ihre Selbstachtung erhalten könnten, von der Kompensation in Form zusätzlicher Militärhilfe, die sie erwarten würden, gar nicht zu reden.

Was die Taktik hinsichtlich jeder dieser Alternativen angeht, schlage ich vor, die folgenden zusätzlichen Punkte im Auge zu behalten:

1. Da die Zugehörigkeit der Türkei zur NATO eine grundlegende politische Tatsache ist, wäre es zu empfehlen, vielleicht sogar erforderlich, jeden Vorschlag betreffs der Jupiter-Raketen in einem NATO-Kontext vorzubringen.

2. Es könnte für ein Herantreten an die Türken hilfreich sein, wenn die Briten die Thor-Raketen aufgäben und die Italiener sich möglicherweise bereiterklärten, die Jupiter-Raketen abzubauen.

3. Man sollte in der Auseinandersetzung über einen Abbau der Jupiter-Raketen und über die Mittel, die daraus resultierende Situation wieder auszugleichen, die Betonung in erster Linie auf militärische und nicht auf politische Aspekte legen, um sie effektiv zu gestalten. Der Oberbefehlshaber der NATO-Streitkräfte in Europa könnte dabei eine Hilfe sein, da sowohl Norstad als auch Lemnitzer hier gut bekannt und angesehen sind.

4. Wenn wir die Jupiter-Frage aufwerfen, sollten wir auf nachfolgende Forderungen in bezug auf unsere übrigen Einrichtungen in der Türkei, auf die wir großen Wert legen, gefaßt sein. Solche könnten entweder von den Sowjets oder von den Türken kommen, je nach Art des unterbreiteten Vorschlags.

Mein abschließender Eindruck ist, wenn sich ein geeigneter Weg finden ließe, würde vieles für einen Abzug der Jupiter-Raketen aus der Türkei als Gegenleistung für einen Abzug der sowjetischen Raketen aus Kuba sprechen. Das Problem ist, Mittel und Wege zu finden; aber so sehr ich mich auch bemüht habe, ich konnte außer dem allmählichen Abbau keine Lösung finden, die uns nicht mit akuten Schwierigkeiten konfrontieren würde sowohl in unserem Verhältnis zur Türkei und der Erhaltung ihrer Position als Bündnispartner des Westens als auch in Form einer Kettenreaktion, die ein solches Vorgehen nicht nur in der Türkei, sondern auch andernorts auslösen würde. Ich sage dies mit größtem Bedauern, da ich nichts zur Verteidigung der Jupiter-Raketen anführen kann. Ihren Abbau in Verbindung mit der sowjetisch-kubanischen Verschwörung vorzuschlagen, wirft jedoch sachliche und prinzipielle Probleme auf, die unausweichlich zu sein scheinen und unausweichliche Konsequenzen mit sich zu bringen scheinen.

Wenn ich diese Einschätzung vorlege, bin ich mir darüber im klaren, daß auch andere über dieses Problem nachdenken, und ich könnte mir vorstellen, daß sich aus einem anderen Blickwinkel andere Vorstellungen ergeben, möglicherweise zum Beispiel im Rahmen eines umfassenderen Abrüstungsplans. Falls dies der Fall sein sollte, wäre ich gerne bereit, mich aufgrund entsprechender Informationen weiter mit dieser Frage zu befassen.

gez.: Hare

Nr. 42

Tonbandtranskript der Sitzung des Exekutiv-Komitees des Nationalen Sicherheitsrates am Morgen des 27. Oktober 1962 (englisches Original)[1]

Cuban Missile Crisis Meetings, October 27, 1962, 10:00 AM.

(John F. Kennedy Library, Boston: President's Office Files, Presidential Recordings, Transcripts, Cuban Missile Crisis Meetings, October 27, 1962)

1. Ein neuer Brief aus Moskau

[1] The tape begins with an inconclusive discussion of current tactical questions, including plans to stop a ship (Grozny) and a proposal for two daylight surveillance missions, morning and afternoon. This discussion is interrupted a few minutes into the meeting as the President reads a ticker item:
JFK: (Reading) Premier Khrushchev told President Kennedy yesterday he would withdraw offensive missiles from Cuba if the United States withdrew its rockets from Turkey.
(voices unclear).
VOICE: He didn't really say that, did he?
JFK: That may not be – he may be putting out another letter.
(mixed voices. Calls for Pierre [Salinger].)
JFK: That wasn't in the letter we received, was it?
VOICE: No. (voices unclear)
JFK: Is he supposed to be putting out a letter he's written me or putting out a statement?
SALINGER: Putting out a letter he wrote to you.
JFK: Let's just – uh – keep on going (words unclear)
VOICE: It's in a different statement.
RUSK: Well, I think we better get – uh – (words unclear) Will you check and be sure that the letter that's coming in on the ticker is the letter that we were seeing last night.
(mixed voices)
JFK: What's the advantage of the second mission?
MCNAMARA: It creates a pattern of increasing intensity of surveillance, Mr. President. We believe that we should do this. Now, personally I would recommend, although we don't need...
VOICE: Are there two eights?
MCNAMARA: Yes, two eights. On the missile sites (words unclear). And I would also recommend, although we don't have to decide now, that we conduct a night surveillance mission tonight. There appears increasing evidence that they're working night and day on these sites. (words unclear) Two in daylight and one at night.
BUNDY: The night is laid on but not finally authorized?
(mixed voices)
VOICE: We believe there ought to be an announcement of that...
(mixed voices)
RUSK: I really think we ought to have a talk about the political part of this thing, because if we prolong it more than a few days on the basis of the withdrawal of these missiles from Turkey – not from Turkey, from Cuba – the Turkish thing hasn't been injected into this conversation in New York and it wasn't in the letter last night. It thus appears to be something quite new. (words unclear)
MCNAMARA: That's what worries me about the whole deal. Just go through that letter; to a layman it looks to be full of holes, and I think my proposal would be to be...
BUNDY: (interrupting) keeping the heat on...
[2] MCNAMARA: Keep the heat on. This is why I would recommend the two daylight and the one night missions, and I fully agree we ought to put out an announcement that we *are* going to send the night mission over.
(pause)
BUNDY: Which way do you want it to stand, that we approved it, Mr. President, subject to appeal, or do you want to hold it...
MCNAMARA: (interrupting) We can hold it, Mr. President, we...

(voices unclear)
JFK: I think we ought to go ahead if they want it, so it's all right with me. I think we might have one more conversation about it, however, at about six o'clock just in case during the day we get something.
McNamara: There's plenty of time – we keep it on alert.
JFK: That's right. We plan to put it on unless there's something in the daytime.
Bundy: Well the announcement can – that is a complication. We can't very well make the announcement and not do it.
(And the conclusion, after further exchange, is to have the announcement all ready to go at the Pentagon.)

2. Will John F. Kennedy nachgeben?

JFK: I ought to have... In case this *is* an accurate statement, where are we with our conversations with the Turks about the withdrawal of these...
Nitze: Hare says this is absolutely anathema, and as a matter of prestige and politics. George is ready with a report from Finletter.
Ball: Yeah, we have a report from Finletter, and we've also got a report from Rome on the Italians which indicates that that would be relatively easy. Turkey creates more of a problem. We would have to work it out with the Turks on the basis of putting a Polaris in the waters, and even that might not be enough according to the judgment that we've had on the spot. We've got a – we've got one paper on it already, and we're having more work done right now. It is a complicated problem, because these were put in under a NATO decision, and (words unclear).
Nitze: The NATO requirement involves the whole question as to whether we are going to denuclearize NATO, and I would suggest that what you do is to say that we're prepared only to discuss *Cuba* at this time. After the Cuban thing is settled we can thereafter be prepared to discuss anything...
JFK: (interrupting) I don't think we can – if this an accurate – and this is the whole deal – we just have to wait – I don't think we can take the position...
Bundy: (interrupting) It's very odd, Mr. President, if he's changed his terms from a long letter to you and an urgent appeal from the Counselor [Fomin] only last night, set in a purely Cuban context, it seems to me we're well within our – there's nothing wrong with our posture in sticking to that line.
JFK: But let's wait and let's assume that this is an accurate report of what he's now proposing this morning – there may have been changes over there – a change over there.
Bundy: He – uh – I still think he's in a difficult position to change it overnight having sent you a personal communication...
JFK: (interrupting) Well now let's say he has changed it. This is his latest position.
Bundy: I would answer back saying I would prefer to deal with your – with your interesting proposals of last night.
JFK: Well now that's just what we ought to be thinking about. We're going to be in an insupportable position on this matter if this becomes his proposal. In the first place, we last year tried to get the missiles [3] out of there because they're not militarily useful, number 1. Number 2, it's going to – to any man at the United Nations or any other rational man it will look like a very fair trade.
Nitze: I don't think so. I don't think – I think you would get support from the United Nations on the proposition, »Deal with this Cuban thing«. We'll talk about other things later, but I think everybody else is worried that they'll be included in this great big trade, and it goes beyond Cuba...
Rusk: (interrupting) That's true of the allies; it would not be true of the neutrals.
Bundy: No.
Rusk: (words unclear) goes on at the moment, to think about this. One possibility would be to, if this is persistent...
Voice: Why are you stopping, Mr. Secretary?
Rusk: (words unclear)
JFK: (reading) A special message appeared to call for negotiations and both nations, Cuba and Turkey, should give their consent to the United Nations to visit their territories. Khrushchev said the Security Council of the Soviet Union was solemnly pledged

not to use its territory as a bridgehead for an attack on Turkey, called for a similar pledge from the United States not to let its territory be used as a bridgehead for an attack on Cuba. Broadcast (words unclear) it was out of the question for the U.S. to abandon its Turkish military bases. Now we've known this was coming for a week – uh – we can't – it's going to be hung up here now (words unclear).
(mixed voices)
JFK: How much negotiation have we had with the Turks?
RUSK: We haven't talked with the Turks. The Turks have talked with us – the Turks have talked with us in – uh – NATO.
JFK: Well, have we gone to the Turkish government before this came out this week? I've talked about it now for a week. Have we had any conversation in Turkey, with the Turks?
RUSK: We've asked Finletter and Hare to give us their judgments on it. We've not actually talked to the Turks.
BALL: We did it on a basis where if we talked to the Turks, I mean this would be an extremely unsettling business.
JFK: Well *this* is unsettling *now* George, because he's got us in a pretty good spot here, because most people will regard this as not an unreasonable proposal, I'll just tell you that. In fact, in many ways . . .
BUNDY: But *what* most people, Mr. President?
JFK: I think you're going to find it very difficult to explain why we are going to take hostile military action in Cuba, against these sites – what we've been thinking about – the thing that he's saying is, »If you'll get yours out of Turkey, we'll get ours out of Cuba«. I think we've got a very tough one here.
BUNDY: I don't see why we pick that track when he's offered us the other track, within the last twenty-four hours. You think the public one is serious?
(words unclear)
JFK: Yeah. I think you have to assume that this is their new and latest position and it's a public one.
RUSK: What would you think of releasing the letter of yesterday?
(pause)
BUNDY: I think it has a good deal of virtue.

[4] JFK: Yes, but I think we have to be now thinking about what our position's going to be on *this* one, because this is the one that's before us, and before the world.
(short pause)
SORENSEN: As between the *two* I think it clear that practically everyone here would favor the private proposal.
RUSK: We're not being offered the choice – we *may* not be offered the choice.
JFK: But seriously, there are disadvantages also in the private one, which is a guarantee of Cuba. But in any case this is now his official (sic), and we can release his other one, and it's different, but this is the one that the Soviet government obviously is going on.
NITZE: Isn't it possible that they're going on a dual track, one a public track and the other a private track; the private track is related to (words unclear), and the public track is one that's in order to confuse the public scene (words unclear) additional pressures.
JFK: Possible . . .
(voices unclear)
THOMPSON: I think it's one that the Soviets take seriously.
RUSK: I think, yes, I think that the – uh – NATO-Warsaw Pact arms problem is a separate problem and ought to be discussed between NATO and Warsaw Pact. They've got hundreds of missiles looking down the throat of every NATO country. And I think this is – we have to get it into *that context*. The Cuba thing is a Western Hemisphere problem, an intrusion in the Western Hemisphere.
(short pause – mixed voices)
NITZE: I think we ought to stand as much as we can on the separate stages.
VOICE: Absolutely. (mixed voices)
NITZE: Fight the Turkish one with the best arguments we can. I'd handle this thing so that we continue on the real track which is to try to get the missiles out of Cuba pursuant to the private negotiation.
BUNDY: The other way, it seems to me – if we *accept* the notion of a trade at this stage, our position will come apart very fast. It's a very difficult position. It isn't as if we'd got the missiles out, Mr. President. It'd be different. Or if we had any understanding with the

Turks that they ought to come out, it would be different. Neither of these is the case.
JFK: I'd just like to know how much we've done about it and how much did we talk about it...
BUNDY: We decided *not* to, Mr. President. We decided *not* to play it directly with the Turks.
RUSK: ... our own representatives.
BALL: If we talked to the Turks, they would take it up in NATO. This thing would be all over Western Europe, and our position would have been undermined.
BUNDY: That's right.
BALL: Because immediately the Soviet Union would know that this thing was being discussed. The Turks feel very strongly about this. They – uh – we persuaded them that this *was* an essential requirement, and they – they feel that it's a matter of prestige and a matter of real...
(mixed voices)
BUNDY: ... In their own terms it would already be clear that we were trying to sell our allies for our in- [5] terests. That would be the view in all of NATO. It's irrational, and it's crazy, but it's a *terribly* powerful fact.
THOMPSON: Particularly in the case that this is a message to the UN, to U Thant. It seems to me we ought to get word to Stevenson that if this is put up up there he should immediately say we will not discuss – discuss the Turkish bases.
BUNDY: The problem is Cuba. The Turks are not a threat to the peace. Nobody can (words unclear).
JFK: I think it would be very desirable to tell (word unclear) that until we get time to think about it, this thing – the fact of the matter is that we received a letter last night from Khrushchev with an entirely different proposal. Therefore we first ought to get clarification from the Soviet Union of what they're talking, at least give us – as I say you're going to find a lot of people think this a rather reasonable condition.
JFK: (reading bits from something) Besides he must guarantee not to intervene in Turkey and we must do the same in Cuba. (a dozen words unclear) Well, we know what the problem is there.
RUSK: Well, I think that it's relevant here to be able to say that we support the declaration of Iran that they would not accept foreign missiles in Iran. The Turkish problem is a NATO-Warsaw Pact problem, and it's an arms problem between these two groups that is something for these two groups to talk aout with *each other* as a problem of disarmament with respect to NATO and the Warsaw Pact.
(pause)
DILLON: Well, there's also this thing of upsetting the status quo, and we did not upset it in Iran. (words unclear) not being upset there, and they do the...
(pause)
JFK: He's put this out in a way that's caused maximum tension and embarrassment. It's not as if it was a private proposal, which would give us an opportunity to negotiate with the Turks. He's put it out in a way that the Turks are bound to say they don't agree to this. (words unclear)
DILLON: There's another (word unclear) there's another – uh – military thing to it. It may be preparations for counteraction against those particular bases that we – uh – (words unclear) Cuba (words unclear) could be that.
(short pause, whispers and mixed voices)
JFK: Until we have gotten our position a little clearer we ought to go with this – uh – last night business so that that gives us about an hour or two, we don't have Khrushchev...
RUSK: (interrupting) There's nothing coming in yet on *our* tickers. I...
JFK: He says he'd like to consider the following statement be issued – this is Stevenson – (reading) the United States does not have any territorial designs against Cuba, but of course we cannot tolerate Soviet-Cuban aggression against us or our sister republics (words unclear) the Soviet offer to withdraw weapons in Cuba (words unclear) assurance of our peaceful intentions towards Cuba. In the meantime it is imperative that further developments of Soviet bases stop and discussions proceed with the Secretary General of the United Nations in New York. Governor Stevenson recommends that such a statement be made in order to prevent the Soviets from capturing the peace offensive. Governor Stevenson also recommends that we not consider the Turkish offer as reported in the attached Reuters dispatch as an alterna-

tive or an addition to the Khrushchev proposal in his [6] letter. I think that – uh – we ought to go at – we ought to get a statement *ready* which will – uh – I'm not sure that – which would – uh – these references to *last night's* – back on that, number one. Number two something about the work on the bases stopping while we're going to have a chance to discuss these matters. I don't know *what* we're going to say on the Turkish matter.

THOMPSON: Khrushchev may have picked up the statement which Kreisky, the Austrian Foreign Minister, made day before yesterday – has made and which he may think was inspired by *us*, in which he raised the question of Turkish ...

LOW VOICE: Of course maybe the Russians got Kreisky to do it, too.

(pause – very low voices on drafting details of something for 75 seconds)

RUSK: And if we publish the letter of last night, Tommy, what other letters will get published. (words unclear)

THOMPSON: I think probably this – uh – whole exchange, this refers – uh – starting with this crisis – this refers to the previous letters. It starts out by saying, »I received your letter«. I've got the feeling that if you have someone explaining the situation, you have to publish the exchange.

JFK: I don't know. You perhaps don't have to put out the letter as much as you do the three proposals or so.

(long pause, voices mixed, occasional, and low)

3. Unmut über den Präsidenten

RFK: The first point being that this – uh – this question of Cuba and the (word unclear) must be resolved within the next few days; it can't wait. The negotiations and discussions must – uh – get on, and the work that is continuing despite our protests has been going on. So therefore it's got to be resolved quickly. Uh – this action that has been taken is not an action just by the United States but is an action by all of the Latin American countries *plus* the United States. This has *nothing* to do with the security of the countries of Europe, which do have their own problems. Uh – we would – uh – obviously consider negotiating the giving up of bases in – uh – Turkey if we can assure the – uh – Turks and the other European countries for whom these bases were emplaced that there can be some assurances given to them for their own security. This will entail inspection as we anticipate that there will be some inspection in Cuba and in the United States – uh – at the time that these bases are withdrawn from Cuba and we give assurances that we are not going to invade Cuba. Something along those lines.

(pause)

(Low voices exchanging unclear views on US-UN relations. A new message reported arriving.)

RKF: I don't see how we can ask the Turks to give up their defense

VOICE: What do you think they could ...

RKF: No – uh – (word unclear) unless the Soviet Union is also going to give up their – uh –

VOICE: Weapons.

MCNAMARA: Not only the weapons, but agree not to invade Turkey.

(voices overlapping)

MCNAMARA: And allow inspection to ensure that they haven't.

RKF: We would be glad for it (voices overlapping). We think that's a very good point made by the Russians, and we would be glad to – and we finally feel that this is a major breakthrough and we would be glad to discuss that. In the meantime this is a threat to the United States and not just that – to all of Latin America and let's get that done.

[7] VOICE: I think that's tough on (word unclear) to say that this is what we want.

(voices overlapping.)

MCNAMARA: Well, Khrushchev's statement to U Thant is absolutely contradictory to his statement to the President. The question is which came first. I thought the reply to U Thant came first.

RUSK: What's the statement to the President?

MCNAMARA: The long letter.

VOICE: Oh.

(mixed voices)

(There follows an inconclusive discussion of times of

[8] the messages.) The reel of tape ends here[2] and the next reel begins with low voices and side conversations, not clear – President not present. The gathering comes to order after about five minutes as Rusk begins to read from the Khrushchev public letter. He reads its highlights rapidly.)
McNamara: Dean, how do you interpret the addition of still another condition over and above the letter that came in last night? We had one deal in the letter, and now we've got a different deal. And – uh – in relation . . .
(mixed voices; one: Shouldn't we point this out by letter?)
McNamara: How can we negotiate with somebody who changes his deal before we even get a chance to reply and announces publicly the deal before we receive it?
Bundy: I think there must have been an overruling in Moscow.
Voice: What does Tommy say?
Voice: (words unclear) – Bob, we've got three positions.
Thompson: (words unclear) a long letter last night he wrote himself.
Rusk: And was that sent out without clearances?
Thompson: Without clearances, yes.
(mixed voices)
McNamara: It completely changes the character of the deal we're likely to be able to make, and also therefore our action in the interim. So I (words unclear) really keep the pressure on (words unclear) the situation.
Bundy: This should be knocked down publicly. A private – let me suggest this scenario – we knock this down publicly in the way we've just described, separating the issues, keeping attention on Cuba, and the four-point reply that Bob has framed. Privately we say to Khrushchev, »Look – uh – your public statement is a very dangerous one because – uh – it makes impossible immediate discussion of your private proposals and requires us to proceed urgently with the things that we have in mind. You'd better get straightened out.«
Voice: This is exactly what I'd say.
McCone: I think that's exactly right.
Voice: And we release the fact that there was the other letter?
Bundy: No, we don't. I guess we say we are reluctant to release this letter which would display the inconsistency in your position, but we don't have very much time.
McNamara: The point, Bobby, is he's changed the deal. (Words unclear) Before we even got the first letter translated, he added a completely new deal and he released it publicly, and under these circumstances (words unclear). (voices)
RFK: What is the advantage? I don't know what – where you are in twenty-four hours from now – uh – so we win that argument but what twenty-four hours . . .
[9] (voices)
McNamara: We incorporate a *new* deal in *our* letter.
(voices unclear and overlapping, and someone says: »remove the missiles, clear the production sites, and then inspection.«)
RFK: Now the problem is going to be – uh – not just this fact that we have this exchange with him and (words unclear) but the fact that he's going to have a ploy publicly that's going to look rather satisfactory at present. How are we going to have *him* do anything but take the ball away from us publicly, if we don't – if we just write him a letter.
(voices)
Bundy: (words unclear) to surface his earlier message, Bobby . . .
RFK: *All* of that. I think that we're going to have to, in the next three or four hours, not just put the ball completely in – uh – in his hands and allow him to do whatever he wants. We have an exchange with him and say he's double-crossed us, and we don't know which deal to accept, and then he writes back, and in the meantime he's got all the play throughout the world, and the fact that he (word unclear).
McNamara: Just turn it down publicly.
RFK: Yeah, but I think that's awful tough . . .
(voices overlap.)
McCone: I don't think you can turn that down publicly without – uh – referring publicly to his letter of yesterday.

RFK: I'd like to have the consideration of my thoughts (words unclear). He's offered this deal – uh – (words unclear) that he will withdraw the bases in Cuba for assurances that we don't intend to invade. We've *always* given those assurances. We will be glad to give them again. He said, in his letter to me, he said that we were to permit inspection. Obviously that entails inspection not only of Cuba but entails inspection of the United States to ensure that we're not – by United Nations observers – to ensure that we're not getting ready to – uh – invade. Now this is one of the things U Thant – the bases in Cuba – uh – involve – uh – the security of the Western Hemisphere. This is not just a question of the United States. This is a question of all the Latin American countries, which have all joined together in this effort. Time is running out on us. This must be brought to fruition. – uh – The question of the Turkish bases, we think that's excellent, that you brought that up, and that – uh – that – uh – there should be disarmament of the Turkish bases, but that has nothing to do with the security of the Western Hemisphere. It *does* have to do with the security of Turkey, and we would be happy, and we're sure the Turks would be, of making a similar arrangement in Turkey. We will withdraw the bases from Turkey if – uh – and allow (word unclear) inspection of Turkey to make sure we've done that, and you withdraw your invasion bases of – uh – of the Soviet Union and permit inspection there.
VOICE: I think it's too complicated, Bobby.
RFK: Well, I don't think it is.

4. Wie kommt der Schwarze Peter nach Moskau?

JFK: Wait, just, it seems to me the first thing we ought to try to do is not let the Turks issue some statement that's wholly unacceptable. So that before we've even had a chance to get our own diplomacy the first thing it seems to me we ought to emphasizeis that (noises) But they've given us several different proposals in twenty-four hours. And work's got to stop today, before we talk about *anything*. At least then we're in a defensible position. The other thing is to not have the Turks making statements, so that this thing – Khrushchev puts it out and the next thing the Turks say they won't accept it. Then whatever we do [10] in Turkey – in Cuba – it seems to me he has set the groundwork to do something in Turkey. So I think we ought to have the Turks – we ought to have a talk with the Turks because I think they've got to understand the peril that they're going to move in the next week. When we take some action in Cuba, the chances are that he'll take some action in Turkey, and they ought to understand that. And in fact he may even come out and say that once (words unclear) he's tried to be fair and if we do any more about Cuba then he's going to do it to Turkey. So I think the Turks ought to think a little (noise). We ought to try to get them not to respond to this till we've had a chance to consider what action we'll take. Now how long will it take to get in touch with the Turks?
(voices overlapping: »it's going to be awfully hard,« »the NATO problem«)
RUSK: I think this is the thing the Turks ought to say that – uh – the security of Turkey, and the military arrangement in Turkey are part of the NATO problem or NATO.
BUNDY: Part of the Atlantic – part of the Western Alliance – and have no other and they have nothing to do with (word unclear, possibly »NATO«). They ought to – they can certainly make a statement disassociating themselves.
VOICES: Yes.
BUNDY: It seems to me it's important that they should. If anyone pulls them in, it'll be us, and they *can't* be expected to do that.
JFK: Well, but – uh – we want to give them some guidance. These are *American* missiles, not Turkish missiles; they're under American control, not Turkish control.
RUSK: The missiles – don't they own the missiles?
MCNAMARA: They belong to Turkey and are manned by Turks, but the warheads are in U.S. custody.
VOICE: It seems to me that...
RUSK: And they're committed to NATO.
JFK: In other words we couldn't withdraw the missiles anyway. (words unclear)
MCNAMARA: They belong to Turkey.

JFK: All we could withdraw is the warheads?
McNamara: Well, we can't even really withdraw the warheads. We simply are custodians of the warheads for the account of the Turks in the recognition that you must release them.
JFK: Well now we've got – what we have to do first is get – uh – I would think is just – uh – act very quickly, till we've had a chance to think a little more about it – that what we ought to say is that we have had several, publicly and privately, different proposals – or differing proposals – (words unclear by other voices). They all are complicated matters that involve some discussion to get their true meaning. We *cannot* permit ourselves to be impaled on a long negotiating hook while the work goes on at these bases. I therefore suggest that – uh – work – that the United Nations immediately, with the cooperation of the Soviet Union, take steps with regard to the cessation of the work, and then we can talk about *all* these matters, which are very complicated.
Bundy: I think it would be very important to say at least that the current threat to peace is not restricted to Cuba. There's no pain in saying that if you think you're going to make a trade later on. I think also that we ought to – uh – say that we have an immediate threat – what is going on in Cuba, and that is what has got to stop. Then I think we *should* say the public Soviet – the broadcast message is at variance with other proposals which have been put forward –
[11] JFK: In the last twelve hours . . .
Bundy: In the last twelve hours. And interpret those for background.
JFK: That being so – uh – until we find out what is *really* being suggested and what can *really* be discussed, we *have* to get something on work – the main weakness here is the work's going on.
Bundy: That's right.
JFK: We may – now let's not kid ourselves; they've got a God – they've got a very good proposal, which is the reason they made it publicly not privately . . .
Bundy: The work's going on. While you were out of the room, Mr. President, we reached an *in*formal consensus – I don't know whether Tommy agrees – that this – last night's message was Khrushchev and this one is his own hard-nosed people overruling him – this public one – that they didn't like what he said to you last night. Nor would I, if I were a Soviet hardnose.
Thompson: I think in view of the Kreisky speech they have to have thought this was *our* underground way of testing this and they thought they had to . . .
Bundy: Who said that?
JFK: The only thing is, Tommy, why wouldn't they say it privately if they were serious. The fact they give it to us publicly – I think they *know* the kind of complexity that . . .
Voice: Soviet *officials* . . .
Bundy: And it's a way of pinning themselves down.
JFK: Now let's – uh – I would think the first thing we have to do is to – as I say, rather than get into the details – the fact that work is going on is the one defensible public position we've got. They've got a very good card. This one is going to be very tough, I think, for us. It's going to be tough in England, I'm sure – as well as other places on the continent – we're going to be forced to take action, that might seem, in my opinion, not a blank check but a pretty good check to take action in Berlin on the grounds that we were wholly unreasonable. Most think – people think that if you're allowed an even trade you ought to take *advantage* of it. Therefore it makes it much more difficult for us to move with world support. These are all the things that – uh – why this is a pretty good play of his. That – uh – being so – uh – I think that we – the only thing we've got *him* on is the fact that now they've put forward varying proposals in short periods of time, all of which are complicated, and under that shield this work goes on. Until we can get some un – agreement on the cessation of work, how can we possibly negotiate with proposals coming as fast as the wires can carry them.
Bundy: And the ships are still moving. In spite of his assurances to U Thant his ships still . . .
JFK: I don't think we ought to emphasize the ships (words unclear).
Dillon: There's one other – uh – very – might be a very dangerous sentence in this thing that no one has particularly mentioned, but it's a thing I've been afraid of all along on a Cuban trade, and it's where he says, »How are we to react when you have *surround-*

ed our country with bases about which your military speak demonstratively?« that opens up our whole base system...
JFK: I thought he pinned it to Turkey, though.
DILLON: Oh no. Then he goes *on* and says that, but he's left it open to (voices unclear) say it's – uh –
JFK: It (words unclear) the direct phrase suggests it's Turkey.
[12] THOMPSON: Mr. President, it's larger than the missiles, because he says ›the means which you consider aggressive‹ which – this could include planes, the presence of technicians, and everything else. That means the real abandonment of our base in Turkey (words unclear).
BUNDY: Yeah, obviously that's subject to various shades. He could take missiles for missiles, which wouldn't be good enough from our point of view because its (word unclear) to Cuba. It would be tough anyway.
JFK: It would be tough for three weeks (words unclear) because the problem is if the work on their bases stops, that's in my opinion our defensible position.
MCNAMARA: Stop the (words unclear) the operability of it – uh – (mixed voices)
MCNAMARA: I would certainly put that in the same message. It isn't enough to stop work on a base that's already operable.
JFK: We've got to – now let's see now – let's see what Stevenson's suggesting. (Pause) What? Yeah (to voices not heard)
VOICE: I don't think it's a strong line to suggest the *peculiar* ways of debating (words unclear). It's going to look to the public as though we're confused.
JFK: Well no, the only thing that I'm trying to suggest is all these proposals come; they're all complicated, and what they can do is hang us up in negotiations on different proposals while the work goes on.
NITZE: That looks like a rationalization of our own confusion. I think you've got to take a firmer line than that.
BUNDY: I myself would send back word, by Fomin, for example, that last night's stuff was pretty good; *this* is *impossible,* at this stage of the game, and that time is getting very short.
JFK: What's our public position?
BUNDY: Our public position is as you outlined it, but I think that it's very important to get *them* to get the message that they – if they want to stop something further in Cuba, they have to do better than *this* public statement.
(short pause)
JFK: See if you can get Stevenson on the phone.
(short pause)
BUNDY: Mr. Secretary, have you got a draft – typed? (words unclear)
RUSK: I'm just scribbling off something here. I think we ought to say something pretty closely (word unclear)
(long pause – low voices not clear)
JFK: You have any idea how many bases – missiles may be facing Turkey? Intermediate?
MCNAMARA: Not off hand, Mr. President.
VOICE: I would guess it was on the order of at least a hundred, within range.
VOICE: We have fifteen Jupiters.
JFK: Fifteen Jupiters in Turkey?
(voices unclear)
VOICE: To get the bombers out of Cuba we'd have to get the nuclear weapons and planes out of Turkey.
THOMPSON: It seems that you can't tell which one went first. One went there and one went here, but he thinks that they were sent about the same time.
(voices unclear)
MCNAMARA: Absolutely contradictory.
[13] (mixed voices)
LOW VOICE: Are we sure that the Russians might not have – that the Russian language view, might not have implied or might not be interpreted by the Russians, when we're talking about ships carrying proclaimed material?
(pause)
THOMPSON: He certainly doesn't have the text but he knew when he heard the broadcast.
JFK: (talking to Stevenson on phone) Well – uh – well, Governor we'd be – I think your message – uh – you know the letter that I received last night was different than this. What's your judgment (listens 15 secs) Right (listens 15 secs) Yes (listen 7 secs) Yes (listens 25 secs) (word unclear) Yeah (listens 40 secs)

and to act against Cuba... in addition (listens 30 secs.) Sounds like a (words unclear) (listens 18 secs). Yeah, that's what it presented us (listens 18 secs.) I think we've been around and around too much of that. Fine, well I think the only – uh – what we've got to do is get them to agree to stop work while we talk about all these proposals; they're all possibilities. (listens 30 seconds) Okay, good. Fine, thank you.
JFK: What about our – what about our putting something in about Berlin?
DILLON: Well that's (words unclear) if you start talking about Cuba and about Turkey, and then you talk...
JFK: Let's get it out of this problem, then we might as well I mean just decide on sand in *his* gears for a few minutes.
VOICE: In what way?
JFK: Well, satisfactory guarantees for Berlin.
(pause)
JFK: That's not any good. I'm just trying to cope with what the public problem is about – because everybody's going to think that this is very reasonable.
DILLON: This Turkish thing has got to be thrown – you're quite right, Mr. President – into the overall European context, and you can bring in Berlin; I think it's fine. Because it's not only going to be Turks that are going to be answering here, but the *Germans* are going to be making statements in the next few hours, as well as other people about this when they're asked, and they're going to take a very strong position.
JFK: Yes... So we've got to call Hare...
DILLON: You're going to have statements out of Bonn too.
VOICE: They're trying to find out where he is, Mr. President (words unclear)
JFK: Who has talked to the Turks? Has Finletter talked to them?
VOICE: No (voice unclear).
RUSK: The Prime Minister talked to our delegation to – uh – to – uh –
(word unclear)
(short pause)
DILLON: I would say that you say that the Turkish proposal opens the way to a major discussion of a lot of tensions in Europe, including Berlin.
(voices unclear)
DILLON: Oh no no no no no no –
VOICE: I don't think you – if you mention that, you've lost the Germans.
RUSK: That's right, right then and there.
(mixed voices)[3]

Nr. 43

Tonbandtranskript der Sitzung des Exekutiv-Komitees des Nationalen Sicherheitsrates am Nachmittag des 27. Oktober 1962 (englisches Original)[1]

Cuban Missile Crisis Meetings, October 27, 1962, 4 PM.

(John F. Kennedy Library, Boston: President's Office Files, Presidential Recordings, Transcripts, Cuban Missile Crisis Meetings, October 27, 1962)

1. Der Präsident im Widerspruch

[14] McNamara: They turned away from their targets and returned to base.
(short pause)
[15] Taylor: (words unclear) they run into resistance
Rusk: Mr. President, it looks like we'll have to make a statement today as to what we do about that as far as surveillance is concerned.
JFK: Well we better wait till we hear more about why they aborted. (voices unclear)
McNamara: Mr. President I wonder if it wouldn't be wise to put the announcement about night surveillance whether we decide to carry it out tonight or not. This is the announcement we would propose.
(pause, low voices unclear)
Voice: They've (words unclear) commonly referred to is – uh – different than the resolution.
Rusk: Bob, before you put this out, the second sentence I would delete, unless you have a special need for it and go straight to the (words unclear). Now just before the Foreign Ministers (words unclear) which isn't really very strong as decisions go.
Voice: It's no help. I'm sorry to say this – this communique (mixed voices, including discussion of which paper is under discussion and further discussion of surveillance announcement, word not clear, with conclusion by JFK: »we'd better wait.«)
Voice: I'd better make sure that nobody does anything wrong on this.
(There follows a confused discussion of a draft response to Soviet position. Mixed voices are not clear except as noted below.)
JFK: On this last paragraph, Mr. Secretary, I think we ought to say »As I was preparing this letter, which was prepared in response to your private letter of last night, I learned of your – this immediate crisis in Cuba, and so forth. When we get action there I shall certainly be ready to discuss the matters you mentioned in your public message. So that's more forthcoming than« (words unclear). What we're saying – we're rejecting his public message, but we might as well ...
Dillon: Be prepared to discuss our actions, the detailed thinking. (voices unclear)
JFK: Well, be prepared to discuss the – uh – your public message – the matters in your public message, or the issues in your public message. (short pause) Nothing is going to be successful; you might as well realize that. That's why I'm just wondering whether – uh – (words unclear) when he's rejected it (words unclear). Then where are we going to be? Tomorrow he'll come back and say the United States has rejected this proposal we've made. So I think that we ought to be thinking also of saying that we're going to discuss all these matters if he'll cease (words unclear). That's the only place *we*'ve got *him*. So I think we ought to be able to say that – uh – the matter of Turkey, and so on, in fact *all* these matters, ought to be – can be discussed if he'll cease work. Otherwise he's going to announce that we've rejected his proposal. And then where are we? (short pause) We're all right if he would cease work and dismantle the missiles. Then we can talk another two weeks. But until we get that – so I think we ought to put that in – just say, I read of your public message accepting (words unclear) bases in Cuba. – uh – (words unclear) contact as necessary. (apparently reading from draft) You must realize that these other matters involving NATO and the Warsaw Pact countries will require time for discussion. Unless we all agree, unless we all mean to announce

that we've rejected it, I don't think we ought to do it today. I think we ought to say if we're going to discuss this, we're going to have to have a cease of work, (words unclear) to get a cessation of work, (word unclear). And therefore the burden's on *him.* [16] That's our only... it seems to me... defense against the appeal of his – uh – trade. (pause) I think we (words unclear) glad to discuss this and other matters, we've got to get a suspension of work.

RFK: And the bases being observed and dismantled (low voices unclear for about a minute).

VOICE: Mr. Zorin has been to U Thant, and one of the people who was there came out and said that the position that Zorin had taken was that the first letter was confidential and it was designed to reduce tension but that as far as he was concerned the second letter contained the substantive proposal.

VOICE: The second letter the substantive proposal.

JFK: I think we ought to say to U Thant this afternoon that – uh – can he give us any assurances – can he get any assurances from the Soviet Union that work has ceased. We ought to get that – seems to me – before the end of the afternoon. Just that simple message to U Thant. He ought to call Zorin in before we discuss these other matters.

VOICE: All right; that's a good idea.

VOICE: All right with me.

JFK: Yes, why don't we send that up to U Thant right now while we discuss these other matters which are complicated, involve other countries and which are bound to take time, and everybody will recognize that.

VOICE: This is Stevenson's feeling too, and this ought to be a condition before we...

JFK: Well why don't we just make that – send that message just to U Thant? If we can get assurance from – which can be inspected that they will cease the work and then we'll discuss these matters. Then I think we're on a much better ground. (voices unclear) We ought to make it a formal request, I think, George.

BALL: All right.

(voices unclear, probably discussing draft answer to Russians)

JFK. Well just let this go for just a second while we send a message to U Thant. (lower voice) I think we ought to say the Soviet Union message of this morning introduces – I think we ought to release this (word unclear) what do you think? introduces matters not involved in the Cuba issue but involving – uh – the relationships of countries in the – other than the Western Hemisphere, which are complicated and unfamiliar and will take some time. If we're *going* to discuss these we must have some assurances which can be verified that the Soviet Union will cease work on the missiles and that the missiles which are presently there have been made inoperable. Would the Secretary General get from the Soviet Union these assurances. In that case the United States would be prepared to discuss any proposals of the Soviet Union.

(pause 5 seconds, voices)

RUSK: Is anybody a shorthand expert in here? (laughter) (long pause)

SORENSEN: (reading) The proposal made by the Soviet Union this morning involves a number of countries and issues unrelated to the existing threat to peace posed by Soviet planes and missile bases in Cuba. The lengthy discussions required for any possible settlement of these matters cannot be undertaken by this country until it is assured that work on these bases is halted and the bases themselves are inoperable.

JFK: I wouldn't say »lengthy« because that sounds – uh – I have the Soviet Union, in its message of this morning has introduced issues which are directly – which are *not* directly related to the Cuban crisis. The [17] United States would be glad to discuss these matters with the Secretary General and the Soviet Union but they do involve the interests of the fifteen countries of NATO and obviously would take, therefore, some time. I would like the Secretary General – I ask, therefore, the Secretary General whether he can get assurances from the Soviet Union – uh – assurances from the Soviet Union which can be verified by the United Nations that the missiles and so on and so on and about the missile bases that they have been rendered inoperable. If this can be done then the conversations can take place in an atmosphere which would be more suitable.

DILLON: Couldn't they say they're not interested in

the fifteen other countries you say would require consultation. (words unclear)
JFK: Ted why don't you – uh – is that agreeable – Mr. Secretary, that letter to – uh – U Thant to get assurances (words unclear) and verified?
VOICE: George Ball is getting him on the phone right now.
JFK: U Thant.
VOICE: Yes.
JFK: I'd like to get that out of the way. I'd like to have a written message which could be used in this – uh –
(low voices unclear for 10–15 seconds.)
RFK: I would think – uh – Jack it would be well (words unclear) complication.
JFK: Yeah that's right, that's why we want to get it out tomorrow morning (words unclear)
BUNDY: I talked to Bohlen in Paris. He said the knockdown of the trip to Cuba had been very well received there. He thought there was no problem in *France.*
(mixed voices)
RUSK: Probably needed for a revolt in NATO that (words unclear).
BUNDY: Well I've also talked to Finletter and asked him to check the Permreps[2] and say that the United States stands for this position but if the NATO countries should feel that it places them in unusual hazard, he is authorized to elicit their points of view (laughter) (words unclear) stir them on that point.
(short pause)
TAYLOR: We have some more information on the afternoon flight, Mr. Secretary. These planes took off at 1541[3]. There were four in the afternoon flight. The planes took off at 1541. (word unclear). One developed mechanical trouble so a pair turned back. (words unclear) approach the Cuban coast in three flight plans. One flight plan was fired on.
(The report continues, with little consecutive audible clarity but the net of it is that all the planes are on their way back and direct reports after their return will not be available before 6 o'clock. The President asks what kind of fire was received and the answer is not clear. The night-flight statement is presented and the President holds it up, »I want to have a talk with the Secretary«, and know more also about this latest episode. »And we may want to do something else.«)
(There follows low and apparently less general conversation including a discussion, not very audible, by Rusk of possible public comment on the off-course U-2[4] over the Soviet Union. The President responds.)
JFK: I think we're better off not to do it if we can get away with not having some leak. But I think – I think our problem is to maintain our credibility with Khrushchev.
[18] BUNDY: We didn't do it even then until he commented to us, last time.
JFK: Well, very close – didn't we?
BUNDY: No, Sir.
JFK: Well I don't think there's any advantage now. It just makes – it gives him a story tomorrow. It makes it look like we're maybe (word unclear). I don't see the advantage.
(voices unclear)
MCNAMARA: Mr. President, may I say in relation to that, I think if we haven't announced already, and I know we haven't we shouldn't now. One of our afternoon aircraft was hit by a 37 millimeter shell. It's coming back, it's all right, but it simply indicates that there's been quite a change in the character of the orders given to the Cuban (word unclear). I don't think we ought to confuse the issue by issuing a White House...
JFK: I agree: let's let it go.
(pause and low conversation and comments not clear on drafts to Khrushchev and U Thant)
JFK: I think we've got two questions. One is, do we want to have these conversations go on, on Turkey and these other matters while there's a sort of standstill in Cuba, or do we want to say that we won't talk about Turkey and these other matters until they've settled the Cuban crisis. I think these are (words unclear) questions. And I don't think we're going to get there – they're not going to – now that they've taken the public position obviously they're not going to settle the Cuban question until they get some compensation in Cuba [sic]. That being true, I think the best position now, with him and publicly, is to say we're glad to discuss this matter and this whole question of verification and all the rest once we get a posi-

tive indication that they've ceased their work in Cuba. Otherwise – uh – what we're really saying is »We won't discuss Turkey till they settle Cuba«, and I think that he will then come back and say the United States has refused his offer, and I don't think that's as good a position as saying we're glad to discuss his offer if we can get a standstill in Cuba. That puts us in a much stronger world position because most people will think his offer is rather reasonable. I think we ought to put our emphasis right now on the fact that we want an indication from him in the next twenty-four hours that he's going to stand still and disarm these weapons. Then we'll say that under *those* conditions we'll be *glad* to discuss these matters. But I think that if we don't say that he's going to say we rejected his offer, and therefore he's going to have public opinion with him. So I think our only hope to escape from that is to say that we insist that he stand still. Now we don't think he'll do that, and therefore we're in much better shape to put our case on that than rather that Turkey's irrelevant.
(pause, 15 seconds, then low voices, 20 seconds)
JFK: Yeah, I think we ought to say »if« his proposal. (reading) The proposal made by the Soviet Union broadcast – this would be to the Secretary General – this morning involved a number of countries and complicated issues not directly related to the existing threat to peace posed by Soviet offensive missile bases in Cuba. The United States would be glad to discuss this matter with you and others after consultation with the members of NATO, whose interests are also involved. The discussions required for any peaceful settlement of these other matters, however, will require time for consultation with the countries whose interests – uh – with these countries and cannot be undertaken by this country until it is assured that work on these bases in Cuba has halted and the bases themselves are inoperable. I therefore request with [19] the utmost urgency that you seek such assurances from the Soviet Union in order that negotiations can go forward. Anybody object to that?
VOICE: No it's fine.
JFK: Okay, we'll send that, now. You want to ask Adlai to deliver it right away and ask for an answer, don't you think?
VOICES: (»I'll get that off« among them)
VOICE: The only question I'd like to raise about that is that while really it sets Turkey as a quid pro quo . . .
VOICE: That's my worry about it.
JFK: Well, the negotiations. The point is – the point is that we're not in a position today to make the trade. That's number one. And we won't be – maybe – may in three or four days, I don't know, we have to wait and see what the Turks say. We don't want to be – we don't want the Soviet Union or the United Nations to be able to say that the United States rejected it. So I think we're better off to stick on the question; freeze, and then we'll discuss ist . . .

2. McGeorge Bundys Warnung

BUNDY: Well there are two (words unclear) different audiences here, Mr. President, there really are, and I think that if we sound as if we wanted to make this trade, to our NATO people and to all the people who are tied to us by alliance, we are in *real* trouble. I think that – we'll all join in doing this if it's the decision, but I think we should tell you that that's the universal assessment of everyone in the government that's connected with these alliance problems.
RFK: Well now what reports did you get from Chip Bohlen, saying that?
BUNDY: That the knockdown in this White House statement this morning was well received. Finletter's report is in. Hare's long telegram is in. They all make the same proposition, that if we appear to be trading our – the defense of Turkey for the threat to Cuba we – we will – we just have to face a radical decline in the . . .
JFK: Yes, but I should say that also, as the situation is moving, Mac, if we don't for the next twenty-four or forty-eight hours, this trade has appeal. Now if we reject it out of hand and then have to take military action against Cuba, then we also face a decline. Now the only thing we've got for which I would think we'd be able to hold general support would be – well let's try to word it so that we *don't* harm NATO – but the thing that I think everybody would agree to – while these matters, which are complicated, *are* discussed, there should be a cessation of work. Then I

think we can hold general support for that. If they don't agree to that, the Soviet Union, then we retain the initiative, that's my . . .
SORENSEN: I would suggest, Mr. President, when we come to the sentence where we say we'll be glad to discuss this matter, we put in the phrase »Inasmuch as they (that is, these initiatives) relate to disarmament proposals this nation has previously put forward the United States will be glad to discuss this matter.«
JFK: I don't think that's much – that's the whole disarmament
MCCONE: When you separate out . . .
(mixed voices)
MCNAMARA: Couldn't we just add in there, »Inasmuch as they relate to – uh – you want to make it the entire issue of NATO, not just Turkey« (voices) That's clear. (voices) »Inasmuch as they relate to the defense of NATO, bases in Italy, Turkey, the UK and elsewhere« – then you go on. So you link it all together and you – and you take away the attention from Turkey. In that case I don't see anything wrong with it.
(low mixed voices for 2½ minutes.)
[20] SORENSEN: Why don't we – how about if we insert this morning's statement.
VOICE: This morning's statement . . .
SORENSEN: After we talk about the con – the required consultation with NATO and so on, simply say »I repeat, however, the position of the United States that preliminary to consideration of any proposals . . .«
RFK: Yeah, but he wants to find out – take the initiative away by saying to the Soviet Union tonight, »President Kennedy – the United States Government – wants to know, prior to initiating discussions on any matters, that you will give us assurances that work on the bases has stopped.«
VOICE: That's right.
RFK: No I don't think that that does.
(voices unclear)
RFK: The point that has to be made in the statement. Will you give the United States Government assurances that before we try to negotiate . . .
(There follows 30 minutes of mixed voices and discussion proceeding evidently without the President. McNamara repeats his point, to get away from specific reference to Turkey. Sorensen notes that most of what's needed is in the morning statement. Sometimes many voices at once but also further audible discussion not transcribed here because the President was not present. The President returns and the revised letter to U Thant is quickly approved, to be given to U Thant and then released at six.)
JFK: I just talked to General Norstad. He thinks that we ought to have a meeting of the NATO Council tomorrow morning to present this to them so that they all have a piece of it. Otherwise no matter what we do – if we don't take it, we're blamed, if we do take it, we're just as blamed. Very right.
BUNDY: I talked to Finletter and asked him to present it individually. Would you prefer to have a meeting?
JFK: Yeah, I think we ought to have one. And I think the United States position ought to be that here it is, and we ought to have the – uh – if we don't take it what the prospects will be, as well as what we do.
Otherwise its too easy to say well let's not take it. We ought to get up a message to Finletter, instructions, and he ought to call for a meeting at 9 or 10 in the morning.
RFK: You don't think it blows the possibility of this other one (words unclear).
JFK: What?
RFK: It blows the possibility in your first letter.
JFK: Why?
RFK: Of getting an acceptance of the proposal that goes up in your letter now, which is (words unclear) has nothing to do with that I think that if they understand you have a meeting in NATO . . .
VOICE: That's the *disadvantage* of a Council meeting.
VOICE: That's just a report.
RUSK: It doesn't have to be known that – uh – that that is the only purpose of the discussion . . .
RFK: They're going to know that.
DILLON: It's probably obvious that they made a suggestion about Turkey which the NATO Council would be interested in meeting about.
BUNDY: I don't think there's any pain in the meeting. Why don't we get the meeting called . . .

[21] JFK: The advantage of the meeting is that if we reject it, they participate in it, if we accept it, they participate in it. I think we ought to . . .
RFK: The possibility is if you wait twenty-four hours and see if they accept this other thing (words unclear) accept it yet. The letter that he offered which we accepted today. We wrote him this letter that you've approved where we say that we won't invade Cuba in return[5].
[22] BALL: You see the way the record will stand, Mr. President, is this, that we got out a blast this morning in which we said look we don't think this is really relevant. Then you send a query this afternoon as to whether they're willing to stop work. Then if we send a letter this afternoon along the line of the letter that we were proposing, which ties it back to his message of last night – *if* this was simply a kind of fishing expedition in Moscow to see if they *could* get beyond that he'd put in his last night's letter, they may get the impression that they can't do it, in which case we . . .
BUNDY: That's what I think.
BALL: We might get something. Otherwise we can then go forward along the other track.
THOMPSON: If you have a NATO meeting, I gather from some word we've had from Italy, the Italians are likely to come up with a proposal to withdraw the bases there, the missiles there. I don't know if we ever got that message, did we?
VOICE: We have a letter from Freddy Reinhardt saying that the Italians really don't care at all about . . .
THOMPSON: There was supposed to be a message coming through from . . .
VOICE: Well I don't know.
RUSK: Well now in view of that message just gone up to U Thant we wind up this letter. (reading) As I was preparing this letter let me (words unclear) many countries and complicated issues not related to Cuba and the Western Hemisphere. The United States would be glad to discuss these matters with you and other governments concerned. The immediate crisis is in Cuba, and it is there that (words unclear) is necessary. With that behind us we can make progress on other vital issues. (low voices)
JFK: In this language are you rejecting their proposal of this morning?
BUNDY: I don't think so. It's rejecting . . .
RUSK: I wouldn't think so.
DILLON: It's rejecting the immediate tie-in (words unclear).
JFK: Now don't we just have to ask – we don't have to reject the tie-in. If we're going to reject it we ought to have all of NATO reject it. What we want to insist on now is a cessation of work, et cetera, while we discuss it. Then we may reject it, but NATO ought to reject it, because I think the reprisal is going to be on all NATO. And I don't want them around saying – that's the essence of it – it's just a question of timing, isn't it?
BALL: I would suggest this, Mr. President, if you have a NATO Council meeting in the morning, I think you're going to get a flat rejection of this, which then ties our hands. I mean, then you can't go forward very easily in the face of this, because the NATO Ambassadors met this afternoon in New York and they took a very strong line against any discussion of this.
(mixed voices)
[23] JFK: I don't think the alternative's been explained to them. You see they just think it's a continuation of the quarantine. They don't have any notion that we're about to *do* something. That's got to be on them. You see that hasn't been explained to NATO. I'm not going to get into *that* before they do something.
DILLON: If you have a Council meeting you'll probably get a *strong* reaction from a great many of the members of NATO against our taking any action in Cuba. They say »Don't trade,« but they also say, »Don't do anything in Cuba.«
VOICE: Exactly.
(low voices)
MCNAMARA: Mr. President, I wonder if we should not take certain actions with respect to the Jupiters in Turkey and Italy *before* we act in Cuba. If we decided to take that action with respect to the Jupiters in Turkey and Italy before we acted in Cuba, then we could *tell* NATO that at the time we talked to them about this proposal from Khrushchev and our response to it. If we act in Cuba, the only way we can act now is with a full attack. I don't think we can

make any limited attacks when they're shooting at our reconnaissance aircraft because we would – we would not dare to go in with the kind of limited attack that we've been thinking about the last twenty-four hours without taking out their SAM-sites. The moment we take out the SAM-sites[6] and the MIG airfields[7] we're up to the (censored) sortie program. If we send (censored) sorties in against Cuba, we must be prepared to follow up with an invasion in about (censored) days. If we start out on that kind of a program, it seems to me the Soviets are very likely to feel forced to reply with military action some place, particularly if these missiles – Jupiter missiles – are still in Turkey. We might be able to either shift the area in which they would apply their military force or give them no excuse to apply military force by taking out the Turkish Jupiters and the Italian Jupiters before we attack Cuba. One way to take them out would be to simply develop a program of bilateral negotiations between Turkey, Italy and the U.S. saying that we are today defusing the Jupiters in those two countries and replacing them with Polaris submarines stationed off the shores of those nations to carry the same targets the Jupiters were directed to in order to reduce the risk to those two nations but maintain the full defense of NATO. Now if we were willing to undertake – first place, I think that kind of action is desirable prior to invasion of Cuba. In the second place, if we're willing to decide to do that, we're in a much better position to present this whole thing to NATO.
BALL: What would be the reaction if the Soviet Union was to reply that they were going to maintain three atomic submarines off the United States coast?
McNAMARA: We would (mixed voices) We've already detected three submarines off the U.S. coast in the last forty-eight hours. Now they – as far as we know they don't carry missiles, but that's just happenstance.
VOICE: The Turks won't take them out, will they?
McNAMARA: I think, I think we could, first place we can tell them (words unclear).
JFK: If we took them out, we'd get the trade the Russians have offered us. If we take them out, they'll take them out.
McNAMARA: Well, I think we have to say to the Turks we're going to cover the targets with Polaris missiles.
JFK: Yes, but I think, if we're going to take them out of Turkey they say they'll take them out of...
[24] BUNDY: It's one thing to stand them down, Mr. President, in political terms, it's one thing to stand them down as a favor to the Turks while we hit Cuba, and it's quite another thing to trade them out.
McNAMARA: But what we could do is unilaterally, unilaterally – bilaterally with Turkey we would agree to defuse them and replace them with Polaris. Then we'd go back to the Soviet Union and say; »Now the threat ist there – the threat is gone, you don't have to worry about that; we're going back to your letter of last night, and this is the proposal we make. We agree not to invade, you agree to take your« (mixed voices)
McNAMARA: Turkey is gone.
BUNDY: It could lead the Soviet Union (words unclear) to come back to the next problem.
(voices unclear)
RFK: If you made an offer – up there now – and you also ask U Thant to find an answer to this, now if U Thant should come back and say, number 1, that they're going to continue to work, (words unclear) in which case I suppose we have to move in some way, or they're going to say that they're going to discontinue the work on the bases. Uh – they say they're going to discontinue the work on the bases, they can either accept our proposal, or they can reject the proposal and say we still want Turkey for Cuba. If they reject the proposal and say they want Turkey for Cuba but they're going to discontinue the work on the bases, *then* I would think would be the time to have – bring NATO in and say, »This is the proposal. Do you want to consider it? We haven't lost anything, and they've discontinued the work on the bases«. Uh – if they say they're going to continue the work on the bases, I think then we've got to decide whether – if they have said by tomorrow morning they're going to continue the work on the basis – whether we should have a military strike. (voices mixed) I think if you have a meeting of NATO tomorrow morning – uh – I don't see that that's going to – I think it's going to shoot this other possibility which

U Thant has suggested, of going forward with this letter and seeing if we can trade the non-invasion of Cuba for this, and I think we're keeping the pressure on, we don't look like we're weakening on the whole Turkey complex. I mean I don't see that you're losing anything by not having a meeting tomorrow morning, except the fact – I admit you're risking something, because some of the allies are going to say you're out of your mind...
BUNDY: I would prefer to let Finletter find out for a day what people think... (words unclear)
JFK: It's going to be – You see, they haven't had the alternatives presented to them. They'll say, »Well God, we don't want to trade them off.« They don't realize that in two or three days we may have a military strike which could bring perhaps the seizure of Berlin or a strike on Turkey, and then they'll say »By God we should have taken it.« So when the time – the crucial time comes, obviously we want it, now the question is whether it's tomorrow morning or Monday morning. (voices unclear)
MCNAMARA: I think the point is related to the strike. If tomorrow we don't have a favorable answer from U Thant or Khrushchev to this message that's going out now, is it important to strike tomorrow or do we have some more time. If we have some more time, then you can still have the NATO meeting. It would seem to me the NATO meeting ought to be held before the strike. If it's necessary to strike tomorrow, there ought to be a NATO meeting tomorrow morning.
RFK: May I just say – what if he says, »We're going to discontinue the work on the bases and we going to [25] – uh – we're going to make the missiles inoperative, and we'll work out with you United Nations supervision«, that could take three weeks to just work that problem out there. And then what are we doing for...
MCNAMARA: If he said he's going to discontinue work on the bases and he's willing to make them inoperable, we carry on surveillance.
RFK: And we continue the – uh – the –
MCNAMARA: The blockade.
RFK: The blockade (voices unclear).
MCNAMARA: That's a good course of action...
RFK: He's in bad shape.
MCNAMARA: No, that's an excellent course of action which I don't believe *he's* going to accept. The probability is he won't say he'll stop work on the bases, and we're faced with a decision tomorrow what to do.
RFK: Yeah, but of course we're in – before the world we're in much better shape.

3. John F. Kennedy auf dem Rückzug

THOMPSON: It would seem to me that we ought to surface all of this correspondence including this letter. He broke his proposal before you got it, and I'd do the same thing. Then you've got the world – the attention of the world focused back on Cuba and Latin America and the fact that work there is not (words unclear) and this makes it I think much tougher for him to go ahead. (words unclear)
JFK: What I'm concerned about is that NATO – Norstad said that the BBC radio and TV said that there's no connection and that there's going to be a lot of tough talk in New York; he's saying that they all said it and they're going to say it in Paris – there's no connection. They don't have a – they don't realize that – what's coming up.
RUSK: On the other hand, Mr. President, if NATO seems solid on this, this has a chance of shaking Khrushchev off this point.
MARTIN: Suppose that we give him a letter which is addressed to his letter of yesterday and ask U Thant to release them both – he's the fellow to release them – and then he releases correspondence which consists really of an offer from Khrushchev and we – we come back and write.
BUNDY: Thank you.
MARTIN: Perhaps we'll say, »thank you, yes.« And it doesn't *mention* Turkey. Then it seems to me that...
BUNDY: He's in a difficult position.
VOICE: How much will Finletter be allowed to tell the NATO people? What's their view of the alternatives?
(voice unclear)
JFK: Well, I think that he'd probably just say that the work's going on, that we're not going to take

these – that we're *not* interested in this deal, then I think we're going to have to do *something* – I don't think he has to say that it is – but the escalation is going to go on, and we think this is very likely, that there would be some reprisal against possibly Turkey and possibly against Berlin, and we should be aware of that. What we don't want is to have a cheap turndown by them, without realizing that the turndown puts *us* in the position of then having to do something. What we're going to be faced with is – because we wouldn't take the missiles out of Turkey, then maybe we'll have to invade or make a massive strike on Cuba which may lose *Berlin*. That's what concerns me.
(mixed voices)
RUSK: Mr. President, here's one other variation here that Mr. Foster has given some thought to, and that is that we say that the missiles in Cuba and the missiles in Turkey be turned over to the UN for destruction [26] and that the uh – nuclear defense of NATO, including Turkey, is provided by other means. An actual disarmament step, send them off for destruction on both sides.
THOMPSON: The Soviets don't want to let anybody get at them, and see what their technology is.
VOICE: Take them out.
JFK: I think that – uh – the real problem is what we do with the Turks first.
VOICE: Yeah.
JFK: If we follow Secretary McNamara, what we're going to do is say to the Turks – which they're bound to think is – uh – under Soviet pressure, we want to get your missiles out of there.
MCNAMARA: Well what I'd say – what I'd say to the Turks: »Look here, we're going to have to invade Cuba. You're in mortal danger. We want to reduce your danger while at the same time maintaining your defense. We propose that you defuse those missiles tonight. We're putting Polaris submarines along your coast. We'll cover the same targets that your Jupiter missiles did, and we'll announce this to the world before we invade Cuba and thereby would reduce the pressure on the Soviet Union to attack you, Turkey, as a response to our invasion of Cuba.« Now this is what I would say to the Turks.
RFK: Now, then they say – uh – what if the Soviet Union attacks us anyway. Will you use the missiles on the nuclear submarines?
MCNAMARA: Then I think, before we attack Cuba I think we've got to decide how we'll respond to Soviet military pressure on NATO, and I'm not prepared to answer the question.
VOICE: Aren't the Soviets going to take their missiles out if we take them out of Turkey? . . .
VOICE: an impossible position . . .
MCNAMARA: Well, I don't know what we'd do, if you worked this out with Turkey first, then with an announcement to the world, and then say to the Soviets (unclear interruption) Yes, now we accept your deal of last night.
JFK: The question is whether we can get the Turks to . . .
MCNAMARA: Well I think . . .
TAYLOR: You're deeply in trouble with NATO by this bilateral kind of approach.
MCNAMARA: Well, the other course of action is not to have the bilateral sort of approach, to invade Cuba, and have Turkey, uh, . . .
BUNDY: Well we haven't tried the block – the enlargement of the blockade. We haven't even thought about it for some hours, and it's been on my mind a good deal. POL[8] we still have to . . .
RUSK: If we get a negative answer to the message that's just gone up to U Thant, we really ought to consider whether in actually as low key as is possible although there'll be a tremendous flap about it – in order to provide – to give you the necessary authority to call up additional units beyond those provided by the 150 000 organiziation you'd declare a state of national emergency. (voice unclear)
MCNAMARA: I'd call a requisition of twenty-nine ships.
RUSK: I think some mobilization measures, not only here but in other – in NATO countries, might be very timely here in shaking Khrushchev off this position at this point. (pause) His – his change of position, in a matter of hours here, means either that – uh –
[27] BUNDY: Ted points out that his message of last night is not categorical about taking the missiles out. It says the specialists would go out.

VOICE: That's right. (mixed voices)
JFK: This morning's is more precise, isn't it?
VOICE: There's nothing strange (words unclear) different bargain ...
THOMPSON: Mr. President, if we go on the basis of a trade which I gather is – somewhat in your mind, we end up, it seems to me with the Soviets still in Cuba with planes and technicians and so on even though the missiles are out, and that would surely be unacceptable and put you in a worse position ...
JFK: Yeah, but our technicians and planes and guarantees would still exist for Turkey. I'm just thinking about what – what we're going to have to do in a day or so, which is (censored) sorties and (censored) days, and possibly an invasion, all because we wouldn't take missiles out of Turkey, and we all know how quickly everybody's courage goes when the blood starts to flow, and that's what's going to happen in NATO, when they – we start these things, and they grab Berlin, and everybody's going to say, »Well that was a pretty good proposition.« Let's not kid ourselves that we've got – that's the difficulty. Today it sounds great to reject it, but it's not going to, after we do something.
NITZE: There are alternatives. One of them is to tell (words unclear) that this is going to result in an attack by them some place even if you do. The other alternative is to make a blockade, total, and ...
(substantial passage of mixed voices)
JFK: I think we're in pretty good shape with this morning's message about the work ceasing, so I think if he feels that strongly. (pause) Does he mind our sending the message?
VOICE: No, he thought the message is good, (words unclear) but he said that this is what comes from trying ...
JFK: Well what I'm concerned is that the NATO groups will all take up our position on this before they've understood what our – if they've met already in New York, they're going to be talking in Paris, and the word is going to be coming out that this is unacceptable, pretty soon, before they've had a chance to realize that the ...
NITZE: Yesterday I had a meeting with the Four and brought them right up to the point of seeing how serious this was, and I think Dean talked to them about the alternatives they face.
VOICE: A message to go to NATO – to Finletter (words unclear)
JFK: Do you think we ought to call the meeting, if we have it, or Stikker?
VOICE: Stikker's absent.
VOICE: He's in the hospital.
BUNDY: Finletter can get the meeting called. His own advice is against having them in a group, but he may not be as shrewed as Norstad.
(mixed voices)
JFK: Norstad just feels that no matter what we do, there's going to be – we've got to have NATO have a hand on this thing or otherwise we'll find no matter – if we take no action or if we take action – they're all going to be saying we should have done the reverse – and we've got to get them with us. Now the question really is – two or three – two questions – first, whether we go immediately to the Turks and see if we can work out some – see if they're receptive to the kind of deal which the Secretary talked about. If they're *not* receptive then we ought to go to the general [28] NATO meeting because the NATO meeting may put enough pressure on them. (pause) I just tell you I think we're better off to get those missiles out of Turkey and out of Cuba, because I think the way of getting them out of Turkey and out of Cuba is going to be very grave (words unclear), and very bloody, one place or another. (mixed voices)
NITZE: The Turks will not take them – will not agree to take them out except under NATO pressure.
DILLON: I don't see any point in talking to the Turks (words unclear) you have to do it through NATO.
BUNDY: Well, I'm not sure – because I think – let's speculate with this, Mr. President. If you have that conviction, and you are yourself sure that – uh – this is the way we want – the best way out – then I would say that an immediate personal telegram (words unclear) was the best thing to do.
JFK: Well, I don't think we accept it. What I think you'd have to do is get the Turks to agree – accepting it over their opposition and over NATO opposition I think *would* be – I'd rather go the total blockade route, which is a lesser step then the military action.

What I'd like to do is have the turks and NATO *equally* feel that this is the wise move.

4. Ein neues Ultimatum

SORENSEN: I wonder, Mr. President, inasmuch as your statement this morning does give some answer to the public statement of the Soviets, whether we can't defer this for twenty-four or forty-eight hours while we try the private letter route in answer to his private letter of last night. There's always a chance that he'll accept that. (words unclear) We meanwhile would have broken up NATO over something that never would have come to NATO.

RUSK: Bear in mind that our – bearing in mind that our specific arrangements have already been set forth in New York to U Thant. Adlai Stevenson has suggested a letter here that may not be bad in this particular context.

»I have read your letter of October 26th with great care and find it an indication of a willingness on your part to seek a calm solution of the problem. I wrote the letter to assure you that my desire is the same. The first thing that needs to be done, however, is for work to cease on offensive missile bases in Cuba, and all weapons systems in Cuba capable of offensive use rendered inoperable. Assuming this is done promptly« – we're likely to hear something about U.N. action now.

»I have given my representatives in New York instructions that will permit them this weekend to work out an arrangement for a permanent solution of the Cuban problem with the Acting Secretary General and with your representative. If you will give your representative similar instructions, there is no reason why we should not (words unclear) completely arranged in not more than a couple of days.«

»I note and welcome indications in your second letter which you have made public that you would like to work toward a more general arrangement as regards other elements. I would like to say again that we very much want to move in this direction. If your mention of Turkey signified – of Turkey and other countries signifies that you are prepared to discuss a detente affecting the whole of Europe, we are of course quite prepared to consider with our allies the suggestions that you and your partners in the Warsaw Pact might have in mind. I think that the mutual explanations in which you and I have been engaged in the past few days, and the [29] discussions in New York, have gone far enough to set forth a very concrete agenda for peace, depending upon the removal of the weapons in Cuba and the accompanying guarantees of Cuban independence. But to continue work on the missile bases or prolong the discussion of removing missiles and other offensive weapons from Cuba by linking these problems with the broader questions of European and world security would intensify the Cuban crisis and would be a grave risk to the peace of the world which you described in your letter of yesterday. I therefore most earnestly urge you to join us in a rapid settlement of the Cuban crisis as your letter of October 26th suggests is possible, so that we can then go on to an early solution of other serious problems which I am convinced are not insoluble.«

VOICE: Adlai just told me he's been talking along these lines to all our representatives up there, and they're all ...

JFK: He's going to come back and say, »What about that proposal I made this morning?« So we (word unclear) don't you think we ought to say very hard what we've got to do, in the end, is that we've got to get an understanding in the next – on the question of the cessation of work.

RUSK: That can be done on the basis of your message to U Thant that's just gone up there, but the ...

VOICE: Let's get this settled first, and we'll ...

(mixed voices)

RUSK: To have a letter in hand though, which would give him a chance to work it out without relation to Turkey.

JFK: This is to Khrushchev.

RUSK: No, he wanted a copy of a letter to Khru-

shchev. That does not really make much of a point on the Turkish point.
RFK: (words unclear) this letter?
RUSK: Yes. (mixed voices)
SORENSEN: Why not put in the specific points that are in this letter, thougt? Otherwise it's about the same. (low voices)
JFK: The point of the matter is Khrushchev's going to come back and refer to this thing this morning on Turkey. And then we're going to be screwing around for *another* forty-eight hours. I think what we've got to do is say that we've got to make the *key* of this letter the cessation of work. *That* we're *all* in agreement on. There's no *question* about that. Then the question whether Turkey's in or just Cuba. Otherwise he'll come back and say, »Well, we're glad to settle the Cuban matter. What is your opinion of our proposal about Turkey?« So then we're on until Monday afternoon, and the work goes on, and we haven't had a chance to specifically get his good faith on the cessation of work. We haven't got an answer to *that* question. So I think we ought to make *that* the key question – the cessation of work. Then if we get the cessation of work, we can settle the Cuban question and a few other things. Otherwise he can hang us up for three days while he goes on with the work. (pause)
(words unclear)
RUSK: I don't think Adlai and U Thant have yet abandoned the possibility of working this out without direct relation to Turkey though.
RFK: I thought – you haven't got those to the point that we have in this letter and in that letter.
JFK: Let's go with this letter, Mr. Secretary. Let's start with our letter to (word unclear) let's start with that, because otherwise we'll never get an answer. We're going to take the cease-work and (words un- [30] clear) I think our letter is specific that it's desirable. I think we then go to page 3: »I have given my representatives instructions to permit them to work out (words unclear) If you give your representatives similar instructions ... there's no reason why there should not be a complete announcement to the world no later than tomorrow. I learned of your public messages (words unclear) crisis in Cuba. When we get agreement there, I shall certainly be ready to discuss the matter.« Now the only problem with *this* letter again on page 3 is »when we get agreement on Cuba,« which he isn't going to *give* us. He's now moved on to the Turkish thing so we're just going to get a letter back saying »well we'll be glad to settle Turkey if we'll settle – settle Cuba if we'll settle Turkey.« So I think we have to make the crucial point in this letter, without opening up Turkey, is the question will he, at least in the next twenty-four hours, while we discuss *all* these matters, will he agree with me to stop the work on the bases. That's the only thing we can, because we have – because he either has to say Yes or No. If he says No to that, then we're – at least have – we have some indication. Then we're (word unclear)
MCNAMARA: Take – take out paragraph 1 and put it in the end. Make that – that isn't part of the deal. The deal is they remove the weapons, we guarantee not to invade, and then put paragraph 1 at the end. We...
VOICE: Yeah, that (mixed voices) (pause)
JFK: unclear question to »Bob« on proposal (voices explaining new order of paragraphs – not clear).
DILLON: ... certain things (word unclear) get agreement then – we've covered the whole thing.
(voice unclear)
JFK: Well in Number 1, you'd undertake agreement to cease work on offensive missile bases in Cuba and promptly to render inoperable all weapons systems in Cuba and permit UN verification of this action. That would be number 1.
MCNAMARA: Right.
JFK: *Then* we would get into discussion of *all* those matters.
MCNAMARA: Right.
BUNDY: But I think that that ought to (words unclear) be made as a separate matter in the letter.
SORENSEN: I just raise the question to make sure that we do insist on UN verification, because I understand from the Defense Department we *could* verify it by ourselves, and even, they say...
JFK: Well, let's not let the UN in?
SORENSEN: Yeah.
RFK: Well I think actually, if they put them under trees and what we were expecting a week ago, or ten days, would that...

SORENSEN: A week ago – the work has stopped.
(mixed voices)
RFK: (words unclear) trees (words unclear)
VOICE: If the Cubans would agree not to interfere with reconnaissance.
VOICE: International verification – I think we'd better stick with that.
JFK: Well let's see what he comes *back* with here. I mean I don't think we're going to get as much (words unclear) but I mean let's make it as reasonable as possible. You're not – yet.
RUSK: See if you don't think that you could use Adlai – his draft – and put in the specific things down there where the arrow is. (mixed voices)
[31] JFK: Yeah, his second paragraph is useful. Just put in »this to be verified – this to be satisfactorily verified – this to be verified under« – well, right.
(reads inaudibly from a draft) (pause)
RUSK: What Adlai says about what to do about Turkey – another problem is pretty good. (pause)
JFK: The only thing is – what he's saying is that they've got to get the weapons out of Cuba before we'll discuss the general detente. Now we're not going to be able to effect that. (words unclear) He doesn't agree with that.
RUSK: Let a couple of us go out and try to put the specifics of this letter in (words unclear) with the paragraphs of Adlai.
JFK: It seems to me what we ought to – to be reasonable. We're not going to get these weapons out of Cuba, probably, anyway. But I mean – by negotiation – we're going to have to take our weapons out of Turkey. I don't think there's any doubt he's not going to (word unclear) now that he made that public, Tommy, he's not going to take them out of Cuba if we...

5. Der Präsident läßt sich überreden

THOMPSON: I don't agree, Mr. President, I think there's still a chance that we can get this line going.
JFK: He'll back down?
THOMPSON: Well, because he's already got this other proposal which he put forward...
JFK: (words unclear) Now this other public one, it seems to me, has become their public position, isn't it?
THOMPSON: This is, maybe, just pressure on us, I mean, to accept the other, I mean so far...
(mixed voices)
THOMPSON: The important thing for Khrushchev, it seems to me, is to be able to say »I saved Cuba, I stopped an invasion,« and he can get *away* with this, if he wants to, and he's had a go at this Turkey thing, and that we'll discuss later. And then, and that discussion will probably take...
JFK: All right, what about at the end of this, we use *this* letter and say »will be a grave risk to peace. I urge – urge you to join us in a rapid settlement of the Cuban crisis as your letter (word unclear) suggests, and (words fast and not audibly read) The first ingredient, let me emphasize, for any solution is a cessation of the – uh – work and the possibility (word unclear) under reasonable standards« – I mean I want to just come back to that: Otherwise time – uh – slips away on us. (pause) (words unclear and mixed voices)
SORENSEN: In other words, Mr. President, your position is that once he meets this condition of the – uh – halting of the work and the inoperability, you're then prepared to go ahead on either the specific Cuban track or what we call the general detente track.
JFK: Yeah, now it all comes down – I think it's a substantive question, because it really depends on whether we believe that we can get a deal on just the Cuban – or whether we have to agree to his position of tying. Tommy doesn't think we do. I think that having made it public how can he take these missiles out of Cuba (voice) if we just do nothing about Turkey.
VOICE: (word unclear)... give him something else – (words unclear and mixed voices) – something else.
VOICE: And the promise that when all this is over, there can be a larger...
[32] JFK: He's going to want to have *that* spelled out a little.
THOMPSON: The position, even in the public statement, is that this is all started by our threat to Cuba. Now he's removed that threat.
RFK: He *must* be a *little* shaken up or he wouldn't have sent the message to you in the first place.
JFK: That's last night.

RFK: Yeah, but I mean – so that you can – it's certainly conceivable that you could get him *back* to that... (words unclear) I don't think we should abandon...
JFK: Well, I think Adlai's letter all right then.
RFK: I think we can always go to that.
(mixed voices)
VOICE: What it means, Bob, is (words unclear) as confused as...
VOICE: They're more *confused*
VOICE: I really think – uh – (mixed voices)
JFK: (words unclear) Let's send this. All right, now, the other two things that we have to decide are one, about the NATO meeting and (words unclear). In this case, then, wie *won't* have a NATO meeting tomorrow morning, because we won't get an answer back (mixed voices)
RFK: Are we going to put this one out? Is this one of the ones we put out? (mixed voices)
VOICE: We'll give it to the *Times*[9].
VOICE: (words unclear) not have the secret message, Khrushchev's of last night.
VOICE: Yes.
VOICE: You going to put that out?
VOICE: No.
VOICE: desirable...
VOICE: Adlai's suggestion was that we release this and then let them put the pressure on the Soviets to...
RFK: The only thing is we're proposing in here the abandonment – no that – at some point...
VOICE: What?
RFK: The abandonment of Cuba.
(mixed voices, laughter, pause)
RFK: (low voice) You think it would be worth while to call?
JFK: Who?
RFK: Eisenhower?
(voice unclear – laughter – pause)
(low voices and mixed voices)
BUNDY: You know it puts some heat on him if you put out – if you can get *his* message out of last night.
RFK: How about you put, as you have said before (words unclear) – publicly assured the world before – there will be no (words unclear) change of policy.
JFK: Well I'd say, I'd rather say that the United States has no hostile intentions towards Cuba, just so we state it as an obvious fact.
RFK: Then you can come back...
JFK: I don't see really what the advantage is – what is the – uh – why is U Thant going to publish this?
VOICE: To force out the – uh – the Khrushchev letter to which this is a response.
(mixed voices)
[33] VOICE: This was Stevenson's proposal. Stevenson's proposal is that we release this letter, this letter be released, in order to get this back on the Cuban track, and away from, the focus away from his letter...
DILLON: His long letter.
JFK: (words unclear) removal of the weapons in Cuba and peace in the Caribbean (words unclear) can't you say that?
(a few words unclear)[10]
[34] RUSK: (words unclear) going to be worried about that because you're not dealing precisely here with an agreement. We're simply talking about a concrete agenda for peace.
VOICES: Yes – yeah.
JFK: (words unclear) we ought to put it out until we know whether there's any chance of acceptance. There's going to be a hell of a fight about that. I don't mind taking it on if we're going to *get* somewhere. I don't want to take on the fight if we're not going to get...
(mixed voices – pause)
JFK: Want to read it?
VOICE: Yes.
JFK: Here we go.
RUSK: »Dear Mr. Chairman:

> I have read your letter of October 26th with great care and find in it the indication of a willingness on your part to seek a calm solution to the problem. I wrote the letter to assure you that my desire is the same. The first thing that needs to be done, however, is for work to cease on offensive missile bases in Cuba, and all weapons systems in Cuba capable of offensive use rendered inoperable under effective United Nations arrangements.«

BUNDY: The sentence is not quite complete – »to be rendered« (pause)
VOICE: »to be rendered«
JFK: I just think, line two, that find an indication of his willingness – Just – uh – »statement of your willingness.« or – uh – »welcome your statement of your desire.« (words unclear)
JFK: Change a little – start again, Mr. Secretary.
RUSK: »I have read your letter of October 26 with great care and find in it a statement.«
JFK: Welcome your statement – welcome your statement.
VOICE: Cut the next sentence.
JFK: Of your desire.
(pause)
VOICE: Statement of a – uh ...
JFK: of your desire ...
RUSK: of a desire on your part to seek a prompt solution to the problem ...
JFK: statement of your desire ...
RUSK: welcome the statement of your desire ...
(pause)
RUSK: (words unclear) just say my desire is the same.
JFK: Just say, my desire is the same as his. I can assure you of the great interest of the people of the United States to – uh – find a satisfactory solution to this. (pause and noises)
RUSK: »The first thing that needs to be done, however, is for work to cease on offensive missile bases in Cuba, and for all weapons systems in Cuba capable of offensive use to be rendered inoperable under effec- [35] tive United Nations arrangements. Assuming this is done promptly I have given my representatives in New York instructions that will permit them this weekend to work out an arrangement for a permanent solution to the Cuban problem with the Acting Secretary General and with your representative. If you will give your representative similar instructions, there is no reason why we should not be able to complete these arrangements and announce them to the world within a couple of days.«

»I note and welcome indications in your second letter which you have made public that you would like to work toward a more general arrangement as regards other elements.«

JFK: Now wait a sec – that second letter is the one on Turkey. »Note and welcome« – »I note your second letter« – I don't think we ought to welcome it ...
RUSK: I note the indications in your second letter which you have made public that you would like to work toward a more general arrangement as regards other elements. I would like to say again that we very much want to move in this direction. If your mention of Turkey signifies.
JFK: Well now let's say – »move in this direction«. It seems to me – uh – why don't we make that more general? I don't know about the – I'd like to – I would like to say that the United States is very much interested in – uh – what?
VOICE: Such discussion.
JFK: Turkey and – uh – I'd like to say that the United States ... (mixed voices)
VOICE: General reduction of arms, or the nuclear threat. (pause)
JFK: Areas of tension?
RUSK: Interest in reducing tensions (words unclear)
JFK: Yeah. (pause)
RUSK: Well now I think we'd better change this specific reference to Turkey. If your mention of Turkey and other countries ...
JFK: Why not just say »other countries« and leave Turkey out.
RUSK: ... mention of other countries signifies that you are prepared to discuss a detente affecting – affecting the whole of – uh – Europe ...
MCNAMARA: If your mention of the defenses of NATO signifies your ...
MCCONE: (words unclear) in that letter he tied it very specifically into the Turkish situation. I don't think he tied it in that public letter as an example of – uh.
JFK: No, he just tied it into Turkey. The difficulty is we're not ready tonight.
MCCONE: No, I know, but – uh – this morning before I studied that letter, because I hadn't seen a copy of it, I was under the impression that his reference to Turkey was just sort of an example of. It is a specific proposal ...
JFK: That's right. We have to keep it vague, unfortunately, or fortunately, because we haven't cleared it with Turkey or NATO. So I suppose we have to

fudge it somewhat, but I agree with you, he's just talking about Turkey. (pause)
RUSK: »If your mention of NATO bases signifies that you are prepared to discuss a detente affecting the whole of NATO and the Warsaw Pact, we are of course quite prepared to consider with our allies the suggestions that you and your partners in the Warsaw Pact might have in mind. I think that the mutual explanations in which you and I have been engaged in [36] the past few days, and the discussions in New York, have gone far enough to set forth a concrete agenda for peace.«
BUNDY: Could I interrupt – do we have to talk about their partners in the Warsaw Pact? It's really what *they* have – what *you* have in mind.
(mixed voices)
BUNDY: »What you have in mind?«
JFK: Yeah, I think you're right. (pause)
RUSK: »I think the mutual explanation in which you and I have been engaged in the past few days, and the discussions in New York, have gone far enough to set forth a concrete agenda for peace, depending upon the removal of the weapons in Cuba and assurance of peace in the Caribbean. But the continued work on the missile bases and prolonging the discussion of removing missiles and other offensive weapons from Cuba while linking these problems with the broader questions of European and world security would intensify the Cuban crisis and would be a grave risk to the peace of the world which you described in your letter of yesterday. I therefore most earnestly urge you to join us in a rapid settlement of the Cuban crisis as your letter of October 26th suggests is possible, so that we can then go on to an early solution of other serious problems which I am convinced are not insoluble.«
JFK: (words unclear) As I say, this letter is nothing (words unclear) as long as it doesn't get . . .
RFK: I don't understand – can I just say – what's wrong – uh – what about all the points that we made in this letter. What do you suggest?
RUSK: Well these are points that have already been – uh – been set out, up there.
RFK: Yeah, but I thought that the answer – that this letter was accepting his proposal for . . .
RUSK: The reason for the – the actual reason we didn't have those points in this letter was the President's desire not to get his hands too tied with respect to the Turkish problem.
RFK: Well I don't think this does that.
SORENSEN: One, two, three, four, particularly if this letter is going to be made public, are pretty good to have on the record.
JFK: At 4b we undertake to give assurance with respect to the territorial integrity and independence of Cuba . . .
SORENSEN: No, we changed that.
(mixed voices, voice – the Caribbean.)
JFK: Well that's what we did here, but I don't know . . .
RFK: But that's not – I think you changed that in there. Send this letter and say you're accepting his offer – he's made an offer and you're in fact accepting it. And you think – I think that letter sounds slightly defensive about the fact – God, don't bring in Turkey now; we want to settle – we're not – I don't know whether it adds anything. (pause) I mean I think this letter – he made an *offer* last night. This letter accepts the offer.
RUSK: By the way, there's another – there's another paragraph to be added. The first ingredient – let me emphasize that the cessation of work on missile sites and measures to render such weapons inoperable under effective international guarantees.
JFK: Well, in any case, the two letters are more or less – there's no policy difference, is there?
RFK: Well, I think there's an entirely different quality . . .
[37] JFK: All right, look, brother. If we go back to this letter, all we'd want to change would be 4b, where we say we'd »undertake to give assurances with respect to territorial integrity and political independence« – we'd just substitute »would undertake to give assurances regarding peace in the Caribbean«.
SORENSEN: No, I thought we said we'd (word unclear) not to invade Cuba. That's the language he asked for . . .
JFK: That's correct, but I don't think, if we're going to make this public at this point, when we don't know how much we're going to get, we don't want to get in that far.

RFK: I think you can say that, if he comes back and say I want to . . .
BUNDY: You've got to give him something.
JFK: What?
BUNDY: You've got to give him something to get him back on this track.
RFK: Well, can't you say »Like I've said publicly before.«
VOICE: As I have said publicly before.
JFK: Governor Stevenson's version – he likes his draft so much better. He's going to have to conduct it. I don't see that there's a substantive difference about it. Do you?
RFK: I think there is . . .
JFK: Why?
RFK: Because I think, one, its just in general terms, rather defensive, and it just says we don't want to get in – please don't into discussion of NATO, or Turkey, because we want to talk about Cuba. The other one says, '»You made an offer to us, and we accept it«, and you've also made a second offer which has to do with NATO, and we'll be glad to discuss that at a later time. The other first letter – of Adlai – I don't think says anything, I don't think we're any further along, except we don't like you – what you said.
(pause)
SORENSEN: (low voice) It may be possible to take (words unclear) elements of his, part of ours.
RFK: I wouldn't repeat about the NATO thing twice. (words unclear) You've got it once, twice. I think it sounds rather defensive about this has really thrown us off by the fact that you've brought this thing up. I think we just say he made an offer, we accept the offer, and it's silly bringing up NATO at this time, based on whatever their explanations have.
(words unclear)
JFK: What is the reason Adlai's unhappy about our first letter?
VOICE: He feels that our first letter sounds – sounds too much like an ultimatum – that it's making demands – (mixed voices).
RFK: But accepting what he says.
(mixed voices)
JFK: Well we can't – I'll tell you –
SORENSEN: I tell you, Mr. President, I think Adlai – I think if we could take our letter, introduce some of [38] the elements of his letter in the last part of it, that might do it. I'm not sure how yet.
RFK: Why do we bother you with it? Why don't you guys work it out and . . . (mixed voices)
JFK: I think we ought to move. I don't – there's no question bothering me, I just think we're going to have to decide which letter we send . . .
RFK: Why don't we try to work it out without you being able to pick . . .
(prolonged laughter)
JFK: The one you're going to have to worry about is Adlai, so you might as well work it out with him.
(laughter louder)
SORENSEN: Actually I think Bobby's formula is a good one. Does it sound like an ultimatum if we say, »we are accepting your offer in your letter last night and therefore there's no need to talk about these other things«.' (mixed voices)
RUSK: (reading) »I think the mutual explanations in which you and I have been engaged in the past few days, and the discussion in New York, have gone far enough to set forth a concrete agenda for peace, depending upon the removal of the weapons in Cuba and assurance of peace in the Caribbean. *I read your letter to mean that this is acceptable*« . . .
JFK: Your letter of October 26th?
RUSK: »I read your letter of October 26th to mean that this will be acceptable.«
VOICE: Unacceptable.
(mixed voices)
VOICE: The elements of the proposal which you have put forth seem to me to be –
(mixed voices)
VOICES: These elements seem to me to be as follows.
(mixed voices)
JFK: As I say, we're not going to – he's not going to – now Tommy isn't so sure, but anyway, we can try this thing, but he's going to come back, I'm certain, but the only thing is I don't want him – that's why we've got to end – *end* with saying, whatever we're going to do, that we've got to get a cessation of work.
BUNDY: That's right, but I think that Bobby's notion of a concrete acceptance on our part of how we read last night's telegram is very important.

6. Die Offensive des Maxwell Taylor

TAYLOR: Mr. Kennedy...
JFK: In other words you want to – you have to get them to say we accept your proposal.
RFK: (words unclear) accept it and then say you – I just the last paragraph of the other letter and however way you phrase it.
TAYLOR: Mr. President, the Chiefs[11] have been in session during the afternoon on – really the same ba-[39] sis as we have over here. This is – the recommendation they give is as follows: that the big strike – OP Plan 3–12 – be executed no later than Monday morning the 29th unless there is irrefutable evidence in the meantime that offensive weapons are being dismantled and rendered inoperable; that the execution of the Strike Plan be part of the execution of 3–16, the Invasion Plan, (censored) days later.[12] (pause)
RFK: That was a surprise.
(laughter) (mixed voices)
TAYLOR: It does look now from a military point of view – (mixed voices) What are the reasons... (mixed voices)
TAYLOR: They just feel that the longer we wait now.
DILLON: Well, also we're getting shot at as we...
(mixed voices)
JFK: (low voice not clear on getting this letter »phoned« – probably aside to Rusk). Bobby, you want to go out now and get this letter set with Adlai? The next question is the Turkish one and – uh – NATO.
(pause)
JFK: We've got Secretary McNamara's proposal and – (pause) did we ever send that message to Hare, Mac, that you and I talked...
BUNDY: No, we have a long message *in* from Hare, which arrived this afternoon, in which he responds to the message sent to him on Wednesday at great length. (mixed voices) that he'll do his damnedest but it's very difficult, which is in essence what he – the way it comes out.
JFK: Well now we have the question of a choice between the bilateral arrangement with Turkey – in which we more or less *do* it, or whether we go through NATO and let NATO put the pressure on, and also explain to the Turks what's going to happen to them if it does – if they end up slow in this matter.
DILLON: All of this is going to take an awful lot more time than Monday morning.
VOICE: Yeah, yeah.
MCNAMARA: I wonder if there is a way to shorten it. If you're going to deal directly with the Turks, the President simply sends a message to the Prime Minister and says this is the problem and this is the way I think it ought to be solved, and I'm prepared to do it tonight. And I need an answer from you within six hours – or eight hours – something like that. That's one way to *do* that. Now – now let me tell you of my conversation with Andreotti?
JFK: Who's Andreotti?
MCNAMARA: The Defense Minister of Italy. I talked to him just two weeks ago about these Jupiters in Italy, and the Italians would be *happy* to get rid of them if we *want* them out...
BUNDY: The difference between Reinhardt's report and – uh – and Hare's is between night and day.
MCNAMARA: I realize that, but there are – uh – what I'm suggesting is that we can do this with *both* Italy [40] and Turkey and get Italy to go along with us, I think, and this will put some additional pressure on Turkey.
(voice unclear)
MCNAMARA: No, but –
VOICE: The aftereffects (words unclear).
JFK: You want to do it – if we're *going* to that, Bob, and that may be the way we ought to do it – the effect of that, of course, I don't know how you – not having had it explained in NATO what's going to be the effects of continuing with it – it's going to look like we're – uh – caving in. Now, do we want to – uh – go through NATO to do that, or do we want to do it bilaterally? To get it done you probably have to do it bilaterally, to take all the political effect (words unclear) NATO. Do we want to have a meeting in the morning of NATO and say, »If we *don't* do it, here's the problem«.
(mixed voices)
VOICE: I think you have to do it simultaneously.
BUNDY: I think the disadvantage of having a NATO meeting and going to the Turks tonight and tomor-

row is that you don't give this track a fair run that we just tried out...

McNAMARA: Yes, I agree, Mac. I really don't think we have to move immediately on the Turkish track, but I think we ought to get...

BUNDY: Ground up to do so.

McNAMARA: We have to get ground up to do it, and we have to look at some of the actions in between. Now, are we going to stop surveillance while – while these discussions go on, on the deal of last night? We have intense ground fire against our (words unclear)...

TAYLOR: I wouldn't worry – I wouldn't pay any attention.

McNAMARA: Well, I asked Ros to talk to Curt LeMay and...

TAYLOR: No, I wouldn't... (mixed voices). Flak came up in front of the flight, and they – they veered away. (mixed voices) That's not been determined.

GILPATRIC: I talked to Captain (name not clear) – there's some difference – I think you have to wait until a little later.

McNAMARA: (words unclear) Let's put it this way. We had fire on the surveillance. Now the first question we have to face tomorrow morning is, are we going to send surveillance flights in? And I think we have basically two alternatives. Either we decide not to send them in at all or we decide to send them in with proper cover. If we send them in with proper cover and they're attacked, we must attack back, either the SAMs and/or MIG aircraft that come against them, or the ground fire that comes up. We have another problem tomorrow – the Grozny approaching the zone – we sent out a message today outlining the interception zone which was publicly released, (voice unclear). Well, we sent it to U Thant and it's released publicly. The Grozny will be coming into the zone. Khrushchev has said he is ordering his ships to stay [41] out of the zone. If a Russian ship moves into the zone after he's said that publicly, we have two choises: stop it and board it, or don't. Now when you...

VOICE: Stop it.

McNAMARA: When you put the two of these together – the question of – you know stopping surveillance and not stopping the ship – it seems to me we're too weak...

VOICE: Yeah, yeah.

TAYLOR: I'd say we must continue surveillance. That's far more important than the ship.

McNAMARA: Well – uh, my main point is I don't think at this particular point we should – uh – show a weakness to Khrushchev, and I think we would show a weakness if we – if we failed on both of these actions.

TAYLOR: And we must not fail on surveillance. We can't give up twenty-four hours at this stage.

McNAMARA: All right, I fully agree, Max. I was just trying to lay out the problem. Therefore I would recommend that tomorrow we carry on surveillance, but that we defer the decision as late as possible in the day to give a little more time because if we go in with surveillance, we have to put a cover on, and if we start shooting back, we've escalated substantially.

JFK: When would you shoot...

DILLON: (words unclear) cover on? I don't understand.

McNAMARA: Well, we can't send these low – we can't send these low-altitude aircraft in (mixed voices)

JFK: If you're going to take a reprisal – the cover isn't much good because you've got antiaircraft guns. You've got somebody up there at 10 000 feet and actually they can't give much more cover – what you'd really – seems to me – have is a justification for a more elaborate action, wouldn't you? Do we want to worry about whether we're going to shoot up that one gun, or do we want to – just – uh – use this as a reason for doing a lot of other...

(mixed voices)

TAYLOR: The main thing is to assure effective reconnaissance. Whether that – what that implies, we won't know really till we...

(mixed voices)

JFK: I would think we ought to take a chance on reconnaissance tomorrow, without the cover, because I don't think cover's really going to do you much good. You can't protect – well – hide them from ground fire (mixed voices) tomorrow, and you don't get an answer from U Thant, then we ought to

consider whether Monday morning we – we – uh – I'm not convinced yet of the invation because I think that's a much – I think we may . . .
TAYLOR: I agree with that. My personal view is that we (mixed voices) and also *ready* to invade but make no advance decision on that.
MCNAMARA: Well, I doubt . . .
JFK: . . . I don't think the cover's going to do much good.
MCNAMARA: No, I – I fully agree. I don't think you should stop the surveillance tomorrow. That I want [42] to underline. Point number two is, if we carry on a surveillance tomorrow, and they fire on it . . .
TAYLOR: Now that's a big one – then we know . . .
MCNAMARA: Then I think we ought to either do one of two things. We ought to decide at that moment we're either going to return that fire, tomorrow, but in a limited fashion against the things that fired against us, or against their air defenses, or, alternatively, if we *don't* return the fire tomorrow, we ought to go in the next day with (words unclear) sorties. One or the other.
(mixed voices)
JFK: I'm rather inclined to think that the more general response . . . However, why don't we wait. Let's be prepared for either one tomorrow – let's wait and see whether they fire on us tomorrow. Meanwhile we've got this message to U Thant – and we're – so let's be well prepared.
DILLON: We've got to be very clear then that – uh – if we're doing this tomorrow, and they do shoot weapons, and then we do need to have the general response, there's no time to do what you're talking about with Turkey, and then we . . .
JFK: That's why I think we ought to get to that. I think what we ought to do is not worry so much about the cover, do the reconnaissance tomorrow. If we get fired on, then we meet here, and we decide whether we do a much more general (mixed voices) *announce* that the work is going ahead, *announce* that we haven't got an answer from the Soviets, and then we decide that we're going to do a much more general one than just shooting up some gun down there.
DILLON: Yes, but what moving ahead with this Turkish . . .
JFK: Well that's what I want to come to now, (mixed voices) now let's think over the Turkish thing.
NITZE: How about – I don't think we're going to be able to get the NATO meeting (words unclear) encouragement. How about getting the NATO ambassadors in here?
DILLON: Why can't you do the NATO meeting in Paris?
NITZE: How are you going to get them instructions?
JFK: Well, it's 11 o'clock now. We can get them to Finletter in 6 or 7 or 8 hours, 9 hours.
NITZE: (word unclear) a heck of a time – Sunday.
(mixed voices)
THOMPSON: Wouldn't it be possible to send something short of what Bob suggested (mixed voices) to the Turks and the Italians, their Prime Ministers, saying that as things are developing – our planes were fired on today – as things are developing it may become necessary for us to take forceful action in Cuba. Uh – there is the risk that this would involve an attack on missiles in Turkey or Italy, depending on who you're talking to. We are therefore considering whether or not it would be in your interest for us to remove these, taking other steps to do this, and we may be having to take this up in NATO. Now this is a preliminary . . .
[43] JFK: Well that's what we suggested to Hare. (words unclear). Well, but that's what we were talking about doing. We ought to send out to the Turks that this is their neck. Of course they're liable to say, »Well, we can take it«. So we've got to have it look to the general interest, and a more effective defense for you. Now, they're not going to want to do it, but we may just decide we *have* to do it in our interest. Now the question is, if we decide we have to take it out, wouldn't we much rather have NATO saying it, rather than . . .
BUNDY: I don't think we'll *get* that, Mr. President.
JFK: (words unclear) Once you start explaining it to them what's going to happen?
BUNDY: I doubt if the Council will recommend that we stand down Turkish missiles.
THOMPSON: Even with an offer of a Polaris? Who would have told you that.
MCCONE: Well – uh – those missiles kind of make us

a hostage. We have – that's the way I interpret the Turkish position now and also a couple of years ago. (mixed voices)

RUSK: When we talked about Polaris in place of the missiles, the Turkish reaction was the missiles are here, and as long as they're here you're here.

JFK: Well I tell you there's a few club members of NATO who won't like it much. Most of the NATO members aren't going to be very happy about it, because the problem is Berlin or something.

MCNAMARA: Here's one way to put it. The Jupiter missile is obsolete. It's more obsolete then the Thor missile. The British have recognized the obsolescence of the Thor and have decided to take it out and replace it with other systems of which Polaris is an effective one. And we propose the same thing be done for Turkey ...

VOICE: And Italy too.

MCNAMARA: And Italy too, exactly. Both of them are obsolete.

THOMPSON: The Turks have asked for planes and plane parts, and we can ...

MCNAMARA: We can say we'll *send* more planes.

JFK: Well, they will, as I say, it's bound to be looked on though as the United States – they'll say that this is because the United States – to make a trade. We get – I don't see how we can put it to them without the trade. (word unclear) What we want, obviously, is the Turks to suggest it, but they're pretty tough, and they probably figure that – uh – that their security is better with them in than it is with them out.

VOICE: Sure. That's exactly right.

(mixed voices)

MCNAMARA: We have our air squadrons there with nuclear weapons. There's at least as much ...

JFK: We want – In other words, Bob, we want to send a message to our ambassador to begin this track, (words unclear) some message to NATO (words un- [44] clear) what the facts of life are. You see they don't know what's coming up. (pause) It's not going to be so happy. If they decide – if the Turks say no to us, it would be much better if NATO was also saying no than it will be if everybody will say, which is what *always* happens, a few days later when the trouble comes, that we should have asked them, and they would have told us to get 'em out.

RFK: We estimate that – what if we have until Wednesday or Thursday (words unclear)

JFK: On the air strike.

RFK: Yeah, I mean that you could do – uh – I think there's some danger, as I said earlier, in calling the NATO meeting ...

RUSK: Particularly a Sunday meeting would attract a lot of attention.

RFK: I think if you waited till tomorrow morning and he's rejected it – our acceptance of his other offer and – uh – then you know whether the work's going to continue and you know some of these other things, and then on Monday morning you call a meeting of NATO, and you say this is what we're up against; they're going ahead with this, and this is what we suggest, and by then we'd know what we would want to do. I don't think we really know what – know exactly what we want to do.

JFK: Well one, it seems to me, ought to begin a negotiation with the Turks now.

RFK: I think somebody perhaps should go over.

BUNDY: I think it's very difficult to negotiate with the Turks as long as we think there's anything in last night's track. Now I think that's what's dividing us at the moment. (words unclear)

RFK: By tomorrow morning you could send somebody over to them and say now this is what – uh – you'd get these tomorrow morning and you'd say – uh – now we think ...

(One-line statements by Bundy and Dillon censored.) (pause)

MCCONE: I think it's very probable that that initial discussion that Ray Hare had with the Turks leaked in some way ... (words unclear).

BUNDY: He didn't talk to the Turks.

MCCONE: Well he reported it.

BUNDY: No no not to the Turks.

MCCONE: Well I have the impression that ...

BUNDY: The letter doesn't (words unclear) not talk to the Turks. He was estimating the situation himself.

VOICE: I think (words unclear) there was an early conversation (words unclear) raised the question with him (words unclear) of new reports.

BUNDY: That's different. (words unclear)

VOICE: He had specific instructions not to talk to the Turks. (words unclear)
JFK: First of all (words unclear) are the Turks more likely to take them out if we have a bilateral, or NATO decision?
VOICE: I think NATO.
[45] DILLON: NATO. As far as an overall decision . . . (voices unclear)
VOICE: that they'll go along with whatever is decided within NATO.
VOICE: In NATO, that's what they said.
RFK: What is the rush about this other than the fact that we have to make . . .
MCNAMARA: I think the rush is what do we do . . .
VOICE: The U-2.
MCNAMARA: The U-2 is shot down – the fire against our low-altitude surveillance . . .
RFK: U-2 shot down?
MCNAMARA: Yes, (words unclear) said it was found shot down.
RFK: Pilot killed?
TAYLOR: It was shot down near Banes which is right near a U-2 (sic) site in Eastern Cuba.
VOICE: A SAM-site.
TAYLOR: The pilot's body is in the plane. Apparently this was a SAM-site that had actually had the energy. (words unclear) It all ties in in a very plausible way.
(voice unclear)

7. Ein neuer Falke: Robert S. McNamara

JFK: This is much of an escalation by them, isn't it?
MCNAMARA: Yes, exactly, and this – this relates to the timing. I think we can defer an air attack on Cuba until Wednesday or Thursday, but *only* if we continue our surveillance and – and – uh – fire against anything that fires against the surveillance aircraft, and only if we maintain a tight blockade in this interim period. If we're willing to do these two things, I think we can defer the air attack until Wednesday or Thursday and *take* time to go to NATO . . .
JFK: How do we explain the effect – uh – this Khrushchev message of last night and their decision, in view of their previous orders, the change of orders? We've both had flak and a SAM-site operation. How do we – I mean that's a . . .
MCNAMARA: How do we interpret this? I know – I don't know how to interpret . . .
(voice unclear)
TAYLOR: They feel they must respond now. The whole world knows where we're flying. That raises the question of retaliation against the SAM-sites. We think we – we have various other reasons to believe that we know the SAM-sites. A few days ago . . .
JFK: How can we put a U-2 fellow over there tomorrow unless we take out *all* the SAM-sites?
MCNAMARA: That's just exactly – in fact, I don't think we can.
(voices unclear)
TAYLOR: (words unclear) It's on the ground – the wreckage is on the ground. The pilot's dead.
MCNAMARA: In the water, isn't it?
TAYLOR: I didn't get the water part.
BUNDY: If we know it, it must be either on friendly land or on the water.
[46] VOICE: It is on Cuban land.
(words unclear)
TAYLOR: That's what I got. (words unclear)
MCCONE: I wonder if this shouldn't cause a most violent protest (words unclear) a letter right to Khrushchev. Here's, here's an action they've taken against – against us, a new order in defiance of – of public statements he made. I think that . . .
VOICE: I think we ought . . .
VOICE: They've fired the first shot.
MCCONE: If there's any continuation of this, we just take those SAM-sites out of there.
(voices over each other)
VOICE: Isn't this what we told the NATO people we'd do?
VOICE: Yes we told. (words unclear)
BUNDY: You can go against one. Can you, now, tonight?
MCNAMARA: No, it's too late. This is why it gets into tomorrow, and I – without thinking about retaliation today, what are we going to do if we want to defer the air attack to Wednesday or Thursday?
(voices unclear)
TAYLOR: It would be very dangerous, I would say,

Mr. Secretary, unless we can reconnoiter – reconnoiter each day (words unclear) reconnaissance.
McNamara: And if we're going to reconnaissance, carry out surveillance, each day, we must be prepared to fire each day.
JFK: We can't very well send a U-2 over there, can we, now? And have a guy killed again tomorrow?
Taylor: We certainly shouldn't do it until we retaliate and say that if they fire again on one of our planes, that we'll come back with great force.
Voice: I think you've just got to take out that SAM-site, you can't (word unclear) with them.
JFK: Well, except that we've still got the problem of – even if you take out *this* SAM-site, the fellow still is going to be awfully vulnerable tomorrow from all the others, isn't he?
(voices unclear)
Voice: If you take *one* out (words unclear)
McNamara: I think we can forget the U-2 for the moment...
(mixed voices)
Rusk: It builds up, though, on a somewhat different plane than the all-out attack plan.
McNamara: We can carry out low-altitude surveillance tomorrow, take out this SAM-site, and take out more SAM-sites tomorrow and make aircraft. (words unclear)
JFK: Well now, do we want to announce tonight that this U-2 was shot down?
McNamara: I think we should.
(mixed voices)
Gilpatric: Earlier today, Mr. President, we said any interference with such surveillance will meet counteraction and surveillance will...
[47] JFK: Do we want to announce we're going to take counteraction or just take it tomorrow morning?
Voice: Take it. (voices unclear)
JFK: The U-2 was shot down?
Gilpatric: No, no. This general statement that we would enforce surveillance.
JFK: Well now do we want to just announce that an American plane was shot down? A surveillance plane was shot down in Cuba? It seems to me that's been...
Voice: I would announce it after you've taken (words unclear)
Taylor: Well in a sense Havana has announced it, that's where we...
JFK: Well, I think *we* ought to announce it because it shows off...
Voice: Havana announced it...
JFK: These protestations about...
Voice: Came from over there.
Voice: This about the pilot is from Havana?
(voice unclear)
JFK: We haven't confirmed that, have we?
(pause)
JFK: There are so goddam many... we could take it all day if... well let's say if we're sure the U-2's been shot down it seems to me we've got to announce it – it's going to dribble out. Havana's announced it anyway. You ought to announce it...
Voices: Yeah.
JFK: Then we ought to not say anything, don't you think, and just take the reprisal without making any announcement. We don't want to announce that we're going to take a reprisal against that SAM-site tomorrow or would that make our reprisal more difficult?
Voice: It would certainly make it more difficult.
JFK: I think we ought to announce that – uh – that – uh – action is being taken – action will be taken to protect our fliers.
McNamara: Exactly. Then we ought to go in at dawn and take out that SAM-site, and we ought to send the surveillance aircraft in tomorrow with the regular flights early in the morning, and we ought to be prepared to take out more SAM-sites and knock out the...
JFK: Well, what we ought to do then is get this announcement written (words unclear) Ros, why don't you write this out, plus this thing about what we're going to do, and then we'll get back to what we're going to do about the Turks (words unclear).
(voices unclear)
McNamara: Well I think he was shot coming in.
Rusk: The map I have showed him the other way round.
(mixed voices)
RFK: In addition there was one other shooting at the low level. (mixed voices)

VOICE: Where was that, Bob?
MCNAMARA: I haven't the detail.
[48] (mixed voices)
TAYLOR: They started the shooting.
JFK: Well now, we're going to get out an announcement and (words unclear) this thing and we're going to say that – uh – (pause)
MCNAMARA: We're going to say it was shot down and we're going to continue our surveillance protected by U.S. fighter aircraft...
DILLON: Suitable protection.
VOICE: The assumption is...
MCNAMARA: I'd just say fighter aircraft so there isn't any doubt about it (words unclear).
RFK: Tomorrow morning add POL?
MCNAMARA: I wouldn't do it tonight, Bobby, I'd just announce this one. Tomorrow morning we ought to go in and take out that SAM-site and send our surveillance in with proper protection, immediately following it or on top of it, or whatever way the (words unclear).
TAYLOR: (words unclear) (clause censored) The plane is on the ground and not in the water.
VOICE: In Cuba. (mixed voices)
VOICE: We must put it out. Otherwise they will put it out.
VOICE: We don't know.
JFK: It's overdue anyway isn't it, so we assume...
TAYLOR: Hours overdue.
JFK: Do we want to say it's shot down? We don't know – do they say it's been shot down? The Cubans? Well why doesn't Ros – and you, General – get a statement which would cover in any case. It may be – we don't know it was shot down.
VOICE: We don't know it.
MCNAMARA: I think – uh – I think I'd say it was shot down. The probabilities are that it *was* shot down, and we want an excuse to go in tomorrow and shoot up that SAM-site and send in our...
DILLON: If the plane's on the ground there, it was shot down. I think it didn't just come down.
(voice unclear)
JFK: The only point is, the only thing that troubles us is the other plane was shot at.
MCNAMARA: That's right, exactly.
JFK: They say – uh – that's why I'd like to find out whether Havana says they did shoot it down.
VOICE: We don't have anything from Havana yet, do we?
VOICE: We assume these SAM-sites are manned by Soviets.
VOICE: That's the significant part if it *is* the SAM-site. (pause, words unclear)
VOICE: You might have Cubans. (words unclear)
MCNAMARA: You had antiaircraft (words unclear). This is a change of pattern, now why it's a change of pattern we don't know.
RFK: Yeah.
VOICE: The important thing to find out if we possibly can is whether this was a SAM-site.
[49] MCNAMARA: There's no way to find out. What we know is that that particular SAM was the one that had the Fruit-Set radar...
VOICE: In operation.
MCNAMARA: Which was required for control of the missiles.
VOICE: Would we know whether it's in operation?
MCNAMARA: And it was in operation, we believe, at the same time that the U-2 was over. We checked it this morning. We checked it (words unclear).
ALEXIS JOHNSON: It's a very different thing. You could have an undisciplined antiaircraft – Cuban antiaircraft outfit fire, but to have a SAM-site and a Russian crew fire is not any accident.
VOICE: If he had altitude and had any type of a failure, he could fly to Puerto Rico.
(mixed voices)
But if he blew up they're not going to be recovering...
(mixed voices)
(pause – tape blank for several minutes)
(mixed voices)
JFK: Let's talk a little more about the Turks – how we're going to handle that. NATO and the Turks, that's the one matter we haven't settled today.
VOICE: It's very difficult that this (words unclear). I think we ought to – why don't we send an instruction to Hare to have a conversation, but also have the NATO meeting? And say to them what's happening over here. Otherwise we're going to be carrying a hell of a bag.

DILLON: I think we're going to have such pressure internally in the United States too, to act quickly, (words unclear).

JFK: (words unclear) That's why I think we'd better have a NATO meeting tomorrow...

DILLON: (words unclear)

JFK: Explain the thing, where we are – uh – I'm just afraid of what's going to happen in NATO, to Europe, when we get into this thing more and more, and I think they ought to feel that they've a part of it. Even if we don't do anything about the Turks, they ought to feel that they know what...

MCNAMARA: I would agree, but I think we ought to know what we want NATO to do tomorrow, which means that we have to have a proposition. NATO itself won't initiate anything.

VOICE: They're going to be fifteen voices without instructions.

MCNAMARA: Without instruction from the governments, so that...

VOICE: Actually what we should do tonight. Mr. President, not only get a message to NATO but get to the capitals, to our ambassadors so they can talk to the governments, because these Permanent Representatives won't be able to do anything.

JFK: We're not sending the night mission tonight, are we?

MCNAMARA: No, we're not.

BALL: I would suppose that what we might do would be to send a – get a NIACT message off to the governments – the embassies in the capitals – and get hold of Finletter and tell him to call a NATO meeting for the end of the afternoon tomorrow which would enable, hopefully, the (words unclear). [50]

DILLON: And in the message to the capitals say we *are* doing it, and that we want the Representatives to be instructed.

JFK: Of course it would be relatively easy if we wanted to get NATO to *reject* this thing, but that isn't necessarily what we *want* right now.

VOICE: If they rejected it –

VOICE: A briefing?

MCNAMARA: I don't think you can go to NATO; I don't think you can send any messages out to capitals until we decide what we want to do...

VOICE: That's right

MCNAMARA: When we decide that, I think we can force it, and I think we can do it in such a way that the aftereffects will not – not be too severe. But I think we've got to decide ahead of time what it is we want to do, and what I would suggest we decide is that we want those missiles taken out of Turkey, and simply say that we believe this is, as I do believe, in the interest of the Alliance, and that we will replace those missiles with other fire. (mixed voices) I would say, »We may have to attack Cuba. If we attack Cuba, they're holding Turkey as a hostage and they're likely to attack Turkey and this...«

BUNDY: To free our hands in Cuba we must get these missiles out of Turkey, is what we say.

MCNAMARA: Yeah. Without endangering *you*, the Alliance, this is the theme.

VOICE: That is a fight that always has to be made with these countries, it's that after all the menace of these missiles like these in Cuba is a menace to the retaliatory power of the United States which is the central defense of the whole free world including Turkey.

MCNAMARA: Yeah, well I would put it like this, We're not trading Turkish missiles for Cuban missiles – not a bit – we're relieving the Alliance of a threat that is presently upon them...

BUNDY: Of a local threat...

JFK: But they will say – it's going to be regarded in the NATO meeting as a trade, isn't it? They're going to say well now are you going to deal with the Russians? We'll take them out of Turkey?

BUNDY: It will be seen as a trade by a great many people, Mr. President. There's no doubt about that. We've looked that one in the eye. If you don't buy that, then it seems to me Bob has the best way of dealing with it.

JFK: Well what we'd like to do is have the Turks come and offer this.

VOICE: Yeah.

MCNAMARA: Given time you might work that out, but you can't work it out with the Turks in a short time, I'm certain of that. (words unclear) They are terribly stubborn people to talk to on this kind of point. [51]

(mixed voices)
SORENSEN: We just have one last line, Mr. President, that Bobby thought you ought to look at. The last line on the first page.
JFK: »also endangered,« you think we ought to say that.
RFK: (words unclear) and we'll get a chance for peace in the Caribbean. I think that's all we have to say at this point.
BUNDY: Ted, you want any help getting that sent? (words unclear)
McNAMARA: George and Mac, we could sit down and try to draft an instruction (words unclear), first to the governments, tonight, then to Hare and then to NATO. They're all the same, in effect.
BUNDY: The instruction will be one based on a decision by the President to withdraw these missiles?
McNAMARA: Well we say that (other voices unclear) because of the danger to NATO of this situation, because we can relieve that danger while without in any way reducing the defense of NATO, we believe that steps should be taken.
(mixed voices)
BUNDY: We can't withdraw the missiles, and therefore the action we take is that the President should order inoperability.
McNAMARA: Yes, they're defused.
JFK: The warheads. The French would charge this is – the only thing, as I say, if this is going to come, we ought to – the Turks and NATO, this is on the cheap for them, they'll say the United States is – is holding out in order to try to make a deal on Cuba. No matter, whether we say it's to protect Turkey or not, that's the way they're going to think about it.
DILLON: Provided that NATO agrees.
McNAMARA: I was going to say, we can play it on an either/or basis. We can say we're in a position where we believe we're going to have to attack Cuba. If we attack Cuba there's great likelihood that the Soviets will attack the missiles in Turkey.
(mixed voices)
VOICE: Or in Italy.
McNAMARA: We are willing, if you would wish us to do so, to give you additional guarantees, move Polaris submarines there, deploy additional planes in, and to state beforehand that the missiles in Turkey and Italy have been rendered inoperable, *before* we attack Cuba, thereby increasing your safety if you wish us do so, and put it on that basis.
VOICE: If they don't take it.
McNAMARA: If they don't take it, that's their...
JFK: And if they don't take it, we feel they should recognize the danger, accept the danger.
(mixed voices)
McNAMARA: Let's try to work that out.
JFK: This will be for a meeting tomorrow. I think we ought to have them (words unclear) as soon as possible.
BUNDY: I would *not* do it tomorrow, Mr. President, myself.
[52] JFK: I think we ought to get something (words unclear) tomorrow afternoon. You see it's already midnight there. Tomorrow afternoon.
(voice unclear)
McNAMARA: We send it to governments tonight and then in preparation for a meeting late tomorrow.
RFK: Who do you send it? Who do you send?
DILLON: Sending it to the heads of all the NATO governments.
JFK: (words unclear) because time's running out on you.
VOICE: That's why we offer in any event to give the additional assistance in view of the added stress because...
McNAMARA: Oh yes, that's part of it.
VOICE: Whether they agree with you or not, that (words unclear) will say it much better for you.
VOICE: (words unclear) It's very difficult because you can't be in a position whether we render these inoperable or take them out and *don't* get a Cuban deal and don't get anything except Cuban elections.
McNAMARA: Well that's quite a bit.
(mixed voices)
VOICE: All we're doing on this one; we are achieving what is equivalent to Khrushchev's price.
DILLON: The only time we say that we render them inoperable is when we've determined that we're going to attack in Cuba.
McNAMARA: This is the point. If we attack in Cuba, we don't say this publicly before we've attacked...

DILLON: Just a few hours before we attack and then we attack . . .
VOICE: Let's go down this track.
(mixed voices)
LBJ: What you're saying is if you're willing to give them up, as McNamara proposes, why not trade?
(mixed voices)
MCNAMARA: Let me start my proposition over again.
VOICE: And save a few hundred thousand miles.
MCNAMARA: Let me start my proposition over again. We must be in a position to attack, quickly. We've been fired on today. We're going to send surveillance aircraft in tomorrow. Those are going to be fired on without question. We're going to respond. You can't do this very long. We're going to lose airplanes, and we'll be shooting up Cuba quite a bit, but we're going to lose airplanes every day. So you just can't maintain this position very long. So we must be prepared to attack Cuba – quickly. That's the first proposition.

Now the second proposition. When we attack Cuba we're going to have to attack with an all-out attack, and that means (censored) sorties at a minimum the first day, and it means sorties every day thereafter, and I personally believe that this is almost certain to lead to an invasion, I won't say certain to, but *almost* certain to lead to an invasion . . .
DILLON: Unless you get a cease fire around the world . . .
MCNAMARA: That's the second proposition.
[53] BUNDY: or a general war.
MCNAMARA: The third proposition is that if we do this, and leave those missiles in Turkey the Soviet Union *may,* and I think probably will, attack the Turkish missiles.
Now the fourth proposition is, *if* the Soviet Union attacks the Turkish missiles, we *must* respond. We *cannot* allow a Soviet attack on the – on the Jupiter missiles in Turkey without a military response by NATO.
TOMMY: Somewhere.
MCNAMARA: Somewhere, that's right. Now, that's the next proposition.
(mixed voices)
VOICE: Frankly, I don't . . .
MCNAMARA: Well, I've got a – why don't I get through – then let's go back and attack each one of my propositions.
Now the minimum military response by NATO to a Soviet attack on the Turkish Jupiter missiles would be a response with conventional weapons by NATO forces in Turkey, that is to say Turkish and U.S. aircraft, against Soviet warships and/or naval bases in the Black Sea area. Now that to me is the absolute minimum, and I would say that it is *damned dangerous* to – to have had a Soviet attack on Turkey and a NATO response on the Soviet Union. This is extremely dangerous. Now I'm not sure we can avoid anything like that, if we attack Cuba, but I think we should make every effort to avoid it, and one way to avoid it is to defuse the Turkish missiles *before* we attack Cuba. Now this (voice unclear) this is the sequence of thought (voices mixed and unclear).
VOICE: Why you don't make the trade then?
(mixed voices)[13]

8. Der Sieg der Falken

[54] BALL: I would say that in the assumption that if you defuse the Turkish missiles that saves you from a reprisal, it may – may mean a reprisal *elsewhere.*
MCNAMARA: Oh, I think it doesn't save you from a reprisal.
(mixed voices)
BALL: I think you're in a position where you've gotten rid of your missiles for *nothing*.
MCNAMARA: Well, wait a minute. I didn't say it saved you from a reprisal. I simply said it reduced the chances of military action against Turkey.
BALL: Well, but what good does that do you (voice unclear) action against Berlin, or somewhere else.
(mixed voices)
MCNAMARA: You have to go back in my proposition and say if there aren't Jupiter missiles in Turkey to attack, they're going to employ military force elsewhere. I'm not – I'm not at all certain of that.
BALL: Oh, I am.
LBJ: Bob, if you're willing to give up your missiles

in Turkey, you think you ought to (words unclear) [55] why don't you say that to him and say we're cutting a trade – make the trade there? (mixed voices) save all the invasion, lives and . . .
(mixed voices)
VOICE: The State department they invite them – we talked about this, and they said they'd be *delighted* to trade those missiles in Turkey for the things in Cuba.
MCNAMARA: I said I thought it was the realistic solution to the problem
LBJ: Sure.
(mixed voices)
LBJ: What we were afraid of was he'd never offer this, but what he'd want to do was trade (mixed voices) *Berlin.*
VOICE: This was just the kind of thing.
(mixed voices)
MCNAMARA: I'm not opposed to it, now, all I'm suggesting is, don't push us into a position where we *haven't* traded it and we *are* forced to attack Cuba, and the missiles remain in Turkey. That's all I'm suggesting. Let's avoid that position. We're fast moving into that.
BALL: Well, but I . . .
VOICE: We're now back at the point (voice mixed) . . .
BUNDY: We were going to *let* him have his strike in Turkey, as I understood it last week. (pause) At one point at least that was the way we talked about it.
(mixed voices)
MCNAMARA: Yeah, that's right. That was one alternative.
BALL: What – actually, what we were thinking last week was that what he was doing was (words unclear). We thought that if we could trade it out for Turkey this would be an easy trade and a very advantageous deal. Now we've – uh – made that offer to him . . . (voice unclear)
BALL: And then we don't want it, and we're talking about a course of action which involves military action with enormous casualties and a great – a great risk of escalation. Now I – I really don't think this is – we ought to shift this one.
MCNAMARA: Well, why don't we look at *two* courses of action?
(mixed voices)
VOICE: Let's see what consequence George draws.
BALL: Well, I would far rather – if we're going to get the damned missiles out of Turkey *anyway,* say, we'll trade you the missiles, we're going to put Jupiters – I mean we're going to put Polaris in there, you're not going to benefit by this – but *we will,* if this is a matter of *real* concern to you, to have these on your borders, all right, we'll get rid of them, you get rid of them in Turkey – in, in Cuba. These things are obsolete anyway – I mean (words unclear) you're not going to reduce the retaliatory power of the NATO Alliance.
(mixed voices)
VOICE: You put Polaris in there, it's going to be a lot bigger.
[56] BALL: Yeah.
(mixed voices)
MCNAMARA: Well, I think you have two alternatives.
(mixed voices)
BUNDY: I missed your statement: I have to ask you to say it again.
BALL: I'd say, sure, we'll accept your offer. If this is a matter of grave concern to you, and you equate these things, which we don't but if you do, ok, we can work it out. We're going to put Polaris in the Mediterranean because you've got the whole seas to range in, and we can't keep you out of the ocean . . .
BUNDY: And what's left of NATO?
BALL: I don't think NATO is going to be wrecked, and if NATO isn't any better than that, it isn't that good to us.
DILLON: What happens to the missiles in Cuba over the next three weeks, while this is going on?
BALL: Well, I mean, if you do this, you do it on the basis of an *immediate* trade and they immediately . . .
VOICE: And surveillance.
BALL: And surveillance.
(mixed voices)
VOICE: What you do, with the Turks and NATO, you go through the propositions that Bob has outlined here.
MCNAMARA: Let me suggest this: let's get the message ready on the assumption that either the Soviets don't want a trade or we don't want a trade, one or the

other, and hence the trade route of Jupiters in Turkey for missiles in Cuba is not acceptable, and therefore we're going to attack Cuba. Now, let's follow that and get a message written on that basis. Before we attack Cuba we're going to reduce the danger to Turkey to a minimum.
(mixed voices)
BUNDY: I'd like to see *both* of these messages written. (words unclear) I think they both need to be written.
MCNAMARA: But Mac, this other course will in a sense be that, so – let's get first the message written on the assumption that...
BALL: (words unclear) write that. And I'll go write the other.
BUNDY: Joe, let me speak to you for a moment.
RFK: (words unclear) a chance to do an (words unclear) like that I think it's worth while...
(mixed voices)
BUNDY: You want to write one, or do you want me to draft it or what do you want to do (words unclear). I'll get a draft. (mixed voices)
VOICE: Who's it *to*, Bob?
MCNAMARA: Well it's going to go to three parties. It's going to go to the Turks, to the heads of government of NATO countries, and the North Atlantic Council – same message in effect.
(pause)
VOICE: Do people want dinner downstairs, or on trays, or do you want to wait?
[57] VOICE: Let's wait. Let's...
(pause)
MCNAMARA: We probably ought to think about the course of action in the next two or three days, what we're going to (words unclear and other noises). Max is going back to work out the surveillance problem for tomorrow with the Chiefs and see how much cover we need and so on. So we're just going to get shot up sure as hell. There's no question about it. We're going to have to go in and shoot. We can carry this on I would think a couple of days, maybe three days, possibly even four. But we're going to lose planes. We had eight planes going out today. Two aborted for mechanical reasons. Two went through safely and returned, and four ran into fire.
(mixed voices)
MCCONE: You know, it seems to me we're missing a bet here. I think that we ought to take this case to – send directly to Khrushchev by fast wire the most violent protest, and demand that he – that he stops this business and stop it right away, or we're going to take those SAM-sites out *immediately*. That's what I'd tell him. I'd tell him this is a – I'd just use one of the (mixed voices) messages *he* sends *us*, and I'd send it right off, and if he won't – and I'd trade these Turkish things out right now. I wouldn't even talk to anybody about it. We sat for a week, and *everybody* was in favor of doing it, and I'd make that part of the message. I'd tell him we're going to conduct surveillance, as announced by the President, and *one shot* and in we come, and he can expect it. If he wants to sit down and talk about this thing, he can call off his gunfire and do it right away.
MCNAMARA: Well, I think that we can assume that that kind of an approach will be made – ex the – I think we can assume an approach to trade the missiles will be made one way or another. He'll know that. But now let's assume that that's made and time goes by and nothing happens and we're losing airplanes. What – what do we *do* there?
DILLON: Well, I mean this is a job for the...
(mixed voices)
MCNAMARA: Let's assume that the approach is made...
VOICE: And he doesn't do it.
MCNAMARA: Either he doesn't do it or he comes back – let me go back a second. When I read that message of last night this morning, I thought, *My God* I'd never sell – I'd never base a transaction on *that contract*. Hell, that's no offer. There's not a damned thing in it that's an offer. You read that message carefully. He didn't propose to take the missiles out. Not once – there isn't a single word in it that proposes to take the missiles out. It's twelve pages of – of fluff.
VOICE: Well his message this morning wasn't...
(mixed voices)
MCNAMARA: Well, no, I'm speaking of the last-night message. The last-night message was twelve [58] pages of fluff. That's no contract. You couldn't sign that and say we know what we signed. And *be-*

fore we got the damned thing read the whole deal changed – *completely* changed. All of which leads me to conclude that the *probabilities* are that nothing's going to be signed quickly. Now my question is, *assuming* nothing is signed quickly, what do we do. (pause) Well, I don't think attack is the only answer. I think we ought to be *prepared* for attack, all-out attack, but I think we ought to know how far we can postpone that. But I *don't* think that's the only answer, and we ought to think of some other answers here. Now John's suggestion, I think, is obviously one – to try to negotiate a deal.

McCone: I wouldn't try to negotiate a deal. (mixed voices) I'd send him a threatening letter. I'd say, you've made public an offer. We'll accept that offer. But you shot down a plane today before we even had a chance to send you a letter, despite the fact that *you knew* that we were sending unarmed planes on a publicly announced surveillance. Now we're telling you, Mr. Khrushchev, this just one thing, that we're sending unarmed planes over Cuba. If one of them is shot at, we're going to take the installations out, and you can expect it. And therefore, you issue an order *immediately.*

Voice: Right.

McCone: And I'd be prepared to follow that up.

McNamara: But what I'd do is disassociate that from the Turkish missiles, John, that's part of your message that I would ...

McCone: No, I wouldn't because then the pressure get's (word unclear) he get another proposal. He'll have Berlin thrown in.

(low voices)

McCone: He'll get something else thrown in tomorrow. He'll get Berlin. That's what I think.

McNamara: Well, I think that's possible. (words unclear) That's possible. That's why I think we have to be prepared for attack.

(mixed voices)

McNamara: Let's go down and try and draft, get this (words unclear) just so we have later tonight some alternative here.

Voice: Draft it and meet here later. (mixed voices)

(The meeting breaks up, and many leave; probably the President has left somewhat earlier. There follows sporadic low-voiced conversation until Rusk returns, and the Vice President and Rusk and Dillon begin to talk with each other. After a routine review for Johnson of the public steps of the day so far, the conversation continues after comments on the surveillance problem that are not clear.)

LBJ: I've been afraid of these damned fliers ever since they mentioned them. Just an ordinary plane goin' in there at two or three hundred feet without arms or an announcement. If they get – four of them had to turn back because of (words unclear) Imagine some crazy Russian captain would be looking (words unclear) our skies. He might just pull a trigger. Looks like we're playing Fourth of July over there or some- [59] thing. I'm scared of that, and I don't see – I don't see what you get for that photograph that's so much more important than what you – you know they're working at night; you see them working at night. Now what do you do? Psychologically you scare them. Well, hell, it's like the fellow telling me in Congress, »Go on and put the monkey on his back.« Every time I tried to put a monkey on somebody else's back I *got* one. If you're going to try to psychologically scare them with a flare you're liable to get your bottom shot at.

Rusk: What is George Ball doing?

Voice: He's drafting.

LBJ: He (words unclear). He says that if you're going to – you ought to accept the trade if you're going to give up the Turkish bases, that you ought to say, ok, we'll give them up for Cuba. McNamara says tell them we'll give them up for nothing. That's the way I see it. There are two sides. (words unclear) McNamara says if we're going to hit Cuba, we've got to say to the Turks that we want you to give up your Jupiters, and we'll give you Polaris instead. Ball said, well if you're going to do that, just say to Mr. Khrushchev, Yes to your proposal today. So he's drafting (mixed voices) to take the two proposals, McNamara is drafting one, Ball drafting the other, both of them coming back with the two. (mixed voices)

Dillon: Here is the third thing which is really the Ball line, plus McCone's ultimatum idea about surveillance. (reading)

Mr. Chairman:

»We've reached a moment of utmost gravity. Your forces in Cuba have fired on our unarmed planes conducting surveillance in accordance with the resolution of the OAS. You have done this before I had an opportunity to reply to your letter of this morning, offering to remove your offensive weapons from Cuba in return for the removal of similar weapons from Turkey. This suggestion of yours requires consultation with our NATO allies. I am undertaking such consultation and am recommending that our allies agree to the removal of the Jupiter missiles from Turkey at the same time that your missiles are removed from Cuba. Meanwhile it is essential that these weapons be made inoperable immediately. Until this is done.«

RUSK: The weapons in Cuba.

DILLON: Yeah. »Until this is done, subject to reasonable international control, we must continue our unarmed aerial surveillance in Cuba. If these planes« – or again these unarmed planes – he keeps saying that – »if these unarmed planes are again fired upon, we will be required to respond with all the necessary force. The decision, Mr. Chairman, is yours. If you give orders to your forces in Cuba to cease interference with our unarmed planes, if you agree – uh – to immediately render the offensive weapons in Cuba inoperable, the way to peace is open. Otherwise we will be forced to act.« (pause)

RUSK: What do you think?

[60] LBJ: I think he's got a point. I think you're going to have a big problem right here internally, in a few more hours, in this country, (words unclear) all over the country, States of the Union, what have you done, what are you doing? The President made a fine speech. What else have you *done?*

RUSK: Meaning (words unclear) they want more action?

LBJ: They don't know what we're doing. They see that there are some ships coming through. There's a great feeling of insecurity. I told you the other day before these fellows came in they're reflecting it. They're going to be saying I told you, tomorrow or the next day...

RUSK: What would be the effect, in the country, of accepting the Turkish (word unclear)?

LBJ: I don't know.

(reels change; gap of time, length unknown)[14]

[61] LBJ: What – would you say if you said how you've got the Jupiters and they're lighted up there, the searchlights on them, and everybody knows about them, they're not worth a damn. And we'll take that old T-model out and we'll give you Polaris, a much better job – and how do you feel? Well, he *might* feel that we wouldn't *come* to him.

RUSK: We've got 17 000 men there.

LBJ: (words unclear) So we could say, we're going to come but we've got to hit Cuba, and we think that you're in less danger by pulling down these Jupiters and getting them out of here and having the Polaris than you are in the other way. Now what do you think about it? I think he might...

DILLON: If you do this – if you at the same time send that message to everybody, you see, which is explaining why, which is the message that's being drafted.

LBJ: I think governments are old and tired and sick. (pause)

VOICE: There may be one angle to it, Mr. Vice President, that may bother them a little bit. A Polaris submarine would be strictly a U.S. organization...

LBJ: I think what'll bother them is that this man in the United States is not coming.

RUSK: But the point is – the point there is that we're there. Our NATO at the (words unclear) the nuclear aircraft carrier. Are those our planes?

VOICE: Yes. Always. There are both U.S. – there are both US aircraft and (words unclear).

LBJ: Well then (words unclear) why don't we try to sell them on that, Mr. Secretary. (words unclear) A couple of things just say now, »You're more likely to get hit this way than you are the other,« isn't that true, Tommy?

THOMPSON: Yeah, actually we'd have better protection (words unclear) obsolete... (mixed voices)

THOMPSON: The trouble with all this is that unless we're absolutely decided that we're going to hit Cuba [62] – bomb them (words unclear) they'll leave their technicians in Cuba and their bombing planes in Cuba and it'll raise a hell of a mess. (mixed voices)

VOICE: Say nuclear weapons, nuclear delivery systems.

DILLON: We're just talking about missiles, because we can't talk about planes. Then we have to take our planes out of Turkey, you see, and we don't want to do that. (pause)
THOMPSON: The only possible (words unclear) justification for this is (word unclear) bomb.
LBJ: Look you've got to have one plane. They give up Turkey, and then they shoot another – then they give up Berlin. You know, like a mad dog – he takes a little blood and he . . .
(mixed voices)
DILLON: We haven't run into the basic thing that all of us talked about less than a week ago. We all said that's fine we would
(words unclear).
VOICE: Cut the base.
DILLON: Well not the base, just the missiles.
THOMPSON: He's now getting the idea that he can get a lot more. This proposal is that whatever you want out of Cuba, take out of Turkey.
DILLON: Oh I see, what you were talking about a week ago was that they'd take everything out of Cuba, and we'd just take the missiles out of Turkey, whereas now he's saying, I'll take missiles out of Cuba, you take missiles out of here. Take airplanes out if you take airplanes out.
(mixed voices)
THOMPSON: That's why I think any suggestion that we're willing to accept this unless there is an irrevocable decision that we're to take these out by bombing is very dangerous. Because then we'd really be getting nothing but defeat. (words unclear) I can't believe it's necessary. You know, the night before he was willing to take this other line.
(mixed voices)
LBJ: So what happened? Is somebody forcing him to up his ante, or is he trying to just see – maybe we'll give more – let's try it, and I can always come back to my original position.
THOMPSON: Well, I think it's one of two things. Either Khrushchev was overruled and – or Khrushchev and/or his collegues were deceived by the Lippmann piece[15] and the fact that Kreisky[16] put this out which made them think that *we* were putting this out, that we were willing to – to make a trade.
DILLON: Well, Lippmann can work this thing differently. It's our position to say unless you agree not to shoot at our unarmed planes until these things of yours are inoperable in Cuba, then we're going to have to hit you. The choice is yours.
(mixed voices)
(A confused discussion of Lippmann's position follows, largely mixed voices.)
[63] THOMPSON: These boys are beginning to give away. Let's push harder. I think they'll change their minds when we take continued forceful action, stopping their ship or – or taking out a SAM-site. That kills some Russians (words unclear). But if we are not going to shoot any planes that come up or shoot . . .
(words unclear)
DILLON: Well, would you rather send them a thing like this which says if they shoot at all you're going to take them all out, or would you rather just go in and take *one* SAM-site out.
THOMPSON: I'm inclined to take one because I don't think giving an ultimatum is recommended.
(mixed voices)
LBJ: You warhawks ought to get together.
(pause)
LBJ: Well, if he was motivated by Lippmann's message, why – is it your theory he got it after he sent his letter last night and before this one this morning?
THOMPSON: Well, a decision was made after the first letter. The first letter he was wobbling around rather slowly, (words unclear) but that is not to be ignored.
(prolonged mixed voices)
(Then there is read, probably by McCone, a longer version of the McCone draft letter. The essential point is the same – all proposals are worth discussing but meantime shooting at planes must stop, work on bases must be halted, missiles rendered inoperable, and ultimately to be removed.)
(Discussion of McCone draft follows.)
(mixed voices and bad interference)
LBJ: I'm surprised that they've been allowing these planes to go in all these days anyway without any action. (words unclear) Now if we pull out (words unclear) for the last couple of days in the papers. I mean all the old appearances, and I don't think that's good for us. He's looking at it, (words unclear) be-

hind the eight-ball a little bit, and he's got to get a little blood, and he's got it, and now when they realize he's shot down one of our pilots, we're letting their ship go through, and that ship's gone through, and we've had (words unclear). They will know what we're going to be doing. I guess it'll be done tomorrow (words unclear), and they'll shoot and we'll shoot and that's . . .

(pause)

(mixed voices and desultory comments and pauses)

THOMPSON: The only thing that bothers me at all about it is the – uh – you can see that we have two conflicting things here. One is to prepare for action in Cuba, and the other is to get a peaceful solution along the lines which he has proposed. And the purposes are conflicting because if we want to get him to accept the thing that he puts in his letter last night, then we shouldn't give any indication that we're ready to talk about the Cuba-Turkish thing. (words unclear) We have to take one of those two courses.

[64] (pause) (low voices – talk of a translation)

THOMPSON: They've done two things. They've put up the price, and they've escalated . . .

LBJ: The action.

THOMPSON: The action. And I think to mention, as McCone does, that we can discuss this other thing, may be to give them a churlish benefit – and it's an embarrassment, in effect, to Khrushchev. I think it's a further sign of weakness.

VOICE: Sir?

THOMPSON: It's a further sign of weakness to indicate a willingness to talk about this thing which he put out, which was I think (words unclear). This is missile to missile and technician to technician and plane for plane.

LBJ: I guess what he's really saying I'm going to re – I'm going to discuss the foreign policy of the United States for the last fifteen years in order to – let you – uh – get these missiles out of Cuba. (pause) And we say, we're glad, and we appreciate it, and we want to discuss it with you.

THOMPSON: How was it left about this last letter to U Thant after Khrushchev (words unclear) to U Thant. Is that not to be made public? Because if we get that out in public, I think that offsets a lot of things we're at present (sic) about the public posture. It would make the Cuban thing – I mean the Turkish thing – look good.

(Confused further discussion with heavy extra noises. Where to reassemble? Where is McNamara's draft? More confused voices. Noises.)

LBJ: You just ask yourself what made the greatest impression on you today, whether it was his letter last night or whether it was his letter this morning. Or whether it was his (words unclear) U-2 boys?

THOMPSON: The U-2.

LBJ: That's exactly right. That's what everybody (words unclear) and that's what's going to make an impression on *him*.

(mixed voices and other sounds, pause)

JFK: (returning) I'm sorry to keep you. I think we ought to go – essentially go back to this problem and then when we get these messages to the Turks, the British, and the NATO messages.

BUNDY: We have to go back to – we have to instruct Finletter, we have really to agree on the track, you see, Mr. President and I think there's a very substantial difference of opinion . . .

LBJ: McNamara is drafting that message.

(mixed voices)

JFK: Let's see what the difference is, and then we can think about that. What is the difference?

BUNDY: Well I haven't been in as much of the discussion as some others, Mr. President, but I'll ask Mr. Thompson to speak.

THOMPSON: Well, I can't express his view better than Bob McNamara could do, but – uh – I think we clearly have a choice here – uh – that either we go on the line that we've decided to attack Cuba and there-[65] fore are terribly bound to that, or we try to get Khrushchev back on the peaceful solution, in which case we shouldn't give any indication that we're going to accept this thing on Turkey, because the Turkish proposal is I should think clearly unacceptable – missiles for missiles, plane for plane, technician for technician, and it leaves – if it worked out, it would leave the Russians installed in Cuba, and I think that – uh – (word unclear) accept. It seems to me there are many indications that – uh – they suddenly thought they could get – uh – up the price. They've upped the price,

and they've upped the action. And I think that we have to bring them back by upping our action and by getting them back to this other thing without any mention of Turkey. This is bad for us, from the point of view of (words unclear). We have to cover that later, but we're going to surface his first proposal which helps the public position. It gets it back on – centered on Cuba, and our willingness to accept it. And that – that somewhat diminishes the need for any talk about – about Turkey. It seems to me the public will be pretty solid on that, and that we ought to keep the heat on him and get him back on the line which he obviously was on the night before. That message was almost incoherent and showed that they were quite worried, and the Lippmann article and maybe the Kreisky speech has made them think they can get more, and they backed away . . .
JFK: When did Kreisky make his suggestion about Turkey?
THOMPSON: In a public speech to a party group.
JFK: And Lippmann had it when?
BUNDY: Two days ago.
JFK: Two days ago?
SORENSEN: It was in the Washington Post. (words unclear)
(mixed voices)
JFK: Well, I think we ought to – just a second – I'll just say, of *course* we ought to try to go the first route which you suggest. Get him back – that's what our letter's doing – that's what we're going to do by one means or another. But it seems to me we *ought* to have this discussion with NATO about these Turkish missiles, but more generally about sort of an up-to-date briefing about where we're going. Uh –
LBJ: We have two alternatives. Secretary McNamara suggests that we draft a message to the Turks and to the NATO people, saying that we will give you Polaris for the Jupiters in Turkey. And we're going to hit Cuba and therefore we ought to do this because then it means that *you're* safer than you would be. That's what he says. Ball takes the position that you shouldn't – you should get something for your trade, if you're going to give up the Jupiter, why you ought to get him to take care of Cuba.
(mixed voices)
LBJ: McCone's got one that lays down an ultimatum, that just says we're going to – you shot down our man there, we're not going to take any more of it.
VOICE: Well what do you do on Cuba, on that one?
[66] RUSK: Mr. President, I think that the trouble with Ball's track is that their public statements today – plane for plane, man for man, missile for missile . . .
VOICE: Who said this?
RUSK: Ball's track – a sort of acceptance in effect of their (word unclear) of this morning. It would just get us completely out of Turkey in every respect, and leave the Soviets very much in Cuba. It's the track of last night we want to get them back to. I think if we step up our action tomorrow, against Cuba, not against – necessarily against the Soviet Union . . .
(mixed voices)
DILLON: Ambassador Thompson has another idea, was that instead of an ultimatum, a lot of talk about if you shoot any more of our unarmed planes, that it would probably be more effective and make more of an impression on him if we did do what we said we were going to do before and just go in and knock out just one SAM-site.
VOICE: That would be the best way of impressing.
(mixed voices)
JFK: (words unclear) plane was shot down in Cuba?
(voice unclear)
BUNDY: (one line censored)
(mixed voices)
VOICE: Havana has announced it, that it was shot down by antiaircraft fire.
JFK: I didn't know that . . . (mixed voices) Well, we ought to get that and make sure that McNamara knows that.
(mixed voices)
THOMPSON: I also think that we ought to – if that Soviet ship comes in within this line we ought to stop it.
(pause)
VOICE: Do we have any idea what that ship's carrying?
(mixed voices – pause)
JFK: In his messages this morning on Turkey did he say if we took out the missiles in Turkey he'd take out the missiles in Cuba?

DILLON: Yes, he said »analogous things« (mixed voices). What we considered offensive and analogous means would have to come out of Turkey.
THOMPSON: »I therefore make this proposal. We agree to remove from Cuba those means which you regard as offensive means. We agree to see they carry this out and make (words unclear) the UN. Your representative will make a declaration to the effect that the U.S. on its part will remove the similar means from Turkey.« That's why I think it's very dangerous to indicate any incentive to play on this thing. (words unclear) – as the Secretary says – it's either/or (words unclear) We either get out of Turkey completely or we leave the Soviets in Cuba, and only missiles out.
BUNDY: Well, we could make a counterproposal, obviously, ...
THOMPSON: Yes.
[67] BUNDY: Get everything out of Cuba, and negotiate with the Turks with the same objective. (words unclear)
JFK: We can't very well invade Cuba with all its toil, and long as it's going to be, when we could have gotten them out by making a deal on the same missiles in Turkey. If that's part of the record I don't see how we'll have a very good war. (pause) However that is really a question – uh – what to say to (words unclear).
LBJ: It wouldn't mean just (words unclear). He takes his missiles out of Cuba, he takes his men out of Cuba, he takes his planes out of Cuba, why then your whole foreign policy is gone. You take everything out of Turkey, 20 000 men, all your (word unclear), all your planes, all your missiles, and crumple.
VOICE: This Turkey thing has been (words unclear).
VOICE: ... get those missiles out of there.
RUSK: Last night he was prepared to trade them for (several words unclear).
LBJ: Somebody told him to try to get a little more ... (pause, then discussion is desultory and not clear, but not on substance, for a minute.)
JFK: We've got two or three different proposals here, can we meet at nine o'clock and (words unclear) and everybody get a bite to eat, and then come back and see whether we send this message, we see about what we do about our plane, we see about our two messages to the UN – I mean – (words unclear) and we'll probably think about that and I think it would be better (noises) say nine o'clock? ...
(Hubbub as meeting breaks up. Meeting resumes after passage of time – length not clear from tape.)[17]

Nr. 44

Entwurf von Adlai Stevenson, US-Botschafter bei den Vereinten Nationen, für ein Antwortschreiben des Präsidenten an Nikita Chruschtschow, 27. Oktober 1962[1]

Presidential Letter to Nikita Khrushchev: Draft by Adlai Stevenson, October 27. In: Cuban Missile Crisis Meetings, October 27, 1962, 4 PM.

(John F. Kennedy Library, Boston: President's Office Files, Presidential Recordings, Transcripts, Cuban Missile Crisis Meetings, October 27, 1962)

Ich habe Ihren Brief vom 26. Oktober sehr sorgfältig gelesen und sehe darin einen Hinweis auf Ihre Bereitschaft, eine friedliche Lösung des Problems anzustreben. Ich schrieb Ihnen den Brief, um Ihnen zu versichern, daß das auch mein Wunsch ist. Als erste Maßnahme jedoch müssen die Arbeiten an den offensiven Raketenbasen auf Kuba eingestellt und alle angriffsfähigen Waffensysteme auf Kuba entschärft werden. Vorausgesetzt, daß das unverzüglich geschieht, habe ich meinen Beauftragten in New York Richtlinien gegeben, die ihnen erlauben, an diesem Wochenende ein Abkommen für eine dauerhafte Lösung des Kuba-Problems mit dem amtierenden Generalsekretär und Ihrem Beauftragten auszuarbeiten. Wenn Sie Ihrem Beauftragten ähnliche Richtlinien geben, gibt es keinen Grund, warum wir nicht (unverständlich) innerhalb weniger Tage zu einer völligen Übereinkunft kommen können.

Ich registriere und begrüße Hinweise in Ihrem zweiten Brief, den Sie veröffentlicht haben, daß Sie gern auf ein allgemeineres Abkommen für andere Bereiche hinarbeiten würden. Ich möchte noch einmal sagen, daß wir uns sehr gern in dieser Richtung bewegen würden. Wenn die Erwähnung der Türkei und anderer Länder in Ihrem Brief bedeutet, daß Sie bereit sind, über einen Entspannungsprozeß für ganz Europa zu reden, so sind wir natürlich gern bereit, mit unseren Verbündeten zusammen über die Vorschläge nachzudenken, die Sie und Ihre Partner im Warschauer Pakt im Sinn haben. Ich meine, daß der Austausch von Erklärungen, in den Sie und ich in den letzten Tagen eingetreten sind, und die Gespräche in New York uns weit genug gebracht haben, um einen sehr konkreten Friedensplan auf die Tagesordnung zu setzen, was von dem Abzug der Waffen aus Kuba und den begleitenden Unabhängigkeitsgarantien für Kuba abhängt. Wenn aber die Arbeit auf den Raketenbasen fortgesetzt und die Diskussion über den Abzug der Raketen und anderer Angriffswaffen aus Kuba verlängert wird durch die Verbindung dieser Probleme mit den umfassenderen Fragen der europäischen und globalen Sicherheit, so würde das die Kuba-Krise verschärfen und den Weltfrieden, den Sie in Ihrem gestrigen Brief beschrieben haben, ernsthaft gefährden. Ich fordere Sie deshalb sehr dringend dazu auf, mit uns gemeinsam für eine rasche Beilegung der Kuba-Krise zu sorgen, wie Sie es in Ihrem Brief vom 26. Oktober als Möglichkeit andeuten, so daß wir dann zu einer baldigen Lösung anderer ernsthafter Probleme voranschreiten können, die nach meiner Überzeugung nicht unlösbar sind.

Nr. 45
Entwurf von George Ball, Staatssekretär im Außenministerium, für ein Antwortschreiben des Präsidenten an Nikita Chruschtschow, 27. Oktober 1962[1]

Presidential Letter to Nikita Khrushchev: Draft by George Ball, October 27. In: Cuban Missile Crisis Meetings, October 27, 1962, 4 PM.

(John F. Kennedy Library, Boston: President's Office Files, Presidential Recordings, Transcripts, Cuban Missile Crisis Meetings, October 27, 1962)

Herr Vorsitzender!

Wir haben einen äußerst gefährlichen Zeitpunkt erreicht. Ihre Truppen auf Kuba haben unsere unbewaffneten Flugzeuge, die in Übereinstimmung mit der Entschließung der OAS Aufklärungsflüge durchführen, beschossen. Sie taten dies, bevor ich Gelegenheit hatte, Ihnen auf Ihren Brief von heute morgen zu antworten, in dem Sie anbieten, Ihre Angriffswaffen aus Kuba abzuziehen gegen den Abzug ähnlicher Waffen aus der Türkei. Dieser Ihr Vorschlag erfordert Beratung mit unseren NATO-Verbündeten. Ich befinde mich in dieser Beratung und empfehle unseren Verbündeten, dem Vorschlag zuzustimmen, daß die Jupiter-Raketen aus der Türkei zur gleichen Zeit abgezogen werden wie Ihre Raketen aus Kuba. Unterdessen ist es unabdingbar, daß diese Waffen sofort entschärft werden. Bis das unter angemessener internationaler Kontrolle geschehen ist, müssen wir unsere unbewaffnete Luftaufklärung über Kuba fortsetzen. Wenn diese unbewaffneten Flugzeuge noch einmal beschossen werden, werden wir mit aller erforderlichen militärischen Gewalt antworten müssen. Die Entscheidung, Herr Vorsitzender, liegt bei Ihnen. Wenn Sie Ihren Truppen auf Kuba befehlen, die Störmanöver gegen unsere unbewaffneten Flugzeuge zu beenden, wenn Sie damit einverstanden sind, die Angriffswaffen auf Kuba sofort zu entschärfen, ist der Weg zum Frieden frei. Andernfalls werden wir zum Handeln gezwungen sein.

Nr. 46
Brief John F. Kennedys an Nikita Chruschtschow, 27. Oktober 1962

Letter John F. Kennedy to Nikita Khrushchev, October 27

(David L. Larson, (Hrsg.), The »Cuban Crisis« of 1962. Selected Documents, Chronology and Bibliography, Lanham, New York, London: University Press of America, 1986:2, S. 187–188)

Sehr geehrter Herr Vorsitzender,

Ich habe Ihren Brief vom 26. Oktober mit großer Sorgfalt gelesen und begrüße Ihre Absichtserklärung, eine sofortige Lösung des Problems anzustreben. Was jedoch als erstes getan werden muß, ist, die Arbeit an den offensiven Raketenstützpunkten in Kuba einzustellen und alle Waffensysteme in Kuba, die sich offensiv einsetzen lassen, zu entschärfen, und dies unter angemessenen Vorkehrungen der Vereinten Nationen.

Unter der Voraussetzung, daß dies umgehend geschieht, habe ich meinen Vertretern in New York

Anweisungen erteilt, die es ihnen ermöglichen, an diesem Wochenende – in Zusammenarbeit mit dem amtierenden Generalsekretär der Vereinten Nationen und Ihren Vertretern – eine Einigung über eine dauerhafte Lösung der Kuba-Frage zu erarbeiten, die sich an den Vorschlägen in Ihrem Brief vom 26. Oktober orientiert. Wie ich Ihren Brief verstanden habe, enthalten Ihre Vorschläge – die nach meinem Verständnis im allgemeinen annehmbar sind – folgende Schlüsselelemente:

1) Sie würden sich bereit erklären, diese Waffensysteme unter angemessener Beobachtung und Überwachung der Vereinten Nationen abzuziehen, und sich verpflichten, geeignete Sicherheitsvorkehrungen vorausgesetzt, die weitere Einfuhr solcher Waffensysteme nach Kuba zu unterbinden.
2) Wir unsererseits würden uns bereit erklären – nachdem die Vereinten Nationen geeignete Vorkehrungen getroffen haben, die Erfüllung und Einhaltung dieser Verpflichtungen sicherzustellen –, a) die Quarantäne-Anordnungen, die derzeit gelten, umgehend aufzuheben; und b) Garantien gegen eine Invasion Kubas zu geben. Ich bin zuversichtlich, daß andere Länder der westlichen Hemisphäre bereit wären, das gleiche zu tun.

Wenn Sie Ihren Vertretern entsprechende Anweisungen erteilen, gibt es keinen Grund, weshalb wir nicht in der Lage sein sollten, diese Vereinbarungen innerhalb einiger Tage zustande zu bringen und sie der Welt bekannt zu geben. Die Wirkung, die eine solche Klärung für den Abbau der Spannungen in der Welt hätte, würde es uns ermöglichen, auf eine umfassendere Vereinbarung über »andere Rüstungen« hinzuarbeiten, wie Sie es in Ihrem zweiten Brief vorschlagen, den Sie veröffentlicht haben. Ich möchte noch einmal erklären, daß die Vereinigten Staaten sehr daran interessiert sind, die Spannungen abzubauen und den Rüstungswettlauf zu beenden; und sollte Ihr Brief signalisieren, daß Sie bereit sind, Gespräche über eine Entspannung bezüglich der NATO und des Warschauer Paktes zu führen, sind wir gerne bereit, mit unseren Verbündeten über jeden sachdienlichen Vorschlag nachzudenken.

Doch der erste wesentliche Schritt – lassen Sie mich dies betonen – ist die Einstellung der Arbeiten an den Raketenstützpunkten in Kuba und das Einleiten von Maßnahmen, diese Waffen zu entschärfen, und zwar unter wirksamen internationalen Garantien. Die Fortsetzung dieser Bedrohung oder die Verzögerung der Gespräche über Kuba durch eine Verknüpfung dieser Probleme mit umfassenderen Fragen der Sicherheit Europas und der Welt würde sicher zu einer Intensivierung der Kuba-Krise und zu einer ernsthaften Gefährdung des Weltfriedens führen. Aus diesem Grunde hoffe ich, daß wir bald zu einer Einigung in der Richtung kommen können, die in diesem Brief und in Ihrem Schreiben vom 26. Oktober dargelegt ist.

gez.: John F. Kennedy

Nr. 47

Tonbandtranskript der Sitzung des Exekutiv-Komitees des Nationalen Sicherheitsrates am Abend des 27. Oktober 1962 (englisches Original)[1]

Cuban Missile Crisis Meetings, October 27, 1962, 9 PM.

(John F. Kennedy Library, Boston: President's Office Files, Presidential Recordings, Transcripts, Cuban Missile Crisis Meetings, October 27, 1962)

1. Militärische Provokationen

[68] RUSK: Certainly he's made a public speech on the subject. But – uh – we've also made some public speeches, and – uh – I think we're in such a confrontation that – uh – he's got to worry very much as the telegram last night that came in late obviously showed – he's got to worry a great deal about how far he wants to push this thing. (words unclear) had good economic relations with the United States – his relations with you – the actual strategic situation – uh – I would think that tomorrow we take certain steps to build up the pressure – we have the enforced surveillance; we shoot anybody who gets in our way; we see whether the town produces any result tonight for when we're here in the morning; we intercept that Soviet ship, we – uh – consider tomorrow afternoon including the oil in the blockade. (word unclear) In firing that goes on in Cuba, we keep the – keep the focus on the Cubans. I had suggestions in John McCone's draft that would tend to do that – the message to Khrushchev about the necessity for enforced surveys, that would keep the monkey on Cuba's back in this regard. If we do have to enforce our right to overfly and to have a look – it's an accidental fact that some Russian technicians may be around at the time we have to – shoot, since they've already fired the first shot. (words unclear) It's something that is regretta- [69] ble but it's not something that we make a very public issue out of, we're enforcing this with respect to Cuba, not the Soviet Union – the surveillance business.

DILLON: You do anything about the SAM-site that shot down our plane?

JFK: We don't know if it did yet, Doug.

(mixed voices)

RUSK: If we're going in tomorrow with – with the (words unclear) that we're going to enforce the right to surveillance.

BUNDY: If we can't get assurances of allowing them to proceed (words unclear).

(mixed voices and question to Taylor: »Would you like to discuss« . . .)

TAYLOR: The Chiefs have been – I went back this (word unclear) and talked this over with the Chiefs. The problem of low level surveillance is becoming difficult because in all the flights today around the SAM-sites, the – uh –, (words unclear), missile sites, there's low-level ack-ack. (mixed voices) Quite a bit. The planes returned (words unclear) the first to the missile sites and then the second turned back and cut out. We have some photography and I would say by tonight – by the end of the day – we probably have seen some of the dispositions around these sites. However the kind of (words unclear) very hard to pick up. Its very hard to know exactly where it is. (words unclear) So that by tomorrow I would say we're *not* ready to go back with *armed* reconnaissance preceding the actual photographic missions, if there's any hope of cleaning out this (words unclear). We think, however, the Chiefs would recommend, that we still go back with about six planes tomorrow, picking out targets which we don't know have this kind of flak around, to verify that the work is still going ahead, and also to prove we're still on the job. But we're approaching the point, I think, Mr. President, where low-level reconnaissance will be entirely impossible. When we reach that point, and if we're going to continue reconnaissance without actually taking out the whole works, we're faced with taking out a number of the SAM-sites that (several words unclear) medium and high-level reconnaissance. But

low-level reconnaissance *probably* is on its way out, and I think we'll learn that tomorrow.
McNamara: I would add to that I don't believe we should carry out tomorrow's U-2 mission (mixed voices). The U-2 (mixed voices) but I do believe we should carry out the low-level reconnaissance with the necessary fighter escorts and preparations for following our reconnaissance, if it's attacked, with attack on the attackers.
Voice: You don't think that fighter escort on the low-level will help tomorrow?
Taylor: These planes are off the coast now, in case they have a cripple coming out, but (many words not clear).
[70] Dillon: (words unclear) I wasn't quite clear – are the antiaircraft shooting at these things around the missile sites themselves?
Taylor: ... the vicinity of the missiles sites ...
(mixed voices)
McNamara: Well, I think the point is that if our planes are fired on tomorrow, we ought to fire back. That's what I'd have the (mixed voices). The best indication of the antiaircraft sites that we have is around the missile sites (mixed voices).
Rusk: Firing back at the missiles on the ground on the basis that you're firing back at...
(mixed voices)
JFK: Let me say, I think we ought to wait till tomorrow afternoon, to see whether we get any answer – if U Thant goes down there – we're rapidly approaching a real – I don't think that firing back at a twenty millimeter coming off the ground is good. I think we ought to figure that Monday – if tomorrow they fire at us, and we don't have any answer from the Russians, then Monday, it seems to me, we ought to – we can consider making a statement tomorrow about the fire and that we're going to take action now any place in Cuba, on those areas which can fire, and then go in and take all the SAM-sites out. I'd rather take – I don't think that it does any good to take out – to try to fire at a twenty millimeter on the ground. You just hazard our planes, and the people on the ground have the advantage. On the other hand, I don't want to – I don't think we do any good to begin to sort of *half* do it. I think we ought to keep tomorrow clean, do the best we can with the surveillance. If they still fire, and we haven't got a satisfactory answer back from the Russians then I think we ought to put a statement out tomorrow that we were fired upon, and we are therefore considering the island of Cuba as an open territory, and then take out all these SAM-sites. Otherwise what we're going to do is find this build-up of the – of the protection for the SAM-sites, low, and the SAM-sites high – and we'll find ourselves without – our requirement will be so limited, that we'll find ourselves with all the disadvantages. I think we ought to, tomorrow – let's get U Thant our messages – take – if they fire on us, tell them we'll take them all out and if we don't get some satisfaction from the Russians or U Thant or Cuba tomorrow night, figure that Monday we're going to do something about the SAM-sites. What do you think?
McNamara: (words unclear) I would say only that we ought to keep some kind of pressure on (words unclear) tomorrow night, that indicates we're (word unclear). Now if we call up these air squadrons tonight, I think that settles.
(mixed voices)
McNamara: I have a paper here (several words unclear) I believe we should issue an order tonight calling up the twenty-four air reserve squadrons, roughly 300 troop carrier transports, which are required for an invasion, and this would both be a [71] preparatory move, and also a strong indication of what lies ahead...
JFK: I think we ought to do it.
(mixed voices)
Taylor: I might say this, that as a part of the help to cutting the time short of invasion, shipping is really more important than this, although I'm entirely *for* this (words unclear).
JFK: Well, tomorrow, when do we talk, Mr. Secretary, I thought maybe tomorrow we'd do the shipping. We ought to break it in two. Probably air is the focus of interest right now. What we're trying to do is get a settlement of this. I thought maybe the first one ought to be the air.
Voice: You alert them or call them up?
Voices: Call them up.
(mixed voices)

McNamara: I would like to put that out ...
(mixed voices)
McNamara: I can do it under the Executive Order that you signed granting me the authority (words unclear). I would like this to – let me read this and see – (reading). »Today U.S. unarmed reconnaissance aircraft, conducting surveillance of the build-up of offensive weapons secretly introduced into Cuba by the Soviet Union, were fired upon. Such surveillance operations were in accordance with the resolution adopted on October 23rd by the Organ of Consultation of the Inter-American system under the provisions of the Rio Treaty of 1947.[2] To ensure that the nations of the Western Hemisphere continue to be informed of the status of the threat to their security, it is essential that such reconnaissance flights continue. To protect these flight against attack, it will henceforth be accompanied by fighter escorts. The possibility of further attack, on our aircraft, and the continuous build-up of the offensive weapons systems in Cuba, require that we be prepared for any eventuality. Therefore tonight, acting under the authority granted me by Execution Order such-and-such, I have instructed the Secretary of the Air Force to order to active duty twenty-four troop carrier squadrons of the Air Force Reserve with their associated support units.«
Gilpatric: You might want to take out the sentence about the fighter escorts.
McNamara: Yes, I'd leave that out. (words unclear)
Taylor: (words unclear) about fighter escort and (word unclear) low level really doesn't mix.
JFK: Do we call up any fighters, or it'll just be troop carriers? (mixed voices)
McNamara: We *could* call up some fighters (mixed voices) just cats and dogs, Mr. President ...
(mixed voices)
Rusk: ... from the public point of view, and from the effect on Khrushchev you should add some fighters, even if you don't call up ... (mixed voices)
[72] Taylor: We have them off the coast looking for cripples, but they haven't been coming over because of the (words unclear).
McNamara: Dean, it's just not worthwhile ... (words unclear)
Voice: I just wanted to be sure.
JFK: Now who announces this – the Defense Department?
McNamara: Yeah, I'll do this. (mixed voices and sounds)
(pause)
(Discussion in low voices, not general, hard to understand. RFK concerned about next steps – mention of POL – tanker)
JFK: In addition it's not really his assurance to us, it's his assurance to U Thant and the United Nations.
(mixed voices)
JFK: I think we maybe ought to call Stevenson – when the Secretary gets back we'll talk to him – to tell U Thant this ship is coming on have him get (name close to »Zorin«) or whatever it is ... After all, the assurance was to U Thant and not to me, that they'd keep them out of there. The U.N., for the record, is clearer.
Taylor: Mr. President, with regard to reconnaissance the Chiefs talked this over at great length. We would say there is no great – no need for more reconnaissance tomorrow, except for the fact that we know that we should check on whether they're working or not. And secondly we think it would be a mistake to back away (words unclear).
JFK: I agree (mixed voices) ... we also want to find out (words unclear) if they're firing tomorrow. If they're firing tomorrow we'd better announce that. I think – uh – Mr. Secretary, we were talking about this ship. He gave U Thant assurances on sending ships, so I think that we ought to, tonight, call Stevenson to inform U Thant that this ship is continuing to approach (words unclear) that we'd like to get some answer from them, whether this is going to be called back or otherwise we – the confrontation must take place. It needs to be – we ought to have the record a little better. Do you have any objections to ...
McNamara: No, in fact I ... (mixed voices)
RFK: Could we have a couple of minutes – just a minute's discussion, as to whether we should intercept it or not. I don't know whether we think that that's advisable if we're going to – uh – face firing – if they are firing on us. I should think the argument could go (words unclear).

RUSK: Well, I was just making a list here of the things that have happened today. By the way the intercept area business was available last night, I think.
JFK: I just want to call them, Bobby and tell them about the ship. We don't have to say what we're going to do about it, but I think we ought to tell them ...
(mixed voices)
RFK: Okay.
JFK: Will you find out where it is, Mac, in a technical way, and give them the latitude and longitude.
BUNDY: I was just talking to Harlan Cleveland (mixed voices).
[73] JFK: We don't need to say what we're going to do about it, but we ought to say this is approaching, and we'd like to have you know about it.
(mixed voices)
RFK: Tomorrow morning – is it possible to decide tomorrow?
MCNAMARA: Yeah, we can wait until about noon tomorrow. (mixed voices)
RUSK: Mr. President, just to remind us of seven things that have happened today. He, by the way, is telling us the pressure's on Khrushchev (words unclear). One was the statement this morning on the broadcast. Second was this business on the intercept (word unclear) U Thant. Third was an announcement on enforced surveillance. Fourth was our short message to U Thant (words unclear). Five was our answer to K's letter of October 26. Six was a call up of air squadrons. Seven will be a warning to U Thant of an approaching ship.
Now, in general, I think that's – uh – for one day, that's building up. Tomorrow, we'll need to be sure that the pressures continue to build up.
JFK: Well, we've got two things. First place we've got the POL. Secondly we've got the announcement about these – whatever happens – if we don't *take* the ship, we announce that the (words unclear) been broken, and from now on, it's POL, all ships, and – uh – so on. (words unclear) Nine ships (words unclear) in addition our own ships. So it seems to me we've got two or three things tomorrow, that ...
(pause)
RUSK: Bob, if you make (words unclear) in calling up, how much of the 150 000 is left?
MCNAMARA: The air squadrons are 14 000, out of a total of 150. (voice: 125 000) 14 000 out of 150 – 135 left.
(mixed voices)
TAYLOR: Shipping – the importance of shipping, Mr. President. That the next step in my judgment ought to be calling up ships.
JFK: I thought tomorrow we'd do that. (words unclear) It's just a little late tonight, and I think probably tomorrow.
(mixed voices – on ships – national guard)

2. Der Präsident: orientierungslos

JFK: What we'd better do is now figure out these messages to NATO and the Turks. Has everybody seen Norstad's message?
BUNDY: No, sir.
JFK: I'll read it. »Dear Mr. President:

I just talked to Finletter, who is arranging for the NAC meeting in the morning. He might be instructed to give details of Khrushchev's communication to you, to state that regardless of the merit or lack of merit of the proposal, the seriousness of the situation requires (sound cuts out). Finletter's presentation should be brief, factual and should be cool and skeptical, without suggesting that you have established a firm and final position. The resulting discussion would, I hope, be useful to you as an indication of European opinion, and might develop some aspects of the problem of importance to you in making your [74] decision. In any event it should help to avoid a situation in which you can be wrong whatever you do, and your allies can be right and wise regardless of developments. It also of course helps meet the consultation commitment.

No matter how productive and useful a NAC[3] discussion may be it will not, I fear, substantially relieve you of the burden of making a difficult decision. Many questions will arise as this subject is considered. Among these are:

(a) The missiles in Cuba. Are missiles in Cuba on the same basis as those in Turkey? Clearly the answer is No.

(b) Can Turkey be treated as a satellite? Clearly Khrushchev seems now publicly to have placed Cuba in that category.
(c) Although accepting the Khrushchev proposal may bring short-term relief, if such action is taken as a sign of weakness in any case, will it contribute to strengthening our long term position?
(d) Would an acceptance of the proposal indicate that the threat of missiles posed to the U.S. caused the weakening of our NATO protection under Soviet pressure, where MRBMs[4] sited against Europe had *strengthened* our defense and our resolve?
(e) What would be the effect on Greece and Turkey, both of whom live in constant fear of being left alone?

This is a very incomplete list of the questions which come to mind as one considers this problem. The answer seems to me to add up to a rejection of Khrushchev's proposal, and I believe Finletter should be instructed to indicate this as the general direction of U.S. thinking.«

That's General Norstad.
(pause)
JFK: (words unclear) a draft?
RUSK: There is one – we have one on the basis that – uh –
(pause for 1 minute)
RUSK: Mr. President, I wonder, in a matter of this sort, whether it is necessary for the United States to give its first choice at the time that we first discuss this problem with NAC. We could let them know that we've got to take action in Cuba if this thing continues, and this will create dangers in the NATO area. Remind them that the Soviets have raised this question of Turkey. We'd genuinely like to consult Europe – the NATO allies. Now there are three possibilities. The one is that we – that NATO takes the position that they *cannot* connect the defenses of NATO with the situation – the security situation in another part of the world. These defenses relate to the Soviet military position regarding NATO, with hundreds of missiles aimed at NATO. Therefore we have to stand by them in NATO and make sure that – uh – the Soviet Union realizes that we have to *combine* with NATO on this issue. The second alternative would be, on straight security grounds, take Bob McNamara's point, here on page three. The third would be to take George Ball's proposal – uh – draft here, saying [75] that we accept this but on the full understanding that – uh – we will make alternative arrangements, which are easily made, for the nuclear defense of NATO. But – and tell them that in this situation, since we understand the grave issues involved, that we would be glad to have the views of NATO – to take into account before we decide what *has* to be done here in this Hemisphere, and how we handle this particular problem.
(pause)
RUSK: And if we were asked for an especial preference, of course the preference is one, that we go ahead with this Cuban business without regard to bargaining with NATO, but that NATO must understand the nature of the risks that are involved to NATO.
JFK: Well, if you're going to really present it to them that way, you wouldn't want to state a position, I don't think, Mr. Secretary, would you, because they'll feel compelled then to agree with that – it sounds sort of strong and firm and clear, and then they – uh – unless we're sure that's the direction we want to steer them. I think we can steer them in that direction. It's officially the easiest position, but I think we ought to be sure that that's what we *want* to do. (pause) We have to – what we want to do – it seems to me, Mr. Secretary, that even if we want them to end up that way, we don't want to look like that's where we urged them and therefore they have accepted, some reluctantly, some eagerly, the United States opinion, then it goes bad, which it may well, then they say well, we followed you, and you bitched it up. But so far (words unclear) who gets involved – us, the Russians, and Cuba. Beginning at the offer on Turkey, then they're really in it. I don't think we are – even indicate – all we're doing is saying, »This is it. This situation is getting worse, and we're going to have to take some action, and we want you to know, we want you to have an opportunity, and we're consulting with you, definitely, is there any merit in this?« And if we don't – take it, then we want everybody to understand what we think may be the alternative if we're going to have to move. I think that's probably what this first meeting ought to be, and then

we might have another one the next morning. But otherwise (words unclear and mixed voices).
DILLON: ... very clearly that we aren't pushing them either way.
VOICE: ... leave out the pentultimate paragraph, the first – around the top of page three, and the last paragraph (words unclear).
(mixed voices)
RUSK: Some of them may come up with an idea that would unlock this damned thing, something that we haven't thought of. It's just possible.
VOICE: Do we just report to them all these actions that are being taken (mixed voices) and not anything further (mixed voices).
[76] JFK: Well now, will the introduction of Turkey, we think that if we take an action which we may have to take, I don't think we ought to say – which we may well have to take the way it's escalating, if they hit Turkey and they hit Berlin, we want them – if they want to get off, now's the time to speak up.
RSM*: Mr. President, do we believe that we'll be able to settle Cuba more easily with or without the Jupiters in Turkey. I think we ought to decide this point before we open the door to NATO.
RFK: That's what – can't we wait? Isn't it possible to get through tomorrow at three or four o'clock without even getting into NATO with the Turkey business? And then figuring, I mean if we lose the gamble with – and I think that – if once they find, playing around and figuring on Turkey, we're willing to make some deal – if I were they I'd push on that, and then I'd push on Italy, figuring that well if they're going to go on that they can carry it one step further. But if we are *hard* on this thing – the gains that we have – we know that we've got some respite – that (words unclear) see some way in Moscow – the way that they made the offer initially. Why don't we just wait another eighteen hours, see if that's been eased at all. We're hard and tough on this. We called up the planes tonight, and we wait. We find out if U Thant is successful, then we find that he's not successful – the whole thing looks like it's collapsing, and we're going to have to go in there. So then we call them together, and we say what the problem is.

* Robert S. McNamara

JFK: Have we called the meeting yet?
VOICE: Yes we have.
(mixed voices)
BUNDY: I think it says in Norstad's message ten o'clock.
(words unclear)
BUNDY: Three o'clock our time. No, other way around, morning our time.
(cut off)[5]
[77] RFK: I think you could say it tomorrow, if you had the information. State the facts, and say we think that this should be based – based completely in the Western Hemisphere. This is what we had ...
BUNDY: We have an obligation to talk with you, and more of an obligation and we'll meet with you again raising this irrelevance, at ten o'clock tomorrow morning.
RFK: Then if the thing *blows* tomorrow, then we go at ten o'clock the next morning and say that ...
(mixed voices)
RFK: Well, I think you've got to figure – that's another twenty-four hours. You could do it – Ok. Well – uh – one day, I can't believe it's going to make that much difference.
(voices unclear)
RFK: I think – I think you've got to give them a chance. But I think if we indicate to them tomorrow that we're willing to make a deal on Turkey if they're [78] willing to make a deal, that half of them are going to be willing to make it, half aren't, – I think then you'd be in a ...
JFK: Well, but the only thing is have we lost anything (words unclear).
VOICE: You shouldn't discuss the Turkey deal.
RFK: No, I think you just keep silent. Tell them what has happened today. Go through the whole thing. This is just to report to them what we've done, and what steps we're taking, and then they're – that we called up the air, and we're thinking of calling up the ships, – (words unclear) calling up the ships – this is what happened – we sent the U-2 over – it looks like it got shot down – we got some of these – and this is the offer that they've made to us, with the messages that came through Scali and through the other people – we've accepted this – the President (words unclear)

when they suddenly came in with the Turkey business – we haven't considered that because we think it should be restricted to the Western Hemisphere – uh. We made that – we said that we would accept that. We haven't heard yet. We will report to them when we hear and we suggest that we meet at ten o'clock tomorrow morning, and then the Russians come back and say we're only going to do it if you can get the bases out of Turkey, and then we come in and we talk to them and say, »Now this is what our suggestion is, what do *you* want to do,« and they say, »We want to hold fast,« and then on Tuesday we go in.
I think if we indicate tomorrow – (words unclear)
THOMPSON: It'll become public.
VOICE: become public.
JFK: All right does anybody – uh – Mr. Secretary, What do you think of that?
RUSK: No, I think that's all right.
JFK: Mac, can you draw the ...
BUNDY: Yes, sir.
JFK: You and Ted draw the instructions based on what Bobby said.
VOICE: It would combine these.
(mixed voices)
BUNDY: It simply leaves out, as I understand it, the recommendations section of both messages.
VOICE: That's right.
VOICE: The thing you have to bear in mind ...
(mixed voices)
VOICE: You've already said in NATO ...
(mixed voices)
VOICE: I think we've got to say whatever we say in the capitals, also.
RUSK: Whatever we say there is going to be known.
VOICE: Oh, yes.
(mixed voices)
JFK: – and then he can take the temperature. But we have to instruct Finletter not to try to get them to do (words unclear).
DILLON: If it's a very *serious* briefing, this could serve as an indirect *warning* to the Russians.
[79] VOICE: Yeah. (mixed voices)
BUNDY: How much – what noise do we want at the end of it in terms of welcoming discussion? Do we want ...
RUSK: Put the situation to them and welcome their views on it. I tend to hope that they might have some ideas about the alternatives.
JFK: Well, no, what I think – I don't think that yet. In NATO (words unclear) in order to prepare this groundwork for a disaster to NATO, later in the week, in Berlin or someplace, we ought to be saying to them that the reason we're consulting with them is that the situation is deteriorating, and if we take *action,* we think there *will* be reprisals, and they should – we want them to now get a ...
BUNDY: We better say we think there might be ...
JFK: Well I think this is just a draft ...
(mixed voices)
RFK: Do you think, Mr. President, that – uh – that somebody that's been involved in these discussions and knows as much about the background should – might be there?
BUNDY: Mr. President it's only seven hours to the meeting I don't ... (mixed voices)
SORENSEN: It's essentially Ros's draft, and there's one paragraph dropped. You're not recommending any policy. I wonder, though, whether you want to raise, not a *policy* question but a *military* question – and then to examine how valuable *are* the Jupiters ...
MCNAMARA: I would suggest – I would suggest you not lead into discussion of this. This is (words unclear) that you don't *want* discussion tomorrow. They may split up, and you may have chaos.
JFK: But I think you can say that we won't – that we're going to ask for a meeting on Monday on it.
(mixed voices)
JFK: I think we'd better give them some of this stuff – for your eyes – about not bringing up the Jupiters at this point because it'll leak and so on – uh, Mac, I suppose we ought to say – uh – we shouldn't bring up the question of the Jupiters at this point because it may leak and – uh – our efforts to get the Russians –
BUNDY: I think the message should begin that this is – it is now decided that your briefing should not be related to the Soviet proposal but to the *situation* – I think that's really what's concluded, especially in the light of the fact that tomorrow is the day of signals to the Soviet Union. Is that – is that right?
RFK: I think it should go into much more detail –

(mixed voices)
VOICE: Are we going start-up a communication with Khrushchev on this provocation (words unclear).
JFK: The plane going down – the plane going down? (pause)
[80] RUSK: There's a (words unclear) – would – uh – keep the finger pointed on Cuba on this business of surveillance – uh – I gather that those points are covered.
JFK: What are we going to announce in regard to tomorrow's planes?
MCNAMARA: We shouldn't announce anything.
JFK: Not whether we're continuing or . . .
GILPATRIC: We've already announced that, that we're going to continue.
MCNAMARA: But we didn't say tomorrow. We said we're going to continue surveillance. We've got enough messages right now, John. I think that he knows about the plane. He's announced it, so I think the . . . (words unclear)
SORENSEN: I think in some ways it's a sign of weakness if we keep resorting to messages.
JFK: I think we shouldn't send hime one again. I think we ought to just let that one go tonight. The boat's going to be the important thing. Is he going to turn that boat around or . . .
JFK: We – uh – who's notified Stevenson – (words unclear)
BALL: We're trying to – uh – Alex has talked to New York and we – they're going to call back – whether U Thant goes down or not apparently isn't clear – quite clear yet.
RUSK: Goes down where?
VOICE: To Havana.
JFK: Well, I was thinking about that ship, because we're going to be faced with the problem of that ship tomorrow. Do we have a – do we announce it or do we just send . . . (mixed voices)
BUNDY: . . . warning, a ship is approaching the intersector.
VOICE: I'm not sure, Alex was talking about . . .
(mixed voices and noises)
JFK: . . . send a letter to de Gaulle (words unclear). I think we ought to send a letter to de Gaulle, a sort of situation – just as a . . .
VOICE: It shouldn't go to de Gaulle, when Adenauer is . . .
(mixed voices)
JFK: I'm in constant touch with Macmillan but we haven't been with de Gaulle, so we . . .
VOICE: It could almost be a copy of the message to Finletter.
GILPATRIC: Well that's going to the heads of government.
(mixed voices)
VOICE: . . . send it to all the NATO capitals.
JFK: Our ambassador – I think he ought to send a letter to de Gaulle – also Macmillan and Adenauer, but I was thinking more of de Gaulle – but let's send it to all three, it involves Berlin. More or less giving the resume of what the situation is. I'm thinking that I should send it to de Gaulle. (words unclear) . . . What about the Turks, now? What are we going to say to Hare?
RUSK: Well we would say to him what we say to NATO.
VOICE: He'll get exactly the same . . .
[81] JFK: I think we ought to have an »eyes only«, in which we tell him – to – uh – I mean, at least in the next twenty-four hours we shouldn't even suggest to Hare that – uh – that there's a possibility of the – uh – . . .
VOICE: No, you don't want to talk . . .
RUSK: You've seen that long telegram giving the four alternatives?
VOICE: To him?
RUSK: From him.
(mixed voices)
THOMPSON: He's done a very good job on the Turkish situation. (voices mixed and low)
JFK: Let's just say, it seems to me that on Hare if we don't want to – we try to get the Russians off the Turkish trade – then we probably don't want to do anything with Hare for twenty-four hours till we get some sort of an answer.
THOMPSON: This is Hare's telegram. I don't know if you saw it or not.
(mixed voices)
JFK: Well, let's see – uh – let's give him an explanation of what we're trying to do. We're trying to get it

back on the original proposition of last night, and – because we don't want to get into this trade. If we're unsuccessful, then we – its *possible* that we may have to get back on the Jupiter thing. If we *do*, then we would of course want it to come from the Turks themselves and NATO, rather than just the United States. We're hopeful, however, that that won't come. If it does, his judgment on how should it be handled (words unclear) we're prepared to do the Polaris and others, does he think this thing can be made? We'll be in touch with him in twenty-four hours when we find out if we're successful in putting the Russians back on the original track. (words unclear)
THOMPSON: All right, we'll get that.
JFK: Okay?
VOICE: How you want to personally?
(mixed voices)
DILLON: You can send this personally to de Gaulle, Adenauer, and Macmillan, if you want to (voice too low).
JFK: We've sent a message to Macmillan, (words unclear) send one to Adenauer and de Gaulle.
(mixed voices)
JFK: Okay.
(mixed voices)
JFK: Question to George.
BALL: ... The only problem is that as John suggests, when some of these NATO, NAC ambassador report to their own capitals and ...
(mixed voices about possible leaks)
RFK: They say they shot down our U-2. They say they shot it down.
(mixed voices)
[82] TAYLOR: They say they shot down planes.
(mixed voices)
RFK: Then we're going to get shot at tomorrow.
(mixed voices)
MCNAMARA: Mr. President, if we go in at a low level tomorrow, we ought to be prepared, it seems to me, to attack MIGs if they attack our aircraft.
(mixed voices)
MCNAMARA: This time we would make it perfectly clear that if they attack our aircraft, we're going in after some of their MIGs.
(mixed voices)
JFK: ... until Tuesday morning, because we'll have to go back to NATO again Monday, in which we say the situation is getting worse and so on and so forth (words unclear) last chance.
(mixed voices and noise)
MCNAMARA: We take some time tomorrow to talk about it.
(mixed voices and noise)
VOICE: What time did we decide on tomorrow morning?
(mixed voices and laughter and more mixed voices)
RFK: How are you doing, Bob?
MCNAMARA: Well, hard to tell. You have any doubts?
RFK: Well, I think we're doing the only thing we can do and well, you know.
(mixed voices)
MCNAMARA: I think the one thing, Bobby, we ought to seriously (words unclear) damned sure the (words unclear) and then we need to have two things ready, a government for Cuba, because we're going to need one (words unclear) and secondly, plans for how to respond to the Soviet Union in Europe, because sure as hell they're going to do something there.
(mixed voices)
VOICE: Suppose we make Bobby mayor of Havana.
(mixed voices and cut off)[6]

Nr. 48

Unsigniertes Memorandum[1] über eine Botschaft an den NATO-Rat und an die Regierungen aller NATO-Länder, o. D.

Memorandum: Message to the North Atlantic Council and the Governments of all NATO Countries, Unsigned, Undated.

(John F. Kennedy Library, Boston: National Security Files, Countries, Cuba, General, 10/15/62–10/23/63, Box 36)

Am 22. Oktober 1962 hat der Präsident der Vereinigten Staaten erklärt, daß die Präsenz von Offensivwaffen in Kuba, die die Sowjetunion heimlich dort stationiert hat, es für die Vereinigten Staaten notwendig macht, nach Konsultation der Organisation der Amerikanischen Staaten Maßnahmen zu ergreifen, um die Sicherheit der westlichen Hemisphäre gegen die Bedrohung zu schützen, die von diesen Waffen ausgeht. Dementsprechend haben die Vereinigten Staaten in den vergangenen Tagen eine Reihe von Vorsichts- und Schutzmaßnahmen ergriffen. Erstens haben (unbewaffnete)[2] U.S.-Militärflugzeuge die Raketenstützpunkte genau überwacht, um festzustellen, ob die sowjetischen Offensivwaffen in Kuba – insbesondere die Mittelstreckenraketen – ein Stadium erreicht haben, in dem sie gefechtsbereit sind und gegen die westliche Hemisphäre eingesetzt werden können. Zweitens haben die Vereinigten Staaten eine begrenzte Quarantäne verhängt, um weitere Lieferungen von Offensivwaffen an Kuba zu verhindern. Drittens sind die Vereinigten Staaten sowohl direkt als auch über die Vermittlung des amtierenden Generalsekretärs der Vereinten Nationen an die sowjetische Regierung mit dem Vorschlag herangetreten, während der Bemühungen um eine friedliche Lösung der anstehenden Streitpunkte den weiteren Ausbau der Offensivwaffen einzustellen, die bereits stationierten Waffen zu entschärfen und weitere Lieferungen solcher Waffen zu unterlassen. Die Sowjetunion hat auf diese letztgenannten Vorschläge nicht geantwortet. Im Gegenteil, die Bauarbeiten an den Raketenstützpunkten dauern an und alles deutet darauf hin, daß immer mehr Raketen gefechtsbereit werden. Außerdem waren die (unbewaffneten)[3] U.S.-Militärflugzeuge, die heute die öffentlich angekündigte Luftüberwachung über Kuba durchgeführt haben, intensivem Flakfeuer ausgesetzt, und eines dieser Flugzeuge wurde abgeschossen.

Unter diesen Umständen ist die Regierung der Vereinigten Staaten in ihrem eigenen Interesse und im Interesse der mit ihr befreundeten Länder der westlichen Hemisphäre gezwungen, alle militärischen Schritte zu unternehmen, die zur Beseitigung der wachsenden Bedrohung notwendig sein mögen, die von diesen gefechtsbereiten Raketen, deren Zustand sich durch eine genaue Luftüberwachung nicht mehr mit Sicherheit ausmachen läßt, für die Hemisphäre ausgeht. Die Sowjetunion hat in einer ihrer inkonsistenten und widersprüchlichen Botschaften die Existenz der Jupiter-Raketen in der Türkei, die dort stationiert wurden, um den Verpflichtungen der türkischen Regierung im Rahmen der NATO-Verteidigung nachzukommen, mit den Raketen und anderen Offensiv(waffen)[4] gleichgesetzt, die die Sowjets in Kuba stationiert haben. Wenn es auch tatsächlich keinerlei Zusammenhang zwischen Verteidigungseinrichtungen der NATO und dem Frieden in der Karibik gibt, kann es sein, daß die sowjetische Regierung militärische Schritte gegen die Jupiter-Raketen in der Türkei unternimmt, wenn die Vereinigten Staaten zur Verteidigung vitaler Interessen ihres Landes und ihrer Verbündeten in der westlichen Hemisphäre gegen die Bedrohung in Kuba vorgehen.

In dem Bestreben, die Möglichkeit eines solchen Angriffs auf die Türkei und möglicherweise auch auf andere NATO-Länder auf ein Minimum zu reduzieren, sind die Vereinigten Staaten bereit – wenn die anderen NATO-Mitglieder es wünschen – die Jupiter-Raketen in der Türkei zu entschärfen, indem sie die Sprengköpfe entfernen, und die sowjetische Regierung davon in Kenntnis zu setzen, bevor sie gegen die sowjetischen Raketen in Kuba vorgehen. Die Regierung der Vereinigten Staaten ist zudem bereit, Maßnahmen zu treffen, die sicherstellen, daß die nun von den Jupiter-Raketen in der Türkei abgedeckten Ziele permanent auf andere Waffensysteme übertragen werden, die diese Ziele angreifen können. Falls die NATO-Partner dies wünschen, könnte zu diesen Maßnahmen auch die Stationierung von Polaris-U-Booten im Mittelmeer gehören, die mit einer entsprechenden Anzahl von Raketen ausgerüstet sind.

Angesichts der Dringlichkeit der Entscheidungen in bezug auf diese Maßnahmen bitten wir die NATO-Mitglieder, sich umgehend zu beraten und den Vereinigten Staaten ihren Standpunkt zu der Vorgehensweise mitzuteilen, die nach ihrem Dafürhalten dem Interesse der Allianz am besten entspricht.

Nr. 49
Brief von Lauris Norstad, NATO-Oberbefehlshaber in Europa, an John F. Kennedy, 27. Oktober 1962[1]

Letter: Lauris Norstad to John F. Kennedy, October 27, 1962.
in: Cuban Missile Crisis Meetings, October 27, 1962, 9 PM.

(John F. Kennedy Library, Boston: President's Office Files, Presidential Recordings, Transcripts, Cuban Missile Crisis Meetings, October 27, 1962)

Sehr geehrter Herr Präsident!

Ich habe eben mit Finletter gesprochen, der gerade die Sitzung des Nordatlantikrates morgen früh vorbereitet. Er könnte angewiesen werden, Einzelheiten aus Chruschtschows Botschaft an Sie mitzuteilen, festzustellen, daß ungeachtet der Vorzüge oder Nachteile des Vorschlags der Ernst der Lage erfordert *(Gelöscht)*. Finletters Darstellung sollte kurz und sachlich sein, kühl und skeptisch, ohne zu suggerieren, daß Sie bereits einen festen und endgültigen Standpunkt eingenommen haben. Die anschließende Diskussion könnte Ihnen, wie ich hoffe, nützliche Hinweise auf die Meinung der Europäer geben und einige Problemaspekte weiterentwickeln, die für Ihre Entscheidungsfindung wichtig sind. Auf alle Fälle könnte sie dazu beitragen, eine Situation zu vermeiden, in der Sie, ganz gleich, was Sie tun, ins Unrecht gesetzt werden können, während Ihre Verbündeten ungeachtet der weiteren Entwicklung recht bekämen und als kluge Leute dastünden. Natürlich trägt sie auch dazu bei, die Konsultationsverpflichtungen zu erfüllen.

Wie produktiv und nützlich eine Diskussion im Nordatlantikrat auch sein mag, sie wird Ihnen im wesentlichen nicht, fürchte ich, die Last einer schwierigen Entscheidung abnehmen. Es werden viele Fragen aufkommen, wenn dieses Problem erörtert wird. Darunter diese:

(a) Die Raketen auf Kuba. Sind auf Kuba aus demselben Grund Raketen wie in der Türkei? Die Antwort ist ganz klar: nein.

(b) Kann die Türkei als Satellitenstaat behandelt werden? Offensichtlich scheint Chruschtschow Kuba jetzt in der Öffentlichkeit in diese Kategorie eingeordnet zu haben.

(c) Obwohl die Annahme des Vorschlags von Chruschtschow auch eine kurzfristige Entspannung der Lage bringen kann – wenn das in jedem Fall als Zeichen der Schwäche angesehen wird, wird es dann dazu beitragen, unsere Position auf lange Sicht zu stärken?

(d) Würde die Annahme des Vorschlags ein Zeichen dafür sein, daß die Bedrohung durch Raketen, die auf die USA gerichtet sind, die Schwächung unseres NATO-Schutzes unter sowjetischem Druck bewirkt, wo doch die gegen Europa aufgestellten

Mittelstreckenraketen unsere Verteidigung und unsere Entschlossenheit *verstärkt haben?*

(e) Welche Auswirkungen hätte das auf Griechenland und die Türkei, die in beständiger Furcht leben, allein gelassen zu werden?

Dies ist eine sehr unvollständige Liste von Fragen, die einem einfallen, wenn man über dieses Problem nachdenkt. Mir scheint, daß die Antwort schließlich auf die Ablehnung des Vorschlags von Chruschtschow hinauslaufen müßte, und ich glaube, Finletter sollte angewiesen werden, darauf hinzuweisen, daß allgemein in dieser Richtung in den USA gedacht wird.

Nr. 50
Telegramm des amerikanischen Außenministeriums an die US-Botschafter in den Hauptstädten der NATO-Mitgliedsstaaten über die Unterrichtung der Verbündeten, 27. Oktober 1962, Geheim – Nur zur Ansicht[1]

Department of State, Outgoing Telegram, TOPOL 578. To: All NATO-capitals, Info Ambassadors, October 27, Secret – Eyes Only.

(John F. Kennedy Library, Boston: National Security Files, Executive Committee, Meetings Vol. I, Meetings 6–10, 10/26/62–10/28/62, Box 316)

1. Der Präsident wünscht, daß Ihre Unterrichtung der NATO sich im wesentlichen auf die Fakten beschränkt und die klare Entschlossenheit der U.S.-Regierung widerspiegelt, nachdrücklich auf ihrem gegenwärtigen Kurs zu bestehen, wie er sich in folgenden offiziellen Verlautbarungen darstellt: (1) der Erklärung des Weißen Hauses von Samstag mittag zur Fortsetzung der Bauarbeiten;[2] (2) der Botschaft des Präsidenten an Chruschtschow, die am Samstag abend vom Weißen Haus weitergeleitet wurde;[3] (3) der Erklärung des Verteidigungsministeriums zur Fortsetzung der Luftüberwachung; und (4) der Erklärung des Verteidigungsministeriums zur Mobilisierung der Luftreserven (liegen alle als telegraphische Mitteilung vor).

2. Sie können die Mitteilung weitergeben, daß die am Abend des 26. Oktober eingegangene Botschaft Chruschtschows an den Präsidenten (nur an Finletter, Paris und London weitergeleitet) – obwohl sie voller Polemik war – Anlaß zu der begründeten Hoffnung zu geben schien, man könne zu einer Lösung im Rahmen eines kontrollierten Abzugs der Offensivwaffen aus Kuba kommen im Austausch gegen die Verpflichtung der Vereinigten Staaten, keine Invasion in Kuba durchzuführen. Die Gespräche U Thants in New York und deutliche Hinweise in Reden der Kubaner vor den Vereinten Nationen schienen ebenfalls die Hoffnung zu bestätigen, daß man schnell zu einer Beilegung in dieser Richtung kommen könnte. Auch Chruschtschows Botschaft an U Thant, in der er sich bereit erklärte, sowjetische Schiffe vorübergehend außerhalb des Quarantänegebiets zu halten, schien ein günstiges Zeichen.

Diese Hoffnungen haben sich mit dem nachfolgenden öffentlichen Brief Chruschtschows an den Präsidenten verringert, in dem er die Beilegung der Kuba-Frage an den Abzug der Jupiter-Raketen der NATO aus der Türkei knüpft; doch wir drängen auch weiterhin auf eine Lösung, die ausschließlich im kubanischen Raum liegt.

3. So wie wir die Dinge sehen, wird die Lage zunehmend ernster, und die Zeit wird knapp. Die Vereinigten Staaten sind auch weiterhin entschlossen, für den Abbau der Offensiveinrichtungen in Kuba zu sorgen. Zu diesem Zweck verbinden wir vernünftige

diplomatische Angebote in einem ausgewogenen Verhältnis mit militärischem Druck.

4. Doch die Bauarbeiten an den Raketenstützpunkten gehen weiter, und alles deutet darauf hin, daß immer mehr Raketen gefechtsbereit werden. Zudem waren unbewaffnete U.S.-Militärflugzeuge, die heute eine öffentlich angekündigte Luftüberwachung über Kuba durchführten, intensivem Flakfeuer ausgesetzt, und eines dieser Flugzeuge wird vermißt.

5. Gleichzeitig setzen sowjetische Schiffe ihre Fahrt in Richtung auf das Quarantänegebiet fort; das bedeutet einen offenen Bruch der Zusicherungen, die Chruschtschow gegenüber U Thant gegeben hat, und dies obwohl sowohl U Thant als auch die Regierung der Vereinigten Staaten die sowjetische Regierung offiziell über die Grenzen des Quarantänegebietes in Kenntnis gesetzt haben. Bei der gegenwärtigen Geschwindigkeit wird das erste Schiff das Quarantänegebiet am Sonntag bei Tageslicht erreichen, und es kommt möglicherweise zu einem Zwischenfall.

6. Unter diesen Umständen ist es möglich, daß die Regierung der Vereinigten Staaten es innerhalb sehr kurzer Zeit für erforderlich hält, in ihrem eigenen Interesse und im Interesse der mit ihr befreundeten Länder der westlichen Hemisphäre alle militärischen Maßnahmen zu ergreifen, die für die Beseitigung dieser wachsenden Bedrohung für die Hemisphäre notwendig sein mögen.

7. In Anbetracht der sich abzeichnenden Möglichkeit, daß ein Eingreifen in Kuba notwendig wird, hat der Präsident Anweisung erteilt, daß Sie den NATO-Rat vollständig über diese Angelegenheit ins Bild setzen. Sie sollten erklären, daß die Vereinigten Staaten den Standpunkt vertreten, diese Angelegenheit sollte im Rahmen der westlichen Hemisphäre beigelegt werden, und daß wir die öffentliche Botschaft der Sowjets an den Präsidenten vom 27. Oktober zur Kenntnis genommen haben, in der sie einen Zusammenhang zwischen Verteidigungseinrichtungen der NATO und dem Vorgehen der Sowjets in Kuba herstellen. Die sowjetische Haltung erhöht die Möglichkeit, daß ein militärisches Eingreifen der Vereinigten Staaten in Kuba eventuell zu einem Vorgehen der Sowjets gegen die NATO führt. Unter diesen Umständen halten es die Vereinigten Staaten für entscheidend, ihre Alliierten zu informieren und sie zu der allgemeinen Lage zu konsultieren.

8. Zu Ihrer vertraulichen Information: Es ist von allergrößter Bedeutung, daß nichts in Ihrem Gespräch auf eine Bereitschaft hindeutet, den sowjetischen Vorschlag zum Eintausch der Jupiter-Raketen anzunehmen; doch ebenso wichtig ist, daß Sie es den Europäern ermöglichen, ihre Ansichten – gleich welcher Art sie auch sein mögen – offen zum Ausdruck zu bringen. Wenn Sie sie zu einer freimütigen Reaktion anregen, sollten Sie besonderen Nachdruck auf die Tatsache legen, daß ein Eingreifen der Vereinigten Staaten in Kuba – sollte es unbedingt erforderlich werden – sich gegen eine potentielle Bedrohung für das gesamte strategische Gleichgewicht richtet, die andere NATO-Länder mindestens ebenso gefährdet wie die Vereinigten Staaten. Ende der vertraulichen Information.

Ende
gez.: Rusk

G. Nach der Krise

Nr. 51

Protokoll der Sitzung des Exekutiv-Komitees des Nationalen Sicherheitsrates am Morgen des 28. Oktober 1962, Streng Geheim – Sensibel (gekürzt)[1]

Executive Committee Meeting No. 10, October 28, 11:10 AM, Summary Record, Top Secret – Sensitive.

(John F. Kennedy Library, Boston: National Security Files, Executive Committee, Meetings Vol. I, Meetings 6–10, 10/26/62–10/28/62, Box 316)

Vor Beginn der Sitzung hatten alle Teilnehmer den vollständigen TASS-Text der Antwort Chruschtschows an den Präsidenten gelesen, in der er vorschlug, alle Offensivwaffen unter Aufsicht der Vereinten Nationen abzuziehen. [...]

Minister Rusk machte, auf Chruschtschows Antwort eingehend, auf die Textpassage aufmerksam, in der es hieß, die Russen wollten »zu einer Einigung kommen.« Er sagte, Kuznetsow käme nach New York, um die Verhandlungen zu führen. Er schlug vor, wir sollten Chruschtschows Formulierung dessen, was er bereit sei, aus Kuba abzuziehen – nämlich »Offensivwaffen« –, aufgreifen und akzeptieren.

Der Präsident machte auf die IL-28-Bomber aufmerksam; er sagte, wir sollten vertraulich an Chruschtschow mit dem Ansinnen herantreten, daß die Russen sie abziehen. Er erklärte, wir sollten uns nicht auf die IL-28-Bomber versteifen, aber wir sollten versuchen, sie in die sowjetische Definition von »Offensivwaffen« oder von »Waffen, die wir offensiv« nennen, einzubeziehen.

General Taylor erklärte, unser Ziel sollte der Status quo ante sein.

Der Präsident stimmte dem zu, fügte aber hinzu, daß er nicht in eine Position kommen wolle, in der es den Anschein habe, als hielten wir unseren Teil der Abmachung nicht ein. Die IL-28-Bomber seien weniger wichtig als die strategischen Raketen. Zugegebenermaßen sähen wir uns dem Problem sowjetischer Rüstungsgüter in Kuba gegenüber, wenn die Russen den Ausbau ihres defensiven Potentials dort fortsetzen würden.

Zu diesem Zeitpunkt traf der Justizminister ein.

Der Präsident stimmte der Veröffentlichung einer Erklärung zu, nachdem sie in der Sitzung überarbeitet worden war. Er bat darum, ihm einen Entwurf für eine Antwort auf Chruschtschows Erklärung vorzubereiten, den er dann prüfen wolle. Er gab Anweisung, alle sollten mit ihren Kommentaren zu der sowjetischen Erklärung zurückhaltend sein. Unsere Haltung müsse sein, das sowjetische Angebot zu begrüßen, die Offensivwaffen unter Aufsicht der Vereinten Nationen abzuziehen; wir sollten jedoch auf die zahlreichen Probleme aufmerksam machen, die sich uns in der Durchführung von Chruschtschows Angebot stellen würden. Wir sollten betonen, daß wir uns keinerlei Illusionen hingeben, daß das Problem sowjetischer Waffen in Kuba gelöst sei. Außerdem, sagte er, sollten wir deutlich machen, daß wir keine allgemeinen Schlüsse darüber ziehen können, wie die Russen sich in Zukunft in anderen Gebieten verhalten werden. Speziell erwähnte er das Problem der kommunistischen Unterwanderung in Lateinamerika und bat uns, auf dieses Problem entweder in dem Brief an Chruschtschow hinzuweisen oder in U Thants Schreiben an Chruschtschow. Er gab Anweisung, Botschafter Stevenson zu bitten, mit Vertretern der Vereinten Nationen über diesen Aspekt des Kuba-Problems zu sprechen.

gez.: Bromley Smith

Nr. 52

Memorandum von Walt Whitman Rostow, Vorsitzender des Außenpolitischen Planungsrates im Außenministerium, für das Exekutiv-Komitee des Nationalen Sicherheitsrates über die US-Strategie gegenüber Kuba nach der Krise, 7. November 1962, Geheim – Nur zur Ansicht (gekürzt)

Department of State, Policy Planning Council (Walt Whitman Rostow), Memorandum for the Executive Committee of the National Security Council: U. S. Strategy Toward a Post-Crisis Cuba, November 7, 1962, Secret – Eyes Only.

(Lyndon B. Johnson Library, Austin: Vice Presidential Security File, Nations and Regions, Policy Papers and Background Studies on Cuba Affair /II)

[...]

II. Die gegenwärtige Lage

Die folgenden beherrschenden Faktoren der gegenwärtigen Lage sollten unsere Strategie bestimmen:

1. Eine Kombination aus konventioneller Gewalt und Diplomatie hat Chruschtschow gezwungen, einzulenken, um einen Konflikt mit konventionellen Streitkräften zu vermeiden, den er verloren hätte, und um einer möglichen Eskalation in Richtung auf einen atomaren Schlagabtausch aus dem Weg zu gehen, den er ebenfalls verloren hätte. Die gleiche Kombination von Druckmitteln, die ihn zum Einlenken gezwungen hat, steht uns auch zur Verfügung, um unsere Bedingungen für Stadium II durchzusetzen.

2. Die Doppelzüngigkeit der Sowjets und Castros Abhängigkeit von Moskau sind so klar erwiesene Tatsachen, und die Möglichkeiten, heimlich Offensivwaffen aufzubauen, sind so ausreichend real, daß wir und die Länder der OAS zu der Schlußfolgerung berechtigt sind, daß die Hemisphäre[1] erst dann vor der Möglichkeit eines Angriffs sicher ist, wenn die Sowjets und Castro aus Kuba entfernt sind. Bis zu ihrer Beseitigung haben wir nach OAS-Doktrin das Recht, geeignete Maßnahmen zu ergreifen, die uns vor dem heimlichen Aufbau strategischer Waffen oder vor indirekten Aggressionen gegen die Länder der OAS schützen (Überwachung, Luftaufklärung, Blockade und andere Maßnahmen zur Isolierung Kubas).

3. Die Sowjets, das Castro-Regime und die lateinamerikanischen Kommunisten insgesamt befinden sich in einem Zustand der Verwirrung; wir sollten nicht zulassen, daß sie sich davon erholen. Noch nie hat sich uns eine bessere Gelegenheit geboten, die Sowjets und die Kommunisten in der gesamten Hemisphäre in vergleichbarer Weise in Mißkredit zu bringen. Wenn wir es versäumen, unseren Vorteil zu nutzen, könnten die Sowjets und die Länder der OAS dies als Mangel an Führungskraft und Entschlossenheit und als Zeichen der Schwäche auslegen.

4. Wenn wir diese Gelegenheit wohlüberlegt und resolut nutzen, können wir höchstwahrscheinlich mit der Unterstützung der OAS-Länder rechnen, (*Gelöscht*) eingeschlossen, auch wenn (*Gelöscht*) besonderer Aufmerksamkeit bedarf. Die Länder der OAS sind besorgt, ob die Nichtangriffserklärung des Präsidenten Castro nicht stützt, und man kann von ihnen erwarten, daß sie sich an Maßnahmen beteiligen, die der Eindämmung indirekter Aggression und dem Schutz gegen eine weitere Stationierung von Offensivwaffen dienen. Man kann zudem von ihnen erwarten, daß sie Maßnahmen unterstützen, die darauf abzielen, Castro zu schwächen und weiter zu isolieren. Die Solidarität, mit der die Hemisphäre hinter der amerikanischen Führung steht, ist jetzt vielleicht sogar stärker als während des Zweiten Weltkrieges.

5. Das Verhältnis zwischen Moskau und Havanna ist gespannt und läßt sich noch weiter verschlechtern. Es gibt Möglichkeiten, Kuba für die Sowjets noch

weniger einträglich und noch riskanter in bezug auf das Prestige nach der Krise zu machen.

Wenn auch der Gesichtsverlust, den wir Chruschtschow zufügen wollen, Grenzen hat, so hat doch das Maß, in dem er sein Gesicht unseren Vorstellungen nach wahren soll und der Gesichtsverlust, den er uns vielleicht zufügt, noch engere Grenzen. Wir sollten Chruschtschow und die Welt nicht vergessen lassen, was er und seine Handlanger versucht haben, den Vereinigten Staaten und der OAS anzutun; noch sollten wir den Schluß zulassen, daß seine Beseitigung aus der Hemisphäre ein zu hoher Preis für sein heimliches Strategem sei.

Das Maß an Gesichtsverlust, das wir Castro zufügen, wird sich direkt auf seine innenpolitische Position und auf seinen Einfluß im Ausland auswirken.

6. Das sowjetische Verhalten während der letzten Monate, Castros Unschlüssigkeit in bezug auf den kommunistischen Apparat und die politischen und ökonomischen Unsicherheiten, die sich aus den Druckmitteln der Vereinigten Staaten, der OAS und der freien Welt ergeben, werden in den kommenden Monaten tiefgreifende politische Auswirkungen auf die Kubaner haben. In ihrem Gefolge dürften sich Gelegenheiten zum Widerstand bieten. Es könnte zur Spaltung innerhalb der Führung kommen, wenn antisowjetische Castro-Anhänger und desillusionierte Castro-Anhänger sich mehr und mehr darauf zubewegen, den kubanischen Nationalismus in reinerer Form zum Ausdruck zu bringen; es könnten sich auch organisierte oppositionelle Gruppen gegen das Regime auf Provinz- und Ortsebene entwickeln. Wir sollten jetzt Vorkehrungen für solche Eventualitäten treffen und auf ihre Form Einfluß nehmen.

7. Es gibt keinen Grund zu der Annahme, Castro sei charakterlich oder moralisch in der Lage, in den Schoß der OAS mit ihren Verpflichtungen zurückzukehren. Ob mit oder ohne die Unterstützung der Sowjets – es gibt allen Grund zu der Annahme, daß Castro ein Nachbar ist, dem wir nicht trauen können. (*Gelöscht*)

[...]

IV. Strategische Möglichkeiten der Vereinigten Staaten

Eine langfristige Strategie, die am ehesten mit der gegenwärtigen Stimmungslage in der Hemisphäre vereinbar ist, muß darauf abzielen, die Beanstandungen auszuräumen, die zu der jetzigen Krise geführt haben: Wir können die Beziehungen zu Kuba nach der Krise nur in dem Maße normalisieren, wie die Grundlage dieser Klagen ausgeräumt ist. (*Gelöscht*)

Eine Strategie, die sich darauf richtet, die Interessen der Vereinigten Staaten und der Hemisphäre durchzusetzen, sollte daher folgende Faktoren in sich vereinen:

1. *Druckmittel zur Verringerung und Beseitigung der sowjetischen Präsenz in Kuba und ihres Einflusses auf Castro*, da die Länder der OAS (*Gelöscht*) dies für unvereinbar mit dem amerikanischen System halten und darin eine ungerechtfertigte Einmischung in die inneren Angelegenheiten eines amerikanischen Staates und eine ständige Bedrohung ihrer Sicherheit sehen.

2. *Bis auf eine Invasion alle Druckmittel zur Beseitigung des Castro-Regimes*, da die amerikanische Öffentlichkeit dies auch weiterhin fordern wird; da man sich nicht darauf verlassen kann, daß Castro sich ändert; und da die Länder der OAS jetzt über das Ausmaß schockiert sind, in dem Castro mit der UdSSR konspiriert hat, um ihre Sicherheit zu bedrohen. Selbst wenn sich ein neutralisiertes Kuba ohne Castro als halbherziger Kompromiß herausstellen sollte, sollten wir uns, bevor er erreicht ist, in keiner Weise auf Garantien für das Castro-Regime einlassen.

3. *Ständige Überwachung* (oder Druck in dieser Richtung) *und Luftaufklärung auch nach der Krise* im Rahmen der Resolution des ständigen Botschafterrates der OAS vom 23. Oktober[2], da Kuba auch nach Abzug der Raketen in Verbindung mit der UdSSR über ein militärisches Restpotential verfügen wird, das sich leicht heimlich ausbauen läßt.

4. *Darauf bestehen, daß die kubanischen Gewässer und Häfen (Stützpunkte) für sowjetische U-Boote und Kriegsschiffe geschlossen werden*, da sie mit Kurzstreckenraketen ausgerüstet sein könnten oder heimlich Offensivwaffen transportieren könnten.

(Dieses Problem ließe sich möglicherweise im Rahmen des brasilianischen Vorschlags einer atomwaffenfreien Zone klären).

5. *Koordinierte Appelle der OAS an das kubanische Volk*, an kubanische Dissidenten und ausgewählte Flüchtlinge und an antisowjetische Castro-Anhänger (sowie gezielte Unterstützung). (*Gelöscht*)

Diese uns stärkende Strategie bahnt uns verschiedene Wege, die in unserem Interesse liegen:

Wenn wir den Druck auf die sowjetische Präsenz und das öffentliche Interesse daran mit Überwachung, Luftaufklärung oder Quarantäne – am besten mit Unterstützung der OAS – aufrechterhalten, wird das die Solidarität in der Hemisphäre auf dem gegenwärtigen Stand halten und bewirken, daß im Mittelpunkt der Sorge auch weiterhin die Ursache der Kuba-Krise und die ihr zugrundeliegenden Klagen der Hemisphäre gegen Kuba stehen. Es untergräbt Castro innenpolitisch als jemanden, der allzu abhängig von einer ausländischen Macht ist und sich von seinen Nachbarn isoliert. Aufgrund der Wechselbeziehung zwischen der sowjetischen Präsenz und Castro läßt es Castros Position und Aussichten zunehmend schlechter werden, während es die damit verbundenen Kosten, Schwierigkeiten und Risiken mit der sowjetischen Haltung in Verbindung bringt, das Regime auch weiterhin zu unterstützen.

Diese Strategie sollte man nicht nur als antikommunistische Strategie anwenden. Sie sollte eingebunden sein in Bemühungen, die Allianz für den Fortschritt zu fördern und als den einzig akzeptablen Weg zu einer kontrollierten sozialen Revolution innerhalb des Amerikanischen Systems darzustellen. Sie sollte auch weiterhin die unannehmbaren Risiken in den Mittelpunkt stellen, die eine dauerhafte Präsenz der Sowjets und Castros in Kuba für die Hemisphäre bedeuten, und sie sollte beide zunehmend als so untrennbare Einheit darstellen, daß klar wird: Wenn einer geht, muß der andere folgen.

Die langfristigen politischen Kosten, die es sowohl für die UdSSR als auch für Kuba in Form von Auswirkungen auf das Prestige und die nationale Souveränität mit sich bringen wird, diesem Druck standzuhalten, könnten die Sowjets nach und nach dazu bewegen, sich zurückzuziehen, vor allem, wenn sich die wirtschaftlichen Bedingungen im Inland weiterhin verschlechtern und sich Widerstand entwickeln würde, was die Vereinigten Staaten und die OAS fördern könnten. (*Gelöscht*) [...]

V. Zeitplanung und Risiken

Die Länder der OAS, wichtige Neutrale und unsere Verbündeten würden ohne Zweifel die Beseitigung der sowjetischen Präsenz in Kuba und des Castro-Regimes begrüßen, weil beide eine Verletzung der OAS-Doktrin darstellen und die Spannungen in der Welt vergrößern. Das legt den Schluß nahe, daß wir in Stadium II Positionen aushandeln sollten, die den Weg für diese strategischen Ziele bahnen.

Wenn die Länder der OAS mitziehen (und alles deutet darauf hin, daß sie das tun werden, wenn wir handeln, solange die sowjetische Bedrohung und Doppelzüngigkeit ihr Denken beherrscht), könnte es außerdem von Vorteil sein, den Sowjets ganz offen mitzuteilen, daß wir ihnen eine angemessene Zeit einräumen, ihre Fachleute nach und nach abzuziehen, und sie wissen lassen, daß sie eine weitere Gefährdung ihres Prestiges vermeiden, wenn sie eine klare Entscheidung treffen, sich an die Einschränkungen zu halten, die die OAS hinsichtlich der Präsenz fremder Mächte in der Hemisphäre verhängt hat.

Die mit dieser Strategie verbundenen Risiken dürften nicht ganz so groß sein wie die mit der Quarantäne verbundenen. Sie ließen sich auf ein Minimum reduzieren, wenn die Sowjets eindeutig zu der Auffassung kämen, daß die OAS und wichtige europäische Verbündete der Vereinigten Staaten entschlossen wären, den Preis für eine anhaltend sowjetische Präsenz in Kuba so hoch wie möglich zu treiben und daß über dem gesamten Einsatz von Mitteln und Prestige drohend die Möglichkeit einer gezielten Quarantäne schwebt, die Castro in die Knie zwingen könnte.

Die Grundlage für unsere anhaltenden und fortschreitenden Zwangsmittel mag nicht so dramatisch oder besorgniserregend sein wie im Fall der Offensivwaffen; wenn die OAS jedoch einstimmig oder fast einmütig Position gegen eine Präsenz fremder

Mächte bezieht, die schon einmal die Hemisphäre bedroht haben und sich einer groben Doppelzüngigkeit schuldig gemacht haben, würde dies die Weltöffentlichkeit weitgehend für das Vorhaben einnehmen, daß die OAS bereit ist, aufgrund internationalen Rechts geeignete, weitergehende Maßnahmen zu ergreifen wie zum Beispiel eine fortschreitende Quarantäne und Überwachungsmaßnahmen, die sie zu ihrer Sicherheit und Selbstverteidigung ergreift.

VI. Teilplanung für fortschreitende politische Schritte

1. Festes Bestehen auf einer Inspektion vor Ort; auf einer Fortsetzung der Luftaufklärung; und auf der Beseitigung der IL-28-Flugzeuge und der Möglichkeiten für U-Boot-Stützpunkte in kubanischen Gewässern; sich vollkommene Handlungsfreiheit bewahren, zum Status vom 23. Oktober zurückzukehren, sofern nicht alle Offensivwaffen nach der Definition von (*Gelöscht*) unter annehmbarer internationaler Überwachung abgezogen werden und geeignete Sicherheitsvorkehrungen getroffen werden, um die weitere Einfuhr solcher Waffensysteme nach Kuba zu verhindern.
2. (*Gelöscht*)
3. Zu gegebener Zeit auf Beschlüsse der OAS drängen, die *gegenüber* Kuba nach Abbau der Raketen allgemeine Positionen nach folgenden Richtlinien (*Gelöscht*):
a) die sowjetische Präsenz zur Unterstützung des Castro-Regimes für unvereinbar mit der OAS-Doktrin und dem Amerikanischen System erklären;
b) Castro aufrufen, (innerhalb einer angemessenen Zeit) die sowjetische Präsenz in Kuba zu beenden und in Kuba Selbstbestimmung zu ermöglichen, und zwar unter Androhung des Abbruchs der diplomatischen und wirtschaftlichen Beziehungen mit den Ländern der OAS, die zur Zeit noch solche Beziehungen zu Kuba unterhalten, und unter Androhung, sowjetischen Flugzeugen die Transit- und Überflugrechte zu versagen.
c) (*Gelöscht*) und OAS-Doktrin, das Recht auf (*Gelöscht*) Verteidigung gegen die von Kuba ausgehende Bedrohung.
4. Möglichkeiten und Vorgehensweisen ausarbeiten. (*Gelöscht*)
5. Wenn Kuba auch weiterhin ein Krisenherd bleibt und das sowjetisch-kubanische Verhalten vitale Interessen der Vereinigten Staaten und der Hemisphäre fortgesetzt bedroht, in Erwägung ziehen, den Sowjets zu gegebener Zeit mitzuteilen, daß wir ihnen eine angemessene Zeit einräumen, ihre Präsenz aufzugeben; falls sie dies nicht tun, behalten wir uns das Recht vor, eine gezielte Einfuhrquarantäne zu errichten, um den Beschlüssen der OAS Nachdruck zu verleihen.
6. Gezielte Vorgehensweise erarbeiten, die allgemeine Strategie mit so (*Gelöscht*) Unterstützung von Ländern der freien Welt umzusetzen, wie zu bekommen ist.
7. Die allgemeine Strategie mit einer Parallelstrategie koordinieren, die Allianz für den Fortschritt im Gefolge der Kuba-Krise zu fördern.
8. Pläne ausarbeiten für politische und wirtschaftliche Aktivitäten der Vereinigten Staaten (und der OAS) in Kuba nach dem Rückzug der Sowjets und der Beseitigung Castros.

H. Interview

Nr. 53

Interview mit Sergo Mikojan, Chefredakteur von »America Latina« (Moskau) über die sowjetische Sicht der Kuba-Krise nach 25 Jahren, 13. Oktober 1987[1]

(Hamburger Stiftung für Sozialgeschichte des 20. Jahrhunderts, Sammlung Greiner, Kuba-Krise)

BERND GREINER: Herr Mikojan, warum stationierte die Sowjetunion Mittelstreckenraketen auf Kuba?
SERGO MIKOJAN: Wir waren im Frühjahr des Jahres 1962 in Moskau absolut davon überzeugt, daß eine zweite Schweinebucht ins Haus stand, daß eine abermalige militärische Invasion Kubas kommen würde – aber dieses Mal nicht mit Stellvertretertruppen, sondern unter Einsatz der geballten amerikanischen Militärmacht.
BERND GREINER: Hat denn Fidel Castro um die Raketen gebeten?
SERGO MIKOJAN: Nein, das hat er nicht. Er stimmte zu, aber erst nachdem er von uns beraten worden war. Danach war er der Meinung, daß es für die Verteidigung Kubas gut wäre. Wir überzeugten ihn, und er stimmte zu.
BERND GREINER: Aber offensichtlich hat Castro doch um sowjetische Waffen gebeten. Welche hatte er dabei im Sinn – Luftabwehrstellungen, Boden-Luft-Raketen, um amerikanische Flugzeuge abzuschießen?
SERGO MIKOJAN: Er bat um Defensivwaffen – um Panzer, Flugzeuge und Boden-Luft-Raketen gegen Flugzeuge. Die SAM-Stellungen aber waren ausschließlich unter unserer Kontrolle. Aber in diesem Fall war es Castro egal, wer sie kontrollierte, und er begrüßte die SAM-Stellungen als Stärkung der kubanischen Verteidigung.[2] Aber er hat uns nicht um Mittelstreckenraketen gebeten.
BERND GREINER: Wenn es aber nur darum ging, Kuba gegen eine neuerliche Invasion zu verteidigen, warum lieferte die UdSSR dann Mittelstreckenraketen? Man hätte die Insel doch auch mit anderen militärischen Mitteln verteidigen können, mit Mitteln jedenfalls, die für die Amerikaner weniger provozierend gewesen wären. Ich denke an Boden-Luft-Raketen, Panzer, konventionelle Waffen anderer Art. Warum mußten es ausgerechnet atomwaffenfähige Raketen sein?
SERGO MIKOJAN: Nun, das scheint auf den ersten Blick eine schwierige Frage zu sein. Aber die Antwort ist sehr einfach. Sie müssen berücksichtigen, wie zur damaligen Zeit in Moskau gedacht wurde. Wir dachten einfach: Je mehr, desto besser. Wir dachten, Atomwaffen wären eine wesentlich wirksamere Warnung an die Adresse der USA. Dies ist ein typisches Beispiel für das Denken in Kategorien der Abschrekkung.
BERND GREINER: Also stimmen Sie nicht mit Chruschtschows Redenschreiber Fedor Burlatsky überein, der im Laufe dieser Konferenz sagte, der wesentliche Grund für die Raketenstationierung sei der Wunsch gewesen, strategisch mit den USA gleichzuziehen? Burlatsky erinnert sich etwa an folgenden Ausspruch Chruschtschows: »Warum müssen die Amerikaner so viele Stützpunkte um uns herum anlegen, einschließlich des grenznahen Stützpunktes in der Türkei? Warum haben wir kein Recht, das gleiche mit den Amerikanern zu machen?« Ihrer Meinung nach war dies nicht der entscheidende Grund?
SERGO MIKOJAN: In diesem Fall bin ich mit meinem Freund Burlatsky ganz und gar nicht einverstanden. Ich denke, daß der erste und wichtigste Grund für die Lieferung der Raketen der war, Kuba zu verteidigen. Sicherlich hatten auch andere Überlegungen einen gewissen Einfluß, aber sie waren nachgeordnet. Am wichtigsten war es, eine Invasion großen Stils zu verhindern. Es war nämlich so: Unsere Abwehr und auch der kubanische Geheimdienst wußten, was in den USA vor sich ging. Die Amerikaner riefen Reservisten ein, initiierten das Projekt »Mongoose«, um Castro zu stürzen, konzentrierten Streitkräfte in der Karibik und so weiter und so fort. Aus all diesen Gründen dachten wir, eine Invasion stünde unmittelbar bevor.
BERND GREINER: Trotzdem muß man in Moskau doch gewußt haben, daß dies eine große Herausforderung für die Amerikaner war. Hat man die amerikanische Regierung nicht falsch eingeschätzt?

SERGO MIKOJAN: In der Tat. Es gab auf unserer Seite ein großes Maß an Fehleinschätzung und Fehlurteilen. Wir konnten einfach nicht glauben, daß die USA so reagieren würden, wie sie tatsächlich reagierten. Deshalb waren wir auch völlig überrascht, als Präsident Kennedy seine Fernsehrede hielt und die Blokkade verhängte. Unsere Vorstellung vom Gang der Dinge war eine ganz andere. Wir wollten vor den amerikanischen Zwischenwahlen[3] die Arbeit an den Raketenstellungen abschließen und dann die US-Regierung offiziell unterrichten. Mit offiziell meine ich auf dem diplomatischen Weg, nicht in aller Öffentlichkeit. Wir glaubten nicht, daß die Amerikaner vorher etwas herausfinden würden. Und die Verantwortlichen in Moskau dachten, sie kämen damit durch, daß es die Amerikaner zähneknirschend hinnehmen würden.

BERND GREINER: Hatte diese Fehlkalkulation etwas mit dem Bild zu tun, das man sich auf sowjetischer Seite von John F. Kennedy machte?

SERGO MIKOJAN: Wahrscheinlich. Chruschtschow dachte in der Tat, Kennedy sei jung, intellektuell – was in Chruschtschows Sicht nicht unbedingt ein Kompliment war –, unerfahren, nicht entschlußkräftig genug, um mit einer Krise erfolgreich umzugehen oder eine größere Konfrontation zu wagen. Ja, möglicherweise hatte dies einen gewissen zusätzlichen Einfluß.

BERND GREINER: Fedor Burlatsky ist der Meinung, daß die Krise hätte vermieden werden können, wenn die Amerikaner hinter den Kulissen und auf diplomatischem Weg an Moskau herangetreten wären. Er glaubt, daß Chruschtschow dann nachgegeben hätte. Diese Überlegung paßt nicht mit Ihrer Darstellung des Kennedy-Bildes zusammen.

SERGO MIKOJAN: Stimmt. Ich glaube nicht, daß Chruschtschow von einer diplomatischen Initiative der USA, auf geheimen Kanälen sozusagen, beeindruckt gewesen wäre. Auch hier habe ich eine andere Meinung als Fedor Burlatsky – sozialistischer Pluralismus, wenn Sie so wollen. (Lacht) Ich denke, die Konfrontation wäre nicht vermieden worden – auch wenn Kennedy insgeheim gebeten hätte, die Raketen abzuziehen.

BERND GREINER: Insbesondere in der Bundesrepublik wird viel darüber spekuliert, ob Chruschtschow Kuba als Druckmittel einsetzen wollte, um in Berlin amerikanische Zugeständnisse zu erzwingen. Immerhin gab es damals erhebliche Spannungen um Berlin. Treffen diese Überlegungen zu?

SERGO MIKOJAN: Nun, ich denke, es gibt hier keine Verbindung. Jedenfalls nicht in der Art, die Sie ansprechen. Im Herbst 1962 hatte Chruschtschow längst begriffen, daß es unmöglich war, eine radikale Änderung des Status von Westberlin durchzusetzen. Ich gebe zu, Ende der 50er Jahre hatte Chruschtschow die Idee gehabt, daß er die Amerikaner zwingen könnte, Westberlin aufzugeben. Aber dies stand in keinem Zusammenhang mit den Kuba-Raketen. Die Idee hing vielmehr mit Leuten wie Wladislaw Gomulka aus Polen und Walter Ulbricht aus der DDR zusammen. 1958 traf Chruschtschow mit Gomulka in Leningrad zusammen. Und Gomulka überzeugte ihn, daß wir, die UdSSR, einen separaten Friedensvertrag mit der DDR und eine Änderung des Status von Westberlin bräuchten. Andernfalls würde die deutsch-polnische Grenze niemals festgelegt werden. Und Chruschtschow führte auch viele Gespräche mit Walter Ulbricht, der auch seine eigenen Vorstellungen hatte, wie Sie wissen. (Lacht) Auch Ulbricht wollte Westberlin mit seiner offenen Grenze vom Hals haben, schließlich war diese Grenze eine Einladung für Ostdeutsche, das Land zu verlassen. Unter dem Einfluß dieser beiden Männer entschied Chruschtschow, die Amerikaner aus Westberlin herauszudrängen.

BERND GREINER: Das hört sich so an, als hätte Chruschtschow dieses Ziel allein verfolgt. Wie dachten die übrigen Mitglieder des Politbüros – oder vielmehr Präsidiums, wie es damals hieß?

SERGO MIKOJAN: Nun, ich will Ihnen ein Beispiel geben. Es war Ende 1958, im Oktober oder November, als Chruschtschow eine Berlin-Rede hielt. Er bekräftigte seinen hohen Respekt vor dem Potsdamer Abkommen und fuhr fort: Die Westmächte haben dieses Abkommen verletzt. Deshalb war in seinen Augen das Potsdamer Abkommen mittlerweile null und nichtig – dies um so mehr, weil es damals Gerüchte und Hinweise gab, daß Westdeutschland Atomwaffen erhalten sollte und so weiter. Also sagte

Chruschtschow: Warum sollten wir uns noch länger an das Potsdamer Abkommen gebunden fühlen? Wir sollten uns nicht länger von diesem Abkommen die Hände binden lassen. Nun, diese Rede war weder mit dem Präsidium besprochen noch von diesem genehmigt worden. Als Chruschtschow aus Leningrad zurückkam, sprach mein Vater, Anastas Mikojan, mit ihm. Als erstes sagte er ihm: Wenn du das Präsidium in einer Angelegenheit dieser Bedeutung nicht um Rat fragst, werde ich zurücktreten. Für deine unverantwortlichen Handlungen kann ich keine Verantwortung übernehmen. Zweitens: Wir brauchen das Potsdamer Abkommen nicht weniger als die Amerikaner, die Engländer, Franzosen und Westberliner. Und mein Vater verlangte eine Diskussion im Präsidium. Nun, Chruschtschow war sehr irritiert. Mein Vater wußte, daß er mit Andrei Gromyko, dem damaligen Außenminister und heutigen Staatsoberhaupt, einer Meinung war, daß auch Gromyko dachte, daß das Potsdamer Abkommen nicht angerührt werden sollte. Deshalb sagte er Chruschtschow: Wenn du mir nicht glaubst, frag einfach Gromyko. Gromyko verstand internationale Politik – und wegen dieses Einblicks konnte er mit Chruschtschow einfach nicht übereinstimmen. Aber Gromyko hatte Angst, dies offen zu sagen, er hatte Angst, Chruschtschow zu widersprechen. Also schwieg er. Also sagte mein Vater: Gut, der Minister will sich nicht äußern. Laßt uns das Außenministerium bitten, eine Einschätzung vorzulegen. Brauchen wir das Potsdamer Abkommen oder brauchen wir es nicht? Glauben wir, daß es verletzt worden ist und deshalb null und nichtig ist? Nun, ein solches Memorandum wurde nie geschrieben, weil der Außenminister Chruschtschow nicht offen kritisieren wollte. Aber danach änderten sich die Dinge. Mein Vater war weiterhin bemüht, ihn zu überzeugen, daß wir das Potsdamer Abkommen brauchen und daß wir uns mit Westberlin arrangieren müssen. Schließlich sah Chruschtschow seinen Fehler ein – das hat wohl auch etwas damit zu tun, daß er sich mit meinem Vater sehr gut verstand. Sie waren Freunde, kannten sich seit den 30er Jahren, ich glaube seit 1934 oder 1935 und lebten jetzt Tür an Tür. Seit dieser Zeit, also seit dem Jahresende 1958, war Berlin für uns kein ernsthafter Konfliktpunkt mehr. Vielmehr bat Chruschtschow meinen Vater 1959, in die USA zu reisen und die Beziehungen zu verbessern. Die Amerikaner sollten verstehen, daß wir keine aggressiven Absichten hegten und so weiter.

BERND GREINER: Also gibt es keine unmittelbare Beziehung zwischen dem Berlin-Problem und der Kuba-Krise?

SERGO MIKOJAN: Nein, es gibt keine direkte Beziehung. Nach diesen Vorfällen, die ich Ihnen eben schilderte, also seit Jahresende 1958, war Westberlin nur noch eine Karte im diplomatischen Spiel Chruschtschows. Aber es gab kein ernsthaftes Interesse, die Situation zu ändern.

BERND GREINER: Sie haben die Versuche angesprochen, die Bundesrepublik mit Atomwaffen aufzurüsten. Hing die sowjetische Kuba-Politik mit diesen Vorgängen zusammen?

SERGO MIKOJAN: Ich kann mich nur an eines erinnern: Wir hatten große Angst davor, daß die Amerikaner Atomwaffen an die Bundesrepublik weitergeben würden. Wir wußten um den Einfluß Adenauers, wußten, wie sehr er sich um solche Waffen bemühte, und wir fühlten uns sehr unsicher. Dadurch wäre die gesamte strategische Situation in Westeuropa von Grund auf geändert worden. Ich möchte nicht ausschließen, daß die Lieferung von Raketen nach Kuba in diesem Kontext diskutiert und entschieden wurde.

BERND GREINER: Wann genau fiel die Entscheidung in Moskau? Und wer traf sie? Wer war die treibende Kraft?

SERGO MIKOJAN: Chruschtschow selbst brachte die Idee ein. Er redete erstmals Ende April 1962 mit meinem Vater darüber. Anfang Mai wurde der Plan dann in einer kleinen Gruppe besprochen, mit Frol Kozlow, mit Rodion Malinowski, dem Verteidigungsminister, mit Andrei Gromyko, dem Außenminister. Zu dieser Gruppe gehörte auch Herr Alexejew, der damals sein Amt als Botschafter in Havanna antrat. Danach wurde die Sache ernsthaft im Präsidium diskutiert. Die endgültige Entscheidung wurde auch vom Präsidium getroffen. Aber der Vorschlag geht ursprünglich auf Chruschtschow persönlich zurück.[4]

BERND GREINER: Im Frühjahr 1962 wurde der Chef der Strategischen Atomstreitkräfte, Moskalenko, entlassen. Hatte dies etwas mit der Debatte über die »Kuba-Raketen« zu tun?

SERGO MIKOJAN: Nein, da gibt es keine Bezüge. Der zeitliche Zusammenhang ist rein zufällig. Moskalenko hatte nichts gegen die Stationierung dieser Raketen einzuwenden. Und selbst wenn er eine abweichende Meinung vertreten hätte, hätte er keinen großen Einfluß haben können, weil sein Vorgesetzter, Marschall Biryuzow, sich für die Raketenstationierung ausgesprochen hatte. Sie dürfen nicht vergessen: Unsere Militärs fühlen sich nicht unabhängig, sie wissen, daß sie politische Entscheidungen ausführen müssen. Im Verteidigungsministerium gab es nur zwei Leute, die einflußreich genug waren, um Chruschtschow deutlich ihre Meinung zu sagen. Das war erstens Marschall Schukow und zweitens Marschall Ustinow. Aber Ustinow war kein Militär. Er wurde Verteidigungsminister nach langen, langen Jahren der Parteiarbeit und der Mitgliedschaft im Ministerrat. Die Chefs der Teilstreitkräfte, die waren nicht in einer Position, um sich in die politische Debatte einzuschalten. Ich vergaß, einen Namen zu erwähnen: Admiral Kuznetsow. Er konnte mit Chruschtschow streiten, in der Tat. Aber Leute wie Moskalenko konnten sich einer politischen Entscheidung nicht widersetzen.[5]

BERND GREINER: Sie wollen damit also sagen, daß es gegen Chruschtschows Vorschlag keinen Widerstand, keine Opposition gab?

SERGO MIKOJAN: Genau. Zu jener Zeit gab es keine Opposition gegen Chruschtschow. In der Raketenfrage wurde er von einigen Leuten beraten, aber nicht von vielen. Das war von Anfang an ein sehr geheimes Unternehmen. Noch nicht einmal alle Mitglieder des ZK, noch nicht einmal alle Minister waren informiert. Es war nur möglich, die Sache in einer Gruppe von 10 bis 15 Leuten zu besprechen. Auf keinen Fall waren es mehr.

BERND GREINER: Robert Kennedy vermutete, daß der sowjetische Botschafter in Washington, Anatoli Dobrynin, ebenfalls nicht informiert war. Stimmt das?

SERGO MIKOJAN: Ja. Dobrynin hatte nicht die leiseste Ahnung. Er und Botschafter Zorin, unser Vertreter bei den Vereinten Nationen, wußten überhaupt nichts. Und als Dobrynin ins amerikanische Außenministerium bestellt und über die Raketen informiert wurde, da konnte er das nicht glauben. Er antwortete Dean Rusk: »Das kann nicht wahr sein. Das kann es nicht geben. Das ist eine Erfindung der CIA.« Dobrynin und Zorin konnten nichts wissen, weil das ganze Unternehmen streng geheim ablief und viele Sicherheitsvorkehrungen getroffen wurden. Es wurden möglichst wenige Leute unterrichtet. Zum Beispiel wurden zwischen Moskau und Havanna diesbezüglich keine Nachrichten hin- und hergefunkt. Der gesamte Brief- und Notenwechsel wurde über Diplomaten abgewickelt. Die Stationierung sollte nämlich zu einem »fait accompli« werden.

BERND GREINER: Aber trotzdem gab es schwerwiegende Versäumnisse. Die Raketenstellungen wurden z. B. nicht getarnt – obwohl doch jedermann wußte, daß die Amerikaner ständig U-2 Aufklärer über der Insel einsetzten. Wie ist das zu erklären?

SERGO MIKOJAN: Nun, die Raketen selbst wurden getarnt. Aber die Straßen, die zu den Stellungen hinführten, eben nicht. Und das war ein ganz schwerer Fehler unserer Militärs. Sie hatten den Befehl, die Amerikaner zu täuschen, falsche Fährten zu legen. Z. B. sollte es so aussehen, als würden die besagten Straßen für die kubanische Landwirtschaft gebaut. Aber die Militärs hielten sich nicht an die Weisungen. Sie taten, was sie für richtig hielten und tarnten nur die Raketen.

BERND GREINER: Also hat Graham Allison recht, wenn er sagt, daß diese Schlampereien das typische Ergebnis bürokratischer Routinearbeit sind? Die beauftragten Techniker bauten die Raketenstellungen auf Kuba genauso, wie sie es in der UdSSR getan hätten – und wie sie es seit Jahren gewohnt waren. Stimmt das?[6]

SERGO MIKOJAN: Das trifft den Punkt, ja. Diese Männer waren halt Militärs. Sie kannten ihren Auftrag: Baut Raketenstellungen. Und sie hatten schon zahlreiche solcher Stellungen zu Hause gebaut. Also arbeiteten sie in Kuba, als wären sie in der UdSSR. Sie machten einige geeignete Plätze in den Bergen und Hochebenen aus und fingen an zu bauen – sehr, sehr schnell zu bauen. Es war reiner Zufall, daß die Amerikaner das nicht früher entdeckten. Wohl deshalb, weil der Oktober 1962 vom Wetter her sehr ungewöhnlich war. Wochenlang lag eine Schlechtwetterfront über Kuba und versteckte die Insel vor den Kameras der amerikanischen Aufklärer. Wie auch immer – Fehler wie die genannten konnten nicht verhindert werden. Das hat wohl etwas mit der psychologischen Seite der Militärs zu tun . . . (Lacht)

BERND GREINER: Wie wurde denn die Geheimhaltung innerhalb der UdSSR organisiert? Da müssen doch Hunderte oder Tausende an der Vorbereitung beteiligt gewesen sein.

SERGO MIKOJAN: Die erste Phase war sehr gut organisiert. Zum Beispiel sagte man den Soldaten, die zum Schutz der Raketen ausgewählt und nach Kuba geschickt wurden, nichts. Sie erfuhren nicht, wohin die Reise ging. Alles, was sie erfuhren, war: Sie würden für lange Zeit von zu Hause weg sein. Und da es schon September war, packten sie ihre Wintersachen ein und nahmen sie mit. Einige hatten auch Skier dabei. Erst mitten auf dem Atlantik sagte man ihnen, daß sie die Skier nicht brauchen würden (Lacht) – und daß sie auf dem Weg nach Kuba waren. Also in dieser Phase gabe es keine Probleme. Aber die Schlußphase, der Bau der Raketenstellungen, war einfach schlecht organisiert.

BERND GREINER: Nehmen wir einmal an, alles wäre gutgegangen und die Amerikaner hätten die Stellungen nicht entdeckt. Wären noch mehr Raketen verschifft worden? Wäre Kuba zu einem riesigen Raketenstützpunkt ausgebaut worden?

SERGO MIKOJAN: Die amerikanischen Teilnehmer unseres Seminars glauben, daß noch mehr Raketen unterwegs waren . . .

BERND GREINER: . . . vielleicht sehr zu Recht. Oder warum drehten 14 Schiffe sofort ab und kehrten in die UdSSR zurück, nachdem die Blockade ausgerufen worden war?

SERGO MIKOJAN: . . . aber ich glaube, daß die Raketen, die am 22. Oktober auf der Insel waren, wohl an die 40, das geplante Kontingent waren. Ich glaube nicht, daß wir die Absicht hatten, noch mehr zu liefern. Zumindest habe ich keine Information darüber, daß weitere Raketen geplant waren.

BERND GREINER: Wie reagierten Chruschtschow und seine Kollegen im Präsidium, als Kennedy die Blockade verhängte?

SERGO MIKOJAN: Erst einmal waren alle überrascht. Überrascht aus zwei Gründen: Daß die Amerikaner dahinter gekommen waren und daß Kennedy einen solchen Schritt überhaupt wagte. Und dann wollten wir herausfinden, wie weit er wohl gehen würde. Wir wußten nämlich, daß trotz der Blockade einigen Schiffen die Durchfahrt erlaubt worden war. Deshalb wollten wir herausfinden, wo Kennedys Grenzen lagen.

BERND GREINER: Und wo lagen diese Grenzen Ihrer Meinung nach?

SERGO MIKOJAN: Als in der Karibik einige unserer U-Boote zum Auftauchen gezwungen wurden, da wußten wir: Dies ist das Zeichen, daß es zum Krieg kommen könnte. Wahrscheinlich verstanden wir an diesem Punkt, worum es ging – daß die Blockade eine sehr ernste Sache war.

BERND GREINER: Fürchteten die Verantwortlichen in Moskau, daß die USA womöglich ihre erdrückende atomare Überlegenheit zu einem Erstschlag gegen die UdSSR einsetzen würden? Schließlich gab es auf amerikanischer Seite 5000 Atomsprengköpfe, auf sowjetischer nur 300 . . .

SERGO MIKOJAN: Nun, mein Freund Burlatsky hat die Geschichte erzählt von seinem Freund, einem Mitglied des Zentralkomitees. Dieser Freund schickte seine Familie aus Moskau weg. Mein Vater hat uns nicht aus Moskau weggeschickt (Lacht) . . .

BERND GREINER: . . . womit aber meine Frage noch nicht ganz beantwortet ist. Er hätte ja auch denken können, daß ein solcher Versuch ohnehin sinnlos ist.

SERGO MIKOJAN: Nun ja, diese riesige amerikanische Überlegenheit, in der Größenordnung von 17:1, mag wohl einen psychologischen Einfluß gehabt haben. Bitte bedenken Sie, daß die Furcht vor einem Atomkrieg ganz eng mit unserer Geschichte nach 1945 verbunden ist – vielleicht mehr als in jedem anderen Land. Über viele Jahre hinweg, als wir selbst keine Atomwaffen hatten, rechneten wir mit einem atomaren Schlag der Amerikaner, dachten wir, daß es möglich wäre . . .

BERND GREINER: Im Laufe unseres Treffens sagte Robert McNamara, eine Eskalation wäre unvermeidbar gewesen, wenn die USA Kuba angegriffen hätten. Nach CIA-Schätzungen waren 20 000 sowjetische

Soldaten auf Kuba stationiert – viele von ihnen wären getötet worden. McNamara behauptet: Die UdSSR hätte mit Sicherheit an irgendeinem anderen Ort militärisch geantwortet. Aber wo? Welches waren die Pläne der UdSSR? Waren beispielsweise Angriffe auf Berlin oder die amerikanischen Mittelstreckenraketen in der Türkei vorgesehen?

SERGO MIKOJAN: Wenn die Amerikaner Kuba bombardiert oder besetzt hätten, dann hätten wir meiner Meinung nach keine andere Wahl gehabt, als militärisch zu reagieren. Ich kann nicht sagen, wo oder in welcher Weise, aber natürlich standen Berlin und die amerikanischen Raketen in der Türkei ganz oben auf der Liste. Wir hätten wohl nicht sofort reagiert, nicht unbedingt am gleichen Tag. Wir hätten Zeit gebraucht und weitere Vorbereitungen treffen müssen.

BERND GREINER: Wurden denn auf sowjetischer Seite überhaupt ernsthaft militärische Vorbereitungen in die Wege geleitet? Die CIA erstellte während der Krise tagtäglich Berichte und kam immer zum gleichen Ergebnis: Die Sowjets mobilisieren nicht. Wie hätte die UdSSR dann überhaupt militärisch reagieren können?

SERGO MIKOJAN: Nun, es gab in der Tat keine offene Mobilmachung, jedenfalls nicht in der Art, die für die Amerikaner sofort erkennbar gewesen wäre. Aber alle Streitkräfte des Warschauer Pakts wurden in Alarmbereitschaft versetzt, unsere U-Boote wurden über alle Weltmeere verteilt, unsere Interkontinentalraketen wurden einsatzbereit gemacht – all dessen bin ich absolut sicher. Die Raketen waren in jeder Hinsicht vorbereitet, um einen Erstschlag der Amerikaner zu beantworten. Aber während dieser Krisentage hatte Chruschtschow nur eines im Sinn: alles zu tun, um einen solchen Krieg zu verhindern, um jede Form einer ernsthaften Eskalation zu vermeiden.

BERND GREINER: Wir wissen sehr viel über die internen Abläufe in Washington während der Krise. Über die Vorgänge in Moskau wissen wir nahezu nichts. Wie sah das dortige Krisenmanagement aus? Gab es so etwas ähnliches wie Kennedys ExComm.? Wer erteilte Chruschtschow Rat?

SERGO MIKOJAN: Nun, selbstverständlich sprach sich Chruschtschow mit den Mitgliedern des Präsidiums aus, manchmal mit allen, manchmal nur mit wenigen. Ich glaube, von Anfang an war mein Vater sein engster Vertrauter – er war schon einmal in Kuba gewesen, man sah in ihm einen Kuba-Spezialisten, und er kannte Fidel Castro persönlich. Und er war der zweite Mann hinter Nikita, er war sein Freund. Beide duzten sich. Mein Vater war lange Zeit an seiner Seite gewesen – persönlich und politisch. Beispielsweise waren beide sehr stark in der Kampagne gegen den Personenkult tätig. Sie verstanden sich sehr gut. Es war zwar nicht immer einfach, es war eine widersprüchliche Beziehung, aber eine gute Beziehung. Dann war da Frol Kozlow, ein noch ziemlich junger Mann und in Chruschtschows Augen sein Nachfolger. Ich persönlich mochte den Mann nicht und glaube, daß es ein Fehler von Chruschtschow war, ihn als Nachfolger in Betracht zu ziehen. Aber er tat es. Also war Kozlow ein wichtiger Ratgeber. Wer noch? Nun, Malinowski, unser Verteidigungsminister, und Gromyko, der Außenminister, und schließlich Marschall Biryuzow, der Oberkommandierende der Luftwaffe und der Strategischen Raketenstreitmacht. Darüber hinaus gab es noch ein paar Leute, mit denen Chruschtschow kontinuierlich zusammenarbeitete.[7]

BERND GREINER: Und welche Rolle spielte Breschnew?

SERGO MIKOJAN: Keine bedeutende. Chruschtschow achtete ihn nicht. Er sah in ihm keinen sehr fähigen Mann.

BERND GREINER: Graham Allison behauptet, es habe ernsthafte Meinungsverschiedenheiten zwischen der politischen und militärischen Führung gegeben, er vermutet sogar eine Spaltung. Als Beleg nennt er Leitartikel im »Roten Stern«, der Armeezeitung, und in der »Prawda«. Seiner Meinung nach waren die Militärs die »Betonköpfe«, die den USA unter keinen Umständen nachgeben wollten, wohingegen Chruschtschow kompromißbereit gewesen sei. Was sagen Sie dazu?[8]

SERGO MIKOJAN: Natürlich wurde über einige Schritte und Entscheidungen Chruschtschows diskutiert. Aber ich kann Ihnen versichern, daß es auf dem Gebiet der Außenpolitik gegen Chruschtschow nicht die geringste Opposition gab – keine Opposition in dem Sinne, daß eine abweichende Linie vertreten worden wäre. Das war absolut nicht der Fall. Ich möchte diesen Punkt besonders herausstreichen, weil insbesondere in den Vereinigten Staaten darüber spekuliert wird, ob Chruschtschows Sturz etwas mit der Raketenkrise zu tun haben könnte. Ich sage Ihnen noch einmal: Das war nicht der Fall. Ich bin mir sicher, daß es während der Krise und auch danach gegen Chruschtschow keine Opposition gab. Es gab keine Opposition im engen Sinn des Wortes, definitiv nicht. Es gab Diskussionen, ja, aber keine Opposition, keinen Widerstand.

BERND GREINER: Dann müssen diese Diskussionen aber ziemlich kontrovers gewesen sein. Oder wie anders ist es zu erklären, daß Chruschtschow innerhalb von zwölf Stunden zwei völlig verschiedene, ja sich widersprechende Briefe nach Washington schickt? Am 26. Oktober verlangt er als Preis eines Nachgebens nur die Garantie, daß die Amerikaner keine Invasionstruppen nach Kuba schicken. Am folgenden Tag legt er zu und fordert jetzt auch den Abzug der Jupiter-Raketen aus der Türkei. Was war damals in Moskau los? Warum sandte Chruschtschow in so kurzer Zeit zwei verschiedene Briefe?

SERGO MIKOJAN: Wie ich bereits sagte, gab es Diskussionen und auch unterschiedliche Meinungen. Der erste Brief wurde ganz offensichtlich von Chruschtschow selbst diktiert – weder hatte er jemanden um Rat gefragt, noch hatte er diesen Brief mit jemandem diskutiert. Der zweite Brief hingegen trägt die Handschrift einiger anderer. Diese Leute brachten die Jupiter-Forderung ein, weil sie glaubten, das wäre ein einfacher Weg, um aller Welt zu zeigen, daß wir ohne Gesichtsverlust aus der Krise herauskommen. Wir wußten ja, daß sich die Amerikaner seit einiger Zeit darum bemühten, diese Raketen aus der Türkei abzuziehen. Deshalb dachten einige Leute, Kennedy würde dieser Forderung nachgeben, würde in Sachen Jupiter einen Kompromiß schließen. Sie rechneten damit, daß dies ein gutes Ergebnis für unser Volk wäre und sicherlich auch für die Wahrnehmung der übrigen Welt. Dann könnten wir mit dem Handel zufriedener sein. Wenn Sie mich nach meiner Meinung fragen: Ich denke, daß dieser Schritt ein Fehler war.

BERND GREINER: Es gibt immer noch viele »blinde Flecken« in der Geschichte dieser Krise. Seymour Hersh beispielsweise veröffentlichte am 11. Oktober 1987 einen Artikel in der »Washington Post«. Er behauptet, es habe in den frühen Morgenstunden des 27. Oktober unmittelbar in der Nähe einer Raketen- und Luftabwehrstellung schwere Feuergefechte zwischen kubanischen und sowjetischen Truppen gegeben. Angeblich entschlüsselte der amerikanische Geheimdienst 1964 die sowjetischen Funksprüche aus Kuba, und angeblich war in diesen Funksprüchen von Feuergefechten die Rede. Stimmt das?[9]

SERGO MIKOJAN: Ich will immer noch nicht ausschließen, daß diese Geschichte ein Phantasieprodukt des Autors ist. Und ich schließe kategorisch jede Möglichkeit eines bewaffneten Konflikts zwischen unseren Truppen und den Truppen Fidel Castros aus. Dieser Artikel hat mich völlig überrascht. Bevor ich hierher kam, hatte ich keinerlei Informationen über den behaupteten Vorgang. Absolut nichts. Wenn ein solcher Zusammenstoß stattgefunden haben sollte und wenn, wie Hersh behauptet, einige sowjetische Soldaten getötet worden wären, dann hätte ich damals in Kuba etwas davon erfahren. Mit an Sicherheit grenzender Wahrscheinlichkeit hätte ich davon erfahren. Und ich betone noch einmal: Ich bin sicher, daß es keinen Zusammenstoß zwischen unseren und den Soldaten Fidel Castros gab.

BERND GREINER: Aber es gibt ja auch noch andere Erklärungen. Könnte es sich nicht um Kämpfe zwischen sowjetischen Einheiten und einem Kommando-Unternehmen gehandelt haben, die ab und zu von Exilkubanern oder von der CIA auf die Insel geschickt wurden?

SERGO MIKOJAN: Es könnte natürlich sein, daß es einige Kräfte auf der Insel gab, die darauf aus waren, Unruhe zu stiften, und in bestimmten Teilen die Kontrolle übernahmen. Wenn es überhaupt einen Zusammenstoß gegeben hat, dann könnte es ein Gefecht mit diesen Leuten gewesen sein, mit konterrevolutionären Kräften auf Kuba. Trotzdem sind weiterhin Zweifel an diesem Artikel angebracht. Weder mein Vater noch irgendeiner seiner Kollegen, die unmittelbar im Anschluß in Kuba waren, hörten irgend etwas darüber. Ganz bestimmt nichts.

BERND GREINER: Am 27. Oktober wurde eine amerikanische U-2 über Kuba abgeschossen. Für das Ex-

Comm. war die Sache klar: Hier handelte es sich um eine bewußte Provokation und Eskalation seitens Chruschtschow. Die Sowjets hätten den Abschuß befohlen. Wer befehligte die Artillerie und die Boden-Luft-Raketen?

SERGO MIKOJAN: Die Kubaner kontrollierten nur die Boden-Luft-Raketen mit einer Reichweite von elf Kilometern. Ich erinnere den Namen nicht mehr, aber es waren nur diese Raketen, die auf eine Entfernung von 11 000 Meter treffen konnten.

BERND GREINER: Also war die Raketenstellung, die für den Abschuß der U-2 verantwortlich ist, in sowjetischen Händen? Bekanntlich flogen die U-2 ja wesentlich höher als 11 000 Meter.

SERGO MIKOJAN: Ja. Ja. Die war unter unserer Kontrolle.

BERND GREINER: Warum wurde die U-2 abgeschossen. War es eine bewußte Provokation, einer jener Tests, um herauszufinden, wie weit man gehen konnte?

SERGO MIKOJAN: Nein. Es war menschliches Versagen, ein Irrtum eines der Kommandeure. Dieser Mann hatte keine hohe Position, und er wußte nicht, was in Moskau vor sich ging, und erst recht hatte er keine Instruktionen aus Moskau. Er wußte nur, daß alle Streitkräfte in Alarmbereitschaft waren. Infolgedessen verlor er für eine Minute oder zwei die Nerven und drückte auf den Knopf. Erst dann erkannte er, welch großen Fehler er begangen hatte. Er hatte Angst, Rechenschaft abzulegen – und tat dies auch erst sehr viel später. Ich fand erst zehn Jahre danach heraus, wer verantwortlich gewesen war. Es war menschliches Versehen. Aber eines, das schreckliche Folgen hätte haben können.

BERND GREINER: Wurde Chruschtschows Meinungsbildung dadurch beeinflußt? Dachte er, jetzt die Kontrolle über die Ereignisse in Kuba verloren zu haben, und stimmte er deshalb dem Rückzug der Raketen zu?

SERGO MIKOJAN: Nein, dieser Vorfall hatte keinen Einfluß auf Chruschtschows letztendliche Entscheidung, ob er die Raketen abziehen sollte oder nicht. Der Abschuß bewirkte etwas anderes. Es wurde der strikte Befehl erteilt, auf keinen Fall noch einmal eine U-2 zu beschießen. Man versicherte den Amerikanern, daß es ein Unfall war und sich nicht wiederholen würde. Und wir baten die Amerikaner, so hoch wie möglich zu fliegen – so daß Fidel Castros Artillerie sie nicht erreichen könnte. Man konnte ja nie wissen ...

BERND GREINER: Demnach waren also die Kubaner verantwortlich für die Angriffe auf niedrig fliegende amerikanische Aufklärer? Und heißt das auch, daß das sowjetische Militär die kubanischen Truppen nicht kontrollieren konnte?

SERGO MIKOJAN: Stimmt. Die Kubaner schossen auf diese Flugzeuge. Und Fidel selbst gab die Order, zu schießen und sie abzuschießen, allesamt.

BERND GREINER: Und es war den Sowjets nicht möglich, darauf Einfluß zu nehmen? Sie konnten diese Entscheidung nicht ändern?

SERGO MIKOJAN: Nun, unser Botschafter, Alexejew, sprach mit ihm und bat ihn, es nicht zu tun. Aber Fidel ist ein sehr unabhängiger Mann (Lacht) – und er sagte: »Nein! Ich werde es nicht zulassen! Wir sind ein unabhängiges Land, und wir können keine Verletzung unseres Luftraums dulden!«

BERND GREINER: Am Abend des 27. Oktober traf Anatoli Dobrynin mit Robert Kennedy zusammen. Chruschtschow behauptet in seinen Memoiren, Robert Kennedy habe einen Putsch der amerikanischen Militärs befürchtet. Der Präsident stehe schwer unter Druck und fürchtete, daß die Militärs die Macht an sich rissen. Hat Robert Kennedy dies oder ähnliches tatsächlich gesagt?[10]

SERGO MIKOJAN: Ich glaube nicht. Ich glaube, wir haben es hier mit den Erinnerungen eines alten Mannes zu tun, der Berichte und persönliche Eindrücke durcheinanderbringt.

BERND GREINER: Was war Robert Kennedys Absicht? Was war seine Botschaft?

SERGO MIKOJAN: Nun, was Robert Kennedy sagte, lief auf ein Ultimatum hinaus. Er selbst nannte es nicht so, er sprach nur von einer »Feststellung der Tatsachen«. Aber es war eine Art Ultimatum. Wenn wir unsere Raketen abzögen, würden sie in Kuba nicht einmarschieren. Aber wenn wir die Raketen nicht beseitigten, würden sie es für uns tun – das sagte Bobby. Das bedeutete, daß sie Luftangriffe fliegen würden. Und wir hatten Tausende von Soldaten nach

Kuba geschickt, Soldaten, die für die Bewachung der Raketen abgestellt waren. Sehr viele von ihnen wären getötet worden. Wir hätten darauf etwas erwidern müssen. Und wir waren uns sehr klar darüber, wie eine Eskalation aussehen würde. Deshalb gaben wir nach. Ausschließlich deshalb.

BERND GREINER: Aber Robert Kennedy erwähnte auch, daß innerhalb von drei bis vier Monaten die Jupiter aus der Türkei abgezogen würden. War dies in sowjetischen Augen ein bedeutendes Zugeständnis, ein Angebot, das Chruschtschow zum Einlenken bewegte?

SERGO MIKOJAN: Nein. Das war es nicht. Bobbys eigentliche Absicht war das Ultimatum. Wir sollten wissen, daß die Uhr abgelaufen war. Er überbrachte eine dringende Botschaft. Und wir verstanden sie. Das ist der Punkt.

BERND GREINER: Fedor Burlatsky behauptet, das Jupiter-Versprechen sei sehr bedeutsam gewesen, dies sei für Chruschtschow sogar der ausschlaggebende Faktor gewesen.

SERGO MIKOJAN: Wieder einmal kann ich meinem Freund Burlatsky nicht zustimmen. Der hauptsächliche Grund für Chruschtschows Nachgeben war das Ultimatum und die Drohung mit einer unmittelbar bevorstehenden Eskalation. Das Jupiter-Angebot – das war kein festes Versprechen von Robert Kennedy, überhaupt nichts Offizielles. Und es war nicht der wesentliche Punkt seiner Botschaft. Er wollte uns in erster Linie die Dringlichkeit vermitteln, so schnell wie möglich zu einer Entscheidung zu kommen. Die Jupiter spielten nur eine Nebenrolle. Seine Botschaft war: Entweder ihr zieht die Raketen ab, oder wir erledigen das für euch. Das zählte. Und ich wiederhole. Dieses Versprechen, die Jupiter in ein paar Monaten abzuziehen, war absolut unwichtig. Vielleicht hat es in Diskussionen mit einigen Mitgliedern des Präsidiums eine Rolle gespielt. Aber was Chruschtschow zum Nachgeben bewegte, waren das Ultimatum, die Drohung mit den Luftangriffen und der Invasion und die Gefahr einer unvermeidlichen Eskalation.

BERND GREINER: Nachdem Chruschtschow eingewilligt hatte, reiste Ihr Vater nach Kuba. Nach allem, was wir wissen, hatte er große Schwierigkeiten mit Castro. Es dauerte Wochen, bis er ihn überzeugt hatte. Worum ging der Streit?

SERGO MIKOJAN: Die Gespräche waren anfänglich tatsächlich sehr schlecht. Sie verliefen schwierig, weil Fidel sehr, sehr enttäuscht darüber war, daß man ihn vor der Entscheidung nicht konsultiert hatte, daß Chruschtschow das Ultimatum angenommen hatte und ihn erst informierte, als alles bereits gelaufen war. Ein weiterer Grund war, daß er einfach den Amerikanern nicht vertraute. Er konnte es einfach nicht glauben, daß sie sich an ihr Versprechen halten und nicht in Kuba einmarschieren würden. Er sagte zu meinem Vater: »Ihr Russen habt doch keine Ahnung von den Amerikanern. Nur wir Lateinamerikaner wissen, wozu die fähig sind, trotz aller Übereinkünfte, trotz aller Gesetze. Wenn man einmal auf amerikanische Bedingungen eingeht, werden sie neue Forderungen erheben, sie werden neue Zugeständnisse fordern, sie werden euch in die Ecke treiben.« Es war nicht einfach für meinen Vater, Fidel davon zu überzeugen, daß er diesmal den Amerikanern vertrauen könnte und daß es zu keiner Invasion kommen würde. Und trotzdem – Fidel war sehr verärgert.

BERND GREINER: Viele Kritiker sehen im Gefolge der Kuba-Krise negative Entwicklungen. So wird behauptet, die sowjetische Raketenrüstung sei beschleunigt worden – einfach deshalb, weil man nicht noch einmal in einer Konfliktsituation militärisch derart im Hintertreffen sein wollte. Ein sowjetischer Diplomat brachte dies gegenüber John McCloy auf die kurze Formel: »So etwas werdet Ihr mit uns nie wieder machen können.« Stimmen Sie dieser Kritik zu?

SERGO MIKOJAN: Ich schließe nicht aus, daß unsere Raketenrüstung unmittelbar mit diesen dreizehn Tagen zusammenhing – womit ich aber nicht sagen will, diese Aufrüstung sei der richtige Weg gewesen. Aber es war verständlich. Man muß bedenken, daß die Amerikaner im Oktober 1962 bei den Sprengköpfen 17:1 überlegen waren. Und dann konnten wir noch nicht einmal 40 Mittelstreckenraketen auf Kuba stationieren. Daraus folgerten viele Militärs und auch das Präsidium, daß diese Ungleichheit beseitigt werden müsse und daß wir mehr Raketen haben sollten, insbesondere Interkontinentalraketen. Sie waren der

Meinung, daß eine amerikanische Überlegenheit auf diesem Sektor gefährlich sei.

BERND GREINER: Gibt es weitere erwähnenswerte Konsequenzen oder Lehren dieser Krise?

SERGO MIKOJAN: Nun, die Erfahrung der Kuba-Krise trug dazu bei, der Politik des »Abenteurertums« eine endgültige Absage zu erteilen. Es war eine Tragödie, daß Chruschtschow und Kennedy von der politischen Bühne verschwanden. Wir verloren 25 Jahre mit einem sinnlosen Wettrüsten. Unmittelbar nach der Krise hätte die Entspannungspolitik einsetzen können. Das Feld war bestellt. Präsident und Parteivorsitzender begannen, sich zu respektieren und einander zu vertrauen. Wir hätten den Beginn eines kontinuierlichen Entspannungsprozesses erleben können.

BERND GREINER: Herr Mikojan, ich danke Ihnen für dieses Gespräch.

Anhang

Kriterien der Dokumentenbearbeitung

Die Dokumente wurden nach den allgemeinen Regeln der Dokumentenedition bearbeitet. Kürzungen erfolgten allein aus Platzgründen; sie sind mit [...] kenntlich gemacht. Ein Dokument wurde nur um nachgeordnete Textstellen oder jene Passagen gekürzt, die nicht unmittelbar mit der Kuba-Krise befaßt sind. Alle Hervorhebungen, Unterstreichungen und handschriftlichen Anmerkungen in den Originalen wurden übernommen bzw. mit Anmerkungen ausgewiesen. Zum besseren Verständnis zeitgenössischer Bezüge und Zusammenhänge wurden erklärende Anmerkungen in einem eigenen Apparat zusammengefaßt. Auf eine Kommentierung der Dokumente in den Anmerkungen wurde verzichtet.

Besondere Kriterien mußten an die Bearbeitung der Transkripte von Tonbandmitschnitten angelegt werden. Diese Kriterien werden in Anmerkung 1 zu Dokument 16, dem ersten der hier vorgestellten Transkripte, genannt.

Im Anmerkungsapparat werden bisweilen Hinweise zur weiteren Arbeit gegeben. Handelt es sich um Schlüsseldokumente, die für dieses Buch herangezogen wurden, wird das Kürzel »Q« mit einer fortlaufenden Nummer verwendet. Diese Kürzel beziehen sich immer auf das Quellenverzeichnis aus Teil I (siehe Teil I, Anmerkungen). Werden bei weiterführender Literatur Kurztitel genannt, so finden sich die vollständigen Angaben im »Literaturverzeichnis« von Teil I.

Ein alphabetisches Register aller in den Dokumenten genannten Personen wurde – ergänzt um Hinweise auf die politische Funktion – der besseren Übersicht halber vorangestellt. Damit entfallen Doppel- und Mehrfachnennungen im Anmerkungsapparat. Zugleich liegt damit ein Überblick zu den wichtigsten Entscheidungsträgern des Oktober 1962 vor.

Ich danke an dieser Stelle Frau Ulrike Bischoff und Herrn Peter Baasner (Dok.-Nr. 9, 15, 18, 44, 45, 49) für die Übersetzung der Dokumente. Beide hatten eine schwierige Aufgabe zu bewältigen.

Verzeichnis der in den Dokumenten genannten Personen

»ALEX« (siehe JOHNSON, U. Alexis)
ALEXEJEW – Sowjetischer Botschafter in Havanna
ANDERSON, George W. – Admiral, Stabschef der U. S. Marine
BALL, George W. – Staatssekretär im Außenministerium
BIRYUZOW, S. S. – Marschall, Stabschef der sowjetischen Luftstreitkräfte
»BOB« (siehe McNAMARA, Robert S.)
»BOBBY« (siehe KENNEDY, Robert F.)
BOHLEN, Charles E. – U. S. Botschafter in Paris
BRESCHNEW, Leonid I. – Mitglied des Präsidiums der KPdSU
BUNDY, McGeorge – Sonderberater Präsident Kennedys für Fragen der nationalen Sicherheit
BURLATSKY, Fedor – Redenschreiber Nikita Chruschtschows
CARTER, Marshall – Stellvertretender Direktor der CIA
CASTRO, Fidel – Premierminister Kubas
CHRUSCHTSCHOW, Nikita S. – Vorsitzender des Präsidiums des Zentralkomitees der KPdSU
CLEVELAND, Harlan – Staatssekretär im Verteidigungsministerium
DENNISON, Alfred – Oberkommandierender der U.S. Atlantikflotte
DILLON, Douglas C. – U. S. Finanzminister
DOBRYNIN, Anatoli – Sowjetischer Botschafter in Washington
FINLETTER, Thomas K. – Ständiger Vertreter der USA beim NATO-Rat in Paris
FOMIN, Aleksander S. – Botschaftsrat an der Botschaft der UdSSR in Washington
FOSTER, William C. – Direktor der U. S. Behörde für Rüstungskontrolle und Abrüstung
»GEORGE« (siehe BALL, George W.)
GILPATRIC, Roswell – Stellvertretender Verteidigungsminister der USA
GOODWIN, Richard – Berater McGeorge Bundys und Lateinamerika-Spezialist im U. S.-Außenministerium
GRAYBEAL – Photoauswerter der CIA
GROMYKO, Andrei A. – Sowjetischer Außenminister
GUEVARA, Ernesto – Finanz- und Industrieminister Kubas
HARE, Raymond – U. S. Botschafter in Ankara
HARRIMAN, W. Averell – Sonderbotschafter der USA
HILSMAN, Roger – Direktor des Nachrichten- und Ermittlungsbüros im U. S. Außenministerium
»JOHN« (siehe McCONE, John)
JOHNSON, U. Alexis – Stellvertretender Staatssekretär im U. S. Außenministerium
JOHNSON, Lyndon B. – U. S. Vizepräsident
KEATING, Kenneth B. – U. S. Senator (Republikaner, New York)
KENNEDY, John F. – U. S. Präsident
KENNEDY, Robert F. – U. S. Justizminister
KOHLER, Foy D. – U. S. Botschafter in Moskau
KOZLOW, Frol – Mitglied des Präsidiums der KPdSU
KUZNETSOW, A. A. – Sowjetischer Diplomat
LeMAY, Curtis E. – General, Stabschef der U. S. Luftwaffe
LEMNITZER, Lyman N. – General, bis 30. 9. 1962 Vorsitzender der Vereinigten Stabschefs der U. S. Streitkräfte
LIPPMANN, Walter – Journalist
LUNDAHL, Arthur – Photoauswerter der CIA
»MAC« (siehe BUNDY, McGeorge)
MALINOWSKI, Rodion – Sowjetischer Verteidigungsminister
MARTIN, Edwin M. – Staatssekretär im U. S. Außenministerium für Lateinamerika-Fragen
»MAX« (siehe TAYLOR, Maxwell)
McCLOY, John – Ehemaliger U. S. Hochkommissar für Deutschland
McCONE, John – Direktor der CIA
McGHEE, George – Sachgebietsleiter im U. S. Außenministerium
McNAMARA, Robert S. – U. S. Verteidigungsminister
MIKOJAN, Anastas I. – Mitglied des Präsidiums der KPdSU

MOSKALENKO, K. S. – Stabschef der sowjetischen Raketenstreitkräfte
NITZE, Paul H. – U. S. Marineminister
NORSTAD, Lauris – Oberbefehlshaber der NATO-Streitkräfte in Europa
O'DONNELL, Kenneth – Sonderberater Präsident Kennedys
»PAT« (siehe CARTER, Marshall)
»PIERRE« (siehe SALINGER, Pierre)
POWER, Thomas S. – General, Stabschef der Strategischen Luftstreitkräfte der USA
REINHARDT, Freddy – U. S. Botschafter in Rom
»ROS« (siehe GILPATRIC, Roswell)
ROSTOW, Walt Whitman – Leiter des Außenpolitischen Planungsrats im U. S. Außenministerium
RUSK, Dean – U. S. Außenminister
SALINGER, Pierre – Pressesprecher Präsident Kennedys
SCALI, John – Journalist
SHOUP, David M. – General, Stabschef der U. S. Marines
SORENSEN, Theodore – Sonderberater Präsident Kennedys
STEVENSON, Adlai – U. S. Botschafter bei der UNO
SWEENEY, Walter C. – General, Stabschef der Taktischen Luftstreitkräfte der USA
TAYLOR, Maxwell – General, Vorsitzender der Vereinigten Stabschefs der U. S. Streitkräfte
»TED« (siehe SORENSEN, Theodore)
THOMPSON, Llewellyn – Sonderbotschafter und Berater des U. S. Außenministers in Sowjetunion-Fragen
»TOMMY« (siehe THOMPSON, Llewellyn)
U THANT – Generalsekretär der UNO
WARD, Alfred C. – Befehlshaber der 2. Flotte, U. S. Navy
WHEELER, Earl G. – General, Stabschef der U. S. Armee
ZORIN, Valerian – Sowjetischer Botschafter bei der UNO

Anmerkungen

Dokument 1

[1] Dieses Memorandum wurde zur Zeit der Präsidentschaft Dwight D. Eisenhowers diskutiert und verabschiedet. Es knüpft an ein Memorandum vom Dezember 1955 an: vgl. Q 1.

Dokument 3

[1] Im Vorfeld der Invasion in der Schweinebucht (14.–20. April 1961) hatte die Administration Kennedy wiederholt erklärt, sie würde keine US-Truppen gegen Kuba einsetzen. Vgl. Halberstam, Kennedy Presidential Press Conferences.

Dokument 4

[1] Nach dem Debakel in der Schweinebucht setzte John F. Kennedy eine »Untersuchungsgruppe Kuba« ein. Sie sollte unter Leitung von General Maxwell Taylor die Ursachen des Scheiterns erkunden und Vorschläge für die künftige Kuba-Politik unterbreiten.

[2] Zur damaligen Situation in Laos und der Politik der Regierung Kennedy vgl. George et. al., Limits of Coercive Diplomacy.

[3] Zur Lage um Berlin vgl. Honoré M. Catudal, Kennedy and the Berlin Wall Crisis. A Case Study in U. S. Decision Making, Berlin-West: Berlin-Verlag, 1980. Reinhard Hildebrandt, Kampf um Weltmacht. Berlin als Brennpunkt des Ost-West-Konflikts, Opladen: Westdeutscher Verlag, 1987.

[4] Mit »hemispheric community« ist grundsätzlich Nord- und Südamerika gemeint.

* Anmerkung im Dokument: »Mr. Dulles stimmt mit der in diesem Punkt dargelegten Einschätzung über den Ernst der Lage überein, der das Land sich gegenübersieht, sowie mit den verschiedenen Empfehlungen in diesem Memorandum, die sich auf die Verbesserung unserer Arbeitsweise nach NSC 5412/2 beziehen. An den Empfehlungen, die dieser Anmerkung folgen, war er nicht beteiligt.« Allan Dulles war zu diesem Zeitpunkt Direktor der CIA. Zu NSC 5412/2 vgl. Q 1.

Dokument 5

[1] Im August 1961 wurde während der Konferenz von Punta del Este (Uruguay) die Charta der »Allianz für den Fortschritt« unterzeichnet. Diese »Allianz« war von der Regierung Kennedy mit dem Ziel gegründet worden, den Einfluß der sozialistischen und kommunistischen Kräfte im politischen Leben Lateinamerikas entscheidend zu schwächen. Mittel zum Zweck waren politische, soziale und wirtschaftliche Reformen zur Entschärfung des jahrzehntelang aufgestauten Konfliktpotentials in der Region. Es war dies die letzte Konferenz lateinamerikanischer Staaten, an der Kuba (mit Beobachtern) teilnahm. Im Januar 1962 wurde Kuba – ebenfalls während einer Konferenz in Punta del Este – aus der »Organisation Amerikanischer Staaten« (OAS) ausgeschlossen.

[2] In dieser Zeit wurden mehrfach Linienmaschinen amerikanischer und internationaler Gesellschaften auf dem Weg von und nach Kuba entführt.

[3] Im Februar 1903 trotzten die USA unter Präsident Theodore Roosevelt der kubanischen Regierung einen Vertrag zur wirtschaftlichen und militärischen Nutzung kubanischen Territoriums ab. Auf unbefristete Zeit wurde den USA das Recht eingeräumt, bestimmte Territorien für Bergbau, Schiffahrt und als Marinestützpunkte zu nutzen und innerhalb dieser Gebiete die vollständige gesetzgeberische und polizeiliche Gewalt auszuüben. Den innerhalb dieses Territoriums gelegenen Stützpunkt Guantanamo bauten die USA in späteren Jahren zu einem großen Marinehafen aus. Der mit Kuba geschlossene Nutzungsvertrag kann nur im gegenseitigen Einvernehmen gekündigt werden. Diese Klausel wurde in erster Linie zur juristischen und politischen Entmündigung Kubas verankert. Selbstverständlich können die USA selbst den einseitigen Rückzug beschließen.

[4] Richard N. Goodwin leitete seit Mai 1961 den Sonderausschuß (Task Force) des Nationalen Sicherheitsrates zu Kuba. Später wurde er zum Abteilungsleiter für Lateinamerikanische Angelegenheiten im Außenministerium befördert.

Dokument 6

[1] Gemeint ist das erste und einzige Zusammentreffen zwischen Nikita Chruschtschow und John F. Kennedy Anfang Juni 1961 in Wien.

[2] Nach 1945 gründeten die USA zahlreiche militärische Paktsysteme an der Grenze zur UdSSR bzw. beteiligten sich an solchen Pakten. 1955 wurde der sog. Bagdad-Pakt ins Leben gerufen, dem die USA, Großbritannien, die Türkei, Pakistan, Irak und Iran angehörten. Nach dem Austritt Iraks im Jahr 1959 wurde der Pakt in CENTO-Pakt (Central Treaty Organization) umbenannt. Die CENTO fungierte als Mittelstück zwischen der NATO und der SEATO in Südostasien (South-

east Asia Treaty Organization). CENTO und SEATO existieren mittlerweile nicht mehr.

Dokument 7

[1] Der »Außenpolitische Planungsrat« (Policy Planning Council) war mit der langfristigen Planung und dem Entwurf von Diskussionsvorlagen für die künftige Außenpolitik befaßt. Walt Whitman Rostow leitete diesen Stab in den frühen 60er Jahren; zugleich war er als Stellvertreter McGeorge Bundys ein wichtiger Berater des Präsidenten. Unter Präsident Johnson avancierte Rostow zum Nationalen Sicherheitsberater.

[2] Auf der Genfer Indochina-Konferenz wurde 1954 beschlossen, den Bürgerkriegsparteien in Laos verschiedene Zonen des Landes zuzuweisen.

[3] Im Genfer Indochina-Abkommen von 1954 war festgelegt worden, daß der 17. Breitengrad Nord- und Südvietnam im Sinne einer militärischen Demarkationslinie voneinander trennen sollte. Eine politische und territoriale Trennung war damit nicht intendiert. Die kommunistischen Vietminh kontrollierten das Gebiet nördlich des 17. Breitengrades, der von den USA ausgehaltene Diktator Diem das Gebiet südlich davon. Seit 1961 kam es zu Überfällen südvietnamesischer Truppen auf nordvietnamesisches Gebiet – unter Leitung amerikanischer »Militärberater«. Dies war der Beginn des Vietnam-Krieges der 60er Jahre.

Dokument 8

[1] Maxwell Taylor war damals noch militärischer Sonderberater des Präsidenten. Vorsitzender der Vereinigten Stabschefs wurde er am 1. Oktober 1962.

Dokument 9

[1] Die Abkürzung NSTL steht für National Strategic Target List; SIOP für Single Integrated Operational Plan. Das »briefing« des Präsidenten wurde geleitet vom Vorsitzenden der Vereinigten Stabschefs, General Lyman L. Lemnitzer.

[2] Bei der Studie Nr. 2009 handelt es sich um eine Vorstudie zum SIOP, die seit 1959 in Arbeit war und sich in erster Linie mit der Zielauswahl befaßte.

[3] Als »Follow-On-Forces« bezeichnet man die nach Abschluß der ersten Angriffswelle eingesetzten Streitkräfte.

[4] Zum Begriff des Prä-Emptiv-Krieges vgl. 1. Kapitel, Anmerkung 16.

Dokument 10

[1] Zu den Debatten der 50er Jahre vgl. Greiner, Politik am Rande des Abgrunds? Die amerikanischen Kriegspläne der Jahre 1945–1949 sind dokumentiert bei Greiner und Steinhaus, Auf dem Weg zum Dritten Weltkrieg?

Dokument 11

[1] Die Sitzung fand in Athen statt.

[2] Das Pentagon hatte geplant, die B-52 durch einen neuen strategischen Bomber, den B-58, zu ersetzen. Das B-58-Programm blieb allerdings in den Anfängen stecken. Vgl. Ball, Politics and Force Levels.

[3] Im Original werden die Reichweiten in nautischen Meilen angegeben. Auf dem Festland wird in den USA normalerweise mit Land-Meilen (Statute Mile = 1609,3 m) gerechnet, auf See und in der Luft mit See-Meilen (Nautical Mile = 1853,2 m).

[4] Der Streukreisradius (Circular Error Probable) bezeichnet die Zielgenauigkeit einer Rakete. Damit wird die mittlere statistische Zielabweichung der Sprengköpfe vom anvisierten Ziel angegeben.

* Anmerkung im Dokument: »Effektivbestand am 1. August 1961; das Programm sieht vor, daß circa 50 Prozent der B-52- und der B-47-Flotte in 15 Minuten startbereit sind, die Ausbildungseinheiten ausgenommen.«

Dokument 12

[1] Die hier übersetzte Fassung dieses Dokuments ist den Beständen der National Archives, Modern Military Branch, Washington, D. C. entnommen. Das Dokument findet sich auch in den Beständen der Kennedy-Library (NSF, Meetings and Memoranda, NSAM 181, Cuba (A), 8/23/62, Box 338) – bei dieser Fassung freilich ist der gesamte Punkt 4 geschwärzt. Punkt 4 ist auch enthalten in: The Declassified Documents Reference System, Washington, D. C.: Carrollton Press, 1978, 188 A.

[2] Für den letzten Satz (beginnend mit »Soweit es machbar ist« bis »MONGOOSE informiert sind«) gilt das in Anmerkung 1 Gesagte.

Dokument 13

[1] SA-2-Stützpunkte sind Stellungen für Boden-Luft-Raketen zum Einsatz gegen Flugzeuge.

Dokument 14

[1] Im englischen Original ist stets nur von »Soviet missile bases« die Rede. Der Text erweckt den Eindruck, als rechnete man fest mit der Stationierung von Mittelstreckenraketen.

Dokument 15

[1] Die »homecoming football-Spiele« an amerikanischen Universitäten und Colleges werden traditionell Mitte September, zu Beginn des Wintersemesters, durchgeführt.

[2] Maxwell Taylor wurde am 1. Oktober 1962 zum Vorsitzenden der Vereinigten Stabschefs ernannt.

[3] Es handelt sich hier um jene Eventualpläne für eine Inva-

sion Kubas, die das Pentagon auf Anweisung des Weißen Hauses seit Sommer 1961 ausgearbeitet hatte.

[4] Robert McNamara bestätigte das Zieldatum 20. Oktober während der ersten Sitzung des ExComm. am 16. Oktober.

Dokument 16

[1] Die im folgenden zusammengestellten Hinweise zur wissenschaftlichen Bearbeitung der Transkripte von Tonbandmitschnitten gelten für die Dokumente Nr. 16, 17, 42, 43, 47:

* Die Seitenzahl des englischen Originals wird jeweils am linken Rand in eckigen Klammern genannt, z. B. [8]
* (*Gelöscht*): mit diesem Hinweis werden alle Passagen gekennzeichnet, die im Original geschwärzt sind. Die englische Bezeichnung lautet »Sanitized«.
* [...] bedeutet Kürzung des Bearbeiters. Diese Kürzungen betreffen ausschließlich jene Passagen des Originals, die sprachlich unverständlich sind; in denen nur Gesprächsfetzen widergegeben werden und ein sinnvoller Zusammenhang nicht mehr rekonstruierbar ist; oder die mit der Raketen-Krise nichts zu tun haben.
* [?] bedeutet, daß die Tonbandaufnahme an dieser Stelle undeutlich ist. Dieser Bearbeitungsvermerk ist bereits im englischen Original enthalten.
* .... heißt, daß der Sprecher einen Satz vorzeitig beendet. Dieser Bearbeitungsvermerk ist bereits im englischen Original enthalten.
* ... heißt, daß Sprecher mitten im Satz unterbrochen wird. Dieser Bearbeitungsvermerk ist bereits im englischen Original enthalten.
* Alle *Hervorhebungen* werden *dem englischen Original entsprechend in einfacher Unterstreichung* wiedergegeben. Sie beziehen sich ausschließlich auf eine besondere Betonung seitens der Sprecher.
* Alle in eckigen Klammern gesetzten Bemerkungen werden aus dem englischen Original übernommen, z. B. [Mehrere Sprecher auf einmal].
* Alle Zwischenüberschriften und Anmerkungen sind im englischen Original nicht enthalten; sie wurden vom Bearbeiter zwecks besseren Verständnisses der Quelle hinzugefügt.
* Sprecher?: Die Identität des Sprechers ist aus der Tonbandaufnahme nicht zu ermitteln. Dieser Bearbeitungsvermerk ist bereits im englischen Original enthalten.
* Name?: Es ist unsicher, ob es sich um den genannten Sprecher handelt. Dieser Bearbeitungsvermerk ist bereits im englischen Original enthalten.
* Abkürzungen:
  - JFK: John F. Kennedy
  - LBJ: Lyndon B. Johnson
  - RFK: Robert F. Kennedy
* Die politische Funktion der Beteiligten kann der oben vorgestellten »Liste der in den Dokumenten genannten Personen« entnommen werden. Zur Zusammensetzung des ExComm. vgl. 1. Kapitel, »Die Besten und die Klügsten«.

[2] »Unsere SS-3« ist amerikanischer Geheimdienst-Jargon; selbstverständlich handelt es sich um eine sowjetische Rakete. Bei der Umrechnung der Reichweiten der Raketen wurden nautische Meilen zugrundegelegt. Eine nautische Meile entspricht 1853,2 m.

[3] SAC bedeutet Strategic Air Command, d. h. die Kommando- und Befehlszentrale für den Einsatz der strategischen Atomwaffen und -raketen. Der Stabschef von SAC war zu dieser Zeit General Thomas S. Power.

[4] National PI ist das Kürzel für National Photographic Interpretation Center, die Zentrale zur Auswertung geheimdienstlichen Photomaterials.

[5] Die Joint Atomic Energy Commission ist der für zivile und militärische Atomforschung zuständige Kongreßausschuß, der aus Mitgliedern des Senats und Repräsentantenhauses zusammengesetzt ist.

[6] COMOR ist ein Geheimdienststab zur Auswertung der Luftaufklärung (Committee on Overhead Reconnaissance).

[7] Die Organisation Amerikanischer Staaten (OAS) mit Sitz in Washington umfaßt neben den USA alle mittel- und lateinamerikanischen Staaten – außer Kuba, das im Januar 1962 ausgeschlossen wurde. Die OAS wurde am 30. April 1948 auf der Konferenz von Bogota gegründet.

[8] Im Vertrag von Rio (2. September 1947) versichern sich die USA und die lateinamerikanischen Staaten der gegenseitigen militärischen Hilfe im Falle eines Angriffs auf einen der Signatar-Staaten. 1947 war der Vertrag aber nicht aus militär-, sondern aus innenpolitischen Gründen bedeutsam. Mit ihm hielt der Kalte Krieg auch in Lateinamerika Einzug.

[9] Gemeint ist die New York Times.

[10] Gemeint ist Dwight D. Eisenhower, Kennedys Vorgänger im Amt des Präsidenten.

[11] Zur Geschichte von Guantanamo vgl. Dokument 5, Anmerkung 3.

[12] Hier wird auf die Gleichzeitigkeit der Suez-Krise und des sowjetischen Einmarsches in Ungarn (1956) angespielt.

[13] CINCLANT steht für »Commander in Chief, U. S. Forces Atlantic« (Oberkommandierender der US-Streitkräfte im Atlantik).

[14] POL ist das Kürzel für Petroleum, Oil, Lubricants, d. h. für Schmiermittel zum Betrieb und Unterhalt militärischen Geräts.

[15] SACEUR steht für »Supreme Allied Commander Europe« (Oberkommandierender der NATO-Streitkräfte in Europa).

Dokument 17

[1] Hinweise zur Bearbeitung dieses Dokuments finden sich in Dokument 16, Anmerkung 1.

[2] Material zur »Aufstandsbekämpfung« – Riot Control Equipment – wurde während der Krise an Chile, Bolivien und die Dominikanische Republik geliefert.

[3] Während der Suez-Krise 1956 versuchten Israel und Großbritannien, die Streitigkeiten um den Suez-Kanal als Sprungbrett zum Sturz des ägyptischen Präsidenten Nasser zu nutzen. Die USA intervenierten und verhinderten eine militärische Eskalation in Nahost. Diese Ereignisse führten nicht nur zu einer schweren innenpolitischen Krise in Großbritannien, sondern belasteten auch die NATO.

[4] Hier sind die Strategischen Luftstreitkräfte gemeint.

[5] Marc Trachtenberg hat darauf hingewiesen, daß an dieser Stelle die Tonbandaufzeichnung offenbar falsch transkribiert wurde. McGeorge Bundys Bemerkung: »Doesn't prove anything in the strategic balance«, die von General Carter aufgegriffen und wiederholt wird, muß lauten: »Doesn't *im*prove anything in the strategic balance«, d. h.: »Verbessert in keiner Weise das strategische Kräfteverhältnis« zugunsten der Sowjets. Vgl. Proceedings Hawk's Cay Conference, S. 36.

[6] Die Erklärung des Präsidenten vom 4. September 1962 ist dokumentiert bei Larson, Selected Documents, S. 17/18.

[7] 1898 versenkten amerikanische Agenten die »Maine« im Hafen von Havanna. Der Anschlag wurde den spanischen Kolonialherrn Kubas angelastet. Präsident McKinley hatte jetzt einen hinreichenden Grund, um Spanien den Krieg zu erklären und sein Ziel – Vertreibung der konkurrierenden europäischen Kolonialmächte aus Lateinamerika – zu verwirklichen.

[8] Alle relevanten Erklärungen John F. Kennedys im Vorfeld der Kuba-Krise sind dokumentiert bei Larson, Selected Documents.

[9] Zum Wortlaut der TASS-Erklärung vom 11. September 1962 vgl. Larson, Selected Documents, S. 21–31.

[10] Hier wird auf die Krise um Quemoy und Matsu im Jahr 1958 angespielt. Taiwan, mit den USA politisch und militärisch seit Ende des chinesischen Bürgerkrieges verbündet, erhob jahrelang Ansprüche auf diese dem chinesischen Festland vorgelagerten Inseln. In den 50er Jahren kam es mehrfach zu Feuergefechten, die sich 1958 zuspitzten und zu einer Konfrontation der USA mit der VR China führten.

[11] Mit den »Demonologists« sind die Rußland- und Sowjetunion-Experten des Außenministeriums gemeint.

[12] Am 7. Dezember 1941 griff die japanische Luftwaffe den Hafen von Pearl Harbour auf Hawai an und zerstörte die dort vor Anker liegenden Schiffe der US-Pazifik-Flotte. Damit war auch formal der Eintritt der USA in den Zweiten Weltkrieg besiegelt.

[13] Der Board of National Estimates war für die systematische Auswertung der bei den verschiedenen Geheimdiensten eingegangenen Nachrichten verantwortlich.

Dokument 18

[1] Gemeint ist der Luftzwischenfall am 27. Oktober: An diesem Tag drang ein amerikanisches Spionageflugzeug – unter noch nicht restlos geklärten Umständen – über Sibirien in den sowjetischen Luftraum ein.

[2] Wie erregt McNamara auch gewesen sein mag, von einem »Heißen Draht« kann er nicht gesprochen haben. Die »hot line« zwischen Washington und Moskau wurde nämlich erst nach den Erfahrungen der Kuba-Krise installiert.

[3] Auch in diesem Punkt bringt Burchinal den zeitlichen Ablauf durcheinander. Der Luftzwischenfall ereignete sich am 27. Oktober, Kennedys Fernsehrede aber war bereits am 22. Oktober übertragen worden.

[4] »Buz« Wheeler ist identisch mit Earl G. Wheeler, dem Stabschef der amerikanischen Armee.

Dokument 19

[1] Im Original des Briefes ist das Wort »Verhandelbar« (»Negotiable«) doppelt unterstrichen.

Dokument 20

[1] Gemeint ist der Staatspräsident Kubas.

Dokument 21

[1] Im Original strich Adlai Stevenson folgenden Satz: »Diese Beobachter bei allen Stützpunkten strategischer Atomraketen, die auf dem Territorium von Ländern außerhalb der drei großen Atommächte unterhalten werden.«

[2] Im Original strich Adlai Stevenson den erläuternden Zusatz: »den Aufbau und«.

[3] »Guantanamo« ist im Original in Klammern gesetzt; eine hinter »Guantanamo« eingefügte handschriftliche Anmerkung ist unleserlich.

Dokument 22

[1] Das Memorandum ist nicht datiert. Der Inhalt deutet aber darauf hin, daß es wahrscheinlich am 20. Oktober verfaßt und dem Präsidenten vorgelegt wurde. Der Text wurde vor John F. Kennedys Fernsehansprache (22. Oktober) und zu einem Zeitpunkt verfaßt, als die Wahl zwischen Luftangriff und Blockade noch nicht getroffen war. Das Dokument ist somit in den Beständen der John F. Kennedy Bibliothek falsch inventarisiert.

Dokument 24

[1] Der britische Premierminister Harold Macmillan war am Abend zuvor telefonisch über den Inhalt der bevorstehenden Fernsehrede des Präsidenten unterrichtet worden.

Dokument 25

[1] W. Averell Harriman, der Sohn des Eisenbahnmagnaten und Besitzers der legendären »Union Pacific«, unterhielt seit den 20er Jahren geschäftliche Beziehungen in die UdSSR. Diese Kontakte wurden sehr rasch auf das politische Gebiet ausgeweitet. Für Präsident Roosevelt unternahm Harriman mehrfach Reisen zu Stalin. Den »Besten und Klügsten« der Administration Kennedy war Harrimans oft eigenwilliger und unkonventioneller Rat allerdings nicht genehm. Averell Harriman wurde zwar ins Außenministerium berufen, dort aber mit nachgeordneten Aufgaben befaßt.

[2] Im amerikanischen Sprachgebrauch ist mit »westlicher Hemisphäre« der gesamte amerikanische Kontinent gemeint.

[3] Robert Frost, amerikanischer Lyriker, 1874–1963.

Dokument 26

[1] Es handelt sich hier um die »Minutes« der ExComm.-Sitzung, d. h. um ein Verlaufs-Protokoll.

[2] Gemeint ist eine Überprüfung auf den Zufahrtswegen von und nach Berlin.

Dokument 27

[1] Es handelt sich hier um die »Record of Action« der ExComm.-Sitzung, d. h. um ein Beschlußprotokoll.

[2] Das Kürzel USIA steht für United States Information Agency (Informationsamt der U. S.-Regierung)

Dokument 28

[1] Es handelt sich hier um das erste Memorandum des mit der langfristigen Politikplanung beauftragten Unterausschusses des ExComm. unter Leitung von Walt Whitman Rostow. An diesem Text arbeiteten Vertreter des Außenministeriums, des Pentagon und der CIA.

[2] Ende der 50er Jahre und insbesondere im Präsidentschaftswahlkampf John F. Kennedys spielte die sog. »Raketenlücke« – die angebliche Unterlegenheit der USA im Bereich der Interkontinentalraketen – eine wichtige Rolle. Sehr schnell stellte sich diese Behauptung als Propaganda heraus. Nicht die USA, sondern die UdSSR waren unterlegen – und zwar in einem kaum für möglich gehaltenen Ausmaß. Vgl. Ball, Politics and Force Levels.

[3] Das Votum der OAS lautete 20:0:1, d. h. es gab nur eine Enthaltung. Dean Rusk hatte die Vertreter der anderen Mitgliedsstaaten erheblich unter Druck gesetzt.

Dokument 29

[1] Im Mai 1960 sollte in Paris ein Gipfeltreffen zwischen Chruschtschow und Eisenhower stattfinden. Das Treffen scheiterte kurzfristig, weil ein amerikanisches Spionageflugzeug vom Typ U-2 in sowjetischen Luftraum eindrang und abgeschossen wurde.

[2] Die Botschaft Chruschtschows an Bertrand Russell ist dokumentiert bei Larson, Selected Documents, S. 148–150.

[3] Chruschtschow schreibt über den Besuch im Bolschoi: »We were trying to disguise our own anxiety, which was intense.« Khrushchev Remembers, Bd. 1, S. 529.

Dokument 30

[1] Im Original steht an dieser Stelle aus nicht erkennbaren Gründen ein Hinweis zur besonderen Beachtung: »(sic)«.

[2] Alle genannten Abteilungen sind dem Außenministerium unterstellt.

Dokument 31

[1] Bei diesem Protokoll handelt es sich um ein »Summary Record«, d. h. eine Zusammenfassung von Diskussionsverlauf und Beschlußfassung.

[2] Es handelt sich um den Vorschlag U Thants vom 24. Oktober. Er ist dokumentiert bei Larson, Selected Documents, S. 133–136.

[3] Der Begriff »bloc« steht im damaligen Sprachgebrauch für »Soviet Bloc« und meint die UdSSR, die Volksdemokratien in Osteuropa und die VR China.

Dokument 32

[1] Die USA intervenierten in den Jahren 1950–1953 in Korea nicht nur mit eigenen Truppen, sondern führten eine international zusammengesetzte Streitmacht der UNO, an der auch türkische Truppen beteiligt waren. Eine solche Streitmacht konnte gebildet werden, weil die USA damals die Vereinten Nationen politisch beherrschten.

Dokument 33

[1] Die handschriftlichen Ergänzungen in diesem Dokument scheinen von McGeorge Bundy zu stammen.

[2] Drei Zeilen handschriftlicher Ergänzungen sind unleserlich.

[3] Das Kürzel WWR steht für Walt Whitman Rostow.

[4] Das Kürzel ARA steht für American Republics Area, einen Zuständigkeitsbereich in der Abteilung für Inter-Amerikanische Angelegenheiten des Außenministeriums.

Dokument 34

[1] Bei diesem Protokoll handelt es sich um ein »Summary Record«, d. h. eine Zusammenfassung von Diskussionsverlauf und Beschlußfassung.

Dokument 35

[1] Siehe oben, Dokument Nr. 32.

Dokument 36

[1] Dieses Memorandum wurde dem ExComm. am 26. Oktober vorgelegt; es war am 24. Oktober verfaßt und einen Tag später vom »Unterausschuß des ExComm. für Berlin und NATO-Fragen« befürwortet worden. Vorsitzender dieses Unterausschusses war Paul Nitze.

Dokument 37

[1] Dieser Vorschlag war zuerst von Brasilien in der UNO eingebracht worden.

Dokument 38

[1] Die hier ins Deutsche übertragene Fassung des Briefes von Chruschtschow geht zurück auf eine Vorlage im Englischen, die von der US-Botschaft in Moskau erstellt und an einigen Stellen von den Übersetzern des Außenministeriums in Washington verbessert worden war. Vgl. auch Larson, Selected Documents, S. 175–181.

Dokument 39

[1] Die Antwort Präsident Kennedys an U Thant vom 25. Oktober ist dokumentiert bei Larson, Selected Documents, S. 168/169.

Dokument 41

[1] In diesem Telegramm war Botschafter Hare aufgefordert worden, die Haltung der türkischen Regierung zu einem »Raketentausch« zu erläutern.

Dokument 42

[1] Hinweise zur Bearbeitung dieses Dokuments finden sich in Dokument 16, Anmerkung 1.

[2] Ende der Aufnahme auf Audiotape 40.3, Reference Reel 1. Weiter auf Reference Reel 2.

[3] Ende der Aufnahme auf Audiotape 40.3, Reference Reel 2.

Dokument 43

[1] Hinweise zur Bearbeitung dieses Dokuments finden sich in Dokument 16, Anmerkung 1.

[2] Das Kürzel »Permreps« steht für Permanent Representatives und meint die Ständigen Vertreter der NATO-Mitgliedsstaaten beim NATO-Rat in Paris.

[3] 1541 bedeutet 15 Uhr 41. In der militärischen Zeitrechnung werden Stunden und Minuten zu vierstelligen Ziffern zusammengefaßt. Sie kennt nicht die ansonsten im angelsächsischen Raum gebräuchliche Unterscheidung zwischen AM (vormittags) und PM (nachmittags), sondern zählt die Stunden fortlaufend von 0 bis 24.

[4] Warum die U-2 am 27. Oktober in den sowjetischen Luftraum eindrang, ist bis heute nicht restlos geklärt.

[5] Ende der Aufnahme auf Audiotape 41.1, Reference Reel 1; weiter auf Audiotape 41.1, Reference Reel 2.

[6] Es handelt sich hier um Stellungen für Luftabwehrraketen.

[7] Gemeint sind Flugplätze für sowjetische Düsenbomber vom Typ MIG.

[8] Gemeint sind Schmiermittel für den Betrieb und Unterhalt militärischen Geräts (Petroleum, Oil, Lubricants).

[9] Gemeint ist die New York Times.

[10] Ende der Aufnahme auf Audiotape 41.1, Reference Reel 2; weiter auf Audiotape 41 A1, Reference Reel 1.

[11] Gemeint sind die Vereinigten Stabschefs. Zu ihnen gehörten zur Zeit der Kuba-Krise: General Maxwell Taylor (Vorsitzender); General Earl G. Wheeler, Stabschef der Armee; Admiral George W. Anderson, Jr., Stabschef der Marine; General Curtis E. LeMay, Stabschef der Luftwaffe; General David M. Shoup, Oberkommandierender der Marines.

[12] OP-Plan ist das Kürzel für Operation Plan, d. h. Einsatzplan. Die besagten Einsatzpläne 3–12 (Luftangriff) und 3–16 (Invasion) waren vom Pentagon auf Weisung des Weißen Hauses seit Sommer 1961 entwickelt worden.

[13] Ende der Aufnahme auf Audiotape 41 A1, Reference Reel 1; weiter auf Reference Reel 2.

[14] Ende der Aufnahme auf Audiotape 41 A1, Reference Reel 2; weiter auf Audiotape 42.1.

[15] Gemeint ist der Leitartikel von Walter Lippmann in der Washington Post vom 25. Oktober 1962.

[16] Gemeint ist eine Rede, die der österreichische Außenminister Bruno Kreisky vor einer Versammlung der Sozialistischen Partei Österreichs gehalten hatte.

[17] Ende der Aufnahme auf Audiotape 42.1.

Dokument 44

[1] Adlai Stevenson übermittelte diesen Entwurf eines Antwortbriefes telefonisch aus New York. Dean Rusk verlas den Text während der Nachmittags-Sitzung des ExComm. (Dokument Nr. 43, im englischen Original auf den Seiten 28 und 29). Kommentare des Vorlesenden werden hier ausgelassen.

Dokument 45

[1] Dieser Entwurf lag in der Nachmittags-Sitzung des ExComm. vor und wurde am Rande diskutiert. Douglas Dillon

verlas den Text (Dokument Nr. 43, im englischen Original auf S. 59). Kommentare des Vorlesenden werden hier ausgelassen.

Dokument 47

[1] Hinwese zur Bearbeitung dieses Dokuments finden sich in Dokument 16, Anmerkung 1.

[2] Zum Vertrag von Rio vgl. Dokument 16, Anmerkung 8.

[3] Das Kürzel NAC steht für den North Atlantic Council (NATO-Rat) mit Sitz in Paris.

[4] Das Kürzel MRBM steht für Medium Range Ballistic Missiles, d. h. Mittelstreckenraketen.

[5] Ende der Aufnahme auf Audiotape 42.2, Reference Reel 1; weiter auf Reference Reel 2.

[6] Ende der Aufnahme auf Audiotape 42.2.

Dokument 48

[1] Es handelt sich hier um einen am 2. Oktober verfaßten Text: es ist die Rede vom »heutigen« Abschuß eines Aufklärungsflugzeuges über Kuba und von den widersprüchlichen Erklärungen der UdSSR (gemeint sind offensichtlich die Briefe Chruschtschows vom 26. und 27. Oktober). Der vorliegende Text ist der Entwurf eines Telegramms an NATO-Botschafter Finletter. In der Nachmittags-Sitzung des ExComm. wurde darauf hingewiesen, daß sich Robert McNamara zurückgezogen hatte, um einen solchen Entwurf zu schreiben. Wahrscheinlich ist McNamara der Autor des vorliegenden Textes, denn die hier vorgebrachten Überlegungen entsprechen seinen im ExComm. entwickelten Vorstellungen. Das Dokument ist in der Kennedy-Bibliothek falsch inventarisiert.

[2] Handschriftlich eingefügt

[3] Handschriftlich eingefügt

[4] Handschriftlich eingefügt

Dokument 49

[1] Dieser Brief des NATO-Oberbefehlshabers, General Lauris Norstad, erreichte das ExComm. während seiner abendlichen Sitzung nach 21 Uhr. John F. Kennedy verlas den Text (Dokument Nr. 47, im englischen Original auf den Seiten 73 und 74). Kommentare des Vorlesenden werden hier ausgelassen.

Dokument 50

[1] Es handelt sich um Anweisungen des ExComm. an Thomas Finletter, den Ständigen Vertreter der USA beim NATO-Rat in Paris. Der Krisenstab entwarf die Richtlinien für die am 28. Oktober geplante Sitzung des NATO-Rats.

[2] Dokumentiert in Larson, Selected Documents, S. 186/187.

[3] Siehe Dokument Nr. 46.

Dokument 51

[1] Bei diesem Protokoll handelt es sich um ein »Summary Record«, d. h. eine Zusammenfassung von Diskussionsverlauf und Beschlußfassung.

Dokument 52

[1] Gemeint ist immer der amerikanische Kontinent.

[2] Diese Resolution ist dokumentiert bei Larson, Selected Documents, S. 84–86.

Dokument 53

[1] Sergo Mikojan ist der Sohn von Anastas Mikojan; dieser war Chruschtschows Stellvertreter und ab Juli 1964 Staatspräsident der UdSSR. Er behielt dieses Amt bis zum Dezember 1965, als er »aus Altersgründen« zurücktrat. Anastas Mikojan starb 82jährig am 21. Oktober 1978. Sergo Mikojan war politischer Sekretär seines Vaters und begleitete ihn auf zahlreichen Auslandsreisen, u. a. nach Kuba unmittelbar nach dem Ende der Raketenkrise. Sergo Mikojan ist heute Chefredakteur der Zeitschrift »America Latina« und lebt in Moskau. Das Interview wurde am Rande der »U. S.-Soviet Conference on the Cuban Missile Crisis« geführt, die von der John F. Kennedy School of Government in der Zeit vom 11.–13. Oktober 1987 an der Harvard-University veranstaltet wurde.

[2] »SAM« ist das Kürzel für Surface-to-Air Missiles, Boden-Luft-Raketen also zum Einsatz gegen Flugzeuge.

[3] Gemeint sind die Zwischenwahlen zum Senat und Repräsentantenhaus, die Anfang November 1962 stattfanden. Vgl. Paterson und Brophy, October Missiles and November Elections.

[4] Zum Präsidium des Zentralkomitees der KPdSU gehörten im Herbst 1962: Nikita Chruschtschow (Vorsitzender); Anastas Mikojan; L. I. Breschnew; G. I. Woronow; F. R. Kozlow; A. N. Kosygin; O. V. Kuusinen; N. V. Podgorny; D. S. Polyanski; M. A. Suslow; N. M. Schwernik.

[5] Die Spekulationen über die Rolle Moskalenkos gehen zurück auf ein im U. S. Außenministerium erstelltes Memorandum: Department of State, Bureau of Intelligence and Research (Thomas L. Hughes), Intelligence Note to the Secretary: Reported Differences Between Khrushchev and Marshals (sic) on Cuban Missile Deployment, April 16, 1963, Secret. In: The Declassified Documents Reference System, Washington, D. C.: Carrollton Press, 1979, 321 B. Admiral N. G. Kuznetsow spielte freilich zur Zeit der Kuba-Krise keine Rolle mehr; bis zu seiner Entlassung im Jahr 1956 war er stellvertretender Verteidigungsminister gewesen. Zu seinen Auseinandersetzungen mit Chruschtschow vgl. Khrushchev Remembers, Bd. 2, S. 49–65. Marschall Schukow war im Oktober 1962 ebenfalls bereits aus seinem Amt als Verteidigungsminister ausgeschie-

den; sein Nachfolger war Rodion Malinowski. Ustinow nahm erst in späteren Jahren Führungspositionen im Verteidigungsministerium ein.

[6] Vgl. Allison, Essence of Decision.

[7] John L. Scherer vermutet, daß einige Mitglieder des Präsidiums nicht zu den Beratungen hinzugezogen wurden und nennt namentlich: Kuusinen, Schwernik, Woronow, Podgorny und Polyanski. (Der ebenfalls erwähnte Kirilenko war nicht Mitglied des Präsidiums). Vgl. John L. Scherer, Reinterpreting Soviet Behavior During the Cuban Missile Crisis, in: World Affairs, Vol. 144, No. 2, Fall 1981, S. 115. Zur Zusammensetzung des Präsidiums siehe Anmerkung 4.

[8] Siehe Anmerkung 6.

[9] Hersh, Castro Out of Control?

[10] Khrushchev Remembers, Bd. 1, S. 530/531.

Register

Bildnachweis

Deutsche Presseagentur (16, 17, 44, 45, 46, 66, 67, 75, 83, 108, 117, 159)
Hamburger Stiftung für Sozialgeschichte des 20. Jahrhunderts (17)
John F. Kennedy-Library, Boston (17, 36, 37, 50, 51, 101, 116, 117, 158, 159)
Robert Beggs, Flashpoints. The Cuban Missile Crisis, London: Longman, 1971 (37)
Library of Congress, Washington, D.C. (44, 45, 46, 66, 67, 75, 82, 83, 108, 109, 116)
Evening Standard, GB (75)
Robert Kennedy, Dreizehn Tage. Die Verhinderung des Dritten Weltkriegs durch die Brüder Kennedy, Bern, München Wien: Scherz, 1969 (118)
Neue Zeit (Moskau) (158)
Tazewell Shepard, Jr., John F. Kennedy. Man of the Sea, New York: William Morrow, 1965 (173)

Schriften der Hamburger Stiftung für Sozialgeschichte des 20. Jahrhunderts

Band 1 **Der Griff nach der Bevölkerung**
Aktualität und Kontinuität nazistischer Bevölkerungspolitik
Herausgegeben von Heidrun Kaupen-Haas

Band 2 **Opfer und Täterinnen**
Frauenbiographien des Nationalsozialismus
Herausgegeben von Angelika Ebbinghaus

Band 3 **Das Daimler-Benz-Buch**
Ein Rüstungskonzern im »Tausendjährigen Reich«

Band 4 **Die Daimler-Benz AG 1926–1948**
Schlüsseldokumente zur Konzerngeschichte
Bearbeitet von Karl Heinz Roth und Michael Schmid

Band 5 **Robert M. W. Kempner**
SS im Kreuzverhör
»Die Elite, die Europa in Scherben brach«

Band 6 **Die Träume der Genetik**
Gentechnische Utopien zur Verbesserung der Menschheit
Herausgegeben von Ludger Weß
(ca. November 1988)

Band 7 **Bernd Greiner**
Kuba-Krise
Analysen, Dokumente, Zeitzeugen

Band 8 **Heinrich Senfft**
Richter und andere Bürger
150 Jahre politische Justiz und neudeutsche Herrschaftspublizistik

Band 9 **Serge Klarsfeld**
Vichy-Auschwitz
Die »Endlösung der Judenfrage« in Frankreich
(ca. Oktober 1988)